Alfred Kölz
Quellenbuch zur neueren schweizerischen
Verfassungsgeschichte

QUELLENBUCH ZUR NEUEREN SCHWEIZERISCHEN VERFASSUNGSGESCHICHTE

Vom Ende der Alten Eidgenossenschaft
bis 1848

Herausgegeben
von Alfred Kölz
Professor an der Universität Zürich

 Verlag Stämpfli+Cie AG Bern ·1992

©
Verlag Stämpfli+Cie AG Bern ·1992
Gesamtherstellung:
Stämpfli+Cie AG, Graphisches Unternehmen, Bern
Printed in Switzerland
ISBN 3-7272-9381-0

Vorwort

Angesichts der Tatsache, dass die Quellenbücher zur neueren schweizerischen Verfassungsgeschichte, insbesondere dasjenige von Hans Nabholz und Paul Kläui, schon seit langer Zeit vergriffen sind, habe ich mich zu einer Neuherausgabe der wichtigsten Texte entschlossen. Es war schwierig, eine repräsentative Auswahl aus der immensen Fülle von Verfassungsquellen zu treffen. Ich habe mich bei der Auswahl vom Stoff leiten lassen, den ich in meiner gleichzeitig im selben Verlag erscheinenden *Neueren schweizerischen Verfassungsgeschichte* vom Ende der Alten Eidgenossenschaft bis 1848 behandle. Damit dient dieses Quellenbuch als Dokumentation und zur materialmässigen Entlastung jenes Buches. Weil die französischen Verfassungen der Revolutionszeit einen erheblichen Einfluss auf das schweizerische Recht hatten, habe ich einige entsprechende Texte aufgenommen. Eine Fortsetzung der Quellensammlung über das Jahr 1848 hinaus ist vorgesehen.

Dem Verlag, insbesondere den Herren Dr. Jakob Stämpfli und Dr. Rudolf Stämpfli, möchte ich für ihr waches Interesse und ihre steten Bemühungen um diese Sammlung und auch für die schöne Gestaltung des Quellenbandes danken. Danken möchte ich auch den Herren Hans Ulrich Ziswiler und Franz Kessler für ihre aktive Mitarbeit bei der Herausgabe dieses Bandes, ferner der Friedrich-Emil-Welti-Stiftung Bern, welche einen Druckkostenbeitrag bewilligt hat.

Zürich, 15. Januar 1992　　　　　　　　　　　　　　　　　　　Alfred Kölz

INHALTSVERZEICHNIS

I. DIE ALTE EIDGENOSSENSCHAFT IM 18. JAHRHUNDERT

   1. Die Landespunkte von Schwyz 1
      a) Fassung vom 30. April 1719 1
      b) Ergänzungen vom 26. April 1733 4
   2. Antragsrecht an der Landsgemeinde von Appenzell-A.Rh. Landsgemeindebeschluss vom 26. April 1747 5
   3. Der Geschworene Brief von Zürich. Fassung vom 16. Dezember 1713 5
   4. Publikationsmandat des Landfriedens für die Gemeinen Herrschaften vom 12. September 1712 12
   5. Règlement de l'Illustre Médiation pour la pacification des troubles de la République de Genève du 7 avril 1738 18
   6. Ratsbeschluss über die Regimentsfähigkeit neuer Bürgergeschlechter in Luzern vom 27. März 1773 26
   7. Règlement du Conseil Souverain de la Ville et République de Fribourg relatif à l'introduction de l'égalité des familles patriciennes du 17 juillet 1782 28

II. FRANZÖSISCHE VERFASSUNGSENTWICKLUNG 1789–1795

   8. Déclaration des Droits de l'Homme et du Citoyen du 26 août 1789 31
   9. a) Décret du 21 septembre 1792 32
      b) Déclaration du 25 septembre 1792 33
  10. Plan de Constitution présentée à la Convention nationale les 15 et 16 février 1793 l'an II de la République (Constitution girondine) 33
  11. Constitution du 24 juin 1793 (Constitution montagnarde) 68
  12. Constitution du 5 fructidor an III, 22 août 1795 (Constitution directoriale) 79

III. HELVETISCHE PERIODE 1798–1803

  13. Plan d'une Constitution provisoire pour la République Helvétique ou Suisse 113
     Von Peter Ochs. Januar 1798
  14. Constitution de la République helvétique du 12 avril 1798 Verfassung der helvetischen Republik vom 12. April 1798 . 126
  15. Projet de Constitution de Malmaison du 30 mai 1801 Verfassungsentwurf von Malmaison vom 30. Mai 1801 ... 152

IV. MEDIATIONSZEIT 1803–1813

16. Extraits de l'Acte de médiation du 19 février 1803
    Auszüge aus der Mediationsakte vom 19. Februar 1803 ... 159
    a) (Préambule / Präambel) 159
    b) Zweites Capitel: Verfassung des Kantons Aargau 161
    c) Siebentes Capitel: Verfassung des Kantons Graubünden 165
    d) Zehntes Capitel: Verfassung des Kantons Schaffhausen 167
    e) Sechszehntes Capitel: Verfassung des Kantons Uri 170
    f) Chapitre XVII: Constitution du Canton de Vaud 171
    g) Chapitre XX: Acte fédéral
       20. Capitel: Bundesverfassung 175
17. Traité d'alliance défensive entre la République française et la Suisse du 27 septembre 1803 188

V. RESTAURATIONSZEIT 1814–1830

18. Bundesvertrag zwischen den XXII Kantonen der Schweiz vom 7. August 1815
    Pacte fédéral entre les XXII Cantons de la Suisse du 7 août 1815 193
19. Anerkennungs- und Gewährleistungsurkunde der immerwährenden Neutralität der Schweiz vom 20. November 1815 203
20. Fundamentalgesetze der Stadt und Republik Bern 205
    a) Urkundliche Erklärung des Grossen Rats vom 21. September 1815 205
    b) Am 3. September 1816 der Tagsatzung eingereichte Erklärung 209
21. Constitution pour la Ville et République de Genève du 24 août 1814 214
22. Verfassung des Kantons Aargau vom 4. Juli 1814 230
23. Charte constitutionnelle pour la Principauté de Neuchâtel du 18 juin 1814 235
24. Verfassung des Standes Uri vom 7. Mai 1820 238
25. Staatsverfassung des Kantons Appenzell-A.Rh. vom 28. Juni 1814 239

VI. REGENERATIONSZEIT 1830–1848

a) Liberale Verfassungen und Vereinbarungen

26. Costituzione della Repubblica e Cantone del Ticino dal 23 giugno 1830 243
27. Staatsverfassung für den eidgenössischen Stand Thurgau vom 14. April 1831 251

28. Verfassung des Kantons St. Gallen vom 1. März 1831 273
29. Staatsverfassung für den eidgenössischen Stand Zürich vom 10. März 1831 291
30. Constitution du Canton de Vaud du 25 mai 1831 305
31. Staatsverfassung des Kantons Freiburg vom 24. Januar 1831 316
32. Verfassung des Kantons Glarus vom 2. Oktober 1836 327
33. Das Siebner Konkordat vom 17. März 1832 343
34. Die Badener Konferenz-Artikel vom 27. Januar 1834 344

b) Versuch einer Bundesreform

35. Bundesurkunde der schweizerischen Eidgenossenschaft vom 15. Dezember 1832 348
    Entworfen von der am 17. Juli 1832 von der Tagsatzung ernannten Revisionscommission
36. Projet de Constitution fédérale. *Par James Fazy 1837* 369
37. Entwurf eines Grundgesetzes für die schweizerische Eidgenossenschaft 373
    Von Prof. Dr. I. P. V. Troxler. 1838

c) Konservative Gegenbewegung

38. Staats-Verfassung des Kantons Luzern vom 1. Mai 1841 .. 381
39. Constitution de la République et Canton du Valais du 14 septembre 1844 395
40. Sonderbundsakte vom 10. Dezember 1845 404

d) Radikale Verfassungen

41. Constitution du Canton de Vaud du 10 août 1845 405
42. Staatsverfassung des Kantons Bern vom 31. Juli 1846 414
43. Constitution de la République et Canton de Genève du 24 mai 1847 429

VII. ERRICHTUNG DES BUNDESSTAATES

44. Bundesverfassung der schweizerischen Eidgenossenschaft vom 12. September 1848
    Constitution fédérale de la Confédération suisse du 12 septembre 1848 447

I. DIE ALTE EIDGENOSSENSCHAFT IM 18. JAHRHUNDERT

1. Die Landespunkte von Schwyz

a) Fassung vom 30. April 1719

Puncta:

So jährlich an der meyen landtßgmeindt abgelesen werden sollen. In dem mitteljahr*.

Erstlich sollen alle unsere guoten satz- undt ordnungen, undt verschribne landtrecht gehalten, undt auf selbige bey unsern eyden gerichtet werden.

2. Solle die richtigung dess defensionals widerumb bestättet sein laut auffsatzeß, undt solle solcheß iährlichen vor der meyen landtßgmeindt sontag zuovor offentlich in den kirchen zuo iedessen verhalt verleßen werden.

3. Wir bestäten auch die allgmeine kastenordnung, welche gleichenfahlß auf den obigen tag solle verleßen werden.

4. Zuogleich auch ist bestättiget daß kasten- undt landtleüthengelt von den ämbteren wegen, wie auch das angstergelt.

5. Daß die landtßämbter der ordnung nach besetzt, die ledige richterstellen dess neünten undt sibenten gerichtß widerumb von den gmeinen landtleüthen, daß derer keiner dem andern in selbigem gricht mit nacher verwandtschafft zuogethan, als kein vatter undt sohn, nit zwey brüöderen, nit zwey geschwüsterte kinder oder** leibliche schwägeren sollen ergentzet werden.

6. Daß kein kleinerer gwaldt dem grössern eingreiffen solle: nemlich kein wuchenrath dem sambstagrath, kein sambstagrath dem gesessnen rath, kein gesessner dem zweyfachen, kein zweyfacher dem dreyfachen, kein dreyfacher rath einer nachgmeindt, keine nachgmeindt der jährlichen meyen landtßgmeindt, wann solche nit in krafft einer meyen landtßgmeindt gestelt ist.

7. Daß ein ieder landtman, welcher recht darschlagt, ungebunden an daß recht gelassen, undt nichtß darüber erkent werden solle.

---

* Dieser Passus wurde wohl nachträglich in den handschriftlichen Originaltext eingefügt. Weitere nachträgliche Ergänzungen und Verweise wurden nicht übernommen.

** Der Originaltext enthält nebeneinander die beiden Schreibweisen «oder» und «old(t)»; der Herausgeber verwendet einheitlich die Schreibweise «oder».

8. Eß solle vor rath kein erkantnuß außgefelt werden, es seyen dann beyde partheyen gegenwärtig, undt daß ieder seine parthey nach formb rechtenß citiert habe.

9. Wann einer dem andern recht darschlagt, soll indessen keine gwaldt gebraucht, undt biß an daß recht nit vorgefahren werden bey aufgesetzter buoß.

10. Es solle keine allmeindt alß vor einer meyen landtßgmeindt weggegeben werden.

11. Wann einer umb civil- oder criminalsachen verklagt wurde, solle mann dem beklagten zuovor, ehe mann kundtschafft aufnimbt vor rath citieren, undt der kleger dem beklagten an die seithen gestelt werden, undt solle mann ihner befragen ob er deß fählerß anredt seye; ist er dessen anredt, undt bekant, kan ein oberkeith die gebühr harinn erkennen, ist er aber nit anredt, so solle alßdann nach formb rechtens kundtschafft auffgenommen, gleichwohlen dem beklagten eß angezeigt werden, damit er an die kundtschafften seine ansinnung thuon möge.

12. Daß ein ieder landtman mit dem seinigen, waß ihm selber wachßet, undt nit auf fürkauff beschieht, gewirben, undt gewerben möge, ia wann er rechte gwicht, undt mäss gibt.

13. Wann schreiben von verpündten, oder unverpündten fürsten, undt herren, oder andern verpündten ständen, oder verlandtrechteten theilen obhanden sind, sollen selbige abgehört werden.

14. Die geschlächterordnung von wegen den landtsämbtern, rathßplätzen, undt richterstellen, solle laut darumben auffgesetzen landtrechtenß, wie folio 81*, undt die hierüber gemachte erläuterung am 112. blatt** durchauß gehalten undt dero fleissig nachgelebt werden.

* Der Verweis bezieht sich auf den 5. Punkt der Landespunktefassung vom 24. April 1701:
«5. Wie auch nit weniger haben wir in daß künftige für ein landträcht erkhent, und in daß landtßgemeindtbuoch einzuoschriben befohlen, damit große partheyen underbrochen werden, daß uß einem geschlächt in einem viertell nit mehr alß zwey räthßfründen, und einer von ambtß wegen, undt mehrer nit in den rath mögen gelaßen werden; deßwegen alle herren landtweibel allen viertelßgmeinden beiwohnen die herren sibner diser ordnung erinneren, und wan einer deßen ermahnet an landtß- alß viertelßgmeinden darwider rathen wurde, in 1000 gulden buoß, und noch ieder landtman in ein halben loißthaller sitzgelt erkhent sein solle.»
** Der Verweis bezieht sich auf folgenden Beschluss der Maienlandsgemeinde vom 29. April 1703:
«Mithin dan der geschlechterohrnung halb und wie man von rathß- oder ambtßwegen in rath kommen mag, ist volgende erläuterung gemacht woorden – benantlich das in das künfftige unßere landsämbter seyen: landtamman, statthalter, sekhellmeister, landtßhaubtman, pannerherr, landsfändrich, oberstwachtmeister, zeügherr, landtweibell, landtschreyber, welche, wan einer ein ambt hat, undt schon zwen seines geschlechtß mit dem rathßplatz in dem rath sitzen, solle keinert mehr nebent ihme von ambtßwegen in den rath kommen mögen, darinnen landtweibell, undt landtschreiber auch begriffen sein sollen.»

15. Daß die landtßgmeindt umb vier uhren geendiget, undt darnach nichts mehr vorgenommen werden solle.

16. Daß sibent-, neünt-, undt malefizgricht alß die gröste kleinodt unserß lieben vatterlandtß sollen keine appellation haben, undt sollen solche mit leib, guoth, undt bluot geschirmbt werden.

17. Daß ein jeder, so umb ein vogt undt beystandt vor rath, gricht, oder chorgricht zuo sein angesprochen wird, der solle es zuo thuon schuldig sein bey gulden 50 buoss, demme dann wegen seiner müöhe, laut gesessnen rathßerkandtnuss von dem handel wann er under gulden 30 ist ein daler, undt über gulden 30 ein duggaten richtig undt par bezahlt werd.

18. Die practicierordnung solle auch laut auffsatz fleissig gehalten werden.

19. Wann einer an die landtßgmeindt etwaß rathete nach seinem verstandt undt guotgedunken, undt er sich etwan in worten verfählte, undt in etwaß unbedachte reden außbrächete, daß solcher an solchem orth, wo er sich verfält, sich verantworten möge; wann aber einer dem andern an ehren berührte oder sonst malefizisch handlen wurde, solle ein solcher an sein gehörigeß gricht, undt gwaldt verwißen werden.

20. Wann einer zuo seiner defension aussert landtß nach formb rechtenß kundtschafft aufzuonemmen vonnöthen hette, daß er solcheß laut eydtgnössischen breüchen wohl thuon möge, iedoch die gegenparth darzuo citieren solle.

21. Daß die meyen landtßgmeindt der gröste gwaldt, undt landtßfürst sein solle, undt ohne condition setzen, undt entsetzen möge, undt welcher darwider rathete, undt darwider were, daß die landtßgmeindt nit der gröste gwald undt landtsfürst seye, undt nit setzen, undt entsetzen möge ohne condition, der solle dem vogel im lufft erlaubt, undt 100 duggaten auf sein kopff geschlagen sein; der oberkeith, malefizgricht, undt andern grichten aber solle daß recht, waß iedem gehört, auch gelassen sein, undt solle mann den landtleüthen auch lassen, waß ihnen gehört.

22. Welcher in daß künfftig mehr ein rathschlag zuo einem krieg thäte, undt ein krieg rathete, eß seye dann an einer offentlichen landtßgmeindt, ein solcher alß ein meineyder tractiert, undt dem vogel im lufft erlaubt sein solle.

23. Wann siben ehrliche männer von siben ehrlichen geschlechtern bey dem herrn landtamman alß ambtßman sich anmeldeten, undt eine landtßgmeindt begehrten, solle mann fördersamb eine landtßgmeindt zuo halten schuldig sein, undt im fahl der ambtßman solcheß abschlagen thäte, undt demme nit nachgehen wolte, er deß ambtß entsetzt sein solle. Jedoch solle mann die ursach, worumb eine landtßgmeindt begehrt werde, anzeigen, in den zädlen außgeschriben undt verkündt werden.

24. Welcher an einer landtßgmeindt dem andern, so von dem herrn ambtßman angefragt worden, in sein rathschlag unangefragt einbrechen, undt auf abmahnen nit abstehen wurde, ein solcher gleich offentlich gott undt die oberkeith umb verzeichung pitte; eß sollen auch die rathschlag, so

vill müglich, abgekürzt, undt waß schon gerathen ist, nit mehr widerholt werden.

25. Daß wir unsere freyheit, wie unsere in gott ruohende liebe altvorderen behalten, undt alle ämbter unserß landtß mit freyer ungebundner handt, undt wahl besetzen, undt wider daß trölen undt practicieren eine rechte practicierordnung aufsetzen, undt deroselben steiff undt vest obhalten wollen. Herentgegen solle daß looß für ein- undt allemahl aberkent sein, undt weder an landtßgmeinden, noch an andern orthen nit mehr angezogen werden, undt welcher daß looß mehr anzuge, oder rathete, demselben sollen 100 duggaten auf sein kopff gesetzt, undt ein solcher gleich wie in dem defensional dem vogel im lufft erlaubt sein.

b) Ergänzungen vom 26. April 1733

Vor gehaltener meyen landsgemeind zu Ibach vor der brugg den 26. aprilij anno 1733.
(...)
Nach demme die 25 puncten auß disem landsgemeindbuoch vor- und abgeleßen, seynd selbige puncten durchuß nicht alein bestättet, sondern über den 19. und 23. puncten volgende erläutherung, und zusatz gemacht, und erkent worden, daß wan einer an der landsgemeind, oder dreyfachen rhath sich verfälte, ein solcher sich alda veranthworten solle, und welcher vermeinte alda geschulten oder an ehren angegriffen zu seyn, solcher den, so er vermeint ihn lediert, oder angegriffen zu haben, darumb anlangen, und wie eß gemeint vernemmen, und alsdan, wohin eine landsgemeind, oder dreyfachen rhath, des richtens halben, selbige verweißen wird, erwarthen sollen, widrigenfahlß keiner, so sich an der landsgemeind, oder dreyfachen rhath verfält hätte, weiters zur veranthwortung gezogen werden solle; hieby aber dem malefitzgericht, neünten und sibenten geschwohrnen landgericht, lauth 16. punctens als grösten kleynod unsres vaterlands nichts benomben, sondern solche in kräften seyn, und geschirmt werden sollen.

Wegen dem 23. puncten, wan von siben ehrlichen männern von siben ehrlichen geschlechtern eine landsgemeind zu halten begehret wurde, der ambtsman disem articul fleisig nach zu gehen, und solche fürdersamb zu halten schuldig, und ein gesessener rhath disfahls nichts zu erkennen oder zu verordnen haben solle.

26. Damit dann auch dise 25 landsgemeinds puncten, alß gröste gwalds erkhanthnussen jederzeit fleißig und wohl beobachtet, und gehalten werden, solle jewiliger ambtßman wan jemand darwider rhathen, oder handlen wolte, bey 100 dublonen buoß selbige zu wahrnen, abzumahnen, und dißen 25 puncten obzuhalten, verpflichtet und schuldig seyn.

--- Vide 1719 bey den 25 eingesetzten puncten.

2. Antragsrecht an der Landsgemeinde von Appenzell-A.Rh.

Landsgemeindebeschluss vom 26. April 1747

Wie einer etwas an einer landsgemeind anziehen möge

Wann ein landmann währe, der etwas begehrte an einer landsgemeind anzuziehen, dass ihn billich und recht und dem vatterland erspriesslich bedunckte, so soll er schuldig seyn solches einem grossen rath für zu tragen, welcher selbige sach erdauren und darüber rathschlagen wird; befindt nun ein grosser landrath, dass die sach dem vatterland nuzlich und gut, so soll er ihm willfahren. Wann er aber es vor schädlich und nicht für thunlich achtet, und der landman sich auf vorthane vorstehlung hin sich nicht wolte abweisen lassen, so mag er solches wohl für ein landsgemeind bringen lassen. Er soll aber selbsten auf den stuhl hinauf gehen, und die sach mit rechter bescheidenheit vortragen.

3. Der Geschworene Brief von Zürich

Fassung vom 16. Dezember 1713

In dem Namen der Allerheiligsten Hochgelobten Dreyeinigkeit, Gottes des Vaters, des Sohns, und des heiligen Geistes. Amen!

Wir, der Burgermeister, der Raht, die Zunftmeister, der Grosse Raht, und die ganze Gemeind der Stadt Zürich, thun kund allermänniglich und bekennen offentlich mit dieserem Brief, nachdeme Wir von Gottes Gnaden Loblich gefreyet sind, Unserer Stadt Ordnung und Regiment, wie es Uns je zu Zeiten nutzlich und nohtdürftig seyn bedunket, zu ordnen und zu setzen, daß Wir aus Kraft dessen, zu Nutz und Nohtdurft, auch um Friden, Schirms, Ruh und Wohlstands willen, Reicher und Armer, wie Uns Gott zusamen geordnet hat, Unserer Stadt Gewalt, Burgermeister, Räht und Zunftmeister zu setzen, zu erkiesen, und zu erwehlen, auch Unsere ganze Gemeind zu versorgen und zu regieren, solche Satz- und Ordnungen (selbige fürbashin zu halten) gemachet haben, wie hiernach in dieserm Brief von einem Stuck zu dem anderen klar und eigentlich geschrieben stehet.

Vor das Erste, daß alle Burgere und die ganze Gemeind Unserer Stadt Zürich einhelliglich übereingekommen und offentliche gelehrte Eyd zu Gott geschworen haben, was vor Sachen der Burgermeister, die Räht, die Zunftmeister und der Grosse Raht zu Zürich gemeinlich oder der mehrer Theil unter Ihnen fürohin immer richten, ordnen oder setzen, oder in welchen Sachen Sie also mit einanderen übereinkommen, daß dieselben Sachen oder Ihre Urtheil, welche Sie darüber jeweilen sprechend, oder wie sie von Ihnen geordnet, gesetzet, gerichtet und gesprochen werden, gänzlich wahr und steth ohn alle Änderungen verbleiben sollen, und darwider niemand reden, noch thun, oder verschaffen und verhängen daß es gethan werde, auf keine Weise noch mit einichen Aufsätzen.

Wann aber sich jemand, wer der wäre, darwider setzete, und diese Sachen nicht stets halten wolte, oder wann jemand deßwegen einige Gesellschaft oder Versammlung suchete oder machete, wie er oder die so ihme oder ihnen hulfen, wider des Burgermeisters, der Rähten, der Zunftmeisteren und des Grossen Rahts Erkantnuß, Gericht, Gesatz, oder Ordnung thun woltend oder thäten, diesere Widerspännige und Ungehorsame und ihre Helffere, sollen alle Meineyd und Ehrlos, auch ihre Leiber und Güter Unserer Stadt Zürich verfallen seyn; welche aber nicht ergriffen, noch an Leib und Gut gestraft wurden, die sollen auf allezeit von Unserer Stadt Zürich verwisen seyn; wurde aber einer oder mehrere ob der That oder darnach in Unserer Stadt, oder in Unseren Gerichten und Gebieten betretten, so solle man alsobald über ihn oder sie richten als über Meineyde und Ubelthätige Leuthe.

Es sollen auch alle Unsere Burgere und die ganze Gemeind zu Zürich, bey Ihren Eyden, die Sie geschworen haben, dem Burgermeister, denen Rähten, den Zunftmeisteren und dem Grossen Raht beholfen und berathen seyn, daß Sie diese vor und nachgeschriebene in diesem Brief begriffene Stuck behaupten und vollführen, und Uns auch sich selber, darbey schützen, schirmen und handhaben mögen, getreulich ohne alle Arglist und ohne Gefahr.

Diesem nach ist wegen der Rähten, der Zünften und der Gerichten Unsere Ordnung, wie Wir sie gesetzt und geordnet haben, und fürohin halten wollen: Namlich, daß

    I. Ritter, Edelleuth und Burger die in Unser Stadt Zürich wohn- und seßhaft sind und sonsten keine Zunft haben, auch keinen Gewerb und Handwerk treiben und brauchen, so in eine der Zünften dienete oder gehörete, forthin Constaffel heissen und seyn sollen.
Aber Kauffleuth, item die mit Tuch handlen, Goldschmied, Glaser, Färber, Buchdrucker, Buchbinder, die so Eysen feil haben, Pasteten-Beck, und die Ihres Thuns, Gewerbs und Handwerk halben, an keine gewüsse Zunft gebunden sind, die mögen in der Constaffel seyn oder auf welcher Zunft sie wollen, also daß ihre Handthierung deßwegen frey seyn solle.
   II. Apotheker, Krämer, und benanntlich, Seckler, Gurtler, Nestler, Strehlmacher, Nadler, Pasamenter, Huthstaffierer, und Federen-Schmucker, Bürsten-Binder, Hosen-Stricker, Knöpfmacher und Zucker-Beck sollen eine Zunft haben.
  III. Wirth, Sattler und Mahler sollen eine Zunft haben.
  IV. Schmied, Kupferschmied, Degen- und Messer-Schmied, Büchsenschmied, Nagelschmied, Zeugschmied, Schlosser, Uhrenmacher; Roth- und Kannen-Giesser, Sporzer, Spengeler, Feylenhauer, Schleiffer, Schärer und Bader sollen eine Zunft haben.
   V. Pfister und Müller sollen eine Zunft haben.
  VI. Weiß und Roth-Gerwer, und Pergamenter sollen eine Zunft haben.
 VII. Metzger und die Rinder und ander Vieh auf dem Land einkauffen und zu der Metzg treiben, sollen eine Zunft haben.
VIII. Schuhmacher sollen eine Zunft haben.
  IX. Zimmerleuth, Faßbinder, Schreiner, Trechsler, Maurer, Steinmetz, Haffner, Wagner, Holz-Käuffer und Räbleuth sollen eine Zunft haben.
   X. Tuchschärer, Schneider und Kürsner sollen eine Zunft haben.

XI. Fischer, Schiffleuth, und Seiler sollen eine Zunft haben.
XII. Öler, Grempler, Habermähler, Wein-Fuhrmann, Wein-Zieher, Salz-Knecht und Gärtner sollen eine Zunft haben.
XIII. Wullen- und Lein-Wäber, Hutmacher und Bleicker sollen eine Zunft haben.

Welche Handwerker also zusamen in eine Zunft gebunden und geordnet sind, da solle man bey selbiger Zunft zu jedem halben Jahr einen Zunftmeister nehmen, je nachdeme es unter allen Zünften ermehret oder einhellig wird; wurden aber die Zünfter bey einer Zunftmeister-Wahl in ungleiche Meinungen und gleich viele Stimmen sich zertheilen, so sollen sie dann vor einen Burgermeister, die Räht und Zunftmeister, auch den Grossen Raht mit ihren Mehren kommen, Welche dann Gewalt haben sollen, den Stich zu entscheiden, und Ihnen einen Zunftmeister zu geben, der Ihnen und gemeiner Stadt der allerkommlichste und nutzlichste ist, ohne Gefahr.

Die von der Constaffel sollen achtzehen Männer in dem Grossen Raht haben, und wann unter diesen achtzehen Männeren hinfüro immer einiche mit Tod abgiengen oder sonsten abgeändert oder untüchtig wurden, so sollen die übrigen für des Kleinen und Grossen Rahts in der Constaffel sind, an statt der Abgegangener andere erwehlen, bey Ihren Eyden, welche Sie bedunken, gemeiner Stadt die nutzlichste und beste zu seyn.

Deßgleichen solle jede Zunft zwölf Männer in dem Grossen Raht haben, und so einer absturbe oder abgeänderet wurde, oder sonsten untüchtig worden wäre, so sollen die Zunftmeister und Räht derselben Zunft, in welcher der Fahl sich zutragt, und die übrige Zwölfer an des Abgegangenen statt einen anderen, der Sie bedunkt gemeiner Stadt der nutzlichste und beste zu seyn, bey Ihren Eyden erwehlen.

Und wann also ein Constaffelherr oder Zunftmeister von seiner Constaffel oder Zunft oder einer des Grossen Rahts, es seye von der Constaffel oder Zünften, erwehlt wird, solle die Wahl vor dem Burgermeister, denen Rähten, und denen Grossen Rähten eröffnet werden, und wann der Erwehlte, von dem Burgermeister, denen Rähten, und dem Grossen Raht bestätigt und angenohmen wird, so solle er bey der auf Ihne gekommenen Wahl verbleiben, und selbiger Zeit bestätiget seyn.

Ein jeder Constaffelherr oder Zunftmeister, und der so des Kleinen und Grossen Rahts ist, solle ein ehrbarer hernach erläutertermassen eingesessener Burger seyn, der Gottesforcht, Ehr und Gut, Witz, Vernunft und Bescheidenheit habe.

Ein Constaffelherr oder Zunftmeister solle von dem Mehreren Theil seiner Constaffel oder Zunft, und ein Grosser Raht, von dem Mehreren Theil der Constaffelherren oder Zunftmeisteren, Klein und Grossen Rahten seiner Constaffel oder Zunft, wie es dann geordnet ist, bey dem Eyd erwehlet und keiner darzu genohmen werden, der neulich in die Stadt gekomen, und nicht zuvor zehen Jahr lang ein eingesessener Burger zu Zürich gewesen, ein neuangenohmener Burger aber solle vor seine Person nicht in das Regiment kommen mögen, wohl aber seine Kinder.

Damit Unsere gemeine Stadt Zürich bey gutem Raht, guten Gerichten, guten Gewohnheiten, und bey gutem Schirm und Fried verbleiben möge, solle man einen Burgermeister und Raht haben, von Ritteren, Edelleuthen, Burgeren, der Gemeind und denen Handwerken, folglich von der

Constaffel denen Zünften und Handwerken, ehrbare Leuth in den Raht setzen, wie hernach folget, und namlich so sollend gewohnlich die Räht, die Zunftmeister, und der Groß Raht zu jedem halben Jahr, vor St. Johann im Sommer, und St. Johann im Winter, zu jeder Zeit, da man gewohnlich einen Raht besetzet, einen Burgermeister erwehlen, der Sie die Räht, die Zunftmeister und den Grossen Raht der nutzlichste und beste seyn bedunket, der Stadt und dem Land, niemand zu lieb noch zu leyd, und darum keinen Mieth nehmen, bey Ihren Eyden, und doch solle keiner zu einem Burgermeister erwehlet und genohmen werden, Er seye dann ein gebohrner Burger der Stadt Zürich; wird Er genohmen von der Constaffel, so solle Er bey der Constaffel bleiben, wird Er aber von einer Zunft genohmen, so solle Er bey seiner Zunft verbleiben, und solle auch ein jeder Burgermeister der also erwehlet wird, einen gelehrten Eyd zu Gott schweeren, Ritter, Edelleuth, Burger, die Zünfte, Arme und Reiche zu Zürich zu behüten und zu besorgen, an Leiberen und Gütern, in allen Sachen, und darinne das beste zu thun, so viel Er immer kan und mag, und gleich zu richten dem Armen als dem Reichen, und dem Reichen als dem Armen, ohn alle Gefahr.

Und damit Ritter, Edelleuth, Burger, die Zünft, Arme und Reiche von Zürich desto besser vor Gewalt beschirmet, und mit Treuen verhütet und vergaumet werden, solle eine jede Zunft zwey Zunftmeistere haben, wie von Altem her, zugleich einen Rahtsherren, und solle ein Burgermeister, der Raht, die Zunftmeister und der Grosse Raht einer jeden Zunft Ihren Rahtsherren zu erwehlen und zu geben haben, von und aus denen zwölfen derselben Zunft, und dargegen sollen die von der Constaffel vier Constaffelherren von und aus ihnen zu erwehlen haben, (gleichwie jede Zunft zwey Zunftmeister hat) die Sie bey Ihren Eyden der Stadt die nutzlichste und beste seyn bedunken.

Darzu sollen dann ein Burgermeister, die Räht, die Zunftmeister, und der Grosse Raht aus denen Achtzehen, so Sie von der Constaffel in dem Grossen Raht sitzen haben, auch zwey in den Kleinen Raht erwehlen, die Sie bey Ihren Eyden der Stadt die nutzlichste und beste seyn bedunken; also daß die von der Constaffel, sechs in beyde Rähte, den abgehenden und den angehenden sitzen haben sollen.

Wann auf diese Weis die Rähte von der Constaffel und denen Zünften, wie vorstehet, genohmen sind, manglen denen beyden Rähten, dem abgehenden und dem angehenden, annoch Sechs, welche Sechs ein Burgermeister, die Rähte und Zunftmeister, auch der Grosse Raht, mit Freyer Wahl erwehlen und erkiesen sollen, von und aus denen, welche in dem Grossen Raht sitzen, es seye von der Constaffel oder denen Zünften, welche Sie dann bey Ihren Eyden befinden, daß Sie der Stadt die nutzlichste und beste seyen.

Der Raht solle also zweymahl des Jahrs besetzt werden, namlich vor St. Johann im Sommer, und vor St. Johann im Winter, 14 Tag mehr oder minder, auf beyde Zeiten ohngefahrlich, als man es gemeinlich befindet: jedoch sollen zu jedem halben Jahr von diesen allen mehr nicht als zwölf in den Raht erwehlet und gnohmen werden; worzu die zwölf Zünft so Wir zu Zürich haben, jede Zunft auch einen Zunftmeister, wie vorstehet erwehlen sollen, und gehen die zwölf Zunftmeister auch in den Raht, also daß jährlich zweymahl in dem Jahr, je 24 dem Raht schweeren sollen, als es dann gewohnlich, und von Altem hargekommen ist.

Wann aber zu denen Zeiten, da man einen Raht erwehlen soll, der Burgermeister nicht in der Stadt, oder wann zu solcher Zeit kein Bugermeister wäre, oder wann ein Burgermeister zu der Wehlung nicht helffen noch darbey erscheinen wolte, so sollen und mögen doch die Rähte, die Zunftmeister und der Grosse Raht Gewalt haben, einen Neuen Raht zu setzen und zu erwehlen, in aller Weise, Form und Maas, als wann ein Burgermeister bey Ihnen wäre, wie vorgeschrieben ist, ohn alle Gefahr.

Eines jeden abgehenden Burgermeisters und Rahts Amts-Zeit solle ausgehen an St. Johanns-Tag, es seye in dem Sommer oder in dem Winter zu Mitternacht, wann die Glogg zwölf Uhren schlagt, und zu derselben Zeit solle des angehenden Burgermeisters und Rahts Gewalt anheben, damit man wüssen möge, wann einige Sachen sich zutrugen, in Unserer Stadt, wo man sich anzumelden, und wer zu richten habe.

Auf diese Weise solle man gemeinlich und gewohnlich zweymahl in dem Jahr, den Burgermeister, die Räht und die Zunftmeister ändern, und welcher ein halb Jahr Burgermeister, Rahts-Constafflerherr, oder Zunftmeistere gewesen, der mag dann in dem anderen halben Jahr nächst darnach nicht wieder erwehlet werden, in dem darauf folgenden halben Jahr aber kan einer wohl wieder Burgermeister, Rahts-Constafflerherr oder Zunftmeister werden, wann Er darzu erwehlet wird, wie obgeschrieben stehet.

Jedoch und damit der Raht desto stattlicher besetzet, und täglich vorfallende Sachen desto fleissiger ausgerichtet werden, mögen Neu und Alte Räht wohl bey Einanderen sitzen, das Malefiz aber solle allein dem Neuen Raht zustehen, jedoch derselbe den Alten Raht wohl auch zu Sich ziehen mögen, wann es den Neuen Raht nothwendig bedunkt.

Damit hinfüro Unsere Stadt Zürich und alle Ihre Burgere, auch die Zünft gemeinlich, und die so in selbige gehören, bey gutem Fried und Schirm, auch die Zünft bey Ihrem Wesen, wie Sie angesehen und harkommen sind, verbleiben und gehandhabet werden mögen, haben Wir gesetzet und geordnet, daß aus deren zwölf Zünften und von denen vier und zwanzig Zunftmeisteren, die jährlich zu denen beyden Zihlen, wie obsteht, genohmen und erwehlet werden, drey derselben zu Obrist-Zunftmeisteren von Burgermeister, denen Rähten, denen Zunftmeisteren, und denen Zweyhunderten als dem Grossen Raht, die Sie an Witz, Vernunft, Ehr und Gut, die geschickteste und taugenlichste bedunken, von Freyer Wahl erkohren und erwehlet werden und dieselbe Macht und Gewalt haben sollen, die andere Zunftmeister gemeinlich um nachgeschriebene Sachen allein, so oft es erforderlich und nohtdürftig ist, zusamen zu berufen und zu versamlen, benanntlichen was vor Streitigkeiten, Spänn, Irrungen, und Zweytracht denen Zünften begegnen, es seye einer Zunft gegen der anderen, oder von besonderen Persohnen, Heimbschen oder Frömden, wer die immer seyen, um solche Sachen, die Ihre Gewerb und Handwerk antreffen, vor sich zu nehmen, und die Partheyen die es antrifft, vor Ihnen gegen einanderen zu verhören, und selbige dann allein nach Ihren Eyden förderlich und unverzögenlich zu entscheiden, ohne daß Ihre ausfällende Urtheil appelliert werden, und ein Burgermeister und die Räht Sie daran nicht hindern oder irren, noch in Beurtheilung der Sachen bey Ihnen sitzen sollen, und wann die Zunftmeister solche Sachen also behandlen und beurtheilen wollen, sollen Sie alle gemeinlich oder der mehrere Theil von Ihnen darbey versamlet seyn und sitzen.

Und was vor Sachen die Zunftmeister also gemeinlich oder der mehrere Theil unter Ihnen, die Ihre Gewerb und Handwerk betreffen, richten und erkennen, oder ansehen, solle ein solches steth, vest, und unverbrochen gehalten werden, und der Burgermeister, die Raht, auch die Zweyhundert als der Groß Raht, und Unsere ganze Gemeind Sie darbey schirmen und handhaben, doch mit der Erläuterung, wann einiche Zunft, eine oder mehrere einige Beschwerden oder Sachen, die Unsere Stadt und Ihre Burger gemeinlich berühren und beschwehren möchten, vornehmen und behandlen wolten, daß dann die obgemeldte Zunftmeister, ein solches allein nicht vor sich nehmen oder ausrichten, noch einigen Gewalt darin haben, sondern solche Sachen, für den Burgermeister, die Räht, die Zunftmeister, und die Zweyhundert als den Grossen Raht gemeinlich gebracht, und von denselben beurtheilet und entscheiden werden.

Fehrner so sollen besagte drey Oberste Zunftmeister so jetz erwehlet sind, oder hinfüro erwehlet werden, Sich insonderheit befleissen in den Raht zu kommen und zu verhelffen, daß Unserer gemeiner Stadt Sachen und Nohtdurft vorgenohmen, auch jedermann Reich und Arm verhört werde und gemein-gleiches Recht erlangen möge: Auch Unsere Gemeine Stadt und Land, nach Ihrem besten Wüssen und Verstand, zu verhüten und zu vergaumen, damit niemand kein Gewalt oder unbillichen Beschwerd zugefügt werde. Und wann Sie in diesen Sachen einige Saumnuß oder Irrung erfinden, oder wann in einem Raht durch jemand Zweytracht, Unfug oder Gefahr unterstanden, oder gebraucht wurde, ein solches förderlich abzustellen, besonders was Ihnen also in- und aussert dem Raht vorkomt, darvon Schaden oder Geprästen erwachsen möchte, Sie werden deßwegen von jemand ermahnet, oder daß es Sie selbsten bedunkte, es anzubringen, oder einen Burgermeister heissen anzubringen, es seye vor dem Kleinen Täglichen Raht oder denen Zweyhunderten dem Grossen Raht, je nach Beschaffenheit der Sachen und Erheuschung der Nohtdurft, doch mit diesem Beding, daß allezeit die, die es berühren möchte, dargegen mit ihrer Antwort verhört und niemand hinterrucks oder unverhörter Dingen verfället oder beschweret werden solle.

Wann auch Unsere Burgermeistere so je zun Zeiten sind, nicht in der Stadt oder dem Raht wären, solle dann unter den drey Obersten Zunftmeistere je der Vorderste, so zu erst erwehlet ist, und wann Derselbe nicht zugegen, der ander, oder endlich der dritte Statthalter des Burgermeisterthums seyn, und solches Amt versehen, desgleichen solche Ordnung in dem, so Ihnen wie obstehet, zu beobachten und auszurichten anbefohlen ist, auch also unter Ihnen gehalten werden.

Wann jährlich auf die Zeit vor Wienachten ein Burgermeister und Raht erwehlet wird, sollen die drey Oberste Zunftmeister, wie obstehet, auch von Freyer Wahl erwehlet und genohmen werden, und doch zum wenigsten einer unter denen Dreyen und namlich der erst oder vorderste jährlich abgeänderet, und ein anderer zu denen Zweyen erwehlet werden, damit daselben allezeit Drey seyind, wie vor stehet, jedoch daß so einer Zunft nicht zwey genohmen werden, sonder die drey Oberste Meister allezeit in dreyen Zünften seyen: Auch sollen nicht zwey Brüdere zu gleicher Zeit zu Oberst Zunftmeisteren mögen erwehlet werden: Und sollen auch Dieselben schweeren, der Stadt und des Landes Nutz und Ehr zu befördern, die Zünft gemeinlich und jede besonders bey Ihren Rechten, guten Gewohnheiten und altem Herkommen zu schirmen und zu handhaben, auch alle Sachen, so Ihre Handwerk und Gewerb antreffen, mit denen Zunftmeisteren, wie obstehet, auszurichten, die gemeine Stadt und das Land und jedermänniglichen vor Gewalt und Beschwerd zu verhüten und zu vergaumen, und was dieser Sachen wegen an Sie gebracht wird, Sie werden von jemandem ermahnet, oder es bedunkte Sie selbsten nothwendig es anzubringen oder zu verschaffen, daß es angebracht werde, und darbey Ihr Wegst und Bestes zu thun, alles getreulich und ohngefährlich.

Es solle niemand von keiner Wahl, so wohl des Burgermeisters, der Rähten, der Zunftmeisteren, und des Grossen Rahts, einigen Mieth nehmen, und fahls dessen jemand mit ehrbaren Leuthen also überzeuget wurde, daß der Burgermeister die Räht und die Zunftmeister befunden, daß es genugsam erwisen wäre, der solle als Meineyd des Rahts entsetzet, und von Stadt und Land verwisen werden, also daß er zuruck in die Stadt nimmermehr kommen möge.

Wir haben auch gesetzt und geordnet, daß wann in denen vor die Räht und Zunftmeister kommenden Geschäften man in Beurtheilung derselbigen nicht einer einhelligen Meynung werden möchte, einjeder der Rähten und Zunftmeisteren solche Geschäft und Sachen wohl ziehen mögen sollen vor den Grossen Raht, so oft und viel dieses sich zutraget, wann es einer bey seinem Eyd befindet, daß es nothwendig seye, jedoch solle er zu dem wenigsten unter denen Rähten und Zunftmeisteren zwey haben, die seiner Meynung und Urtheil gefolget, worbey ausgedungen sind, diejenige Urtheile, welche von dem Gericht vor Raht gezogen oder gewisen werden; Uber diese solle der Raht sprechen, und den Streit entscheiden nach bisheriger Ubung, ohne daß ein Zug beschehen möge; ohne Gefahr.

Und darauf solle die ganze Gemeind zu Zürich, wann ein neuer Raht angehet, schweeren, dem Burgermeister, dem Raht, denen Zunftmeisteren und dem Grossen Raht gewärtig und gehorsam zu seyn, und Ihnen die Gericht zu Zürich, und alle Stuck so in diesem Brief geschriben stehen, zu helffen, schirmen und behaupten, und auch einem Burgermeister und Raht wegen der Bussen, so Sie sprechen und erkennen, wann der Burgermeister, die Räht, und die Zunftmeister nicht in dem Stand seyn möchten, und namlich wider alle die und gegen allen denen, die sich wider Sie und Ihre Urtheil oder Gericht oder einig Stuck so in diesem Brief geschriben stehen, stelleten oder widerstehen wolten, mit Leib und Gut beholffen und berathen zu seyn, und solle keine Buß nachgelassen werden, ohne des Mehreren Theils der Rähten und Zunftmeisteren, als welche die Urtheil und Buß gesprochen, Wüssen und Willen.

Sie sollen auch schweeren diesen gegenwärtigen Brief mit allen Stucken und Articlen so darinnen enthalten sind, wahr und steth zu halten mit guten Treuen, und darwider nichts zu thun, oder zu verschaffen, oder zu verhängen, daß es gethan werde.

Wann auch ein Knab, er seye von Rittern, Edelleuthen, Burgeren, Handwerken oder Zünften, die zwanzig Jahr seines Alters erreichet, solle ein solcher schweeren, diesen Brief und alle Stuck so darin begriffen zu halten, und darwider nimmermehr etwas zu unterfangen oder zu thun, bey guten Treuen; Ohn alle Gefahr.

Diesere vorgeschriebene Stuck, Articul und Gesetze, haben Wir der Burgermeister, die Rähte, die Zunftmeistere, der Groß Raht, und die ganze

Gemeind der Stadt Zürich um guten Gerichts und Rechtens willen, zu der Ehre Gottes, Frieden und Schirm Unserer Leiberen und Güteren auch zu gemeinem Nutzen und Nohtdurft Unserer Stadt und Unser aller gesetzet und geordnet, darbey vest und steth zu bleiben, und darob aufrichtiglich zuhalten.

Fügete es sich aber, daß jemand wider diesen Brief oder einige Ding so hierinnen geschrieben stehen, thäte oder verschaffete, daß darwider gethan wurde, durch sich selbst oder andere, heimlich oder offentlich, und ein solches denen Rähten und Zunftmeisteren bekannt gemachet wurde, ein solcher solle Meineyd und Ehrlos seyn, auch sein Burger-Recht verlohren haben, und nimmermehr in die Stadt Zürich kommen, und darzu alle die Bussen leiden und ausstehen, so hieroben in disem Brief ausgedrucket sind, ohne alle Gefahr.

Und dessen zu wahr- und vestem Urkund haben Wir Unserer gemeinen Stadt Zürich Secret-Insigel offentlich an diesen Brief henken lassen, der geben ist, den Sechszehenden Christmonat nach Jesu Christi Unsers Einigen Erlösers und Heilandes Heilwerther Gebuhrt gezehlet Eintausend Siebenhundert und Dreyzehen Jahre.

4. Publikationsmandat des Landfriedens für die Gemeinen Herrschaften
Vom 12. September 1712

Wir von Städt und Landen der nachbenanten Orten Loblicher Eydgnoßschafft, als Zürich, Bern, Lucern, Ury, Schweitz, Underwalden, Zug und Glarus, (Appenzell, wegen Rheinthal) Räth und Abgesandte dermahlen auf der Jahr-Rechnung zu Baden im Ärgäu, aus Befehl und Gewalt Unser allerseits Herren und Oberen bey einandern zu Tagen versamt, thund kund offentlich hiemit, demmenach zwüschen denen beyden Loblichen Städten Zürich und Bern an einem, und danne denen fünf Loblichen Orten Lucern, Ury, Schweitz, Underwalden, und Zug an dem anderen Theil bekandter Ursachen wegen, leyder! grosse Zweytracht entstanden, und daraus Krieg und Blutvergiessungen erfolget; So aber vermittelst der ohnendlichen Gnad und Güte Gottes durch den, den 18. Heumonat, wie auch den 9. und 11. Augstmonat jüngsthin zu Arau geschlossenen Friden gäntzlichen hingelegt, abgethan, und der liebe Frid und Ruhestand des Vatterlandes, darfür dem Allerhöchsten demüthigest gedanket seye, wider hargestellet worden; Daß Wir reifflichen beherziget, wie zu Erhaltung der gemeinen Ruh und Wohlfahrt nichts heilsamers, nutzlichers, und nothwendigers seye, als gute Satz- und Ordnungen, und unpartheyische Handhab, und getreue Beobachtung, und das fürnemlich, wo zweyerley Religions-Angehörige bey und neben einanderen wohnen, und leben müssen, der Oberkeit höchstens ob- und angelegen, zu verschaffen, solchem End hin gedachtem Fridens-Schluß solche Satz- und Ordnungen einverleibet worden, welche zu einer beständigen Regul und Richtschur dienen, und hinfüro der Lands-Fried heissen und seyn, danne auch jedermänniglich, in so weit selbiger einen jeden in seinem Stand und Wesen ansehen und betreffen thut, von nun an obzuhalten, zu geleben, und Folg zu leisten schuldig und verbunden seyn solle, inmassen wie der vierte Punct des aus beyden in eines zusammengetragnen Fridens-Instrumenti in allen seinen Articulen ausweißt und vermag, als von Wort zu Wort folget:

Und weillen *Viertens* beyde Lobliche Ort Zürich und Bern das Thurgäuw und Rheinthal zu gemeinsamer Regierung der jenigen Loblichen Orthen, welche selbige vorhero beherschet, wiederum abtretten werden, mit Beding, daß vorhero so wohl der Religion als der Regierung halber die gebührende Parität würcklichen zu Werck gerichtet werde; Gestalten hierumb abgeredt, verglichen und beschlossen, daß künfftige Streitigkeiten in dennen gemeinen Herrschafften zu vermeiden und eine gerechte und fridsamme Regierung zu führen, die Evangelische gleich wie die Catholische der Reglion und Gottesdiensts halber und was selbigem anhanget, in dennen gemeinen Herrschafften, in welchen beyde Religionen sich befindend in einem gantz gleichen Rechten stehen und was jeder von beyden Religionen zu derselben Übung in particularj zugehöret, derselben verbleiben, und sie dessen ohnverweigerlich zu genießen haben.

So sollen auch in hochen Regalien, Item wan es umb allgemeine Regierungs-Policey-Landts- und Kriegs-Ordnungen zu thun, könfftighin die Majora nichts entscheiden, sondern wo darüber ohngleiche Meinungen wären, sollen gleichwie in denen die Religion ansehenden Geschäfften, derethalb der Einte Theil vermeinte daß es die Religion nit berühre, der Andere Theil aber es für eine Religions-Sach dargibet, weder von den mehrern Loblichen Regierenden Ohrten noch viel weniger von den nachgesetzten Landtvögten nichts decidirt oder darüber gesprochen, sondern damit biß auff aller Loblichen Regierenden Ohrten Zusammenkonfft gewarthet und alsdan durch gleiche Sätze beyder Religionen zu güeth- oder rechtlichem Außtrag geschritten werden: In allen anderen Sachen aber sollen die Regierende Ohrt wie hiebevor handlen, erkennen, richten und urtheilen und ein Meer ein Meer seyn und verbleiben.

Und gleich wie man zugiebt, daß die Catholische Geistlichkeit samt allem was ihren Gottesdienst und Kirchenzucht betrifft, Item die Ehe-Sachen und was dem Foro Matrimonialj anhanget, vor dem bekanthen Richter ihrer Religion beurtheilet werden; Eben also sollen auch die Evangelische Pfarrere und Seelsorgere samt allem was derselben Gottesdienst und Kirchenzucht betrifft, darunter auch die Bestellung und Haltung der Schullen begriffen, gleich der Judicatur über die Ehesachen, dem Richter Ihrer Religion Nammlich der Stadt Zürich auch allein unterworfen seyn; Die Schulmeister aber in allen anderen Sachen, aussert was die Institution und Religions-Docierung betrifft, dem weltlichen Richter unterworfen bleiben; Auch wo die Eint oder andere Religion verlangte, daß die Schul gesönderet wurde, oder aber eine neuwe auffrichten wolte, solle solches derselben auf eigenen Costen zu thun bewilliget seyn.

Es solle auch Kein Theil an des anderen Religions-Ceremonien und gebräuchen oder was immer seiner Glaubens-Bekanthnus nit gemäß ist, insonderheit auch nicht zu Haltung des anderen Theils Fäst- und Feyrtagen verbunden seyn, und gleichwie die Catholische in Ihrem Gottesdienst, Ceremonien und Processionen nicht gehindert, beschimpfet noch beleidiget werden, eben also sollen auch die Evangelischen in Ihrem Gottesdienst,

Kirchen-Gebraüchen und Ceremonien nicht gehinderet, beschimpffet noch beleidiget werden.

In gleichem sollen die Landtvögt und Underthannen Ihrer Glaubens-Bekanthnus gemäß jederweillen beeydiget werden.

Danethin so war auch angesehen und geordnet, daß zu Verhüetung besorglicher Ohnordnung für daß Könfftige die Kirch zu Verrichtung des Gottes-Diensts an Sontagen von dennen, die selbige zu Erst gebrauchen, denen so der anderen Religion sind, vom Frühling biß in den Herbst umb acht Uhren und vom Herbst biß in den Früling späthst umb neun Uhren überlaßen; es were dan Sach daß sie sich unter einanderen mit beydseithigem Belieben an eint- oder anderem Ohrt einer anderen Stund verglichen heten und darbey verbleiben wolten; Jedem Theil auch zu Verrichtung des Ordinarj und Extra-Ordinarj Gottesdiensts durch die Wochen derselben gebrauch ohngehindert gestattet werden; Zu solchem End, wo man keine eigene Kirchen-Schlüßel und Meßmer hat, und derer begehrt wurden, solche dem begehrenden Theil zu dienen sollen, Jedoch also, daß alsdann die Chor und Altär auß gemeinem Kirchengueth mit so weniger Einnahm der weithe als möglich beschloßen, auch dennen Evangelischen an solchen Ohrten, wo sie mit Keinen Eigenen Tauffsteinen versehen, selbige zu eigenem gebrauch in die Kirch hynyn zu setzen ohne einiche Hindernuß gestattet werden; Zugleich auch Jeder Religion ein besonderer proportionierter Kirchhoff Ihrer Todtne nach ihrer Religions-Manier und Ubung zu begraben verwilliget seyn solle.

In fernerem ist auch abgeredt und verglichen, daß wo die der eint- oder anderen Religion Zugethane Ihren Gottes-Dienst in einer Eigenen Kirchen zu verrichten eine neuwe bauwen wolten, danzumahlen solches in eigenem Costen beschehen solle, doch daß sie sich alsdan selbiger Kirchen allein bedienen und zu der gemeinsamlich gehabten den Zugang auffgeben, mithin aber umb daß darzu verlaßende Recht sich mit der anderen Religion verglichen mögen: Dafehrn auch eint- oder anderseithige Religionsgenossen eine gemeine besitzende Kirch in Eigenem Costen vergrößeren wolten, solle solches ihnen ohngehindert gestattet werden; Jedoch daß der Bauw also geführt, daß so viel möglich in Zeit des Bauwens kein Theil an seiner Religions-Übung verhindert, auch der Catollischen Altär und Sacristeyen nichts benachteiliget werde.

Also auch wan die Evangelische umb beßerer Komlichkeit willen, eine nechst gelegene Kirch darinn Ihre Religion geübet wird besuchen wolten, solle ihnen solches ohngehindert zugelaßen seyn.

Denjenigen Kirchhörenen wo nur allein der Evangelische Gottesdienst geübet wird, sollen dieselbe Kirchen-Güther, sie mögen bestehen worin sie immer wollen, denenselben zu eigener Verwaltung allein übergeben und überlaßen werden: Da hingegen denen Catholischen auch an denen Ohrten wo der Catholische Gottesdienst allein geübet wird gleichmäßig die Verwaltung Ihrer Kirchen-Gütheren auch allein übergeben und überlaßen seyn solle: Die Kirchengüether aber an denen Ohrten da selbige annoch ohnvertheilt und allwo beyde Religionen in Ubung sind, solle die Natur solcher Kirchengüetheren erforschet und die Spend oder Allmoßens-Güther nach Marchzahl der Leuthen jeder Religion getheilt, demenach auß den übrigen Kirchen-Güthern daß, was zu dem gelüth und Kirchen-Gebaüwen von Nöthen, bestimt, in zwey gleiche Theil getheilt, darvon jeder Religion einer zur Verwaltung zugestellet, und die unter dißem Titul sich ergebende Umbkosten zu gleichen Theillen beygetragen, daß Capital wohl mögen vermehret aber nit verminderet werden, von dem übrigen aber solle jedem Theil daß, was er zu Verrichtung seines Gottesdiensts biß dahin genoßen fürbaß gefolget und zu deßen Verwaltung übergeben werden, und die Gemeindsgenossen von der Eint- oder anderen Religion zu der anderen Gottesdienstsunderhaltung für daß Könfftige nichts mehr beyzusteühren schuldig seyn.

Es sollen auch die Herren Collatores der jenigen Pfründen, wo die Pfarrer dem Züricher Synodo einverleibet auß dreyen Taugenlichen Subjectis, so ihnen von dahero vergeschlagen werden, eines darauß zu erwehlen haben, anbey aber auch die Pfarrhäußer gebührend in Ehren zu halten sich angelegen seyn lassen.

Ferners so ist man auch übereingekommen, daß die verlaßenschafft der in gemeinen Teutschen Herrschafften absterbenden verpfründeten Herren Geistlichen deß Abzugs frey seyn solle.

Und weillen daß Rheinthallisch Landt Mandat nit allein eint- und andere Ohnordnung in sich haltet, sonderen auch die Religion einmischen thut, Als hat man auch für nöthig angesehen, daß daselbig verbeßeret werden solle, mithin dan auch der *Landts-Fried von Anno 1531* auffgehebt, todt, und abseyn, dargegen aber die dißmahlige Befridigung könfftighin der *Landts-Fried* heißen, und die Landtvögt so wohl als alle Geist- und Weltliche Gerichtsherren und Collatores zu dißem *Landts-Frieden* verpflichtet und verbunden seyn sollen.

Damit dan auch in verwaltung der Justiz die Ohnparteilichkeit desto beßer Platz finden möge, so sollen die Ehrenstellen, Ämbter, und Oberkeitliche Bedienungen von nun an auß beyden Religionen bestellet werden, also daß gleichwie der Landtschriber im Thurgeuw Catholischer Religion bleibt, hargegen jederzeit der Landt-Amman Evangelischer Religion seyn.

Es solle auch fürohin die Landtschriberey des Rheinthals beständig durch einen Evangelischen Landtschriber bestelt und versehen werden, der nechste Beambtete auff ihne aber Catholischer Religion und den Loblichen Catholisch-Regierenden Ohrten selbigen zu bestellen überlaßen werden von der Qualitet wie der Evangelisch Beambtete in dem Sarganßer Land seyn wird, und wie die samtlich Regierende Ohrt desthalber überein kommen werden, und obgedeüthe Landtschrieber und Landtammanstellen je zu zehen Jahren umb abgänderet werden, und jedesmahl an eines Catholisch-abgehenden Landtschribers statt widrum ein Catholischer, und vice versa an eines Evangelisch-abgehenden auch widrum ein Evangelischer bestellet, und also auch mit den nechsten auff sie folgenden Oberbeamteten verfahren werden, die Wahl aber so fehrn sie einen Catholischen zu betreffen hat, denen Catholischen, wo es aber ein Evangelischer seyn soll, denen Evangelischen Ohrten gebühren solle.

Ubrige so wohl Civil- als Militar-Bedienungen, als da sind Undervögt, Landtrichter, Weybel, Landt-Gerichts-Diener, Item Redner, Landt- und Quartier-Haubtlüth, Haubtlüth, jeder Religion ohne unterscheid gleich viel bestellet werden, darbey es der Redneren halber die Meinung hat, daß zu denen dißmahls vier Catholischen zu Frauwenfeld annoch zwey Evangelische hinzugethan, auff daß absterben zweyer Catholischer aber es fürbaßhin bey der Zahl der vier Redneren als zweyer Evangelischer und zweyer Catholischer gelaßen werden solle.

Ferner solle auch in dennen Nideren Gerichten, wo man von beyden Religionen unter einanderen wohnet mit Besetzung der Amman- und Richterstellen also verfahren werden, daß an dennen Ohrten wo zwey Drittel der einten Religion, die Richterstellen auch mit zwey Drittel Richteren von selbiger Religion bestellet, wo aber die Manschafft geringer als zwey Drittel, so solle danzumahl daß Gericht halb von den Evangelischen und halb von den Catholischen besetzet, und allwegen ohne underscheid der größeren oder wenigeren Manschafft mit der Amman- oder vordersten Richter-Stell alterniert werden.

So sollen auch die Waißen mit Vögten Ihrer Religion besorget, die Frömbdling ohne aller Regierender Ohrten Consens nicht zu Lands-Kinderen, noch die Lands-Kinder derer Ohrten, wo sie nit Burger, oder Gemeindsgenossen sind, wieder den Willen des mehreren Theils der Gemeindsgenossen weder zu Burgeren oder Gemeindsgenossen noch Beysessen angenommen werden, auch weder die Landtvögt noch Gerichts-Herren selbige unter dem Vorwand des halben Meers noch sonsten einicher Massen darzu nit nöthigen mögen.

Danne die Käüff in Todtne Händ betreffende so sollen solche Niemand als den Regierenden Ohrten für sich, doch so zugelaßen seyn, daß die übrige mitregierende Ohrt umb den Consens gebührend ersucht werdind.

Die heimliche Kläger und Kundtschafften sollen fürohin abgestelt, die Unterthannen mit strenger Regierung nit beschwehrt, noch mit ohnmässigen Cantzley- oder anderen beschwerlichen Cösten belästiget, sondern in allen Dingen mit ihnen milt und vätterlich verfahren werden.

Wan danethin Lobliche Regierende Ohrt, (welches aber Gott ewig wende) in Krieg gegen einanderen zerfiellen, so solle kein Theil er mache gleich die Majora auß oder nit mögen die gemeinen Unterthanen mahnen, sondern diße sich neutral halten, und Keintwederem Theil weder Volck, Gelt, Munition oder Proviant geben, oder einech anderen Vorschub thun anderst als mit Gebätt zu Gott zu deroselben wieder Vereinigung und Befridigung.

Weithers ist hierdurch versehen, daß in dennen gemeinen Herschafften Mäniglich Geist- und Weltlichen verbothen seyn solle, einiche Fortifications-Werck sie seyen Klein oder Groß, regular oder nit, unter was Prätext es immer seyn möchte zu bauen ohne Consens aller Loblicher Regierender Ohrten.

Die Maleficanten von beyden Religionen sollen in kein Weiß noch Weg zu Änderung der Religion angehalten, sondern wan einer unter währendem Process einen Seelsorger seiner Religion zu seinem Trost begehrte ihme solches in Beyseyn eines Beamten gestattet werden, wan aber der Process ihme allbereitt gemachet, solle der Seelsorger so er begehrt den ohngehinderten Zugang zu ihme dem Maleficanten ohne Beyseyn eines Beambteten haben, und von ihme biß zu der Richtstatt begleithet werden mögen.

Zu desto sicherer Verhütung dan aller ohnbeliebigkeiten und reitzenden Anläßen soll Künfftighin alles verhaste Schmützen und Schmähen von Geist- und Weltlichen, in und aussert der Kirchen, mundt- und schrifftlichen bey Höchster ohngnad verbotten, und abgestrafft werden, auch solle bey gemeinen und sonderbahren Zusammenkonfften es seye im Reden, Schreiben und dergleichen die Einte Religion *Evangelisch* und die andere *Catholisch* genennet und betitlet werden.

Ubrigens dan solle auch in Justiz-Sachen Succession, Erbschafften und Collocationen die einten gleich den anderen ohne unterscheid der Religion gehalten und angesehen, auch bey denen Lehens-Verleihungen Keinem der Religion halber etwas zugemuthet werden.

Wann nun Krafft dises Fridens-Schlusses heiter bedungen worden, daß vor Abtrettung der Herrschafften Thurgäu und Rheinthal an die vormahlig Regierende Lobliche Orth, so wohl der Religion als der Regierung halber, die gebührende Parität würcklichen zu Werck gerichtet werde, (zu dem End Wir eine eigene Commission geordnet, welche sich obgelegen halten solle, alles in erforderliche Execution zu setzen), zumahlen die Catholische gleich wie die Evangelische, und die Evangelische gleich wie die Catholische der Religion und Gottes-Diensts halber, und was selbigem anhanget, in denen gemeinen Herrschafften, wo beyde Religionen sich befinden, in einem gantz gleichen Rechten stehen, wie nicht weniger der Ehrenstellen, Ämter, Civil- und Militar-Bedienungen halber, wie hierum gehalten werden solle, deutlich ausgetrucket ist; Als sollen hiemit jedwederer Religionns-Genossen gut Fug und Macht haben ihres Rechtens nach Ausweisung angehörten Fridens-Schlusses von nun an völliglich zu bedienen, und derer würcklich theilhafft und genoß zu seyn; Gestalten dann Unser ernstlicher Will, Meinung, und Befehl hiermit ist, daß kein Theil dem anderen hierunder Eintrag thun, vil weniger einichen Widerwillen, Verdrus, Auffschub, oder Versaumnus verursachen, sonderen je ein Theil dem anderen hierzu alle Bereitwilligkeit erzeigen solle; Wie dann auch alle und jede, so wohl Geist- als Weltlichen Standes ermahnet werden, sich alles dessen, was zu einicher Hinderung oder Irrung Anlas geben möchte, gäntzlichen zu müßigen, und zu enthalten: Hierbey verbiethen Wir auch allen und jeden unseren Angehörigen Geist- und Weltlichen, was Standes, Ansehen, und Würde die immer seyn möchten, bey hoher Straff und Ohngnad alle ohngebührende, ehrverletzliche, üppige, ohnnütze, auch schandliche Schand-, Schmäh- und Schelt-Wort, Verachtungen, Verkleinerungen, Reitzungen, und Veranlassungen, wie die immer fürgezogen, gemachet, oder erdacht werden möchten, und wollen hingegen, daß männiglich in Worten und Wercken, im Thun und Lassen sich ehrbarlich, bescheiden, und tugendlich erzeige, und verhalte, als es ehrbaren Leuthen unter einanderen wohl anstehet, und gezimmet, und wer hirwider ohngehorsam erfunden wurde, der solle deßwegen zu gebührender Straff gezogen werden; Welches zu männiglichs wüssenthafften Verhalt ab allen Cantzlen offentlich verlesen, und wornach ein jeder sich zu richten, und ihme selbst vor Schaden zu seyn wohl wüssen wird.

Geben zu Baden im Ergäu den zwölften Tag Herbstmonat, von der Gnadenreichen Geburt Christi Unsers Herrn und Heylands gezellet, Eintausend Sibenhundert und Zwölff Jahre.

5. Règlement de l'Illustre Médiation pour la pacification des troubles de la République de Genève

Du 7 avril 1738

Au Nom de Dieu, Amen.

Les troubles et divisions arrivés dans la Ville de *Geneve* dès l'Année 1734; Aïans été portés au point d'y attirer les horreurs d'une guerre civile, dont les suites funestes auroient pû la plonger dans les plus grands malheurs, et entrainer la perte entiére de l'Etat; *Sa Majesté Tres Chretienne*, étant informée de l'extrême danger où se trouvoit cette République, qu'Elle a toujours honoré de Sa Bienveillance; et faisant d'ailleurs attention à l'alliance qu'Elle a avec elle, a bien voulu lui accorder Sa Médiation, conjointement avec celle des *Loüables Cantons de Zurich, et de Berne*, dont les Représentans, en qualité d'Alliés, s'étoient déjà rendus à *Geneve* pour y rétablir le bon ordre et la tranquillité; Laquelle Médiation fut acceptée par tous les differens Ordres de la République; A l'effet dequoi *Sa Majesté*, auroit envoyé le Tres Illustre et Tres Excellent Seigneur *Comte de Lautrec*, Son Lieutenant General en la Province de Guyenne, Marêchal de Ses Camps et Armées, Inspecteur General de Son Infanterie, muni de Ses Pouvoirs pour conferer avec les Illustres et Magnifiques Seigneurs Représentans, *Jean Hoffmeister*, Bourguemaistre, *Jean Gaspard Escher*, Stathalter, chargés aux mêmes fins des Pouvoirs du *Loüable Canton de Zurich*; et les Illustres et Magnifiques Seigneurs Représentans, *Isaac Steiguer*, Ancien Advoyer, et *Louis de Watteville*, Haut-Commandant du Païs de Vaud, et Ancien Banderet, aussi chargés des Pouvoirs du *Loüable Canton de Berne*; Lesquels après avoir pris une parfaite connoissance des matiéres relatives à l'objet de leur Commission, et receu d'un châcun toutes les informations, instructions, et mémoires necessaires à ce sujet, se seroient emploïés avec zéle, et impartialité, à procurer une entiére pacification dans la République, et y assurer une forme de Gouvernement qui fit respecter les Loix, et l'authorité du Magistrat, en conservant les Droits et Priviléges du Peuple, ainsi que l'Indépendance de l'Etat; En conséquence dequoi les susdits Seigneurs Médiateurs ont réglé et arrêté les Articles suivans.

Réglement convenu et arrêté entre les Seigneurs Médiateurs

Article 1. Tous les differens Ordres qui composent le Gouvernement de *Geneve*, sçavoir, les Quatre Sindics, le Conseil des Vint Cinq, le Conseil des Soixante, le Conseil des Deux Cent, et le Conseil General, conserveront châcun leurs Droits et Attributions particuliéres provenant de la Loi fondamentale de l'Etat, et il ne sera fait à l'avenir aucun changement au present Réglement, en sorte que l'un des susdits Ordres ne pourra donner atteinte, ni rien enfreindre au préjudice des Droits et Attributs de l'autre.

2. Les Sindics ne pourront être pris que dans le Conseil des Vint Cinq; les Membres du Conseil des Vint Cinq ne pourront être choisis qu'entre les Citoiens du Conseil des Deux Cent; Ceux du Conseil des Soixante ne pour-

ront être pris que dans le Conseil des Deux Cent; Et les Membres du Conseil des Deux Cent ne pourront être pris que parmi les Citoïens et Bourgeois.

3. Les Droits et Attributions du Conseil General légitimement assemblé demeureront invariablement fixés et limités aux Articles suivans:

1. Au Pouvoir Législatif, c'est à dire, d'agréer ou rejetter les Loix proposées, ou les changemens à celles qui sont établies, lesquelles Loix ne pourront avoir d'effet, qu'auparavant elles n'aient été aprouvées par le Conseil General.
2. Au pouvoir d'élire ses principaux Magistrats; sçavoir, les Quatre Sindics, le Lieutenant, les Auditeurs, le Trésorier, et le Procureur General, pour choisir dans le nombre des Sujets qui lui seront présentés, ceux que bon lui semblera, ou les rejetter en tout, ou en partie, de même que la fixation du Taux du Vin, en agréant, ou rejettant, en tout ou en partie, les prix qui lui seront proposés.
3. Au Pouvoir Conféderatif, d'aprouvér ou rejetter les Traités et Alliances qui lui seront proposés avec les Puissances Etrangéres; comme aussi les Echanges, Acquisitions, ou Aliénations des Domaines de la République, ainsi que les Emprunts hypothequaires qui pourroient se faire à l'avenir.
4. Au Pouvoir d'agréer ou rejetter la déclaration de la Guerre, et la conclusion de la Paix, qui lui seront proposées.
5. Au Pouvoir d'agréer ou rejetter les Impots et Subsides qui lui seront proposés, pour subvenir aux nécessités de l'Etat, à l'exception de ceux qui étoient établis avant l'année 1714 qui continueront d'avoir lieu comme par le passé; lesquels ne pourront être augmentés sans le consentement du Conseil General.
6. Au Pouvoir d'aprouver ou rejetter les augmentations de Fortifications qui lui seront proposées.

Toutes lesquelles Attributions ci-dessus énoncées, y compris le contenu aux Articles 15 et 16 mentionnés cy après au present Réglement, apartiendront incontestablement au Conseil General, et les Conseils ne pourront par aucun réglement et innovation de leur part déroger aux Edits, ni faire de changemens aux Loix fondamentales de l'Etat, non plus qu'à la forme du Gouvernement, tel qu'il est à present, sans le consentement du Conseil General.

4. Le Conseil General en considération de la dépense des Fortifications ayant accordé par l'Edit du 8 Juillet 1734 pour dix Ans les Impots y mentionnés, et ce terme devant expirer au 8 Juillet 1744, les Seigneurs Médiateurs ont estimé convenable de prolonger lesdits Impots de six autres Années, qui expireront au 8 Juillet 1750, passé lequel temps ils ne pourront être continués, ni dès à present aucun autre nouveau établi, sans le consentement du Conseil General, ainsi qu'il est porté par ledit Edit.

5. Toutes les matiéres qui seront portées au Conseil General, ne pourront y être proposées que par les Sindics, Petit et Grand Conseils.

6. Il ne pourra rien être porté au Conseil des Deux Cent, qu'auparavant il n'ait été traité et aprouvé dans le Conseil des Vint Cinq; et il ne sera

rien porté au Conseil General, qui n'ait été auparavant traité et aprouvé dans le Conseil des Deux Cent.

7. Les Citoïens et Bourgeois conformément à l'Edit du 26 May 1707 auront droit de faire telles Représentations qu'ils jugeront convenables au bien de l'Etat à Messieurs les Sindics ou Procureur General; sous l'expresse deffense de commettre aucune sorte de violence, à peine de châtiment suivant l'exigence du cas.

8. L'Election des Membres du Conseil des Vint Cinq continuera de se faire comme par le passé, et suivant les Edits.

9. Dans les Elections des Auditeurs qui se feront à l'avenir, le Sort sera et demeurera suprimé et aboli, et au lieu de six Sujets qu'il étoit d'usage de proposer précédemment, il n'en sera plus présenté que quatre au Conseil General, pour en choisir deux à la maniére prescrite par les anciens Edits, sans que cette clause puisse rien changer à ce qui s'est toujours pratiqué jusques à present dans ces Elections.

10. Outre les limitations des degrés de parenté, établis par les précédens Edits, les Fréres de même sang, ainsi que les Uterins, Oncles et Neveux d'une même famille, comme aussi les Neveux d'alliance de même nom, seront exclus à l'avenir du Petit Conseil.

11. Aucun candidat ou prétendant au Conseil des Deux Cent, ne pourra y être admis qu'à l'âge de trente Ans accomplis, sans que les Conseils puissent donner atteinte à ce réglement par des dispenses d'âge, ni autrement, sous quelque prétexte que ce soit.

12. Pour faire participer plus de personnes de l'Etat au Gouvernement, le nombre des Membres du Conseil des Deux Cent sera dès à present augmenté de Vint Cinq, qui avec les Deux Cent Vint Cinq dont il étoit précédemment composé, feront ensemble Deux Cent Cinquante Membres, et il ne sera procédé à l'avenir à aucune promotion dudit Conseil, qu'il n'y ait Cinquante places vacantes, lesquelles seront remplies à la fois, lors que ledit Conseil se trouvera reduit au nombre de Deux Cent; et toutes les fois que les promotions se feront, ledit Conseil sera rendu complet sans qu'il puisse y avoir de changement fait à ce réglement, que du consentement du Conseil General.

13. Immédiatement après que l'Edit du Réglement des Seigneurs Médiateurs aura passé au Conseil General, pour y recevoir la Sanction il sera procédé sans aucun retardement à l'Election des Membres du Deux Cent, pour remplir le nombre des Deux Cent Cinquante, et le rendre complet, conformément à l'Article 12.

14. Il ne sera fait aucun changement à l'usage qui s'est pratiqué jusques à present dans l'Election du Sindic de la Garde, et de ses Offices et fonctions.

15. La Garnison de la Ville de *Geneve* continuera d'être entretenuë sur le pied de douze Compagnies de soixante hommes châcune, telle qu'elle est à present, sans qu'elle soit augmentée, ni qu'aucunes Troupes Etrangéres ou Auxiliaires, puissent y être introduites et admises que du consentement

du Conseil General, à l'exception toutefois des cas relatifs à la Garantie, où l'introduction des Troupes des *Loüables Cantons de Zurich* et *de Berne* pourra avoir lieu du consentement des *Médiateurs*.

16. La Garde de la Maison de Ville subsistera telle qu'elle est établie presentement, et ne pourra être augmentée, ainsi que celle des autres Postes de la Ville, que du consentement du Conseil General, à l'exception des temps de Vacances, de Moissons et jours de Foires, où l'on suivra l'usage qui s'est pratiqué jusqu'à present.

17. Les Majors, Capitaines, Aide-Majors, Sergens, Caporaux, Apointés et Soldats, prêteront Serment à la forme ordinaire, et conformément à l'usage qui s'est pratiqué jusqu'à present.

18. Lors que le Conseil General sera assemblé, aucune Garde Bourgeoise ne pourra être emploïée aux Portes du Temple, ni à la Place de la Maison de Ville, et il ne sera mis aux susdites Portes, que des Dixeniers, pour empêcher d'entrer ceux qui n'ont pas le droit d'assister au Conseil General. In n'y aura ces jours là aucune Garde extraordinaire de la Garnison.

19. En cas d'Alarme causée par le feu, ou autrement, le Sindic de la Garde disposera de la Garnison pour la seureté de la Ville, comme il s'est pratiqué jusqu'à present, et conformément à l'Article VI de l'Edit du 28 Juin 1735.

20. Au même cas d'Alarme provenant de l'Ennemi du déhors, ou de feu, châque Citoïen et Bourgeois, Natif et Habitant, de quelque qualité et condition qu'il soit, étant obligé de prendre les Armes, se rendra, sans mettre la Bayonnette au bout du fusil, à la Place d'Armes de sa Compagnie, et non ailleurs, dont il ne pourra s'écarter sans ordre exprès du Capitaine, à peine de châtiment, à l'exception de ceux qui seront préposés pour servir à éteindre le feu, ou qui auront des excuses légitimes connuës de leurs Officiers.

21. Il est expressément deffendu à toutes personnes dans les cas d'alarmes, ou de feu, d'arrêter et empêcher les Citoïens, Bourgeois, Natifs, et Habitans, ainsi que les soldats de la Garnison, de se rendre aux endroits où ils ont ordre de se trouver, à peine de châtiment contre les contrevenants.

22. Les Compagnies Bourgeoises, en pareil cas de feu et d'alarme, qui seront destinées à aller occuper les Portes de la Ville, s'assembleront dans leurs Places d'Armes, d'où elles se rendront sur les Ordres de leurs Capitaines et Officiers aux susdites Portes par le commandement du Sindic de la Garde, qui de sa part aura attention de faire à l'avance tous les arrangemens convenables à ce sujet.

Lors que lesdites Compagnies arriveront aux Portes, pour prévenir toutes les difficultés qui pourroient survenir entre les Officiers sur le fait du Commandement, il sera à l'avenir observé que les Capitaines et Capitaines-Lieutenans des Compagnies Bourgeoises commanderont les Capitaines de la Garnison, et que les Capitaines de la Garnison, en l'absence des Capitaines et Capitaines-Lieutenans de la Bourgeoisie, commanderont tous les autres Officiers Bourgeois.

Dans les Postes où il ne se trouvera que des Sergens et bas Officies de la Garnison, les Sergens, bas Officies, ou Caporaux de la Bourgeoisie auront le commandement sur tous les Sergens de la Garnison.

Le même réglement aura lieu dans toutes les occasions où les Compagnies Bourgeoises, et celle de la Garnison se trouveront ensemble.

Immédiatement après que le feu sera éteint, et qu'il n'y aura plus de danger, lesdites Compagnies Bourgeoises se retireront sur l'ordre du Sindic de la Garde.

23. Il est expressément deffendu, sous peines les plus rigoureuses à toutes personnes de quelque qualité, condition, et sexe, qu'elles puissent être, de crier aux Armes sans le commandement exprès des Sindics.

24. Il est pareillement deffendu à tous Capitaines, Lieutenans, Sergens, Caporaux, et à toutes autres personnes, de quelque qualité et condition qu'elles soient, d'assembler les Compagnies Bourgeoises, ou de leur faire prendre les Armes, sous quelque prétexte que ce soit, sans le Commandement exprès des Sindics, ou Petit Conseil, sous peine de mort.

25. Tous mouvemens, attroupemens par Compagnie, ou autrement, ainsi que toutes entreprises, pratiques, et machinations tendant à troubler la tranquillité publique et l'ordre du Gouvernement, sont expressément deffendus, à peine contre les Contrevenans d'être punis suivant l'exigence du cas, à l'exception toutefois des assemblées de société que l'usage de la vie civile authorise, où on observera de ne rien traiter contre l'Etat.

26. Aussi tôt après que l'Edit du Réglement de la Médiation aura passé au Conseil General pour y recevoir la Sanction, les 34 Députés des Compagnies Bourgeoises, dont le Conseil avoit permis l'Election, à la requisition de l'Illustre Médiation, par Arrest du 19 Octobre 1737 seront et demeureront suprimés, sans qu'il puisse à l'avenir y en avoir d'autres établis, sous quelque prétexte que ce soit, à peine de châtiment.

27. *Réglement de l'Artillerie relatif à l'Edit du 28 Juin 1735.*

La charge de Maitre d'Artillerie ne pourra être reunie avec celle de Sindic de la Garde, et ces deux emplois ne pourront être exercés en même temps par la même personne.

Le Maitre d'Artillerie présidera à la Chambre d'Artillerie, assisté de ses Lieutenans, tirés du Conseil des Deux Cent.

Il aura soin de faire faire un Inventaire de toute l'Artillerie et de tout ce qui en dépend, duquel il sera fait deux doubles dont l'un sera remis à la Chambre des Comtes, et l'autre à la Chambre d'Artillerie.

Les Arcenaux, Armes, Munitions de guerre, et Artillerie, ainsi que les lieux où elles pourront être placées et conservées, seront à la disposition des Conseils, qui auront attention d'y pourvoir comme ils le jugeront à propos, sans que les réglemens faits précédemment, puissent rien changer à cet égard.

Les dix Chefs de Batterie seront conservés tels qu'ils étoient avant le 21 Aoust 1737 et choisis comme précédemment d'entre les Citoïens. Les bas Officiers seront aussi remis ainsi qu'ils étoient avant ledit jour 21 Aoust, et pris indifferemment parmi les Citoïens et Bourgeois, à la discrétion du Conseil, conformément à l'Edit du 28 Juin 1735.

28. *Matiéres Criminelles.* Les Juges connoitront de toutes les causes ou genre d'injures sans exception, soit qu'elles soient poursuivies d'Office, ou à l'instance de Partie Civile, et ils puniront les coupables, ainsi qu'il a été statué et observé ci-devant.

29. Le Procureur General sera et demeurera Partie publique dans tous les procès criminels, jusqu'à sentence deffinitive, et les conclusions qu'il donnera ne seront point communiquées à l'accusé, non plus qu'à son Avocat et Procureur; les Sindics et Conseil en seront juges comme d'ancienneté, et procéderont de jour en jour à leur instruction.

30. Afin néantmoins que l'accusé puisse mieux se deffendre, il sera en droit de prendre, si luy, ou quelcun en son nom le requiert, un Avocat et un Procureur de la Ville, à son choix, lesquels à peine d'interdiction, seront obligés de le servir.
Ledit accusé pourra en outre, au lieu de douze parens et amis qui lui avoient été accordés ci-devant par l'Article XIV de l'Edit au Titre XII des Matiéres Criminelles, en choisir seulement deux, tels qu'il voudra, pour l'assister aux prisons dans les instructions qu'il lui conviendra de donner à son Avocat et Procureur.
Lors que ledit accusé aura subi son interrogatoire, et fait ses réponses, il luy sera permis d'en faire, si bon luy semble, la lecture avant de les signer, et la procédure finie sera communiquée à l'Avocat et Procureur de l'accusé, ainsi qu'à ses deux assistans, huit jours avant le jugement, s'ils la demandent, lesquels en la recevant seront mis sous le serment de n'en donner ni prendre aucune copie, et de la raporter à un des Secretaires d'Etat, aussi tôt après la Sentence définitive.
Il aura de plus la liberté de prendre deux autres Parens ou Amis faisant ensemble quatre, pour l'accompagner à l'Audience, et être presens au plaidoyer de ses deffenses, sans que les quatre, une fois choisis, puissent être changés, ni le nombre augmenté, l'Avocat et le Procureur dudit accusé pourront aussi assister à l'Audience.

31. Si quelque Citoïen, Bourgeois, Natif, et Habitant, détenu dans les prisons, pour cause criminelle, meritant punition corporelle, après avoir été jugé, et condamné définitivement, requeroit d'être entendu au Conseil des Deux Cent pour en obtenir grace, ledit Conseil sera convoqué à cet effet et recevra la Requête de l'accusé signée de lui, ou de son Procureur, dans laquelle il exposera les raisons qu'il aura à représenter pour demander grace, et alors ledit Conseil des Deux Cent, après avoir pris sommairement connoissance du Procès et du Jugement rendu, par le Petit Conseil, décidera s'il y a lieu d'accorder grace, ou de moderer la Sentence, laquelle ne pourra être agravée, dérogeant à toutes clauses contraires au present Réglement, et nommément à l'article XXI de l'Edit, au Titre des Matiéres criminelles.

32. Les Accusés et Criminels ne pourront être appliqués à la Question ou Torture, que préalablement ils n'ayent été par jugement définitif condamnés à mort.

33. Tous ceux qui s'opposeront à l'exécution des Jugemens prononcés et rendus en dernier ressort par les differens Conseils seront punis capitalement.

34. Les Citoïens, Bourgeois, Natifs, et ceux qui auront été receus Habitans, comme de toute ancienneté, ne pourront être obligés de prendre du Bléd au magazin de la République, pour leur subsistance ordinaire, à l'exception des Boulangers; les Réglemens de Police concernant cette matiére devant au surplus subsister comme précédemment suivant l'usage.

Ils conserveront de même le droit qu'ils ont eu de tout temps d'acheter seulement pour leur usage particulier des Vins étrangers, dont l'entrée est permise en cette Ville, n'entendant comprendre dans le present Réglement les Hôtes, Cabaretiers, Traiteurs, et ceux qui tiennent des pensionnaires, lesquels se conformeront en cela aux Réglemens qui les concernent.

Les Citoïens et Bourgeois auront aussi la liberté de faire vendre le vin de leur cru, comme précédemment suivant les us et coutumes.

Lequel susdit Article a été ainsi réglé conséquemment à la déclaration du Magnifique Conseil, portant que son intention n'a jamais été de former aucune opposition à l'usage de ces immunités.

35. Il ne sera fait aucun changement à la formule ancienne des Lettres d'Habitation qui continuera d'avoir lieu comme par le passé.

36. Les Natifs de la Ville seront à l'avenir admis à toutes sortes de Métiers et pourront parvenir aux Maitrises en payant au Fisc les droits établis par les Réglemens et Ordonnances.

37. Les Citoïens et Bourgeois conserveront les priviléges de leurs Professions et Maitrises suivant les Réglemens établis par le Conseil qui y fera les changemens qu'il estimera convenables.

38. Pour entretenir desormais l'esprit d'union dans tous les Ordres de la République, il est expressément deffendu de rapeler par des invectives ou reproches les troubles passés, ni de se donner reciproquement certains noms de parti, que l'animosité et la discorde avoient ci-devant mis en usage, et qui seront à l'avenir entiérement suprimés et abolis, de même que les fêtes qui pourroient être relatives à cet objet. Il est pareillement deffendu d'imprimer, ou faire imprimer des libelles injurieux, tant dans cette Ville qu'ailleurs, de même que tous les écrits, mémoires, et brochures, de quelque nature qu'ils puissent être, tendans à renouveller les vieilles dissentions, à peine contre les contrevenans d'être punis suivant l'exigence du cas.

39. Afin que la reunion entre tous les individus de cet Etat, s'affermisse de plus en plus, les Seigneurs Médiateurs ont estimé convenable pour un bien de paix, que les six membres des Conseils qui furent démis de leurs emplois dans le temps des troubles le 6 Decembre 1734, sçavoir (...)* obtiennent des Conseils leurs décharges pour toûjours, conformément à la demande qu'ils en firent eux-mêmes ledit jour 6 Decembre 1734 et qu'ils viennent de nouveau de confirmer, laquelle leur sera accordée comme aiant servi avec honneur, et qu'en conséquence leurs Noms soient mis sur le tableau comme Conseillers déchargés, conservant aux cinq premiers sans rentrer dans le Petit et Grand Conseil, les honneurs accoutumés des Conseil-

* Es folgen die Namen.

lers déchargés, et en outre les gages de Conseillers pendant leur vie, dont ils commenceront à joüir des à present.

40. Tous les Edits, ainsi que les Us et Coutumes aprouvés par les Loix dont l'usage aura été constamment suivi, et auxquels le present Réglement ne déroge point, continueront d'être observés et exécutés conformément à ce qui s'est pratiqué jusqu'à present.

41. Et pour qu'un châcun puisse joüir d'une entiere seureté par raport aux troubles passés, et profiter de l'Acte d'oubli general, publié par le Petit et Grand Conseil le 1. Novembre 1737, les Seigneurs Médiateurs desirant procurer l'affermissement de la paix et de la tranquilité dans tous les Ordres de la République, ont de nouveau confirmé ledit Acte d'oubli par la présente Médiation, afin que personne ne soit à l'avenir susceptible d'aucune recherche sur les faits passés pour quelque cause que ce puisse être, conformément audit Acte d'oubli.

42. Pour qu'un châcun connoisse les Loix de l'Etat et s'y soumette avec plus de docilité, il en sera fait le plûtôt que faire se pourra un Code general imprimé qui renfermera tous les Edits et Réglemens.

43. En cas qu'il arrive après tous les Réglemens ci-dessus expliqués des desordres, prises d'Armes, attroupemens, etc. tendans à renverser l'ordre de la République, en faisant violence au Magistrat, comme aussi de désarmer les Soldats de la Garnison, Citoïens, Bourgeois, Natifs et Habitans; ceux qui seront atteins et convaincus des cas ci-dessus énoncés seront punis comme perturbateurs du repos public, sans pouvoir esperer d'être compris dans aucune Amnistie.

44. Tous les Articles contenus au present Réglement auront à l'avenir force de Loix, et ne pourront être susceptibles d'aucun changement, quel qu'il puisse être, que du consentement du Conseil General légitimement assemblé par le Petit et Grand Conseil.

Et d'autant que *Sa Majesté Tres Chretienne*, et les *Loüables Cantons de Zurich*, et *de Berne*, n'ont eu pour but en accordant leur commune Médiation à la Ville de *Geneve*, que d'y procurer parmi tous les Ordres de cette République, une paix stable et durable; ils ont estimé convenable pour prévenir le retour des troubles passés et y assurer une tranquillité parfaite d'accorder (sans toucher ni préjudicier à l'indépendance et souveraineté de laditte République de *Geneve*) la Garantie des Articles ci-dessus énoncés, qui ont été réglés et arrêtés, de la part de *Sa Majesté Tres Chretienne*, par le Tres Illustre et Tres Excellent Seigneur *Comte de Lautrec*, Son Lieutenant General en la province de Guyenne, Maréchal de Ses Camps et Armées, Inspecteur General d'Infanterie, et Son Ministre Plénipotentiaire, et de celle du *Loüable Canton de Zurich*, par les Illustres et Magnifiques Seigneurs Représentans, *Jean Hoffmeister*, Bourguermaistre, *Jean Gaspard Escher* Stadthalter, et de la part du *Loüable Canton de Berne*, par les Illustres et Magnifiques Seigneurs Représentans *Isaac Steiguer*, Ancien Advoyer, et *Louis de Watteville*, Haut-Commandant du Païs de Vaud, et Ancien Banderet, Plénipotentiaires à l'effet de laditte Médiation, Lesquels promettent au nom de leurs Maitres, d'en garantir l'exécution, qui ne pourra se faire que de concert, et relativement à l'article 15 mentionné au present Réglement, ou au Traité de Soleure de 1579, après avoir préalablement emploïé leurs bons et communs Offices; lequel susdit Traité continuera d'avoir force et valeur dans toute sa teneur comme par le passé, sans que le contenu audit Article 15 puisse y préjudicier en rien, ni en empecher l'effet.

Finalement les deux *Loüables Cantons de Zurich,* et *de Berne* se reservent les Traittés d'Alliance et de Combourgeoisie de 1558 et 1584 qu'ils ont avec la République de *Geneve.*

Nous soussignés, Ministre de *Sa Majesté Tres Chretienne,* et les Représentans des *Loüables Canton de Zurich,* et *de Berne,* Médiateurs, ci-dessus mentionnés, en vertu de nos Pleins-pouvoirs mutuellement communiqués, avons réglé et arrêté les quarante quatre Articles contenus au present Réglement, ainsi que l'Acte de Garantie qui est ensuite, pour être observés et exécutés inviolablement. En foi dequoi nous avons signé quatre exemplaires dudit Réglement, auxquels nous avons apposé le Sceau de nos Armes, après avoir reciproquement promis que la ratification de *Sa Majesté,* et celle des susdits *Loüables Cantons,* seront fournies en bonne et duë forme, et échangées respectivement dans l'espace de trois semaines à conter du jour de la signature du susdit Réglement, ou plûtôt s'il est possible.

Fait à *Geneve* ce septieme Avril, Mille sept cent trente huit.

6. Ratsbeschluss über die Regimentsfähigkeit neuer Bürgergeschlechter in Luzern
Vom 27. März 1773

Actum den 27. Merz 1773 von Meinen Gnädigen Herren und Obern, Schultheiß, Räth und Cento.
Nachdem Unser Gnädigen Herren und Obern, Räth und Cento über den von einer eigens hierzu bestellten Ehren-Commission hochdenenselben vorgelegten Entwurf, wie die künftighin anzunehmende neue Burger in punkto der Regimentsfähigkeit dergestalten eingeschrenkt werden könnten, daß dieselbe außert stand versetzt wurden, denen dermaligen alten und regimentsfähigen burgerlichen Geschlechtern mit Hinfließung der Zeit in diesen so kostbahren Vorrechten einigen Eintrag zu thun, sich beradtschlaget, so haben hochdieselbe nach hierüber angestellten grundlichsten Betrachtungen folgende Artikel für alle zukünfftige Zeiten als ein Fondamentalgesetz vestgesetzt als:
Erstlichen solle keins von denen künftighin anzunehmenden neuen Burgergeschlechtern ehender in die Regimentsfähigkeit eintreten können, als biß ein ganzes dermahlen existirendes, regimentsfähiges Geschlecht gänzlichen ausgestorben und die biß anno 1771 inclusive angenohmene burgerliche Geschlechter die Regimentsfähigkeit nach denen ihnen vorgeschriebnen Bedingnussen werden erlangt haben.
Zweitens: Wan sich nun der Fahl ereignen solte, daß nach der obangezeigten Epoque ein altes burgerliches Geschlecht deß gänzlichen außsterben wurde, so solle alßdann daß nach dem heutigen Dato zuerst angenoh-

mene burgerliche Geschlecht und so fortan jedesmahl seiner Annahme nach das älteste den Vorzug haben doch also, daß nicht der alßdann lebende neue Burger, sondern erst desselben erbohrenen Söhnen Kindskinder die Regimentsfähigkeit zu genießen haben sollen.

Drittens: Wann dann ein solch neu angenommenes burgerliches Geschlecht den Zeitpunkten der Regimentsfähigkeit erreicht zu haben glaubte, so solle es selbe mit Auflegung des Burgerbriefs vor Unser Gnädigen Herren und Obern zu docieren verbunden sein.

Viertens: Wenn aber der Fahl sich begeben würde, das mehrere neue Burger an dem namlichen Tag angenomen zu werden das Glück hätten und alsdann, wann nemlich alle die vor ihnen angenohmene Burger die Regimentsfähigkeit werden erlangt haben, nothwendig die Frag entstehen würde, wer aus diesen an dem nehmlichen Tag angenohmenen Burgern zu der Regimentsfähigkeit den ersten Anspruch habe, als haben Unser Gnädigen Herren und Obern, Räth und Cento diesen Fahl dahin entschieden, daß alle diese zu gleicher Zeit angenohmene Burger (doch ohne Herren Vorsprechen) vor hochdenenselben erscheinen, ihren Burgerbrief auflegen und alsdann durch das Mehr der Pfenningen entschieden werden solle, welches Geschlecht das erste die Regimentsfähigkeit zu genießen haben werde.

Fünftens: Zu folgenden Ehrenstellen und Ämptern solle allen neu anzunehmenden Burgern der Zutritt so lang verschlossen bleiben, bis sie glich denen würklich existirenden alten Geschlechtern in den Genuß der Regimentsfähigkeit nach der oben beschribnen Art von Unser Gnädigen Herren und Obern werden eingesetzt worden sein als namlich: Im Geistlichen alle Probsteyen und Canonicate; im Weltlichen alle burgerliche Civil-Ämter, Hauptmann, Lieutnant und Fähnrich in päpstlicher Guarde zu Rom, Hauptmannstel zu Besaro, Lieutenant, Fähnrich und Canzlerstell zu Lucca und die nemlichen Offiziersstellen, wenn andere dergleichen Guardien in Zukunft aufgerichet werden sollten.

Sechstens und letzlichen solle ein Waapen- und Geschlechtsregister eingerichtet und in zwey Classen abgetheilt werden. In das erste sollen die Waapen und Geschlechter der dermahligen in der Regierung stehenden und regimentsfähigen Burgern in ordine alphabetico, in das zweite aber sowohl die bis anno 1771 inclusive angenomene als endlichen auch die nach dem heutigen Dato anzunehmende neue Burger samt ihrem Waapen und Geschlechtern eingetragen werden. Übrigens solle ohne ausdrückliche Bewilligung Unser Gnädigen Herren und Obern in keinem Waapen jemahls etwas abgeändert werden.

Actum ut supra.

7. Règlement du Conseil Souverain de la Ville et République de Fribourg relatif à l'introduction de l'égalite des familles patriciennes
Du 17 juillet 1782

Nous l'Avoyer, Petit et Grand Conseil, dit les Deux-Cents de la Ville et République de Fribourg; savoir faisons par les présentes; Qu'ayant soigneusement considéré qu'une union parfaite et une confiance mutuelle entre les Citoyens d'un Etat, en formoient la vraie base, et que le seul moyen de la procurer étoit l'établissement d'une parfaite égalité entre tous les Bourgeois de notre Ville-Capitale, habiles au Gouvernement; Nous avons pour atteindre un but aussi salutaire trouvé bon de statuer et d'ordonner

1°. Qu'à l'avenir toutes les familles de la Bourgeoisie secrette de notre Ville-Capitale pourront indistinctement parvenir à toutes les charges et emplois de la République.

2°. Que dès la date des présentes toute noblesse étrangère, et tous diplomes, qui auroient été produits, ou d'autres qui ne seroient actuellement pas connus, ne doivent maintenant, ni dans la suite des temps avoir aucune force ni valeur dans notre Ville et dans les terres de notre domination, et qu'à l'avenir aucun Bourgeois secret de Fribourg ne doit ni dans le pays, ni audehors s'élever au-dessus de son Combourgeois, et faire aucun usage de tels diplomes, titres soit lettres de Noblesse dans le Pays aucunement, ni dans les actes publics, ni dans les actes privés. Hors du pays toutefois si l'un ou l'autre de nos Bourgeois avoit obtenu ou obtenoit dans la suite quelques titres, il pourra s'en servir pour l'avancement de la fortune, moyennant que ce ne soit point vis-à vis de son Combourgeois, ni en cherchant de l'avancement dans les services avoués.

3°. Qu'en conséquence mettant de côté tous titres et titulatures étrangères, aucun autre titre ne doit être donné à toutes nos familles d'Etat que celui de *Noble* avec la particule *de*.

4°. Nous ordonnons à ces causes à notre Chancellerie, à tous les Greffes, Notaires jurés et à tous ceux qui tiennent les registres des baptêmes, des mariages et des mortuaires, de ne se servir d'orénavant dans tous les actes publics et privés, de même que dans l'expédition des extraits de baptême, de mariage et mortuaires, d'aucune autre titulaire que de celle ci-devant mentionnée, sous l'amende de cent Ecus-blancs en cas de contravention. Pour le passé toutefois, si d'autres titulatures se trouvoient actuellement inscrites dans les prédits registres, Nous permettons qu'icelles puissent être ajoutées dans l'expédition littérale des extraits: mais il sera en même temps dit dans la légalisation d'iceux, conformément au formulaire ci-joint; *que Nous ne reconnoissons ces titres pour aucun de nos Bourgeois.* Nous ordonnons de même

5°. Que dans le cas où pour le recouvrement de quelques rentes on auroit peut-être donné des attestations dont le changement pourroit occasionner quelques difficultés dans la perception ultérieure d'icelles, il soit permis, en cas que ces difficultés ne puissent être levées, d'expédier durant la vie de ceux qui ont de telles rentes à retirer, les mêmes attestations que cidevant.

6°. Et finalement, afin que l'introduction de cette égalité ne soit pas seulement apparente, et qu'elle puisse dans la suite des temps avoir son plein effet, Nous ordonnons d'un côté que cette Ordonnance soit pour la conduite d'un chacun lûe et jurée chaque année, de même que d'autres nos Ordonnances, tant au jour du Dimanche secret avant la nomination aux charges, qu'au jour de la St. Jean en l'Eglise des Cordeliers; d'un autre côté, que celui qui contre cette notre Ordonnance se serviroit de quelques titres, soit puni de l'amende irrémissible de cent Louis-d'or neufs, et même, selon les circonstances, avec plus de rigueur; entendu que des amendes qui échoiront hors du pays, en notre Ville et dans les Anciennes-Terres un tiers appartiendra à Nous et à nos Bannerets, dans les Bailliages par-contre à Nous et à nos Baillifs, un tiers au délateur, et que l'autre tiers sera appliquée à des causes pies, selon la disposition de notre Petit-Conseil.

En conséquence nos Bannerets auront soin que cette notre volonté souveraine soit duement exécutée hors du pays, et chacun d'eux dans son département dans ce pays, ainsi que nos Baillifs dans les bailliages; et seront iceux à cette fin obligés par leur serment, si quelqu'un leur étoit rapporté, ou qu'ils apprissent d'ailleurs par des voies certaines et dignes de foi qu'on y eût contrevenu, de déclarer en vertu de leurs devoirs les contrevenants à notre Petit-Conseil, lequel jugera sur le cas, sous bénéfice de recours en dernier ressort par-devant Nous.

Donné en l'assemblée de notre Grand-Conseil, convoquée par serment le 17 Juillet 1782, et confirmé sermentalement en icelle le 18 du même mois.

II. FRANZÖSISCHE VERFASSUNGSENTWICKLUNG 1789–1795

8. Déclaration des Droits de l'Homme et du Citoyen
Du 26 août 1789

Les représentants du peuple français, constitués en *Assemblée nationale*, considérant que l'ignorance, l'oubli ou le mépris des droits de l'homme sont les seules causes des malheurs publics et de la corruption des Gouvernements, ont résolu d'exposer, dans une déclaration solennelle, les Droits naturels, inaliénables et sacrés de l'homme, afin que cette déclaration, constamment présente à tous les membres du corps social, leur rappelle sans cesse leurs droits et leurs devoirs; afin que les actes du Pouvoir législatif et ceux du Pouvoir exécutif, pouvant être à chaque instant comparés avec le but de toute institution politique, en soient plus respectés; afin que les réclamations des citoyens, fondées désormais sur des principes simples et incontestables, tournent toujours au maintien de la Constitution et au bonheur de tous. – En conséquence, l'*Assemblée nationale* reconnaît et déclare, en présence et sous les auspices de l'Etre Suprême, les droits suivants de l'Homme et du Citoyen.

Article premier. Les hommes naissent et demeurent libres et égaux en droits. Les distinctions sociales ne peuvent être fondées que sur l'utilité commune.

Art. 2. Le but de toute association politique est la conservation des droits naturels et imprescriptibles de l'homme. Ces Droits sont la liberté, la propriété, la sûreté, et la résistance à l'oppression.

Art. 3. Le principe de toute souveraineté réside essentiellement dans la Nation. Nul corps, nul individu ne peut exercer d'autorité qui n'en émane expressément.

Art. 4. La liberté consiste à pouvoir faire tout ce qui ne nuit pas à autrui: ainsi, l'exercice des droits naturels de chaque homme n'a de bornes que celles qui assurent aux autres membres de la société la jouissance de ces mêmes droits. Ces bornes ne peuvent être déterminées que par la Loi.

Art. 5. La Loi n'a le droit de défendre que les actions nuisibles à la société. Tout ce qui n'est pas défendu par la Loi ne peut être empêché, et nul ne peut être contraint à faire ce qu'elle n'ordonne pas.

Art. 6. La Loi est l'expression de la volonté générale. Tous les citoyens ont droit de concourir personnellement, ou par leurs représentants, à sa formation. Elle doit être la même pour tous, soit qu'elle protège, soit qu'elle punisse. Tous les citoyens étant égaux à ses yeux, sont également admissibles à toutes dignités, places et emplois publics, selon leur capacité, et sans autre distinction que celle de leurs vertus et de leurs talents.

Art. 7. Nul homme ne peut être accusé, arrêté ni détenu que dans les cas déterminés par la Loi, et selon les formes qu'elle a prescrites. Ceux qui sollicitent, expédient, exécutent ou font exécuter des ordres arbitraires, doivent être punis; mais tout citoyen appelé ou saisi en vertu de la Loi, doit obéir à l'instant: il se rend coupable par la résistance.

Art. 8. La Loi ne doit établir que des peines strictement et évidemment nécessaires, et nul ne peut être puni qu'en vertu d'une loi établie et promulguée antérieurement au délit, et légalement appliquée.

Art. 9. Tout homme étant présumé innocent jusqu'à ce qu'il ait été déclaré coupable, s'il est jugé indispensable de l'arrêter, toute rigueur qui ne serait pas nécessaire pour s'assurer de sa personne, doit être sévèrement réprimée par la Loi.

Art. 10. Nul ne doit être inquiété pour ses opinions, même religieuses, pourvu que leur manifestation ne trouble pas l'ordre public établi par la Loi.

Art. 11. La libre communication des pensées et des opinions est un des droits les plus précieux de l'homme; tout citoyen peut donc parler, écrire, imprimer librement, sauf à répondre de l'abus de cette liberté dans les cas déterminés par la Loi.

Art. 12. La garantie des droits de l'Homme et du Citoyen nécessite une force publique; cette force est donc instituée pour l'avantage de tous, et non pour l'utilité particulière de ceux auxquels elle est confiée.

Art. 13. Pour l'entretien de la force publique, et pour les dépenses d'administration, une contribution commune est indispensable: elle doit être également répartie entre tous les citoyens, en raison de leurs facultés.

Art. 14. Tous les citoyens ont le droit de constater, par eux-mêmes ou par leurs représentants, la nécessité de la contribution publique, de la consentir librement, d'en suivre l'emploi, et d'en déterminer la quotité, l'assiette, le recouvrement et la durée.

Art. 15. La société a le droit de demander à tout agent public de son administration.

Art. 16. Toute société dans laquelle la garantie des droits n'est assurée, ni la séparation des pouvoirs déterminée, n'a point de constitution.

Art. 17. La propriété étant un droit inviolable et sacré, nul ne peut en être privé, si ce n'est lorsque la nécessité publique, légalement constatée, l'exige évidemment, et sous la condition d'une juste et préalable indemnité.

9.

a) Décret du 21 septembre 1792

La Convention nationale déclare: 1° qu'il ne peut y avoir de Constitution que celle qui est acceptée par le peuple; ...

b) **Déclaration du 25 septembre 1792**

La Convention nationale déclare que la République française est une et indivisible.

10. Plan de Constitution présentée à la Convention nationale les 15 et 16 février 1793, l'an II de la République

(Constitution girondine)

Projet de déclaration des droits naturels, civils et politiques des hommes

Le but de toute réunion d'hommes en société étant le maintien de leurs droits naturels, civils et politiques, ces droits sont la base du Pacte social: leur reconnaissance et leur déclaration doivent précéder la constitution qui en assure la garantie.

Article premier. Les droits naturels, civils et politiques des hommes sont la liberté, l'égalité, la sûreté, la propriété, la garantie sociale et la résistance à l'oppression.

Art. 2. La liberté consiste à pouvoir faire tout ce qui n'est pas contraire aux droits d'autrui: ainsi, l'exercice des droits naturels de chaque homme n'a de bornes que celles qui assurent aux autres membres de la société la jouissance de ces mêmes droits.

Art. 3. La conservation de la liberté dépend de la soumission à la loi, qui est l'expression de la volonté générale. Tout ce qui n'est pas défendu par la loi ne peut être empêché, et nul ne peut être contraint à faire ce qu'elle n'ordonne pas.

Art. 4. Tout homme est libre de manifester sa pensée et ses opinions.

Art. 5. La liberté de la presse et de tout autre moyen de publier ses pensées ne peut être interdite, suspendue ni limitée.

Art. 6. Tout homme est libre dans l'exercice de son culte.

Art. 7. L'égalité consiste en ce que chacun puisse jouir des mêmes droits.

Art. 8. La loi doit être égale pour tous, soit qu'elle récompense ou qu'elle punisse, soit qu'elle protège ou qu'elle réprime.

Art. 9. Tous les citoyens sont admissibles à toutes les places, emplois et fonctions publiques. Les peuples libres ne connaissent d'autres motifs de préférence dans leurs choix que les talents et les vertus.

Art. 10. La sûreté consiste dans la protection accordée par la société à chaque citoyen, pour la conservation de sa personne, de ses biens et de ses droits.

Art. 11. Nul ne doit être appelé en justice, accusé, arrêté ni détenu que dans les cas déterminés par la loi, et selon les formes qu'elle a prescrites. Tout autre acte exercé contre un citoyen est arbitraire et nul.

Art. 12. Ceux qui solliciteraient, expédieraient, signeraient, exécuteraient ou feraient exécuter ces actes arbitraires sont coupables et doivent être punis.

Art. 13. Les citoyens contre qui l'on tenterait d'exécuter de pareils actes ont le droit de repousser la force par la force; mais tout citoyen appelé ou saisi par l'autorité de la loi, et dans les formes prescrites par elle, doit obéir à l'instant: il se rend coupable par la résistance.

Art. 14. Tout homme étant présumé innocent jusqu'à ce qu'il ait été déclaré coupable, s'il est jugé indispensable de l'arrêter, toute rigueur qui ne serait pas nécessaire pour s'assurer de sa personne doit être sévèrement réprimée par la loi.

Art. 15. Nul ne doit être puni qu'en vertu d'une loi établie, promulguée antérieurement au délit et légalement appliquée.

Art. 16. La loi qui punirait des délits commis avant qu'elle existât serait un acte arbitraire. L'effet rétroactif donné à la loi est un crime.

Art. 17. La loi ne doit décerner que des peines strictement et évidemment nécessaires à la sûreté générale. Les peines doivent être proportionnées au délit et utiles à la société.

Art. 18. Le droit de propriété consiste en ce que tout homme est le maître de disposer à son gré de ses biens, de ses capitaux, de ses revenus et de son industrie.

Art. 19. Nul genre de travail, de commerce, de culture ne peut lui être interdit: il peut fabriquer, vendre et transporter toute espèce de production.

Art. 20. Tout homme peut engager ses services, son temps; mais il ne peut se vendre lui-même: sa personne n'est pas une propriété aliénable.

Art. 21. Nul ne peut être privé de la moindre portion de sa propriété sans son consentement, si ce n'est lorsque la nécessité publique, légalement constatée, l'exige évidemment, et sous la condition d'une juste et préalable indemnité.

Art. 22. Nulle contribution ne peut être établie que pour l'utilité générale et pour subvenir aux besoins publics. Tous les citoyens ont droit de concourir personnellement ou par leurs représentants à l'établissement des contributions.

Art. 23. L'instruction élémentaire est le besoin de tous, et la société la doit également à tous ses membres.

Art. 24. Les secours publics sont une dette sacrée de la société; et c'est à la loi à en déterminer l'étendue et l'application.

Art. 25. La garantie sociale des droits de l'homme repose sur la souveraineté nationale.

Art. 26. La souveraineté est une, indivisible, imprescriptible et inaliénable.

Art. 27. Elle réside essentiellement dans le peuple entier, et chaque citoyen a un droit égal de concourir à son exercice.

Art. 28. Nulle réunion partielle de citoyens et nul individu ne peuvent s'attribuer la souveraineté, exercer aucune autorité, et remplir aucune fonction publique sans une délégation formelle de la loi.

Art. 29. La garantie sociale ne peut exister si les limites des fonctions publiques ne sont pas clairement déterminées par la loi, et si la responsabilité de tous les fonctionnaires publics n'est pas assurée.

Art. 30. Tous les citoyens sont tenus de concourir à cette garantie, et de donner force à la loi lorsqu'ils sont appelés en son nom.

Art. 31. Les hommes réunis en société doivent avoir un moyen légal de résister à l'oppression.

Art. 32. Il y a oppression lorsqu'une loi viole les droits naturels, civils et politiques qu'elle doit garantir. – Il y a oppression lorsque la loi est violée par les fonctionnaires publics dans son application à des faits individuels. – Il y a oppression lorsque des actes arbitraires violent les droits des citoyens contre l'expression de la loi. – Dans tout gouvernement libre, le mode de résistance à ces différents actes d'oppression doit être réglé par la Constitution.

Art. 33. Un peuple a toujours le droit de revoir, de réformer, et de changer sa constitution. Une génération n'a pas le droit d'assujettir à ses lois les générations futures, et toute hérédité dans les fonctions est absurde et tyrannique.

Projet de constitution francaise*

La nation française se constitue en République une et indivisible; et, fondant son gouvernement sur les droits de l'homme, qu'elle a reconnus et déclarés, sur les principes de la liberté, de l'égalité et de la souveraineté du peuple, elle adopte la Constitution suivante.

Titre premier – De la Division du Territoire

(1) Article premier. La République française est une et indivisible.

(2) Art. 2. La distribution de son territoire actuel en quatre-vingt-cinq départements est maintenue.

(3) Art. 3. Néanmoins les limites des départements pourront être changées ou rectifiées sur la demande des administrés; mais en ce cas la surface d'un département ne pourra excéder quatre cents lieues carrées.

---

* Der Originaltext enthält keine durchlaufende Artikelnumerierung. Der Herausgeber hat eine solche in Klammern angebracht.

(4) Art. 4. Chaque département sera divisé en grandes communes, les communes en sections municipales et en assemblées primaires.

(5) Art. 5. Cette distribution du territoire de chaque département en grandes communes se fera de manière qu'il ne puisse y avoir plus de deux lieues et demie de l'habitation la plus éloignée au centre du chef-lieu de la commune.

(6) Art. 6. L'arrondissement des sections municipales ne sera pas le même que celui des assemblées primaires.

(7) Art. 7. Il y aura dans chaque commune une administration subordonnée à l'administration du département, et dans chaque section une agence secondaire.

Titre II – De l'état des Citoyens, et des conditions nécessaires pour en exercer les droits

(8) Article premier. Tout homme âgé de vingt et un ans accomplis, qui se sera fait inscrire sur le tableau civique d'une assemblée primaire, et qui aura résidé depuis, pendant une année sans interruption, sur le territoire français, est citoyen de la République.

(9) Art. 2. La qualité de citoyen français se perd par la naturalisation en pays étranger, et par la peine de la dégradation civique.

(10) Art. 3. Tout citoyen qui aura rempli les conditions exigées par l'article premier (8) pourra exercer son droit de suffrage dans la portion du territoire de la République où il justifiera une résidence actuelle de trois mois sans interruption.

(11) Art. 4. Nul citoyen ne peut exercer son droit de suffrage pour le même objet dans plus d'une assemblée primaire.

(12) Art. 5. Il y a deux causes d'incapacité pour l'exercice du droit de suffrage: la première, l'imbécillité ou la démence, constatées par un jugement; la seconde, la condamnation légale aux peines qui emportent la dégradation civique.

(13) Art. 6. Tout citoyen qui aura résidé pendant six années hors du territoire de la République, sans une mission donnée au nom de la nation, ne pourra reprendre l'exercice du droit de suffrage qu'après une résidence non interrompue de six mois.

(14) Art. 7. Tout citoyen qui, sans avoir eu de mission, se sera absenté pendant une année du lieu où il a son domicile habituel, sera tenu de nouveau à une résidence de trois mois, avant d'être admis à voter dans les assemblées primaires.

(15) Art. 8. Le Corps législatif déterminera la peine qu'auront encourue ceux qui se permettraient d'exercer le droit de suffrage dans tous les cas où la loi constitutionnelle le leur interdit.

(16) Art. 9. La qualité de citoyen français et la majorité de vingt-cinq ans accomplis sont les seules conditions nécessaires pour l'éligibilité à toutes les places de la République.

(17) Art. 10. En quelque lieu que réside un citoyen français, il peut être élu à toutes les places et par tous les départements, quand bien même il serait privé du droit de suffrage par défaut de résidence.

Titre III – Des assemblées primaires
Section première – Organisation des assemblées primaires

(18) Article premier. Les assemblées primaires où les Français doivent exercer leurs droits de citoyens, seront distribuées sur le territoire de chaque département, et leur arrondissement sera réglé de manière qu'aucune d'elles n'ait moins de quatre cent cinquante membres, ni plus de neuf cents.

(19) Art. 2. Il sera fait dans chaque assemblée primaire un tableau particulier des citoyens qui la composent.

(20) Art. 3. Ce tableau formé, on procédera dans chaque assemblée primaire à la nomination d'un bureau composé d'autant de membres qu'il y aura de fois cinquante citoyens inscrits sur le tableau.

(21) Art. 4. Cette élection se fera par un seul scrutin, à la simple pluralité des suffrages. Chaque votant ne portera que deux personnes sur son bulletin, quel que soit le nombre des membres qui doivent former le bureau.

(22) Art. 5. Dans le cas néanmoins où, par le résultat de ce premier scrutin, l'élection des membres du bureau serait incomplète, il sera fait pour la compléter, un nouveau tour de scrutin.

(23) Art. 6. Le doyen d'âge présidera l'assemblée pendant cette première élection.

(24) Art. 7. Les fonctions des membres du bureau seront: 1° De garder le registre ou tableau des citoyens; 2° D'inscrire sur ce registre, dans l'intervalle d'une convocation à l'autre, ceux qui se présenteront pour être admis comme citoyens; 3° De donner à ceux qui veulent changer de domicile, un certificat qui atteste leur qualité de citoyen; 4° De convoquer l'assemblée primaire dans les cas déterminés par la Constitution; 5° De faire, au nom de l'assemblée, soit à l'administration du département, soit aux bureaux des assemblées primaires de la même commune, les réquisitions nécessaires à l'exercice du droit de censure.

(25) Art. 8. Les membres du bureau seront proclamés suivant l'ordre de la pluralité des suffrages que chacun d'eux aura obtenus. Le premier remplira les fonctions de président; les trois membres qui viendront immédiatement après lui rempliront celles de secrétaires; et le reste du bureau celles de scrutateurs. En cas d'absence de quelques-uns d'entre eux, ils seront dans le même ordre, les suppléants les uns des autres.

(26) Art. 9. A chaque convocation nouvelle d'une assemblée primaire, il ne sera pas permis de s'occuper d'aucun objet avant que le bureau

n'ait été renouvelé. Tout acte antérieur à ce renouvellement est déclaré nul; les citoyens qui composaient l'ancien bureau pourront néanmoins être réélus.

(27) Art. 10. Le bureau ne sera point renouvelé lorsque les séances de l'assemblée seront simplement ajournées et continuées, et que l'objet pour lequel elle aura été convoquée ne sera pas terminé.

(28) Art. 11. Nul ne pourra être admis à voter dans une assemblée primaire, sur le tableau de laquelle il ne sera pas inscrit, s'il n'a présenté au bureau, huit jours avant l'ouverture de l'assemblée, les titres qui constatent son droit. L'ancien bureau en rendra compte à l'assemblée, qui décidera si le citoyen présenté a rempli ou non les conditions exigées par la Constitution.

Section II – Fonctions des assemblées primaires

(29) Article premier. Les citoyens français doivent se réunir en assemblées primaires pour procéder aux élections déterminées par la Constitution.

(30) Art. 2. Les citoyens français se réuniront aussi en assemblées primaires pour délibérer sur les objets qui concernent l'intérêt général de la République, comme; 1° Lorsqu'il s'agit d'accepter ou de refuser un projet de Constitution ou un changement quelconque à la Constitution acceptée; 2° Lorsqu'on propose la convocation d'une Convention nationale; 3° Lorsque le Corps législatif provoque sur une question qui intéresse la République entière l'émission du voeu de tous les citoyens; 4° Enfin lorsqu'il s'agit, soit de requérir le Corps législatif de prendre un objet en considération, soit d'exercer sur les actes de la représentation nationale la censure du peuple, suivant le mode et d'après les règles fixées par la Constitution.

(31) Art. 3. Les élections et les délibérations des assemblées primaires qui ne seront pas conformes par leur nature, par leur objet ou par leur mode aux règles prescrites par la loi constitutionnelle, seront nulles et de nul effet.

Section III – Règles générales pour les élections dans les assemblées primaires

(32) Article premier. Les élections se feront au moyen de deux scrutins. Le premier, simplement préparatoire, ne servira qu'à former une liste de présentation; le second, ouvert seulement entre les candidats inscrits sur la liste de présentation, sera définitif et consommera l'élection.

(33) Art. 2. Pour le scrutin de présentation, aussitôt que l'assemblée aura été formée, les membres reconnus, le bureau établi, et l'objet de la convocation annoncé, chaque votant recevra au bureau un bulletin imprimé sur lequel on aura inscrit son nom en marge.

(34) Art. 3. Le scrutin sera ouvert à l'instant même, et ne sera fermé que dans la séance du lendemain à quatre heures du soir. Chaque citoyen écrira ou fera écrire sur son bulletin un nombre de noms égal à celui des places à élire, et viendra pendant cet intervalle le déposer au bureau.

(35) Art. 4. Dans la séance du second jour à quatre heures, le bureau procédera à la vérification et au recensement du scrutin, en lisant à haute voix le nom de chaque votant et les noms de ceux qu'il aura inscrits sur son bulletin.

(36) Art. 5. Toutes ces opérations se feront publiquement.

(37) Art. 6. Le résultat du scrutin de chaque assemblée primaire, arrêté et proclamé par le bureau, sera envoyé au chef-lieu du département où le recensement des résultats du scrutin de chaque assemblée primaire se fera publiquement par les administrateurs.

(38) Art. 7. La liste de présentation sera formée de ceux qui auront obtenu le plus de voix en nombre triple des places à remplir.

(39) Art. 8. S'il y a égalité de suffrages, le plus âgé sera préféré dans tous les cas; et, s'il n'y a qu'une place à remplir sur la liste, le plus âgé y sera seul inscrit.

(40) Art. 9. Le recensement général des résultats des scrutins faits par les assemblées primaires commencera le huitième jour après celui qui aura été indiqué pour l'ouverture de l'élection; et les scrutins des assemblées primaires, qui ne seraient remis à l'administration du département que postérieurement à cette époque, ne seront point admis.

(41) Art. 10. La liste de présentation des candidats ne sera pas définitivement arrêté immédiatement après le dépouillement des résultats du scrutin des assemblées primaires. L'administration du département sera tenue de la faire imprimer et publier sans délai: elle ne sera considérée que comme un simple projet, et elle contiendra; 1° La liste des candidats qui auront obtenu le plus de suffrages, en nombre triple des places à remplir; 2° Un nombre égal de suppléants, pris parmi ceux qui auront recueilli le plus de voix après les candidats inscrits les premiers, et en suivant toujours entre eux l'ordre de la pluralité.

(42) Art. 11. Dans les quinze jours qui suivront la publication de cette première liste, l'administration du département recevra la déclaration de ceux qui, y étant inscrits, soit au nombre des candidats, soit au nombre des suppléants, déclareraient qu'ils ne veulent ou ne peuvent pas accepter. Le quinzième jour la liste sera définitivement arrêtée en remplaçant ceux des candidats qui auront refusé, d'abord par ceux qui seront inscrits au nombre des suppléants, et successivement par ceux qui, après eux, auront obtenu le plus de suffrages, en suivant toujours entre eux l'ordre de la pluralité.

(43) Art. 12. La liste de présentation, ainsi définitivement arrêtée, et réduite au nombre triple des sujets à élire, sera envoyée sans délai par l'administration du département aux assemblées primaires; l'administration indiquera le jour où les assemblées primaires devront procéder au dernier scrutin d'élection; mais, sous aucun prétexte, ce terme ne pourra être plus éloigné que le second dimanche après la clôture de la liste de présentation.

(44) Art. 13. L'assemblée étant réunie pour le second et dernier scrutin, chaque votant recevra au bureau un bulletin à deux colonnes divisées

chacune en autant de cases qu'il y aura de sujets à nommer. L'une de ces colonnes sera intitulée: *première colonne d'élection;* l'autre, *colonne supplémentaire.*

(45) Art. 14. Chaque votant inscrira ou fera inscrire sur la première colonne autant d'individus qu'il aura de places à élire, et ensuite sur la colonne supplémentaire un nombre de noms égal à celui inscrit sur la première colonne. Ce bulletin ne sera point signé.

(46) Art. 15. Les suffrages ne pourront porter que sur des individus inscrits dans la liste de présentation.

(47) Art. 16. Dans chaque assemblée primaire on fera séparément le recensement des suffrages portés sur la première colonne d'élection et sur la colonne supplémentaire.

(48) Art. 17. Les résultats seront envoyés au chef-lieu du département, et n'y seront reçus que jusqu'au huitième jour après celui qui aura été indiqué pour l'ouverture du second scrutin.

(49) Art. 18. L'administration du département procédera publiquement au recensement général des résultats du scrutin envoyés par les assemblées primaires. On recensera d'abord particulièrement et séparément le nombre des suffrages donnés à chaque candidat sur les premières colonnes d'élection, et ensuite sur les colonnes supplémentaires.

(50) Art. 19. Si le nombre des suffrages portés sur la première colonne ne donne la majorité absolue à personne, on réunira la somme de suffrages que chaque candidat aura obtenus dans les deux colonnes; et la nomination de tous les sujets à élire, ainsi que de leurs suppléants, sera déterminée par l'ordre de la pluralité.

(51) Art. 20. Si un ou plusieurs candidats réunissent la majorité absolue, par le recensement des suffrages portés sur la première colonne, leur élection sera consommée, et l'on n'aura recours à l'addition des suffrages portés sur les deux colonnes que pour les candidats qui n'auront plus obtenu la majorité absolue dans la première, et pour les places vacantes après le premier recensement.

(52) Art. 21. Les suppléants seront d'abord ceux qui, sur la première colonne, ayant obtenu une majorité absolue, auront le plus grand nombre de suffrages après les sujets élus; ensuite ceux qui, après les sujets élus, auront eu le plus de suffrages par la réunion des deux colonnes, quand bien même ils n'auraient obtenu que la pluralité relative.

(53) Art. 22. Le même mode sera suivi pour les nominations à une seule place; mais en ce cas: 1° Lors du scrutin de présentation, chaque votant n'écrira qu'un nom sur son bulletin; 2° La liste de présentation formée d'après ce scrutin contiendra le nom de treize candidats et d'autant de suppléants, jusqu'à ce qu'elle ait été réduite à treize et définitivement arrêtée, conformément aux articles 10 (41) et 11 (42); 3° Lors du scrutin d'élection, chaque votant écrira ou fera écrire le nom de l'individu qu'il préfère sur la première colonne et sur la colonne supplémentaire le nom de six autres individus; 4° Si, lors du recensement général des suffrages portés sur la

première colonne, l'un des candidats a réuni la majorité absolue, il sera élu. Si personne n'a obtenu la majorité absolue, ou réunira les suffrages portés en faveur de chaque candidat sur les deux colonnes: celui qui en aura obtenu le plus, sera élu; et les six candidats qui auront eu le plus de suffrages après lui, seront ses suppléants dans l'ordre de la pluralité.

(54) Art. 23. Lors du recensement du dernier scrutin, les bulletins où l'on aurait donné un ou plusieurs suffrages à des citoyens qui ne seraient pas inscrits sur la liste de présentation, ainsi que ceux qui ne contiendraient pas sur chaque colonne le nombre de suffrages exigés seront annulés.

(55) Art. 24. Le même citoyen pourra être porté à la fois sur plusieurs listes de présentation pour des places différentes.

(56) Art. 25. Il y a néanmoins incompatibilité entre toutes les fonctions publiques. Nul citoyen ne pourra accepter une fonction nouvelle sans renoncer, par le seul fait de son acceptation, à celle qu'il exerçait auparavant.

Section IV – De la police intérieure des assemblées primaires

(57) Article premier. La police intérieure des assemblées primaires appartient essentiellement et exclusivement à l'assemblée elle-même.

(58) Art. 2. La peine la plus forte qu'une assemblée primaire puisse prononcer contre un de ses membres, après le rappel à l'ordre et la censure, sera l'exclusion de la séance.

(59) Art. 3. En cas de voies de fait, d'excès graves, ou de délits communs dans l'intérieur de la salle des séances, le président pourra, après y avoir été autorisé par l'assemblée, décerner des mandats d'amener contre les prévenus, et les faire traduire devant l'officier chargé de la police de sûreté.

(60) Art. 4. Les citoyens ne pourront se rendre en armes dans les assemblées primaires.

Section V – Formes des délibérations dans les assemblées primaires

(61) Article premier. L'assemblée étant formée, le président fera connaître l'objet de la délibération réduit à une question simple à laquelle on puisse répondre par oui ou par non; à la fin de la séance, il ajournera l'assemblée à huitaine pour porter sa décision.

(62) Art. 2. Pendant l'ajournement, le local où l'assemblée primaire se réunit sera ouvert tous les jours aux citoyens pour discuter l'objet soumis à leur délibération.

(63) Art. 3. La salle sera aussi ouverte tous les dimanches de l'année aux citoyens qui voudront s'y réunir, et le bureau commettra l'un de ses membres, qui donnera aux citoyens lecture des différents actes des autorités constituées adressés aux assemblées primaires, et qui sera chargé de maintenir l'ordre et le calme dans ces réunions particulières et ces conférences paisibles de citoyens.

(64) Art. 4. Lorsque l'assemblée sera réunie au jour indiqué pour émettre son voeu, le président rappellera de nouveau l'objet de la délibération, et exposera la question sur laquelle on doit répondre par oui ou par non; le bureau fera afficher dans l'intérieur de la salle un placard contenant l'exposé sommaire de la question soumise à l'assemblée, et sur deux colonnes les mots *oui* ou *non*, avec l'explication précise de la volonté que chacun de ces mots exprime.

(65) Art. 5. Chaque votant écrira ou fera écrire sur son bulletin *oui* ou *non*. Il le signera ou le fera signer en son nom par l'un des membres du bureau, avant de le déposer dans l'urne.

(66) Art. 6. Le scrutin ne sera fermé que dans la séance du soir du second jour à quatre heures; pendant cet intervalle, chaque citoyen sera libre de se présenter à l'heure des séances qui lui conviendra le mieux pour émettre son voeu.

(67) Art. 7. Le dépouillement du scrutin sera fait à haute voix; les membres du bureau qui rempliront les fonctions de scrutateurs proclameront le nom de chaque votant en même temps que son voeu.

(68) Art. 8. Lorsque toutes les assemblées primaires d'un département délibéreront sur le même objet, le résultat du voeu de chaque assemblée par *oui* ou par *non* sera envoyé à l'administration du département, où le résultat général sera constaté dans les délais et suivant les formes prescrites pour les élections.

(69) Art. 9. Dans le cas où toutes les assemblées primaires de la République auraient été convoquées pour délibérer sur le même objet, le résultat général des voeux des citoyens de chaque département sera adressé par chaque administration, dans le délai de quinzaine, au Corps législatif qui constatera et publiera ensuite, dans le même délai, le résultat général du voeu des citoyens.

(70) Art. 10. Les actes dans lesquels les formes ci-dessus prescrites n'auraient pas été observées sont nuls.

(71) Art. 11. Les assemblées primaires seront juges de la validité ou de l'invalidité des suffrages qui seront donnés dans leur sein.

(72) Art. 12. Les administrations de département prononceront sur les nullités résultantes de l'inobservation des formes ci-dessus prescrites pour les divers actes des assemblées primaires, lorsqu'elles auront procédé à des élections purement locales et particulières à leur département, à la charge d'adresser leurs arrêtés au Conseil exécutif, qui sera tenu de les confirmer ou de les révoquer, et sauf le recours dans tous les cas au Corps législatif.

(73) Art. 13. Lorsque les assemblées primaires délibéreront sur des objets d'intérêt général, ou qu'elles procéderont à l'élection des membres du Corps législatif ou des fonctionnaires publics, qui appartiennent à la République entière, les administrations de département pourront seulement adresser au Corps législatif leurs observations sur les nullités des divers actes

des assemblées primaires, et le Corps législatif prononcera définitivement sur leur validité.

Titre IV – Des corps administratifs

Section première – De l'organisation et des fonctions des corps administratifs.

(74) Article premier. Il y aura dans chaque département un Conseil administratif; dans chaque commune, une administration de commune ou municipalité, et dans chaque section de commune, une agence subordonnée à la municipalité.

(75) Art. 2. Le Conseil administratif du département sera composé de dix-huit membres.

(76) Art. 3. Quatre d'entre eux formeront le Directoire.

(77) Art. 4. L'administration de chaque commune sera composée de douze membres et du maire, qui en sera le président.

(78) Art. 5. L'agence secondaire de chaque section sera confiée à un seul citoyen, qui pourra avoir des adjoints.

(79) Art. 6. La réunion des agents secondaires de chaque section avec l'administration municipale formera le Conseil général de la commune.

(80) Art. 7. Les administrations des communes seront subordonnées à celle du département.

(81) Art. 8. L'organisation des municipalités et de leur agence dans les sections, les fonctions particulières qui leur seront attribuées, et le mode de leur élection par les citoyens réunis en assemblées de sections, seront déterminés par une loi particulière, indépendante de la Constitution.

(82) Art. 9. Les citoyens de chaque commune, assemblés dans leurs sections, ne pourront délibérer que sur les objets qui intéressent particulièrement leur section ou leur commune; ils ne peuvent, en aucun cas, administrer par eux-mêmes.

(83) Art. 10. Les administrateurs des départements sont essentiellement chargés de la répartition des contributions directes, de la surveillance des deniers provenant de tous les revenus publics dans l'étendue de leur territoire, de l'examen des comptes de l'administration des communes, et de délibérer sur les demandes qui peuvent être faites pour l'intérêt de leur département.

(84) Art. 11. Les administrateurs, dans toutes les parties de la République, doivent être considérés comme les délégués du gouvernement national, pour tout ce qui se rapporte à l'exécution des lois et à l'administration générale; et comme les agents particuliers de la portion de citoyens résidant dans leur territoire, pour tout ce qui n'est relatif qu'à leurs intérêts locaux et particuliers.

(85) Art. 12. Sous le premier de ces rapports, ils sont essentiellement subordonnés aux ordres du Conseil exécutif.

(86) Art. 13. Le Corps législatif déterminera, par des lois particulières, les règles et le mode de leurs fonctions sur toutes les parties de l'administration qui leur est confiée.

(87) Art. 14. Ils ne pourront s'immiscer en aucun cas dans la partie de l'administration générale, confiée par le gouvernement à des agents particuliers, comme l'administration des forces de terre et de mer, et la régie des établissements, arsenaux, magasins, ports et constructions qui en dépendent, sauf la surveillance qui pourra leur être attribuée sur quelques-uns de ces objets, mais dont l'étendue et le mode seront déterminés par la loi.

(88) Art. 15. Le Conseil exécutif choisira dans chaque administration de département, parmi les membres qui ne sont pas du Directoire, un commissaire national qui sera chargé de correspondre avec le Conseil exécutif, de surveiller et requérir l'exécution des lois: les fonctions de ce commissaire national cesseront lorsqu'il cessera d'être membre de l'administration.

(89) Art. 16. Les séances des corps administratifs seront publiques.

(90) Art. 17. Les administrateurs du département ont le droit d'annuler les actes des sous-administrateurs, si ces actes sont contraires aux lois.

(91) Art. 18. Ils peuvent également, dans le cas d'une désobéissance persévérante des sous-administrateurs ou lorsque ceux-ci compromettront la sûreté et la tranquillité publique, les suspendre de leurs fonctions à la charge d'en instruire sans délai le Conseil exécutif, qui sera tenu de lever ou de confirmer la suspension.

(92) Art. 19. Les administrateurs ne peuvent, en aucun cas, suspendre l'exécution des lois, les modifier ou y suppléer par des dispositions nouvelles, ni rien entreprendre sur l'action de la justice et le mode de son administration.

(93) Art. 20. Il y aura dans chaque département un trésorier correspondant avec la Trésorerie nationale et ayant sous lui un caissier et un payeur. Le trésorier sera nommé par le Conseil administratif du département; le caissier et le payeur présentés par lui seront agréés par le même Conseil.

(94) Art. 21. Les membres des administrations ne peuvent être mis en jugement pour des faits relatifs à leurs fonctions qu'en vertu d'une délibération du Directoire du département pour les administrateurs qui lui sont subordonnés, et du Conseil national exécutif pour les membres des administrations de département, sauf le recours, dans tous les cas, à l'autorité supérieure du Corps législatif.

Section II – Du mode d'élection des administrateurs de département

(95) Article premier. L'élection des administrateurs de département sera faite immédiatement par les citoyens de chaque département réunis dans les assemblées primaires, et suivant le mode prescrit dans la section III du titre III.

(96) Art. 2. En cas de vacance par mort, démission, ou refus d'accepter, dans l'intervalle qui s'écoulera entre les élections, le citoyen nommé sera

remplacé par l'un des suppléants, en suivant entre eux l'ordre de la pluralité des suffrages.

(97) Art. 3. La moitié des membres des corps administratifs sera renouvelée tous les deux ans, trois mois après l'époque fixée pour l'élection du Corps législatif.

(98) Art. 4. Les deux administrateurs qui auront eu le plus de suffrages à chaque élection seront membres du Directoire.

Titre V – Du Conseil exécutif de la République

Section première – De l'organisation du Conseil exécutif de la République

(99) Article premier. Le Conseil exécutif de la République sera composé de sept ministres et d'un secrétaire.

(100) Art. 2. Il y aura: 1° Un ministre de la Législation; 2° Un ministre de la Guerre; 3° Un ministre des Affaires étrangères; 4° Un ministre de la Marine; 5° Un ministre des Contributions publiques; 6° Un ministre d'Agriculture, de Commerce et de Manufactures; 7° Un ministre des Secours, Travaux, Etablissements publics, des Sciences et des Arts.

(101) Art. 3. Le Conseil exécutif sera présidé alternativement par chacun des ministres, et le président sera changé tous les quinze jours.

(102) Art. 4. Le Conseil exécutif est chargé d'exécuter et de faire exécuter toutes les lois et décrets rendus par le Corps législatif.

(103) Art. 5. Il est chargé de l'envoi des lois et décrets aux administrations et aux tribunaux, d'en faire certifier la réception et d'en justifier au Corps législatif.

(104) Art. 6. Il lui est expressément interdit de modifier, d'étendre ou d'interpréter les dispositions des lois et des décrets, sous quelque prétexte que ce soit.

(105) Art. 7. Tous les agents de l'administration et du gouvernement dans toutes ses parties sont essentiellement subordonnés au Conseil exécutif; mais l'administration de la justice est seulement soumise à sa surveillance.

(106) Art. 8. Il est expressément chargé d'annuler les actes des administrations qui seraient contraires à la loi, ou qui pourraient compromettre la tranquillité publique ou la sûreté de l'Etat.

(107) Art. 9. Il peut suspendre de leurs fonctions les membres des corps administratifs, mais à la charge d'en rendre compte sans délai au Corps législatif.

(108) Art. 10. En cas de prévarication de leur part, il doit les dénoncer au Corps législatif, qui décidera s'ils seront mis en jugement.

(109) Art. 11. Le Conseil exécutif a le droit de destituer, de rappeler, de remplacer, ou de faire remplacer les agents civils et militaires qui sont

nommés par lui, ou par les administrateurs qui lui sont subordonnés, et en cas de délit de leur part, d'ordonner qu'ils seront poursuivis devant les tribunaux qui doivent en connaître.

(110) Art. 12. Le Conseil est chargé de dénoncer aux censeurs judiciaires les actes et jugements par lesquels les juges auraient excédé les bornes de leurs pouvoirs.

(111) Art. 13. La direction et l'inspection des armées de terre et de mer, et généralement tout ce qui concerne la défense extérieure de l'Etat, sont délégués au Conseil exécutif. – Il est chargé de tenir au complet le nombre d'hommes qui sera déterminé chaque année par le Corps législatif; de régler leur marche, et de les distribuer sur le territoire de la République; de pourvoir à leur armement, à leur équipement et à leur subsistance; de faire et passer, pour cet objet, tous les marchés qui seront nécessaires; de choisir les agents qui doivent le seconder, et de faire observer les lois sur le mode de l'avancement militaire, et des lois ou règlements pour la discipline des armées.

(112) Art. 14. Le Conseil exécutif fera délivrer les brevets ou commissions aux fonctionnaires publics qui doivent en recevoir.

(113) Art. 15. Le Conseil exécutif est chargé de dresser la liste des récompenses nationales que les citoyens ont droit de réclamer d'après la loi. Cette liste sera présentée au Corps législatif, qui y statuera à l'ouverture de chaque session.

(114) Art. 16. Toutes les affaires seront traitées au Conseil, et il sera tenu un registre des décisions.

(115) Art. 17. Chaque ministre agira ensuite dans son département en conformité des arrêtés du Conseil, et prendra tous les moyens d'exécution de détail qu'il jugera les plus convenables.

(116) Art. 18. L'établissement de la Trésorerie nationale est indépendante du Conseil exécutif.

(117) Art. 19. Les ordres généraux de paiement seront arrêtés au Conseil, et donnés en son nom.

(118) Art. 20. Les ordres particuliers seront expédiés ensuite par chaque ministre dans son département, sous sa seule signature, et en relatant dans l'ordre l'arrêté du Conseil et la loi qui aura autorisé chaque nature de dépense.

(119) Art. 21. Aucun ministre en place, ou hors de place, ne peut être poursuivi en matière criminelle pour fait de son administration, sans un décret du Corps législatif qui ordonne la mise en jugement.

(120) Art. 22. Le Corps législatif aura le droit de prononcer la mise en jugement d'un ou de plusieurs membres du Conseil exécutif dans une séance indiquée pour cet objet unique.

(121) Art. 23. Il sera fait un rapport sur les faits, et la discussion ne pourra s'ouvrir sur la mise en jugement qu'après que le membre inculpé aura été entendu.

(122) Art. 24. En prononçant la mise en jugement, le Corps législatif déterminera s'il y a lieu de poursuivre la simple destitution ou la forfaiture.

(123) Art. 25. Dans le cas où le Corps législatif croira devoir faire poursuivre la simple destitution, il sera rédigé, dans le délai de trois jours, un acte énonciatif des faits qui ne pourront être qualifiés.

(124) Art. 26. Un seul jury national sera convoqué dans la huitaine; il prononcera ensuite sur les faits non qualifiés: il y a, ou il n'y a pas lieu à destitution; et le tribunal, d'après la déclaration du jury, pronoera la destitution du membre du Conseil, ou le renvoi dans ses fonctions.

(125) Art. 27. Si le Corps législatif ordonne la poursuite de la forfaiture, le rapport sur lequel le décret aura été rendu, et les pièces qui lui auront servi de base, seront remis à l'accusateur national dans le délai de vingt-quatre heures, et le jury national d'accusation sera convoqué dans le même délai.

(126) Art. 28. Dans tous les cas, soit de simple destitution, soit de forfaiture, le décret de mise en jugement contre un membre du Conseil exécutif emportera de droit la suspension de ses fonctions jusqu'à la prononciation du jugement; et pendant l'instruction, il sera remplacé par l'un des suppléants choisis par la voie du sort dans le Conseil.

(127) Art. 29. Le Corps législatif, en prononçant la mise en jugement d'un membre du Conseil exécutif, pourra ordonner, s'il le juge convenable, qu'il sera gardé à vue.

(128) Art. 30. Les décrets du Corps législatif sur la mise en jugement d'un membre du Conseil exécutif, seront faits par scrutin signé, et le résultat nominal des suffrages sera imprimé et publié.

(129) Art. 31. La destitution d'un membre du Conseil aura lieu pour les cas d'incapacité ou de négligence grave.

(130) Art. 32. En cas de mort, de démission ou de refus d'accepter, les membres du Conseil exécutif seront remplacés par leurs suppléants dans l'ordre de leur inscription.

(131) Art. 33. En cas de maladie, et d'après l'autorisation du Conseil, ils pourront appeler momentanément à leurs fonctions l'un de leurs suppléants à leur choix.

Section II – Du mode d'élection du Conseil exécutif

(132) Article premier. L'élection des membres du Conseil exécutif sera faite immédiatement par les citoyens de la République dans leurs assemblées primaires.

(133) Art. 2. Chaque membre du Conseil sera nommé par un scrutin séparé.

(134) Art. 3. Pour le scrutin de présentation, chaque votant désignera dans son bulletin le citoyen qu'il croira le plus capable.

(135) Art. 4. Le résultat des scrutins de chaque assemblée primaire sera envoyé à l'administration du département où le recensement se fera dans les formes et dans les délais prescrits par la section III du titre III.

(136) Art. 5. Ce recensement fait, l'administration du département publiera les noms des treize candidats qui auront obtenu le plus de suffrages, pourvu qu'ils en aient recueilli au moins cent.

(137) Art. 6. Il sera fait une liste subsidiaire des huit candidats qui auront obtenu, après les treize premiers, le plus de suffrages: ces deux listes énonceront le nombre de voix que chacun aura recueillies.

(138) Art. 7. Les listes des départements, qui ne contiendront pas le nombre de treize candidats ayant réuni plus de cent suffrages, demeureront incomplètes, et seront néanmoins valables.

(139) Art. 8. Ces listes seront adressées au Corps législatif dans le délai de huitaine; il les fera imprimer, et les enverra à tous les départements.

(140) Art. 9. Un mois après la publication des listes de chaque département, le Corps législatif formera une liste générale et définitive de présentation de la manière suivante.

(141) Art. 10. Il supprimera sur la liste de chaque département les candidats qui auraient déclaré ne pouvoir ou ne vouloir pas accepter, et il les remplacera par des candidats pris dans la liste subsidiaire de leur département, suivant l'ordre de leur inscription.

(142) Art. 11. Il composera ensuite la liste définitive de présentation des candidats qui auront été portés par le plus grand nombre de départements, et, à égalité de départements, par le plus grand nombre de suffrages individuels.

(143) Art. 12. La liste définitive de présentation pour chaque place du Conseil sera composée de treize candidats.

(144) Art. 13. Les assemblées primaires seront convoquées par le Corps législatif, pour procéder au scrutin d'élection trois semaines après la publication de cette liste.

(145) Art. 14. Chaque votant portera sur son bulletin à deux colonnes, savoir, sur la première, le candidat qu'il préfère, et sur la seconde, les six candidats qu'il jugera les plus dignes après lui.

(146) Art. 15. Le recensement des résultats du scrutin des assemblées primaires de chaque département sera fait par l'administration du département, imprimé, publié et envoyé dans le délai de huitaine au Corps législatif.

(147) Art. 16. Dans la quinzaine après l'expiration de ce délai, le Corps législatif proclamera le résultat général des scrutins des départements.

(148) Art. 17. Le candidat qui obtiendra la majorité absolue par le recensement général des suffrages individuels portés sur la première colonne sera élu. Si aucun des candidats n'obtient cette majorité, elle se formera par la réunion et l'addition des suffrages portés sur les deux colonnes. Celui qui en aura obtenu le plus grand nombre sera élu.

(149) Art. 18. Il sera fait, des six candidats qui auront eu le plus de suffrages après le citoyen élu, une liste de suppléants destinés à le remplacer.

(150) Art. 19. Les dispositions générales sur les élections, exprimées dans la section III du titre III, seront applicables à tous les cas particuliers qui ne sont pas prévus dans les articles précédents.

(151) Art. 20. Les membres du Conseil seront élus pour deux ans: la moitié sera renouvelée tous les ans; mais ils pourront être réélus.

(152) Art. 21. Les assemblées primaires se réuniront, tous les ans, le premier dimanche du mois de janvier, pour l'élection des membres du Conseil, et toutes les élections se feront à la fois et dans les mêmes séances pour toutes les places du Conseil, quoique par un scrutin séparé pour chacune.

(153) Art. 22. Après la première élection, les quatre membres du Conseil qui devront être renouvelés les premiers sortiront par la voie du sort; et les trois membres qui ne seront pas sortis, seront renouvelés ainsi que le secrétaire, à l'élection suivante.

Section III – Des relations du Conseil exécutif avec le Corps législatif

(154) Article premier. Le Conseil est tenu, à l'ouverture de la session du Corps législatif, de lui présenter chaque année l'aperçu des dépenses à faire dans chaque partie de l'administration, et le compte de l'emploi des sommes qui y étaient destinées pour l'année précédente; il est chargé d'indiquer les abus qui auraient pu s'introduire dans le gouvernement.

(155) Art. 2. Le Conseil exécutif peut proposer au Corps législatif de prendre en considération les objets qui lui paraîtraient exiger célérité: il ne pourra néanmoins en aucun cas ouvrir son avis sur des dispositions législatives que d'après l'invitation formelle du Corps législatif.

(156) Art. 3. Si dans l'intervalle des sessions du Corps législatif, l'intérêt de la République exigeait sa prompte réunion, le Conseil exécutif sera tenu de le convoquer.

(157) Art. 4. Les actes de correspondance entre le Corps législatif et le Conseil exécutif seront signés du président du Conseil et du secrétaire.

(158) Art. 5. Les membres du Conseil exécutif seront admis dans le sein du Corps législatif, lorsqu'ils auront des mémoires à lire ou des éclaircissements à donner. Ils y auront une place marquée.

(159) Art. 6. Le Corps législatif pourra aussi appeler un membre du Conseil pour rendre compte de ce qui concerne son administration, et donner les éclaircissements et les instructions qui lui seront demandés.

Titre VI – De la Trésorerie nationale et du bureau de comptabilité

(160) Article premier. Il y aura trois commissaires de la Trésorerie nationale, élus comme les membres du Conseil exécutif de la République, et en même temps, mais par un scrutin séparé.

(161) Art. 2. La durée de leurs fonctions sera de trois années, et l'un d'eux sera renouvelé tous les ans.

(162) Art. 3. Les deux candidats qui auront obtenu le plus de suffrages après celui qui aura été élu seront ses suppléants.

(163) Art. 4. Les commissaires de la Trésorerie seront chargés de surveiller la recette de tous les deniers nationaux, d'ordonner le paiement de toutes les dépenses publiques, de tenir un compte ouvert de dépense et de recette, avec tous les receveurs et payeurs qui doivent compter avec la Trésorerie nationale, et d'entretenir avec les trésoriers des départements et les administrations, la correspondance nécessaire pour assurer la rentrée exacte et régulière des fonds.

(164) Art. 5. Ils ne peuvent rien payer, sous peine de forfaiture: 1º Qu'en vertu d'un décret du Corps législatif; et jusqu'à concurrence des fonds décrétés par lui sur chaque objet; 2º D'après une décision du Conseil exécutif; 3º Sur la signature du ministre de chaque département.

(165) Art. 6. Ils ne peuvent aussi, sous peine de forfaiture, ordonner aucun paiement, si l'ordre de dépense signé par le ministre du département que ce genre de dépense concerne n'énonce pas la date de la décision du Conseil exécutif, et des décrets du Corps législatif qui ont ordonné le paiement.

(166) Art. 7. Il sera nommé trois commissaires de la comptabilité nationale, de la même manière, à la même époque, et suivant le mode prescrit pour les commissaires de la Trésorerie nationale.

(167) Art. 8. Ils seront également nommés pour trois ans; l'un d'eux sera renouvelé chaque année, et ils auront aussi deux suppléants.

(168) Art. 9. Les commissaires de la comptabilité se feront remettre aux époques fixées par la loi les comptes des divers comptables, appuyés des pièces justificatives, et poursuivront l'apurement et le jugement de ces comptes.

(169) Art. 10. Le Corps législatif formera chaque année pour cet objet une liste de deux cents jurés.

(170) Art. 11. Pour l'apurement et le jugement de chaque compte, il sera formé sur cette liste un jury de vingt et une personnes, parmi lesquelles le comptable aura droit d'en récuser sept, et le Conseil exécutif sept autres.

(171) Art. 12. Si les récusations ne réduisent pas le nombre du jury à sept, les jurés non récusés se réduiront à ce nombre par la voie du sort.

(172) Art. 13. L'un des commissaires de la comptabilité présentera les pièces à chaque jury; il lui fera toutes les observations qu'il jugera convenables, et donnera tous les ordres nécessaires pour le mettre en état de porter sa décision.

Titre VII – Du Corps législatif

Section première – De l'organisation du Corps législatif et du mode d'élection des membres qui le composent

(173) Article premier. Le Corps législatif est un; il sera composé d'une seule chambre, et renouvelé tous les ans.

(174) Art. 2. Les membres du Corps législatif seront nommés par les citoyens de chaque déprtement, réunis en assemblées primaires, dans les formes et en suivant le mode prescrit par la section III du titre III.

(175) Art. 3. Les assemblées primaires se réuniront pour cet objet le premier dimanche du mois de mai de chaque année.

(176) Art. 4. Le nombre des députés que chaque département enverra au Corps législatif sera fixé par la seule base de la population, et à raison d'un député par cinquante mille âmes. Le nombre des suppléants sera égal à celui des députés.

(177) Art. 5. Les nombres rompus donneront un député de plus à chaque département, lorsqu'ils excéderont vingt mille âmes, et l'on n'y aura aucun égard lorsqu'ils n'excéderont pas ce nombre.

(178) Art. 6. Tous les dix ans, le Corps législatif annoncera le nombre de députés que chaque département doit fournir d'après les états de population qui lui seront envoyés chaque année; mais dans cet intervalle il ne pourra être fait aucun changement à la représentation nationale.

(179) Art. 7. Les députés de chaque département se réuniront le premier lundi du mois de juillet, au lieu qui aura été indiqué par un décret de la législature précédente, ou dans le lieu même de ses dernières séances, si elle n'en a pas désigné un autre.

(180) Art. 8. Si pendant la première quinzaine ils ne sont pas réunis au nombre de plus de deux cents, ils ne pourront s'occuper d'aucun acte législatif, mais ils enjoindront aux mêmbres absents de se rendre à leurs fonctions sans délai.

(181) Art. 9. Pendant cet intervalle les séances se tiendront sous la présidence du doyen d'âge; et, dans le cas d'une nécessité urgente, l'assemblée pourra prendre des mesures de sûreté générale, mais dont l'exécution ne sera que provisoire, et cessera après un délai de quinzaine, si ces mesures ne sont pas confirmées par une nouvelle délibération du Corps législatif, après sa constitution définitive.

(182) Art. 10. Les membres qui ne se seront pas rendus dans le délai d'un mois seront remplacés par leurs suppléants.

(183) Art. 11. La première quinzaine expirée, en quelque nombre que les députés se trouvent réunis, ou aussitôt qu'ils seront au nombre de plus de deux cents, et après avoir vérifié leurs pouvoirs, ils se constitueront en Assemblée nationale législative; lorsque l'assemblée aura été organisée par l'élection du président et des secrétaires, elle commencera l'exercice de ses fonctions.

(184) Art. 12. Les fonctions du président et des secrétaires seront temporaires, et ne pourront excéder la durée d'un mois.

(185) Art. 13. Les membres du Corps législatif ne pourront être recherchés, accusés, ni jugés en aucun temps, pour ce qu'ils auront dit ou écrit dans l'exercice de leurs fonctions.

(186) Art. 14. Ils pourront, pour fait criminel, être saisis en flagrant délit; mais il en sera donné avis, sans délai, au Corps législatif, et la poursuite ne pourra être continuée qu'après que le Corps législatif aura décidé qu'il y a lieu à la mise en jugement.

(187) Art. 15. Hors le cas du flagrant délit, les membres du Corps législatif ne pourront être amenés devant les officiers de police, ni mis en état d'arrestation avant que le Corps législatif ait prononcé sur la mise en jugement.

Section II – Des fonctions du Corps législatif

(188) Article premier. Au Corps législatif seul appartient l'exercice plein et entier de la puissance législative.

(189) Art. 2. Les lois constitutionnelles sont seules exceptées de la disposition de l'article précédent.

(190) Art. 3. Les actes émanés du Corps législatif se divisent en deux classes: les lois et les décrets.

(191) Art. 4. Les caractères qui distinguent les lois sont leur généralité et leur durée indéfinie; les caractères qui distinguent les décrets sont leur application locale ou particulière, et la nécessité de leur renouvellement à une époque déterminée.

(192) Art. 5. Sont compris sous la dénomination de lois, tous les actes concernant la législation civile, criminelle et de police; les règlements généraux sur les domaines et établissements nationaux; sur les diverses branches d'administration générale et de revenus publics; sur les fonctionnaires publics; sur le titre, le poids, l'empreinte et la dénomination des monnaies; sur la nature et la répartition des impôts et sur les peines nécessaires à établir pour leur recouvrement.

(193) Art. 6. Sont désignés sous le nom particulier de décrets, les actes du Corps législatif, concernant: l'établissement annuel de la force de terre et de mer; la permission ou la défense du passage des troupes étrangères sur le territoire français, et l'introduction des forces navales étrangères dans les ports de la République; la fixation annuelle de la dépense publique; la quotité de l'impôt direct et le tarif de l'impôt indirect; les précautions urgentes de sûreté et de tranquillité; la distribution annuelle et momentanée des secours et travaux publics; toute dépense imprévue et extraordinaire; les ordres pour la fabrication des monnaies de toute espèce; les mesures locales et particulières à un département, à une commune, ou à un genre de travaux, tels que la confection d'une grande route, l'ouverture d'un canal, etc.; les déclarations de guerre, la ratification des traités et tout ce qui a rapport aux étrangers; l'exercice de la responsabilité des membres du Conseil, des fonc-

tionnaires publics, et la poursuite ou la mise en jugement des prévenus de complot ou d'attentats contre la sûreté générale de la République; la discipline intérieure de l'Assemblée législative; la disposition de la force armée qui sera établie dans la ville où elle tiendra ses séances.

(194) Art. 7. Les mesures extraordinaires de sûreté générale et de tranquillité publique ne pourront avoir plus de six mois de durée, et leur exécution cessera de plein droit à cette époque, si elles ne sont renouvelées par un nouveau décret.

Section III – Tenue des séances et formation de la loi

(195) Article Premier. Les délibérations du Corps législatif seront publiques, et les procès-verbaux de ses séances seront imprimés.

(196) Art. 2. Les lois et les décrets seront rendus à la majorité absolue des voix.

(197) Art. 3. La discussion ne pourra s'ouvrir que sur un projet écrit.

(198) Art. 4. Il n'y aura d'exception à cet article que pour les arrêtés relatifs à la police de l'assemblée, l'ordre et à la marche des délibérations, et aux résolutions qui n'auront aucun rapport à la législation et à la législation et à l'administration générale de la République.

(199) Art. 5. Aucune loi et aucun décret ne pourront être rendus qu'après deux délibérations, la première déterminera seulement l'admission du projet et son renvoi à un nouvel examen; la seconde aura lieu pour l'adopter ou le rejeter définitivement.

(200) Art. 6. Le projet de loi ou de décret sera remis au président par le membre qui voudra le présenter: il en sera fait lecture; et si l'assemblée n'adopte pas la gestion préalable sur la simple lecture, il sera imprimé, distribué, et ne pourra être mis en délibération que huit jours après la distribution, à moins que l'assemblée n'abrège ce délai.

(201) Art. 7. Le projet, après la discussion sur le fond, sur les amendements, et sur les articles additionnels, pourra être rejeté, ajourné ou admis.

(202) Art. 8. Dans le cas où le projet serait admis, il sera renvoyé à l'examen du bureau qui sera organisé ainsi qu'il sera établi ci-après.

(203) Art. 9. Le bureau sera tenu de faire son rapport dans le délai de quinzaine, et il aura la faculté d'abréger ce délai autant qu'il le jugera convenable.

(204) Art. 10. Il pourra présenter, soit le même projet, soit un nouveau projet sur le même objet; mais s'il présente un nouveau projet, ou des articles additionnels à celui qui aura été admis, ce ne sera que huit jours après la distribution et l'impression de ces propositions nouvelles qu'il pourra y être délibéré.

(205) Art. 11. L'assemblée pourra néanmoins accorder la priorité au premier projet qui lui aura été présenté, sur celui du bureau, si elle le juge convenable.

(206) Art. 12. Toute proposition nouvelle, soit article additionnel ou projet de décret, ne pourra être adoptée et décrétée qu'après avoir été admise et renvoyée au bureau, et après qu'elle aura subi l'épreuve d'un nouveau rapport, conformément à ce qui est prescrit par les articles précédents.

(207) Art. 13. Le Corps législatif pourra, lorsqu'il le croira utile à la chose publique, abréger les délais fixées par les articles 9 (203) et 10 (204); mais cette délibération ne pourra être prise qu'au scrutin et à la majorité des voix.

(208) Art. 14. Si l'urgence est adoptée, le Corps législatif fixera le jour de la délibération, ou ordonnera qu'elle sera prise séance tenante.

(209) Art. 15. L'intitulé de la loi ou du décret attestera que ces formalités ont été remplies par la formule suivante: *«Loi – Proposée le... admise et renvoyée au bureau le... rapporté et délibérée le..., conformément à ce qui est prescrit par la constitution, ou en vertu de la délibération d'urgence du...»*

(210) Art. 16. Toute loi ou décret qui serait rendu sans que ces formalités aient été remplies n'aura pas force de loi, et ne pourra recevoir aucune exécution.

Section IV – Formation du bureau

(211) Article premier. Il sera formé, tous les mois, dans le sein du Corps législatif, un bureau composé de treize membres, qui sera chargé de faire un rapport sur tous les projets de lois ou de décrets, qui auront été admis et qui lui seront renvoyés.

(212) Art. 2. Les membres du bureau seront nommés par un double scrutin de présentation et d'élection.

(213) Art. 3. La liste de présentation sera de vingt-six noms.

(214) Art. 4. Le scrutin d'élection se fera par un bulletin à une seule colonne; chaque membre de l'assemblée portera sur son bulletin les treize candidats qu'il préférera, et la nomination sera déterminée par la pluralité des suffrages.

(215) Art. 5. Les membres qui auront été nommés au bureau ne pourront plus être réélus pendant la durée de la même législature.

(216) Art. 6. Chaque bureau restera chargé de faire les rapports des projets admis qui lui auront été renvoyés dans le courant du mois pour lequel il aura été formé.

Titre VIII – De la censure du peuple sur les actes de la représentation nationale et du droit de pétition

(217) Article premier. Lorsqu'un citoyen croira utile ou nécessaire d'exciter la surveillance des représentants du peuple sur des actes de constitution, de législation ou d'administration générale, de provoquer la réforme d'une loi existante ou la promulgation d'une loi nouvelle, il aura le droit de requérir le bureau de son assemblée primaire, de la convoquer au jour de dimanche le plus prochain, pour délibérer sur sa proposition.

(218) Art. 2. L'acte de réquisition présentera cette proposition réduite à ses termes les plus simples.

(219) Art. 3. Cette réquisition, pour avoir son effet, devra être revêtu de l'approbation et de la signature de cinquante citoyens résidant dans l'arrondissement de la même assemblée primaire.

(220) Art. 4. Le bureau à qui la réquisition sera adressée vérifiera sur le tableau des membres de l'assemblée primaire, si les signataires de la réquisition ou de l'approbation ont droit de suffrage; en ce cas, il sera tenu de convoquer l'assemblée pour le dimanche suivant.

(221) Art. 5. Ce jour, l'assemblée étant formée, le président donnera lecture de la proposition: la discussion s'ouvrira à l'instant, et pourra être continuée pendant le cours de la semaine; mais la décision sera ajournée au dimanche suivant.

(222) Art. 6. Au jour indiqué, le scrutin sera ouvert par oui ou par non, sur la question; *«y a-t-il, ou n'y a-t-il pas lieu à délibérer?»*

(223) Art. 7. Si la majorité des votants est d'avis qu'il y ait lieu à délibérer, le bureau sera tenu de requérir la convocation des assemblées primaires dont les chefs-lieux sont situés dans l'arrondissement de la même commune, pour délibérer sur l'objet énoncé dans la réquisition.

(224) Art. 8. Le bureau sera tenu de joindre à sa réquisition un procès-verbal sommaire de la délibération de son assemblée, et une copie collationnée de la demande du citoyen qui a provoquée la délibération.

(225) Art. 9. Sur cette réquisition, les membres des bureaux des assemblées primaires à qui elle sera adressée convoqueront leurs assemblées dans les délais prescrits, et en adresseront les résultats au bureau qui fait la réquisition.

(226) Art. 10. Si la majorité des citoyens qui ont voté dans les assemblées primaires de la commune a déclaré qu'il y a lieu à délibérer sur la proposition, le bureau adressera à l'administration du département le procès-verbal de ses opérations et le résultat général des scrutins des assemblées primaires de la commune qui lui auront été adressés: il requerra en même temps l'administration de convoquer les assemblées primaires du département, pour délibérer sur la même proposition.

(227) Art. 11. La convocation générale ne peut être refusée; elle aura lieu dans le délai de quinzaine; les assemblées primaires délibéreront dans les mêmes formes et adresseront à l'administration du département le résultat de leurs délibérations.

(228) Art. 12. Le dépouillement général se fera publiquement, et le résultat sera publié et affiché dans le chef-lieu des assemblées primaires du département.

(229) Art. 13. Si la majorité des citoyens décide qu'il y a lieu à délibérer, l'administration du département adressera au Corps législatif le résultat de leurs délibérations avec l'énonciation de la proposition qu'ils ont adoptée, et requerra de prendre cet objet en considération.

(230) Art. 14. Cette réquisition sera sans délai imprimée, distribuée à tous les membres, affichée dans l'intérieur de la salle, et renvoyée à des commissaires pour en faire leur rapport dans la huitaine.

(231) Art. 15. Après le rapport des commissaires, la discussion s'ouvrira sur la question proposée. Elle sera continuée et ajournée à huitaine; il sera statué, au plus tard dans la quinzaine suivante, sur la question de savoir s'il y a, ou s'il n'y a pas lieu à délibérer sur cette proposition.

(232) Art. 16. On votera sur cette question par un scrutin signé, et le résultat nominal des suffrages sera imprimé et envoyé à tous les départements.

(233) Art. 17. Si la majorité des voix se décide pour l'affirmative, le Corps législatif renverra la proposition adoptée à des commissaires, pour lui présenter un projet de décret dans un délai qui ne pourra pas excéder celui de quinzaine.

(234) Art. 18. Ce projet de décret sera ensuite mis à la discussion, rejeté ou admis; et, dans ce dernier cas, renvoyé au bureau suivant les règles générales prescrites pour la formation de la loi.

(235) Art. 19. Si la majorité des voix rejette la proposition en déclarant qu'il n'y a pas lieu à délibérer, le résultat nominal du scrutin sera également envoyé à tous les départements. Dans tous les cas, soit que le Corps législatif admette la proposition, ou la rejette, la délibération sur la question préalable pourra être motivée, et sera envoyée à tous les départements.

(236) Art. 20. Si la révocation du décret qui a prononcé sur la question préalable, ou de la loi qui aura été faite sur le fond de la proposition, est demandée par les assemblées primaires d'un autre département, le Corps législatif sera tenu de provoquer sur-le-champ toutes les assemblées primaires de la République, pour avoir leur voeu sur cette propsition.

(237) Art. 21. La question sera réduite et posée dans le décret de convocation de la manière suivante: «*Y a-t-il lieu à délibérer, oui ou non, sur la révocation du décret du Corps législatif, en date du..., qui a admis ou rejeté la proposition suivante:...*»

(238) Art. 22. S'il est décidé à la majorité des voix, dans les assemblées primaires, qu'il y a lieu à délibérer sur la révocation du décret, le Corps législatif sera renouvelé et les membres qui auront voté pour le décret ne pourront être réélus, ni nommés membres du Corps législatif pendant l'intervalle d'une législature.

(239) Art. 23. La disposition de l'article précédent, concernant les membres qui auront voté pour le décret, n'aura pas lieu si la censure n'est exercée, et la révocation demandée qu'après l'intervalle d'une année, à compter du jour de la prononciation du décret ou de la loi.

(240) Art. 24. Si, dans l'intervalle qui peut s'écouler entre le décret et l'émission du voeu général des assemblées primaires, il y a eu une nouvelle élection du Corps législatif, et si plusieurs des membres qui auront voté pour le décret ont été réélus, ils seront tenus, immédiatement après que le voeu

général sur la révocation du décret aura été constaté, de céder leur place à leurs suppléants.

(241) Art. 25. Si le renouvellement du Corps législatif a lieu en vertu de l'article 22 (238), l'époque de la réélection annuelle sera seulement anticipée. Un nouveau Corps législatif finira le temps de la législature qu'il aura remplacée, et ne sera renouvelé lui-même qu'à l'époque des élections annuelles déterminées par la loi.

(242) Art. 26. Après le renouvellement du Corps législatif, la nouvelle législature, dans la quinzaine qui suivra l'époque de sa constitution en assemblée délibérante, sera tenue de remettre à la discussion la question de la révocation du décret, dans la forme prescrite par les articles 15 (231), 16 (232) et suivants; et la décision qu'elle rendra sur cet objet sera également soumise à l'exercice du droit de censure.

(243) Art. 27. Seront soumises à l'exercice du droit de censure toutes les lois, et généralement tous les actes de la législation qui seraient contraires à la Constitution.

(244) Art. 28. Seront formellement exceptés les décrets et les actes de simple administration, les délibérations sur des intérêts locaux et partiels, l'exercice de la surveillance et de la police sur les fonctionnaires publics, et les mesures de sûreté générale, lorsqu'elles n'auront pas été renouvelées.

(245) Art. 29. L'exécution provisoire de la loi sera toujours de rigueur.

(246) Art. 30. Le Corps législatif pourra, toutes les fois qu'il le jugera convenable, consulter le voeu des citoyens réunis dans les assemblées primaires sur des questions qui intéresseront essentiellement la République entière. Ces questions seront posées de manière que la réponse puisse se faire par la simple alternative, oui ou non.

(247) Art. 31. Indépendamment de l'exercice du droit de censure sur les lois, les citoyens ont le droit d'adresser des pétitions aux autorités constituées, pour leur intérêt personnel et privé.

(248) Art. 32. Ils seront seulement assujettis dans l'exercice de ce droit à l'ordre progressif établi par la Constitution entre les diverses autorités constituées.

(249) Art. 33. Les citoyens ont aussi le droit de provoquer la mise en jugement des fonctionnaires publics, en cas d'abus de pouvoir et de violation de la loi.

Titre IX – Des Conventions nationales

(250) Article premier. Une Convention nationale sera convoquée toutes les fois qu'il s'agira de réformer l'acte constitutionnel, de changer ou de modifier quelqu'une de ses parties, ou d'y ajouter quelque disposition nouvelle.

(251) Art. 2. Le Corps législatif sera chargé de cette convocation, lorsqu'elle aura été jugée nécessaire par la majorité des citoyens de la République: il désignera la ville où la Convention tiendra ses séances; mais ce sera

toujours à la distance de plus de cinquante lieues de la ville où le Corps législatif siégera.

(252) Art. 3. La Convention et le Corps législatif auront le droit de changer le lieu de leurs séances, mais la distance de plus de cinquante lieues sera toujours observée.

(253) Art. 4. Dans la vingtième année après l'acceptation de l'acte constitutionnel, le Corps législatif sera tenu d'indiquer une Convention pour revoir et perfectionner la Constitution.

(254) Art. 5. Chaque citoyen a le droit de provoquer l'appel d'une Convention pour la réforme de la Constitution: mais ce droit est soumis aux formes et aux règles établies pour l'exercice du droit de censure.

(255) Art. 6. Si la majorité des votants, dans les assemblées primaires d'un département, réclame la convocation d'une Convention nationale, le Corps législatif sera tenu de consulter sur-le-champ tous les citoyens de la République réunis dans les assemblées primaires; et si la majorité des votants adopte l'affirmative, la Convention aura lieu sans délai.

(256) Art. 7. Le Corps législatif pourra aussi, lorsqu'il le jugera nécessaire, proposer la convocation d'une Convention nationale; mais elle ne pourra avoir lieu que lorsque la majorité du peuple français aura approuvé cette convocation; les membres de la législature ne pourront, en ce cas, être élus membres de la Convention nationale.

(257) Art. 8. La Convention sera formée de deux membres par département, ayant deux suppléants; ils seront élus de la même manière que les membres des législatures.

(258) Art. 9. La Convention ne pourra s'occuper que de présenter au peuple un projet de Constitution, perfectionné et dégagé des défauts que l'expérience aurait fait connaître.

(259) Art. 10. Toutes les autorisés établies continueront leur action, jusqu'à ce que la nouvelle Constitution ait été acceptée par le peuple, suivant le mode réglé par la Constitution existante, et jusqu'à ce que les nouvelles autorités aient été formées et mises en activité.

(260) Art. 11. Si le projet de réforme de la Constitution est rejeté, dans le courant des deux premiers mois qui suivront l'époque où le voeu aura été constaté, la Convention sera tenue de présenter aux suffrages des citoyens les questions sur lesquelles elle croira devoir connaître leur voeu.

(261) Art. 12. Le nouveau plan, formé d'après l'expression de ce voeu, sera présenté à l'acceptation du peuple dans les mêmes formes.

(262) Art. 13. S'il est rejeté, la Convention nationale sera dissoute de plein droit; et le Corps législatif sera tenu de consulter sur-le-champ les assemblées primaires, pour savoir s'il y a lieu à la convocation d'une Convention nouvelle.

(263) Art. 14. Les membres de la Convention ne pourront être recherchés, accusés, ni jugés en aucun temps, pour ce qu'ils auront dit ou écrit dans

l'exercice de leurs fonctions; et ils ne pourront être mis en jugement, dans tout autre cas, que par une décision de la Convention elle-même.

(264) Art. 15. La Convention, aussitôt après sa réunion, pourra régler l'ordre et la marche de ses travaux, comme elle le jugera convenable; mais ses séances seront toujours publiques.

(265) Art. 16. En aucun cas, la Convention ne pourra prolonger ses séances au-delà du terme d'une année.

Titre X – De l'administration de la justice

Section première – Règles générales

(266) Article premier. Il y aura un code de lois civiles et criminelles uniformes pour toute la République.

(267) Art. 2. La justice sera rendue publiquement par des jurés et par des juges.

(268) Art. 3. Ces juges seront élus à temps et salariés par la République.

(269) Art. 4. Ils ne pourront être renouvelés qu'aux époques déterminées par l'acte constitutionnel.

(270) Art. 5. Les fonctions judiciaires ne peuvent, en aucun cas et sous aucun prétexte, être exercées ni par le Corps législatif, ni par le Conseil exécutif, ni par les corps administratifs et municipaux.

(271) Art. 6. Les tribunaux et les juges ne peuvent s'immiscer dans l'exercice du pouvoir législatif; ils ne peuvent interpréter les lois ni les étendre, en arrêter ou suspendre l'exécution; ils ne peuvent entreprendre sur les fonctions administratives, ni citer devant eux les administrateurs, pour raison de leurs fonctions.

(272) Art. 7. Les juges ne pourront être destitués que pour forfaiture légalement jugée, ni suspendus que par une accusation admise.

Section II – De la justice civile

(273) Article premier. Le droit des citoyens de terminer définitivement leurs contestations par la voie de l'arbitrage volontaire ne peut recevoir aucune atteinte par les actes du pouvoir législatif.

(274) Art. 2. Il y aura dans chaque commune au moins un juge de paix.

(275) Art. 3. Les juges de paix sont chargés spécialement de concilier les parties, et, dans le cas où ils ne pourraient y parvenir, de prononcer définitivement et sans frais sur leurs contestations. Ils seront renouvelés tous les ans, mais ils pourront être réélus.

(276) Art. 4. Le nombre et la compétence des juges de paix seront déterminés par le Corps législatif. – Néanmoins les juges de paix ne pourront

jamais connaître de la propriété foncière et des matières criminelles, ni exercer aucune fonction de police ou d'administration.

(277) Art. 5. La justice de paix ne pourra jamais être considérée comme une partie de la justice contentieuse.

(278) Art. 6. Dans toutes les contestations, autres que celles qui sont du ressort de la justice de paix, les citoyens seront tenus de les soumettre d'abord à des arbitres choisis par eux.

(279) Art. 7. En cas de réclamation contre les décisions rendues par les arbitres, en vertu de l'article précédent, les citoyens se pourvoiront devant le jury civil.

(280) Art. 8. Il y aura dans chaque département un seul jury civil: il sera composé d'un directeur, d'un rapporteur public, d'un commissaire national, et de jurés. Le nombre de ces officiers du jury pourra être augmenté par le Corps législatif, suivant les besoins des départements.

(281) Art. 9. Le tableau des jurés civils de chaque département sera formé de la manière suivante: 1° Dans chaque assemblée primaire on élira tous les six mois un juré sur cent citoyens inscrits sur le tableau; 2° Cette élection sera faite par un seul scrutin et à la simple pluralité relative; 3° Chaque votant signera son bulletin ou le fera signer en son nom par l'un des membres du bureau, et il n'y portera qu'un seul individu, quel que soit le nombre des jurés que son assemblée primaire devra nommer.

(282) Art. 10. Tous les citoyens résidant dans chaque département seront éligibles par chaque assemblée primaire.

(283) Art. 11. Chaque assemblée primaire enverra à l'administration du département la liste des citoyens qui auront recueilli le plus de voix, en nombre double des jurés qu'elle doit nommer, et l'administration, après avoir formé le tableau des jurés, sera tenue de le faire parvenir sans délai au directeur du jury.

(284) Art. 12. Tout citoyen qui aura été inscrit deux fois dans un tableau de jurés ne pourra être tenu d'en exercer de nouveau les fonctions.

(285) Art. 13. Le choix des jurés sera fait sur le tableau général du département par les parties. – En cas de refus, ce choix sera fait par le directeur du jury, pour les parties qui refusent. – En cas d'absence, le choix sera fait par le commissaire national pour les parties absentes.

(286) Art. 14. Le directeur, le rapporteur, le commissaire national et leurs suppléants seront nommés immédiatement par les assemblées primaires du département, dans les formes et suivant le mode prescrits pour les nominations individuelles. Ils seront nommés pour deux années; ils pourront être réélus.

(287) Art. 15. Les fonctions principales du directeur du jury seront de diriger la procédure; celles du rapporteur, de faire l'exposé des affaires devant le jury; et celles du commissaire national seront: 1° De requérir et de surveiller l'observation des formes et des lois dans les jugements à rendre, et

de faire exécuter les jugements rendus; 2° De défendre les insensés, les interdits, les absents, les pupilles, les mineurs, les veuves et les indigents.

Section III – De la justice criminelle

(288) Article premier. La peine de mort est abolie pour tous les délits privés.

(289) Art. 2. Le droit de faire grâce ne serait que le droit de violer la loi: il ne peut exister dans un gouvernement libre où a loi doit être égale pour tous.

(290) Art. 3. En matière criminelle nul citoyen ne peut être jugé que par les jurés, et la peine sera appliquée par des tribunaux criminels.

(291) Art. 4. Un premier jury déclarera si l'accusation doit être admise ou rejetée. Le fait sera reconnu et déclaré par le second jury.

(292) Art. 5. L'accusé aura la faculté de récuser, sans alléguer de motifs, le nombre de jurés qui sera déterminé par la loi.

(293) Art. 6. Les jurés qui déclareront le fait ne pourront, en aucun cas, être au-dessous du nombre de douze.

(294) Art. 7. L'accusé choisira un conseil; et s'il n'en choisit pas, le tribunal lui en nommera un.

(295) Art. 8. Tout homme acquitté par un jury ne peut plus être repris ni accusé à raison du même fait.

(296) Art. 9. Il y aura pour chaque tribunal criminel un président, deux juges et un accusateur public. Ces quatre officiers seront élus à temps par le peuple; ils seront renouvelés tous les deux ans, mais ils pourront être réélus.

(297) Art. 10. Les fonctions de l'accusateur public seront de dénoncer au directeur du jury, soit d'office, soit d'après les ordres qui lui seront donnés par le Conseil exécutif ou par le Corps législatif: 1° Les attentats contre la liberté individuelle des citoyens; 2° Ceux commis contre le droit des gens; 3° La rébellion à l'exécution des jugements et de tous les actes exécutoires, émanés des autorités constituées; 4° Les troubles occasionnés et les voies de fait commises pour entraver la perception des contributions, la libre circulation des subsistances et autres objets de commerce; 5° De requérir pendant le cours de l'instruction, pour la régularité des formes; et, avant le jugement, pour l'application de la loi; 6° De poursuivre les délits sur les actes d'accusation admis par les premiers jurés; 7° De surveiller tous les officiers de police du département, qu'il sera tenu d'avertir en cas de négligence, et de dénoncer, dans les cas de fautes plus graves, au tribunal criminel.

Section IV – Des censeurs judiciaires

(298) Article premier. Il y aura des censeurs judiciaires qui iront à des époques fixes prononcer dans chaque chef-lieu de département de l'arrondissement qui sera désigné à cet effet: 1° sur les demandes en cassation contre les jugements rendus par les tribunaux criminels et les jurys civils; 2°

sur les demandes en renvoi d'un tribunal à un autre pour cause de suspicion légitime; 3° sur les règlements de juges et sur les prises à partie contre les juges. Ils casseront les jugements dans lesquels les formes auront été violées, ou qui contiendront une contravention expresse à la loi.

(299) Art. 2. Les censeurs seront nommés pour deux années; ils seront élus par les assemblées primaires de chaque département, dans la forme établie pour les nominations individuelles.

(300) Art. 3. Chaque division de censeurs ne pourra être composée de moins de quatre membres, et de plus de sept; ils ne pourront jamais exercer leurs fonctions dans le département qui les aura nommés.

(301) Art. 4. Ils ne connaîtront point du fond des affaires; mais après avoir cassé le jugement, ils renverront le procès soit au tribunal criminel, soit au jury civil qui doit en connaître.

(302) Art. 5. Lorsque, après deux cassations, le jugement du troisième tribunal criminel ou jury civil sera attaqué par les mêmes moyens que les deux premiers, la question ne pourra plus être agitée devant les censeurs, sans avoir été soumise au Corps législatif, qui portera un décret déclaratoire de la loi auquel les censeurs seront tenus de se conformer.

(303) Art. 6. Les commissaires nationaux et les accusateurs publics pourront, sans préjudice du droit des parties intéressées, dénoncer aux censeurs les actes par lesquels les juges auraient excédé les bornes de leur pouvoir.

(304) Art. 7. Les censeurs annuleront ces actes, s'il y a lieu; et, dans le cas de forfaiture, le fait sera dénoncé au Corps législatif par les censeurs qui auront prononcé.

(305) Art. 8. Le Corps législatif mettra le tribunal en jugement, s'il y a lieu, et renverra les prévenus devant le tribunal qui doit connaître de cette matière.

(306) Art. 9. Dans le cas où les parties ne se seraient pas pourvues contre les jugements dans lesquels les formes ou les lois auraient été violées, les jugements auront, à l'égard des parties, force de chose jugée; mais ils seront annulés pour l'intérêt public, sur la dénonciation des commissaires nationaux et des accusateurs publics. Les juges qui les auront rendus pourront être poursuivis pour cause de forfaiture.

(307) Art. 10. Le délai, pour se pourvoir devant les censeurs, ne pourra, en aucun cas, être abrégé ni prorogé pour aucune cause particulière ni pour aucun individu.

(308) Art. 11. Dans le premier mois de la session du Corps législatif, chaque division de censeurs sera tenue d'envoyer au Corps législatif l'état des jugements rendus, à côté de chacun desquels seront la notice abrégée de l'affaire, et le texte de la loi qui aura déterminé la décision.

(309) Art. 12. Dans le cours du mois suivant, le Corps législatif se fera rendre compte du travail des censeurs, des abus qui pourront s'être intro-

duits dans l'exercice de leurs fonctions, et des moyens de perfectionner la législation et l'administration de la justice.

(310) Art. 13. La justice sera rendue au nom de la nation. Les expéditions exécutoires des jugements des tribunaux criminels et des jurys civils seront conçues ainsi qu'il suit: *La République française. – A tous les citoyens… Le jury civil ou le tribunal de … a rendu le jugement suivant:* – Copie du jugement et le nom des juges. – *La République française mande et ordonne, etc.*

(311) Art. 14. La même formule aura lieu pour les décisions des censeurs, qui porteront le nom d'*actes de censure judiciaire*.

Section V – Du jury national

(312) Article premier. Il sera formé un jury national toutes les fois qu'il s'agira de prononcer sur les crimes de haute trahison. Ces crimes seront expressément déterminés par le Code pénal.

(313) Art. 2. Le tableau du jury national sera composé de trois jurés par chaque département, et d'un nombre égal de suppléants.

(314) Art. 3. Ils seront élus, ainsi que les suppléants, par les assemblées primaires de chaque département, suivant les formes prescrites pour les élections.

(315) Art. 4. Le jury national se divisera en jury d'accusation et en jury de jugement.

(316) Art. 5. Il ne sera formé qu'un seul jury national, lorsqu'il s'agira de prononcer sur la simple destitution d'un membre du Conseil exécutif de la République.

(317) Art. 6. Les juges du tribunal criminel du département, dans l'étendue duquel le délit aura été commis, rempliront, auprès du jury national, les fonctions qu'ils exercent pour le jury ordinaire.

(318) Art. 7. Lorsqu'il s'agira d'un délit de haute trahison, commis hors du territoire de la République, ou de la forfaiture encourue par un fonctionnaire public hors du même territoire, le Corps législatif choisira, par la voie du sort, entre les sept tribunaux criminels les plus voisins du lieu du délit, celui qui devra en connaître.

(319) Art. 8. La même règle sera observée, lorsque des motifs impérieux d'intérêt public ne permettront pas que le jury national se rassemble dans le département où le délit aura été commis.

Section VI – Des moyens de garantir la liberté civile

(320) Article premier. Les citoyens ne peuvent être distraits des juges que la loi constitutionnelle leur assigne.

(321) Art. 2. La police de sûreté sera organisée par une loi particulière, et ne pourra être confiée qu'à des officiers civils.

(322) Art. 3. Toute personne saisie en vertu de la loi doit être conduite devant l'officier de police; nul ne peut être mis en état d'arrestation ou détenu, 1° qu'en vertu d'un mandat des officiers de police; 2° d'une ordonnance de prise de corps d'un tribunal; 3° d'un décret d'arrestation du Corps législatif; 4° d'un jugement de condamnation à prison ou détention correctionnelle.

(323) Art. 4 Toute personne conduite devant l'officier de police sera interrogée sur-le-champ, ou au plus tard dans les vingt-quatre heures, sous peine de destitution et de prise à partie.

(324) Art. 5. S'il résulte de l'examen de l'officier de police qu'il n'y a aucun sujet d'inculpation, la personne détenue sera remise aussitôt en liberté; et s'il y a lieu de l'envoyer à la maison d'arrêt, elle y sera conduite dans le plus bref délai qui, en aucun cas, ne pourra excéder trois jours.

(325) Art. 6. Le directeur du jury d'accusation sera tenu de le convoquer dans le délai d'un mois au plus tard, sous peine de destitution.

(326) Art. 7. Les personnes arrêtées ne peuvent être retenues si elles donnent caution suffisante, dans tous les cas où la loi n'a pas prononcé une peine afflictive ou corporelle.

(327) Art. 8. Le Corps législatif fixera les règles d'après lesquelles les cautionnements et les peines pécuniaires seront gradués d'une manière proportionnelle qui ne viole pas les principes de l'égalité, et qui ne dénature pas la peine.

(328) Art. 9. Les personnes détenues par l'autorité de la loi ne peuvent être conduites que dans les lieux légalement et publiquement désignés pour servir de maison d'arrêt, de maison de justice et de prison.

(329) Art. 10. Nul gardien ou geôlier ne peut recevoir ni retenir aucun homme qu'en vertu d'un mandat, ordonnance de prise de corps, décret d'accusation ou jugement, et sans que la transcription en ait été faite sur son registre.

(330) Art. 11. Tout gardien ou geôlier représentera la personne du détenu à l'officier civil ayant la police de la maison de détention, toutes les fois qu'il en sera requis par lui.

(331) Art. 12. Lorsque la personne détenue ne sera pas gardée au secret en vertu d'une ordonnance du juge, inscrite sur le registre, sa représentation ne pourra être refusée à ses parents et amis, porteurs de l'ordre de l'officier civil, qui sera toujours tenu de l'accorder.

(332) Art. 13. Toute personne, autre que celles à qui la loi donne le droit d'arrestation, qui expédiera, signera, exécutera ou fera exécuter l'ordre d'arrêter un citoyen; toute personne qui, dans le cas d'arrestation autorisé par la loi, conduira, recevra ou retiendra un citoyen dans un lieu de détention non publiquement et non légalement désigné; et tout gardien ou geôlier qui contreviendra aux dispositions des articles précédents, seront coupables du crime de détention arbitraire, et punis comme tels.

(333) Art. 14. La maison de chaque citoyen est un asile inviolable. Pendant la nuit, on ne peut y entrer que dans les seuls cas d'incendie, ou de réclamation de l'intérieur de la maison; et pendant le jour, outre ces deux cas, on pourra y entrer en vertu d'un ordre de l'officier de police.

(334) Art. 15. Les tribunaux et toute autre autorité constituée ne pourront, en aucune manière, gêner les citoyens dans l'exercice du droit de s'assembler et de se réunir paisiblement et sans armes, en se conformant aux lois de police.

(335) Art. 16. La liberté de la presse est indéfinie. Nul homme ne peut être recherché ni poursuivi pour raison des écrits qu'il fait imprimer ou publier sur quelque matière que ce soit, sauf l'action en calomnie de la part des citoyens qui en sont l'objet, contre l'auteur ou l'imprimeur.

(336) Art. 17. Nul ne pourra être jugé, soit par la voie civile, soit par la voie criminelle, pour faits d'écrits imprimés ou publiés sans qu'il ait été reconnu et déclaré par un jury: 1° s'il y a délit dans l'écrit dénoncé; 2° si la personne poursuivie en est coupable.

(337) Art. 18. Les auteurs conservent la propriété des ouvrages qu'ils ont fait imprimer; mais la loi ne doit la garantir après l'impression que pendant leur vie seulement.

Titre XI – De la force publique

(338) Article premier. La force publique est composée de tous les citoyens en état de porter les armes.

(339) Art. 2. Elle doit être organisée pour défendre la République contre les ennemis extérieurs, et assurer au-dedans le maintien de l'ordre, et l'exécution des lois.

(340) Art. 3. Il pourra être formé des corps soldés, tant pour la défense de la République contre les ennemis extérieurs, que pour le service de l'intérieur de la République.

(341) Art. 4. Les citoyens ne pourront jamais agir comme corps armé, pour le service de l'intérieur, que sur la réquisition et l'autorisation des officiers civils.

(342) Art. 5. La force publique ne peut être requise par les officiers civils que dans l'étendue de leur territoire. Elle ne peut agir du territoire d'une commune dans une autre, sans l'autorisation de l'administration du département, et d'un département dans un autre, sans les ordres du Conseil exécutif.

(343) Art. 6. Néanmoins comme l'exécution des jugements et la poursuite des accusés ou des condamnés n'ont point de territoire circonscrit dans une République une et indivisible, le Corps législatif déterminera, par une loi, les moyens d'assurer l'exécution des jugements, et la poursuite des accusés dans toute l'étendue de la République.

(344) Art. 7. Toutes les fois que des troubles dans l'intérieur détermineront le Conseil exécutif à faire passer une partie de la force publique d'un

département dans un autre, il sera tenu d'en instruire sur-le-champ le Corps législatif.

(345) Art. 8. Toutes les parties de la force publique employée contre les ennemis du dehors agiront sous les ordres du Conseil exécutif.

(346) Art. 9. La force publique est essentiellement obéissante. Nul corps armé ne peut délibérer.

(347) Art. 10. Les commandants en chef des armées de terre et de mer ne seront nommés qu'en cas de guerre, et par commission. Ils la recevront du Conseil exécutif. Elle sera révocable à volonté, sa durée sera toujours bornée à une campagne et elle devra être renouvelée tous les ans.

(348) Art. 11. La loi de discipline militaire aura besoin d'être renouvelée chaque année.

(349) Art. 12. Les commandants de la garde nationale seront nommés tous les ans par les citoyens de chaque commune; et nul ne pourra commander la garde nationale de plusieurs communes.

Titre XII – Des contributions publiques

(350) Article premier. Les contributions publiques ne doivent jamais excéder les besoins de l'Etat.

(351) Art. 2. Le peuple seul a droit, soit par lui-même, soit par ses représentants, de les consentir, d'en suivre l'emploi et d'en déterminer la quotité, l'assiette, le recouvrement et la durée.

(352) Art. 3. Les contributions publiques seront délibérées et fixées chaque année par le Corps législatif, et ne pourront subsister au-delà de ce terme, si elles n'ont pas été expressément renouvelées.

(353) Art. 4. Les contributions doivent être également réparties entre tous les citoyens, en raison de leurs facultés.

(354) Art. 5. Néanmoins la portion du produit de l'industrie et du travail qui sera reconnue nécessaire à chaque citoyen pour sa subsistance, ne peut être assujettie à aucune contribution.

(355) Art. 6. Il ne pourra être établi aucune contribution qui, par sa nature ou par son mode, nuirait à la libre disposition des propriétés, aux progrès de l'industrie et du commerce, à la circulation des capitaux, ou entraînerait la violation des droits reconnus et déclarés par la Constitution.

(356) Art. 7. Les administrateurs des départements ou des communes ne pourront ni établir aucune contribution publique, ni faire aucune répartition au-delà des sommes fixées par le Corps législatif, ni délibérer ou permettre, sans y être autorisés par lui, aucun emprunt local à la charge des citoyens du département ou de la commune.

(357) Art. 8. Les comptes détaillés de la dépense des départements ministériels, signés et certifiés par les ministres, seront rendus publics, chaque année, au commencement de chaque législature.

(358) Art. 9. Il en sera de même des états de recettes des diverses contributions et de tous les revenus publics.

(359) Art. 10. Les états de ces dépenses et recettes seront distingués suivant leur nature, et exprimeront les sommes touchées et dépensées, année par année, dans chaque département.

(360) Art. 11. Seront également rendus publics les comptes des dépenses particulières aux départements et relatives aux tribunaux, aux administrateurs, et généralement à tous les établissements publics.

Titre XIII – Des rapports de la République française avec les nations étrangères et de ses relations extérieures

(361) Article premier. La République française ne prend les armes que pour le maintien de sa liberté, la conservation de son territoire et la défense de ses alliés.

(362) Art. 2. Elle renonce solennellement à réunir à son territoire des contrées étrangères, sinon d'après le voeu librement émis de la majorité des habitants, et dans le cas seulement où les contrées qui solliciteront cette réunion ne seront pas incorporées et unies à une autre nation, en vertu d'un pacte social, exprimé dans une Constitution antérieure et librement consentie.

(363) Art. 3. Dans les pays occupés par les armes de la République française, les généraux seront tenus de maintenir, par tous les moyens qui sont à leur disposition, la sûreté des personnes et des propriétés, et d'assurer aux citoyens de ces pays la jouissance entière de leurs droits naturels, civils et politiques. Ils ne pourront, sous aucun prétexte et en aucun cas, protéger, de l'autorité dont ils sont revêtus, le maintien des usages contraires à la liberté, à l'égalité et à la souveraineté des peuples.

(364) Art. 4. Dans ses relations avec les nations étrangères, la République française respectera les institutions garanties par le consentement de la généralité du peuple.

(365) Art. 5. La déclaration de guerre sera faite par le Corps législatif et ne sera pas assujettie aux formes prescrites pour les autres délibérations; mais elle ne pourra être décrétée qu'à une séance indiquée au moins trois jours à l'avance, par un scrutin signé, et après avoir entendu le Conseil exécutif sur l'état de la République.

(366) Art. 6. En cas d'hostilités imminentes ou commencées, de menaces, ou de préparatifs de guerre contre la République française, le Conseil exécutif est tenu d'employer, pour la défense de l'Etat, les moyens qui sont remis à sa disposition, à la charge d'en prévenir le Corps législatif, sans délai. Il pourra même indiquer, en ce cas, les augmentations de forces, et les nouvelles mesures que les circonstances pourraient exiger.

(367) Art. 7. Tous les agents de la force publique sont autorisés, en cas d'attaque, à repousser une agression hostile, à la charge d'en prévenir sans délai le Conseil exécutif.

(368) Art. 8. Aucune négociation ne pourra être entamée, aucune suspension d'hostilités ne pourra être accordée, sinon en vertu d'un décret du Corps législatif, qui statuera sur ces objets après avoir entendu le Conseil exécutif.

(369) Art. 9. Les conventions et traités de paix, d'alliance et de commerce seront négociés au nom de la République française, par des agents nationaux nommés par le Conseil exécutif et chargés de ses instructions; mais leur exécution sera suspendue et ne pourra avoir lieu qu'après la ratification du Corps législatif.

(370) Art. 10. Les capitulations et suspensions d'armes momentanées, consenties par les généraux, sont seules exceptées des articles précédents.

11. Constitution du 24 juin 1793

(Constitution montagnarde)

Déclaration des droits de l'homme et du citoyen

Le peuple français, convaincu que l'oubli et le mépris des droits naturels de l'homme sont les seules causes des malheurs du monde, a résolu d'exposer, dans une déclaration solennelle, ces droits sacrés et inaliénables, afin que tous les citoyens pouvant comparer sans cesse les actes du gouvernement avec le but de toute institution sociale, ne se laissent jamais opprimer, avilir par la tyrannie; afin que le peuple ait toujours devant les yeux les bases de sa liberté et de son bonheur; le magistrat la règle de ses devoirs; le législateur l'objet de sa mission. – En conséquence, il proclame, en présence de l'Etre suprême, la déclaration suivante des droits de l'homme et du citoyen.

Article premier. Le but de la société est le bonheur commun. – Le gouvernement est institué pour garantir à l'homme la jouissance de ses droits naturels et imprescriptibles.

Art. 2. Ces droits sont l'égalité, la liberté, la sûreté, la propriété.

Art. 3. Tous les hommes sont égaux par la nature et devant la loi.

Art. 4. La loi est l'expression libre et solennelle de la volonté générale; elle est la même pour tous, soit qu'elle protège, soit qu'elle punisse; elle ne peut ordonner que ce qui est juste et utile à la société; elle ne peut défendre que ce qui lui est nuisible.

Art. 5. Tous les citoyens sont également admissibles aux emplois publics. Les peuples libres ne connaissant d'autres motifs de préférence, dans leurs élections, que les vertus et les talents.

Art. 6. La liberté est le pouvoir qui appartient à l'homme de faire tout ce qui ne nuit pas aux droits d'autrui: elle a pour principe la nature; pour règle la justice; pour sauvegarde la loi; sa limite morale est dans cette maxime: *Ne fais pas à un autre ce que tu ne veux pas qu'il te soit fait.*

Art. 7. Le droit de manifester sa pensée et ses opinions, soit par la voie de la presse, soit de toute autre manière, le droit de s'assembler paisiblement, le libre exercice des cultes, ne peuvent être interdits. La nécessité d'énoncer ces droits suppose ou la présence ou le souvenir récent du despotisme.

Art. 8. La sûreté consiste dans la protection accordée par la société à chacun de ses membres pour la conservation de sa personne, de ses droits et de ses propriétés.

Art. 9. La loi doit protéger la liberté publique et individuelle contre l'oppression de ceux qui gouvernent.

Art. 10. Nul ne doit être accusé, arrêté ni détenu, que dans les cas déterminés par la loi et selon les formes qu'elle a prescrites. Tout citoyen, appelé ou saisi par l'autorité de la loi, doit obéir à l'instant; il se rend coupable par la résistance.

Art. 11. Tout acte exercé contre un homme hors des cas et sans les formes que la loi détermine, est arbitraire et tyrannique; celui contre lequel on voudrait l'exécuter par la violence a le droit de le repousser par la force.

Art. 12. Ceux qui solliciteraient, expédieraient, signeraient, exécuteraient ou feraient exécuter des actes arbitraires, sont coupables, et doivent être punis.

Art. 13. Tout homme étant présumé innocent jusqu'à ce qu'il ait été déclaré coupable, s'il est jugé indispensable de l'arrêter, toute rigueur qui ne serait pas nécessaire pour s'assurer de sa personne doit être sévèrement réprimée par la loi.

Art. 14. Nul ne doit être jugé et puni qu'après avoir été entendu ou légalement appelé, et qu'en vertu d'une loi promulguée antérieurement au délit. La loi qui punirait des délits commis avant qu'elle existât serait une tyrannie; l'effet rétroactif donné à la loi serait un crime.

Art. 15. La loi ne doit décerner que des peines strictement et évidemment nécessaires: les peines doivent être proportionnées au délit et utiles à la société.

Art. 16. Le droit de propriété est celui qui appartient à tout citoyen de jouir et de disposer à son gré de ses biens, de ses revenus, du fruit de son travail et de son industrie.

Art. 17. Nul genre de travail, de culture, de commerce, ne peut être interdit à l'industrie des citoyens.

Art. 18. Tout homme peut engager ses services, son temps; mais il ne peut se vendre, ni être vendu; sa personne n'est pas une propriété aliénable. La loi ne reconnaît point de domesticité; il ne peut exister qu'un engagement de soins et de reconnaissance, entre l'homme qui travaille et celui qui l'emploie.

Art. 19. Nul ne peut être privé de la portion de sa propriété sans son consentement, si ce n'est lorsque la nécessité publique légalement constatée l'exige, et sous la condition d'une juste et préalable indemnité.

Art. 20. Nulle contribution ne peut être établie que pour l'utilité générale. Tous les citoyens ont le droit de concourir à l'établissement des contributions, d'en surveiller l'emploi, et de s'en faire rendre compte.

Art. 21. Les secours publics sont une dette sacrée. La société doit la subsistance aux citoyens malheureux, soit en leur procurant du travail, soit en assurant les moyens d'exister à ceux qui sont hors d'état de travailler.

Art. 22. L'instruction est le besoin de tous. La société doit favoriser de tout son pouvoir les progrès de la raison publique, et mettre l'instruction à la portée de tous les citoyens.

Art. 23. La garantie sociale consiste dans l'action de tous, pour assurer à chacun la jouissance et la conservation de ses droits; cette garantie repose sur la souveraineté nationale.

Art. 24. Elle ne peut exister, si les limites des fonctions publiques ne sont pas clairement déterminées par la loi, et si la responsabilité de tous les fonctionnaires n'est pas assurée.

Art. 25. La souveraineté réside dans le peuple; elle est une et indivisible, imprescriptible et inaliénable.

Art. 26. Aucune portion du peuple ne peut exercer la puissance du peuple entier; mais chaque section du souverain assemblée doit jouir du droit d'exprimer sa volonté avec une entière liberté.

Art. 27. Que tout individu qui usurperait la souveraineté soit à l'instant mis à mort par les hommes libres.

Art. 28. Un peuple a toujours le droit de revoir, de réformer et de changer sa Constitution. Une génération ne peut assujettir à ses lois les générations futures.

Art. 29. Chaque citoyen a un droit égal de concourir à la formation de la loi et à la nomination de ses mandataires ou de ses agents.

Art. 30. Les fonctions publiques sont essentiellement temporaires; elles ne peuvent être considérées comme des distinctions ni comme des récompenses, mais comme des devoirs.

Art. 31. Les délits des mandataires du peuple et de ses agents ne doivent jamais être impunis. Nul n'a le droit de se prétendre plus inviolable que les autres citoyens.

Art. 32. Le droit de présenter des pétitions aux dépositaires de l'autorité publique ne peut, en aucun cas, être interdit, suspendu ni limité.

Art. 33. La résistance à l'oppression est la conséquence des autres Droits de l'homme.

Art. 34. Il y a oppression contre le corps social, lorsqu'un seul de ses membres est opprimé. Il y a oppression contre chaque membre lorsque le corps social est opprimé.

Art. 35. Quand le Gouvernement viole les droits du peuple, l'insurrection est, pour le peuple et pour chaque portion du peuple, le plus sacré des droits et le plus indispensable des devoirs.

Acte constitutionnel

De la République

Article premier. La République française est une et indivisible.

De la distribution du peuple

Art. 2. Le peuple français est distribué, pour l'exercice de sa souveraineté, en assemblées primaires de cantons.

Art. 3. Il est distribué, pour l'administration et pour la justice, en départements, districts, municipalités.

De l'état des citoyens

Art. 4. Tout homme né et domicilié en France, âgé de vingt et un ans accomplis; Tout étranger âgé de vingt et un ans accomplis, qui, domicilié en France depuis une année – Y vit de son travail – Ou acquiert une propriété – Ou épouse une Française – Ou adopte un enfant – Ou nourrit un vieillard; Tout étranger enfin, qui sera jugé par le Corps législatif avoir bien mérité de l'humanité – Est admis à l'exercice des Droits de citoyen français.

Art. 5. L'exercice des Droits de citoyen se perd – Par la naturalisation en pays étranger;- Par l'acceptation de fonctions ou faveurs émanées d'un Gouvernement non populaire; – Par la condamnation à des peines infamantes ou afflictives, jusqu'à réhabilitation.

Art. 6. L'exercice des Droits de citoyen est suspendu – Par l'état d'accusation; – Par un jugement de contumace, tant que le jugement n'est pas anéanti.

De la souveraineté du peuple

Art. 7. Le peuple souverain est l'universalité des citoyens français.

Art. 8. Il nomme immédiatement ses députés.

Art. 9. Il délègue à des électeurs le choix des administrateurs, des arbitres publics, des juges criminels et de cassation.

Art. 10. Il délibère sur les lois.

Des Assemblées primaires

Art. 11. Les Assemblées primaires se composent des citoyens domiciliés depuis six mois dans chaque canton.

Art. 12. Elles sont composées de deux cents citoyens au moins, de six cents au plus, appelés à voter.

Art. 13. Elles sont constituées par la nomination d'un président, de secrétaires, de scrutateurs.

Art. 14. Leur police leur appartient.

Art. 15. Nul n'y peut paraître en armes.

Art. 16. Les élections se font au scrutin, ou à haute voix, au choix de chaque votant.

Art. 17. Une Assemblée primaire ne peut, en aucun cas, prescrire un mode uniforme de voter.

Art. 18. Les scrutateurs constatent le vote des citoyens qui, ne sachant pas écrire, préfèrent de voter au scrutin.

Art. 19. Les suffrages sur les lois sont donnés par *oui* et par *non*.

Art. 20. Le voeu de l'Assemblée primaire est proclamé ainsi: *Les citoyens réunis en Assemblée primaire de... au nombre de... votants, votent pour* ou *votent contre, à la majorité de...*

De la représentation nationale

Art. 21. La population est la seule base de la représentation nationale.

Art. 22. Il y a un député en raison de quarante mille individus.

Art. 23. Chaque réunion d'Assemblées primaires, résultant d'une population de 39 000 à 41 000 âmes, nomme immédiatement un député.

Art. 24. La nomination se fait à la majorité absolue des suffrages.

Art. 25. Chaque Assemblée fait le dépouillement des suffrages, et envoie un commissaire pour le recensement général au lieu désigné comme le plus central.

Art. 26. Si le premier recensement ne donne point de majorité absolue, il est procédé à un second appel, et on vote entre les deux citoyens qui ont réuni le plus de voix.

Art. 27. En cas d'égalité de voix, le plus âgé a la préférence, soit pour être ballotté, soit pour être élu. En cas d'égalité d'âge, le sort décide.

Art. 28. Tout Français exerçant les droits de citoyen est éligible dans l'étendue de la République.

Art. 29. Chaque député appartient à la nation entière.

Art. 30. En cas de non-acceptation, démission, déchéance ou mort d'un député, il est pourvu à son remplacement par les Assemblées primaires qui l'ont nommé.

Art. 31. Un député qui a donné sa démission ne peut quitter son poste qu'après l'admission de son successeur.

Art. 32. Le peuple français s'assemble tous les ans, le premier mai, pour les élections.

Art. 33. Il y procède quel que soit le nombre de citoyens ayant droit d'y voter.

Art. 34. Les Assemblées primaires se forment extraordinairement, sur la demande du cinquième des citoyens qui ont droit d'y voter.

Art. 35. La convocation se fait, en ce cas, par la municipalité du lieu ordinaire du rassemblement.

Art. 36. Ces Assemblées extraordinaires ne délibèrent qu'autant que la moitié, plus un, des citoyens qui ont droit d'y voter, sont présents.

Des Assemblées électorales

Art. 37. Les citoyens réunis en Assemblées primaires nomment un électeur à raison de 200 citoyens, présents ou non; deux depuis 301 jusqu'à 400; trois depuis 501 jusqu'à 600.

Art. 38. La tenue des Assemblées électorales, et le mode des élections sont les mêmes que dans les Assemblées primaires.

Du Corps législatif

Art. 39. Le Corps législatif est un, indivisible et permanent.

Art. 40. Sa session est d'un an.

Art. 41. Il se réunit le premier juillet.

Art. 42. L'Assemblée nationale ne peut se constituer si elle n'est composée au moins de la moitié des députés, plus un.

Art. 43. Les députés ne peuvent être recherchés, accusés, ni jugés en aucun temps, pour les opinions qu'ils ont énoncées dans le sein du Corps législatif.

Art. 44. Ils peuvent, pour fait criminel, être saisis en flagrant délit: mais le mandat d'arrêt ni le mandat d'amener ne peuvent être décernés contre eux qu'avec l'autorisation du Corps législatif.

Tenue des séances du Corps législatif

Art. 45. Les séances de l'Assemblée nationale sont publiques.

Art. 46. Les procès-verbaux de ses séances seront imprimés.

Art. 47. Elle ne peut délibérer si elle n'est composée de deux cents membres au moins.

Art. 48. Elle ne peut refuser la parole à ses membres, dans l'ordre où ils l'ont réclamée.

Art. 49. Elle délibère à la majorité des présents.

Art. 50. Cinquante membres ont le droit d'exiger l'appel nominal.

Art. 51. Elle a le droit de censure sur la conduite de ses membres dans son sein.

Art. 52. La police lui appartient dans le lieu de ses séances, et dans l'enceinte extérieure qu'elle a déterminée.

Des fonctions du Corps législatif

Art. 53. Le Corps législatif propose des lois et rend des décrets.

Art. 54. Sont compris, sous le nom général de *loi,* les actes du Corps législatif, concernant: – La législation civile et criminelle; – L'administration générale des revenus et des dépenses ordinaires de la République; – Les domaines nationaux; – Le titre, le poids, l'empreinte et la dénomination des monnaies; – La nature, le montant et la perception des contributions; – La déclaration de guerre; – Toute nouvelle distribution générale du territoire français; – L'instruction publique; – Les honneurs publics à la mémoire des grands hommes.

Art. 55. Sont désignés, sous le nom particulier de *décret,* les actes du Corps législatif, concernant: – L'établissement annuel des forces de terre et de mer; – La permission ou la défense du passage des troupes étrangères sur le territoire français; – L'introduction des forces navales étrangères dans les ports de la République; – Les mesures de sûreté et de tranquillité générales; – La distribution annuelle et momentanée des secours et travaux publics; – Les ordres pour la fabrication des monnaies de toute espèce; – Les dépenses imprévues et extraordinaires; – Les mesures locales et particulières à une administration, à une commune, à un genre de travaux publics; – La défense du territoire; – La ratification des traités; La nomination et la destitution des commandants en chef des armées; – La poursuite et la responsabilité des membres du conseil, des fonctionnaires publics; – L'accusation des prévenus de complots contre la sûreté générale de la République; – Tout changement dans la distribution partielle du territoire français; – Les récompenses nationales.

De la formation de la loi

Art. 56. Les projets de loi sont précédés d'un rapport.

Art. 57. La discussion ne peut s'ouvrir, et la loi ne peut être provisoirement arrêtée que quinze jours après le rapport.

Art. 58. Le projet est imprimé et envoyé à toutes les communes de la République, sous ce titre: *Loi proposée.*

Art. 59. Quarante jours après l'envoi de la loi proposée, si, dans la moitié des départements, plus un, le dixième des Assemblées primaires de chacun d'eux, régulièrement formées, n'a pas réclamé, le projet est accepté et devient *loi.*

Art. 60. S'il y a réclamation, le Corps législatif convoque les Assemblées primaires.

De l'intitulé des lois et des décrets

Art. 61. Les lois, les décrets, les jugements et tous les actes publics sont intitulés: *Au nom du peuple français, l'an... de la République française.*

Du Conseil exécutif

Art. 62. Il y a un Conseil exécutif composé de vingt-quatre membres.

Art. 63. L'Assemblée électorale de chaque département nomme un candidat. Le Corps législatif choisit, sur la liste générale, les membres du Conseil.

Art. 64. Il est renouvelé par moitié à chaque législature, dans les derniers mois de sa session.

Art. 65. Le Conseil est chargé de la direction et de la surveillance de l'administration générale; il ne peut agir qu'en exécution des lois et des décrets du Corps législatif.

Art. 66. Il nomme, hors de son sein, les agents en chef de l'administration générale de la République.

Art. 67. Le Corps législatif détermine le nombre et les fonctions de ses agents.

Art. 68. Ces agents ne forment point un conseil; ils sont séparés, sans rapports immédiats entre eux; ils n'exercent aucune autorité personnelle.

Art. 69. Le Conseil nomme, hors de son sein, les agents extérieurs de la République.

Art. 70. Il négocie les traités.

Art. 71. Les membres du Conseil, en cas de prévarication, sont accusés par le Corps législatif.

Art. 72. Le Conseil est responsable de l'inexécution des lois et des décrets, et des abus qu'il ne dénonce pas.

Art. 73. Il révoque et remplace les agents à sa nomination.

Art. 74. Il est tenu de les dénoncer, s'il y a lieu, devant les autorités judiciaires.

Des relations du Conseil exécutif avec le Corps législatif

Art. 75. Le Conseil exécutif réside auprès du Corps législatif; il a l'entrée et une place séparée dans le lieu de ses séances.

Art. 76. Il est entendu toutes les fois qu'il a un compte à rendre.

Art. 77. Le Corps législatif l'appelle dans son sein, en tout ou en partie lorsqu'il le juge convenable.

Des Corps administratifs et municipaux

Art. 78. Il y a dans chaque commune de la République une administration municipale; – Dans chaque district, une administration intermédiaire; – Dans chaque département, une administration centrale.

Art. 79. Les officiers municipaux sont élus par les assemblées de commune.

Art. 80. Les administrateurs sont nommés par les assemblées électorales de département et de district.

Art. 81. Les municipalités et les administrations sont renouvelées tous les ans par moitié.

Art. 82. Les administrateurs et officiers municipaux n'ont aucun caractère de représentation. Ils ne peuvent, en aucun cas, modifier les actes du Corps législatif, ni en suspendre l'exécution.

Art. 83. Le Corps législatif détermine les fonctions des officiers municipaux et des administrateurs, les règles de leur subordination, et les peines qu'ils pourront encourir.

Art. 84. Les séances des municipalités et des administrations sont publiques.

De la Justice civile

Art. 85. Le code des lois civiles et criminelles est uniforme pour toute la République.

Art. 86. Il ne peut être porté aucune atteinte au droit qu'ont les citoyens de faire prononcer sur leurs différends par des arbitres de leur choix.

Art. 87. La décision de ses arbitres est définitive, si les citoyens ne se sont pas réservé le droit de réclamer.

Art. 88. Il y a des juges de paix élus par les citoyens des arrondissements déterminés par la loi.

Art. 89. Ils concilient et jugent sans frais.

Art. 90. Leur nombre et leur compétence sont réglés par le Corps législatif.

Art. 91. Il y a des arbitres publics élus par les Assemblées électorales.

Art. 92. Leur nombre et leurs arrondissements sont fixés par le Corps législatif.

Art. 93. Ils connaissent des contestations qui n'ont pas été terminées définitivement par les arbitres privés ou par les juges de paix.

Art. 94. Ils délibèrent en public. – Ils opinent à haute voix. – Ils statuent en dernier ressort, sur défenses verbales, ou sur simple mémoire, sans procédures et sans frais. – Ils motivent leurs décisions.

Art. 95. Les juges de paix et les arbitres publics sont élus tous les ans.

De la Justice criminelle

Art. 96. En matière criminelle, nul citoyen ne peut être jugé que sur une accusation reçue par les jurés ou décrétée par le Corps législatif. – Les accusés ont des conseils choisis par eux, ou nommés d'office. – L'instruction est publique. – Le fait et l'intention sont déclarés par une juré de jugement. – La peine est appliquée par un Tribunal criminel.

Art. 97. Les juges criminels sont élus tous les ans par les Assemblées électorales.

Du Tribunal de cassation

Art. 98. Il y a pour toute la République un Tribunal de cassation.

Art. 99. Ce tribunal ne connaît point du fond des affaires. Il prononce sur la violation des formes et sur les contraventions expresses à la loi.

Art. 100. Les membres de ce tribunal sont nommés tous les ans par les Assemblées électorales.

Des Contributions publiques

Art. 101. Nul citoyen n'est dispensé de l'honorable obligation de contribuer aux charges publiques.

De la Trésorerie nationale

Art. 102. La Trésorerie nationale est le point central des recettes et dépenses de la République.

Art. 103. Elle est administrée par des agents comptables, nommés par le Conseil exécutif.

Art. 104. Ces agents sont surveillés par des commissaires nommés par le Corps législatif, pris hors de son sein, et responsables des abus qu'ils ne dénoncent pas.

De la Comptabilité

Art. 105. Les comptes des agents de la Trésorerie nationale et des administrateurs des deniers publics sont rendus annuellement à des commissaires responsables, nommés par le Conseil exécutif.

Art. 106. Ces vérificateurs sont surveillés par des commissaires à la nomination du Corps législatif, pris hors de son sein, et responsables des abus et des erreurs qu'ils ne dénoncent pas. – Le Corps législatif arrête les comptes.

Des Forces de la République

Art. 107. La force générale de la République est composée du peuple entier.

Art. 108. La République entretient à sa solde, même en temps de paix, une force armée de terre et de mer.

Art. 109. Tous les Français sont soldats; ils sont tous exercés au maniement des armes.

Art. 110. Il n'y a point de généralissime.

Art. 111. La différence des grades, leurs marques distinctives et la subordination ne subsistent que relativement au service et pendant sa durée.

Art. 112. La force publique employée pour maintenir l'ordre et la paix dans l'intérieur n'agit que sur la réquisition par écrit des autorités constituées.

Art. 113. La force publique employée contre les ennemis du dehors agit sous les ordres du Conseil exécutif.

Art. 114. Nul corps armé ne peut délibérer.

Des Conventions nationales

Art. 115. Si dans la moitié des départements, plus un, le dixième des assemblées primaires de chacun d'eux régulièrement formées, demande la révision de l'acte constitutionnel, ou le changement de quelques-uns de ses articles, le Corps législatif est tenu de convoquer toutes les assemblées primaires de la République, pour savoir s'il y a lieu à une Convention nationale.

Art. 116. La Convention nationale est formée de la même manière que les législatures, et en réunit les pouvoirs.

Art. 117. Elle ne s'occupe, relativement à la Constitution, que des objets qui ont motivé sa convocation.

Des rapports de la République Française avec les nations étrangères

Art. 118. Le Peuple français est l'ami et l'allié naturel des peuples libres.

Art. 119. Il ne s'immisce point dans le gouvernement des autres nations; il ne souffre pas que les autres nations s'immiscent dans le sien.

Art. 120. Il donne asile aux étrangers bannis de leur patrie pour la cause de la liberté. – Il le refuse aux tyrans.

Art. 121. Il ne fait point la paix avec un ennemi qui occupe son territoire.

De la Garantie des Droits

Art. 122. La Constitution garantit à tous les Français l'égalité, la liberté, la sûreté, la propriété, la dette publique, le libre exercice des cultes, une instruction commune, des secours publics, la liberté indéfinie de la presse, le droit de pétition, le droit de se réunir en sociétés populaires, la jouissance de tous les Droits de l'Homme.

Art. 123. La République française honore la loyauté, le courage, la vieillesse, la piété filiale, le malheur. Elle remet le dépôt de sa Constitution sous la garde de toutes les vertus.

Art. 124. La déclaration des Droits et l'acte constitutionnel sont gravés sur des tables au sein du Corps législatif et dans les places publiques.

12. Constitution du 5 fructidor an III (22 août 1795)
(Constitution directoriale)

Declaration des droits et des devoirs de l'homme et du citoyen

Le peuple français proclame, en présence de l'Etre suprême, la déclaration suivante des Droits et des Devoirs de l'Homme et du Citoyen.

Droits

Article premier. Les Droits de l'Homme en société sont la liberté, l'égalité, la sûreté, la propriété.

Art. 2. La liberté consiste à pouvoir faire ce qui ne nuit pas aux droits d'autrui.

Art. 3. L'égalité consiste en ce que la loi est la même pour tous, soit qu'elle protège, soit qu'elle punisse. – L'égalité n'admet aucune distinction de naissance, aucune hérédité de pouvoirs.

Art. 4. La sûreté résulte du concours de tous pour assurer les droits de chacun.

Art. 5. La propriété est le droit de jouir et de disposer de ses biens, de ses revenus, du fruit de son travail et de son industrie.

Art. 6. La loi est la volonté générale, exprimée par la majorité ou des citoyens ou de leurs représentants.

Art. 7. Ce qui n'est pas défendu par la loi ne peut être empêché. – Nul ne peut être contraint à faire ce qu'elle n'ordonne pas.

Art. 8. Nul ne peut être appelé en justice, accusé, arrêté ni détenu, que dans les cas déterminés pa la loi, et selon les formes qu'elle a prescrites.

Art. 9. Ceux qui sollicitent, expédient, signent, exécutent ou font exécuter des actes arbitraires, sont coupables et doivent être punis.

Art. 10. Toute rigueur qui ne serait pas nécessaire pour s'assurer de la personne d'un prévenu doit être sévèrement réprimée par la loi.

Art. 11. Nul ne peut être jugé qu'après avoir été entendu ou légalement appelé.

Art. 12. La loi ne doit décerner que des peines strictement nécessaires et proportionnées au délit.

Art. 13. Tout traitement qui aggrave la peine déterminée par la loi est un crime.

Art. 14. Aucune loi, ni criminelle, ni civile, ne peut avoir d'effet rétroactif.

Art. 15. Tout homme peut engager son temps et ses services; mais il ne peut se vendre ni être vendu; sa personne n'est pas une propriété aliénable.

Art. 16. Toute contribution est établie pour l'utilité générale; elle doit être répartie entre les contribuables, en raison de leurs facultés.

Art. 17. La souveraineté réside essentiellement dans l'universalité des citoyens.

Art. 18. Nul individu, nulle réunion partielle de citoyens ne peut s'attribuer la souveraineté.

Art. 19. Nul ne peut, sans une délégation légale, exercer aucune autorité, ni remplir aucune fonction publique.

Art. 20. Chaque citoyen a un droit égal de concourir, immédiatement ou médiatement, à la formation de la loi, à la nomination des représentants du peuple et des fonctionnaires publics.

Art. 21. Les fonctions publiques ne peuvent devenir la propriété de ceux qui les exercent.

Art. 22. La garantie sociale ne peut exister si la division des pouvoirs n'est pas établie, si leurs limites ne sont pas fixées, et si la responsabilité des fonctionnaires publics n'est pas assurée.

Devoirs

Article premier. La Déclaration des Droits contient les obligations des législateurs: le maintien de la société demande que ceux qui la composent connaissent et remplissent également leurs devoirs.

Art. 2. Tous les devoirs de l'homme et du citoyen dérivent de ces deux principes, gravés par la nature dans tous les coeurs: – Ne faites pas à autrui ce que vous ne voudriez pas qu'on vous fît. – Faites constamment aux autres le bien que vous voudriez en recevoir.

Art. 3. Les obligations de chacun envers la société consistent à la défendre, à la servir, à vivre soumis aux lois, et à respecter ceux qui en sont les organes.

Art. 4. Nul n'est bon citoyen, s'il n'est bon fils, bon père, bon frère, bon ami, bon époux.

Art. 5. Nul n'est homme de bien, s'il n'est franchement et religieusement observateur des lois.

Art. 6. Celui qui viole ouvertement les lois se déclare en état de guerre avec la société.

Art. 7. Celui qui, sans enfreindre ouvertement les lois, les élude par ruse ou par adresse, blesse les intérêts de tous: il se rend indigne de leur bienveillance et de leur estime.

Art. 8. C'est sur le maintien des propriétés que reposent la culture des terres, toutes les productions, tout moyen de travail, et tout l'ordre social.

Art. 9. Tout citoyen doit ses services à la patrie et au maintien de la liberté, de l'égalité et de la propriété, toutes les fois que la loi l'appelle à les défendre.

Constitution

Article premier. *La République Française* est une et indivisible.

Art. 2. L'universalité des citoyens français est le souverain.

Titre premier – Division du territoire

Art. 3. La France est divisée en ... départements. – Ces départements sont: (...).

Art. 4. Les limites des départements peuvent être changées ou rectifiées par le Corps législatif; mais, en ce cas, la surface d'un département ne peut excéder cent myriamètres carrés (quatre cents lieues carrées moyennes)*.

Art. 5. Chaque département est distribué en cantons, chaque canton en communes. – Les cantons conservent leurs circonscriptions actuelles. – Leurs limites pourront néanmoins être changées ou rectifiées par le Corps législatif; mais, en ce cas, il ne pourra y avoir plus d'un myriamètre (deux lieues moyennes de deux mille cinq cent soixante-six toises chacune) de la commune la plus éloignée au chef-lieu du canton.

Art. 6. Les colonies françaises sont parties intégrantes de la République, et sont soumises à la même loi constitutionnelle.

Art. 7. Elles sont divisées en départements, ainsi qu'il suit; – L'île de Saint-Domingue, dont le Corps législatif déterminera la division en quatre départements au moins, et en six au plus; – La Guadeloupe, Marie-Galante, la Désirade, les Saintes, et la partie française de Saint-Martin; – La Martinique; – La Guyane française et Cayenne; – Sainte-Lucie et Tabago; – L'île de France, les Séchelles, Rodrigue, et les établissements de Madagascar; – L'île de la Réunion; – Les Indes-Orientales, Pondichéri, Chandernagor, Mahé, Karical et autres établissements.

Titre II – Etat politique des citoyens

Art. 8. Tout homme né et résidant en France, qui, âgé de vingt et un ans accomplis, s'est fait inscrire sur le registre civique de son canton, qui a demeuré depuis pendant une année sur le territoire de la République, et qui paie une contribution directe, foncière ou personnelle, est citoyen français.

* La lieue moyenne linéaire est de 2 566 toises. (Note du texte officiel.)

Art. 9. Sont citoyens, sans aucune condition de contribution, les Français qui auront fait une ou plusieurs campagnes pour l'établissement de la République.

Art. 10. L'étranger devient citoyen français, lorsque après avoir atteint l'âge de vingt et un ans accomplis, et avoir déclaré l'intention de se fixer en France, il y a résidé pendant sept années consécutives, pourvu qu'il y paie une contribution directe, et qu'en outre il y possède une propriété foncière, ou un établissement d'agriculture ou de commerce, ou qu'il y ait épousé une femme française.

Art. 11. Les citoyens français peuvent seuls voter dans les Assemblées primaires, et être appelés aux fonctions établies par la Constitution.

Art. 12. L'exercice des Droits de citoyen se perd: 1° Par la naturalisation en pays étrangers; 2° Par l'affiliation à toute corporation étrangère qui supposerait des distinctions de naissance, ou qui exigerait des voeux de religion; 3° Par l'acceptation de fonctions ou de pensions offertes par un Gouvernement étranger; 4° Par la condamnation à des peines afflictives ou infamantes, jusqu'à réhabilitation.

Art. 13. L'exercice des Droits de citoyen est suspendu: 1° Par l'interdiction judiciaire pour cause de fureur, de démence ou d'imbécillité; 2° Par l'état de débiteur failli, ou d'héritier immédiat, détenteur à titre gratuit, de tout ou partie de la succession d'un Failli; 3° Par l'état de domestique à gage, attaché au service de la personne ou de ménage; 4° Par l'état d'accusation; 5° Par un jugement de contumace, tant que le jugement n'est pas anéanti.

Art. 14. L'exercice des Droits de citoyen n'est perdu ni suspendu que dans les cas exprimés dans les deux articles précédents.

Art. 15. Tout citoyen qui aura résidé sept années consécutives hors du territoire de la République, sans mission ou autorisation donnée au nom de la nation, est réputé étranger; il ne redevient citoyen français qu'après avoir satisfait aux conditions prescrites par l'article dixième.

Art. 16. Les jeunes gens ne peuvent être inscrits sur le registre civique, s'ils ne prouvent qu'ils savent lire et écrire, et exercer une profession mécanique. – Les opérations manuelles de l'agriculture appartiennent aux professions mécaniques. – Cet article n'aura d'exécution qu'qu'à compter de l'an XII de la République.

Titre III – Assemblées primaires

Art. 17. Les Assemblées primaires se composent des citoyens domiciliés dans le même canton. – Le domicile requis pour voter dans ces assemblées s'acquiert par la seule résidence pendant une année, et il ne se perd que par un an d'absence.

Art. 18. Nul ne peut se faire remplacer dans les Assemblées primaires, ni voter pour le même objet dans plus d'une de ces Assemblées.

Art. 19. Il y a au moins une Assemblée primaire par canton. – Lorsqu'il y en a plusieurs, chacune est composée de quatre cent cinquante citoyens au moins, de neuf cents au plus. – Ces nombres s'entendent des citoyens présents ou absents, ayant droit d'y voter.

Art. 20. Les Assemblées primaires se constituent provisoirement sous la présidence du plus ancien d'âge; le plus jeune remplit provisoirement les fonctions de secrétaire.

Art. 21. Elles sont définitivement constituées par la nomination, au scrutin, d'un président, d'un secrétaire et de trois scrutateurs.

Art. 22. S'il s'élève des difficultés sur les qualités requises pour voter, l'Assemblée statue provisoirement, sauf le recours au Tribunal civil du département.

Art. 23. En tout autre cas, le Corps législatif prononce seul sur la validité des opérations des Assemblées primaires.

Art. 24. Nul ne peut paraître en armes dans les Assemblées primaires.

Art. 25. Leur police leur appartient.

Art. 26. Les Assemblées primaires se réunissent: 1° Pour accepter ou rejeter les changements à l'acte constitutionnel, proposés par les Assemblées de révision; 2° Pour faire les élections qui leur appartiennent suivant l'acte constitutionnel.

Art. 27. Elles s'assemblent de plein droit le premier germinal de chaque année, et procèdent, selon qu'il y a lieu, à la nomination: 1° Des membres de l'Assemblée électorale; 2° Du juge de paix et de ses assesseurs; 3° Du président de l'administration du canton, ou des officiers municipaux dans les communes au-dessus de cinq mille habitants.

Art. 28. Immédiatement après ces élections, il se tient, dans les communes au-dessous de cinq mille habitants, des Assemblées communales qui élisent les agents de chaque commune et leurs adjoints.

Art. 29. Ce qui se fait dans une Assemblée primaire ou communale au-delà de l'objet de sa convocation, et contre les formes déterminées par la Constitution, est nul.

Art. 30. Les Assemblées, soit primaires, soit communales, ne font aucune autre élection que celles qui leur sont attribuées par l'acte constitutionnel.

Art. 31. Toutes les élections se font au scrutin secret.

Art. 32. Tout citoyen qui est légalement convaincu d'avoir vendu ou acheté un suffrage est exclu des Assemblées primaires et communales, et de toute fonction publique, pendant vingt ans; en cas de récidive, il l'est pour toujours.

Titre IV – Assemblées électorales

Art. 33. Chaque Assemblée primaire nomme un électeur à raison de deux cents citoyens, présents ou absents, ayant droit de voter dans ladite Assemblée. – Jusqu'au nombre de trois cents citoyens inclusivement, il n'est nommé qu'un électeur. – Il en est nommé deux depuis trois cent un jusqu'à cinq cents; – Trois depuis cinq cent un jusqu'à sept cents; – Quatre depuis sept cent un jusqu'à neuf cents.

Art. 34. Les membres des Assemblées électorales sont nommés chaque année, et ne peuvent être réélus qu'après un intervalle de deux ans.

Art. 35. Nul ne pourra être nommé électeur, s'il n'a vingt-cinq ans accomplis, et s'il ne réunit aux qualités nécessaires pour exercer les droits de citoyen français, l'une des conditions suivantes, savoir: – Dans les communes au-dessus de six mille habitants, celle d'être propriétaire ou usufruitier d'un bien évalué à un revenu égal à la valeur locale de deux cents journées de travail, ou d'être locataire, soit d'une habitation évaluée à un revenu égal à la valeur de cent cinquante journées de travail, soit d'un bien rural évalué à deux cents journées de travail; – Dans les communes au-dessous de six mille habitants, celle d'être propriétaire ou usufruitier d'un bien évalué à un revenu égal à la valeur locale de cent cinquante journées de travail, ou d'être locataire, soit d'une habitation évaluée à un revenu égal à la valeur de cent journées de travail, soit d'un bien rural évalué à cent journées de travail; – Et dans les campagnes, celle d'être propriétaire ou usufruitier d'un bien évalué à un revenu égal à la valeur locale de cent cinquante journées de travail, ou d'être fermier ou métayer de biens évalués à la valeur de deux cents journées de travail. – A l'égard de ceux qui seront en même temps propriétaires ou usufruitiers d'une part, et locataires, fermiers ou métayers de l'autre, leurs facultés à ces divers titres seront cumulées jusqu'au taux nécessaire pour établir leur éligibilité.

Art. 36. L'Assemblée électorale de chaque département se réunit le 20 germinal de chaque année, et termine, en une seule session de dix jours au plus, et sans pouvoir s'ajourner, toutes les élections qui se trouvent à faire; après quoi, elle est dissoute, de plein droit.

Art. 37. Les Assemblées électorales ne peuvent s'occuper d'aucun objet étranger aux élections dont elles sont chargées; elles ne peuvent envoyer ni recevoir aucune adresse, aucune pétition, aucune députation.

Art. 38. Les Assemblées électorales ne peuvent correspondre entre elles.

Art. 39. Aucun citoyen, ayant été membre d'une Assemblée électorale, ne peut prendre le titre d'électeur, ni se réunir, en cette qualité, à ceux qui ont été avec lui membres de cette même Assemblée. – La contravention au présent article est un attentat à la sûreté générale.

Art. 40. Les articles, 18, 20, 21, 23, 24, 25, 29, 30, 31 et 32 du titre précédent, sur les Assemblées primaires, sont communs aux Assemblées électorales.

Art. 41. Les Assemblées électorales élisent, selon qu'il y a lieu: 1° Les membres du Corps législatif, savoir: les membres du Conseil des Anciens, ensuite les membres du Conseil des Cinq Cents; 2° Les membres du Tribunal de cassation; 3° Les hauts-jurés; 4° Les administrateurs de département; 5° Les président, accusateur public et greffier du Tribunal criminel; 6° Les juges des Tribunaux civils.

Art. 42. Lorsqu'un citoyen est élu par les Assemblées électorales pour remplacer un fonctionnaire mort, démissionnaire ou destitué, ce citoyen n'est élu que pour le temps qui restait au fonctionnaire remplacé.

Art. 43. Le commissaire du Directoire exécutif près l'administration de chaque département est tenu, sous peine de destitution, d'informer le Directoire de l'ouverture et de la clôture des Assemblées électorales: ce commissaire n'en peut arrêter ni suspendre les opérations, ni entrer dans le lieu des séances; mais il a le droit de demander communication du procès-verbal de chaque séance dans les vingt-quatre heures qui la suivent; et il est tenu de dénoncer au Directoire les infractions qui seraient faites à l'acte constitutionnel. – Dans tous les cas, le Corps législatif prononce seul sur la validité des opérations des Assemblées électorales.

Titre V – Pouvoir législatif

Dispositions générales

Art. 44. Le Corps législatif est composé d'un Conseil des Anciens et d'un Conseil des Cinq Cents.

Art. 45. En aucun cas, le Corps législatif ne peut déléguer à un ou plusieurs de ses membres, ni à qui que ce soit, aucune des fonctions qui lui sont attribuées par la présente Constitution.

Art. 46. Il ne peut exercer par lui-même, ni par des délégués, le Pouvoir exécutif, ni le Pouvoir judiciaire.

Art. 47. Il y a incompatibilité entre la qualité de membre du Corps législatif et l'exercice d'une autre fonction publique, excepté celle d'archiviste de la République.

Art. 48. La loi détermine le mode du remplacement définitif ou temporaire des fonctionnaires publics qui viennent à être élus membres du Corps législatif.

Art. 49. Chaque département concourt, à raison de sa population seulement, à la nomination des membres du Conseil des Anciens et des membres du Conseil des Cinq Cents.

Art. 50. Tous les dix ans, le Corps législatif, d'après les états de population qui lui sont envoyés, détermine le nombre des membres de l'un et de l'autre Conseil que chaque département doit fournir.

Art. 51. Aucun changement ne peut être fait dans cette répartition, durant cet intervalle.

Art. 52. Les membres du Corps législatif ne sont pas représentants du département qui les a nommés, mais de la Nation entière, et il ne peut leur être donné aucun mandat.

Art. 53. L'un et l'autre Conseil sont renouvelés tous les ans par tiers.

Art. 54. Les membres sortant après trois années peuvent être immédiatement réélus pour les trois années suivantes, après quoi il faudra un intervalle de deux ans pour qu'ils puissent être élus de nouveau.

Art. 55. Nul, en aucun cas, ne peut être membre du Corps législatif durant plus de six années consécutives.

Art. 56. Si, par des circonstances extraordinaires, l'un des deux Conseils se trouve réduit à moins des deux tiers de ses membres, il en donne avis au Directoire exécutif, lequel est tenu de convoquer, sans délai, les Assemblées primaires des départements qui ont des membres du Corps législatif à remplacer par l'effet de ces circonstances; les Assemblées primaires nomment sur-le-champ les électeurs, qui procèdent aux remplacements nécessaires.

Art. 57. Les membres nouvellement élus pour l'un et pour l'autre Conseil, se réunissent, le premier prairial de chaque année, dans la commune qui a été indiquée par le Corps législatif précédent, ou dans la commune même où il a tenu ses dernières séances, s'il n'en a pas désigné une autre.

Art. 58. Les deux conseils résident toujours dans la même commune.

Art. 59. Le Corps législatif est permanent; il peut, néanmoins, s'ajourner à des termes qu'il désigne.

Art. 60. En aucun cas, les deux Conseils ne peuvent se réunir dans une même salle.

Art. 61. Les fonctions de président et de secrétaire ne peuvent excéder la durée d'un mois, ni dans le Conseil des Anciens, ni dans celui des Cinq Cents.

Art. 62. Les deux Conseils ont respectivement le droit de police dans le lieu de leurs séances, et dans l'enceinte extérieure qu'ils ont déterminée.

Art. 63. Ils ont respectivement le droit de police sur leurs membres; mais ils ne peuvent prononcer de peine plus forte que la censure, les arrêts pour huit jours, et la prison pour trois.

Art. 64. Les séances de l'un et de l'autre Conseil sont publiques; les assistants ne peuvent excéder en nombre la moitié des membres respectifs de chaque Conseil. – Les procès-verbaux des séances sont imprimés.

Art. 65. Toute délibération se prend par assis et levé: en cas de doute, il se fait un appel nominal; mais alors les votes sont secrets.

Art. 66. Sur la demande de cent de ses membres, chaque Conseil peut se former en comité général et secret, mais seulement pour discuter, et non pour délibérer.

Art. 67. Ni l'un ni l'autre de ces Conseils ne peut créer dans son sein aucun comité permanent. – Seulement chaque Conseil a la faculté, lorsqu'une matière lui paraît susceptible d'un examen préparatoire, de nommer parmi ses membres une commission spéciale, qui se renferme uniquement dans l'objet de sa formation. – Cette commission est dissoute aussitôt que le Conseil a statué sur l'objet dont elle était chargée.

Art. 68. Les membres du Corps législatif reçoivent une indemnité annuelle: elle est, dans l'un et l'autre Conseil fixée à la valeur de trois mille myriagrammes de froment (six cent treize quintaux trente-deux livres).

Art. 69. Le Directoire exécutif ne peut faire passer ou séjourner aucun corps de troupes dans la distance de six myriamètres (douze lieues moyennes) de la commune où le Corps législatif tient ses séances, si ce n'est sur sa réquisition ou avec son autorisation.

Art. 70. Il y a près du Corps législatif une garde de citoyens pris dans la Garde nationale sédentaire de tous les départements, et choisis par leurs frères d'armes. – Cette garde ne peut être au-dessous de quinze cents hommes en activité de service.

Art. 71. Le Corps législatif détermine le mode de ce service et sa durée.

Art. 72. Le Corps législatif n'assiste à aucune cérémonie publique, et n'y envoie point de députations.

Conseil des Cinq Cents

Art. 73. Le Conseil des Cinq Cents est invariablement fixé à ce nombre.

Art. 74. Pour être élu membre du Conseil des Cinq Cents, il faut être âgé de trente ans accomplis, et avoir été domicilié sur le territoire de la République pendant les dix années qui auront immédiatement précédé l'élection. – La condition de l'âge de trente ans ne sera point exigible avant l'an septième de la République; jusqu'à cette époque, l'âge de vingt-cinq ans accomplis sera suffisant.

Art. 75. Le Conseil des Cinq Cents ne peut délibérer, si la séance n'est composée de deux cents membres au moins.

Art. 76. La proposition des lois appartient exclusivement au Conseil des Cinq Cents.

Art. 77. Aucune proposition ne peut être délibérée ni résolue dans le Conseil des Cinq Cents, qu'en observant les formes suivantes. – Il se fait trois lectures de la proposition; l'intervalle entre deux de ces lectures ne peut être moindre de dix jours. – La discussion est ouverte après chaque lecture; et, néanmoins, après la première ou la seconde, le Conseil des Cinq Cents peut déclarer qu'il y a lieu à l'ajournement, ou qu'il n'y a pas lieu à délibérer. – Toute proposition doit être imprimée et distribuée deux jours avant la seconde lecture. – Après la troisième lecture, le Conseil des Cinq Cents décide s'il y a lieu ou non à l'ajournement.

Art. 78. Toute proposition qui, soumise à la discussion, a été définitivement rejetée après la troisième lecture, ne peut être reproduite qu'après une année révolue.

Art. 79. Les propositions adoptées par le Conseil des Cinq Cents s'appellent résolutions.

Art. 80. Le préambule de toute résolution énonce: 1° Les dates des séances auxquelles les trois lectures de la proposition auront été faites; 2° L'acte par lequel il a été déclaré, après la troisième lecture, qu'il n'y a pas lieu à l'ajournement.

Art. 81. Sont exemptes des formes prescrites par l'article 77, les propositions reconnues urgentes par une déclaration préalable du Conseil des Cinq Cents. – Cette déclaration énonce les motifs de l'urgence, et il en est fait mention dans le préambule de la résolution.

Conseil des Anciens

Art. 82. Le Conseil des Anciens est composé de deux cent cinquante membres.

Art. 83. Nul ne peut être élu membre du Conseil des Anciens: – S'il n'est âgé de quarante ans accomplis; – Si, de plus, il n'est marié ou veuf; – Et s'il n'a pas été domicilié sur le territoire de la République pendant les quinze années qui auront immédiatement précédé l'élection.

Art. 84. La condition de domicile exigée par le présent Article, et celle prescrite par l'article 74, ne concernent point les citoyens qui sont sortis du territoire de la République avec mission du gouvernement.

Art. 85. Le Conseil des Anciens ne peut délibérer si la séance n'est composée de cent vingt-six membres au moins.

Art. 86. Il appartient exclusivement au Conseil des Anciens d'approuver ou de rejeter les résolutions du Conseil des Cinq Cents.

Art. 87. Aussitôt qu'une résolution du Conseil des Cinq Cents est parvenue au Conseil des Anciens, le président donne lecture du préambule.

Art. 88. Le Conseil des Anciens refuse d'approuver les résolutions du Conseil des Cinq Cents qui n'ont point été prises dans les formes prescrites par la Constitution.

Art. 89. Si la proposition a été déclarée urgente par le Conseil des Cinq Cents, le Conseil des Anciens délibère pour approuver ou rejeter l'acte d'urgence.

Art. 90. Si le Conseil des Anciens rejette l'acte d'urgence, il ne délibère point sur le fond de la résolution.

Art. 91. Si la résolution n'est pas précédée d'un acte d'urgence, il en est fait trois lectures: l'intervalle entre deux de ces lectures ne peut être moindre de cinq jours. – La discussion est ouverte après chaque lecture. – Toute résolution est imprimée et distribuée deux jours au moins avant la seconde lecture.

Art. 92. Les résolutions du Conseil des Cinq Cents, adoptées par le Conseil des Anciens, s'appellent lois.

Art. 93. Le préambule des lois énonce les dates des séances du Conseil des Anciens auxquelles les trois lectures ont été faites.

Art. 94. Le décret par lequel le Conseil des Anciens reconnaît l'urgence d'une loi est motivé et mentionné dans le préambule de cette loi.

Art. 95. La proposition de la loi, faite par le Conseil des Cinq Cents, s'entend de tous les articles d'un même projet; le Conseil des Anciens doit les rejeter tous, ou les approuver dans leur ensemble.

Art. 96. L'approbation du Conseil des Anciens est exprimée sur chaque proposition de loi par cette formule, signée du président et des secrétaires: *Le Conseil des Anciens approuve.*

Art. 97. Le refus d'adopter pour cause d'omission des formes indiquées dans l'article 77 est exprimé par cette formule, signée du président et les secrétaires: *La Constitution annule.*

Art. 98. Le refus d'approuver le fond de la loi proposée est exprimé par cette formule, signée du président et des secrétaires: *Le Conseil des Anciens ne peut adopter.*

Art. 99. Dans le cas du précédent article, le projet de loi rejeté ne peut plus être présenté par le Conseil des Cinq Cents qu'après une année révolue.

Art. 100. Le Conseil des Cinq Cents peut néanmoins présenter, à quelque époque que ce soit, un projet de loi qui contienne des articles faisant partie d'un projet qui a été rejeté.

Art. 101. Le Conseil des Anciens envoie dans le jour les lois qu'il a adoptées, tant au Conseil des Cinq Cents qu'au Directoire exécutif.

Art. 102. Le Conseil des Anciens peut changer la résidence du Corps législatif; il indique, en ce cas, un nouveau lieu et l'époque à laquelle les deux Conseils sont tenus de s'y rendre. – Le décret du Conseil des Anciens sur cet objet est irrévocable.

Art. 103. Le jour même de ce décret, ni l'un ni l'autre des Conseils ne peuvent plus délibérer dans la commune où ils ont résidé jusqu'alors. – Les membres qui y continueraient leurs fonctions, se rendraient coupables d'attentat contre la sûreté de la République.

Art. 104. Les membres du Directoire exécutif qui retarderaient ou refuseraient de sceller, promulguer et envoyer le décret de translation du Corps législatif, seraient coupables du même délit.

Art. 105. Si, dans les vingt jours après celui fixé par le Conseil des Anciens, la majorité de chacun des deux Conseils n'a pas fait connaître à la République son arrivée au nouveau lieu indiqué, ou sa réunion dans un autre lieu quelconque, les administrateurs de département, ou, à leur défaut, les Tribunaux civils de département convoquent les Assemblées primaires pour nommer des électeurs qui procèdent aussitôt à la formation d'un nouveau Corps législatif, par l'élection de deux cent cinquante députés pour le Conseil des Anciens, et de cinq cents pour l'autre Conseil.

Art. 106. Les administrateurs de département qui, dans le cas de l'article précédent, seraient en retard de convoquer les Assemblées primaires, se rendraient coupables de haute trahison et d'attentat contre la sûreté de la République.

Art. 107. Sont déclarés coupables du même délit tous citoyens qui mettraient obstacle à la convocation des Assemblées primaires et électorales dans le cas de l'article 106.

Art. 108. Les membres du nouveau Corps législatif se rassemblent dans le lieu où le Conseil des Anciens avait transféré ses séances. – S'ils ne peuvent se réunir dans ce lieu, dans quelque endroit qu'ils se trouvent en majorité, là est le Corps législatif.

Art. 109. Excepté dans le cas de l'article 102, aucune proposition de loi ne peut prendre naissance dans le Conseil des Anciens.

De la garantie des membres du Corps législatif

Art. 110. Les citoyens qui sont, ou ont été, membres du Corps législatif, ne peuvent être recherchés, accusés, ni jugés en aucun temps, pour ce qu'ils ont dit ou écrit dans l'exercice de leurs fonctions.

Art. 111. Les membres du Corps législatif, depuis le moment de leur nomination jusqu'au trentième jour après l'expiration de leurs fonctions, ne peuvent être mis en jugement que dans les formes prescrites par les articles qui suivent.

Art. 112. Ils peuvent, pour faits criminels, être saisis en flagrant délit; mais il en est donné avis, sans délai, au Corps législatif, et la poursuite ne pourra être continuée qu'après que le Conseil des Cinq Cents aura proposé la mise en jugement, et que le Conseil des Anciens l'aura décrétée.

Art. 113. Hors le cas du flagrant délit, les membres du Corps législatif ne peuvent être amenés devant les officiers de police, ni mis en état d'arrestation, avant que le Conseil des Cinq Cents ait proposé la mise en jugement, et que le Conseil des Anciens l'ait décrétée.

Art. 114. Dans les cas des deux articles précédents, un membre du Corps législatif ne peut être traduit devant aucun autre tribunal que la Haute Cour de Justice.

Art. 115. Ils sont traduits devant la même Cour pour les faits de trahison, de dilapidation, de manoeuvres pour renverser la Constitution, et d'attentat contre la sûreté intérieure de la République.

Art. 116. Aucune dénonciation contre un membre du Corps législatif ne peut donner lieu à poursuite, si elle n'est rédigée par écrit, signée et adressée au Conseil des Cinq Cents.

Art. 117. Si, après y avoir délibéré en la forme prescrite par l'article 77, le Conseil des Cinq Cents admet la dénonciation, il le déclare en ces termes: - *La dénonciation contre... pour le fait de... datée... signée de... est admise.*

Art. 118. L'inculpé est alors appelé: il a, pour comparaître, un délai de trois jours francs, et lorsqu'il comparaît, il est entendu dans l'intérieur du lieu des séances du Conseil des Cinq Cents.

Art. 119. Soit que l'inculpé se soit présenté ou non, le Conseil des Cinq Cents déclare, après ce délai, s'il y a lieu, ou non, à l'examen de sa conduite.

Art. 120. S'il est déclaré par le Conseil des Cinq Cents qu'il y a lieu à examen, le prévenu est appelé par le Conseil des Anciens; il a pour comparaître, un délai de deux jours francs; et s'il comparaît, il est entendu dans l'intérieur du lieu des séances du Conseil des Anciens.

Art. 121. Soit que le prévenu se soit présenté, ou non, le Conseil des Anciens, après ce délai, et après y avoir délibéré dans les formes prescrites par l'article 91, prononce l'accusation, s'il y a lieu, et renvoie l'accusé devant la Haute Cour de Justice, laquelle est tenue d'instruire le procès sans aucun délai.

Art. 122. Toute discussion, dans l'un et dans l'autre Conseil, relative à la prévention ou à l'accusation d'un membre du Corps législatif, se fait en Conseil général. – Toute délibération sur les mêmes objets est prise à l'appel nominal et au scrutin secret.

Art. 123. L'accusation prononcée contre un membre du Corps législatif entraîne suspension. S'il est acquitté par le jugement de la Haute Cour de Justice, il reprend ses fonctions.

Relations des deux Conseils entre eux

Art. 124. Lorsque les deux Conseils sont définitivement constitués, ils s'en avertissent mutuellement par un messager d'Etat.

Art. 125. Chaque Conseil nomme quatre messagers d'Etat pour son service.

Art. 126. Ils portent à chacun des Conseils et au Directoire exécutif les lois et les actes du Corps législatif; ils ont entrée à cet effet dans le lieu des séances du Directoire exécutif. – Ils marchent précédés de deux huissiers.

Art. 127. L'un des Conseils ne peut s'ajourner au-delà de cinq jours sans le consentement de l'autre.

Promulgation des lois

Art. 128. Le Directoire exécutif fait sceller et publier les lois et les autres actes du Corps législatif, dans les deux jours après leur réception.

Art. 129. Il fait sceller, promulguer dans le jour, les lois et actes du Corps législatif qui sont précédés d'un décret d'urgence.

Art. 130. La publication de la loi et des actes du Corps législatif est ordonnée en la forme suivante: – *Au nom de la République française (loi)* ou *(acte du Corps législatif)... Le Directoire ordonne que la loi* ou *l'acte législatif ci-dessus sera publié, exécuté, et qu'il sera muni du sceau de la République.*

Art. 131. Les lois dont le préambule n'atteste pas l'observation des formes prescrites par les articles 77 et 91 ne peuvent être promulguées par le Directoire exécutif, et sa responsabilité à cet égard dure six années. – Sont exceptées les lois pour lesquelles l'acte d'urgence a été approuvé par le Conseil des Anciens.

Titre VI – Pouvoir exécutif

Art. 132. Le Pouvoir exécutif est délégué à un Directoire de cinq membres, nommé par le Corps législatif, faisant alors les fonctions d'Assemblée électorale, au nom de la Nation.

Art. 133. Le Conseil des Cinq Cents forme, au scrutin secret, une liste décuple du nombre des membres du Directoire qui sont à nommer, et la présente au Conseil des Anciens, qui choisit aussi au scrutin secret, dans cette liste.

Art. 134. Les membres du Directoire doivent être âgés de quarante ans au moins.

Art. 135. Ils ne peuvent être pris que parmi les citoyens qui ont été membres du Corps législatif, ou ministres. – La disposition du présent article ne sera observée qu'à commencer de l'an neuvième de la République.

Art. 136. A compter du premier jour de l'an V de la République, les membres du Corps législatif ne pourront être élus membres du Directoire ni ministres, soit pendant la durée de leurs fonctions législatives, soit pendant la première année après l'expiration de ces mêmes fonctions.

Art. 137. Le Directoire est partiellement renouvelé par l'élection d'un nouveau membre, chaque année. – Le sort décidera, pendant les quatre premières années, de la sortie successive de ceux qui auront été nommés la première fois.

Art. 138. Aucun des membres sortants ne peut être réélu qu'après un intervalle de cinq ans.

Art. 139. L'ascendant et le descendant en ligne directe, les frères, l'oncle et le neveu, les cousins au premier degré, et les alliés à ces divers degrés, ne peuvent être en même temps membres du Directoire, ni s'y succéder, qu'après un intervalle de cinq ans.

Art. 140. En cas de vacance par mort, démission ou autrement, d'un des membres du Directoire, son successeur est élu par le Corps législatif dans dix jours pour tout délai. – Le Conseil des Cinq Cents est tenu de proposer les candidats dans les cinq premiers jours, et le Conseil des Anciens doit consommer l'élection dans les cinq derniers. – Le nouveau membre n'est élu que pour le temps d'exercice qui restait à celui qu'il remplace. – Si, néanmoins, ce temps n'excède pas six mois, celui qui est élu demeure en fonctions jusqu'à la fin de la cinquième année suivante.

Art. 141. Chaque membre du Directoire le préside à son tour durant trois mois seulement. – Le président a la signature et la garde du sceau. – Les lois et les actes du Corps législatif sont adressés au Directoire, en la personne de son président.

Art. 142. Le Directoire exécutif ne peut délibérer, s'il n'y a trois membres présents au moins.

Art. 143. Il se choisit, hors de son sein, un secrétaire qui contresigne les expéditions, et rédige les délibérations sur un registre où chaque membre a le droit de faire inscrire son avis motivé. – Le Directoire peut, quand il le juge à propos, délibérer sans l'assistance de son secrétaire; en ce cas, les délibérations sont rédigées, sur un registre particulier, par un des membres du Directoire.

Art. 144. Le Directoire pourvoit, d'après les lois, à la sûreté extérieure ou intérieur de la République. – Il peut faire des proclamations conformes aux lois et pour leur exécution. – Il dispose de la force armée, sans qu'en aucun cas, le Directoire collectivement, ni aucun de ses membres, puisse la commander, ni pendant le temps de ses fonctions, ni pendant les deux années qui suivent immédiatement l'expiration de ces mêmes fonctions.

Art. 145. Si le Directoire est informé qu'il se trame quelque conspiration contre la sûreté extérieure ou intérieure de l'Etat, il peut décerner des mandats d'amener et des mandats d'arrêt contre ceux qui en sont présumés les auteurs ou les complices; il peut les interroger; mais il est obligé, sous les peines portées contre le crime de détention arbitraire, de les renvoyer pardevant l'officier de police, dans le délai de deux jours, pour procéder suivant les lois.

Art. 146. Le Directoire nomme les généraux en chef; il ne peut les choisir parmi les parents ou alliés de ses membres, dans les degrés exprimés par l'article 139.

Art. 147. Il surveille et assure l'exécution des lois dans les administrations et tribunaux, par des commissaires à sa nomination.

Art. 148. Il nomme hors de son sein les ministres, et les révoque lorsqu'il le juge convenable. – Il ne peut les choisir au-dessous de l'âge de trente ans, ni parmi les parents ou alliés de ses membres, aux degrés énoncés dans l'article 139.

Art. 149. Les ministres correspondent immédiatement avec les autorités qui leur sont subordonnées.

Art. 150. Le Corps législatif détermine les attributions et le nombre des ministres. – Ce nombre est de six au moins et de huit au plus.

Art. 151. Les ministres ne forment point un Conseil.

Art. 152. Les ministres sont respectivement responsables, tant de l'inexécution des lois que de l'inexécution des arrêtés du Directoire.

Art. 153. Le Directoire nomme le receveur des impositions directes de chaque département.

Art. 154. Il nomme les préposés en chef aux régies des contributions indirectes et à l'administration des domaines nationaux.

Art. 155. Tous les fonctionnaires publics dans les colonies françaises, excepté les départements des îles de France et de la Réunion, seront nommés par le Directoire jusqu'à la paix.

Art. 156. Le Corps législatif peut autoriser le Directoire à envoyer dans toutes les colonies françaises, suivant l'exigence des cas, un ou plusieurs agents particuliers nommés par lui pour un temps limité. – Les agents particuliers exerceront les mêmes fonctions que le Directoire, et lui seront subordonnés.

Art. 157. Aucun membre du Directoire ne peut sortir du territoire de la République, que deux ans après la cessation de ses fonctions.

Art. 158. Il est tenu, pendant cet intervalle, de justifier au Corps législatif de sa résidence. – L'article 112 et les suivants, jusqu'à l'article 123 inclusivement, relatifs à la garantie du Corps législatif, sont communs aux membres du Directoire.

Art. 159. Dans le cas où plus de deux membres du Directoire seraient mis en jugement, le Corps législatif pourvoira, dans les formes ordinaires, à leur remplacement provisoire durant le jugement.

Art. 160. Hors les cas des articles 119 et 120, le Directoire, ni aucun de ses membres, ne peut être appelé, ni par le Conseil des Cinq Cents, ni par le Conseil des Anciens.

Art. 161. Les comptes et les éclaircissements demandés par l'un ou par l'autre Conseil au Directoire sont fournis par écrit.

Art. 162. Le Directoire est tenu, chaque année, de présenter, par écrit, à l'un et à l'autre Conseil, l'aperçu des dépenses, la situation des finances, l'état des pensions existantes, ainsi que le projet de celles qu'il croit convenable d'établir. – Il doit indiquer les abus qui sont à sa connaissance.

Art. 163. Le Directoire peut, en tout cas, inviter, par écrit, le Conseil des Cinq Cents à prendre un objet en considération; il peut lui proposer des mesures, mais non des projets rédigés en forme de loi.

Art. 164. Aucun membre du Directoire ne peut s'absenter plus de cinq jours, ni s'éloigner au-delà de quatre myriamètres (huit lieues moyennes), du lieu de la résidence du Directoire, sans l'autorisation du Corps législatif.

Art. 165. Les membres du Directoire ne peuvent paraître, dans l'exercice de leurs fonctions, soit au-dehors, soit dans l'intérieur de leurs maisons, que revêtus du costume qui leur est propre.

Art. 166. Le Directoire a sa garde habituelle, et soldée aux frais de la République, composée de cent vingt hommes à pied, et de cent vingt hommes à cheval.

Art. 167. Le Directoire est accompagné de sa garde dans les cérémonies et marches publiques, où il a toujours le premier rang.

Art. 168. Chaque membre du Directoire se fait accompagner au-dehors de deux gardes.

Art. 169. Tout poste de force armée doit au Directoire et à chacun de ses membres les honneurs militaires supérieurs.

Art. 170. Le Directoire a quatre messagers d'Etat, qu'il nomme et qu'il peut destituer. – Ils portent aux deux Conseils législatifs les lettres et les mémoires du Directoire; ils ont entrée à cet effet dans le lieu des séances des Conseils législatifs. – Ils marchent précédés de deux huissiers.

Art. 171. Le Directoire réside dans la même commune que le Corps législatif.

Art. 172. Les membres du Directoire sont logés aux frais de la République, et dans un même édifice.

Art. 173. Le traitement de chacun d'eux est fixé, pour chaque année, à la valeur de cinquante mille myriagrammes de froment (dix mille deux cent vingt-deux quintaux).

Titre VII – Corps administratifs et municipaux

Art. 174. Il y a dans chaque département une administration centrale, et dans chaque canton une administration municipale au moins.

Art. 175. Tout membre d'une administration départementale ou municipale, doit être âgé de vingt-cinq ans au moins.

Art. 176. L'ascendant et le descendant en ligne directe, les frères, l'oncle et le neveu, et les alliés aux mêmes degrés, ne peuvent simultanément être membres de la même administration, ni s'y succéder qu'après un intervalle de deux ans.

Art. 177. Chaque administration de département est composée de cinq membres; elle est renouvelée par cinquième tous les ans.

Art. 178. Toute commune, dont la population s'élève depuis cinq mille habitants jusqu'à cent mille, a pour elle seule une administration municipale.

Art. 179. Il y a dans chaque commune, dont la population est inférieure à cinq mille habitants, un agent municipal et un adjoint.

Art. 180. La réunion des agents municipaux de chaque commune forme la municipalité de canton.

Art. 181. Il y a de plus un président de l'administration municipale, choisi dans tout le canton.

Art. 182. Dans les communes, dont la population s'élève de cinq à dix mille habitants, il y a cinq officiers municipaux; – Sept, depuis dix mille jusqu'à cinquante mille; – Neuf, depuis cinquante mille jusqu'à cent mille.

Art. 183. Dans les communes, dont la population excède cent mille habitants, il y a au moins trois administrations municipales. – Dans ces communes, la division des municipalités se fait de manière que la population de l'arrondissement de chacune n'excède pas cinquante mille individus, et ne soit pas moindre de trente mille. La municipalité de chaque arrondissement est composée de sept membres.

Art. 184. Il y a, dans les communes divisées en plusieurs municipalités, un bureau central pour les objets jugés indivisibles par le Corps législatif. – Ce bureau est composé de trois membres nommés par l'administration de département, et confirmé par le pouvoir exécutif.

Art. 185. Les membres de toute administration municipale sont nommés pour deux ans, et renouvelés chaque année par moitié ou par partie la plus approximative de la moitié, et alternativement par la fraction la plus forte et par la fraction la plus faible.

Art. 186. Les administrateurs de département et les membres des administrations municipales peuvent être réélus une fois sans intervalle.

Art. 187. Tout citoyen qui a été deux fois de suite élu administrateur de département ou membre d'une administration municipale, et qui en a rempli les fonctions en vertu de l'une et l'autre élection, ne peut être élu de nouveau qu'après un intervalle de deux années.

Art. 188. Dans le cas où une administration départementale ou municipale perdrait un ou plusieurs de ses membres par mort, démission ou autrement, les administrateurs restants peuvent s'adjoindre en remplacement des administrateurs temporaires, et qui exercent en cette qualité jusqu'aux élections suivantes.

Art. 189. Les administrations départementales et municipales, ne peuvent modifier les actes du Corps législatif, ni ceux du Directoire exécutif, ni en suspendre l'exécution. – Elles ne peuvent s'immiscer dans les objets dépendant de l'ordre judiciaire.

Art. 190. Les administrateurs sont essentiellement chargés de la répartition des contributions directes et de la surveillance des deniers provenant des revenus publics dans leur territoire. – Le Corps législatif détermine les règles et le mode de leurs fonctions, tant sur ces objets que sur les autres parties de l'administration intérieure.

Art. 191. Le Directoire exécutif nomme, auprès de chaque administration départementale et municipale, un commissaire qu'il révoque lorsqu'il le juge convenable. – Ce commissaire surveille et requiert l'exécution des lois.

Art. 192. Le commissaire près de chaque administration locale doit être pris parmi les citoyens domiciliés depuis un an dans le département où cette administration est établie. – Il doit être âgé de vingt-cinq ans au moins.

Art. 193. Les administrations municipales sont subordonnées aux administrations de département, et celles-ci aux ministres. – En conséquence, les ministres peuvent annuler, chacun dans sa partie, les actes des administrations de département; et celles-ci, les actes des administrations municipales, lorsque ces actes sont contraires aux lois ou aux ordres des autorités supérieures.

Art. 194. Les ministres peuvent aussi suspendre les administrations de département qui ont contrevenu aux lois ou aux ordres des autorités supérieures; et les administrations de département ont le même droit à l'égard des membres des administrations municipales.

Art. 195. Aucune suspension ni annulation ne deviennent définitives sans la confirmation formelle du Directoire exécutif.

Art. 196. Le Directoire peut aussi annuler immédiatement les actes des administrations départementales ou municipales. – Il peut suspendre ou destituer immédiatement, lorsqu'il le croit nécessaire, les administrateurs soit de département, soit de canton, et les envoyer devant les tribunaux de département lorsqu'il y a lieu.

Art. 197. Tout arrêté portant cassation d'actes, suspension ou destitution d'administrateur, doit être motivé.

Art. 198. Lorsque les cinq membres d'une administration départementale sont destitués, le Directoire exécutif pourvoit à leur remplacement jusqu'à l'élection suivante; mais il ne peut choisir leurs suppléants provisoires que parmi les anciens administrateurs du même département.

Art. 199. Les administrations, soit de département, soit de canton, ne peuvent correspondre entre elles que sur les affaires qui leur sont attribuées par la loi, et non sur les intérêts généraux de la République.

Art. 200. Toute administration doit annuellement le compte de sa gestion. – Les comptes rendus par les administrations départementales sont imprimés.

Art. 201. Tous les actes des corps administratifs sont rendus publics par le dépôt du registre où ils sont consignés, et qui est ouvert à tous les administrés. – Ce registre est clos tous les six mois, et n'est déposé que du jour qu'il a été clos. – Le Corps législatif peut proroger, selon les circonstances, le délai fixé pour ce dépôt.

Titre VIII – Pouvoir judiciaire

Dispositions générales

Art. 202. Les fonctions judiciaires ne peuvent être exercées, ni par le Corps législatif, ni par le Pouvoir exécutif.

Art. 203. Les juges ne peuvent s'immiscer dans l'exercice du Pouvoir législatif, ni faire aucun règlement. – Ils ne peuvent arrêter ou suspendre l'exécution d'aucune loi, ni citer devant eux les administrateurs pour raison de leurs fonctions.

Art. 204. Nul ne peut être distrait des juges que la loi lui assigne, par aucune commission, ni par d'autres attributions que celles qui sont déterminées par une loi antérieure.

Art. 205. La justice est rendue gratuitement.

Art. 206. Les juges ne peuvent être destitués que pour forfaiture légalement jugée, ni suspendus que par une accusation admise.

Art. 207. L'ascendant et le descendant en ligne directe, les frères, l'oncle et le neveu, les cousins au premier degré, et les alliés à ces divers degrés, ne peuvent être simultanément membres du même tribunal.

Art. 208. Les séances des tribunaux sont publiques; les juges délibèrent en secret; les jugements sont prononcés à haute voix; ils sont motivés, et on y énonce les termes de la loi appliquée.

Art. 209. Nul citoyen, s'il n'a l'âge de trente ans accomplis, ne peut être élu juge d'un tribunal de département, ni juge de paix, ni assesseur de juge de paix, ni juge d'un tribunal de commerce, ni membre du Tribunal de cassation, ni juré, ni commissaire du Directoire exécutif près les tribunaux.

De la Justice civile

Art. 210. Il ne peut être porté atteinte au droit de faire prononcer sur les différends par des arbitres du choix des parties.

Art. 211. La décision de ces arbitres est sans appel, et sans recours en cassation, si les parties ne l'ont expressément réservé.

Art. 212. Il y a, dans chaque arrondissement déterminé par la loi, un juge de paix et ses assesseurs. – Ils sont tous élus pour deux ans, et peuvent être immédiatement et indéfiniment réélus.

Art. 213. La loi détermine les objets dont les juges de paix et leurs assesseurs connaissent en dernier ressort. – Elle leur en attribue d'autres qu'ils jugent à la charge de l'appel.

Art. 214. Il y a des tribunaux particuliers pour le commerce de terre et de mer; la loi détermine les lieux où il est utile de les établir. – Leur pouvoir de juger en dernier ressort ne peut être étendu au-delà de la valeur de cinq cents myriagrammes de froment (cent deux quintaux, vingt-deux livres).

Art. 215. Les affaires dont le jugement n'appartient ni aux juges de paix ni aux tribunaux de commerce, soit en dernier ressort, soit à la charge d'appel, sont portées immédiatement devant le juge de paix et ses assesseurs, pour être conciliées. – Si le juge de paix ne peut les concilier, il les renvoie devant le tribunal civil.

Art. 216. Il y a un tribunal civil par département . – Chaque tribunal civil est composé de vingt juges au moins, d'un commissaire et d'un substitut nommés et destituables par le Directoire exécutif, et d'un greffier. – Tous les cinq ans on procède à l'élection de tous les membres du tribunal. – Les juges peuvent être réélus.

Art. 217. Lors de l'élection des juges, il est nommé cinq suppléants, dont trois sont pris parmi les citoyens résidant dans la commune où siège le tribunal.

Art. 218. Le tribunal civil prononce en dernier ressort, dans les cas déterminés par la loi, sur les appels des jugements soit des juges de paix, soit des arbitres, soit des tribunaux de commerce.

Art. 219. L'appel des jugements prononcés par le tribunal civil se porte au tribunal civil de l'un des trois départements les plus voisins, ainsi qu'il est déterminé par la loi.

Art. 220. Le tribunal civil se divise en sections. – Une section ne peut juger au-dessous du nombre de cinq juges.

Art. 221. Les juges réunis dans chaque tribunal nomment, entre eux, au scrutin secret, le président de chaque section.

De la Justice correctionnelle et criminelle

Art. 222. Nul ne peut être saisi que pour être conduit devant l'officier de police; et nul ne peut être mis en arrestation ou détenu qu'en vertu, d'un mandat d'arrêt des officiers de police, ou du Directoire exécutif, dans le cas de l'article 145, ou d'une ordonnance de prise de corps, soit d'un tribunal, soit du directeur du jury d'accusation, ou d'un décret d'accusation du Corps législatif, dans le cas où il lui appartient de la prononcer, ou d'un jugement de condamnation à la prison ou détention correctionnelle.

Art. 223. Pour que l'acte qui ordonne l'arrestation puisse être exécuté, il faut: – 1° Qu'il exprime formellement le motif de l'arrestation, et la loi en conformité de laquelle elle est ordonnée; 2° Qu'il ait été notifié à celui qui en est l'objet, et qu'il lui en ait été laissé copie.

Art. 224. Toute personne saisie et conduite devant l'officier de police sera examinée sur-le-champ, ou dans le jour au plus tard.

Art. 225. S'il résulte de l'examen qu'il n'y a aucun sujet d'inculpation contre elle, elle sera remise aussitôt en liberté; ou, s'il y a lieu de l'envoyer à la maison d'arrêt, elle y sera conduite dans le plus bref délai, qui, en aucun cas, ne pourra excéder trois jours.

Art. 226. Nulle personne arrêtée ne peut être retenue, si elle donne caution suffisante, dans tous les cas où la loi permet de rester libre sous le cautionnement.

Art. 227. Nulle personne, dans le cas où sa détention est autorisée par la loi, ne peut être conduite ou détenue que dans les lieux légalement et publiquement désignés pour servir de maison d'arrêt, de maison de justice ou de maison de détention.

Art. 228. Nul gardien ou geôlier ne peut recevoir ni retenir aucune personne qu'en vertu d'un mandat d'arrêt, selon les formes prescrites par les articles 222 et 223, d'une ordonnance de prise de corps d'un décret d'accusation ou d'un jugement de condamnation à prison ou détention correctionnelle, et sans que la transcription en ait été faite sur son registre.

Art. 229. Tout gardien ou geôlier est tenu, sans qu'aucun ordre puisse l'en dispenser, de présenter la personne détenue à l'officier civil ayant la police de la maison de détention, toutes les fois qu'il en sera requis par cet officier.

Art. 230. La représentation de la personne détenue ne pourra être refusée à ses parents et amis porteurs de l'ordre de l'officier civil, lequel sera toujours tenu de l'accorder, à moins que le gardien ou geôlier ne représente une ordonnance du juge, transcrite sur son registre, pour tenir la personne arrêtée au secret.

Art. 231. Tout homme, quelle que soit sa place ou son emploi, autre que ceux à qui la loi donne le droit d'arrestation, qui donnera, signera, exécutera ou fera exécuter l'ordre d'arrêter un individu, ou quiconque, même dans le cas d'arrestation autorisée par la loi, conduira, recevra ou retiendra un individu dans un lieu de détention non publiquement et légalement désigné et tous les gardiens ou geôliers qui contreviendront aux dispositions des trois articles précédents, seront coupables du crime de détention arbitraire.

Art. 232. Toutes rigueurs employées dans les arrestations, détentions ou exécutions, autres que celles prescrites par la loi, sont des crimes.

Art. 233. Il y a dans chaque département, pour le jugement des délits dont la peine n'est ni afflictive ni infamante, trois tribunaux correctionnels au moins, et six au plus. – Ces tribunaux ne pourront prononcer de peines plus graves que l'emprisonnement pour deux années. – La connaissance des délits dont la peine n'excède pas, soit la valeur de trois journées de travail, soit un emprisonnement de trois jours, est déléguée au juge de paix, qui prononce en dernier ressort.

Art. 234. Chaque tribunal correctionnel est composée d'un président, de deux juges de paix ou assesseurs de juges de paix de la commune où il est établi, d'un commissaire du Pouvoir exécutif, nommé et destituable par le Directoire exécutif, et d'un greffier.

Art. 235. Le président de chaque tribunal correctionnel est pris tous les six mois, et par tour, parmi les membres des sections du tribunal civil du département, les présidents exceptés.

Art. 236. Il y a appel des jugements du tribunal correctionnel par-devant le tribunal criminel du département.

Art. 237. En matière de délits emportant peine afflictive ou infamante, nulle personne ne peut être jugée que sur une accusation admise par les jurés ou décrétée par le Corps législatif, dans le cas où il lui appartient de décréter l'accusation.

Art. 238. Un premier jury déclare si l'accusation doit être admise, ou rejetée: le fait est reconnu par un second jury, et la peine déterminée par la loi est appliquée par des tribunaux criminels.

Art. 239. Les jurés ne votent que par scrutin secret.

Art. 240. Il y a dans chaque département autant de jurys d'accusation que de tribunaux correctionnels. – Les présidents correctionnels en sont les directeurs, chacun dans son arrondissement. – Dans les communes au-dessus de cinquante mille âmes, il pourra être établi par la loi, outre le président du tribunal correctionnel, autant de directeurs de jurys d'accusation que l'expédition des affaires l'exigera.

Art. 241. Les fonctions de commissaire du Pouvoir exécutif et de greffier près le directeur du jury d'accusation sont remplies par le commissaire et par le greffier du tribunal correctionnel.

Art. 242. Chaque directeur du jury d'accusation a la surveillance immédiate de tous les officiers de police de son arrondissement.

Art. 243. Le directeur du jury poursuit immédiatement, comme officier de police, sur les dénonciations que lui fait l'accusateur public, soit d'office, soit d'après les ordres du Directoire exécutif: 1° Les attentats contre la liberté ou la sûreté individuelle des citoyens; 2° Ceux commis contre le droit des gens; 3° La rébellion à l'exécution, soit des jugements, soit de tous les actes exécutoires émanés des autorités constituées; 4° Les troubles occasionnés et les voies de fait commises pour entraver la perception des contributions, la libre circulation des subsistances et des autres objets de commerce.

Art. 244. Il y a un tribunal criminel pour chaque département.

Art. 245. Le tribunal criminel est composée d'un président, d'un accusateur public, de quatre juges pris dans le tribunal civil, du commissaire du Pouvoir exécutif près le même tribunal, ou de son substitut et d'un greffier. – Il y a, dans le tribunal criminel du département de la Seine, un vice-président et un substitut de l'accusateur public: ce tribunal est divisé en deux sections; huit membres du tribunal civil y exercent les fonctions de juges.

Art. 246. Les présidents des sections du tribunal civil ne peuvent remplir les fonctions de juges au tribunal criminel.

Art. 247. Les autres juges y font le service, chacun à son tour, pendant six mois, dans l'ordre de leur nomination, et ils ne peuvent pendant ce temps exercer aucune fonction au tribunal civil.

Art. 248. L'accusateur public est chargé: 1° De poursuivre les délits sur les actes d'accusation admis par les premiers jurés; 2° De transmettre aux officiers de police les dénonciations qui lui sont adressées directement; 3° De surveiller les officiers de police du département, et d'agir contre eux suivant la loi, en cas de négligence ou dc faits plus graves.

Art. 249. Le commissaire du Pouvoir exécutif est chargé: 1° De requérir, dans le cours de l'instruction, pour la régularité des formes, et avant le jugement, pour l'application de la loi; 2° De poursuivre l'exécution des jugements rendus par le tribunal criminel.

Art. 250. Les juges ne peuvent proposer aux jurés aucune question complexe.

Art. 251. Le jury de jugement est de douze jurés au moins: l'accusé a la faculté d'en récuser, sans donner de motifs, un nombre que la loi détermine.

Art. 252. L'instruction devant le jury de jugement est publique, et l'on ne peut refuser aux accusés le secours d'un conseil qu'ils ont la faculté de choisir, ou qui leur est nommé d'office.

Art. 253. Toute personne acquittée par un jury légal ne peut être reprise ni accusée pour le même fait.

Tribunal de cassation

Art. 254. Il y a pour toute la République un Tribunal de cassation. – Il prononce: 1° Sur les demandes en cassation contre les jugements en dernier ressort rendus par les tribunaux; 2° Sur les demandes en renvoi d'un tribunal à un autre, pour cause de suspicion légitime ou de sûreté publique; 3° Sur les règlements de juges et les prises à partie contre un tribunal entier.

Art. 255. Le Tribunal de cassation ne peut jamais connaître du fond des affaires; mais il casse les jugements rendus sur des procédures dans lesquelles les formes ont été violées, ou qui contiennent quelque contravention expresse à la loi, et il renvoie le fond du procès au tribunal qui doit en connaître.

Art. 256. Lorsque après une cassation, le second jugement sur le fond est attaqué par les mêmes moyens que le premier, la question ne peut plus être agitée au Tribunal de cassation, sans avoir été soumise au Corps législatif, qui porte une loi à laquelle le Tribunal de cassation est tenu de se conformer.

Art. 257. Chaque année, le Tribunal de cassation est tenu d'envoyer à chacune des sections du Corps législatif une députation qui lui présente l'état des jugements rendus, avec la notice en marge, et le texte de la loi qui a déterminé le jugement.

Art. 258. Le nombre des juges du Tribunal de cassation ne peut excéder les trois quarts du nombre des départements.

Art. 259. Ce Tribunal est renouvelé par cinquième tous les ans. – Les Assemblées électorales des départements nomment successivement et alternativement les juges qui doivent remplacer ceux qui sortent du Tribunal de cassation. – Les juges de ce Tribunal peuvent toujours être réélus.

Art. 260. Chaque juge du Tribunal de cassation a un suppléant élu par la même Assemblée électorale.

Art. 261. Il y a près du Tribunal de cassation un commissaire et des substituts, nommés et destituables par le Directoire exécutif.

Art. 262. Le Directoire exécutif dénonce au Tribunal de cassation, par la voie de son commissaire, et sans préjudice du droit des parties intéressées, les actes par lesquels les juges ont excédé leurs pouvoirs.

Art. 263. Le Tribunal annule ces actes; et s'ils donnent lieu à la forfaiture, le fait est dénoncé au Corps législatif, qui rend le décret d'accusation, après avoir entendu ou appelé les prévenus.

Art. 264. Le Corps législatif ne peut annuler les jugements du Tribunal de cassation, sauf à poursuivre personnellement les juges qui auraient encouru la forfaiture.

Haute Cour de Justice

Art. 265. Il y a une Haute Cour de justice pour juger les accusations admises par le Corps législatif, soit contre ses propres membres, soit contre ceux du Directoire exécutif.

Art. 266. La Haute Cour de justice est composée de cinq juges et de deux accusateurs nationaux tirés du Tribunal de cassation, et de hauts jurés nommés par les Assemblées électorales des départements.

Art. 267. La Haute Cour de justice ne se forme qu'en vertu d'une proclamation du Corps législatif, rédigée et publiée par le Conseil des Cinq Cents.

Art. 268. Elle se forme et tient ses séances dans le lieu désigné par la proclamation du Conseil des Cinq Cents. – Ce lieu ne peut être plus près qu'à douze myriamètres de celui où réside le Corps législatif.

Art. 269. Lorsque le Corps législatif a proclamé la formation de la Haute Cour de justice, le Tribunal de cassation tire au sort quinze de ses membres dans une séance publique; il nomme de suite, dans la même séance, par la voie du scrutin secret, cinq de ces quinze: les cinq juges ainsi nommés sont les juges de la Haute Cour de justice; ils choisissent entre eux un président.

Art. 270. Le Tribunal de cassation nomme, dans la même séance, par scrutin, à la majorité absolue, deux de ses membres pour remplir à la Haute Cour de justice les fonctions d'accusateurs nationaux.

Art. 271. Les actes d'accusation sont dressés et rédigés par le Conseil des Cinq Cents.

Art. 272. Les Assemblées électorales de chaque département nomment, tous les ans, un jury pour la Haute Cour de justice.

Art. 273. Le Directoire exécutif fait imprimer et publier, un mois après l'époque des élections, la liste des jurés nommés par la Haute Cour de justice.

Titre IX – De la force armée

Art. 274. La force armée est instituée pour défendre l'Etat contre les ennemis du dehors, et pour assurer au-dedans le maintien de l'ordre et l'exécution des lois.

Art. 275. La force publique est essentiellement obéissante: nul corps armé ne peut délibérer.

Art. 276. Elle se distingue en garde nationale sédentaire et garde nationale en activité.

De la garde nationale sédentaire

Art. 277. La garde nationale sédentaire est composée de tous les citoyens et fils de citoyens en état de porter les armes.

Art. 278. Son organisation et sa discipline sont les mêmes pour toute la République; elles sont déterminées par la loi.

Art. 279. Aucun Français ne peut exercer les droits de citoyen, s'il n'est inscrit au rôle de la garde nationale sédentaire.

Art. 280. Les distinctions de grade et la subordination n'y subsistent que relativement au service et pendant sa durée.

Art. 281. Les officiers de la garde nationale sédentaire sont élus à temps par les citoyens qui la composent, et ne peuvent être réélus qu'après un intervalle.

Art. 282. Le commandement de la garde nationale d'un département entier ne peut être confié habituellement à un seul citoyen.

Art. 283. S'il est jugé nécessaire de rassembler toute la garde nationale d'un département, le Directoire exécutif peut nommer un commandement temporaire.

Art. 284. Le commandement de la garde nationale sédentaire, dans une ville de cent mille habitants et au-dessus, ne peut être habituellement confié à un seul homme.

De la garde nationale en activité

Art. 285. La République entretient à sa solde, même en temps de paix, sous le nom de gardes nationales en activité, une armée de terre et de mer.

Art. 286. L'armée se forme par enrôlements volontaires, et, en cas de besoin, par le mode que la loi détermine.

Art. 287. Aucun étranger qui n'a point acquis les droits de citoyen français ne peut être admis dans les armées françaises, à moins qu'il n'ait fait une ou plusieurs campagnes pour l'établissement de la République.

Art. 288. Les commandants ou chefs de terre et de mer ne sont nommés qu'en cas de guerre; ils reçoivent du Directoire exécutif des commissions révocables à volonté. La durée de ces commissions se borne à une campagne; mais elles peuvent être continuées.

Art. 289. Le commandement général des armées de la République ne peut être confié à un seul homme.

Art. 290. L'armée de terre et de mer est soumise à des lois particulières, pour la discipline, la forme des jugements et la nature des peines.

Art. 291. Aucune partie de la garde nationale sédentaire, ni de la garde nationale en activité, ne peut agir, pour le service intérieur de la République, que sur la réquisition par écrit de l'autorité civile, dans les formes prescrites par la loi.

Art. 292. La force publique ne peut être requise par les autorités civiles que dans l'étendue de leur territoire; elle ne peut se transporter d'un canton dans un autre, sans y être autorisée par l'administration du département, ni d'un département dans un autre, sans les ordres du Directoire exécutif.

Art. 293. Néanmoins le Corps législatif détermine les moyens d'assurer par la force publique l'exécution des jugements et la poursuite des accusés sur le territoire français.

Art. 294. En cas de danger imminent, l'administration municipale d'un canton peut requérir la garde nationale des cantons voisins; en ce cas, l'administration qui a requis et les chefs des gardes nationales qui ont été requises sont également tenus d'en rendre compte au même instant à l'administration départementale.

Art. 295. Aucune troupe étrangère ne peut être introduite sur le territoire français, sans le consentement préalable du Corps législatif.

Titre X – Instruction publique

Art. 296. Il y a dans la République des écoles primaires où les élèves apprennent à lire, à écrire, les éléments du calcul et ceux de la morale. La République pourvoit aux frais de logement des instituteurs préposés à ces écoles.

Art. 297. Il y a, dans les diverses parties de la République, des écoles supérieures aux écoles primaires, et dont le nombre sera tel, qu'il y en ait au moins une pour deux départements.

Art. 298. Il y a, pour toute la République, un institut national chargé de recueillir les découvertes, de perfectionner les arts et les sciences.

Art. 299. Les divers établissements d'instruction publique n'ont entre eux aucun rapport de subordination, ni de correspondance administrative.

Art. 300. Les citoyens ont le droit de former des établissements particuliers d'éducation et d'instruction, ainsi que des sociétés libres pour concourir aux progrès des sciences, des lettres et des arts.

Art. 301. Il sera établi des fêtes nationales, pour entretenir la fraternité entre les citoyens et les attacher à la Constitution, à la patrie et aux lois.

Titre XI – Finances

Contributions

Art. 302. Les contributions publiques sont délibérées et fixées chaque année par le Corps législatif. A lui seul appartient d'en établir. Elles ne peuvent subsister au-delà d'un an, si elles ne sont expressément renouvelées.

Art. 303. Le Corps législatif peut créer tel genre de contribution qu'il croira nécessaire; mais il doit établir chaque année une imposition foncière et une imposition personnelle.

Art. 304. Tout individu qui, n'étant pas dans le cas des articles 12 et 13 de la Constitution, n'a pas été compris au rôle des contributions directes, a le droit de se présenter à l'administration municipale de sa commune, et de s'y inscrire pour une contribution personnelle égale à la valeur locale de trois journées de travail agricole.

Art. 305. L'inscription mentionnée dans l'article précédent ne peut se faire que durant le mois de messidor de chaque année.

Art. 306. Les contributions de toute nature sont réparties entre tous les contribuables à raison de leurs facultés.

Art. 307. Le Directoire exécutif dirige et surveille la perception et le versement des contributions, et donne à cet effet tous les ordres nécessaires.

Art. 308. Les comptes détaillés de la dépense des ministres, signés et certifiés par eux, sont rendus publics au commencement de chaque année. – Il en sera de même des états de recette des diverses contributions, et de tous les revenus publics.

Art. 309. Les états de ces dépenses et recettes sont distingués suivant leur nature; ils expriment les sommes touchées et dépensées, année par année, dans chaque partie d'administration générale.

Art. 310. Sont également publiés les comptes des dépenses particulières aux départements, et relatives aux tribunaux, aux administrations, au progrès des sciences, à tous les travaux et établissements publics.

Art. 311. Les administrations de département et les municipalités ne peuvent faire aucune répartition au-delà des sommes fixées par le Corps législatif, ni délibérer ou permettre, sans être autorisées par lui, aucun emprunt local à la charge des citoyens du département, de la commune et du canton.

Art. 312. Au Corps législatif seul appartient le droit de régler la fabrication et l'émission de toute espèce de monnaies, d'en fixer la valeur et le poids, et d'en déterminer le type.

Art. 313. Le Directoire surveille la fabrication des monnaies, et nomme les officiers chargés d'exercer immédiatement cette inspection.

Art. 314. Le Corps législatif détermine les contributions des colonies et leurs rapports commerciaux avec la métropole.

Trésorerie nationale et comptabilité

Art. 315. Il y a cinq commissaires de la Trésorerie nationale, élus par le Conseil des Anciens, sur une liste triple présentée par celui des Cinq Cents.

Art. 316. La durée de leurs fonctions est de cinq années: l'un d'eux est renouvelé tous les ans, et peut être réélu sans intervalle et indéfiniment.

Art. 317. Les commissaires de la Trésorerie sont chargés de surveiller la recette de tous les deniers nationaux; – D'ordonner les mouvements de fonds et le paiement de toutes les dépenses publiques consenties par le Corps législatif; – De tenir un compte ouvert de dépense et de recette avec le receveur des contributions directes de chaque département, avec les différentes régies nationales, et avec les payeurs qui seraient établis dans les départements; – D'entretenir avec lesdits receveurs et payeurs, avec les régies et administrations, la correspondance nécessaire pour assurer la rentrée exacte et régulière des fonds.

Art. 318. Ils ne peuvent rien faire payer, sous peine de forfaiture, qu'en vertu: 1º D'un décret du Corps législatif, et jusqu'à concurrence des fonds décrétés par lui sur chaque objet; 2º D'une décision du Directoire; 3º De la signature du ministre qui ordonne la dépense.

Art. 319. Ils ne peuvent aussi, sous peine de forfaiture, approuver aucun paiement, si le mandat, signé par le ministre que ce genre de dépense concerne, n'énonce pas la date, tant de la décision du Directoire exécutif, que des décrets du Corps législatif, qui autorisent le paiement.

Art. 320. Les receveurs des contributions directes de chaque département, les différentes régies nationales, et les payeurs dans les départements, remettent à la Trésorerie nationale leurs comptes respectifs: la Trésorerie les vérifie et les arrête.

Art. 321. Il y a cinq commissaires de la comptabilité nationale, élus par le Corps législatif, aux mêmes époques et selon les mêmes formes et conditions que les commissaires de la Trésorerie.

Art. 322. Le compte général des recettes et des dépenses de la République, appuyé des comptes particuliers et des pièces justificatives, est présenté par les commissaires de la Trésorerie aux commissaires de la comptabilité, qui le vérifient et l'arrêtent.

Art. 323. Les commissaires de la Comptabilité donnent connaissance au Corps législatif des abus, malversations, et de tous les cas de responsabilité qu'ils découvrent dans le cours de leurs opérations; ils proposent dans leur partie les mesures convenables aux intérêts de la République.

Art. 324. Le résultat des comptes arrêtés par les commissaires de la Comptabilité est imprimé et rendu public.

Art. 325. Les commissaires, tant de la Trésorerie nationale que de la comptabilité, ne peuvent être suspendus ni destitués que par le Corps législatif. Mais, durant l'ajournement du Corps législatif, le Directoire exécutif peut suspendre et remplacer provisoirement les commissaires de la Trésorerie nationale au nombre de deux au plus, à charge d'en référer à l'un et l'autre Conseil du Corps législatif, aussitôt qu'ils ont repris leurs séances.

Titre XII – Relations extérieures

Art. 326. La guerre ne peut être décidée que par un décret du Corps législatif, sur la proposition formelle et nécessaire du Directoire exécutif.

Art. 327. Les deux Conseils législatifs concourent, dans les formes ordinaires, au décret par lequel la guerre est décidée.

Art. 328. En cas d'hostilités imminentes ou commencées, de menaces ou de préparatifs de guerre contre la République française, le Directoire exécutif est tenu d'employer, pour la défense de l'Etat, les moyens mis à sa disposition, à la charge d'en prévenir sans délai le Corps législatif. – Il peut même indiquer, en ce cas, les augmentations de force et les nouvelles dispositions législatives que les circonstances pourraient exiger.

Art. 329. Le Directoire seul peut entretenir des relations politiques au-dehors, conduire les négociations, distribuer les forces de terre et de mer, ainsi qu'il le juge convenable, et en régler la direction en cas de guerre.

Art. 330. Il est autorisé à faire les stipulations préliminaires, telles que des armistices, des neutralisations; il peut arrêter aussi des conventions secrètes.

Art. 331. Le Directoire exécutif arrête, signe ou fait signer avec les puissances étrangères, tous les traités de paix, d'alliance, de trêve, de neutralité, de commerce, et autres conventions qu'il juge nécessaires au bien de l'Etat. – Ces traités et conventions sont négociés au nom de la République française, par des agents diplomatiques nommés par le Directoire exécutif, et chargés de ses instructions.

Art. 332. Dans le cas où un traité renferme des articles secrets, les dispositions de ces articles ne peuvent être destructives des articles patents, ni contenir aucune aliénation du territoire de la République.

Art. 333. Les traités ne sont valables qu'après avoir été examinés et ratifiés par le Corps législatif; néanmoins les conditions secrètes peuvent recevoir provisoirement leur exécution dès l'instant même où elles sont arrêtées par le Directoire.

Art. 334. L'un et l'autre Conseils législatifs ne délibèrent sur la guerre ni sur la paix, qu'en comité général.

Art. 335. Les étrangers, établis ou non en France, succèdent à leurs parents étrangers ou français; ils peuvent contracter, acquérir et recevoir des biens situées en France, et en disposer, de même que les citoyens français, par tous les moyens autorisés par les lois.

Titre XIII – Révision de la constitution

Art. 336. Si l'expérience faisait sentir les inconvénients de quelques articles de la Constitution, le Conseil des Anciens en proposerait la révision.

Art. 337. La proposition du Conseil des Anciens est, en ce cas, soumise à la ratification du Conseil des Cinq Cents.

Art. 338. Lorsque, dans un espace de neuf années, la proposition du Conseil des Anciens, ratifiée par le Conseil des Cinq Cents, a été faite à trois époques éloignées l'une de l'autre de trois années au moins, une Assemblée de Révision est convoquée.

Art. 339. Cette Assemblée est formée de deux membres par département, tous élus de la même manière que les membres du Corps législatif, et réunissant les mêmes conditions que celles exigées par le Conseil des Anciens.

Art. 340. Le Conseil des Anciens désigne, pour la réunion de l'Assemblée de Révision, un lieu distant de 20 myriamètres au moins de celui où siège le Corps législatif.

Art. 341. L'Assemblée de Révision a le droit de changer le lieu de sa résidence, en observant la distance prescrite par l'article précédent.

Art. 342. L'Assemblée de Révision n'exerce aucune fonction législative ni de gouvernement; elle se borne à la Révision des seuls articles constitutionnels qui lui ont été désignés par le Corps législatif.

Art. 343. Tous les articles de la Constitution, sans exception, continuent d'être en vigueur tant que les changements proposés par l'Assemblée de Révision n'ont pas été acceptés par le peuple.

Art. 344. Les membres de l'Assemblée de Révision délibèrent en commun.

Art. 345. Les citoyens qui sont membres du Corps législatif au moment où une Assemblée de Révision est convoquée ne peuvent être élus membres de cette Assemblée.

Art. 346. L'Assemblée de Révision adresse immédiatement aux Assemblées primaires le projet de réforme qu'elle a arrêté. – Elle est dissoute dès que ce projet leur a été adressé.

Art. 347. En aucun cas, la durée de l'Assemblée de Révision ne peut excéder trois mois.

Art. 348. Les membres de l'Assemblée de Révision ne peuvent être recherchés, accusés ni jugés, en aucun temps, pour ce qu'ils ont dit ou écrit dans l'exercice de leurs fonctions. – Pendant la durée de ces fonctions, ils ne peuvent être mis en jugement, si ce n'est par une décision des membres mêmes de l'Assemblée de Révision.

Art. 349. L'Assemblée de Révision n'assiste à aucune cérémonie publique; ses membres reçoivent la même indemnité que celle des membres du Corps législatif.

Art. 350. L'Assemblée de Révision a le droit d'exercer ou faire exercer la police dans la commune où elle réside.

Titre XIV – Dispositions genérales

Art. 351. Il n'existe entre les citoyens d'autre supériorité que celle des fonctionnaires publics, et relativement à l'exercice de leurs fonctions.

Art. 352. La loi ne reconnaît ni voeux religieux, ni aucun engagement contraire aux droits naturels de l'homme.

Art. 353. Nul ne peut être empêché de dire, écrire, imprimer et publier sa pensée. – Les écrits ne peuvent être soumis à aucune censure avant leur publication. – Nul ne peut être responsable de ce qu'il a écrit ou publié, que dans les cas prévus par la loi.

Art. 354. Nul ne peut être empêché d'exercer, en se conformant aux lois, le culte qu'il a choisi. – Nul ne peut être forcé de contribuer aux dépenses d'un culte. La République n'en salarie aucun.

Art. 355. Il n'y a ni privilège, ni maîtrise, ni jurande, ni limitation à la liberté de la presse, du commerce, et à l'exercice de l'industrie et des arts de toute espèce. – Toute loi prohibitive en ce genre, quand les circonstances la rendent nécessaire, est essentiellement provisoire, et n'a d'effet que pendant un an au plus, à moins qu'elle ne soit formellement renouvelée.

Art. 356. La loi surveille particulièrement les professions qui intéressent les moeurs publiques, la sûreté et la santé des citoyens; mais on ne peut faire dépendre l'admission à l'exercice de ces professions, d'aucune prestation pécuniaire.

Art. 357. La loi doit pourvoir à la récompense des inventeurs ou au maintien de la propriété exclusive de leurs découvertes ou de leurs productions.

Art. 358. La Constitution garantit l'inviolabilité de toutes les propriétés, ou la juste indemnité de celles dont la nécessité publique, légalement constatée, exigerait le sacrifice.

Art. 359. La maison de chaque citoyen est un asile inviolable: pendant la nuit, nul n'a le droit d'y entrer que dans le cas d'incendie, d'inondation, ou de réclamation venant de l'intérieur de la maison. – Pendant le jour, on peut y exécuter les ordres des autorités constituées. – Aucune visite domiciliaire ne peut avoir lieu qu'en vertu d'une loi, et pour la personne ou l'objet expressément désigné dans l'acte qui ordonne la visite.

Art. 360. Il ne peut être formé de corporations ni d'associations contraires à l'ordre public.

Art. 361. Aucune assemblée de citoyens ne peut se qualifier de société populaire.

Art. 362. Aucune société particulière, s'occupant de questions politiques, ne peut correspondre avec une autre, ni s'affilier à elle, ni tenir des séances publiques, composées de sociétaires et d'assistants distingués les uns des autres, ni imposer des conditions d'admission et d'éligibilité, ni s'arroger des droits d'exclusion, ni faire porter à ses membres aucun signe extérieur de leur association.

Art. 363. Les citoyens ne peuvent exercer leurs droits politiques que dans les Assemblées primaires ou communales.

Art. 364. Tous les citoyens sont libres d'adresser aux autorités publiques des pétitions, mais elles doivent être individuelles; nulle association ne peut en présenter de collectives, si ce n'est les autorités constituées, et seulement pour des objets propres à leur attribution. – Les pétitionnaires ne doivent jamais oublier le respect dû aux autorités constituées.

Art. 365. Tout attroupement armé est un attentat à la Constitution; il doit être dissipé sur-le-champ par la force.

Art. 366. Tout attroupement non armé doit être également dissipé, d'abord par voie de commandement verbal, et, s'il est nécessaire, par le développement de la force armée.

Art. 367. Plusieurs autorités constituées ne peuvent jamais se réunir pour délibérer ensemble; aucun acte émané d'une telle réunion ne peut être exécuté.

Art. 368. Nul ne peut porter des marques distinctives qui rappellent des fonctions antérieurement exercées, ou des services rendus.

Art. 369. Les membres du Corps législatif, et tous les fonctionnaires publics, portent, dans l'exercice de leurs fonctions, le costume ou le signe de l'autorité dont ils sont revêtus: la loi en détermine la forme.

Art. 370. Nul citoyen ne peut renoncer, ni en tout ni en partie, à l'indemnité ou au traitement qui lui est attribué par la loi, à raison de fonctions publiques.

Art. 371. Il y a dans la République uniformité de poids et de mesures.

Art. 372. L'ère française commence au 22 septembre 1792, jour de la fondation de la République.

Art. 373. La Nation française déclare qu'en aucun cas elle ne souffrira le retour des Français qui, ayant abandonné leur patrie depuis le 15 juillet 1789, ne sont pas compris dans les exceptions portées aux lois rendues contre les émigrés; et elle interdit au Corps législatif de créer de nouvelles exceptions sur ce point. – Les biens des émigrés sont irrévocablement acquis au profit de la République.

Art. 374. La Nation française proclame pareillement, comme garantie de la foi publique, qu'après une adjudication légalement consommée de biens nationaux, quelle qu'en soit l'origine, l'acquéreur légitime ne peut en être dépossédé, sauf aux tiers réclamants à être, s'il y a lieu, indemnisés par le Trésor national.

Art. 375. Aucun des pouvoirs institués par la Constitution n'a le droit de la changer dans son ensemble ni dans aucune de ses parties, sauf les réformes qui pourront y être faites par la voie de la révision, conformément aux dispositions du titre XIII.

Art. 376. Les citoyens se rappelleront sans cesse que c'est de la sagesse des choix dans les Assemblées primaires et électorales que dépendent principalement la durée, la conservation et la prospérité de la République.

Art. 377. Le peuple français remet le dépôt de la présente Constitution à la fidélité du Corps législatif, du Directoire exécutif, des administrateurs et des juges; à la vigilance des pères de famille, aux épouses et aux mères, à l'affection des jeunes citoyens, au courage de tous les Français.

III. HELVETISCHE PERIODE 1798–1803

13. Plan d'une Constitution provisoire pour la République Helvétique ou Suisse*

Von Peter Ochs. Januar 1798

Avant-propos

Ce plan de Constitution pour la République helvétique n'est que provisoire. Il s'agit seulement de détruire l'Aristocratie, et d'établir un regime représentatif quelconque qui ait assez de force pour pouvoir reprimer les Malveillans de toute espèce. Le premier acte du nouveau Corps législatif après son installation sera l'envoi d'un message aux Assemblées primaires, par lequel il les invitera à donner leurs suffrages sur la question suivante: «La Nation veut-elle la convocation d'une Assemblée constituante, qui lui présente le plan d'une autre constitution que celle-ci? Ou ne trouveroit elle pas convenable d'en faire l'essai pendant quelque temps, afinque l'expérience mette en état de mieux la juger, que l'opinion publique puisse se former avec calme, que les préjugés, les habitudes serviles, les regrets et les ressentimens s'oublient, et que surtout le principe fondamental de l'égalité de droits politiques ait le temps de prendre racine et de s'affermir?»

Si la Nation demande, à la majorité des voix, la convocation d'une Assemblée constituante, le Corps législatif, par un second message aux Assemblées primaires, en proposera le mode d'organisation, d'élection ct de convocation. Mais cette Assemblée constituante ne s'occupera que du plan d'une nouvelle constitution. Ses pouvoirs cesseront du moment qu'elle s'immisseroit dans les affaires du gouvernement, et l'on procedera en ce cas et sans délai à la cloture du lieu de ses séances. En attendant la Constitution provisoire, dont on offre ici le plan, restera en pleine activité, jusqu'au moment où le Corps législatif et le Directoire pourront installer les autorités d'une nouvelle Constitution.

Principes fondamentaux

1. La République helvétique est une et indivisible. Il n'y a plus de frontières entre les Cantons et les Pays sujets, ni de Canton à Canton. L'unité de Patrie et d'Intérets succède au faible lien qui rassembloit et guidoit au hasard des parties hétérogènes, inégales, disproportionnées, et asservies à de petites localités et des préjugés domestiques. On étoit faible de toute sa faiblesse individuelle; on sera fort de la force de tous.

---

* Der handschriftliche Originaltext enthält keine durchlaufende Artikelnumerierung. Der Herausgeber hat eine solche in Klammern angebracht. Der Originaltext enthält im übrigen zahlreiche orthographische Unstimmigkeiten, die aus Gründen der Authentizität nicht beseitigt worden sind.

2. L'universalité des Citoyens est le Souverain. Aucune partie, ou aucun droit de la Souveraineté ne peut être détaché de l'ensemble, pour devenir une propriété particulière. La forme de Gouvernement, quelques modifications qu'elle puisse éprouver, sera toujours une Démocratie représentative.

3. La loi est l'expression de la volonté du Législateur determiné par la constitution. Il n'a pour but que le bien public présent et à venir. Il a la raison seule pour guide. Il s'environne des plus sages. Il délibère avec maturité. Il n'est point esclave de l'opinion publique, mais il la consulte et la pèse, soit pour s'y conformer, soit pour la rectifier.

4. Les exceptions de plusieurs genres de loix sont inévitables, parceque le Législateur ne sauroit prévoir tous les cas. Mais ces exceptions doivent être rares, et si bien motivées, que la Nation puisse être censée les approuver. Le Directoire exclusivement les proposera à la ratification du Corps législatif, ou, dans les temps d'ajournement du Grand Conseil, à la ratification du Conseil des Anciens. Cependant elles doivent être interdites dans les matières de justice civile, et ne porter, quant aux affaires criminelles, que sur des adoucissemens de la peine. Pour ce qui regarde les exceptions des loix fondamentales elles suposent des temps de crise et des cas si extraordinaires qu'on ne sauroit fixer à leur sujet des regles invariables.

5. Les deux bases du bien public sont la sureté et les lumières. Les lumières sont préférables à l'opulence.

6. La liberté naturelle de l'homme est inaliénable. Elle ne sera restreinte que par la liberté d'autrui, et des vues légalement constatées d'un avantage général nécessaire. La loi reprime tous les genres de licence. Elle encourage à faire le bien.

7. La liberté de conscience est illimitée. La manifestation des opinions religieuses est subordonnée aux sentiments de la concorde et de la paix. Tous les cultes sont permis s'ils ne troublent point l'ordre public, et n'affectent aucune domination ou prééminence. La police les surveille, et a le droit de s'enquérir des dogmes et des devoirs qu'ils enseignent. Les rapports d'une secte avec une autorité étrangère ne doivent influêr ni sur les affaires politiques, ni sur la prospérité et les lumières du peuple.

8. La liberté de la presse dérive du droit d'acquerir de l'instruction.

9. L'on ne reconnoit aucune hérédité de pouvoir, de rang et d'honneur. L'usage de tout titre, ou institution quelconque, qui en réveilleroit l'idée, sera interdit par des loix pénales. Les distinctions héréditaires engendrent l'orgueil et l'oppression, conduisent à l'impéritie et à la paresse, et pervertissent l'opinion sur les choses, les évènemens et les hommes.

10. Les propriétés particulières ne peuvent être éxigées par l'Etat, que sauf une juste indemnité, et dans des cas urgeants, ou d'un usage public hautement nécéssaire.

11. Tout individu qui par une suite de cette constitution, perdroit le revenu d'une place ou bénéfice quelconque recevra, par droit de compensa-

tion, une rente viagère, excepté les années, où une place lucrative, ou une pension l'indemniseroit d'une manière équitable.

Sont néanmoins exclus de toute indemnité ou compensation ceux qui se seroient opposés à l'adoption d'une sage égalité politique entre les Citoyens et Sujets, et du système de l'unité et de l'égalité entre les Membres de la commune Patrie; sauf encore à prendre en son temps des mesures plus sévères contre ceux dont la resistance auroit été marquée au coin de l'artifice, de la perfidie ou la méchanceté.

12. Toute contribution est établie pour l'utilité générale. Elle doit être répartie entre les contribuables, en raison de leurs facultés, revenus et jouïssances. Mais la proportion ne peut être qu'approximative. L'excès de l'éxactitude rendroit le système des impositions vexatoire, dispendieux et nuisible à la prospérité nationale.

13. Les émolumens des fonctionnaires publics seront en raison du travail, et des talens que leur place éxige, ainsi que du danger qu'il y auroit à en confier les fonctions à des mains venales, ou à en faire le patrimoine exclusif des riches. Ces émolumens seront fixés par mesures de bled, et ne pourront point être diminuées, aussi longtemps qu'un fonctionnaire sera en place.

14. Aucun immeuble ne peut être déclaré inaliénable, soit pour un Corps, soit pour une Société, soit pour une Famille. La propriété exclusive de la terre conduit à l'esclavage.

15. La terre ne peut être grevée d'aucune charge, redevance, servitude irrachetable, hormis pour l'utilité publique, et aussi longtemps que cette utilité éxiste.

16. Le Citoyen se doit à sa Patrie, à sa famille et aux malheureux. Il cultive l'amitié, mais il ne lui sacrifie aucun de ses devoirs. Il abjure tout ressentiment personnel et tout motif de vanité. Il ne veut que l'ennoblissement moral de l'espèce humaine. Il invite sans cesse aux doux sentiments de la fraternité. Sa gloire est l'estime des gens de bien, et sa conscience sait le dédommager du refus même de cette estime.

Division provisoire du territoire helvétique

(17.) L'Helvétie est divisée en Cantons, en Districts, en Communes et en Sections ou Quartiers des Grandes Communes. Ces divisions sont des divisions électives et administratives, mais elles ne forment point de frontières. Les Limites des Cantons, Districts, Communes et Sections de Communes peuvent être changées ou rectifiées par le Corps législatif. Les Cantons sont égaux, et le sort regle annuellement leur rang. La Capitale de la République Helvétienne sera fixée par le Corps législatif. Ce sera provisoirement le lieu où les circonstances permettront au premier Corps législatif de se réunir. On invitera les Ligues grises à devenir Partie intégrante de la Suisse, et si elles repondent favorablement à cette invitation, les Cantons seront provisoirement au nombre de 22, savoir:

Le Canton du *Vallais*: Cheflieu, Sion.
Celui de *Léman* ou Pays de Vaud: Cheflieu, Lausanne.
Celui de *Fribourg* y compris les Baillages de Payerne, d'Avenches jusqu'à la Broye et de Morat: Cheflieu, Fribourg.
Celui de *Berne*, sans le Pays de Vaud et l'Argovie: Cheflieu, Berne.
Celui de *Soleure*: Cheflieu, Soleure.
Celui de *Bâle*, y compris le Frickthal: Cheflieu, Bâle.
Celui d'*Argovie*, à commencer par Arbourg et Zofingen: Cheflieu, Arau.
Celui de *Lucerne*: Cheflieu, Lucerne.
Celui d'*Unterwalden* y compris l'Engelberg: Cheflieu, Stanz.
Celui d'*Uri* y compris le Val d'Urseren: Cheflieu, Altorf.
Celui de *Bellinzona*, comprenant les 4 Baillages italiens supérieurs, savoir le Val Lepontin, Bollenz, Riviera et Bellinzona: Cheflieu, Bellinzona.
Celui de *Lugano*, comprenant les 4 Baillages italiens inférieurs, savoir, Lugano, Mendrisio, Locarno et Val Maggia: Cheflieu, Lugano.
Celui de *Rhétie* ou des Grisons: Cheflieu, Coire.
Celui de *Sargans* y compris le Rheinthal, Sax, Gams, Werdenberg, Gasteren, Utznach, Rapperschwil et la Marque: Cheflieu, Sargans.
Celui de *Glaris*: Cheflieu, Glaris.
Celui d'*Appenzell*: Cheflieu, Appenzell, ou alternativement Hérisau.
Celui de *Turgovie*: Cheflieu, Frauenfelden.
Celui de *St Gall*, comprenant la Ville et le territoire de l'Abbé, affranchi de tout droit régalien de la part du dit Abbé: Cheflieu, St Gall.
Celui de *Schaffhausen*: Cheflieu, Schaffhausen.
Celui de *Zurich*, y compris Winterthur: Cheflieu, Zurich.
Celui de *Zug*, y compris les Sujets de la Ville, le Comté de Baden, et les Baillages libres: Cheflieu, Zug.
Celui de *Schweitz*, y compris Gersau, Kusnacht, Notre Dame des Hermites, et les Fermes: Cheflieu, Schweitz.

Etat politique des Citoyens

(18.) Tous ceux qui sont bourgeois effectifs soit d'une ville municipale ou dominante, soit d'un village sujet ou non-sujet deviennent Citoyens Suisses. Il en est de même de ceux qui avoient le droit de manence perpétuelle, et des Manents nés en Suisse.

(19.) L'étranger devient Citoyen, lorsqu'il a résidé en Suisse pendant vingt années consécutives, qu'il s'y est rendû utile, et qu'il produit des témoignages favorables sur la conduite et ses moeurs, mais il renoncera pour lui et ses déscendants à tout autre droit de cité; il prêtera le serment civique, et son nom sera inscript au régistre des Citoyens Suisses, déposé dans les Archives du Corps législatif. L'étranger domicilié est soumis aux mêmes charges d'impositions, de garde, et de milice, que l'est le Citoyen.

(20.) Les Citoyens ont seuls le droit d'éxercer comme maitres des arts mécaniques, d'avoir un établissement de commerce, et de posséder des terres.

(21.) Les Citoyens nés de Citoyens ont seuls le droit de vôter dans les Assemblées primaires, et de pouvoir être appelés aux fonctions publiques. Le concours des nouveaux Citoyens et des Etrangers n'est admis que dans les places militaires, dans les fonctions relatives aux Sçiences, à l'education et aux beaux Arts, et dans les emplois de sécretaires et de sousagents des fonctionaires publics. Mais le tableau de tous les Etrangers ainsi employés doit être annuellement rendu public par le Gouvernement, excepté celui des emissaires secrets.

(22.) Le Corps Législatif peut sur la proposition du Directoire conférer le droit de Cité à des étrangers recommandables par leurs services rendus, ou par leurs talents, et cette faveur extraordinaire leur transmet la plénitude des droits de Citoïen.

(23.) Tout Citoyen, à l'age de vingt ans accomplis, est tenû de se faire inscrire sur le régistre civique de son Canton, et de prêter le serment: «de servir sa patrie et la cause de la liberté et de l'égalité en bon et fidèle Citoyen, avec toute l'éxactitude et le zèle dont il est capable et une juste haine contre l'anarchie et la licence». La prestation de ce serment a lieu, de la part de tous les jeunes Citoyens parvenus à l'age indiqué, dans la belle saison, au même jour, en présence des Parents et Magistrats, et finit par une fête civique. Le Préfet national reçoit le serment, et prononce un Discours analogue à l'objet de la fête.

(24.) Tout Citoyen est soldat né de la Patrie. Il peut se faire remplacer, quand la loi le permet. Mais il sera tenû de servir, une couple d'années au moins, dans des corps d'élite qu'entretiendra chaque Canton. Le jour où l'on arme les jeunes Citoyens pour la première fois sera l'occasion d'une nouvelle fête civique. C'est le préfet national qui les arme au nom de la Patrie.

(25.) Les Ministres d'aucun culte ne peuvent éxercer de fonctions politiques ni assister aux Assemblées primaires. La prudence prescrit de ne confier à l'influence de personnes, qui pourroient disposer des consçiences, aucune intervention dans les affaires politiques.

(26.) Le droit de Cité se perd:
1. par la naturalisation en pays étranger;
2. par l'affiliation à toute corporation étrangère, hormis les établissemens littéraires;
4. par une absence de 10 ans, sauf à obtenir la permission de prolonger son absence;
5. par la condamnation à des peines infamantes, jusqu'à réhabilitation.

L'éxercice des droits de Citoyen peut être suspendû en vertu de loix émanées du Corps législatif.

Des Assemblées primaires et Corps électoraux

(27.) Les Assemblées primaires sont composées des Citoyens, fils de Citoyens nés, ou domiciliés dans une même commune depuis cinq ans, à dater du jour où ils déclarèrent que leur intention étoit d'y établir leur domicile. Il est des cas cependant où le Corps législatif peut ne reconnoitre pour domicile, que le lieu de la naissance. Pour vôter dans une Assemblée primaire et électorale il faut avoir 20 ans accomplis.

(28.) Chaque village ou bourg de moïenne grandeur forme une assemblée primaire. Les villes en ont une dans chaque section ou quartier. Le Corps législatif détermine le nombre des sections.

(29.) Les Assemblées primaires se réunissent:

1. pour accepter ou rejetter les loix fondamentales;
2. pour nommer annuellement les membres de l'Assemblée électorale du Canton;
3. pour assister à la proclamation des Adresses, au moïen desquelles le Gouvernement communiquera de temps à autre avec la Nation entière.

Elles désignent un Electeur à raison de cent individus jouissant du droit de cité, de quelque sexe, de quelque age, de quelque état, et de quelque origine qu'ils soïent.

(30.) Les noms des élus sont envoïés au Préfet national, qui, assisté de quelques Magistrats, procède en public, par la voïe du sort, a l'exclusion de la moitié des élus. L'autre moitié forme seule le Corps électoral de l'année. Le jour de ce tirage par le sort sera l'occasion d'une troisième fête civique, et d'un discours dans lequel le Préfet national développera les principes qui doivent guider le Corps électoral, lorsqu'il sera convoqué, pour faire les nominations qui lui compêtent. La première fois l'exclusion de la moitié des Electeurs par le sort n'aura point lieu.

(31.) Les Corps électoraux élisent:

1. les Députés au Corps législatif;
2. les Juges des Tribunaux du Canton;
3. ceux du Tribunal suprème;
4. les Membres de la Chambre administrative; enfin les suppléans des dits Juges et Administrateurs.

(32.) Ces élections une fois achevées, ils ne nomment annuellement qu'aux places devenues vacantes dans le courrant de l'année. Cependant ils procèdent annuellement à une réélection sommaire des Juges et Administrateurs de leurs Cantons respectifs, et ils ont le droit de ne point réélire ceux que l'opinion publique accuseroit d'impéritie, de négligence, ou de mauvaises moeurs. Les derniers pourront néanmoins se justifier à huis clos devant les Electeurs, et être ensuite réélus.

Du Corps législatif

(33.) Il est composé de deux Conseils: un Conseil des Anciens, où siègent, outre les Ex-Directeurs, quatre Députés de chaque Canton; et un Grand Conseil de 240 Membres, auquel chaque Canton députe en raison approximative de sa population. Le quard du Conseil des 240 doit être pris dans la Classe des Agriculteurs ou des Propriétaires de terres; l'autre quard dans la Classe des Artisans; le troisième quard dans la Classe des Négocians,

Fabriquans, ou Marchands propriétaires d'immeubles dans les villes ou bourgs; et le quatrième quard dans la Classe des Hommes de lettres et des Artistes, comme Jurisconsultes, Médecins, Professeurs, Maitres d'école, Membres des sociétés savantes, Peintres, Graveurs et ainsi du reste. Le renouvellement se fait tous les deux ans, savoir l'année du nombre pair, par tiers de chaque Classe. Il faut avoir atteint l'age de 25 ans pour en être. Dans les Cantons qui ne seroient qu'agricoles, il sera libre aux Corps électoraux de faire représenter les Négocians et les Hommes de lettres par des Agriculteurs ou Propriétaires d'immeubles. Pour être élû membre du Conseil des Anciens il faut avoir été ou être soit ministre, soit agent extérieur, soit membre du Conseil des 240, ou du Tribunal suprême, soit Préfet national soit enfin Président de quelque Chambre ou de quelque Tribunal de Canton; il faut de plus être marié ou l'avoir été, et avoir atteint l'age de trente ans. Les Ex-Directeurs sont de droit Membres effectifs et surnuméraires du Conseil des Anciens, à moins qu'ils n'acceptent une autre place, ou ne préfèrent de rentrer dans la Classe de simples Citoyens.

(34.) Le renouvellement de ce Conseil se fait, toutes les années impaires, par quard; ensorte que chaque membre du Conseil des anciens y siège huit ans. L'époque du renouvellement partiel du Corps législatif est l'équinoxe d'Automne.

(35.) Les Anciens approuvent ou rejettent les résolutions du Grand Conseil. Le Directoire peut inviter par un message les 240 à prendre un objet en considération.

(36.) Le trésor national est sous la garde d'une commission de cinq personnes. Le Directoire en nomme une, les Anciens deux, et le Grand Conseil deux.

(37.) Les loix civiles de chaque Canton et les usages qui y ont rapport continueront à servir de regle aux Tribunaux, jusqu'à ce que la Nation ait senti l'utilité d'introduire par degrez l'uniformité des loix civiles; Mais en tout cas les loix civiles générales ne pourront avoir aucun effet rétroactif sur les transactions et actes anterieurs.

(38.) Le Corps législatif ratifie ou rejette tout ce qui concerne le Droit de paix et de guerre, de même que les excèptions aux loix subsistantes, que propose le Directoire, selon ce qui en a été dit à l'article 4 des Principes fondamentaux.

(39.) Le Corps législatif seul peut mettre en jugement un de ses membres, ou un membre du Directoire. Il déclare s'il y a lieu ou non à invoquer l'office du Juge. Quand cette déclaration a été décrétée affirmativement, le Tribunal suprême décide s'il y a lieu à accusation. En ce cas, il convoque ses Suppléans, et ne formant avec eux qu'un seul et même Tribunal, il instruit le procès et juge définitivement. Les deux tiers des voix condamnent. Le tiers des voix plus une absout. La détermination des tiers se fait par approximation: le tiers de 10 sera 3, le tiers de 11 sera 4.

(40.) Le Grand Conseil peut s'ajourner, mais non celui des anciens, qui, sauf les congés individuels, reste en permanence auprès du Directoire. Il est alors révétu du Droit de convoquer les 240, et même, dans des cas d'une extrême urgeance, de sanctionner des mesures législatives que proposeroit le Directoire. Cependant ces mesures législatives ne seront que provisoires, et les 240 pourront les rejetter, et sont même tenus d'en délibérer immédiatement après leur retour.

(41.) Les Séances des Conseils sont publiques, cependant ils peuvent se former en Comité général.

Directoire éxécutif

(42.) Il est composé de cinq Membres. On le renouvelle partiellement par l'élection d'un nouveau Membre chaque année, trois mois avant le renouvellement d'un des Conseils du Corps législatif, et par conséquent au Solstice d'Eté. Il faut avoir atteint l'age de 35 ans, être marié ou veuf, et être ou avoir été soit Ministre, soit Membre du Corps législatif, ou du Tribunal suprême, soit enfin Préfet national pour devenir Directeur.

(43.) Le mode d'élection est pour la première année comme suit: L'un des Conseils forme au scrutin et à la majorité absoluë des Voix une liste de cinq Candidats; et l'autre Conseil choisit, aussi au scrutin et à la majorité absoluë des voix, dans cette liste présentée, le nouveau Directeur. Mais le sort décide immédiatement avant l'élection, lequel des deux Conseils formera la liste des Candidats. Cette opération se réïterera la première année cinq fois, et le sort décidera, pendant les 4 premières années, de la sortie successive de ceux qui auront été nommés la première fois. La seconde année, et dans la suite, le mode d'élection sera plus compliqué. Dabord il exclura de l'élection la moitié des Membres de chaque Conseil, et cette moitié excluë décidera préalablement, si l'élection qu'il s'agit de faire, aura lieu cette fois avec la plus grande intervention du sort, ou non. Si elle décide que non, la moitié non-excluë, remplira les fonctions d'Electeur en la manière ci-dessus indiquée. Si au contraire elle décide l'affirmative, on commencera par tirer au sort lequel des deux Conseils, chacun réduit, comme déja dit, à la moitié, formera la liste des Candidats. Ensuite le Conseil ainsi désigné nommera, à la majorité absoluë des voix, six Candidats, de six le sort en exclura trois; et l'autre Conseil choisira d'entre les trois autres le nouveau Directeur.

(44.) Le Directoire pourvoit, d'après les loix, à la sûreté extérieure et intérieure de l'Etat. Il dispose de la force armée, sans qu'en aucun cas, le Directoire collectivement, ni aucun de ses Membres, puisse la commander, ni pendant le temps de ses fonctions, ni pendant les deux années qui suivent immédiatement l'expiration de ses fonctions.

(45.) Il surveille et assure l'éxécution des loix. Il entame et conduit les négociations avec les puissances étrangères. Mais les traités qu'il signe ou fait signer ne sont valables qu'après avoir été éxaminés et ratifiés par le Corps législatif. Les dispositions des articles secrets ne peuvent être destructives des articles patents, ou porter atteinte aux loix fondamentales.

(46.) Le Directoire rend compte annuellement au Corps législatif de l'emploi des sommes assignées à chaque Département, hormis de celles qui lui auront été spécialement confiées pour des dépenses secrètes.

(47.) Le Directoire nomme, rappelle, ou destitue les Chefs de la force armée jusqu'aux Capitaines inclusivement, les Ministres et les Agents diplomatiques, les Préfets nationaux, les Président et Greffier du Tribunal suprême, et les Receveurs en Chef des revenus de la République. Les sousemploïés et sousagens sont nommés par ceux dont ils dépendent immédiatement, mais ils ne peuvent être rappellés ou destitués par eux sans le consentement du Directoire.

Tribunal suprême

(48.) Il y a dans la Capitale un Tribunal suprême composé d'un juge de chaque Canton. Il sera renouvellé partiellement, par l'élection d'un quard par année, savoir, de cinq nouveaux Membres pendant trois ans et de sept la quatrième année. Le Directoire nomme le Président parmi ceux qui ont été élus Juges. Il nomme aussi l'Accusateur public et le Greffier en chef. Il y a autant de Suppléans que de Juges, on les renouvelle en même temps que ceux ci. Ce Tribunal est le juge des Membres du Directoire et du Corps législatif, ainsi qu'il a été ci-dessus indiqué.

(49.) Ce Tribunal juge outre cela en dernier ressort soit seul, soit avec le concours de ses suppléans, les causes criminelles, qui emporteroient peine de mort, ou de réclusion ou de déportation pour dix ans ou plus. Il casse aussi en matières civiles les sentences des tribunaux inférieurs que le défaut de compétence, l'oubli des formes, ou une violation manifeste du texte de la loi rendroient nuls.

De la force armée

(50.) Il y aura, même en temps de paix, un Corps de troupes soldées, qui se formera par enrolement volontaire, et en cas de besoin, par le mode que la loi détermine.

(51.) Il y aura dans chaque Canton un Corps d'élite de milice, ou garde nationale, toujours pret à marcher au besoin, soit pour prêter main forte aux Autorités légitimes, soit pour repousser une première agression étrangère.

Lumières et Industrie

(52.) Le Législateur favorisera autant que possible les Institutions publiques, les établissemens d'éducation, et les sociétés litteraires. Les écoles fourniront annuellement dans chaque Canton l'occasion d'une quatrieme fête civique. Le Législateur n'entravera le Commerce et l'Industrie qu'à regret, et il ne s'y portera que par des motifs pressants de bien public.

Des Ministres

(53.) Il y a 4 Ministres ou Sécretaires d'Etat: celui des Affaires étrangères et de la Guerre, celui de la Justice et de la Police, celui des Finances, du Commerce, de l'Agriculture et des Métiers, celui des Sçiences, des Beaux Arts, des Edifices publics et des Ponts et Chaussées. Quant aux hopitaux, aux secours destinés pour les pauvres, et à la mendicité, ces objets sont du ressort du ministre de la Justice et de la Police.

Crimes d'Etat

(54.) Toute accusation pour fait de crimes d'Etat, de forfaiture, de malversation et de vénalité directe ou indirecte des suffrages ou des vôtes, sera portée devant le tribunal du lieu du délit, ou, si ce lieu n'est pas déterminé, devant le tribunal du Canton, où le principal ou premier accusé a son domicile habituel. Ce Tribunal examinera préalablement s'il y a lieu à accusation, et dans ce cas il convoquera ses suppléans, et formera avec eux un Tribunal criminel en première instance. L'appel étant interjetté, soit par le condamné, soit par l'Accusateur public, pardevant le Tribunal suprême, celui ci procèdera comme le Tribunal inférieur, et ne prononcera définitivement qu'avec le concours de ses Suppléans. Quant aux Membres du Corps législatif et du Directoire, il a déja été fait mention de leur mise en jugement.

Autorités dans les Cantons

(55.) Les trois premières autorités de chaque Canton sont le Préfet national, le Tribunal du Canton, et la Chambre administrative. Le Préfet national y représente le pouvoir éxecutif. Il a pour Lieutenant le Souspréfet de la commune où il réside. Il surveille toutes les Autorités et les Emploiës dans l'exercice de leurs fonctions, et les rapelle à leurs devoirs. Il leur transmet les loix, ainsi que les ordres du Directoire. Il reçoit leurs observations, projets et réclamations. Il est tenû de se rendre de temps à autre dans les divers Districts du Canton, pour y exercer sa surveillance. Il n'accorde aucune faveur, mais il reçoit les pétitions des Citoyens, et les fait passer aux Autorités compétentes. Il convoque les Assemblées primaires et les Corps électoraux. Il préside les fêtes civiques. Il a le droit d'assister aux délibérations des Tribunaux et de la Chambre administrative, mais sans y vôter. Il veille à la sureté intérieure, éxerce le droit d'appréhension, et dispose de la force armée, sans pouvoir la commander lui même. Il nomme les Présidents du Tribunal, de la Chambre Administrative, et des Justices inférieures d'entre les Juges, et Administrateurs élus par le Corps électoral. Il a aussi la nomination des Greffiers, de l'Accusateur public, et des Souspréfets du Cheflieu et des Districts. C'est le Directoire qui l'élit, le destitue, le rappelle, le place dans un autre Canton, ou l'appelle à d'autres fonctions.

(56.) Le Tribunal du Canton prononce en première instance dans les causes criminelles majeures, et en dernière instance dans les autres causes criminelles, dans les causes civiles, et dans celles de police. Ce Tribunal est composé de treize Juges, y compris le Président. Le Corps électoral les élit. Le Président élit son Lieutenant d'entre les Juges. Les Juges conservent leurs places jusqu'à l'age de 65 ans, à moins qu'ils ne soient appellés à d'autres fonctions, ou destitués, ou éliminés par l'épuration annuelle des Corps électoraux. Ils ont des suppléans pour les temps de vacance, et de maladie, ou lorsqu'ils sont députés au Corps législatif.

(57.) La Chambre administrative éxecute les loix relatives aux finances, au Commerce, aux arts, aux métiers, à l'agriculture, aux subsistances, à l'entretien des Villes et des chemins publics. Elle est composée d'un Président et de huit assesseurs, qu'élit le Corps électoral, et qui restent en place, sauf les cas indiqués à l'article des Juges, jusqu'à l'age de 65 ans. Ils ont des suppléans pour les temps de vacance, et de maladie, ou lorsqu'ils sont Députés au Corps législatif.

(58.) Il y a outre ces trois premières Autorités dans le Cheflieu et les Districts de chaque Canton des Justices inférieures pour les matières civiles et de police, composées de neuf membres, qu'élit le Corps électoral. Ils sont pour six ans en place. Il en sort annuellement un. Le Président est tiré d'entre les Assesseurs par le Préfet national.

(59.) Il y a dans le Cheflieu et dans chaque District, pour le maintien de la tranquillité publique, et l'éxécution des ordres qui émanent soit du Préfet, soit des Tribunaux, soit de la Chambre d'administration, un Souspréfet qui a sous lui dans chaque section de ville et chaque village un Agent à sa nomination. Cet Agent dans les cas graves n'agit que de concert avec deux aides, qu'il s'est choisis lui même en prenant possession de sa place.

(60.) Quand une suite d'actes de la part d'un Tribunal ou d'une Chambre d'Administration annonce un haut degré d'impéritie, ou de malveillance, ou d'esprit contre-révolutionaire, le Directoire a droit de casser ce Tribunal ou cette Chambre, et de faire procéder à leur renouvellement par les Corps électoraux. Si ceux ci réélisent les Membres qui avoient particulièrement provoqué cette mesure, le Directoire pourra recourir au Corps législatif à l'effet de prendre telle détermination qu'éxigeront les circonstances.

Loix complémentaires

(61.) Les loix nécessaires à la mise en activité de toutes les parties de la Constitution sont du ressort du Corps législatif, et peuvent être changées et abrogées par lui. On les appelle loix complémentaires de la Constitution, parce qu'elles suppléent au silence des loix fondamentales, lesquelles seules forment la Charte constitutionelle, et ne peuvent être changées qu'avec le consentement des Assemblées primaires.

Changemens de la Constitution

(62.) Le Conseil des anciens propose ces changements, mais ses résolutions ne deviennent propositions, qu'après avoir été décrétées deux fois, en laissant écouler un intervalle de six mois entre le premier Décret et le second. Ses propositions seront ensuite rejettées ou ratifiées par le Conseil des 240, et, dans le dernier cas seulement, envoïées à l'acceptation ou refus des Assemblées primaires.

Si les Assemblées primaires les acceptent, elles forment autant de nouvelles loix fondamentales de la Constitution.

Moïens d'établir successivement cette Constitution

L'Aristocratie et surtout l'Oligarchie héréditaire de quelques Cantons ont un grand intérêt d'orgueil, de morgue, et de lucre, à ce que l'inégalité politique soit maintenue. Elles emploïront tous les moïens que la séduction, la ruse, et le pouvoir arbitraire leur offrent pour consolider leur injuste domination. Envain le tableau de tous les peuples de l'univers leur rapelle qu'il n'éxiste peut être dans le monde entier d'Aristocratie effective qu'en Suisse; envain la force des choses et des principes les presse de toutes parts, et les enveloppe depuis Huningue jusqu'à l'extrémité de la Cisalpine, envain la Justice naturelle leur enseigne à haute voix que les détenteurs des droits du Citoyen sont bien plus coupables que ne le sont les détenteurs d'un meuble volé; envain l'avenir, et un avenir plus prochain qu'elles ne pensent, leur prépare des déchiremens et des convulsions, si elles ne s'éxécutent elles mêmes; envain leurs consciences leur reprochent des torts graves envers une Puissance dont un seul acte suffiroit pour lui procurer une juste satisfaction, et en même tems une garantie pour l'avenir; envain tout les avertit, que cette puissance n'attend pour pardonner, que le sacrifice volontaire de leur domination exclusive, que le regne de l'équité naturelle, et des moïens d'établir solidement entre les deux Nations des rapports inaltérables de confiance, de vérité, et de sureté réciproque. – L'Aristocratie et l'Oligarchie agonisantes s'agiteront encore quelque temps, et repousseront même avec fureur toute idée qui pourroit conduire à l'égalité de droits politiques.

Mais il est heureusement dans les Classes privilégiées des ames fortes, élévées audessus des préjugés de l'enfance, pénétrées du principe que tout ce qui dégrade l'homme est criminel aux yeux de son Auteur, et convaincues que le système actuel, s'il devoit être conservé, deviendroit nécessairement subversif de l'existence même de la Nation helvétique. Il éxiste aussi parmi les Classes sujettes des hommes qui sentent profondément l'avilissement de la sujetion héréditaire, qui savent que leurs Ancêtres n'ont point versé leur sang pour enchainer leurs déscendans au joug perpétuel de quelques familles, qui ne sauroient être séduits par les mensonges et les promesses perfides de l'Aristocratie, ni effraïés par ses menaces, des hommes enfin qui ne doutent plus, que la République françoise ne souri au voeu de leur affranchissement, et ne se doive à soi même de favoriser et de protéger leurs efforts.

On peut donc éspérer que l'adoption d'une Constitution provisoire quelconque, pourvû quelle soit fondée sur l'égalité de droits politiques, pourra partiellement et successivement s'effectuer. Voici les moyens d'y parvenir:

1. Il faudra dabord que le premier Canton, ou Pays cidessus indiqué, qui voudra la régénération de la patrie, commence par adopter pour son intérieur cette Constitution, au moïen des modifications suivantes: le Corps électoral une fois nommé, élira un Corps législatif de 120 membres pour le Grand Conseil et de 40 pour le Conseil des Anciens; il élira aussi un Tribunal suprême de vingt cinq Juges; le Corps législatif procèdera ensuite à l'élection d'un Directoire; aulieu de Ministres on aura une Chancellerie que le Directoire organisera, et dont il nommera les Officiers; l'élection d'un Préfet national sera suspenduë; les Tribus de métiers, s'il en éxiste, continueront à éxister, mais ne seront que des Tribus de métiers, soumises à la surveillance du Magistrat, et à l'autorité du

Pouvoir législatif; le Directoire réuni à la Chambre administrative formera le Magistrat pour tout ce qui regarde l'administration intérieure, en se conformant aux Décrets du Corps législatif; enfin le Directoire seul sera chargé du soin de la sureté extérieure et intérieure; sauf la ratification constitutionelle du Corps législatif.

2. L'adoption de cette Constitution dans un Canton, ou Pays cidessus indiqué, se fera par le moïen de pétitions que des Citoyens, ou des Sujets adresseront à leur Magistrat. Si le Magistrat les rejette, ces Citoyens et ces Sujets reviendront à la charge, après avoir taché d'augmenter le nombre des signatures. Si le magistrat rejette encore ces pétitions, les pétitionaires se déclareront réintégrés dans les droits de l'égalité primitive de tout Corps de société. Ils adresseront de suite des lettres de convocation aux Communes, et aux Sections déjà subsistantes des Villes, pour qu'elles procèdent à la nomination de leurs Electeurs. Les Communes qui par lacheté, bassesse ou stupidité n'accèderoient point à cette invitation, seront censées representées par les Communes fidèles à la cause de l'égalité, ou par les hommes courageux, qui s'en détacheroient pour les représenter. Le Corps électoral ainsi formé sera provisoirement revétu d'une espèce de dictature. Il cassera le gouvernement actuel. Il lui substituera les nouvelles Autorités qui pourvoiront au reste.

3. Le premier Directoire installé invitera les Suisses à suivre son éxemple. Il ne négligera aucun moïen de détruire les erreurs qui fascinent les yeux du Peuple. Il tachera d'écarter les obstacles qui retardent le cours de la révolution. Si plusieurs Directoires se trouvent établis, ils fraterniseront ensemble, et agiront de concert. Si le nombre des divisions du territoire Suisse revolutionées forme la majorité, elles ne tarderont pas à se constituer en une seule République une et indivisible. Le temps, l'éxemple et le besoin rameneront la minorité.

4. A mesure qu'un Canton, ou Pays ci-dessus indiqué, se sera révolutioné, il enverra une adresse au Directoire de la République françoise pour lui proposer le renouvellement et la révision du Traité de la Paix perpétuelle de 1516.

14. Constitution de la République helvétique
Verfassung der helvetischen Republik
Du 12 avril 1798 / Vom 12. April 1798

Titre premier: Principes fondamentaux

1. La République helvétique est une et indivisible.

Il n'y a plus de frontières entre les cantons et les pays sujets, ni de canton à canton. L'unité de patrie et d'intérêt succède au faible lien qui rassemblait et guidait au hasard des parties hétérogènes, inégales, disproportionnées et asservies à de petites localités et des préjugés domestiques. On était faible de toute sa faiblesse individuelle; on sera fort de la force de tous.

2. L'universalité des citoyens est le souverain. Aucune partie ou aucun droit de la souveraineté ne peut être détaché de l'ensemble pour devenir une propriété particulière.

La forme de gouvernement, quelques modifications qu'elle puisse éprouver, sera toujours une démocratie représentative.

3. La loi est l'expression de la volonté du législateur, manifestée suivant les formes constitutionnelles.

4. Les deux bases du bien public sont la sûreté et les lumières.

Les lumières sont préférables à l'opulence.

5. La liberté naturelle de l'homme est inaliénable; elle n'est res-

Erster Titel: Haupt-Grundsätze

1. Die helvetische Republik macht einen unzertheilbaren Staat aus.

Es giebt keine Grenzen mehr zwischen den Cantonen und den unterworfenen Landen noch zwischen einem Canton und dem andern. Die Einheit des Vaterlandes und des allgemeinen Interesse's vertritt künftig das schwache Band, welches verschiedenartige, außer Verhältnis ungleich große, und kleinlichen Localitäten oder einheimischen Vorurtheilen unterworfene Theile zusammenhielt und auf Gerathewohl leitete. Man verspürte nur die ganze Schwäche einzelner Theile; man wird aber durch die vereinigte Stärke Aller stark sein.

2. Die Gesamtheit der Bürger ist der Souverän oder Oberherrscher. Kein Theil und kein einzelnes Recht der Oberherrschaft kann vom Ganzen abgerissen werden, um das Eigenthum eines Einzelnen zu werden.

Die Regierungsform, wenn sie auch sollte verändert werden, soll allezeit eine repräsentative Demokratie sein.

3. Das Gesetz ist die Erklärung des Willens des Gesetzgebers, welchen er auf eine durch die Constitution festgesetzte Art kundgemacht hat.

4. Die zwei Grundlagen des öffentlichen Wohls sind Sicherheit und Aufklärung.

Aufklärung ist besser als Reichthum und Pracht.

5. Die natürliche Freiheit des Menschen ist unveräußerlich. Sie

treinte que par la liberté d'autrui et des vues légalement constatées d'un avantage général nécessaire.

La loi réprime tous les genres de licence; elle encourage à faire le bien.

6. La liberté de conscience est illimitée; la manifestation des opinions religieuses est subordonnée aux sentiments de la concorde et de la paix. Tous les cultes sont permis s'ils ne troublent point l'ordre public et n'affectent aucune domination ou prééminence. La police les surveille et a le droit de s'enquérir des dogmes et des devoirs qu'ils enseignent. Les rapports d'une secte avec une autorité étrangère ne doivent influer ni sur les affaires politiques, ni sur la prospérité et les lumières du peuple.

7. La liberté de la presse dérive du droit d'acquérir de l'instruction.

8. Il n'y a aucune hérédité de pouvoir, de rang et d'honneur. L'usage de tout titre ou institution quelconque qui en réveillerait l'idée, sera interdit par des lois pénales.

Les distinctions héréditaires engendrent l'orgueil et l'oppression, conduisent à l'impéritie et à la paresse, et pervertissent l'opinion sur les choses, les événements et les hommes.

9. Les propriétés particulières ne peuvent être exigées par l'Etat que sauf une juste indemnité, et dans des cas urgents ou d'un usage public hautement nécessaire.

10. Tout individu qui, par une suite de la présente constitution,

hat keine andere Grenzen als die Freiheit jedes andern und gesetzmäßig erwiesene Absichten eines allgemein nothwendigen Vortheils.

Das Gesetz verbietet jede Art von Ausgelassenheit; es muntert auf, Gutes zu thun.

6. Die Gewissensfreiheit ist uneingeschränkt; jedoch muß die öffentliche Äußerung von Religionsmeinungen den Gesinnungen der Eintracht und des Friedens untergeordnet sein. Alle Gottesdienste sind erlaubt, insofern sie die öffentliche Ruhe nicht stören und sich keine herrschende Gewalt oder Vorzüge anmaßen. Die Polizei hat die Aufsicht darüber und das Recht, sich nach den Grundsätzen und Pflichten zu erkundigen, die darin gelehrt werden. Die Verhältnisse einer Secte mit einer fremden Obrigkeit sollen weder auf die Staatssachen noch auf den Wohlstand und die Aufklärung des Volkes einigen Einfluss haben.

7. Die Pressfreiheit ist eine natürliche Folge des Rechtes, das jeder hat, Unterricht zu erhalten.

8. Es giebt keine erbliche Gewalt, Rang noch Ehrentitel. Jeder Gebrauch oder jede darauf zielende Einsetzung soll durch Strafgesetze verboten werden.

Erbliche Vorzüge erzeugen Hochmuth und Unterdrückung, führen zu Unwissenheit und Trägheit und leiten die Meinungen über Dinge, Begebenheiten und Menschen irre.

9. Privateigenthum kann vom Staat nicht anders verlangt werden als in dringenden Fällen oder zu einem allgemeinen, offenbar nothwendigen Gebrauch und dann nur gegen eine gerechte Entschädigung.

10. Ein jeder, der durch gegenwärtige Staatsverfassung das Einkom-

perdrait le revenu d'une place ou bénéfice quelconque, recevra, par droit de compensation, une rente viagère, excepté les années où une place lucrative ou une pension l'indemniserait d'une manière équitable.

Sont néanmoins exclus de toute indemnité ou compensation ceux qui, à compter de la publication de ce plan de constitution, s'opposeraient à l'adoption d'une sage égalité politique entre les citoyens et sujets et du système de l'unité et de l'égalité entre les membres de la commune patrie; sauf encore à prendre, en son temps, des mesures plus sévères contre ceux dont la résistance aurait été marquée au coin de l'artifice, de la perfidie ou de la méchanceté.

11. Toute contribution est établie pour l'utilité générale. Elle doit être répartie entre les contribuables, en raison de leurs facultés, revenus et jouissances.

Mais la proportion ne peut être qu'approximative. L'excès de l'exactitude rendrait le système des impositions vexatoire, dispendieux et nuisible à la prospérité nationale.

12. Les émoluments des fonctionnaires publics seront en raison du travail et des talents que leur place exige, ainsi que du danger qu'il y aurait à en confier les fonctions à des mains vénales ou à en faire le patrimoine exclusif des riches.

Ces émoluments seront fixés par mesures de blé, et ne pourront point être diminués, aussi longtemps qu'un fonctionnaire sera en place.

men irgend einer Stelle oder Pfründe verliert, soll vergütungsweise eine lebenslängliche Rente erhalten, diejenigen Jahre ausgenommen, wo ihn eine andere einträgliche Stelle oder eine Pension auf eine billige Art entschädigen würde.

Von aller Vergütung oder Entschädigung sind jedoch diejenigen ausgeschlossen, welche sich von Kundmachung des gegenwärtigen Constitutions-Plans an der Annahme einer weisen, politischen Gleichheit zwischen Bürgern und Unterthanen und des Systems der Einheit und Gleichheit zwischen den Gliedern des gemeinschaftlichen Vaterlandes widersetzen würden. Außerdem ist vorbehalten, gegen diejenigen, deren Widerstand von Bosheit, Arglist oder Falschheit zeugen würde, zu seiner Zeit strengere Maßregeln zu ergreifen.

11. Steuern werden zum allgemeinen Nutzen ausgeschrieben und müssen unter den Steuerbaren nach ihrem Vermögen, Einkünften und Nutznießungen vertheilt werden.

Dieses Verhältnis kann aber nur annäherungsweise bestimmt werden. Eine zu weit getriebene Genauigkeit würde das Auflagen-System kostspielig und der National-Wohlfahrt nachtheilig machen.

12. Die Besoldung der öffentlichen Beamten soll man nach Verhältnis der Arbeit und der erforderlichen Talente aussetzen, sowie auch nach Maßgabe der Gefahr, wenn die Ämter feilen Händen anvertraut werden oder das ausschließliche Erbtheil der Reichen bilden sollten.

Diese Besoldungen sollen in einem Quantum Getreide bestimmt und, so lange ein Beamter an seiner Stelle sein wird, nicht vermindert werden.

13. Aucun immeuble ne peut être déclaré inaliénable, soit pour un corps, soit pour une société, soit pour une famille. Le droit exclusif de propriétés territoriales conduit à l'esclavage.

La terre ne peut être grevée d'aucune charge, redevance ou servitude irrachetable.

14. Le citoyen se doit à sa patrie, à sa famille et aux malheureux. Il cultive l'amitié, mais il ne lui sacrifie aucun de ses devoirs. Il abjure tous ressentiments personnels et tout motif de vanité. Il ne veut que l'ennoblissement moral de l'espèce humaine; il invite sans cesse aux doux sentiments de la fraternité; sa gloire est l'estime des gens de bien, et sa conscience sait le dédommager du refus même de cette estime.

Titre II: Division du territoire helvétique

15. L'Helvétie est divisée en cantons, en districts, en communes et en sections ou quartiers des grandes communes. Ces divisions sont des divisions électives, judiciaires et administratives, mais elles ne forment point de frontières.

Les cantons sont égaux, et le sort règle annuellement leur rang.

16. Les limites des cantons, districts, communes et sections de communes peuvent être changées ou rectifiées par la loi.

13. Kein liegendes Gut kann unveräußerlich erklärt werden, weder für eine Corporation oder für eine Gesellschaft noch für eine Familie. Das ausschließliche Recht, liegende Güter zu besitzen, führt zur Sklaverei.

Der Grund und Boden kann mit keiner Last, Zins oder Dienstbarkeit beschwert werden, wovon man sich nicht loskaufen könnte.

14. Der Bürger ist gegen das Vaterland, seine Familie und die Bedrängten pflichtig. Er pflegt Freundschaft, opfert ihr aber keine seiner Obliegenheiten auf. Er schwört allen persönlichen Groll und jeden Beweggrund von Eitelkeit ab. Sein Hauptzweck ist die moralische Veredlung des menschlichen Geschlechts; ohne Unterlass ladet er zu den sanften Gefühlen der Bruderliebe ein. Sein Ruhm besteht in der Achtung gutdenkender Menschen, und sein Gewissen weiß ihn selbst für die Versagung dieser Achtung zu entschädigen.

Zweiter Titel: Eintheilung des helvetischen Gebiets

15. Helvetien ist in Cantone, in Districte, in Gemeinden und in Sectionen oder Quartiere der großen Gemeinden eingetheilt. Diese Eintheilungen beziehen sich auf Wahlen, Gerichtsbarkeiten und Verwaltungen; sie machen aber keine Grenzen aus.

Die Cantone sind alle gleich im Rang, und dieser Rang soll jährlich durch das Loos bestimmt werden.

16. Der Umfang der Cantone, Districte, Gemeinden und Sectionen von Gemeinden kann durch das Gesetz verändert oder berichtigt werden.

17. La capitale de la République helvétienne sera fixée par le(s) Conseil(s) législatif(s). Ce sera provisoirement la commune de Lucerne.

18. Les Ligues grises sont invitées à devenir partie intégrante de la Suisse, et si elles répondent favorablement à cette invitation, les cantons seront provisoirement au nombre de vingt-deux, savoir:
Le canton du *Valais*; chef-lieu, Sion.
Celui de *Leman*, ou Pays de *Vaud*; chef-lieu, Lausanne.
De *Fribourg*, y compris les bailliages de Payerne, d'Avenches, jusqu'à la Broye, et de Morat; chef-lieu, Fribourg.
De *Berne*, sans le Pays de Vaud et l'Argovie; chef-lieu, Berne.
De *Soleure*; chef-lieu, Soleure.

De *Bâle*, y compris ce qui pourrait lui être cédé dans le Frickthal; chef-lieu, Bâle.

D'*Argovie*, à commencer par Arbourg et Zofinguen; chef-lieu, Arau.
De *Lucerne*; chef-lieu, Lucerne.

D'*Unterwalden*, y compris l'Enguelberg; chef-lieu, Stantz.

D'*Uri*, y compris le val d'Urseren; chef-lieu, Altorf.
De *Bellinzona*, comprenant les quatre bailliages italiens supérieurs, savoir: le val Lepontin, Bollentz, Riviéra et Bellinzona; chef-lieu, Bellinzona.

De *Lugano* comprenant les quatre bailliages italiens inférieurs, savoir: Lugano, Mendrisio, Locarno et Valmaggia; chef-lieu, Lugano.

De *Rétie* ou des *Grisons*; chef-lieu, Coire.

17. Die Hauptstadt der helvetischen Republik werden die gesetzgebenden Räthe bestimmen. Einstweilen soll es die Gemeinde Lucern sein.

18. Die Graubündner sind eingeladen, ein Bestandtheil der Schweiz zu werden, und wenn sie dieser Einladung entsprechen, so sollen der Cantone einstweilen zweiundzwanzig sein, nämlich:
Der Canton *Wallis*; Hauptort Sitten.
Der Canton *Leman* oder das *Waatland*; Hauptort Lausanne.
Der Canton *Freiburg*, mit Inbegriff der Landvogteien Peterlingen, Wiflisburg bis an die Brüsch, und Murten; Hauptort Freiburg.
Der Canton *Bern*, ohne das Waatland und das Aargäu; Hauptort Bern.
Der Canton *Solothurn*; Hauptort Solothurn.
Der Canton *Basel*, mit Einschluss dessen, was ihm in dem Frickthal könnte abgetreten werden; Hauptort Basel.
Der Canton *Aargau*, von Aarburg und Zofingen an; Hauptort Aarau.
Der Canton *Lucern*; Hauptort Lucern.
Der Canton *Unterwalden*, mit Inbegriff von Engelberg,; Hauptort Stanz.
Der Canton *Uri*, mit Inbegriff des Urseren-Thals; Hauptort Altorf.
Der Canton *Bellinzona*, welcher die vier obern italienischen Landvogteien in sich begreift, nämlich das Liviner-Thal, Bollenz, Riviera und Bellinzona; Hauptort Bellinzona.
Der Canton *Lugano*, der die vier untern italienischen Landvogteien begreift, nämlich Lugano, Mendrisio, Locarno und Valmaggia; Hauptort Lugano.
Der Canton *Rätien* oder *Graubünden*; Hauptort Chur.

De *Sargans*, y compris le Rheinthal, Sax, Gams, Werdenberg, Gaster, Utznach, Rapperschweil et la Marche; chef-lieu, Sargans.

De *Glaris*; chef-lieu, Glaris.

D'*Appenzell*; chef-lieu, Appenzell, ou alternativement Hérisau.

De *Thurgovie*; chef-lieu, Frauenfeld.

De *Saint-Gall*, comprenant la ville et le territoire de l'Abbé, affranchi de tout droit régalien de la part du dit abbé; chef-lieu, Saint-Gall.

De *Schaffhausen*; chef-lieu, Schaffhausen.

De *Zurich*, y compris Winterthour; chef-lieu, Zurich.

De *Zoug*, y compris les sujets de la ville, le comté de Baden et les Bailliages libres; chef-lieu, Zoug.

De *Schwytz*, y compris Guersau, Kusnacht, Notre-Dame des Hermitcs et les Fermes; chef-lieu, Schwytz.

Titre III: Etat politique des citoyens

19. Tous ceux qui sont actuellement bourgeois effectifs, soit d'une ville municipale ou dominante, soit d'un village sujet ou non sujet, deviennent par la constitution citoyens suisses.

Il en est de même de ceux qui avaient le droit de manence perpétuelle et des manents nés en Suisse.

20. L'étranger devient citoyen lorsqu'il a résidé en Suisse pendant 20 années consécutives, qu'il s'y est rendu utile et qu'il produit des témoignages favorables sur sa conduite et ses moeurs; mais il renoncera pour lui et ses descendants

Der Canton *Sargans*, mit Inbegriff des Rheinthals, (nebst) Sax, Gams, Werdenberg, Gaster, Utznach, Rappersweil und March; Hauptort Sargans.

Der Canton *Glarus*; Hauptort Glarus.

Der Canton *Appenzell*; Hauptort Appenzell, oder abwechselnd Herisau.

Der Canton *Thurgau*; Hauptort Frauenfeld.

Der Canton *St. Gallen*, welcher die Stadt und das von allen oberherrlichen Rechten befreite Gebiet des Abtes enthält; Hauptort St. Gallen.

Der Canton *Schaffhausen*; Hauptort Schaffhausen.

Der Canton *Zürich*, mit Inbegriff von Winterthur; Hauptort Zürich.

Der Canton *Zug*, mit Inbegriff der Unterthanen der Stadt, der Grafschaft Baden und der freien Ämter; Hauptort Zug.

Der Canton *Schwyz*, mit Inbegriff von Gersau, Küssnacht, Einsiedeln und den Höfen; Hauptort Schwyz.

Dritter Theil: Politische Verhältnisse der Bürger

19. Alle diejenigen, welche jetzt wirkliche Bürger einer regierenden oder Municipalstadt, eines unterworfenen oder freien Dorfes sind, werden durch gegenwärtige Constitution Schweizerbürger.

Ebenso verhält es sich mit den ewigen Einwohnern, oder die von solchen Eltern in der Schweiz geboren sind.

20. Der Fremde kann Bürger werden, wenn er zwanzig Jahre lang nach einander in der Schweiz gewohnt, wenn er sich nützlich gemacht hat und wegen seiner Aufführung und Sitten günstige Zeugnisse aufweisen kann; er muß aber für sich

à tout autre droit de cité; il prêtera le serment civique, et son nom sera inscrit au registre des citoyens suisses, déposé dans les archives nationales.

21. L'étranger domicilié est soumis aux mêmes charges d'impositions, de garde et de milice, que le citoyen.

22. Les citoyens ont seuls le droit de voter dans les assemblées primaires et de pouvoir être appelés aux fonctions publiques.

23. Les étrangers ne peuvent être admis qu'aux emplois militaires, aux fonctions relatives à l'éducation et aux beaux arts, et aux emplois de secrétaires et de sous-agents des fonctionnaires publics. Le tableau de tous les étrangers ainsi employés doit être annuellement rendu public par le gouvernement.

24. Tout citoyen, à l'âge de vingt ans accomplis, est tenu de se faire inscrire sur le registre civique de son canton et de prêter le serment: «De servir sa patrie et la cause de la liberté et de l'égalité, en bon et fidèle citoyen, avec toute l'exactitude et le zèle dont il est capable, et avec une juste haine contre l'anarchie et la licence.»

La prestation de ce serment a lieu, de la part de tous les jeunes citoyens parvenus à l'âge indiqué, dans la belle saison, au même jour, en présence des parents et (des) magistrats, et finit par une fête civique. Le préfet national reçoit le serment et prononce un discours analogue à l'objet de la fête.

und seine Nachkommen auf jedes andere Bürgerrecht Verzicht leisten; er muß den Bürgereid ablegen, und sein Name wird in das Register der Schweizerbürger, welches in dem National-Archiv niedergelegt wird, eingeschrieben.

21. Die in der Schweiz wohnhaften Fremden sind den nämlichen Auflagen, der Wache und der Miliz unterworfen wie die Bürger.

22. Die Bürger haben allein das Recht, in den Urversammlungen zu stimmen und zu öffentlichen Ämtern gewählt zu werden.

23. Fremde können nur zu Militär- und solchen Stellen gelangen, die sich mit der Erziehung und den schönen Künsten befassen, oder zu denen eines Secretairs und Unter-Agenten eines öffentlichen Beamten. Das Verzeichnis aller auf diese Art angestellten Fremden soll alle Jahre von der Regierung öffentlich bekannt gemacht werden.

24. Jeder Bürger, wenn er zwanzig Jahre zurückgelegt hat, muß sich in das Bürger-Register seines Cantons einschreiben lassen und den Eid ablegen: »seinem Vaterlande zu dienen und der Sache der Freiheit und Gleichheit als ein guter und getreuer Bürger, mit aller Pünktlichkeit und allem Eifer so er vermag und mit einem gerechten Hass gegen Anarchie und Zügellosigkeit anzuhangen.«

Dieser Eid wird von allen jungen Bürgern, die das genannte Alter erreicht haben, in der schönen Jahreszeit an dem gleichen Tage, in Gegenwart der Eltern und der Obrigkeiten abgelegt und endigt mit einem bürgerlichen Fest. Der Statthalter nimmt den Eid ab und hält eine dem Gegenstand des Festes angemessene Rede.

25. Tout citoyen est soldat né de la patrie; il peut se faire remplacer, quand la loi le permet; mais il est tenu de servir, au moins deux années, dans les corps d'élite qu'entretiendra chaque canton.

Le jour où l'on arme les jeunes citoyens pour la première fois, sera l'occasion d'une nouvelle fête civique; c'est le préfet national qui les arme au nom de la patrie.

26. Les ministres d'aucun culte ne peuvent exercer de fonctions politiques ni assister aux assemblées primaires.

27. Le droit de cité se perd:

1° Par la naturalisation en pays étranger;
2° Par l'affiliation à toute corporation étrangère, hormis les établissements littéraires;
3° Par la désertion;
4° Par une absence de dix ans, sans obtenir la permission de prolonger son absence;
5° Par la condamnation à des peines infamantes, jusqu'à réhabilitation.

Les cas où l'exercice des droits de citoyen peut être suspendu, seront déterminés par la loi.

Titre IV: Des assemblées primaires et des corps électoraux

28. Les assemblées primaires sont composées des citoyens et fils de citoyens domiciliés dans une même commune depuis cinq ans, à dater du jour où ils déclarèrent que leur intention était d'y établir leur domicile. Il est des cas, cependant, où les Conseils législatifs peuvent ne re-

25. Jeder Bürger ist ein geborner Soldat des Vaterlands; er kann sich durch einen andern ersetzen lassen, wenn es das Gesetz erlaubt; er ist aber schuldig, wenigstens zwei Jahre in einem Auszugscorps, das jeder Canton aufstellen wird, zu dienen.
Der Tag, an welchem die jungen Bürger zum erstenmal bewaffnet werden, soll zu einem bürgerlichen Feste Anlass geben. Der Statthalter weiht sie als Vertheidiger des Vaterlandes ein.

26. Die Diener irgend einer Religion werden keine politischen Verrichtungen versehen noch den Urversammlungen beiwohnen.

27. Man verliert das Bürgerrecht:

1) Durch die Naturalisirung in einem fremden Land.
2) Durch den Eintritt in irgend eine fremde Corporation, ausgenommen gelehrte Anstalten.
3) Durch Ausreißen (Desertion).
4) Durch eine zehnjährige Abwesenheit, wenn man nicht die Erlaubnis erhalten hat, seine Abwesenheit zu verlängern.
5) Durch die Verurtheilung zu entehrenden Strafen, bis zur Wiedereinsetzung in den vorigen Stand.

Die Fälle, wo die Ausübung der bürgerlichen Rechte eingestellt werden kann, sollen durch das Gesetz bestimmt werden.

Vierter Titel: Von den Urversammlungen und den Wahlmännern

28. Die Urversammlungen bestehen aus den Bürgern und Bürgerssöhnen, welche seit fünf Jahren in derselben Gemeinde wohnen, von dem Tage an zu rechnen, da sie erklärt haben, dass ihr Wille sei, sich allda häuslich niederzulassen. Es giebt jedoch Fälle, wo die gesetzge-

connaître pour domicile que le lieu de la naissance, soit du citoyen lui-même, soit de son père, s'il n'était pas né en Suisse.

Pour voter dans une assemblée primaire et électorale, il faut avoir vingt ans accomplis.

29. Chaque village ou bourg dans lequel se trouvent cent citoyens ayant droit de voter, forme une assemblée primaire.

30. Les citoyens de tout village ou bourg qui ne renferme pas cent citoyens ayant droit de voter, se réunissent à ceux du bourg ou village le plus voisin.

31. Les villes ont une assemblée primaire dans chaque section ou quartier; les Conseils législatifs déterminent le nombre des citoyens.

32. Les assemblées primaires se réunissent:

   1° Pour accepter ou rejeter la constitution.
   2° Pour nommer annuellement les mem-bres de l'assemblée électorale du canton.

33. Elles désignent un électeur à raison de cent individus ayant les qualités requises pour être citoyens.

34. Les noms des élus sont envoyés au préfet national, qui, assisté du président de chaque autorité constituée du lieu de sa résidence, procède en public, par la voie du sort, à l'exclusion de la moitié des élus. L'autre moitié forme seule le corps électoral de l'année.

Le jour de ce triage par le sort sera l'occasion d'une troisième fête civique et d'un discours dans lequel le préfet national développera les prin-

benden Räthe nur den Geburtsort entweder des Bürgers selbst oder seines Vaters, wenn er nicht in der Schweiz geboren wäre, für den Wohnsitz anerkennen mögen.

Um in einer Ur- oder Wahlversammlung zu stimmen, muß man das zwanzigste Jahr zurückgelegt haben.

29. Jedes Dorf oder Flecken, wo sich hundert Bürger befinden, die das Stimmrecht haben, macht eine Urversammlung aus.

30. Die Bürger eines jeden Dorfs oder Fleckens, so nicht hundert stimmfähige Bürger enthält, vereinigen sich mit denen vom nächstgelegenen Flecken oder Dorf.

31. Die Städte haben eine Urversammlung in jeder Section oder Quartier. Die gesetzgebenden Räthe bestimmen die Anzahl der Bürger.

32. Die Urversammlungen werden zusammenberufen:

   1) Um die Staatsverfassung anzunehmen oder zu verwerfen.
   2) Um alle Jahre die Mitglieder der Wahlversammlung des Cantons zu ernennen.

33. Auf hundert Personen, welche die erforderlichen Eigenschaften haben, um Bürger zu sein, wird ein Wahlmann ernannt.

34. Die Namen der Erwählten werden dem Statthalter zugeschickt; dieser wird, mit Hülfe des Präsidenten jeder constituirten Gewalt seines Wohnsitzes, öffentlich und durch das Loos die Hälfte der Erwählten von der Wahl ausschließen. Die andere Hälfte macht allein das Wahlcorps aus.

Am Tage dieser Ziehung wird das dritte bürgerliche Fest gefeiert, wobei der Statthalter in einer Rede die Grundsätze, welche die Wähler bei

cipes qui doivent guider le corps électoral, lorsqu'il sera convoqué pour faire les nominations qui lui compètent.

La première fois l'exclusion de la moitié des électeurs par le sort n'aura point lieu.

35. Les corps électoraux élisent:

1° les députés au Corps législatif;
2° les juges des tribunaux de canton;
3° ceux du Tribunal suprême;
4° les membres de la chambre administrative;
5° enfin les suppléants des dits juges et administrateurs.

Titre V: Du pouvoir législatif

36. Le pouvoir législatif est exercé par deux Conseils distincts, séparés, indépendants l'un de l'autre, et ayant chacun un costume différent.

Ces deux Conseils sont:
Le Sénat, où siégent, outre les ex-directeurs, quatre députés de chaque canton.
Et un Grand Conseil, auquel chaque canton député, pour la première fois, huit membres, sauf à la loi à régler pour les années suivantes, le nombre qu'il devra fournir en raison approximative de sa population.

37. A compter de la troisième année inclusivement, après la mise en activité de la présente constitution il faudra, pour être élu membre du Sénat, avoir été ou être, soit ministre, soit agent extérieur, soit membre du Grand Conseil ou du Tribunal suprême, soit préfet national, soit en-

ihren Ernennungen leiten sollen, entwickelt.

Das erstemal soll die Ausschließung der Hälfte der Wahlmänner durch das Loos nicht statthaben.

35. Die Wahlcorps erwählen:

1) Die Deputirten für das gesetzgebende Corps;
2) die Richter des obern Gerichtshofes;
3) die Richter des Cantonsgerichts;
4) die Mitglieder der Verwaltungskammer;
5) die Suppleanten gedachter Richter und Verwalter.

Fünfter Titel: Von der gesetzgebenden Gewalt

36. Die gesetzgebende Gewalt wird durch zwei unterschiedene, abgesonderte und von einander unabhängige Räthe ausgeübt. Jeder derselben hat eine eigene Amtskleidung.

Diese beiden Räthe sind:
Der Senat, welcher, nebst den ausgetretenen Directoren, aus vier Deputirten von jedem Canton besteht.
Der Große Rath, welcher das erste Mal aus acht Abgeordneten von jedem Canton besteht; für die Folge soll das Gesetz die Anzahl bestimmen, welche jeder Canton nach dem Verhältnis seiner Bevölkerung zu ernennen hat.

37. Im dritten Jahre gegenwärtiger Verfassung und in der Folge muß man, um in den Senat erwählt zu werden, entweder Minister oder auswärtiger Agent oder Mitglied des Großen Raths oder des Obergerichts oder Statthalter oder Präsident einer Verwaltungskammer oder eines

fin président d'une chambre administrative ou d'un tribunal de canton.

38. Il faut, de plus, être marié ou l'avoir été, et avoir atteint l'âge de trente ans. Ces deux dernières conditions auront lieu dès à-présent.

39. Les ex-directeurs sont de droit membres effectifs du Conseil des Anciens, à moins qu'ils n'acceptent une autre place, ou ne préfèrent de rentrer dans la classe de simples citoyens.

40. Néanmoins, aucun ex-directeur ne pourra entrer dans le Sénat tant qu'il aura parmi les autres membres du Sénat, soit ex-directeurs, soit élus, un parent ou allié en ligne directe, ou un parent en ligne collatérale, jusqu'au degré d'oncle et de neveu inclusivement.

41. Le renouvellement du Sénat, quant aux membres sujets à élection, se fait, toutes les années impaires, par quart, ensorte que chaque membre électif du Sénat y siége huit ans.

42. Pour être élu membre du Grand Conseil, il faut avoir atteint l'âge de vingt-cinq ans accomplis, et jouir des droits de citoyen.

43. Le renouvellement du Grand Conseil se fait, toutes les années paires, par tiers.

44. L'époque du renouvellement partiel des Conseils législatifs est l'équinoxe d'automne.

45. Les membres du Sénat qui ont été huit ans en fonctions, ne peuvent être réélus qu'après un intervalle de quatre ans.

Cantonsgerichts gewesen sein oder noch sein.

38. Ferner muß man verheiratet oder es gewesen sein und das Alter von dreißig Jahren erreicht haben. Diese zwei letztern Bedingungen sollen sogleich statthaben.

39. Die gewesenen Directoren sind von Rechts wegen Mitglieder des Senats, es sei denn dass sie eine andere Stelle annehmen oder lieber in die Classe des Privatmannes zurückkehren.

40. Jedoch soll kein gewesener Director in den Senat eintreten können, so lange unter den übrigen Mitgliedern desselben, sie mögen gewesene Directoren oder erwählt worden sein, ein durch Blut oder Heirat mit ihm in gerader Linie oder in der Seitenlinie durch Blut verwandtes Mitglied sitzt, bis zum Grad von Oheim und Neffe inclusive.

41. Die erwählten Mitglieder des Senats werden alle ungerade Jahre zum vierten Theil erneuert, sodass jedes erwählte Mitglied acht Jahre lang diese Stelle bekleidet.

42. Um als Mitglied des Großen Raths erwählt zu werden, muß man das fünfundzwanzigste Altersjahr zurückgelegt haben und im Genuss des Bürgerrechts sein.

43. Der Große Rath wird alle gerade Jahre zum dritten Theil erneuert.

44. Der Zeitpunkt dieser theilweisen Erneuerung der gesetzgebenden Räthe ist das Herbst-Äquinoctium.

45. Die Mitglieder des Senats, welche es acht Jahre lang gewesen sind, können erst nach einer Zwischenzeit von vier Jahren wieder gewählt werden.

46. Les membres du Grand Conseil qui ont été six ans en fonctions, ne peuvent être réélus qu'après un intervalle de deux ans.

47. Le Sénat approuve ou rejette les résolutions du Grand Conseil.

48. Les lois civiles de chaque canton et les usages qui y ont rapport, continueront à servir de règle aux tribunaux, jusqu'à ce que les Conseils législatifs aient introduit, par degrés, l'uniformité des lois civiles; mais, en tout cas, les lois civiles générales ne pourront avoir aucun effet rétroactif sur les transactions et actes antérieurs.

49. Les séances des deux Conseils sont publiques; néanmoins, le nombre des assistants ne peut, dans chaque Conseil, excéder celui de ses membres. Chaque Conseil peut se former en comité général.

50. Les Conseils législatifs ratifient ou rejettent, sur la proposition préalable et nécessaire du Directoire exécutif, tout ce qui concerne les finances, la paix et la guerre.

51. Les membres des Conseils législatifs ne peuvent être mis en jugement, que dans les formes suivantes.

52. Aucune dénonciation contre un membre de l'un ou de l'autre Conseil ne peut donner lieu à poursuite, si elle n'est rédigée par écrit, signée et adressée au Grand Conseil.

53. Le Grand Conseil délibère d'abord sur la question de savoir si la dénonciation sera admise.

46. Die Mitglieder des Großen Raths, welche es sechs Jahre lang gewesen sind, können erst nach einer Zwischenzeit von zwei Jahren wieder erwählt werden.

47. Der Senat genehmigt oder verwirft die Beschlüsse des Großen Raths.

48. Die bürgerlichen Gesetze jedes Cantons und die sich darauf beziehenden Gebräuche sollen fernerhin den Gerichten zur Richtschnur dienen, bis die gesetzgebenden Räthe nach und nach werden gleichförmige bürgerliche Gesetze eingeführt haben. Allein diese neuen Gesetze können in keinem Fall eine rückwirkende Kraft auf frühere Verträge und Acte haben.

49. Die Sitzungen der beiden Räthe sind öffentlich; jedoch soll in jedem Rath die Anzahl der Zuhörer die der Mitglieder nicht übersteigen. Jeder Rath kann sich in ein allgemeines Comite verwandeln.

50. Die gesetzgebenden Räthe genehmigen oder verwerfen, auf den vorläufigen und nothwendigen Vorschlag des Vollziehungs-Directoriums, alles was die Finanzen, den Frieden und Krieg betrifft.

51. Die Mitglieder der gesetzgebenden Räthe können nur mit Beobachtung folgender Formalitäten vor Gericht gezogen werden.

52. Keine Denunciation gegen ein Mitglied des einen oder des andern Raths kann zu einer gerichtlichen Verfolgung Anlass geben, wenn sie nicht schriftlich aufgesetzt, unterschrieben und dem Großen Rath zugeschickt worden ist.

53. Der Große Rath berathschlagt sogleich über die Frage, ob die Denunciation solle angenommen werden.

54. Si la dénonciation est admise, l'inculpé est cité pour comparaître à trois jours francs.

S'il comparaît, il est entendu dans l'intérieur du Grand Conseil.

55. Soit que l'inculpé se soit présenté ou non, le Grand Conseil déclare, après le délai fixé par la citation, s'il y a lieu ou non à l'examen de sa conduite.

56. S'il est déclaré par le Grand Conseil qu'il y a lieu à examen, l'inculpé est appelé par le Sénat; il a, pour comparaître, un délai de deux jours francs, et s'il comparaît, il est entendu dans l'intérieur du lieu des séances du Sénat.

57. Soit que l'inculpé se soit présenté ou non, le Sénat, après ce délai, et après avoir délibéré, confirme ou rejette la résolution du Grand Conseil.

58. S'il la confirme, il renvoie l'inculpé devant le Tribunal suprême, lequel décide s'il y a lieu à accusation.

59. Toute discussion dans l'un et dans l'autre Conseil, relative à la prévention d'un de leurs membres, se fait en comité général.

60. Toute délibération sur les mêmes objets est prise à l'appel nominal et au scrutin secret.

61. L'accusation prononcée par le Tribunal suprême contre un membre du Conseil législatif entraîne suspension.

62. Après l'accusation prononcée, le Tribunal suprême convoque ses

54. Wenn die Denunciation angenommen ist, so wird der Beschuldigte vorgeladen, sich in Zeit von drei vollen Tagen zu stellen.

Erscheint er, so wird er im Innern des Großen Raths verhört.

55. Der Beschuldigte mag sich gestellt haben oder nicht, so erklärt der Große Rath nach Verlauf der durch die Citation angesetzten Frist, ob sein Betragen zu untersuchen sei oder nicht.

56. Wenn der Große Rath erklärt, hat, dass eine Untersuchung statthabe, so wird der Beschuldigte durch den Senat vorberufen; es werden ihm zwei volle Tage gegeben, um zu erscheinen, und wenn er erscheint, so wird er im Innern des Orts der Sitzungen des Senats verhört.

57. Der Beschuldigte mag sich gestellt haben oder nicht, so bestätigt oder verwirft der Senat, nach Verlauf dieser Zeit und nachdem er über die Sache berathschlagt hat, den Beschluss des Großen Raths.

58. Bestätigt er denselben, so verweist er den Beschuldigten vor den obern Gerichtshof, welcher entscheidet, ob eine Anklage statthabe.

59. Jede Discussion in dem einen oder andern Rath, wegen einer Beschuldigung gegen eines seiner Mitglieder, wird in einem allgemeinen Comite vorgenommen.

60. Jede Berathschlagung über diese Gegenstände geschieht mit Aufrufung der Namen und durch geheime Stimmzeddel.

61. Die von dem obern Gerichtshof gegen ein Mitglied eines gesetzgebenden Raths ausgesprochene Anklage zieht die Suspension nach sich.

62. Wenn die Anklage ausgesprochen ist, beruft der obere Gerichts-

suppléants et ne forme avec eux qu'un seul et même tribunal; il instruit le procès et juge définitivement. Le tiers des voix, plus une, absout. La détermination des tiers se fait par approximation: le tiers de dix sera trois; le tiers de onze sera quatre, et ainsi de suite.

63. Si l'inculpé est acquitté par le jugement du Tribunal suprême, il reprend ses fonctions.

64. Les deux Conseils sont tenus de s'ajourner, chaque année, pendant trois mois; mais ils peuvent s'ajourner pour un plus long terme.

65. Chacun des Conseils a sa garde séparée.
La garde d'un des Conseils ne peut excéder en nombre celle de l'autre, ni celle du Directoire exécutif.

66. Chaque Conseil a le droit de police dans le lieu de ses séances, et dans l'enceinte extérieure qu'il a déterminée.
L'enceinte extérieure ne peut s'entendre que d'un terrain clos de murs, de haies, ou autrement.

67. En aucun cas, les Conseils législatifs ne peuvent, ni séparément, ni concurremment, ni par des délégués, exercer le pouvoir exécutif, ni le pouvoir judiciaire.

68. Les Conseils législatifs ne peuvent déléguer à un ou plusieurs de leurs membres, ni à qui que ce soit, aucune des fonctions qui leur sont attribuées par la constitution.

hof seine Suppleanten zu sich und macht mit denselben ein einziges Tribunal aus; es instruirt den Process und spricht das Urtheil, von welchem nicht appellirt werden kann. Eine Stimme mehr als das Drittel spricht los. Dieses Drittel wird näherungsweise bestimmt, sodass das Drittel von zehn drei, von eilf vier ist, u.s.w.

63. Wenn der Beschuldigte durch das Urtheil des obern Gerichtshofs losgesprochen ist, so tritt er wieder in sein Amt ein.

64. Die beiden Räthe sind gehalten, jedes Jahr ihre Sitzungen drei Monate lang einzustellen; sie können es aber für längere Zeit thun.

65. Jeder der Räthe hat seine besondere Wache.
Die Wache eines Raths kann nicht zahlreicher sein als die Wache des andern noch das Vollziehungs-Directoriums.

66. Jeder Rath hat die Polizei im Ort seiner Sitzungen und im äußern Umkreis, den er bestimmt hat.

Dieser äußere Umkreis kann nur von einem mit Mauern, Hecken oder sonst umgebenden Platz verstanden werden.

67. In keinem Fall können die gesetzgebenden Räthe, weder gesöndert noch mit einander noch durch einen Ausschuss, die vollziehende oder die richterliche Gewalt ausüben.

68. Die gesetzgebenden Räthe sind nicht befugt, einem oder einigen ihrer Mitglieder noch irgend jemandem irgend eines der Geschäfte zu übertragen, welche ihnen die Verfassung auferlegt hat.

69. En aucun cas, les deux Conseils législatifs ne peuvent se réunir dans la même salle.

70. Ni l'un ni l'autre Conseil ne peut créer dans son sein aucun comité permanent.

Seulement chaque Conseil a la faculté, lorsqu'une matière lui paraît susceptible d'un examen préparatoire, de nommer, parmi ses membres, une commission spéciale, qui se renferme uniquement dans l'objet de sa formation. Cette commission est dissoute aussitôt que le Conseil a statué sur l'objet dont elle était chargée.

Titre VI: Directoire exécutif

71. Le Pouvoir exécutif est délégué à un Directoire exécutif composé de cinq membres.

Le Directoire exécutif est renouvelé partiellement par l'élection d'un nouveau membre, chaque année, trois mois avant le renouvellement des Conseils législatifs, et par conséquent au solstice d'été.

72. Dès à-présent, il faut avoir atteint l'âge de quarante ans, et être marié ou veuf, pour pouvoir être élu Directeur.

A compter de la troisième année inclusivement, après la mise en activité de la présente constitution, il faudra, de plus, avoir été, soit membre de l'un des Conseils législatifs, soit ministre, soit membre du Tribunal suprême, soit enfin préfet national.

73. Le mode d'élection est pour la première année comme suit:

69. In keinem Fall können sich die beiden Räthe in dem nämlichen Saale vereinigen.

70. Weder der eine noch der andere Rath kann aus sich selbst einen bleibenden Ausschuss ernennen.

Jeder Rath hat bloß das Recht, wenn Gegenstände vorkommen, die einer vorläufigen Untersuchung zu bedürfen scheinen, aus seiner Mitte eine Commission zu ernennen, welche sich auf den Gegenstand einschränkt, um dessentwillen sie ernannt worden ist, und welche aufgehoben wird, sobald der Rath über diesen Gegenstand Beschluss gefasst hat.

Sechster Titel: Vollziehungs-Directorium

71. Die vollziehende Gewalt ist einem aus fünf Mitgliedern bestehenden Vollziehungs-Directorium übertragen.

Das Vollziehungs-Directorium wird alle Jahre, drei Monate vor der Ergänzung der gesetzgebenden Räthe, folglich um die Zeit des Sommer-Solstitiums, durch die Wahl eines neuen Mitgliedes theilweise erneuert.

72. Um als Director erwählt zu werden, muß man von nun an das Alter von vierzig Jahren erreicht haben und verheiratet oder es gewesen sein.

Von dem dritten Jahr an nach der Einführung gegenwärtiger Constitution muß man außerdem entweder Mitglied eines der gesetzgebenden Räthe oder Minister oder Mitglied des Obergerichtshofs oder endlich Statthalter gewesen sein.

73. Das Wahlverfahren ist für das erste Jahr folgendes:

L'un des Conseils forme, au scrutin et à la majorité absolue des voix, une liste de cinq candidats, et l'autre Conseil choisit, aussi au scrutin et à la majorité absolue des voix, dans cette liste présentée, le nouveau Directeur.

Mais le sort décide immédiatement avant l'élection, lequel des deux Conseils formera la liste des candidats. Cette opération se réitérera, la premiere année, cinq fois, et le sort décidera, pendant les quatre premières années, de la sortie successive de ceux qui auront été nommés la première fois.

74. La seconde année et dans la suite, le mode d'élection sera plus compliqué: d'abord le sort exclura de l'élection la moitié des membres de chaque Conseil, et cette moitié exclue décidera préalablement, si l'élection qu'il s'agit de faire, aura lieu, cette fois, avec la plus grande intervention du sort, ou non. Si elle décide que non, la moitié non-exclue remplira les fonctions d'électeurs en la manière ci-dessus indiquée. Si, au contraire, elle décide l'affirmative, on commencera par tirer au sort lequel des deux Conseils, chacun réduit comme déjà dit à la moitié, formera la liste des candidats. Ensuite le Conseil ainsi désigné nommera, à la majorité absolue des voix, six candidats; de ces six, le sort en exclura trois, et l'autre Conseil choisira entre les trois restants le nouveau Directeur.

75. Les membres sortants du Directoire exécutif ne peuvent être réélus qu'après un intervalle de cinq ans.

Einer der Räthe bildet durch geheime Stimmgabe und mit der absoluten Mehrheit der Stimmen eine Liste von fünf Candidaten, und der andere Rath wählt, ebenfalls in geheimer Abstimmung und mit der absoluten Mehrheit der Stimmen, aus dieser vorgelegten Liste den neuen Director.

Das Loos entscheidet aber unmittelbar vor der Wahl, welcher von den beiden Räthen die Liste der Candidaten zu verfertigen hat; diese Operation wird das erste Jahr fünfmal stattfinden, und ebenso bestimmt das Loos in den vier nächsten Jahren, wie die ersternannten nach und nach austreten sollen.

74. Im zweiten Jahr und in der Folge wird die Wahl weniger einfach sein. Zuerst schließt das Loos die Hälfte der Mitglieder eines jeden Raths von der Wahl aus; diese ausgeschlossene Hälfte entscheidet vorläufig, ob man bei der vorzunehmenden Wahl dieses Mal das Loos soviel möglich wolle walten lassen oder nicht. Entscheidet sie verneinend, so nimmt die nicht ausgeschlossene Hälfte die Wahl nach der oben beschriebenen Art vor. Wenn sie aber die Frage bejaht, so wird zuvor durch das Loos entschieden, welcher von beiden auf gesagte Art auf die Hälfte herabgesetzte Rath die Candidaten-Liste verfertigen solle. Der also bestimmte Rath ernennt durch absolute Mehrheit der Stimmen sechs Candidaten. Von diesen sechs werden drei durch das Loos ausgeschlossen, und unter den drei übrigen erwählt der andere Rath den neuen Director.

75. Die austretenden Mitglieder des Vollziehungs-Directoriums können vor einem Zeitverlauf von fünf Jahren nicht wieder erwählt werden.

Néanmoins, celui qui sortira à la fin de la première année, pourra être réélu après un intervalle d'un an;

Celui qui sortira la seconde année pourra être réélu après un intervalle de deux ans;

Celui qui sortira la troisième année, pourra être réélu après un intervalle de trois ans;

Celui qui sortira la quatrième année, pourra être réélu après un intervalle de quatre ans.

76. Le Directoire pourvoit, d'après les lois, à la sûreté extérieure et intérieure de l'Etat. Il dispose de la force armée, sans qu'en aucun cas le Directoire, collectivement, ni aucun de ses membres puisse la commander, ni pendant le temps de ses fonctions, ni pendant les deux années qui suivent immédiatement l'expiration de ses fonctions.

77. Le Directoire exécutif peut inviter chacun des Conseils à prendre un objet en considération.

78. Il a la proposition préalable et nécessaire de toute remise ou commutation de peines, même de récompense, en cas de révélation de la part des complices d'un crime.

79. Il scelle et fait publier les lois; il en surveille et assure l'exécution.

80. Il entame et conduit les négociations avec les puissances étrangères; mais les traités qu'il signe ou fait signer ne sont valables qu'après avoir été examinés et ratifiés par les

Jedoch soll derjenige, welcher am Ende des ersten Jahrs austreten wird, nach Verlauf eines Jahrs wieder gewählt werden können.

Derjenige, welcher im zweiten Jahr austreten wird, kann nach Verlauf von zwei Jahren wieder erwählt werden.

Derjenige, welcher im dritten Jahr austreten wird, kann nach Verlauf von drei Jahren wieder erwählt werden.

Derjenige, welcher im vierten Jahr austreten wird, kann nach Verlauf von vier Jahren wieder erwählt werden.

76. Das Vollziehungs-Directorium sorgt, den Gesetzen gemäß, für die äußere und innere Sicherheit des Staats. Es verfügt über die bewaffnete Macht. Doch soll in keinem Fall das Directorium insgesamt noch eines seiner Mitglieder, weder während der Zeit seiner Amtsführung noch zwei Jahre lang nach Endigung derselben, die Truppen commandiren.

77. Das Vollziehungs-Directorium kann jeden der beiden Räthe einladen, einen Gegenstand in Betracht zu ziehen.

78. Ihm gebührt der erste Antrag, Strafen völlig zu erlassen oder zu mindern, oder sogar Belohnungen zu gewähren, wenn von Seiten der Mitschuldigen eines begangenen Verbrechens Entdeckungen gemacht werden.

79. Es besiegelt die Gesetze und lässt sie bekanntmachen; es besorgt und sichert die Vollziehung derselben.

80. Es unternimmt und führt die Unterhandlungen mit den fremden Mächten; aber die Verträge, welche es unterschreibt oder unterschreiben lässt, sind nicht gültig, bevor sie

Conseils législatifs, formés en comité général.

Les dispositions des articles secrets s'exécutent sans la ratification des Conseils législatifs; mais elles ne peuvent être destructives des articles patents, ni porter atteinte aux lois constitutionnelles.

81. Le Directoire rend compte, annuellement, aux Conseils législatifs de l'emploi des sommes assignées à chaque département, hormis de celles qui lui auront été spécialement confiées pour des dépenses personnelles ou secrètes.

82. Le Directoire nomme, révoque ou destitue les chefs et officiers de tout grade de la force armée, les ministres, et les agents diplomatiques, les commissaires de la trésorerie nationale, les préfets nationaux, les président, accusateur public et greffier du Tribunal suprême, et les receveurs en chef des revenus de la République. Les sous-employés et sous-agents sont nommés par ceux dont ils dépendent immédiatement.

83. Si le Directoire est informé qu'il se trame quelque conspiration contre la sûreté extérieure ou intérieure de l'Etat, il peut décerner des mandats d'amener et des mandats d'arrêt contre ceux qui en sont présumés les auteurs ou les complices. Il peut les interroger; mais il est obligé, sous les peines portées contre le crime de détention arbitraire, de les renvoyer par-devant l'officier de police, dans le délai de deux jours, pour procéder suivant les lois.

von den gesetzgebenden Räthen in einem allgemeinen Comite untersucht und genehmigt worden.

Die Verfügungen der geheimen Artikel werden ohne die Genehmigung der gesetzgebenden Räthe vollzogen; sie dürfen aber nichts gegen die öffentlichen Artikel enthalten noch die Constitutions-Gesetze verletzen.

81. Das Directorium legt alle Jahre den gesetzgebenden Räthen Rechnung ab über die Verwendung der einem jeden Departement angewiesenen Gelder, außer denen die ihm für persönliche oder geheime Ausgaben besonders anvertraut worden sind.

82. Die Ernennung, Zurückberufung und Absetzung aller Anführer und Offiziere der besoldeten Truppen in jedem Grade, der Minister und diplomatischen Agenten, der Commissarien der National-Schatzkammer, der Statthalter in den Cantonen, des Präsidenten und des öffentlichen Anklägers und Schreibers des obern Gerichtshofs, sowie auch der Obereinnehmer der Einkünfte der Republik, steht ihm zu. Die Unterbeamten und Unteragenten aber werden von denjenigen ernannt, von denen sie unmittelbar abhangen.

83. Wenn das Directorium von einer wider die äußere oder innere Sicherheit des Staats angesponnenen Verschwörung benachrichtigt wird, so kann es Vorführungs- und Verhaftsbefehle gegen diejenigen ergehen lassen, welche man für die Urheber oder Mitschuldigen hält; es kann sie verhören; allein es ist, unter den wider das Verbrechen einer willkürlichen Verhaftung bestimmten Strafen, verbunden, dieselben in Zeit von zwei Tagen vor die Polizeibeamten zu verweisen, damit den Gesetzen gemäß verfahren werde.

84. Il y aura quatre ministres: celui des affaires étrangères et de la guerre; celui de la justice et de la police; celui des finances, du commerce, de l'agriculture et des métiers; celui des sciences, des beaux-arts, des édifices publics et des ponts et chaussées.

Quant aux hôpitaux, aux secours destinés pour les pauvres et à la mendicité, ces objets sont du ressort du ministre de la justice et de la police.

La loi peut changer la distribution ci-dessus des attributions des ministres.

Elle peut porter le nombre des ministres jusqu'à six; elle ne peut le porter à cinq, ni le réduire au-dessous de quatre.

85. Toutes les dispositions relatives à la mise en jugement des membres des Conseils législatifs, sont communes aux membres du Directoire exécutif.

Titre VII: Tribunal suprême

86. Le Tribunal suprême est composé d'un juge nommé par chaque canton. Il est renouvelé partiellement, par l'élection d'un quart, par année; savoir, de cinq nouveaux membres pendant trois ans et de sept la quatrième année.

87. Le Directoire nomme le président parmi ceux qui ont été élus juges; il nomme aussi l'accusateur public et le greffier en chef. Il y a autant de suppléants que de juges; on les renouvelle en même temps que ceux-ci.

Ce tribunal est le juge des membres des Conseils législatifs et du Directoire exécutif, ainsi qu'il a été ci-dessus indiqué.

84. Es sind vier Minister: derjeniger auswärtigen Geschäfte und des Kriegswesens; derjenige der Rechtspflege und der Polizei; derjenige der Finanzen, des Handels, des Ackerbaus und der Handwerke; derjenige der Wissenschaften, schönen Künste, der öffentlichen Gebäude, Brükken und Straßen.

Was die Spitäler, die für die Armen bestimmten Unterstützungen und den Bettel betrifft, so gehören diese Gegenstände in das Fach des Justiz- und Polizeiministers.

Das Gesetz kann obige Vertheilung der den Ministern zugetheilten Geschäfte verändern.

Es kann die Zahl der Minister auf sechs, aber nicht auf fünf festsetzen, noch ihrer weniger als vier bestimmen.

85. Alles, was in Betreff des gerichtlichen Verfahrens gegen die Mitglieder der gesetzgebenden Räthe verfügt ist, gilt auch von den Mitgliedern des Vollziehungs-Directoriums.

Siebenter Titel: Oberster Gerichtshof

86. Der oberste Gerichtshof besteht aus einem von jedem Canton ernannten Richter. Alle Jahre wird der vierte Theil seiner Mitglieder erneuert, und zwar drei Jahre lang je fünf, das vierte Jahr aber sieben Mitglieder.

87. Das Directorium ernennt unter den erwählten Richtern den Präsidenten und stellt auch den öffentlichen Ankläger und den ersten Gerichtsschreiber an. Es sind so viele Suppleanten als Richter; sie werden zur nämlichen Zeit erneuert.

Dieser Gerichtshof richtet über die Mitglieder der gesetzgebenden Räthe und des Vollziehungs-Directoriums, wie oben gesagt worden.

88. Ce tribunal juge, en outre, en dernier ressort, soit seul, soit avec le concours de ses suppléants, les causes criminelles qui emporteraient peine de mort ou de réclusion ou de déportation, pour dix ans ou plus.

89. Il casse aussi, en matières civiles, les sentences des tribunaux inférieurs que le défaut de compétence, l'oubli des formes ou une violation manifeste du texte de la loi rendraient nulles.

90. Le Tribunal suprême siégera, provisoirement, dans la même commune que les Conseils législatifs et le Directoire exécutif.

Sa résidence pourra être changée par les Conseils législatifs, sur la proposition préalable et nécessaire du Directoire exécutif.

88. Derselbe richtet ferner in letzter Instanz, entweder allein oder mit Zuziehung seiner Suppleanten, in Criminalsachen, welche die Todesstrafe oder die Einsperrung oder Landesverweisung auf zehn oder mehr Jahre nach sich ziehen.

89. Er cassirt auch in Civilsachen die Sprüche der untern Gerichte, welche gegen die Competenz, die vorgeschriebenen Formen und den Sinn der Gesetze ertheilt worden sind.

90. Der obere Gerichtshof soll einstweilen in der nämlichen Gemeinde seine Sitzungen halten, wo die gesetzgebenden Räthe und das Vollziehungs-Directorium ihren Sitz haben.
Die gesetzgebenden Räthe können den Sitzungsort desselben ändern, insofern das Vollziehungs-Directorium den Vorschlag hiezu macht.

Titre VIII: De la force armée

91. Il y aura, en temps de paix, un corps de troupes soldées, qui se formera par enrôlement volontaire et, en cas de besoin, par le mode que la loi déterminera.

92. Il y aura, dans chaque canton, un corps d'élite de milice ou garde nationale, toujours prêt à marcher au besoin, soit pour prêter mainforte aux autorités légitimes, soit pour repousser une première agression étrangère.

Achter Titel: Von der bewaffneten Macht

91. Es soll in Friedenszeiten ein besoldetes Truppencorps gehalten werden, welches durch freiwillige Anwerbung und im Fall des Bedürfnisses auf die durch das Gesetz zu bestimmende Art errichtet werden soll.

92. Es soll in jedem Canton ein Corps von auserlesenen Milizen oder Nationalgarden bestehen, welche allezeit marschfertig sein werden, entweder um der gesetzlichen Obrigkeit Hülfe zu leisten oder einen ersten Angriff von Außen zurückzuweisen.

Titre IX: Crimes d'Etat

93. Toute accusation pour fait de crimes d'Etat, de forfaiture, de malversation et de vénalité directe ou indirecte des suffrages ou des votes, sera portée devant le tribunal du lieu du délit, ou si ce lieu n'est pas déterminé, devant le tribunal du lieu où le principal ou premier accusé a son domicile habituel. Ce tribunal examinera, préalablement, s'il y a lieu à accusation, et, dans ce cas, il convoquera ses suppléants et formera avec eux un tribunal criminel en première instance.

94. L'appel étant interjeté, soit par le condamné, soit par l'accusateur public, pardevant le Tribunal suprême, celui-ci procédera, comme le tribunal inférieur, et ne prononcera définitivement qu'avec le concours de ses suppléants.

Titre X: Autorités dans les cantons

95. Les trois premières autorités de chaque canton sont: le préfet national, la chambre administrative et le tribunal de canton.

96. Le préfet national y représente le pouvoir exécutif.
Il a pour lieutenant le sous-préfet de la commune où il réside;

Il surveille toutes les autorités et les employés dans l'exercice de leurs fonctions, et les rappelle à leurs devoirs;

Il leur transmet les lois, ainsi que les ordres du Directoire;

Il reçoit leurs observations, projets et réclamations; il est tenu de se rendre, de temps à autre, dans les

Neunter Titel: Staatsverbrechen

93. Jede Anklage wegen Staatsverbrechen, wegen Dienstfrevel, Veruntreuung, directer oder indirecter Bestechung, gehört vor den Gerichtshof des Orts, wo das Verbrechen begangen worden, oder, wenn dieser Ort nicht angegeben ist, vor den Gerichtshof des Orts, wo der Hauptbeklagte seine gewöhnliche Wohnung hat. Dieser Gerichtshof untersucht vor allem, ob der Fall einer Anklage stattfinde; in diesem Fall beruft er seine Suppleanten zu sich und macht mit ihnen einen peinlichen Gerichtshof in erster Instanz aus.

94. Wenn durch den Verurtheilten oder durch den öffentlichen Ankläger an den obersten Gerichtshof appellirt wird, so soll dieser wie das untere Gericht verfahren und das Endurtheil nicht anders als mit Zuziehung seiner Suppleanten aussprechen.

Zehnter Titel: Cantonsobrigkeiten

95. Die drei ersten Obrigkeiten in jedem Canton sind: Der Regierungs-Statthalter, das Cantonsgericht und die Verwaltungskammer.

96. Der Statthalter stellt die vollziehende Gewalt vor.
Sein Stellvertreter ist der Unter-Statthalter der Gemeinde, wo er seinen Wohnsitz hat.

Er hat die Aufsicht über alle Behörden und Angestellten in der Ausübung ihrer Ämter und erinnert sie an ihre Pflichten.

Er übermacht ihnen die Gesetze wie auch die Befehle des Directoriums.

Er nimmt ihre Bemerkungen, Vorschläge und Klagen an; er ist verbunden, sich von Zeit zu Zeit in die ver-

divers districts du canton, pour y exercer la surveillance;

Il n'accorde aucune faveur, mais il reçoit les pétitions des citoyens et les fait passer aux autorités compétentes;

Il convoque les assemblées primaires et les corps électoraux;

Il préside les fêtes civiques;

Il a le droit d'assister aux délibérations des tribunaux et de la chambre administrative; il y requiert l'exécution des lois, mais sans y voter;

Il veille à la sûreté intérieure, exerce le droit d'appréhension et dispose de la force armée, sans pouvoir la commander lui-même;

Il nomme les présidents du tribunal (de canton), de la chambre administrative et des justices inférieures, entre les juges et administrateurs élus par le corps électoral;

Il a aussi la nomination des greffiers, de l'accusateur public et des sous-préfets du chef-lieu et des districts. C'est le Directoire qui l'élit, le destitue, le rappelle, le place dans un autre canton ou l'appelle à d'autres fonctions.

97. Le tribunal du canton prononce, en première instance, dans les causes criminelles majeures et, en dernière instance, dans les autres causes criminelles, dans les causes civiles et dans celles de police.

98. Ce tribunal est composé de treize juges, y compris le président. Le corps électoral les élit. Le président élit son lieutenant parmi les juges.

schiedenen Districte des Cantons zu begeben, um seine Aufsicht auszuüben.

Er selbst kann nichts verwilligen; aber er nimmt die Bittschriften der Bürger an und lässt sie an die zuständigen Obrigkeiten gelangen.

Er beruft die Urversammlungen und die Wahlcorps zusammen.

Er hat den Vorsitz bei den bürgerlichen Festen.

Er hat das Recht den Berathungen der Gerichtshöfe und der Verwaltungskammer beizuwohnen; er dringt dabei auf die Vollziehung der Gesetze, ohne aber sonst seine Stimme geben zu können.

Er wacht für die innere Sicherheit, übt das Recht der Gefangennehmung aus und verfügt über die bewaffnete Macht, ohne dass er sie selbst anführen darf.

Er ernennt die Präsidenten des (Can-tons-)Tribunals, der Verwaltungskammer und der niedern Gerichte unter den Richtern und Verwaltern, welche das Wahl-Corps gewählt hat.

Er ernennt auch die Gerichtsscheiber, den öffentlichen Ankläger und die Unter-Statthalter des Hauptorts und der Districte. Er selbst wird vom Directorium erwählt, entsetzt, abberufen, in einen andern Canton versetzt oder zu andern Geschäften verwendet.

97. Das Cantonstribunal spricht in erster Instanz in Haupt-Criminalsachen und in letzter Instanz in allen andern Criminalprocessen und in Civil- und Polizeisachen.

98. Dieses Tribunal besteht aus dreizehn Richtern mit Inbegriff des Präsidenten. Das Wahlcorps ernennt sie. Der Präsident wählt seinen Stellvertreter unter den Richtern.

99. Les juges sont nommés par le corps électoral. Il en sort deux chaque année, et, chaque année, ils sont remplacés par les corps électoraux des cantons qui les ont élus, sauf que la sixième année il en sort trois, que les corps électoraux remplacent ainsi qu'il vient d'être dit.

Les juges sortants peuvent toujours être réélus.

100. Ils ont des suppléants pour les temps de vacance et de maladie, ou lorsqu'ils sont députés au Corps législatif.

101. La chambre administrative est chargée de l'exécution immédiate des lois relatives aux finances, au commerce, aux arts, aux métiers, à l'agriculture, aux subsistances, à l'entretien des villes et des chemins publics. Elle est composée d'un président et de quatre assesseurs qu'élit le corps électoral, et qui se renouvellent tous les ans, à raison d'un par année.

Ils peuvent être réélus deux fois de suite; après quoi, ils ne peuvent être réélus qu'après un intervalle de deux ans.

Ils ont des suppléants pour les temps de vacances et de maladie, ou lorsqu'ils sont députés au Corps législatif.

102. Il y a, outre ces trois premières autorités, dans le chef-lieu et les districts de chaque canton, des justices inférieures pour les matières civiles et de police, composées de neuf membres qu'élit le corps électoral.

Ils sont pour six ans en place. – Il en sort annuellement un.

Le président est tiré d'entre les assesseurs par le préfet national.

103. Il y a, dans le chef-lieu et dans chaque district, pour le maintien de

99. Die Richter werden von dem Wahlcorps ernannt. Es treten alle Jahre je zwei derselben aus und werden durch die Wahlcorps der Cantone, welche sie erwählt haben, ersetzt, ausgenommen dass im sechsten Jahr drei austreten, welche die Wahlcorps auf oben gesagte Art ersetzen.

Die austretenden Richter können allezeit wieder erwählt werden.

100. Sie haben Suppleanten für Urlaubszeiten und in Krankheitsfällen, oder wenn sie in das gesetzgebende Corps deputirt werden.

101. Die Verwaltungskammer besorgt die unmittelbare Vollziehung der Gesetze über die Finanzen, den Handel, die Künste, die Handwerke, den Ackerbau, die Lebensmittel, die Unterhaltung der Städte und der Landstraßen. Sie besteht aus einem Präsidenten und vier Beisitzern, die das Wahlcorps ernennt, und welche alljährlich in einem Mitglied erneuert werden.

Sie können zweimal nach einander aufs neue erwählt werden; nachher aber kann solches erst nach Verlauf von zwei Jahren geschehen.

Sie haben Ersatzmänner für Urlaubs- und Krankheitsfälle, oder wenn sie in das gesetzgebende Corps gesandt werden.

102. Außer diesen drei ersten Gewalten gibt es in dem Hauptort und den Districten jedes Cantons untere Gerichte für Civil- und Polizeisachen. Diese bestehen aus neun Mitgliedern, die das Wahlcorps ernennt.

Sie bleiben sechs Jahre im Amt. Es tritt alle Jahre einer aus.

Der Präsident wird von dem Regierungs-Statthalter unter den Mitgliedern ernannt.

103. Für die Handhabung der öffentlichen Ruhe und die Vollziehung

la tranquillité publique et l'exécution des ordres qui émanent, soit du préfet, soit des tribunaux, soit de la chambre d'administration, un sous-préfet, qui a sous lui, dans chaque section de ville et chaque village, un agent à sa nomination.

104. Cet agent, dans les cas graves, n'agit que de concert avec deux aides qu'il s'est choisis lui-même, en prenant possession de sa place.

105. Le Directoire exécutif peut, lorsqu'il le croit nécessaire, destituer les tribunaux et la chambre administrative, et les remplacer jusqu'aux élections prochaines.
Les arrêtés qu'il prend à ce sujet sont toujours motivés.

Titre XI: Changements de la constitution

106. Le Sénat propose ces changements; mais les propositions faites à ce sujet ne deviennent résolutions qu'après avoir été décrétées deux fois, en laissant écouler un intervalle de cinq ans entre le premier décret et le second. Ses résolutions seront ensuite rejetées ou ratifiées par le Grand Conseil, et, dans le dernier cas seulement, envoyées à l'acceptation ou refus des assemblées primaires.

107. Si les assemblées primaires les acceptent, elles forment autant de nouvelles lois fondamentales de la constitution.

der sowohl von dem Statthalter als von den Gerichtshöfen oder der Verwaltungskammer ergehenden Befehle ist in jedem Hauptort und in jedem District ein Unter-Statthalter, welcher in jeder Section der Städte und in jedem Dorfe einen Agenten unter sich hat, den er selbst ernennt.

104. Dieser Agent verfährt in wichtigen Fällen nicht ohne Zuziehung zweier Gehülfen, die er sich selbst wählt, wann er sein Amt antritt.

105. Das Vollziehungs-Directorium kann, wenn es dies nöthig findet, die Gerichte und die Verwaltungskammer absetzen und solche bis zu den künftigen Wahlen ersetzen.
Die von ihm diesfalls gefassten Beschlüsse müssen immer die Beweggründe enthalten.

Eilfter Titel: Abänderung der Constitution

106. Der Senat schlägt diese Abänderungen vor; die hierüber gemachten Vorschläge erhalten aber nicht eher die Kraft eines Beschlusses, als bis sie zweimal decretirt worden, und zwar muß zwischen dem ersten und dem zweiten Decret ein Zeitraum von fünf Jahren verstreichen. Diese Beschlüsse des Senats müssen hierauf von dem Großen Rath verworfen oder genehmigt und nur im letztern Fall den Urversammlungen zugeschickt werden, um sie anzunehmen oder zu verwerfen.

107. Wenn die Urversammlungen dieselben annehmen, so sind sie neue Fundamentalgesetze der Verfassung.

Titre XII: Moyens de mettre la constitution en activité

1. Lorsqu'il se trouvera dans une commune, soit ville, soit village, ou dans un canton, un certain nombre de citoyens déterminés à rentrer dans l'exercice des droits inhérents à la liberté et à l'égalité qu'ils tiennent de la nature, ils s'adresseront, par voie de pétition, au magistrat, pour être autorisés à se réunir en assemblées primaires, à l'effet de délibérer sur l'acceptation ou le rejet de la constitution ci-dessus et nommer leurs électeurs.

Si le magistrat rejette la pétition, les signataires en présenteront une seconde, munie, autant que possible, de nouvelles signatures.

2. Si la seconde pétition est encore rejetée par le magistrat, ou s'il s'écoule plus de trois jours sans qu'il y ait été fait droit, les signataires se déclareront réintégrés dans tous les droits de l'égalité primitive de tout corps de société.

3. En conséquence, ils adresseront de suite des lettres de convocation aux communes et aux sections déjà subsistantes de communes du canton, pour se former en assemblées primaires, à l'effet ci-dessus indiqué.

4. Les communes qui, par lâcheté, bassesse ou stupidité, n'accéderaient point à cette invitation, seront censées représentées par les communes fidèles à la cause de la liberté et de l'égalité, ou par les hommes courageux qui s'en détacheraient pour les représenter.

Zwölfter Titel: Mittel die Constitution ins Werk zu setzen

1. Wenn sich in einer Gemeinde, es sei Stadt oder Dorf, oder in einem Canton eine gewisse Zahl von Bürgern befindet, welche entschlossen sind, in den Genuss der mit der Freiheit und Gleichheit verknüpften Rechte, welche ihnen die Natur verliehen hat, wieder einzutreten, so sollen sie sich durch eine Bittschrift an die Obrigkeit wenden, dass ihnen erlaubt werde, sich in Urversammlungen zu vereinigen, um über die Annahme oder Verwerfung obiger Constitution zu rathschlagen und ihre Wahlmänner zu ernennen.

Wenn die Obrigkeit die Bittschrift verwirft, so geben die Unterschriebenen eine zweite ein, so viel möglich mit neuen Unterschriften versehen.

2. Wenn die zweite Bittschrift wieder von der Obrigkeit verworfen wird, oder mehr als drei Tage verlaufen, ohne dass ihr entsprochen worden, so erklären die Unterzeichner, dass sie in alle Rechte der ursprünglichen Gleichheit einer jeden Gesellschaft wieder eintreten.

3. Infolge dessen werden sie sogleich Aufforderungsbriefe an die Gemeinden und die schon bestehenden Sectionen von Gemeinden im Canton ergehen lassen, um zu obenbemeldetem Zwecke Urversammlungen zu bilden.

4. Diejenigen Gemeinden, welche aus Feigheit, Schwachheit oder Dummheit dieser Einladung nicht Folge leisten, sollen als schon repräsentirt gelten, entweder durch die Gemeinden, welche der Sache der Freiheit und Gleichheit treu bleiben, oder durch einzelne muthvolle Männer, welche von sich aus als Repräsentanten auftreten werden.

5. Chaque assemblée primaire, après avoir nommé son président, son secrétaire et quatre scrutateurs, délibérera sur l'acceptation de la constitution ci-dessus.

Après avoir accepté la constitution, elle nommera ses électeurs.

Les électeurs se rassembleront dans le chef-lieu du canton.

Les corps électoral, une fois formé, cassera le gouvernement actuel. Il nommera ensuite:

1° Quatre députés pour le Sénat et huit pour le Grand Conseil;
2° Les membres de la chambre administrative;
3° Les membres du tribunal de canton;
4° Les membres des justices inférieures.

6. Jusqu'à ce que les Conseils législatifs et le Directoire exécutif soient en activité, la chambre administrative et le tribunal de canton exerceront, la première, la plénitude des pouvoirs législatif et exécutif; le second, la plénitude du pouvoir judiciaire.

7. Les députés nommés pour les Conseils législatifs se réuniront, sans délai, dans la ville de Lucerne, si ce canton est du nombre de ceux qui se seront déclarés indépendants; sinon dans la ville ou lieu le plus populeux du canton qui, le premier, aura fait cette déclaration.

Ils se constitueront respectivement en Sénat et en Grand Conseil, aussitôt qu'ils se trouveront en nombre suffisant pour former le tiers des membres dont chacun des Conseils législatifs doit être composé.

5. Jede Urversammlung wird zuvorderst ihren Präsidenten, ihren Secretär und vier Stimmenzähler ernennen und hierauf über die Annahme der obigen Constitution rathschlagen.

Wenn sie die Constitution angenommen hat, ernennt sie ihre Wahlmänner.

Die Wahlmänner versammeln sich dann im Hauptorte des Cantons.

Sobald das Wahlcorps gebildet ist, cassirt es die bestehende Regierung. Alsdann ernennt es:

1) Vier Deputirte für den Senat und acht für den Großen Rath.
2) Die Mitglieder der Verwaltungskammer.
3) Die Mitglieder des Cantonsgerichts.
4) Die Mitglieder der untern Gerichte.

6. Bis die gesetzgebenden Räthe und das Vollziehungs-Directorium in Thätigkeit sein werden, soll die Verwaltungskammer die völlig gesetzgebende und vollziehende Gewalt, das Cantonsgericht aber die volle gerichtliche Gewalt ausüben.

7. Die für die gesetzgebenden Räthe ernannten Deputirten vereinigen sich ohne Zeitverlust in der Stadt Lucern, wenn dieser Canton unter denjenigen ist, welche sich als unabhängig erklärt haben; wo nicht, in der volkreichsten Stadt oder Ortschaft des Cantons, welcher sich zuerst erklärt hat.

Sobald der dritte Theil der Mitglieder, aus welchen jeder der beiden gesetzgebenden Räthe bestehen soll, beisammen sein wird, werden sie sich als Senat und Großer Rath constituiren.

8. Les deux Conseils étant constitués, nommeront le Directoire exécutif.

9. Le Directoire exécutif, aussitôt après son installation, nommera les ministres, les commissaires de la trésorerie nationale, les préfets nationaux, les président, accusateur public et greffier du Tribunal suprême, et les receveurs en chef des revenus publics.

8. Nachdem die beiden Räthe constituirt sind, ernennen sie das Vollziehungs-Directorium.

9. Das Vollziehungs-Directorium ernennt sogleich nach seiner Einsetzung die Minister, die Commissarien der National-Schatzkammer, die Regierungs-Statthalter, den Präsidenten, öffentlichen Ankläger und Schreiber des obersten Gerichtshofes und die Obereinnehmer der Staatseinkünfte.

15. Projet de Constitution de Malmaison
Verfassungsentwurf von Malmaison

Du 30 mai 1801 / Vom 30. Mai 1801

Titre I

1. La République helvétique est une. Berne est la capitale de l'Helvétie.

2. Son territoire est divisé en Cantons. Ces Cantons sont:
   1) *Berne,* dans ses anciennes limites, moins le Pays de Vaud et l'Argovie.
   2) *Zurich,* dans ses anciennes limites.
   3) *Lucerne* idem.
   4) *Uri* idem.
   5) *Schwytz* idem.
   6) *Unterwalden* idem.
   7) *Zug* idem.
   8) *Glaris,* agrandi par les bailliages de Sargans, Werdenberg, Gaster, Utznach et Rapperswyl.
   9) *Appenzell,* agrandi par le Toggenbourg, St. Gall, le Rheinthal.
   10) *Soleure,* dans ses anciennes limites.

Erster Abschnitt

1. Die helvetische Republik bildet Einen Staat. Bern ist die Hauptstadt Helvetiens.

2. Sein Gebiet ist in Cantone eingetheilt. Diese Cantone sind:
   1) *Bern,* in seinen alten Grenzen, mit Ausnahme des Waatlands und des Aargäus,
   2) *Zürich,* in seinen alten Grenzen,
   3) *Lucern,* ebenso,
   4) *Uri,* ebenso,
   5) *Schwyz,* ebenso,
   6) *Unterwalden,* ebenso,
   7) *Zug,* ebenso,
   8) *Glarus,* vergrößert durch die Vogteien von Sargans, Werdenberg, Gaster, Utznach und Rapperswyl,
   9) *Appenzell,* vergrößert durch das Toggenburg, St. Gallen und Rheintal,
   10) *Solothurn,* in seinen alten Grenzen,

11) *Fribourg*, agrandi par les bailliages jadis communs de Morat et de Schwarzenbourg.	11) *Freiburg*, vergrößert durch die ehemals gemeinsamen Vogteien von Murten und Schwarzenburg,
12) *Bâle*, agrandie par la partie inférieure du Frickthal, jusques à Seckingen.	12) *Basel*, vergrößert durch den untern Theil des Frickthales bis Säckingen,
13) *Schaffhouse*, réunie à la Thurgovie.	13) *Schaffhausen*, vereinigt mit Thurgau,
14) *Argovie*, réunie à Baden et à la partie supérieure du Frickthal.	14) *Aargäu*, mit Baden und dem obern Frickthal,
15) Le *Pays-de-Vaud*, dans ses anciennes limites.	15) Das *Waatland*, in seinen alten Grenzen,
16) Les *Grisons*.	16) *Graubünden*,
17) Les bailliages *italiens*.	17) Die *italienischen Vogteien*;

3. La portion du *Valais* qui n'aura pas été cédée à la France sera réunie à un Canton voisin.

3. Derjenige Theil des *Wallis*, welcher nicht an Frankreich wird abgetreten sein, soll einem benachbarten Canton einverleibt werden.

Titre II

4. Il y a une organisation centrale pour l'exercice de la souveraineté nationale, et une organisation cantonale.

5. L'organisation centrale comprend:
La haute police générale;

La force armée pour la protection intérieure et extérieure de la République;
Les rapports politiques et diplomatiques avec l'Etranger;

L'administration uniforme de la justice civile et criminelle;

La détermination du contingent que chaque Canton doit payer au Trésor public;
Les Régies nationales: Sel, Postes, Mines, Douanes et Péages;

La confection et la police des Monnaies;

Zweiter Abschnitt

4. Es soll eine gemeinsame Organisation der Republik für die Ausübung der National-Souveränität und eine Cantonal-Organisation sein.

5. Die *gemeinsame Organisation* umfasst:
Das allgemeine höhere Polizeiwesen;
Die bewaffnete Macht für die innere und äußere Sicherheit der Republik;
Die politischen und diplomatischen Verhältnisse mit dem Auslande;
Die gleichförmige Verwaltung der bürgerlichen und der peinlichen Rechtspflege;
Die Bestimmung desjenigen Antheils an die Staatsabgaben, welchen jeder Canton zu liefern hat;
Die Nationalverwaltung(en): Salz, Posten, Bergwerke, Kaufhäuser und Zölle;
Die Verfertigung und Polizei der Münzen;

Règlements et police du commerce;
Les établissements généraux d'instruction publique.

6. L'organisation particulière de chaque Canton comprend:
L'assiette et le mode de répartition des contributions foncières;
La détermination des besoins du Canton et le moyen d'y pourvoir par des cotisations locales;

La police correctionnelle;
L'administration des biens et domaines nationaux, (y) compris les dîmes et les censes;
Le culte, les indemnités de ses ministres, les établissements particuliers d'éducation et instruction publique, auxquelles dépenses seront spécialement affectés les revenus provenant des domaines, dîmes et cens(es) cantonaux.

Die Ordnung und Polizei für den Handel;
Die allgemeinen öffentlichen Unterrichtsanstalten.

6. Die *besondere Organisation* jedes Cantons begreift:
Die Erhebung und Vertheilung der Grundabgaben;
Die Festsetzung der Bedürfnisse des Cantons und der Mittel, dieselben durch Ortsanlagen zu befriedigen;
Die Zuchtpolizei;
Die Verwaltung der Nationalgüter und Domänen, mit Inbegriff der Zehnten und Bodenzinse;
De(n) Gottesdienst, die Entschädnisse der Geistlichen, die besondern Erziehungs- und Unterrichtsanstalten; zu(r) Bestreitung der Ausgaben für diese Gegenstände soll der Ertrag der Domänen sowie jener der Cantonal-Zehnten und Bodenzinse insbesondere angewiesen sein.

Titre III

7. L'organisation générale de la République se compose d'une diète et d'un Sénat.

Dritter Abschnitt

7. Die gemeinsame Organisation der Republik ist aus einer Tagsatzung und einem Senat zusammengesetzt.

Diète

8. La Diète est formée par la réunion des représentants de chaque Canton, dans la proportion suivante:

Berne	9	(Baill.) italiens	5
Zurich	8	Fribourg	4
Pays de Vaud	7	Bâle	3
Argovie	6	Soleure	3
Schaffhouse	6	Uri	1
Grisons	6	Schwytz	1
Appenzell	6	Zug	1
Lucerne	5	Unterwalden	1
Glaris	5		
Total 77.			

Tagsatzung

8. Die Tagsatzung besteht aus den vereinigten Stellvertretern aller Cantone, in nachstehendem Verhältnis:

Bern	9	Ital. Vogteien	5
Zürich	8	Freiburg	4
Waatland	7	Basel	3
Aargäu	6	Solothurn	3
Schaffhausen	6	Uri	1
Graubünden	6	Schwyz	1
Appenzell	6	Zug	1
Lucern	5	Unterwalden	1
Glarus	5		

zusammen siebenzig und sieben. (77.)

9. Les membres de la Diète pourront être indemnisés par leurs Cantons.

10. Ils sont cinq ans en fonctions.

11. La Diète est chargée de procéder à la nomination des places vacantes dans le Sénat.

Elle approuve les comptes de la Trésorerie, fait droit aux plaintes des Cantons contre les actes du Sénat.

12. Le Sénat convoque la Diète sur la demande de la majorité des Cantons.

13. Il est également obligé de la convoquer lorsqu'un Canton porte plainte contre lui et que sa plainte est appuyée par quatre autres Cantons.

14. On y discute et adopte la loi, lorsqu'un projet de loi présenté par le Sénat aux Cantons n'a pas obtenu l'approbation de douze Cantons, et que le Sénat persiste dans ce projet.

15. Au commencement de chaque session le Sénat en spécifie la durée.

Sénat

16. Le Sénat est composé de deux Landammans (et) de vingt-trois Conseillers. Il ne peut y avoir plus de trois membres pris dans le même Canton.

17. Le Sénat prépare les projets de lois et les propose à l'acceptation des Cantons.

18. Il arrête les mesures et règlements d'administration et de police générale.

9. Die Mitglieder der Tagsatzung können durch ihre Cantone entschädigt werden.

10. Sie bleiben fünf Jahre im Amt.

11. Die Tagsatzung ist beauftragt, die im Senat erledigten Stellen wieder zu besetzen.

Sie nimmt die Rechnungen des National-Schatzamtes ab; sie entscheidet über die Klagen der Cantone gegen die Verfügungen des Senats.

12. Der Senat ruft die Tagsatzung zusammen, so oft die Mehrheit der Cantone solches verlangt.

13. Er ist gleichfalls verpflichtet, dieselbe zusammenzurufen, wenn von einem Canton Klage gegen ihn geführt und diese Klage durch vier andere Cantone unterstützt wird.

14. Der Tagsatzung kömmt die Berathung und Annahme der Gesetze zu, in den Fällen wo einem vom Senat den Cantonen vorgetragenen Gesetzvorschlage nicht 12 Cantone beigestimmt haben, der Senat aber auf seinem Vorschlag besteht.

15. Beim Anfang jedes Zusammentritts der Tagsatzung wird der Senat die Dauer derselben bestimmen.

Senat

16. Der Senat besteht aus 2 Landammännern und 23 Räthen. Es können darin nicht mehr als 3 Glieder aus einem Canton sitzen.

17. Der Senat entwirft die Gesetzvorschläge und legt sie den Cantonen zur Annahme vor.

18. Er beschließt alle Maßregeln und Verordnungen, welche die Verwaltung und die allgemeine Polizei betreffen.

19. Il déclare la guerre, conclut la paix, forme des alliances et ratifie les traités.

20. Il juge les différends entre les Cantons.

21. Il dénonce à la Diète les autorités cantonales pour les atteintes portées par elles à la constitution générale.

22. Il choisit parmi ses membres les deux Landammans. Ceux-ci sont dix ans en place, les simples Sénateurs cinq ans.

23. Des Landammans président le Sénat alternativement chacun une année.

24. Celui qui n'est pas en activité est le lieutenant de l'autre, en cas de maladie ou d'absence.

25. Le Sénat compose de membres pris dans son sein un Petit Conseil.

26. Ils sont au nombre de quatre et présidés par le premier Landamman.

27. Ce Conseil est chargé de l'exécution des lois.

28. Il prépare les projets d'arrêtés ou de règlements administratifs, qui sont ensuite sanctionnés par le Sénat en corps.

29. Le Conseil pourvoit à leur exécution.

30. Chacun des quatre membres de ce Conseil est chargé d'un département: Intérieur, Justice, Finances et la Guerre.

31. Tous les agents de l'administration générale lui sont subordonnés et sont à sa nomination, excepté les préfets.

19. Er erklärt Kriege, schließt Frieden und Bündnisse und bestätigt Verträge.

20. Er entscheidet in Streitsachen zwischen den Cantonen.

21. Er zeigt der Tagsatzung die Cantonalbehörden an, welche sich Eingriffe in die gemeinsame Verfassung zu Schulden kommen lassen.

22. Er wählt aus seiner Mitte die beiden Landammänner. Diese bleiben zehn Jahre im Amt; die einfachen Senatoren fünf Jahre.

23. Die Landammänner führen wechselsweise den Vorsitz im Senat, jeder ein Jahr lang.

24. Der Landammann der nicht den Vorsitz führt ist der Stellvertreter des andern in Fällen von Krankheit oder Abwesenheit.

25. Der Senat ernennt aus seiner Mitte einen Kleinen Rath.

26. Derselbe besteht aus vier Gliedern; der erste Landammann ist ihr Vorsitzer.

27. Dieser Rath ist mit der Vollziehung der Gesetze beauftragt.

28. Er entwirft die Verwaltungsbeschlüsse und Verordnungen, welche hernach durch den gesamten Senat angenommen werden.

29. Er wacht über ihre Vollziehung.

30. Jedes der vier Glieder dieses Raths ist mit einem der nachfolgenden Regierungsfächer beauftragt: Innere Angelegenheiten, Rechtspflege, Finanzen und Krieg.

31. Alle Beamten der allgemeinen Verwaltung sind ihm untergeordnet und werden mit Ausnahme der Statthalter von ihm ernannt.

32. Le Landamman en exercice reçoit une indemnité de trente mille francs de Suisse.

33. Le second Landamman et les quatre Conseillers ministres en reçoivent une de six mille.

34. Le Landamman en exercice nomme les préfets de canton. Le Petit Conseil les révoque.

35. Le Landamman a la direction des affaires extérieures.

Il a sous lui un Secrétaire d'Etat chargé du département et de la correspondance.

36. Il le nomme et le choisit hors du Sénat.

37. Il nomme les agents diplomatiques.

38. Le Sénat peut s'ajourner pour un espace de temps qui ne peut être plus long de six mois.

39. Pendant l'ajournement le Petit Conseil est dépositaire du pouvoir exécutif et l'exerce dans sa plénitude, sauf les projets de lois.

40. Cet ajournement ne peut avoir lieu que six semaines avant ou six semaines après l'assemblée de la Diète.

41. Le Sénat peut demander compte au Petit Conseil de sa gestion pendant son ajournement; il peut lui donner des instructions.

42. Les simples membres du Sénat reçoivent des indemnités du trésor public; elles ne peuvent être audessus de quatre mille francs de Suisse.

32. Der Landammann welcher im Amt ist bezieht einen Gehalt von 30 000 Franken.

33. Der zweite Landammann und die vier Glieder des Kleinen Raths beziehen einen Gehalt von 6000 Franken.

34. Der Landammann der im Amt ist ernennt die Statthalter der Cantone; der Kleine Rath ruft sie von ihren Stellen ab.

35. Dem Landammann kömmt die Leitung der auswärtigen Angelegenheiten zu.

Er hat unter sich einen Staatssecretär, der mit diesem Regierungsfache und mit der Correspondenz beauftragt ist.

36. Er ernennt denselben und wählt ihn außer dem Senat.

37. Er ernennt die diplomatischen Agenten.

38. Der Senat kann sich vertagen, doch nicht für länger als sechs Monate.

39. Während dieser Vertagung liegt die vollziehende Gewalt in den Händen des Kleinen Raths, der sie, mit Ausnahme der Gesetz(es)vorschläge, in ihrem ganzen Umfange ausübt.

40. Diese Vertagung darf nicht statthaben während der sechs Wochen, welche dem Zusammentritt der Tagsatzung zunächst vor- oder nachgehen.

41. Der Senat kann sich vom Kleinen Rath Rechenschaft (von) seiner Geschäftsführung während der Vertagung geben lassen. Er kann ihm Verhaltungsbefehle ertheilen.

42. Die einfachen Mitglieder des Senats beziehen Entschädigungen aus dem öffentlichen Schatze; (diese) dürfen die Summe von 4000 Franken nicht überschreiten.

Titre IV: Organisation cantonale

43. Il y a dans chaque Canton un préfet nommé par le Landamman et chargé de l'exécution générale des lois de la République dans le Canton et de la haute police.

44. Chaque Canton a son organisation administrative particulière, avec les attributions ci-dessus déterminées. Elle sera adaptée aux convenances locales.

45. L'administration de chaque Canton discute les projets de lois qui lui sont présentés par le Sénat, les accepte ou les rejette et envoie son vote au Sénat.

Titre V: Conditions d'éligibilité

46. Nul ne peut être admis à nommer ou être nommé aux fonctions nationales et cantonales,

   1° s'il n'est citoyen helvétique;
   2° s'il n'est propriétaire en Helvétie ou excerçant une profession indépendante;
   3° s'il ne paye une contribution. Chaque Canton réglera la quote de cette contribution.

47. Elle doit être pour les autorités de Canton double de celle de district, et pour les autorités nationales triple de celle des autorités cantonales.

Vierter Abschnitt: Cantonal-Organisation

43. In jedem Canton ist ein Statthalter, der vom Landammann gewählt wird, und der mit der Vollziehung der allgemeinen Gesetze der Republik im Canton und mit der höhern Polizei beauftragt ist.

44. Jeder Canton hat seine besondere Verwaltungs-Organisation mit den oben bestimmten Befugnissen. Dieselbe wird den örtlichen Erfordernissen angepasst sein.

45. Die Verwaltungsbehörde jedes Cantons berathschlagt über die Gesetz(es)vorschläge, die ihr vom Senat vorgelegt werden; sie nimmt dieselben an oder verwirft sie, und sie sendet ihr Befinden an den Senat.

Fünfter Abschnitt: Wählbarkeits-Bedinge

46. Niemand darf zu den National- oder Cantonal-Ämtern wählen oder gewählt werden, wenn er nicht

   1) helvetischer Bürger ist;
   2) ein Eigenthum in Helvetien besitzt oder einen unabhängigen Beruf hat;
   3) eine Abgabe bezahlt, deren Betrag von jedem Canton wird bestimmt werden.

47. Diese Abgabe soll für Cantonal-Ämter das Doppelte derjenigen sein, die für Districtsstellen erfordert wird, und für Nationalstellen das Dreifache derjenigen, so die Cantonalämter erheischen.

IV. MEDIATIONSZEIT 1803–1813

16. Extraits de l'Acte de médiation
Auszüge aus der Mediationsakte
Du 19 février 1803 / Vom 19. Februar 1803

16 a. (Préambule / Präambel)*

Acte de médiation fait par le premier Consul de la République française, entre les partis qui divisent la Suisse

Bonaparte, premier Consul de la République, Président de la République italienne, aux Suisses.

L'Helvétie, en proie aux dissensions, était menacée de sa dissolution; elle ne pouvait trouver en elle-même les moyens de se reconstituer. L'ancienne affection de la nation française pour ce peuple recommandable, qu'elle a récemment défendu par ses armes et fait reconnaître comme puissance par ses traités; l'intérêt de la France et de la Republique italienne, dont la Suisse couvre les frontières; la demande du sénat, celle des cantons démocratiques, le voeu du peuple helvétique tout entier, nous ont fait un devoir d'interposer notre médiation entre les partis qui le divisent.

Les sénateurs *Barthelemy, Roederer, Fouché* et *Démeunier*, ont été par nous chargés de conférer avec cinquante-six députés du sénat helvétique, et des villes et cantons, réunis à Paris. Déterminer si la Suisse, constituée fédérale par la nature,

Vermittlungsacte des Ersten Consuls der fränkischen Republik zwischen den Parteien, in welche die Schweiz getheilt ist

Bonaparte, Erster Consul der fränkischen und Präsident der italienischen Republik, an die Schweizer!

Helvetien, der Zwietracht preisgegeben, war mit seiner Auflösung bedroht. In sich selbst konnte es die Mittel nicht finden, um wieder zu einer verfassungsmäßigen Ordnung zu gelangen. Die alte Gewogenheit der fränkischen Nation für dieses achtungswerthe Volk, welches sie vor kurzem noch durch ihre Waffen vertheidigt und durch ihre Verträge als unabhängige Macht hatte anerkennen lassen; das Interesse Frankreichs und der italienischen Republik, deren Grenzen die Schweiz bedekt; das Ansuchen des Senats, das der democratischen Kantone; der Wunsch endlich des gesammten helvetischen Volks: haben es Uns zur Pflicht gemacht, als Vermittler aufzutreten zwischen den Parteien, die es trennen.

Zu dem Ende haben Wir die Senatoren *Barthelemy, Röderer, Fouché* und *Demeunier* beauftragt, mit sechs und fünfzig Deputirten des helvetischen Senats, der Städte und Kantone, in Unterredung zu treten. Die Beantwortung der Frage: Ob die

* Der Titel stammt vom Herausgeber.

pouvait être retenue sous un gouvernement central autrement que par la force; reconnaître le genre de constitution qui était le plus conforme au voeu de chaque canton; distinguer ce qui répond le mieux aux idées que les cantons nouveaux se sont faites de la liberté et du bonheur; concilier dans les cantons anciens les institutions consacrées par le temps avec les droits restitués à la masse des citoyens: tels étaient les objets qu'il fallait soumettre à l'examen et à la discussion.

Leur importance et leur difficulté nous ont décidés à entendre nous-mêmes dix députés nommés par les deux partis, savoir: les citoyens *d'Affry, Glutz, Jauch, Monod, Reinhart, Sprecher, Stapfer, Ustery, Watteville* et *Vonflue*; et nous avons conféré le résultat de leurs discussions, tant avec les différents projets présentés par les députations cantonales, qu'avec les résultats des discussions qui ont eu lieu entre ces députations et les sénateurs-commissaires.

Ayant ainsi employé tous les moyens de connaître les intérêts et la volonté des Suisses, *Nous*, en qualité de médiateur, sans autre vue que celle du bonheur des peuples sur les intérêts desquels nous avions à prononcer, et sans entendre nuire à l'indépendance de la Suisse, *statuons* ce qui suit:

Schweiz, von der Natur selbst zu einem Bundesstaate bestimmt, anders als durch Gewalt unter einer Central-Regierung erhalten werden könnte; die Ausfindigmachung derjenigen Verfassungsform, die mit den Wünschen jedes Kantons am meisten übereinstimmte; die Heraushebung dessen, was den in den neuen Kantonen entstandenen Begriffen von Freiheit und Wohlfahrt am besten entspräche; endlich dann in den alten Kantonen die Vereinbarung derjenigen Einrichtungen, die durch die Zeit ehrwürdig geworden waren, mit den wiederhergestellten Rechten des Volks: – Dies waren die Gegenstände, die der Untersuchung und Berathschlagung unterworfen werden mußten.

Ihre Wichtigkeit sowohl als das Schwierige derselben, haben Uns bewogen, zehn Ausgeschossene beider Parteien, nämlich die Bürger *von Affry, Gluz, Jauch, Monod, Reinhard, Sprecher, Stapfer, Usteri, von Wattenwyl* und *Vonflüe*, in eigener Person zu vernehmen; und Wir haben das Resultat ihrer Berathschlagungen theils mit den verschiedenen Vorschlägen der Kantonal-Deputationen, theils mit demjenigen zusammen gehalten, was sich aus den Unterredungen dieser Deputationen mit den committirten Senatoren ergeben hatte.

Nachdem Wir auf diese Weise alle Mittel erschöpft haben, um das Interesse und den Willen der schweizerischen Nation kennen zu lernen, so *wird von Uns*, in der Eigenschaft eines Vermittlers und ohne andere Absicht, als die Wohlfahrt der Völkerschaften zu erzwecken, über deren Angelegenheiten Wir abzusprechen hatten, so wie ohne Verletzung der schweizerischen Unabhängigkeit, Folgendes *festgesezt*:

16 b. Zweites Capitel: Verfassung des Kantons Aargau

Erster Titel: Eintheilung des Gebiets und politischer Zustand der Bürger

Artikel 1. Der Kanton Aargau ist in eilf Bezirke abgetheilt, als: Zofingen, Kulm, Aarau, Brugg, Lenzburg, Zurzach, Bremgarten, Muri, Baden (mit Ausnahme der Dörfer Dietikon, Schlieren, Oetwyl und Hüttikon, die dem Kanton Zürich zugetheilt werden), Lauffenburg und Rheinfelden, welche beide letztere Bezirke das gesammte Frickthal in sich begreifen.

Aarau ist der Hauptort des Kantons.

Die eilf Bezirke sind in acht und vierzig Kreise eingetheilt.

Die Bürger vereinigen sich, wenn es der Fall ist, in Gemeindeversammlungen und in Kreisversammlungen.

2. Um das Bürgerrecht in einer Gemeinde- oder Kreisversammlung auszuüben, muß man 1. seit einem Jahre in dem Kreise oder in der Gemeinde wohnhaft sein; 2. zwanzig Jahre alt sein, wenn man verheirathet oder es gewesen ist, und dreißig, wenn man unverheirathet ist; 3. Eigenthümer oder Nuznießer sein von einer Liegenschaft von zweihundert Schweizerfranken, oder einem Schuldtitel von hundert Schweizerfranken, der eine Liegenschaft zum Unterpfande hat; 4. wenn man nicht Ortsbürger von einer Gemeinde des Kantons ist, muß man ferner an das Armengut seines Wohnorts jährlich eine Summe entrichten, die das Gesez nach Maßgabe des Vermögens der Gemeinde bestimmen wird, jedoch so, daß dieselbe wenigstens sechs Franken betragen soll, und einhundert und achzig Franken nicht übersteigen kann; für die Theilnahme an den ersten Wahlen ist es indessen hinreichend, drei vom Hundert derjenigen Summe zu entrichten, die für den lezten Ankauf des Ortsbürgerrechts bezahlt worden ist.

Von dieser vierten Bedingung sind ausgenommen: die Pfarrgeistlichen, desgleichen die Hausväter, die in der Schweiz geboren sind, vier Kinder über sechzehn Jahre haben, sich in der Miliz eingeschrieben befinden und einen bestimmten Beruf ausüben, oder sonst eine Erwerbsquelle besizen.

3. Vermittelst der jährlich an das Armengut zu entrichtenden Summe, oder der Erlegung des Capitals dieser Summe, wird man Antheilhaber am Gemeindegute und hat Anspruch auf die den Ortsbürgern zugesicherte Unterstüzung.

Die Fremden oder Schweizerbürger aus einem andern Kantone, welche das Bürgerrecht im Kanton Aargau zu erlangen wünschen, und die zu dem Ende durch das Gesez vorgeschriebenen Bedingungen, namentlich das der Aufenthaltszeit erfüllt haben, können zu Erlegung eines Capitals angehalten werden, das dem zwanzigfachen Werthe des jährlichen Abtrags vom Antheilhaberrechte am Gemeindegute ihres Wohnorts gleichkommt. Dieser Abtrag soll durch einen besondern Beschluß der Gemeinde bestimmt werden.

Zweiter Titel: Öffentliche Gewalten

4. In jeder Gemeinde ist ein Gemeinderath, der aus einem Ammann (Syndik), zwei Beigeordneten und wenigstens acht, höchstens sechszehn Vorgesezten besteht. Die Vorgesezten bleiben sechs Jahre am Amte; sie werden jedesmal zum Drittheil erneuert und sind wieder wählbar. Das Gesez bestimmt die Verrichtungen der Gemeinderäthe in Betreff 1. der örtlichen Polizei; 2. der Vertheilung und Beziehung der Auflagen; 3. der besondern Verwaltung des Gemeinde- und Armenguts, sowie der untergeordneten Gegenstände der allgemeinen Verwaltung, mit denen sie beauftragt werden können.

Es bestimmt ferner die besondern Verrichtungen des Ammanns, der Beigeordneten und der Vorgesezten.

5. In jedem Kreise ist ein Friedensrichter, dessen Aufsicht und Leitung die Gemeinde-Verwaltungen des Kreises unterworfen sind.

Er führt bei den Kreisversammlungen den Vorsiz und hat die Polizei derselben.

Er schlichtet die Streithändel zwischen den Bürgern, ist der gerichtliche Polizeibeamte, der im Fall eines Verbrechens die vorläufige Untersuchung anzustellen hat, und spricht mit Zuzug von Beisizern über Civil-Streitigkeiten von geringem Werthe ab.

Die nähere Bestimmung jeder dieser seiner Verrichtungen bleibt dem Geseze überlassen.

6. Ein großer Rath von 150 Mitgliedern, die auf fünf Jahre, oder in den durch den 14. Artikel bestimmten Fällen auf Lebenszeit ernannt sind, übt die höchste Gewalt aus. Er versammelt sich alljährlich auf den ersten Montag des Maimonats in der Stadt *Aarau*, und kann ordentlicherweise seine Sizungen nicht über einen Monat ausdehnen; es sei denn, daß der kleine Rath die Dauer derselben verlängere.

Der große Rath

1. Entscheidet über die Annahme oder Verwerfung der Gesezesvorschläge, die ihm vom kleinen Rathe vorgelegt werden.
2. Er läßt sich über die Vollziehung der Geseze, Verordnungen und Reglemente Rechenschaft ablegen.
3. Er nimmt dem kleinen Rathe über die Verwaltung der öffentlichen Gelder Rechnung ab.
4. Er bestimmt die Besoldung der öffentlichen Beamten.
5. Er bewilligt die Veräußerung der Kantonal-Güter.
6. Er berathschlagt über die Zusammenberufung außerordentlicher Tagsazungen, wenn solche begehrt wird; ernennt die Abgeordneten des Kantons zu den Tagsazungen und ertheilt ihnen die Instructionen.
7. Er stimmt im Namen des Kantons.

7. Ein kleiner Rath, bestehend aus neun Mitgliedern des großen Raths, von dem sie fortwährend einen Theil ausmachen und die immer wieder wählbar sind, hat den Vorschlag der Geseze und Steuerverordnungen.

Ihm liegt die Vollziehung der Geseze und Verordnungen ob, zu welchem Ende er die nöthigen Beschlüsse faßt. Er hat die Leitung und Aufsicht über die untergeordneten Behörden, und ernennt seine Agenten. Er legt dem großen Rathe über alle Theile der öffentlichen Verwaltung Rechenschaft ab und zieht sich aus der Versammlung zurük, wenn über seine Amtsführung und Rechnungsablage berathschlagt wird.

Er verfügt über die bewaffnete Macht zur Handhabung der öffentlichen Ordnung.

Er kann die ordentlichen Sizungen des großen Rathes verlängern und außerordentliche veranstalten.

8. Für die bürgerliche und peinliche Rechtspflege gibt es Gerichte erster Instanz, deren Mitglieder durch die Parteien entschädigt werden. Die Anzahl dieser Gerichte, ihre Einrichtung und Competenz wird das Gesez bestimmen.

9. Ein Appellationsgericht von dreizehn Mitgliedern spricht in lezter Instanz ab.

Um in peinlichen Fällen Urtheile auszufällen, müssen wenigstens neun Mitglieder gegenwärtig, und bei Verbrechen, welche Todesstrafe nach sich ziehen, muß das Gericht vollzählig sein. Es beruft nöthigenfalls Rechtsgelehrte in seine Mitte.

Das Gesez bestimmt die Proceßform und die Amtsdauer der Richter.

10. Über streitige Administrationsfälle wird von einem Gerichte entschieden, das aus einem Mitgliede des kleinen Raths und vier Mitgliedern des Appellationsgerichts besteht.

Dritter Titel: Wahlart und Wählbarkeitsbedingungen

11. Die Gemeindevorgesezten werden von den Gemeindeversammlungen aus den Bürgern ernannt, die dreißig Jahr alt sind und eine Liegenschaft von 500 Schweizerfranken im Werthe, oder einen auf eine Liegenschaft unterpfändlich versicherten Schuldtitel vom nämlichen Werthe eigenthümlich oder nuznießungsweise besizen.

12. Die Friedensrichter werden von dem kleinen Rathe aus denjenigen Bürgern erwählt, die ein Grundeigenthum von 1000 Franken, oder einen Schuldtitel mit Unterpfand vom nämlichen Werthe besizen.

13. Die Stellen im großen Rathe werden theils durch die unmittelbare Wahl, theils durch Wahl und Loos zugleich auf folgende Weise besezt:

Die im Umfange eines Kreises wohnhaften Activbürger bilden eine Versammlung, die nicht anders statt haben kann, als zufolge einer, vierzehn Tage zum voraus von dem Friedensrichter anbefohlenen und sieben Tage zum voraus von dem Gemeinderath jedes Orts bekannt gemachten Zusammenberufung.

Jede Kreisversammlung hat drei Ernennungen zu machen:

1. Sie ernennt aus dem Bezirke, zu dem der Kreis gehört, einen Abgeordneten in den großen Rath ohne Anwendung des Looses. Das Alter von dreißig Jahren ist die einzige Wählbarkeitsbedingung für diese erste Ernennung. Der Friedensrichter, der bei der

Versammlung den Vorsiz führt, kann in seinem Kreise nicht gewählt werden.
2. Sie ernennt drei Candidaten außer dem Kreise unter den Bürgern, die eine Liegenschaft von mehr als 20,000 Franken im Werthe, oder einen auf eine Liegenschaft unterpfändlich versicherten Schuldtitel vom nämlichen Werthe als Eigenthümer oder Nuznießer besizen. Für diese zweite Ernennung muß man bloß 25 Jahre alt sein.
3. Sie ernennt ferner zwei Candidaten außer dem Kreise unter den Bürgern, die das fünfzigste Jahr ihres Alters überschritten haben. Für diese lezte Ernennung ist es hinreichend, eine Liegenschaft von 4000 Schweizerfranken, oder einen auf eine Liegenschaft unterpfändlich versicherten Schuldtitel vom nämlichen Werthe als Eigenthümer oder Nuznießer zu besizen.

Aus den 240 Candidaten werden durch das Loos 102 ausgezogen, die, verbunden mit den 48 Abgeordneten, welche die Kreisversammlungen unmittelbar ernennen, die 150 Mitglieder des großen Raths ausmachen.

14. Die Mitglieder des großen Raths von der zweiten und dritten Ernennung gehören keinem Kreise besonders an.
Die von der zweiten Ernennung bleiben lebenslänglich an der Stelle, wenn sie im nämlichen Jahr von 15 Kreisen vorgeschlagen worden sind. Die Mitglieder von der dritten Ernennung bleiben ebenfalls lebenslänglich an der Stelle, wenn sie von 30 Kreisen im nämlichen Jahre vorgeschlagen worden sind.

15. Die Mitglieder des großen Raths von der ersten Ernennung können durch ihre Kreise entschädigt werden. Die Verrichtungen der übrigen sind unentgeldlich.

16. Für die Wiederbesezung der Stellen von der zweiten und dritten Ernennung, die in der Zwischenzeit von fünf Jahren im großen Rathe erledigt werden, wird unter den auf dem lezten Verzeichnisse zurückgebliebenen Candidaten das Loos gezogen. Die Erneuerung dieses Verzeichnisses geht jedes fünfte Jahr vor sich.

17. Wenn bei der periodischen Erneuerung des großen Raths sich mehr als 50 Mitglieder, die auf Lebenszeit ernannt sind, in demselben befinden, so wird der Überschuß der Anzahl von 150 Mitgliedern beigezählt, so daß bei jeder allgemeinen Wahl wenigstens 52 Bürger, die entweder ein Grundeigenthum von 20 000 Franken besizen, oder über 50 Jahre alt sind, in den großen Rath treten.

18. Der Präsident des großen Raths wird für jede Sizungszeit unter den Mitgliedern des kleinen Raths gewählt, hat aber keine Stimme, wenn über die Rechnungen und die Amtsführung des leztern berathschlagt wird.
So lange sein Vorsiz dauert, kann er den Berathschlagungen des kleinen Raths nicht beiwohnen.

19. Die Mitglieder des kleinen Raths werden vom großen Rathe für sechs Jahre ernannt; die Erneuerung geschieht immer zum Drittheil. Der

erste Ernennungact bezeichnet diejenigen Mitglieder, welche am Ende des zweiten und vierten Jahres austreten sollen.

Um gewählt werden zu können, wird ein Eigenthum oder eine Nuznießung von 9000 Franken in liegenden Gründen, oder auf Liegenschaften unterpfändlich versicherten Schuldtiteln erfordert.

Der kleine Rath wählt jeden Monat seinen Präsidenten.

20. Die Mitglieder der Bezirksgerichte werden von dem kleinen Rathe auf einen dreifachen Vorschlag des Appellationsgerichts gewählt. Sie müssen aus der Classe von Bürgern genommen werden, die wenigstens 3000 Franken in Liegenschaften oder auf Liegenschaften unterpfändlich versicherten Schuldtiteln eigenthümlich oder nuznießungsweise besizen.

21. Die Mitglieder des Appellationsgerichts werden vom großen Rathe ernannt und müssen, außer den für den kleinen Rath vorgeschriebenen Eigenthumsbedingungen, während fünf Jahren gerichtliche Functionen ausgeübt haben, oder Mitglieder der obern Behörde gewesen sein.

Vierter Titel: Allgemeine Verfügungen und Gewährleistung

22. Jeder im Kanton Aargau wohnende Schweizer kann zu Militärdiensten angehalten werden.

23. Die Kreisversammlungen können in keinem Falle weder unter sich, noch mit Individuen oder Gemeinheiten außer dem Kantone in Verbindung treten.

24. Die Verfassung sichert die freie und uneingeschränkte Ausübung des katholischen und protestantischen Gottesdienstes.

Sie sichert ferner den Zehnt- und Bodenzinspflichtigen die Befugniß, ihre Beschwerden nach dem wahren Werthe derselben loszukaufen.

16 c. Siebentes Capitel:
Verfassung des Kantons Graubünden

Artikel 1. Der Kanton *Graubünden* ist in drei Bünde abgetheilt.

2. Jeder Bund ist, wie ehemals, in Hochgerichte eingetheilt. Die Herrschaft Meyenfeld bildet ein Hochgericht, das mit den andern gleiche Rechte genießt. Haldenstein ist dem Hochgericht der vier Dörfer, der fürstliche Hof der Stadt Chur, und Tarasp dem Unter-Engadin zugetheilt.

3. Die nöthigen Bedingungen zur Ausübung des Bürgerrechts in dem Kanton sind die nämlichen, wie ehemals; das Gesez kann sie abändern.

4. Jeder sechszehnjährige Bündtner gehört zu der Miliz des Kantons.

5. Die Bestätigung der Geseze und die Verwaltung sind in den Hochgerichten auf den ehemaligen Fuß wieder hergestellt. Die ehemaligen Unterthanen-Landschaften werden so eingerichtet wie die, so unabhängig waren.

6. Der Vorschlag der Geseze kommt dem großen Rathe zu, welcher aus 63 Repräsentanten besteht, die aus allen Hochgerichten im gleichen Verhältniß, wie ehemals, und aus allen Theilen des Hochgerichts gewählt werden, ohne Rüksicht auf Vorrechte, die allenfalls dagegen sein könnten. Der große Rath spricht in den Streitigkeiten ab, die sich zwischen den Gemeinden erheben könnten; er wacht über die gemeinsamen Interessen; er verlegt die etwa nöthigen Abgaben auf die Hochgerichte; er berathschlagt über die Begehren von außerordentlichen helvetischen Tagsazungen; er ernennt die Abgesandten zu allen ordentlichen und außerordentlichen Tagsazungen; er bestimmt die Instruction derselben; er sichert die Vollziehung der Decrete der helvetischen Tagsazung.

7. Ein kleiner Rath, bestehend aus den drei Bundeshäuptern, deren jedes in seinem Bunde durch die Repräsentanten der Gemeinden, und aus allen Bürgern des Bundes, ohne Rüksicht auf ehemals entgegengesezte Privilegien gewählt wird, ist mit der Vollziehung aller von dem großen Kantonsrath ausgehenden Acte beauftragt und übermacht demselben die Begehren der Gemeinden und Hochgerichte, welche seinen Entscheid erheischen.

8. Das ehemalige richterliche System ist in den Bünden wieder hergestellt; das Gesez kann Abänderungen treffen und ein Appellationsgericht in jedem Bunde, oder ein einziges für den ganzen Kanton errichten.

9. Weder die Bünde, noch die Hochgerichte dürfen unter einander correspondiren, anders als durch die Bundeshäupter oder durch den großen Rath. Weder die Hochgerichte, noch die Bünde, noch der große Rath dürfen mit andern Kantonen, oder mit einer fremden Macht in Verbindung treten, anders als durch Vermittelung der helvetischen Tagsazung; ungeachtet aller bisherigen entgegengesezten Übung.
Den Hochgerichten, den Bünden und dem großen Rath sind alle Handlungen, die der Einheit des Kantons oder der Bundeseinheit schaden könnten, untersagt.

10. Das Gesez macht in dem Detail der Einrichtung der Gewalten diejenigen Abänderungen, welche die Umstände erfordern können, und die mit der gegenwärtigen Verfassung verträglich sind.

11. Die Verfassung sichert die in dem Kanton ausgeübten Religionen.

12. Die Verfassung sichert jedem Bürger eines Bundes die freie Ausübung seines Gewerbes durch den ganzen Kanton.

13. Die Verfassung sichert das Recht, Zehnten und Bodenzinse loszukaufen. Das Gesez bestimmt die Art des Loskaufs nach dem wahren Werthe dieser Beschwerden.

16 d. Zehntes Capitel:
Verfassung des Kantons Schaffhausen

Erster Titel: Von der Eintheilung des Kantons und dem politischen Stande der Bürger

Artikel 1. Der Kanton *Schaffhausen* ist in drei Bezirke eingetheilt, nämlich: 1) die Stadt Schaffhausen; 2) das Klettgau; 3) Stein und Reyet.

2. Der Bezirk der Stadt ist in sechs Gesellschaften eingetheilt, deren jede aus zwei so viel wie möglich gleich zahlreichen Zünften besteht. Außer der Stadt bildet jeder Bezirk sechs Zünfte, die aus denjenigen Abtheilungen des Bezirks zusammengesezt sind, welche sich an Bevölkerung möglichst gleich und, so viel thunlich, am nächsten gelegen sind, ohne Rüksicht auf Handwerk, Stand oder Begangenschaft.

3. Jeder Schweizer, der im Kanton angesessen und 16 Jahre alt ist, kann zu Militärdiensten angehalten werden.

4. Mitglieder dieser Zünfte sind alle die Bürger oder Bürgerssöhne einer Gemeinde des Kantons, die seit Jahresfrist in dem Gebiete der Zunft angesessen sind, einen unabhängigen Stand haben, in der Miliz eingeschrieben sich befinden, wenn sie unverheirathet sind 30, wenn sie aber wirklich verheirathet oder es gewesen sind 20 Jahre alt sind, und endlich Grundstüke oder unterpfändliche Schuldschriften von 500 Schweizerfranken im Werthe besizen.

Jeder Bürger des Kantons kann das Bürgerrecht der Stadt Schaffhausen erwerben.

Zweiter Titel: Von den öffentlichen Gewalten

5. Ein großer Rath von 54 Mitgliedern macht die Geseze und Verordnungen und übt die andern Acte der höchsten souveränen Gewalt aus. Er berathschlagt über die Anfragen wegen Zusammenberufung außerordentlicher Tagsazungen; ernennt die Abgesandten des Kantons auf die ordentlichen und außerordentlichen Tagsazungen; bestimmt den Auftrag dieser Abgesandten; besezt alle Stellen, deren Amtsverrichtungen sich über den ganzen Kanton erstreken, und läßt sich über die Vollziehung der Geseze, Verordnungen und andern von ihm ausgehenden Beschlüsse Rechenschaft geben.

6. Ein kleiner Rath, bestehend aus 15 Mitgliedern des großen Raths, die ihre Stellen noch ferner in demselben beibehalten, und von welchen wenigstens einer aus jedem Bezirk genommen werden muß, ist mit der Vollziehung der von der höchsten Gewalt ausgegangenen Geseze, Verordnungen und andern Beschlüsse beauftragt. Er schlägt die ihm nöthig scheinenden Geseze, Verordnungen und andern Beschlüsse vor; er leitet die untern Behörden und hat die Aufsicht über dieselben; er urtheilt in lezter Instanz über alle Streitigkeiten in Verwaltungssachen; er ernennt zu allen Stellen, deren Amtsverrichtungen sich auf einen ganzen Bezirk erstreken;

endlich legt er dem großen Rathe über alle Theile der Verwaltung Rechenschaft ab.

7. Zwei Bürgermeister führen abwechselnd, jeder ein Jahr, den Vorsiz im großen und kleinen Rathe. Derjenige, welcher nicht im Amt ist, versieht nöthigenfalls die Stelle des andern; er ist Mitglied des kleinen Raths.

8. Ein Appellationsgericht von 13 Mitgliedern des großen Raths, unter dem Vorsiz desjenigen Bürgermeisters, welcher nicht im Amte ist, urtheilt in höchster Instanz über alle bürgerlichen und peinlichen Rechtsfälle. Wenn es über die Anklage eines Verbrechens zu urtheilen hat, das Todesstrafe nach sich zieht, so werden ihm zur Urtheilsfällung vier durch das Loos bezeichnete Mitglieder des kleinen Raths beigeordnet.

9. Der große Rath versammelt sich alle sechs Monate auf vierzehn Tage in Schaffhausen. Der kleine Rath versammelt sich nach Übung. Er kann die Sizungen des großen Raths verlängern und denselben auch außerordentlicher Weise zusammenberufen.

10. Die zwei Bürgermeister werden von dem großen Rathe aus den Mitgliedern des kleinen Raths erwählt.
Die Mitglieder des kleinen Raths werden von dem großen Rathe erwählt.
Die Mitglieder des großen Raths werden erwählt: Ein Drittheil unmittelbar durch die Zunftgesellschaften oder durch die Zünfte und aus ihrer Mitte; die zwei andern Drittheile durch das Loos aus der Zahl derjenigen Candidaten, welche die Zunftgesellschaften und Zünfte frei aus denjenigen Bezirken genommen haben, zu welchen sie nicht selbst gehören.

11. Die Mitglieder des kleinen Raths werden alle zwei Jahre zu einem Drittheil erneuert; die austretenden sind aber stets wieder wählbar. Die Mitglieder des großen Raths, diejenigen ausgenommen, welche zugleich Mitglieder des kleinen Raths sind, können durch die, im Artikel 18 vorgeschriebene, in den Zunftgesellschaften und Zünften vorzunehmende Censur (Sichtung, Aussiebung) abberufen werden.

12. Die Zunftgesellschaften und Zünfte können demjenigen Mitgliede des großen Raths, welches sie unmittelbar erwählt haben, eine Besoldung festsezen. Die Verrichtungen der übrigen Mitglieder sind unentgeldlich.

Dritter Titel: Von den Wahlen und Zurükberufungen

13. Für die Bildung des großen Raths nimmt jede der sechs Zunftgesellschaften und der zwölf Zünfte die folgenden zwei Ernennungen vor.
Vorerst ernennt sie dasjenige Mitglied des großen Raths, das sie aus ihrer eigenen Mitte zu erwählen hat. Sodann erwählt sie vier Candidaten aus den Bezirken, zu denen sie selbst nicht gehört; jedoch so, daß sie aus dem gleichen Bezirke nicht mehr als drei nehmen kann. Von den auf diese Weise in allen Bezirken ernannten 72 Candidaten werden 36 durch das Loos bezeichnet, die alsdann Mitglieder des großen Raths sind, und mit den 18 unmittelbar von den Zunftgesellschaften und Zünften ernannten Mitgliedern denselben vollzählig machen.

14. Wenn in dem großen Rathe Stellen erledigt werden, so ergänzen die Zunftgesellschaften und Zünfte alle zwei Jahre diejenigen Stellen wieder, welche sie unmittelbar besezt hatten. Die andern Stellen hingegen werden, so wie sie erledigt sind, nach und nach wieder durch das Loos und aus der Zahl derjenigen Candidaten ergänzt, welche auf dem Verzeichnisse stehen geblieben sind.

15. Fünf Jahre nach der ersten Zusammensezung des großen Raths, und nachher je von neun zu neun Jahren, wird das Verzeichniß der Candidaten erneuert; und wenn von denjenigen Stellen, die durch das Loos besezt worden sind, welche erledigt werden, so werden sie aus denen auf dem Verzeichnisse stehenden Candidaten wieder durch das Loos ersezt.

16. Die Wahlen geschehen in geheimer Abstimmung durch die absolute Mehrheit der Stimmen. Wenn jedoch keine absolute Stimmenmehrheit, weder bei der ersten noch bei einer zweiten Abstimmung herauskommt, so entscheidet das Loos zwischen den zwei Vorgeschlagenen, welche die meisten Stimmen gehabt haben.

17. Niemand kann auf das Verzeichniß der Candidaten gesetzt werden, der nicht Bürger, 30 Jahr alt und Eigenthümer von Grundstüken oder von Unterpfand habenden Schuldschriften von 12,000 Schweizerfranken im Werthe ist. Um hingegen unmittelbar von seiner eigenen Zunftgesellschaft oder Zunft gewählt zu werden, ist es hinreichend, daß man Bürger, 25 Jahr alt und Eigenthümer von Grundstüken, oder von Unterpfandsrecht tragenden Schuldschriften von dem Werthe von 3000 Schweizerfranken sei.

18. Alle zwei Jahre, auf Ostern, entscheidet eine Commission von 15 Mitgliedern, welche durch das Loos auf jeder Zunftgesellschaft oder Zunft aus fünf der zehn Ältesten, aus fünf der zehn beträchtlichsten Eigenthümern und aus fünf aus allen Mitgliedern der Zunftgesellschaft oder Zunft, ohne Unterschied, zusammengesezt ist: ob die Censur (Sichtung) über ein Mitglied des großen Raths, das nicht zugleich auch Mitglied des kleinen ist, vorgenommen werden soll. Wenn die Mehrheit der Commission entscheidet, daß die Censur statthaben soll, so bezeichnet sie das Mitglied, über welches die Zunftgesellschaft oder Zunft abstimmen soll.
Die Zunftgesellschaft oder Zunft entscheidet sodann durch geheimes Stimmenmehr für oder wider die Abberufung des der Censur unterworfenen Mitglieds.
Um die Abberufung zur Folge zu haben, wird ein Stimmenmehr erfordert, das größer ist als die Hälfte aller stimmfähigen Zunftgesellschafts- oder Zunftgenossen.
Diejenigen Mitglieder des großen Raths, die von mehr als einer Zunftgesellschaft oder Zunft auf das Verzeichniß der Candidaten gebracht worden sind, können nur durch die Stimmenmehrheit der stimmfähigen Bürger einer gleichen Anzahl von Zunftgesellschaften oder Zünften abberufen werden.
Die von ihren Zunftgesellschaften oder Zünften unmittelbar erwählten Mitglieder können nur von ihrer eigenen Zunftgesellschaft oder Zunft wieder abberufen werden.

Vierter Titel: Von der durch die Verfassung ertheilten Gewalt und Gewährleistung

19. Das Gesez wird die nähern Bestimmungen über die Einrichtung der Gewalten und die Einführung der untergeordneten Behörden festsezen.

20. Die Verfassung garantirt die Religion, die im Kanton ausgeübt wird.

21. Die Verfassung sichert die Befugniß, Zehnten und Bodenzinse loszukaufen. Das Gesez wird die Art und Weise dieses Loskaufs nach dem wahren Werthe bestimmen.

16 e. Sechszehntes Capitel: Verfassung des Kantons Uri

Artikel 1. Der Kanton Uri ist in zwei Bezirke abgetheilt, nämlich in das Gebiet des alten Kantons und in das Urserenthal. Die katholische Religion ist die Religion des Kantons.
Altdorf ist der Hauptort. Die Bürger des Urserenthals haben die gleichen Rechte, wie die des alten Gebiets.

2. Die souveräne Gewalt des Kantons steht bei der Landsgemeinde beider Bezirke; sie kann aber über das besondere Eigenthum eines Bezirks nicht verfügen.

3. Die Landsgemeinde, bestehend aus allen Bürgern, welche 20 Jahre alt sind, beschließt über die Annahme oder Verwerfung der Gesezesentwürfe, welche der Landrath ihr vorlegt.
Kein anderer Gegenstand kann daselbst in Berathschlagung genommen werden, als nachdem er einen Monat zuvor dem Landrathe schriftlich mitgetheilt und dessen Gutachten darüber vernommen worden ist.
Die außerordentlichen Landsgemeinden können nur über diejenigen Gegenstände berathschlagen, wegen welcher sie zusammenberufen worden sind.
Das Vorstellungsrecht einer jeden Gemeinde, oder eines jeden Bürgers, welche durch einen Schluß der Landsgemeinde beeinträchtigt worden wären, ist beibehalten.

4. Die Organisation im richterlichen und Verwaltungsfache des Urserenthals, sowie der Antheil, den dasselbe im Verhältniß seiner Bevölkerung an der Bildung des Landraths des Kantons haben soll, wird nach der im Art. 7 vorgeschriebenen Form bestimmt werden.
Inzwischen haben die Nachgemeinde, die Auffahrtsgemeinde, die Versammlung der Räthe und Landleute, die Versammlung der Genossamen und die Dorfgemeinden die nämlichen Rechte, welche sie ehemals ausgeübt haben.
Ebenso werden auf die nämliche Art, mit den nämlichen Rechten und auf die nämliche Amtszeit, wie ehemals, erwählt: der Landammann, der Statthalter, der Landssekelmeister, der Pannerherr, der Landshauptmann,

der Zeugherr, die beiden Landsfähnriche, die sechs Landschreiber, die acht Landsfürsprecher, und der Großweibel; der Landrath, der Wochenrath, der zwei- und dreifache Malefiz-Landrath, der geheime Rath, der Kriegsrath, und die andern Räthe oder Commissionen; die ehemaligen Civilgerichte, nämlich: die Dorfgerichte, die Siebner-Landgerichte, das Gericht der Siebner zur Reuß, das Gassengericht und das Fünfzehner-Gericht.

In dem Urserenthal werden gleichfalls die Häupter des Thals auf die nämliche Art, mit den nämlichen Amtsaufträgen und auf die nämliche Amtszeit, wie ehemals, erwählt; nämlich der Thalammann, der Statthalter, der Sekelmeister, der Thalschreiber, der Thalrath, und überhaupt die mit richterlichen oder Verwaltungsgeschäften beauftragten Bürger.

5. Die Behörden aller Art sind gehalten, sich nach den Grundsäzen der Bundesacte zu richten.

6. Der Kanton Uri darf weder mittel- noch unmittelbar mit einem andern Kanton, oder mit fremden Mächten in Verbindung treten, anders als in Befolgung der Bundesformen der helvetischen Republik.

7. Eine Commission von 13 Mitgliedern, welche aus dem Bezirk des ehemaligen Kantons und aus dem Urserenthale durch die beiderseitigen Landsgemeinden ernannt worden, wird einen Vorschlag über die Mittel der Vollziehung des ersten Paragraphs des Art. 4 ausarbeiten. Dieser Vorschlag erhält Gesezeskraft, wenn er durch die Tagsazung gebilligt wird; die Abänderungen dürfen jedoch in nichts weder gegen die Grundsäze noch die Anordnungen der Bundesacte verstoßen.

16 f. Chapitre XVII: Constitution du Canton de Vaud

Titre premier: Division du territoire et état politique des citoyens

Article premier. Il n'est rien changé aux limites actuelles du canton de Vaud; les ci-devant baillages de Payerne et d'Avenches y demeurent incorporés; et Lausanne est le chef-lieu.

2. Son territoire est divisé en soixante cercles, composés de plusieurs communes. Les villes de plus de deux mille habitants forment un cercle séparé. Les citoyens se réunissent, quand il y a lieu, en assemblées de commune et en assemblées de cercle.

3. Pour exercer les droits de citoyen dans une assemblée de commune ou de cercle, il faut,

1° Etre domicilié depuis un an dans le cercle ou dans la commune;
2° Etre âgé de vingt ans, et marié ou l'avoir été, ou avoir trente ans, si l'on n'a pas été marié;
3° Etre propriétaire ou usufruitier d'un immeuble de la valeur de 200 francs de Suisse, ou d'une créance de 300 francs hypothéquée sur un immeuble;

4° Si l'on n'était pas ci-devant bourgeois de l'une des communes du canton, payer à la caisse des pauvres de son domicile une somme annuelle, qui sera réglée par la loi, selon la valeur des propriétés de la commune, et dont le *minimum* sera de 6 francs et le *maximum* de 180. Néanmoins, pour la première élection, il suffira de payer trois pour cent du prix du dernier contrat d'acquisition de la bourgeoisie.

Sont exceptés de cette quatrième condition les ministres du culte, et les chefs de famille nés en Suisse, pères de quatre enfants âgés de plus de seize ans, inscrits dans les milices et ayant un métier ou un établissement.

4. Moyennant la somme payée annuellement à la caisse des pauvres, ou le capital de cette somme, on devient copropriétaire des biens appartenant à la bourgeoisie, et on a droit aux secours assurés aux bourgeois de la commune.

Les étrangers ou les citoyens suisses d'un autre canton, qui, après avoir rempli le temps de domicile et les diverses conditions fixées par la loi, veulent devenir citoyens du canton de Vaud, peuvent être assujettis à payer le capital, au denier vingt, de la somme annuelle à laquelle a été évaluée la copropriété des biens de la bourgeoisie de leur domicile; ce qui est fixé par un acte particulier de la commune.

Titre II: Pouvoirs publics

5. Il y a dans chaque commune une municipalité composée d'un syndic, de deux adjoints, et d'un conseil municipal de huit membres au moins et de seize au plus. Les officiers municipaux demeurent en place six années; ils sont renouvelés par tiers, et rééligibles.

La loi détermine les attributions de chaque municipalité, concernant, 1° la police locale; 2° la répartition et la perception de l'impôt; 3° l'administration particulière des biens de la commune et de la caisse des pauvres, et les détails d'administration générale dont elle peut être chargée.

Elle détermine de plus les fonctions particulières aux syndics, aux adjoints et aux conseils municipaux.

6. Il y a dans chaque cercle un juge de paix; il surveille et dirige les administrations des communes de son arrondissement.

Il préside les assemblées du cercle, et il en a la police.

Il est conciliateur des différents entre les citoyens, officier de police judiciaire chargé de l'enquête préliminaire en cas de délit, et il juge avec des assesseurs les affaires civiles de peu de valeur. La loi détermine chacune de ses attributions.

7. Un grand conseil, composée de cent quatre-vingts députés, nommés pour cinq ans, ou à vie dans les cas déterminés par l'article 15, exerce le pouvoir souverain; il s'assemble le premier lundi de mai dans la ville de Lausanne, et sa session ordinaire est d'un mois, à moins que le petit conseil n'en prolonge la durée.

Le grand conseil,

1° accepte ou rejette les projets de loi qui lui sont présentés par le petit conseil;
2° Il se fait rendre compte de l'exécution des lois, ordonnances et réglements;
3° Il reçoit et arrête les comptes de finances du petit conseil;
4° Il fixe les indemnités des fonctionnaires publics;
5° Il approuve l'aliénation des domaines du canton;
6° Il délibère les demandes de diètes extraordinaires; il nomme les députés à la diète, et il leur donne des instructions.
7° Il vote au nom du canton.

8. Un petit conseil, composé de neuf membres du grand conseil, lesquels continuent à en faire partie et sont toujours rééligibles, a l'initiative des projets de loi et d'impôt;

Il est chargé de l'exécution des lois et ordonnances; à cet effet, il prend les arrêtés nécessaires, il dirige et surveille les autorités inférieures, et il nomme ses agents;

Il rend compte au grand conseil de toutes les parties de l'administration, et il se retire lorsqu'on délibère sur sa gestion et sur ses comptes;

Il dispose de la force armée pour le maintien de l'ordre public;

Il peut prolonger la durée des sessions ordinaires du grand conseil, et en convoquer d'extraordinaires.

9. En matière civile, il y a des tribunaux de première instance, dont les membres sont indemnisés par les plaideurs. La loi détermine le nombre de ces tribunaux, leur organisation et leur compétence.

10. Un tribunal d'appel, composé de treize membres, prononce en dernier ressort;

La loi statue sur la forme des jugements en matière criminelle.

11. Un tribunal, composé d'un membre du petit conseil, et de quatre membres du tribunal d'appel, prononce sur le contentieux de l'administration.

Titre III: Mode d'élection et conditions d'éligibilité

12. Les membres de la municipalité sont nommés par l'assemblée de la commune entre les citoyens âgés de trente ans, et propriétaires ou usufruitiers d'un immeuble de la valeur de 500 francs, ou d'une créance de la même somme, hypothéquée sur un immeuble.

13. Les juges de paix sont nommés par le petit conseil entre les citoyens ayant une propriété ou une créance de 1000 francs dans la même nature de biens.

14. Les places au grand conseil sont données par l'élection immédiate, ou par l'élection et le sort, de la manière suivante:

Les citoyens qui habitent dans l'étendue d'un cercle, forment une assemblée qui ne peut avoir lieu qu'en vertu d'une convocation ordonnée quinze jours d'avance par le juge de paix, et publiée sept jours d'avance par chaque municipalité.

L'assemblée de chaque cercle fait trois nominations: 1° elle nomme dans son arrondissement un député qui entre au grand conseil sans l'intervention du sort (la ville de Lausanne, à raison de sa population, en nomme trois). L'âge de trente ans est la seule condition d'éligibilité pour cette première nomination. Le juge de paix, président de l'assemblée, ne peut être nommé dans son cercle.

2° Elle nombre trois candidats hors de son territoire, parmi les citoyens propriétaires ou usufruitiers d'un immeuble de plus de 20 000 francs de Suisse, ou d'une créance de la même valeur, hypothéquée sur des immeubles; et pour cette seconde nomination il suffit d'être âgé de vingt-cinq ans.

Elle nomme, 3° deux candidats hors de son territoire, parmi les citoyens âgés de plus de cinquante ans; et pour cette dernière nomination il suffit d'avoir une propriété, un usufruit ou une créance hypothécaire de 4000 francs en immeubles.

Les trois cents candidats sont réduits par le sort à cent dix-huit, qui, réunis aux soixante-deux députés nommés immédiatement par les cercles, forment les cent quatre-vingts membres du grand conseil.

15. Les membres du grand conseil de la seconde et de la troisième nomination n'appartiennent à aucun cercle.

Ceux de la seconde nomination sont à vie, s'ils ont été, dans la même année, présentés par quinze cercles.

Ceux de la troisième sont également à vie, si trente cercles les ont présentés dans la même année.

16. Les membres du grand conseil de la première nomination peuvent être indemnisés par leurs cercles. Les fonctions des autres sont gratuites.

17. Pour les places de seconde et troisième nomination, qui viennent à vaquer au grand conseil, le sort désigne entre les candidats qui sont restés sur la liste, laquelle se renouvelle tous les cinq ans.

18. Si, à l'époque du renouvellement périodique, il se trouve au grand conseil plus de cinquante-neuf membres à vie, le surplus est ajouté au nombre de cent quatre-vingts, de manière qu'à chacune des élections générales, il entre au grand conseil au moins cinquante-neuf citoyens de la classe des propriétaires fonciers de 20 000 francs, ou de l'âge de plus de cinquante ans.

19. Le président du grand conseil est choisi à chaque session parmi les membres du petit conseil; il ne vote point, lorsqu'il s'agit des comptes et de la gestion de ce conseil.

Il n'assiste pas aux délibérations du petit conseil durant sa présidence.

20. Les membres du petit conseil sont nommés par le grand conseil, pour six ans, et renouvelés par tiers; le premier acte de nomination désignera ceux qui sortiront à la fin de la seconde et de la quatrième année.

Pour être éligible, il faut être propriétaire, usufruitier ou créancier hypothécaire de la valeur de 9000 francs en immeubles.

Le petit conseil élit son président tous les mois.

21. Les membres des tribunaux de district sont nommés par le petit conseil, sur une liste triple, présentée par le tribunal d'appel. On ne peut les choisir que parmi les propriétaires, usufruitiers ou créanciers hypothécaires de la valeur de 3000 francs en immeubles.

22. Ceux du tribunal d'appel sont nommés par le grand conseil; et, outre la condition de propriété exigée pour le petit conseil, il faut qu'ils aient exércé pendant cinq ans des fonctions judiciaires, ou la profession d'avocat devant un tribunal, ou qu'ils aient été membres des autorités supérieures.

Titre IV: Dispositions générales et garanties

23. Tout Suisse habitant du pays de Vaud est soldat.

24. Les assemblées de cercle ne peuvent, en aucun cas, correspondre, soit entre elles soit avec un individu ou une corporation hors du canton.

25. La liberté pleine et entière du culte des communions actuellement établies dans le canton, est garantie.

16 g. Chapitre XX: Acte fédéral
Zwanzigstes Capitel: Bundesverfassung

Titre premier: Dispositions générales

Article premier. Les dix-neuf cantons de la Suisse, savoir: Appenzell, Argovie, Bâle, Berne, Fribourg, Glaris, Grisons, Lucerne, Saint-Gall, Schaffhouse, Schwyz, Soleure, Tessin, Thurgovie, Unterwald, Uri, Vaud, Zoug et Zurich, sont confédérés entre eux conformément aux principes établis dans leurs constitutions respectives. Il se garantissent réciproquement leur constitution, leur territoire, leur liberté et leur indépendance, soit contre les puissances étrangères, soit contre l'usurpation d'un canton ou d'une faction particulière.

2. Les contingents de troupes ou d'argent qui deviendraient nécessaires pour l'exécution de cette ga-

Erster Titel: Allgemeine Verfügungen

Artikel 1. Die neunzehn Kantone der Schweiz, als: Appenzell, Aargau, Basel, Bern, Freiburg, Glarus, Graubünden, Lucern, St. Gallen, Schaffhausen, Schwyz, Solothurn, Tessin, Thurgau, Unterwalden, Uri, Waadt, Zug und Zürich sind unter sich, gemäß den in ihren besondern Verfassungen aufgestellten Grundsäzen, verbündet. Sie übernehmen gegenseitig die Gewährleistung für ihre Verfassung, ihr Gebiet, ihre Freiheit und Unabhängigkeit, sowohl gegen auswärtige Mächte als gegen die Angriffe eines Kantons oder einer besondern Partei.

2. Die Truppen- und Geldbeiträge, welche für die Vollziehung dieser Gewährleistung erforderlich sein

rantie, seront fournis, par chaque canton, dans la proportion suivante:

möchten, werden von jedem Kantone nach folgendem Verhältnisse geliefert.

Sur 15 203 hommes, le contingent

Zu 15 203 Mann wird beitragen:

de Berne sera de	2292
celui de Zurich	1929
Vaud	1482
St-Gall	1315
Argovie	1205
Grisons	1200
Tessin	902
Lucerne	867
Thurgovie	835
Fribourg	620
Appenzell	486
Soleure	452
Bâle	409
Schwyz	301
Glaris	241
Schaffhouse	233
Unterwald	191
Zoug	125
Uri	118

Bern	2292
Zürich	1929
Waadt	1482
St. Gallen	1315
Aargau	1205
Graubünden	1200
Tessin	902
Lucern	867
Thurgau	835
Freiburg	620
Appenzell	486
Solothurn	452
Basel	409
Schwyz	301
Glarus	241
Schaffhausen	233
Unterwalden	191
Zug	125
Uri	118

Et sur une somme de 490 507 livres de Suisse, il sera payé,

An eine Summe von 490 507 Schweizerfranken wird bezahlen:

par les Grisons	12 000
Schwyz	3012
Unterwald	1907
Uri	1184
Tessin	18 039
Appenzell	9728
Glaris	4823
Zoug	2497
St-Gall	39 451
Lucerne	26 016
Thurgovie	25 052
Fribourg	18 591
Berne	91 695
Zurich	77 153
Vaud	59 273
Argovie	52 212
Soleure	18 097
Schaffhouse	9327
Bâle	20 450

Graubünden	12 000
Schwyz	3012
Unterwalden	1907
Uri	1184
Tessin	18 039
Appenzell	9728
Glarus	4823
Zug	2497
St. Gallen	39 451
Lucern	26 016
Thurgau	25 052
Freiburg	18 591
Bern	91 695
Zürich	77 153
Waadt	59 273
Aargau	52 212
Solothurn	18 097
Schaffhausen	9327
Basel	20 450

3. Il n'y a plus en Suisse ni pays sujets, ni priviléges de lieux, de naissance, de personnes ou de familles.

4. Chaque citoyen suisse a la faculté de transporter son domicile dans un autre canton, et d'y exercer librement son industrie; il acquiert les droits politiques conformément à la loi du canton où il s'établit; mais il ne peut jouir à la fois des droits politiques dans deux cantons.

5. Les anciens droits de traite intérieure et de traite foraine sont abolis. La libre circulation des denrées, bestiaux et marchandises est garantie. Aucun droit d'octroi, d'entrée, de transit ou de douane, ne peut être établi dans l'intérieur de la Suisse. Les douanes aux limites extérieures sont au profit des cantons limitrophes de l'étranger; mais les tarifs doivent être soumis à l'approbation de la diète.

6. Chaque canton conserve les péages destinés à la réparation des chemins, chaussées et berges des rivières. Les tarifs ont également besoin de l'approbation de la diète.

7. Les monnaies fabriquées en Suisse ont un titre uniforme, qui est déterminé par la diète.

8. Aucun canton ne peut donner asile à un criminel légalement condamné, non plus qu'à un prévenu légalement poursuivi.

9. Le nombre de troupes soldées que peut entretenir un canton, est borné à deux cents hommes.

10. Toute alliance d'un canton avec un autre canton, ou avec une puissance étrangère, est interdite.

3. Es gibt in der Schweiz weder Unterthanenlande noch Vorrechte der Orte, der Geburt, der Personen oder Familien.

4. Jeder Schweizerbürger ist befugt, seinen Wohnsiz in einen andern Kanton zu verlegen und sein Gewerbe daselbst frei zu treiben; er kann die politischen Rechte, gemäß dem Geseze des Kantons, in dem er sich niederläßt, erwerben, aber dieselben nicht zu gleicher Zeit in zwei Kantonen ausüben.

5. Die ehemaligen Zugs- und Abzugsrechte sind abgeschafft. Der freie Verkehr mit Lebensmitteln, Vieh und Handelswaaren ist gewährleistet. Im Innern der Schweiz können keine örtlichen oder allgemeinen Eingangs-, Durchpaß- oder Zollgebühren eingeführt werden. Die äußern Grenzzölle gehören den an das Ausland stoßenden Kantonen; jedoch sollen die Tarife der Tagsazung zur Genehmigung vorgelegt werden.

6. Jeder Kanton behält die Zölle bei, die zur Ausbesserung der Wege, Heerstraßen und Flußufer bestimmt sind. Die Tarife bedürfen ebenfalls der Genehmigung der Tagsazung.

7. Die in der Schweiz verfertigten Münzen haben einen gleichen Gehalt, der von der Tagsazung zu bestimmen ist.

8. Kein Kanton kann weder einem geseẓmäßig verurtheilten Verbrecher noch einem Beklagten, der nach den geseẓlichen Formen belangt wird, eine Freistatt geben.

9. Die Anzahl besoldeter Truppen, die ein Kanton unterhalten kann, ist auf 200 Mann beschränkt.

10. Jedes Bündniß eines einzelnen Kantons mit einem andern Kantone, oder mit einer auswärtigen Macht, ist verboten.

11. Le gouvernement ou le corps législatif de tout canton qui viole un décret de la diète, peut être traduit comme rebelle devant un tribunal composé des présidents des tribunaux criminels de tous les autres cantons.

12. Les cantons jouissent de tous les pouvoirs qui n'ont pas été expressément délégués à l'autorité fédérale.

Titre II: Du canton directeur

13. La diète se réunit tour-à-tour, et d'une année à l'autre, à Fribourg, Berne, Soleure, Bâle, Zurich et Lucerne.

14. Les cantons dont ces villes sont les chefs-lieux, deviennent successivement cantons directeurs; l'année du directorat commence le premier janvier.

15. Le canton directeur fournit aux députés à la diète le logement et une garde d'honneur; il pourvoit aux frais des séances.

16. L'avoyer ou bourguemestre du canton directeur joint à son titre celui de landamman de la Suisse; il a la garde du sceau de la République helvétique; il ne peut s'éloigner de la ville. Le grand conseil de son canton lui accorde un traitement particulier, et fait payer les dépenses extraordinaires attachées à cette magistrature.

17. Les ministres étrangers remettent au landamman de la Suisse leurs lettres de créance ou de rappel, et s'adressent à lui pour les négocia-

11. Die Regierung, oder die gesezgebende Behörde eines jeden Kantons, die ein Decret der Tagsazung übertreten würde, kann als aufrührerisch vor ein Gericht gezogen werden, das aus den Präsidenten der peinlichen Gerichtshöfe aller andern Kantone zusammengesezt werden soll.

12. Die Kantone üben alle Gewalt aus, die nicht ausdrüklich der Bundesbehörde übertragen ist.

Zweiter Titel: Vom Directorial-Kanton

13. Die Tagsazung versammelt sich wechselsweise von einem Jahre zum andern zu Freiburg, Bern, Solothurn, Basel, Zürich und Lucern.

14. Die Kantone, von denen diese Städte die Hauptorte sind, werden nach der Reihe Directorial-Kantone. Das Directorialjahr fängt mit dem ersten Januar an.

15. Der Directorial-Kanton sorgt für die Wohnung der Deputirten bei der Tagsazung und für ihre Ehrenwache; er bestreitet die Sizungskosten.

16. Der Schultheiß oder Bürgermeister des Directorial-Kantons verbindet mit seinem Titel denjenigen eines Landammanns der Schweiz; er hat das Siegel der helvetischen Republik in Verwahrung; er kann sich nicht aus der Stadt entfernen. Der große Rath seines Kantons sezt ihm einen besondern Gehalt aus, und bestreitet die mit dieser obrigkeitlichen Würde verbundenen außerordentlichen Ausgaben.

17. Die fremden Gesandten übergeben dem Landammann der Schweiz ihre Creditive oder Zurükberufungsschreiben, und wenden

tions. Il est l'intermédiaire des autres relations diplomatiques.

18. A l'ouverture des diètes, il donne les renseignements qui lui sont parvenus à l'égard des affaires intérieures et extérieures qui intéressent la fédération.

19. Aucun canton ne peut, dans son sein, requérir et mettre en mouvement plus de cinq cents hommes de milices, qu'après en avoir prévenu le landamman de la Suisse.

20. En cas de révolte dans l'intérieur d'un canton, ou de tout autre besoin pressant, il fait marcher des troupes d'un canton à l'autre; mais seulement sur la demande du grand ou du petit conseil du canton qui réclame du secours, et après avoir pris l'avis du petit conseil du canton directeur, sauf à convoquer la diète après la répression des hostilités, ou si le danger continue.

21. Si durant les vacances de la diète, il s'élève des contestations entre deux ou plusieurs cantons, on s'adresse au landamman de la Suisse, qui, selon les circonstances plus ou moins pressantes, nomme des arbitres conciliateurs, ou ajourne la discussion à la prochaine diète.

22. Il avertit les cantons si leur conduite intérieure compromet la tranquillité de la Suisse, ou s'il se passe chez eux quelque chose d'irrégulier et de contraire, soit à l'acte fédéral, soit à leur constitution particulière. Il peut alors ordonner la

sich für die Unterhandlungen an ihn. Er ist ebenfalls die Zwischenbehörde für die übrigen diplomatischen Verhältnisse.

18. Bei Eröffnung der Tagsazung macht er derselben amtliche Mittheilung über den Zustand der innern und äußern Bundesangelegenheiten.

19. Kein Kanton kann in seinem Innern mehr als 500 Mann Milizen aufbieten und in Bewegung sezen, ohne den Landammann der Schweiz davon benachrichtigt zu haben.

20. Im Fall eines Aufstandes im Innern eines Kantons, oder irgend eines andern dringenden Bedürfnisses, läßt der Landammann Truppen von einem Kanton in den andern marschiren, jedoch nur auf Verlangen des großen oder kleinen Raths des Hülfe begehrenden Kantons und auf Einholung des Gutachtens vom kleinen Rathe des Directorial-Kantons; mit dem Vorbehalte, daß nach Unterdrükung der Feindseligkeiten, oder bei fortdauernder Gefahr, die Tagsazung von ihm zusammenberufen werde.

21. Wenn während der Zeit da keine Tagsazung versammelt ist, Streitigkeiten zwischen zwei oder mehreren Kantonen entstehen sollten, so wendet man sich an den Landammann der Schweiz, der je nach der größern oder geringern Dringlichkeit der Umstände, entweder Schiedsrichter zum Vermitteln ernennt, oder die Erörterung bis zur nächsten Tagsazung auszet.

22. Er warnt die Kantone, wenn ihr inneres Betragen die Ruhe der Schweiz gefährdet, oder irgend etwas Unregelmäßiges und dem Bundesvertrage oder ihrer besondern Verfassung Zuwiderlaufendes bei ihnen stattfindet. In diesem Falle kann

convocation du grand conseil, ou des landsgemeindes dans les lieux, où l'autorité suprême est exercée immédiatement par le peuple.

23. Le landamman de la Suisse envoie, au besoin, des inspecteurs chargés de l'examen des routes, chemins et rivières. Il ordonne, sur ces objets, des travaux urgents, et, en cas de nécessité, il fait exécuter directement, et aux frais de qui il peut appartenir, ceux qui ne sont pas commencés ou achevés au temps prescrit.

24. Sa signature donne crédit et caractère national aux actes qui en sont revêtus.

Titre III: De la Diète

25. Chaque canton envoie à la diète un député, auquel on peut adjoindre un ou deux conseils, qui le remplacent en cas d'absence ou de maladie.

26. Les députés à la diète ont des instructions et des pouvoirs limités, et ils ne votent pas contre leurs instructions.

27. Le landamman de la Suisse est, de droit, député du canton directeur.

28. Les dix-neuf députés qui composent la diète, forment vingt-cinq voix dans les délibérations.

Les députés des cantons dont la population est de plus de cent mille habitants, savoir: ceux de Berne, Zurich, Vaud, St-Gall, Argovie et Grisons, ont chacun deux voix.

er die Zusammenberufung des großen Raths, oder da, wo die höchste Gewalt unmittelbar von dem Volke ausgeübt wird, die der Landsgemeinde verordnen.

23. Der Landammann der Schweiz kann nöthigenfalls Aufseher zur Untersuchung der Heerstraßen, Wege und Flüsse absenden. Er ordnet dringende Arbeiten, die dahin gehören, an, und läßt sie im Falle der Noth unmittelbar und auf Kosten dessen, dem es zukommen mag, ausführen, wenn sie in der vorgeschriebenen Zeit nicht angefangen oder vollendet sind.

24. Seine Unterschrift gibt den damit bekleideten Acten das Ansehen und den Charakter von Nationalacten.

Dritter Titel: Von der Tagsazung

25. Jeder Kanton sendet einen Abgeordneten zur Tagsazung, dem ein oder zwei Räthe beigeordnet werden können, die im Falle von Abwesenheit oder Krankheit seine Stelle einnehmen.

26. Die Abgeordneten bei der Tagsazung haben beschränkte Vollmachten und Instructionen, denen zuwider sie nicht stimmen können.

27. Der Landammann der Schweiz ist von Rechts wegen Deputirter des Directorial-Kantons.

28. Die neunzehn Abgeordneten, aus denen die Tagsazung besteht, machen insgesammt 25 Stimmen bei den Berathschlagungen aus.

Die Abgeordneten der Kantone, deren Volksmenge 100,000 Seelen übersteigt, als die von Bern, Zürich, Waadt, St. Gallen, Aargau und Graubünden, haben jeder zwei Stimmen.

Les députés des cantons dont la population est au-dessous de cent mille âmes, savoir: ceux du Tessin, de Lucerne, Thurgovie, Fribourg, Appenzell, Soleure, Bâle, Schwyz, Glaris, Schaffhouse, Unterwalden, Zoug et Uri, n'ont qu'une voix chacun.

29. La diète présidée par le landamman de la Suisse, s'assemble le premier lundi de juin, et sa session ne peut excéder le terme d'un mois.

30. Il y a lieu à des diètes extraordinaires,

1° Sur la demande d'une puissance limitrophe, ou de l'un des cantons, accueillie par le grand conseil du canton directeur, qui est convoqué à cet effet, s'il se trouve en vacances;

2° Sur l'avis du grand conseil ou de la landsgemeinde de cinq cantons, qui trouvent fondée à cet égard une demande que le canton directeur n'a pas admise;

3° Lorsqu'elles sont convoquées par le landamman de la Suisse.

31. Les déclarations de guerre et les traités de paix ou d'alliance émanent de la diète; mais l'aveu des trois qarts des cantons est nécessaire.

32. Elle seule conclut des traités de commerce et des capitulations pour service étranger. Elle autorise les cantons, s'il y a lieu, à traiter particulièrement sur d'autres objets avec une puissance étrangère.

Die Abgeordneten der Kantone, deren Volksmenge weniger als 100,000 Seelen beträgt, als die von Tessin, Lucern, Thurgau, Freiburg, Appenzell, Solothurn, Basel, Schwyz, Glarus, Schaffhausen, Unterwalden, Zug und Uri, haben jeder nur eine Stimme.

29. Die Tagsazung versammelt sich unter dem Vorsiz des Landammanns der Schweiz den ersten Montag im Juni; ihre Sizungszeit kann sich nicht über einen Monat hinaus erstreken.

30. Außerordentliche Tagsazungen können stattfinden:

1. Auf das Verlangen einer angrenzenden Macht oder eines Kantons, wenn dasselbe von dem großen Rathe des Directorial-Kantons unterstüzt wird, welcher zu dem Ende zusammenberufen wird, wenn er zu der Zeit nicht versammelt ist;
2. Auf das Gutachten des großen Raths oder der Landsgemeinde von fünf Kantonen, wenn dieselben ein von dem Directorial-Kanton nicht für zulässig erkanntes Begehren dieser Art gegründet finden;
3. Auf eine durch den Landammann der Schweiz geschehene Zusammenberufung.

31. Die Kriegserklärungen, Friedensschlüsse und Bündnisse gehen von der Tagsazung aus; jedoch ist die Zustimmung von drei Viertheilen der Kantone dazu erforderlich.

32. Die Tagsazung allein schließt Handelstractate und Verkommnisse über den auswärtigen Dienst ab. Sie bevollmächtigt die Kantone, wenn es der Fall ist, mit einer fremden Macht über andere Gegenstände besonders zu unterhandeln.

33. On ne peut, sans son consentement, recruter dans aucun canton pour une puissance étrangère.

34. La diète ordonne le contingent de troupes déterminé pour chaque canton par l'article 2; elle nomme le général qui doit les commander; et elle prend d'ailleurs toutes les mesures nécessaires pour la sûreté de la Suisse et pour l'exécution des autres dispositions de l'article premier. Elle a le même droit, si des troubles survenus dans un canton, menacent le repos des autres cantons.

35. Elle nomme et envoie les ambassadeurs extraordinaires.

36. Elle prononce sur les contestations qui surviennent entre les cantons, si elles n'ont pas été terminées par la voie de l'arbitrage. A cet effet, elle se forme en syndicat, à la fin de ses travaux ordinaires; mais alors chaque député a une voix, et il ne peut lui être donné d'instructions à cet égard.

37. Les procès-verbaux de la diète sont consignés dans deux registres, dont l'un reste au canton directeur; et l'autre, avec le sceau de l'état, est, à la fin de décembre, transporté au chef-lieu du canton directeur.

38. Un chancelier et un greffier nommés par la diète pour deux ans, et payés par le canton directeur, conformément à ce qui est réglé par la diète, suivent toujours le sceau et les registres.

33. Ohne ihre Einwilligung können in keinem Kantone Anwerbungen für eine auswärtige Macht statthaben.

34. Die Tagsazung befiehlt die Stellung des im zweiten Artikel für jeden Kanton festgesezten Truppencontingents; sie ernennt den General, der sie anführen soll, und trifft überdies alle nöthigen Verfügungen für die Sicherheit der Schweiz und für die Vollziehung der übrigen Vorschriften des ersten Artikels. Das nämliche Recht steht ihr zu, wenn der Ausbruch von Unruhen in einem Kanton die Ruhe der übrigen Kantone bedroht.

35. Sie hat die außerordentlichen Gesandten zu ernennen und abzusenden.

36. Sie entscheidet über Streitigkeiten, die zwischen den Kantonen entstehen, wenn dieselben auf dem Wege der Vermittlung nicht haben können beigelegt werden. Zu dem Ende bildet sie sich, nachdem ihre ordentlichen Geschäfte abgethan sind, in ein Syndicat, wobei jeder Deputirte dannzumal nur eine Stimme hat, und für seine daherigen Verrichtungen keine Instructionen erhalten kann.

37. Die Verhandlungen der Tagsazung werden in zwei Protokolle niedergeschrieben, von denen das eine dem Directorial-Kanton verbleibt und das andere zugleich mit dem Staatssiegel am Ende des December an den Hauptort des folgenden Directorial-Kantons gebracht wird.

38. Ein Kanzler und ein Staatsschreiber, welche die Tagsazung für zwei Jahre zu ernennen hat und die auf dem von ihr festgesezten Fuße von dem Directorial-Kanton besoldet werden, folgen jedesmal dem Staatssiegel und den Protokollen.

39. La constitution de chaque canton, écrite sur parchemin et scellée du sceau du canton, est déposée aux archives de la diète.

40. Le présent acte fédéral, ainsi que les constitutions particulières des dix-neuf cantons, abrogent toutes les dispositions antérieures qui y seraient contraires; et aucun droit, en ce qui concerne le régime intérieur des cantons et leur rapport entre eux, ne peut être fondé sur l'ancien état politique de la Suisse.

39. Die Verfassungsurkunde jedes Kantons, auf Pergament geschrieben und mit dem Kantonssiegel versehen, wird in den Archiven der Tagsazung niedergelegt.

40. Durch die gegenwärtige Bundesacte, so wie durch die besondern Verfassungen der neunzehn Kantone, werden alle frühern Verfügungen, die denselben zuwider laufen könnten, aufgehoben, und in Allem, was die innere Einrichtung der Kantone und ihre gegenseitigen Verhältnisse betrifft, können keine Rechte auf den ehemaligen politischen Zustand der Schweiz begründet werden.

Le Repos de la Suisse, le succès des nouvelles institutions qu'il s'agit de former, demandent que les opérations nécessaires pour les faire succéder à l'ordre de choses qui finit, et pour transmettre à de nouvelles magistratures le soin du bonheur public, soient garanties de l'influence des passions, exemptes de tout ce qui pourrait les animer et les mettre aux prises, exécutées avec modération, impartialité, sagesse. On ne peut espérer une marche convenable, que de commissaires nommés par l'acte de médiation même, et animés de l'esprit qui l'a dicté. – Par ces considérations, *nous*, en notre dite qualité et avec la réserve précédemment exprimée, *statuons* ce qui suit:

Die Ruhe der Schweiz und der Erfolg der neuen Einrichtungen, die in's Werk zu sezen sind, erfordern, daß die nothwendigen Vorkehren, um dieselben an die Stelle der zu Ende gehenden Ordnung der Dinge treten zu lassen, und um die Sorge für die öffentliche Wohlfahrt neuen Obrigkeiten zu übertragen, vor dem Einflusse der Leidenschaften bewahrt werden; daß Alles, was solche anreizen und aufregen kann, davon entfernt bleibe, und daß bei ihrer Vollziehung mit Mäßigung, Parteilosigkeit und Klugheit verfahren werde. Ein angemessener Gang dieses Geschäfts läßt sich aber nicht anders als von Committirten erwarten, deren Ernennung die Vermittlungsacte selbst übernimmt und die von dem nämlichen Geiste beseelt sind, der diese Vermittlung eingegeben hat. – Aus diesen Betrachtungen wird von uns, in der oben erwähnten Eigenschaft, und unter dem bereits ausgedrükten Vorbehalte, Folgendes festgesezt:

Article premier. Pour l'an 1803, le canton directeur est Fribourg.

Artikel 1. Für das Jahr 1803 ist Freiburg der Directorial-Kanton.

2. Le citoyen *Louis d'Affry* est landamman de la Suisse pour cette année, et revêtu de pouvoirs extraordinaires jusqu'à la réunion de la diète.

3. L'acte de médiation en original sera remis au landamman pour être par lui déposé aux archives du canton directeur.

4. Dans chaque canton, une commission de sept membres, dont un choisi par nous et six désignés par les dix députés nommés pour conférer avec nous, est chargée de mettre en activité la constitution et d'administrer provisoirement.

5. Ces commissions sont composées ainsi qu'il suit: (...)*

6. Le 10 mars prochain, le gouvernement central se dissoudra après avoir remis ses papiers et archives au landamman de la Suisse.

7. Chaque commission s'assemblera le 10 mars au chef-lieu du canton, et notifiera aussitôt sa réunion au préfet.

8. Dans les vingt-quatre heures qui suivront la notification, le préfet remettra à la commission les papiers de l'administration.

9. Dans les cas qui pourront exiger des instructions ou autorisations spéciales, les commissions s'adresseront au landamman de la Suisse.

2. Der Bürger *Ludwig von Affry* ist Landammann der Schweiz für dieses Jahr, und bis zur Zusammenkunft der Tagsazung mit außerordentlichen Vollmachten versehen.

3. Die Originalurkunde der Vermittlungs-Acte soll dem Landammann eingehändigt werden, um dieselbe in das Archiv des Directorial-Kantons niederzulegen.

4. In jedem Kanton wird eine Commission von sieben Mitgliedern, deren eines von uns gewählt und sechs von den zehn zur Unterhandlung ausgeschossenen Deputirten bezeichnet worden sind, beauftragt, die Verfassung in Ausübung zu sezen und den Kanton einstweilen zu verwalten.

5. Diese Commissionen sind zusammengesezt wie folgt: (...)*

6. Auf den 10. des nächstkünftigen Märzmonats wird sich die Central-Regierung auflösen, nachdem sie vorher ihre Schriften und Archive dem Landammann der Schweiz eingehändigt haben wird.

7. Jede Commission wird sich auf den 10. März am Hauptorte des Kantons versammeln und ihren Zusammentritt sogleich dem Regierungsstatthalter bekannt machen.

8. Inner 24 Stunden nach dieser Bekanntmachung wird der Regierungsstatthalter die auf die Verwaltung Bezug habenden Schriften der Commission überliefern.

9. In denjenigen Fällen, die besondere Instructionen oder Vollmachten erfordern könnten, werden sich die Commissionen an den Landammann der Schweiz wenden.

* Es folgen die Namen.

10. Le 15 avril, la constitution sera en activité; pour le 1ᵉʳ juin, chaque canton aura nommé ses députés à la diète et rédigé leurs instructions; et le premier lundi de juillet de la présente année, la diète se réunira.

11. Les affaires pendantes au tribunal suprême seront portées au tribunal d'appel du canton des parties. Le tribunal suprême cessera toute fonction le 10 mars.

12. Les troupes helvétiques aujourd'hui à la solde de la Suisse, qui ne seront pas employées au premier mai par les cantons, seront prises au service de France.

13. Il ne peut être dirigé de poursuites pour délits relatifs à la révolution, commis ou prétendus commis, soit par des particuliers, soit dans l'exercice de quelque fonction publique.

La Dissolution du gouvernement central et la réintégration de la souveraineté dans les cantons, exigeant qu'il soit pourvu à l'acquittement des dettes helvétiques et à la disposition des biens déclarés nationaux, *Nous*, en notre susdite qualité et avec la réserve précédemment exprimée, *statuons* ce qui suit:

Article premier. Les biens ci-devant appartenant aux couvents leur seront restitués, soit que ces biens soient situés dans le même canton ou dans un autre.

10. Auf den 15. April wird die Verfassung in Ausübung sein; auf den 1. Juni soll jeder Kanton seine Abgeordneten zur Tagsazung ernannt und ihre Instructionen abgefaßt haben, und am ersten Montag im Juli des gegenwärtigen Jahrs wird die Tagsazung zusammentreten.

11. Die bei dem obersten Gerichtshofe anhängig gebliebenen Geschäfte werden vor das Appellationsgericht des Kantons gebracht werden, in dem sich die Parteien befinden. Der oberste Gerichtshof wird seine Verrichtungen auf den 10. März einstellen.

12. Die helvetischen Truppen, die sich gegenwärtig im Solde der Schweiz befinden und auf den 1. Mai von den Kantonen nicht werden angestellt sein, sollen in den Dienst der fränkischen Republik angenommen werden.

13. Niemand kann für wirkliche oder vorgebliche Revolutionsverbrechen belangt werden, es mögen nun dieselben im Privatstande, oder während der Ausübung eines öffentlichen Amts begangen worden sein.

Da die Auflösung der Central-Regierung und die Wiederherstellung der Souveränetät in den Kantonen Vorkehrungen zu Tilgung der helvetischen Schulden und eine Verfügung über die als national erklärten Güter erheischen, so wird von Uns, in unserer oben erwähnten Eigenschaft und unter dem bereits ausgedrückten Vorbehalte, Folgendes festgesezt:

Artikel 1. Die Güter, die vormals den Klöstern zugehörten, sollen ihnen wieder zugestellt werden, sei es, daß diese Güter in dem nämlichen oder in einem andern Kanton gelegen seien.

2. L'administration des biens nationaux autres que ceux ci-devant appartenant à Berne dans les cantons de Vaud et d'Argovie, est provisoirement remise aux cantons auxquels ils ont appartenu. Les titres de créances de Berne seront provisoirement remis à trois commissaires nommés par les cantons de Berne, de Vaud et d'Argovie.

3. Dans chaque canton grevé de dettes antérieures à la révolution, il sera assigné un fonds pour leur hypothèque ou leur libération, sur ce qui restera du bien ci-devant appartenant au canton.

4. Il sera reconstitué pour chaque ville un revenu porportionné à ses dépenses municipales.

5. La dette nationale sera liquidée, et les créances constituées sur l'étranger au profit de quelques cantons, serviront d'abord au marc la livre à son extinction. Si la dette excède le montant desdites créances, l'excédant sera réparti entre les cantons, au prorata de ce qui leur restera de leurs ci-devant biens immeubles après l'acquittement des dettes cantonales antérieures à la révolution, et la recomposition du patrimoine des villes.

6. Les biens meubles et immeubles qui resteront après la formation du fonds communal, l'acquittement de la dette cantonale et nationale, rentreront dans la propriété des cantons auxquels ils ont appartenu. Ceux qui resteront dans les cantons de Vaud et d'Argovie, leur appartiendront. Ce qui pourra rester des créances de Berne sera distribué

2. Die Verwaltung der National-Güter, mit Ausnahme derjenigen in den Kantonen Waadt und Aargau, die vormals Bern zugehörten, wird vorläufig den Kantonen überlassen, deren Eigenthum sie waren; die Berner Schuldtitel sollen einstweilen dreien von den Kantonen Bern, Waadt und Aargau ernannten Commissarien eingehändigt werden.

3. In jedem Kanton, der mit Schulden belastet ist, die aus der Zeit vor der Revolution herstammen, soll aus dem übrig bleibenden ehemaligen Kantonal-Vermögen zu ihrem Unterpfande oder für ihre Abführung ein Fond angewiesen werden.

4. Für jede Stadt soll ein mit ihren örtlichen (Municipal-)Ausgaben verhältnißmässiges Einkommen wieder errichtet werden.

5. Die National-Schuld soll liquidirt und die von einigen Kantonen besessenen Schuldtitel auf das Ausland sollen vor Allem aus und nach einer gleichmäßigen Vertheilung zu ihrer Tilgung verwendet werden. Wenn die Schuld den Betrag dieser Titel übersteigt, so soll der Überschuß auf die Kantone vertheilt werden, und zwar nach Maaßgabe derjenigen ehemaligen unbeweglichen Güter, die nach Abführung der vor der Revolution entstandenen Kantonal-Schulden, und nach der Wiedererrichtung eines Eigenthums für die Städte, ihnen übrig bleiben.

6. Die beweglichen und unbeweglichen Güter, die nach der Wiedererrichtung des (in den obigen Artikeln vermeldeten) Gemeineigenthums und nach Bezahlung der Kantonal- und National-Schulden übrig bleiben, fallen den Kantonen, denen sie ehemals zugehört haben, wieder anheim. Diejenigen, die in den Kantonen Waadt und Aargau übrig blei-

également entre les cantons de Berne, de Vaud et d'Argovie.

7. Une commission composée de cinq membres, savoir des citoyens *Stapfer*, ministre de la République helvétique; *Kuster*, ex-ministre des finances; *Raemy*, ancien chancelier de Fribourg et membre actuel de la chambre administrative; *Sulzer*, de Winterthur, député helvétique; *Laurent Mayr*, de Lucerne, président de la chambre administrative, vérifiera les besoins des municipalités, déterminera l'étendue de leurs besoins et les fonds nécessaires pour reconstituer leur revenu, liquidera les dettes des cantons, liquidera la dette nationale, assignera à chaque dette le fonds nécessaire pour asseoir l'hypothèque ou opérer la libération, et déterminera les biens qui rentreront dans la propriété de chaque canton.

8. Elle publiera son travail sur les dettes le 10 mai, et sur les revenus des villes et patrimoine des cantons le 10 juin; elle enverra de suite chaque travail au premier landamman de la Suisse et à chaque canton pour en faire exécuter les résultats.

9. La commission se réunira au chef-lieu du canton directeur et y demeurera jusqu'à la fin de son travail.

Le présent acte; résultat de longues conférences entre des esprits sages et amis du bien, nous a paru contenir les dispositions les plus propres à assurer la pacification et le

ben, fallen diesen Kantonen zu. Was von den bernischen Schuldtiteln allfällig übrig bleibt, soll gleichmäßig unter die Kantone Bern, Waadt und Aargau vertheilt werden.

7. Eine Commission von fünf Mitgliedern, nämlich den Bürgern *Stapfer*, Minister der helvetischen Republik; *Custer*, gewesenem Finanzminister; *Rämy*, ehemaligem Kanzler von Freiburg, und gegenwärtigem Mitgliede der Verwaltungskammer; *Sulzer* von Winterthur, helvetischem Deputirten, und *Lorenz Mayr* von Lucern, Präsident der Verwaltungskammer,: wird die Bedürfnisse der Municipalitäten untersuchen; den Umfang derselben und die zur Wiedererrichtung ihres Einkommens nöthigen Fonds bestimmen; die Kantonal- und National-Schulden liquidiren; für jede Schuld die zu ihrer unterpfändlichen Versicherung oder zu ihrer Tilgung erforderlichen Fonds anweisen, und endlich entscheiden, welche Güter jedem Kantone wieder eigenthümlich zufallen sollen.

8. Sie wird ihre Arbeiten über die Schulden den 10.Mai, und diejenigen über die Einkünfte der Städte und das Eigenthum der Kantone den 10.Juni bekannt machen; jede derselben wird sie sogleich dem Landammann der Schweiz und jedem einzelnen Kantone mittheilen, um deren Resultate in Vollziehung zu sezen.

9. Die Commission wird an dem Hauptorte des Directorial-Kantons zusammentreten und bis zu Beendigung ihrer Arbeiten daselbst verweilen.

Die gegenwärtige Acte, als das Resultat einer langen Erörterung zwischen klugen und wohlgesinnten Männern, schien uns die angemessensten Verfügungen für die Herstel-

187

bonheur des Suisses. Aussitôt qu'elles seront exécutées, les troupes françaises seront retirées.

Nous reconnaissons l'Helvétie, constituée conformément au présent acte, comme puissance indépendante.

Nous garantissons la constitution fédérale, et celle de chaque canton, contre les ennemis de la tranquillité de l'Helvétie, quels qu'ils puissent être, et nous promettons de continuer les relations de bienveillance, qui, depuis plusieurs siècles, ont uni les deux nations.

Fait et donné à Paris, le 30 pluviôse an XI (19 février 1803).

lung des Friedens und die Gründung der öffentlichen Wohlfahrt in der Schweiz zu enthalten. Sobald dieselben zur Ausführung gekomken sein werden, sollen die fränkischen Truppen zurükgezogen werden.

Wir erkennen Helvetien, nach der in der gegenwärtigen Acte aufgestellten Verfassung, als eine unabhängige Macht.

Wir garantieren die Bundesverfassung und die eines jeden Kantons gegen alle Feinde der Ruhe Helvetiens, wer sie immer auch sein mögen, und wir verheißen, die freundschaftlichen Verhältnisse, die seit mehreren Jahrhunderten beide Nationen verbunden haben, fernerhin fortzusezen.

Also geschehen und gegeben zu Paris, den 30. Pluviose, im Jahr XI (19. Februar 1803).

17. Traité d'alliance défensive entre la République française et la Suisse

Du 27 septembre 1803

Le premier Consul de la République française, au nom du Peuple français, et la *Diète Helvétique*, au nom des dix-neuf Cantons suisses, également animés du désir de resserrer les liens d'amitié qui subsistent entre les deux nations et de rétablir les conditions de l'alliance qui les a constamment unies, sur des bases plus favorables à la Suisse, mieux adaptées a son organisation fédérale, et qui aient pour unique but l'utilité, la défense et la sûreté mutuelle, sans tendre à l'offense de qui que ce soit.

Le premier Consul de la République française, au nom du Peuple français, a nommé pour négocier et conclure un nouveau traité d'alliance défensive, avec les députés désignés à cet effet par la Diète suisse, le Général *Ney*, Ministre plénipotentiaire en Suisse, et ce Ministre et les députés nommés par la Diète, *Louis d'Affry*, Landammann de la Suisse et Avoyer de Fribourg; *Jean Reinhard*, Bourguemaître de Zurich et député de son Canton; *Frédérich Freudenreich*, Conseiller d'Etat de Berne et député de son Canton; *Emanuel Jauch*, Banneret et député d'Uri; *Charles Müller-Friedberg*, Conseiller d'Etat de St. Gall et député de son Canton; *Jacques Zellweguer*, Landammann d'Appenzell et député de son Canton; et *François Antoine Wursch*, Landammann d'Unterwald le bas et Conseiller de légation de son Canton, après avoir échangé leurs pleins-pouvoirs, sont convenus des articles suivants.

Art. 1. Il y aura à perpétuité paix et amitié entre la République française et la Suisse, et une alliance défensive entre les deux nations qui durera cinquante ans.

La paix perpétuelle de 1516, étant la base fondamentale des alliances faites depuis cette époque entre les deux Etats, est rappelée dans le présent traité de la manière la plus expresse, ainsi que l'acte de médiation du 30 Pluviose an 11 (19 février 1803).

Art. 2. L'un des effets de cette alliance étant d'empêcher qu'il ne soit porté atteinte à l'indépendance et à la sûreté de la Suisse, la République française promet d'employer constamment ses bons offices pur lui procurer sa neutralité, et pur lui assurer la jouissance de ses droits envers les autres puissances.

La République française s'engage, dans le cas où la Suisse ou une partie quelconque de la Suisse serait attaquée, de la défendre et de l'aider de ses forces et à ses frais, mais seulement sur la réquisition formelle de la Diète helvétique.

Art. 3. Si le territoire continental de la République française, tel qu'il est aujourd'hui, était attaqué ou envahi, et si le Gouvernement français jugeait qu'il a besoin pour le défendre d'un plus grand nombre de troupes suisses que celles qu'il aura à son service, d'après la capitulation conclue avec la Diète de la Suisse, sous la date du présent traité, les Cantons promettent et s'engagent d'accorder dix jours après la réquisition, qui leur en sera faite par le Gouvernement français, une nouvelle levée de gens volontaires et engagés de leur bon gré; le cas toutefois réservé, où la Suisse serait elle-même en guerre, ou dans un péril imminent d'être attaquée.

Cette nouvelle levée, qui sera faite aux dépens du Gouvernement français, ne pourra excéder huit mille hommes, qui ne seront employés que pour la défense du territoire continental de la République française.

Cette levée ne pourra être faite dans le même moment que celle des 5mes bataillons capitulés.

Art. 4. Les huit mille hommes stipulés dans l'article précédent, seront organisés et traités à tous égards comme les autres régiments suisses, qui serviront alors par capitulation, et ils jouiront comme eux du libre exercice de la religion et de la justice.

Après la guerre, ce corps de troupes sera renvoyé dans son pays, et il recevra un mois de solde à compter du jour de la rentrée en Suisse.

Art. 5. Il ne sera accordé par l'une des deux puissances contractantes aucun passage sur son territoire aux ennemis de l'autre puissance. Elles s'y opposeront même à main armée s'il est nécessaire. Ce présent traité, absolument défensif, ne doit d'ailleurs préjudicier ni déroger en rien à la neutralité des parties.

Art. 6. L'une des deux puissances contractantes ne pourra pas, après avoir requis les secours de son allié, conclure de paix à son insu, et elle devra le comprendre dans ses traités de trêve ou de pacification, dans le cas où il l'aurait demandé.

Art. 7. Les parties contractantes s'engagent à ne faire aucun traité, convention ou capitulation contraires au présent traité d'alliance.

Les capitulations conclues ou à conclure avec les Républiques italienne et batave, ainsi qu'avec sa Majesté Catholique et le Saint Siège, en les renfermant dans les clauses du présent article, sont expressément réservées.

Art. 8. Pour éviter à l'avenir toute discussion territoriale, il sera procédé à une rectification de limites entre la France et les Cantons adjacents, duement autorisés par la Diète. On prendra pour base l'état actuel des frontières, et pour les changements qui seront trouvés nécessaires, afin de faciliter aux deux pays le service des douanes, et d'assurer la liberté des communications, on cherchera à rendre les compensations aussi justes que convenables.

Art. 9. Le Gouvernement français accordera l'extraction de ses salines pour tous les sels dont la Suisse aura besoin. Cette extraction et le transport continueront à être exempts de toutes espèces d'impôts.

De son côté la Suisse s'engage à prendre tous les ans deux cent mille quintaux de sel de France. Les prix et les conditions de livraison, ainsi que le mode de paiement seront fixé de gré à gré entre les Cantons et la régie des sels; mais ces prix ne pourront jamais être plus forts pour la Suisse que pour les Français eux-mêmes.

Art. 10. De même il sera accordé depuis le douze Prairial jusqu'au vingt-quatre Brumaire de chaque année (du 1er juin au 15 novembre) à tous les habitants Suisses des Cantons limitrophes de la France la libre importation des denrées provenant des bienfonds dont ils seraient propriétaires sur le territoire de la République française, à une lieue des frontières respectives, et réciproquement en faveur des Français qui auraient des propriétés foncières en Suisse.

L'exportation et l'importation de ces denrées territoriales seront libres et exemptes de tous droits, lorsque les propriétaires respectifs auront rempli les formalités exigées par les autorités compétentes des deux puissances.

Art. 11. Pour faciliter les relations commerciales des deux puissances, on conviendra des mesures nécessaires pour établir une communication par eau depuis le lac de Genève jusqu'au Rhin, et depuis Genève jusqu'à la partie du Rhône qui est navigable. Les travaux pour cet effet seront entrepris à la même époque.

Art. 12. Les citoyens des deux Républiques seront respectivement traités, sous le rapport du commerce et des droits d'importation, d'exportation et de transit, sur le même pied que ceux des nations les plus favorisées, et il sera fait dans le plus court délai possible un règlement commercial, qui sera ajouté au présent traité, en forme d'articles supplémentaires.

Il ne pourra être exigé des Français qui formeront un établissement en Suisse ou qui voudraient y exercer un genre d'industrie que la loi permet aux nationaux, aucun droit ou condition pécuniaire plus onéreux qu'on ne l'exige pour l'établissement des nationaux euxmêmes. Ils pourront aller et venir en Suisse, munis de passeports en formes, et s'y établir, après avoir produit à la Légation française en Suisse des certificats de bonne conduite et moeurs, ainsi que les autres attestations nécessaires pour obtenir d'être immatriculés. On suivra à l'égard de leurs personnes et de leurs propriétés les mêmes lois et usages qu'envers les nationaux.

Les Suisses jouiront en France des mêmes avantages.

Art. 13. Dans les affaires litigieuses, personnelles ou de commerce, qui ne pourront se terminer à l'amiable, ou sans la voie des tribunaux, le demandeur sera obligé de poursuivre son action directement devant les juges naturels du défendeur, à moins que les parties ne soient présentes dans le lieu même où le contract a été stipulé, ou qu'elles ne fussent convenues des juges, par devant lesquels elles se seraient engagées à discuter leurs difficultés.

Dans les affaires litigieuses, ayant pour objet des propriétés foncières, l'action sera suivie par devant le tribunal ou magistrat du lieu où la dite propriété est située. Les contestations qui pourraient s'élever entre les héritiers d'un Français mort en Suisse, à raison de la succession, seront portées devant le juge du domicile que le Français avait en France. Il en sera usé de même à l'égard des contestations qui pourraient s'élever entre les héritiers d'un Suisse mort en France.

Art. 14. Il ne sera exigé des Français qui auraient à poursuivre une action en Suisse, et des Suisses qui auraient une action à poursuivre en France, aucuns droits, caution ou dépôt auxquels ne seraient pas soumis les nationaux eux-mêmes, conformément aux lois de chaque endroit.

Art. 15. Les jugements définitifs en matière civile, ayant force de chose jugée, rendus par les tribunaux français, seront exécutoires en Suisse, et réciproquement, après qu'ils auront été légalisés par les Envoyés respectifs, ou à leur défaut par les autorités compétentes de chaque pays.

Art. 16. En cas de faillite ou de banqueroute de la part de Français possédant des biens en France, s'il y a des créanciers suisses et des créanciers français, les créanciers suisses qui se seraient conformés aux lois françaises pour la sûreté de leurs hypothèques, seront payés sur les dits biens, comme les créanciers hypothécaires français, suivant l'ordre de leur hypothèque; et réciproquement, si des Suisses possédant des biens dans la République helvétique se trouvaient avoir des créanciers français et des créanciers suisses, les créanciers français qui se seraient conformés aux lois suisses pour la sûreté de leur hypothèque en Suisse, seront colloqués sans distinction avec les créanciers suisses, suivant l'ordre de leur hypothèque.

Quant aux simples créanciers, ils seront aussi traités également, sans considérer à laquelle des deux Républiques ils appartiennent; mais toujours conformément aux lois de chaque pays.

Art. 17. Dans toutes les procédures criminelles pour délits graves, dont l'instruction se fera soit devant les tribunaux français, soit devant ceux de Suisse, les témoins suisses qui seront cités à comparaître en personne en France, et les témoins français qui seront cités à comparaître en personne en Suisse, seront tenus de se transporter près le tribunal qui les aura appelés, sous les peines déterminées par les lois respectives des deux nations. Les deux Gouvernements accorderont dans ce cas aux témoins les passeports nécessaires, et ils se concerteront pour fixer l'indemnité et l'avance préalable qui seront dues à raison de la distance et du séjour; mais si le témoin se trouvait complice, il serait renvoyé par devant son juge naturel, aux frais du Gouvernement qui l'aurait appelé.

Art. 18. Si les individus qui seraient déclarés juridiquement coupables de crimes d'Etat, assassinats, empoisonnements, incendies, faux sur des actes publics, fabrication de fausse monnaie, vols avec violence ou effraction, ou qui seraient poursuivis comme tels, en vertu des mandats décernés par l'autorité légale, se réfugiaient d'un pays dans l'autre, leur extradition sera accordée à la première réquisition. Les choses volées dans l'un des deux pays, et déposées dans l'autre, seront fidèlement restituées, et chaque Etat supportera jusqu'aux frontières de son territoire les frais d'extradition et de transport.

Dans le cas de délits moins graves, mais qui peuvent emporter peine afflictive, chacun des deux Etats s'engage, indépendamment des restitutions à opérer, à punir lui-même le délinquant, et la sentence sera communiquée à la Légation française en Suisse, si c'est un citoyen français, et respectivement à l'Envoyé helvétique à Paris, ou à son défaut au Landammann de la Suisse, si la punition pesait sur un citoyen suisse.

Art. 19. Pour prévenir les délits de contrebande et la dégradation des forêts voisines des frontières, les administrations des douanes et les agences forestières qui seront organisées dans les Cantons suisses limitrophes, se concerteront avec celles de France, et conviendront sous l'autorisation de leurs Gouvernements respectifs des mesures à prendre pur unir leurs moyens de surveillance et pour se soutenir réciproquement.

Art. 20. Si par la suite on reconnaissait que quelques articles du présent traité auraient besoin d'éclaircissements, il est expressément convenu, que les parties contractantes se concerteront pour régler à l'amiable les articles sujets à interprétation.

Art. 21. Les ratifications du présent traité d'alliance défensive, ainsi arrêté et conclu, seront échangées à Fribourg d'ici au neuf Brumaire an douze (1er novembre 1803) et plus tôt si faire se peut.

Ce traité a été rédigé en français, et il en a été fait deux doubles d'une même forme et teneur, l'un en langue française et l'autre en langue française et allemande.

En foi de quoi nous Ministre plénipotentiaire de la République française, et les députés nommés à cet effet par la Diète helvétique, avons signé à Fribourg, le quatre Vendémiaire an douze de la République française (vingt-sept Septembre 1803).

V. RESTAURATIONSZEIT 1814–1830

18. Bundesvertrag zwischen den XXII Kantonen der Schweiz
Pacte fédéral entre les XXII Cantons de la Suisse

Vom 7. August 1815 / Du 7 août 1815

Im Namen Gottes
des Allmächtigen!

§ 1. Die XXII souveränen Kantone der Schweiz, als *Zürich, Bern, Lucern, Uri, Schwyz, Unterwalden, Glarus, Zug, Freiburg, Solothurn, Basel, Schaffhausen. Appenzell beider Rhoden, St. Gallen, Graubünden, Aargau, Thurgau, Tessin, Waadt, Wallis, Neuenburg* und *Genf,* vereinigen sich durch den gegenwärtigen Bund zur Behauptung ihrer Freiheit, Unabhängigkeit und Sicherheit gegen alle Angriffe fremder Mächte, und zur Handhabung der Ruhe und Ordnung im Innern. Sie gewährleisten sich gegenseitig ihre Verfassungen, sowie dieselben von den obersten Behörden jedes Kantons, in Übereinstimmung mit den Grundsäzen des Bundesvertrags, werden angenommen worden sein. Sie gewährleisten sich gegenseitig ihr Gebiet.

§ 2. Zu Handhabung dieser Gewährleistung und zu Behauptung der Neutralität der Schweiz wird aus der waffenfähigen Mannschaft eines jeden Kantons, nach dem Verhältniß von 2 Mann auf 100 Seelen Bevölkerung, ein Contingent gebildet. Die Truppen werden von den Kantonen geliefert wie folgt:

Zürich	3858 Mann
Bern	4584 Mann
Lucern	1734 Mann
Uri	236 Mann
Schwyz	602 Mann

Au nom du Tout-Puissant!

§ 1. Les XXII Cantons souverains de la Suisse, savoir: *Zurich, Berne, Lucerne, Ury, Schwytz, Unterwalden, Glaris, Zug, Fribourg, Soleure, Bâle, Schaffhouse, Appenzell des deux Rhodes, St.-Gall, Grisons, Argovie, Thurgovie, Tessin, Vaud, Valais, Neuchâtel* et *Genève,* se réunissent, par le présent Pacte fédéral, pour le maintien de leur liberté et de leur indépendance contre toute attaque de la part de l'étranger, ainsi que pour la conservation de l'ordre et de la tranquillité dans l'intérieur. Ils se garantissent réciproquement leurs Constitutions, telles qu'elles auront été statuées par l'Autorité suprême de chaque Canton, en conformité avec les principes du pacte fédéral. Ils se garantissent de même réciproquement leur territoire.

§ 2. Pour assurer l'effet de cette garantie et pour soutenir efficacement la neutralité de la Suisse, un contingent de troupes sera formé des hommes habiles au service militaire, dans chaque Canton, dans la proportion de deux soldats sur cent ames. Ces troupes seront fournies par les Cantons comme suit:

Zurich	3858 hommes
Berne	4584 hommes
Lucerne	1734 hommes
Ury	236 hommes
Schwytz	602 hommes

Unterwalden	382 Mann		Unterwalden	382 hommes
Glarus	482 Mann		Glaris	482 hommes
Zug	250 Mann		Zug	250 hommes
Freiburg	1240 Mann		Fribourg	1240 hommes
Solothurn	904 Mann		Soleure	904 hommes
Basel	818 Mann		Bâle	818 hommes
Schaffhausen	466 Mann		Schaffhouse	466 hommes
Appenzell	972 Mann		Appenzell	972 hommes
St. Gallen	2630 Mann		St.-Gall	2630 hommes
Graubünden	2000 Mann		Grisons	2000 hommes
Aargau	2410 Mann		Argovie	2410 hommes
Thurgau	1670 Mann		Thurgovie	1670 hommes
Tessin	1804 Mann		Tessin	1804 hommes
Waadt	2964 Mann		Vaud	2964 hommes
Wallis	1280 Mann		Valais	1280 hommes
Neuenburg	1000 Mann		Neuchâtel	1000 hommes
Genf	600 Mann		Genève	600 hommes
Total	32886 Mann		Total	32886 hommes

Diese vorläufig angenommene Scala soll von der nächst bevorstehenden ordentlichen Tagsazung durchgesehen und nach obigem Grundsaz berichtigt werden.

§ 3. Die Geldbeiträge, zu Bestreitung der Kriegskosten und anderer Ausgaben des Bundes, werden von den Kantonen nach folgendem Verhältniß entrichtet:

Cette échelle est adoptée provisoirement. On en fera la révision à la première Diète ordinaire, en prenant pour base le principe de proportion indiqué ci-dessus.

§ 3. Les contingens en argent pour les frais de guerre et autres dépenses générales de la Confédération seront payés par les Cantons dans la proportion suivante:

Zürich	77 153 Franken		Zurich	77 153 francs
Bern	91 695 Franken		Berne	91 695 francs
Lucern	26 016 Franken		Lucerne	26 016 francs
Uri	1 184 Franken		Ury	1 184 francs
Schwyz	3 012 Franken		Schwytz	3 012 francs
Unterwalden	1 907 Franken		Unterwalden	1 907 francs
Glarus	4 823 Franken		Glaris	4 823 francs
Zug	2 497 Franken		Zug	2 497 francs
Freiburg	18 591 Franken		Fribourg	18 591 francs
Solothurn	18 097 Franken		Soleure	18 097 francs
Basel	20 450 Franken		Bâle	20 450 francs
Schaffhausen	9 327 Franken		Schaffhouse	9 327 francs
Appenzell	9 728 Franken		Appenzell	9 728 francs
St. Gallen	39 451 Franken		St.-Gall	39 451 francs
Graubünden	12 000 Franken		Grisons	12 000 francs
Aargau	52 212 Franken		Argovie	52 512 francs
Thurgau	25 052 Franken		Thurgovie	25 052 francs
Tessin	18 039 Franken		Tessin	18 039 francs
Waadt	59 273 Franken		Vaud	59 273 francs
Wallis	9 600 Franken		Valais	9 600 francs

Neuenburg	25 000 Franken
Genf	15 000 Franken
Total:	540 107 Franken

Diese Vertheilung der Geldbeiträge soll ebenfalls durch die nächst bevorstehende ordentliche Tagsazung durchgesehen, und mit Rüksicht auf die Beschwerden einiger Kantone berichtigt werden. Eine ähnliche Revision soll späterhin, wie für die Mannschaftscontingente, von 20 zu 20 Jahren statthaben.

Zu Bestreitung der Kriegskosten soll überdieß eine gemeineidgenössische Kriegscasse errichtet werden, deren Gehalt bis auf den Betrag eines doppelten Geldcontingents anwachsen soll.

Diese Kriegscasse soll ausschließlich nur zu Militärkosten bei eidgenössischen Auszügen angewendet und in sich ergebenden Fällen die eine Hälfte der Ausgaben durch Einziehung eines Geldcontingents nach der Scala bestritten und die andere Hälfte aus der Kriegscasse bezahlt werden.

Zu Bildung dieser Kriegscasse soll eine Eingangsgebühr auf Waaren gelegt werden, die nicht zu den nothwendigsten Bedürfnissen gehören.

Diese Gebühren werden die Grenzkantone beziehen und der Tagsazung alljährlich darüber Rechnung ablegen.

Der Tagsazung wird überlassen, sowohl den Tarif dieser Eingangsgebühr festzusezen, als auch die Art der Rechnungsführung darüber, und die Maßnahmen zur Verwahrung der bezogenen Gelder, zu bestimmen.

§ 4. Im Fall äußerer oder innerer Gefahr hat jeder Kanton das Recht, die Mitstände zu getreuem Aufsehen aufzufordern. Wenn in einem Kanton Unruhen ausbrechen, so mag

Neuchâtel	25 000 francs
Genève	15 000 francs
Total:	540 107 francs

Cette échelle de proportion devra également être revue et corrigée par la prochaine Diète ordinaire, qui aura égard autant que possible, aux réclamations formées par quelques Cantons. Une révision semblable aura lieu dans la suite, ainsi que pour les contingens de troupes, tous les 20 ans.

Pour subvenir aux dépenses de guerre, il sera de plus formé une caisse militaire, dont les fonds doivent s'élever jusques au double du contingent d'argent.

Cette caisse doit être exclusivement employée au paiement des frais de guerre, lorsque la Confédération fait une levée de troupes; le cas échéant, la moitié des dépenses sera payée au moyen de la perception d'un contingent d'argent, selon l'échelle de proportion, et l'autre moitié sera prise dans la caisse de guerre.

Pour former cette caisse, il sera établi un droit d'entrée sur les marchandises, qui ne sont pas des objets de première nécessité.

Les Cantons frontières perçoivent ces droits et en rendent compte chaque année à la Diète.

La Diète fixe le tarif et règle le mode de comptabilité. Elle fait les dispositions nécessaires pour la conservation des fonds de la caisse de guerre.

§ 4. Chaque Canton, menacé au dehors ou dans son intérieur, a le droit d'avertir ses co-états de se tenir prêts à lui fournir l'assistance fédérale. Des troubles venant à éclater

die Regierung andere Kantone zur Hülfe mahnen, doch soll sogleich das Vorort davon benachrichtigt werden; bei fortdauernder Gefahr wird die Tagsazung, auf Ansuchen der Regierung, die weitem Maßregeln treffen.

Im Fall einer plötzlichen Gefahr von Außen mag zwar der bedrohte Kanton andere Kantone zur Hülfe mahnen, doch sogleich soll das Vorort davon in Kenntniß gesezt werden; diesem liegt ob, die Tagsazung zu versammeln, welcher alle Verfügungen zur Sicherung der Eidgenossenschaft zustehen.

Der oder die gemahnten Kantone haben die Pflicht, dem mahnenden Hülfe zu leisten.

Im Fall äußerer Gefahr werden die Kosten von der Eidgenossenschaft getragen, bei innern Unruhen liegen dieselben auf dem mahnenden Kanton, es wäre denn Sache, daß die Tagsazung wegen besondern Umständen eine andere Bestimmung treffen würde.

§ 5. Alle Ansprüche und Streitigkeiten zwischen den Kantonen über Gegenstände, die nicht durch den Bundesvertrag gewährleistet sind, werden an das eidgenössische Recht gewiesen. Der Gang und die Form dieser Rechtshandlung sind folgendermaßen festgesezt:

Jeder der zwei streitenden Kantone wählt aus den Magistratspersonen anderer Kantone zwei, oder, wenn die Kantone darüber einig fallen, einen Schiedsrichter.

Wenn die Streitsache zwischen mehr als zwei Kantonen obwaltet, so wird die bestimmte Zahl von jeder Partei gewählt.

Diese Schiedsrichter vereint trachten den Streit in der Minne und auf dem Pfad der Vermittlung beizulegen.

dans l'intérieur d'un Canton, le Gouvernement peut appeler d'autres Cantons à son secours, en ayant soin toutefois, d'en informer aussitôt le Canton directeur. Si le danger continue, la Diète, sur la demande du Gouvernement, prendra les déterminations ultérieures.

Dans le cas d'un danger subit, provenant du dehors, le Canton menacé peut requérir le secours d'autres Cantons; mais il en donnera immédiatement connaissance au Canton directeur. Il appartient à celui-ci de convoquer la Diète, laquelle fait alors toutes les dispositions que la sûreté de la Suisse exige.

Le Canton ou les Cantons requis ont l'obligation de prêter secours au Canton requérant.

Dans le cas de danger extérieur, les frais sont supportés par la Confédération. Ils sont à la charge du Canton requérant, s'il s'agit de reprimer des troubles intérieurs, à moins que, dans des circonstances particulières, il n'en soit autrement déterminé par la Diète.

§ 5. Toutes les prétentions et contestations qui s'éleveraient entre les Cantons sur les objets non compris dans la garantie du Pacte d'union, seront soumis au droit confédéral; la manière de procéder et la forme de droit sont réglés de la manière suivante:

Chacune des parties choisit entre les Magistrats d'autres Cantons deux arbitres, ou, si elles en sont d'accord, un seul arbitre.

Si le différent existe entre plus de deux Cantons, chaque partie choisira le nombre d'arbitres déterminé.

Ces arbitres réunis cherchent à terminer le différent à l'amiable et par la voie de la conciliation.

Kann dieses nicht erreicht werden, so wählen die Schiedsrichter einen Obmann aus den Magistratspersonen eines in der Sache unpartheiischen Kantons, und aus welchem nicht bereits einer der Schiedsrichter gezogen ist.

Sollten die Schiedsrichter sich über die Wahl des Obmanns nicht vereinigen können und einer der Kantone darüber Beschwerde führen, so wird der Obmann von der Tagsazung gesezt, wobei aber die im Streit stehenden Kantone kein Stimmrecht haben; der Obmann und die Schiedsrichter versuchen nochmals, den Streit durch Vermittlung auszugleichen, oder entscheiden, im Fall allseitiger Übergabe. durch Compromißspruch; geschieht aber keines von beiden, so sprechen sie über die Streitsachen, nach den Rechten, endlich ab.

Der Spruch kann nicht weiter gezogen werden und wird erforderlichen Falls durch Verfügung der Tagsazung in Vollziehung gesezt.

Zu gleicher Zeit mit der Hauptsache soll auch über die Kosten, bestehend in den Auslagen der Schiedsrichter und des Obmanns, entschieden werden.

Die nach obigen Bestimmungen gewählten Schiedsrichter und Obmänner werden von ihren Regierungen des Eides für ihren Kanton, in der obwaltenden Streitsache, entlassen. Bei allen vorfallenden Streitigkeiten sollen die betreffenden Kantone sich jeder gewaltsamen Maßregel, oder sogar Bewaffnung enthalten, den in diesem Artikel festgesezten Rechtspfad genau befolgen und dem Spruch in allen Theilen Statt thun.

§ 6. Es sollen unter den einzelnen Kantonen keine dem allgemeinen Bund oder den Rechten anderer Kantone nachtheilige Verbindungen geschlossen werden.

S'ils ne peuvent y parvenir, les arbitres choisiront un sur-arbitre entre les Magistrats d'un Canton impartial dans l'affaire, et d'où l'on n'aurait pas déjà pris l'un des arbitres.

Si les arbites ne peuvent absolument s'accorder sur le choix d'un sur-arbitre, et que l'un des Cantons vienne à s'en plaindre, le sur-arbitre est nommé par la Diète; mais dans ce cas, les Cantons qui sont en différent, n'ont pas droit de voter. Le sur-arbitre et les arbitres essayent encore d'accorder le différent, ou bien, si les parties s'en remettent à eux, ils décident par compromis. Aucun des deux cas ci-dessus n'échéant, ils prononcent définitivement sur la contestation, selon droit.

Il ne peut être interjeté appel de cette sentence, et la Diète, en cas de besoin, la fait exécuter.

La question des frais, savoir les déboursés des arbitres et du sur-arbitre, doit être décidée en même temps que la question principale.

Les arbitres et sur-arbitres, nommés d'après les dispositions ci-dessus, seront déliés par leur Gouvernement, pour le différent dont il s'agit, du serment qu'ils ont prêté à leur Canton. Dans les différens quelconques qui viendraient à s'élever entre les Cantons, ceux-ci s'abstiendront de toutes voies de fait, à plus forte raison de l'emploi des armes, et se conformeront en tout à la décision rendue.

§ 6. Les Cantons ne peuvent former entre eux de liaisons préjudiciables au Pacte fédéral, ni aux droits des autres Cantons.

§ 7. Die Eidgenossenschaft huldigt dem Grundsaz, daß so wie es, nach Anerkennung der XXII Kantone, keine Unterthanenlande mehr in der Schweiz gibt, so könne auch der Genuß der politischen Rechte nie das ausschließliche Privilegium einer Classe der Kantonsbürger sein.

§ 8. Die Tagsazung besorgt, nach den Vorschriften des Bundesvertrags, die ihr von den souveränen Ständen übertragenen Angelegenheiten des Bundes. Sie besteht aus den Gesandten der XXII Kantone, welche nach ihren Instructionen stimmen. Jeder Kanton hat eine Stimme, welche von einem Gesandten eröffnet wird. Sie versammelt sich in der Hauptstadt des jeweiligen Vororts, ordentlicher Weise alle Jahre am ersten Montag im Heumonat, außerordentlicher Weise, wenn das Vorort dieselbe ausschreibt, oder auf das Begehren von fünf Kantonen.

Der im Amt stehende Bürgermeister oder Schultheiß des Vororts führt den Vorsiz.

Die Tagsazung erklärt Krieg und schließt Frieden; sie allein errichtet Bündnisse mit auswärtigen Staaten; doch sind für diese wichtigen Verhandlungen drei Viertheile der Kantonsstimmen erforderlich. In allen übrigen Verfügungen, die durch den gegenwärtigen Bund der Tagsazung übertragen sind, entscheidet die absolute Mehrheit.

Handelsverträge mit auswärtigen Staaten werden von der Tagsazung geschlossen.

Militär-Capitulationen und Verträge über öconomische und Polizeigegenstände mögen von einzelnen Kantonen mit auswärtigen Staaten geschlossen werden. Sie sollen aber weder dem Bundesverein, noch bestehenden Bündnissen, noch verfassungsmäßigen Rechten anderer

§ 7. La Confédération consacre le principe, que comme, après la reconnaissance des XXII Cantons, il n'existe plus en Suisse de pays sujets, de même aussi la jouissance des droits politiques ne peut jamais, dans aucun Canton, être un privilège exclusif en faveur d'une classe des citoyens.

§ 8. La Diète dirige, d'après les dispositions du Pacte fédéral, les affaires générales de la Confédération. Elle est composée des députés des XXII Cantons, qui votent d'après les instructions de leurs Gouvernemens. Chaque Canton a une voix. Elle se rassemble dans le chef-lieu du Canton directeur, en session ordinaire, toutes les années, le premier lundi de juillet; en session extraordinaire, lorsque le directoire la convoque, ou sur la demande de cinq Cantons.

Le Bourgmestre ou l'Avoyer en charge du Canton directeur la préside.

La Diète déclare la guerre et conclut la paix. Elle seule fait des alliances avec les puissances étrangères, mais pour ces décisions importantes, les trois quarts des voix sont nécessaires. Dans toutes les autres affaires, qui sont remises à la Diète par le présent Pacte fédéral, la majorité absolue décide.

Les traités de commerce sont conclus par la Diète.

Les Cantons peuvent traiter en particulier avec des gouvernemens étrangers, pour les capitulations militaires, ainsi que pour des objets économiques et de police; mais ces conventions ne doivent blesser en rien ni le Pacte fédéral, ni les droits constitutionnels des autres Cantons.

Kantone zuwider sein, und zu diesem Ende zur Kenntniß der Tagsazung gebracht werden.

Eidgenössische Gesandten, wenn deren Abordnung nothwendig erachtet wird, werden von der Tagsazung ernannt und abberufen.

Die Tagsazung trifft alle erforderlichen Maßregeln für die äußere und innere Sicherheit der Eidgenossenschaft. Sie bestimmt die Organisation der Contingenttruppen, verfügt über derselben Aufstellung und Gebrauch, ernennt den General, den Generalstab und die eidgenössischen Obersten. Sie ordnet, im Einverständniß mit den Kantonsregierungen, die Aufsicht über die Bildung und Ausrüstung des Militärcontingents an.

§ 9. Bei außerordentlichen Umständen, und wenn sie nicht fortdauernd versammelt bleiben kann, hat die Tagsazung die Befugniß, dem Vorort besondere Vollmachten zu ertheilen. Sie kann auch derjenigen Behörde des Vororts, welche mit der eidgenössischen Geschäftsführung beauftragt ist, zu Besorgung wichtiger Bundesangelegenheiten eidgenössische Repräsentanten beiordnen; in beiden Fällen sind zwei Drittheile der Stimmen erforderlich.

Die eidgenössischen Repräsentanten werden von den Kantonen gewählt, welche hiefür unter sich in folgenden sechs Classen wechseln:

Den ersten eidgenössischen Repräsentant geben abwechselnd die zwei Directorial-Orte, die nicht im Amt stehen;

Den zweiten Uri, Schwyz, Unterwalden;

Den dritten Glarus, Zug, Appenzell, Schaffhausen;

Den vierten Freiburg, Basel, Solothurn, Wallis;

A cet effet, elles seront portées à la connaissance de la Diète.

Les envoyés diplomatiques de la Confédération, lorsque de telles missions sont jugées nécessaires, sont nommés et revoqués par la Diète.

La Diète prend toutes les mesures nécessaires pour la sûreté intérieure et extérieure de la Suisse; elle règle l'organisation des troupes du contingent, les appelle en activité, détermine leur emploi, nomme le général, l'état-major-général et les colonels de la Confédération; elle ordonne, d'intelligence avec les Gouvernemens cantonaux, l'inspection nécessaire sur la formation, l'armement et l'équipement du contingent militaire.

§ 9. Dans les circonstances extraordinaires, la Diète, lorsqu'elle ne reste pas en permanence, peut déléguer des pouvoirs particuliers au Canton directeur. Elle peut également, pour des objets d'une haute importance, adjoindre à l'Autorité spécialement chargée de la gestion des affaires fédérales, des représentans de la Confédération; dans l'un et l'autre cas, deux tiers des voix sont nécessaires.

Les représentans fédéraux sont nommés par les Cantons, lesquels alternent entre eux pour cette nomination dans les six classes suivantes:

Les deux Cantons directeurs qui ne sont pas en charge, nomment tour-à-tour le premier représentant;

Uri, Schwytz, Unterwalden, le second;

Glaris, Zug, Appenzell, Schaffhouse, le troisième;

Fribourg, Bâle, Soleure, Valais, le quatrième;

Den fünften Graubünden, St. Gallen, Aargau, Neuenburg;

Den sechsten Waadt, Thurgau, Tessin, Genf.

Die Tagsazung ertheilt den eidgenössischen Repräsentanten die erforderlichen Instructionen und bestimmt die Dauer ihrer Verrichtungen. In jedem Fall hören leztere mit dem Wiederzusammentritt der Tagsazung auf.

Die eidgenössischen Repräsentanten werden aus der Bundescasse entschädigt.

§ 10. Die Leitung der Bundesangelegenheiten, wenn die Tagsazung nicht versammelt ist, wird einem Vorort, mit den bis zum Jahr 1798 ausgeübten Befugnissen, übertragen.

Das Vorort wechselt unter den Kantonen Zürich, Bern und Lucern, je zu zwei Jahren um, welche Kehrordnung mit dem ersten Januar 1815 ihren Anfang genommen hat.

Dem Vorort ist eine eidgenössische Kanzlei beigeordnet; dieselbe besteht aus einem Kanzler und einem Staatsschreiber, die von der Tagsazung gewählt werden.

§ 11. Für Lebensmittel, Landeserzeugnisse und Kaufmannswaaren ist der freie Kauf, und für diese Gegenstände, so wie auch für das Vieh, die ungehinderte Aus- und Durchfuhr von einem Kanton zum andern gesichert, mit Vorbehalt der erforderlichen Polizeiverfügungen gegen Wucher und schädlichen Vorkauf.

Diese Polizeiverfügungen sollen für die eigenen Kantonsbürger und die Einwohner anderer Kantone gleich bestimmt werden.

Die dermalen bestehenden, von der Tagsazung genehmigten Zölle, Weg- und Brükengelder verbleiben in ihrem Bestand. Es können aber ohne Genehmigung der Tagsazung weder neue errichtet, noch die be-

Grisons, St.-Gall, Argovie, Neuchâtel, le cinquième;

Vaud, Thurgovie, Tessin, Genève, le sixième.

La Diète donne aux représentans de la Confédération les instructions nécessaires et détermine la durée de leurs fonctions. Dans tous les cas, ces dernières doivent expirer à une nouvelle réunion de la Diète.

Les représentans sont indemnisés par la caisse centrale.

§ 10. Lorsque la Diète n'est pas réunie, la direction des affaires générales est confiée à un Canton directeur, avec les mêmes attributions que celles qu'il exerçait avant l'année 1798.

Le directoire alterne de deux ans en deux ans entre les Cantons de Zurich, Berne et Lucerne. Ce tour de rôle a commencé le premier janvier 1815.

Il y aura auprès du Canton directeur une Chancellerie confédérale, composée d'un Chancelier et d'un Secrétaire d'état, lesquels sont nommés par la Diète.

§ 11. Le libre achat des denrées, des produits du sol et des marchandises, la libre sortie et le passage d'un Canton à l'autre de ces objets, et du bétail, sont garantis, sauf les mesures de police nécessaires pour prévenir le monopole usuraire et l'accaparement.

Ces mesures de police doivent être les mêmes pour les ressortissans du Canton, comme pour les autres Suisses.

Les péages, droits de route et de pontenage actuellement existans et approuvés par la Diète, sont conservés. On ne pourra, sans l'approbation de la Diète, ni en établir de nouveaux, ni hausser ceux qui subsis-

stehenden erhöht, noch ihr Bezug, wenn er auf bestimmte Jahre beschränkt war, verlängert werden.

Die Abzugsrechte von Kanton zu Kanton sind abgeschafft.

§ 12. Der Fortbestand der Klöster und Capitel, und die Sicherheit ihres Eigenthums, so weit es von den Kantonsregierungen abhängt, sind gewährleistet; ihr Vermögen ist, gleich anderm Privatgut, den Steuern und Abgaben unterworfen.

§ 13. Die helvetische Nationalschuld, deren Betrag den ersten November 1804 auf drei Millionen einmal hundert achtzehntausend dreihundert sechs und dreißig Franken festgesetzt worden, bleibt anerkannt.

§ 14. Alle eidgenössischen Concordate und Verkommnisse seit dem Jahr 1803, die den Grundsäzen des gegenwärtigen Bundes nicht entgegen sind, verbleiben in ihrem bisherigen Bestand; die Sammlung der in dem gleichen Zeitraum erlassenen Tagsazungsbeschlüsse soll der Tagsazung des Jahres 1816 zur Revision vorgelegt werden, und diese wird entscheiden, welche von denselben ferner verbindlich sein sollen.

§ 15. Sowohl gegenwärtiger Bundesvertrag, als auch die Kantonalverfassungen sollen in das eidgenössische Archiv niedergelegt werden.

Die XXII Kantone constituiren sich als Schweizerische Eidgenossenschaft; sie erklären, daß sie frei und ungezwungen in diesen Bund treten, denselben im Glük wie im Unglük als Brüder und Eidgenossen getreulich halten, insonders aber, daß sie von nun an alle daraus entstehenden Pflichten und Verbindlichkeiten gegenseitig erfüllen wollen; und damit eine für das Wohl des

tent, ni prolonger leur durée, s'ils ont été accordés pour un tems déterminé.

Les droits de traité foraine d'un Canton à l'autre sont abolis.

§ 12. L'existence des couvens et chapitres et la conservation de leurs propriétés, en tant qu'elle dépend des gouvernemens des Cantons, sont garanties. Ces biens sont sujets aux impôts et contributions publiques, comme toute autre propriété particulière.

§ 13. La dette nationale helvétique, fixée le premier novembre 1804, au capital de trois millions cent dix-huit mille trois cent trente-six francs, demeure reconnue.

§ 14. Tous les concordats et conventions conclus entre les Cantons depuis l'an 1803, lesquels ne sont pas contraires aux pricipes du présent Pacte fédéral, restent dans leurs état actuel, jusqu'à ce qu'ils aient été formellement révoqués. Quant aux décrets rendus par la Diète, durant le même tems, on les réunira dans une collection, pour les présenter en 1816 à la revision de la Diète, qui décidera lesquels continueront à rester en force.

§ 15. Le présent Pacte fédéral, ainsi que les constitutions cantonales, seront déposés dans l'archive de la Confédération.

Les XXII Cantons se constituent en Confédération Suisse; ils déclarent qu'ils entrent librement et de bon gré dans cette alliance, qu'ils l'observeront fidèlement en frères et confédérés dans toutes les circonstances; en particulier qu'ils rempliront mutuellement et dès à présent tous les devoirs et toutes les obligations qui en résultent; et afin qu'un acte aussi important pour le salut de

gesammten Vaterlandes so wichtige Handlung, nach der Sitte der Väter, eine heilige Gewährschaft erhalte, so ist diese Bundesurkunde nicht allein durch die bevollmächtigten Gesandten eines jeden Standes unterzeichnet und mit dem neuen Bundesinsiegel versehen, sondern noch durch einen theuren Eid zu Gott dem Allmächtigen feierlich bekräftiget worden.

Also geschehen, unterschrieben und besiegelt durch die nachgenannten Herren Gesandten und Legationsräthe der eidgenössischen Stände, in Zürich den siebenten Augstmonat im Jahr nach Christi Geburt ein Tausend acht Hundert und fünfzehn (7. August 1815).

la patrie commmune reçoive, selon l'usage de nos pères, une sanction religieuse, ce Pacte fédéral sera nonseulement signé par les députés de chaque Etat, autorisés à cet effet, et muni du nouveau sceau de la Confédération, mais encore confirmé et corroboré par un serment solennel au Dieu tout-puissant.

Ainsi fait, signé et scellé par Messieurs les députés et conseillers de légation des états confédérés ciaprès nommés, à Zurich, le septième août de l'an de grace mille huit cent et quinze (7 août 1815.).

Hier folgt der den Gesandtschaften der eidgenössischen Stände zur Beschwörung des Bundes am 7. August 1815 vorgelegte Eid:

Wir, die Gesandten der XXII souveränen Stände der Eidgenossenschaft, im Namen und als Bevollmächtigte der Burgermeister, Schultheißen, Landammänner, Häupter, Landeshauptmann, Staatsräthe, Syndics, Kleinen und Großen Räthe und ganzen Gemeinden der hohen Stände *Zürich, Bern, Lucern, Uri, Schwyz, Unterwalden, Glarus, Zug, Freiburg, Solothurn, Basel, Schaffhausen, Appenzell beider Rhoden, St. Gallen, Graubünden, Aargau, Thurgau, Tessin, Waadt, Wallis, Neuenburg* und *Genf* – schwören:

Den Bund der Eidgenossen, laut Inhalt der soeben verlesenen Urkunde vom 7. August 1815, wahr und stets zu halten, und dafür Leib und Leben, Gut und Blut hinzugeben; die Wohlfahrt und den Nuzen des gesammten Vaterlandes, und jedes einzelnen Standes, nach besten

Suit la formule de Serment au Pacte fédéral, lu aux députés des Etats confédérés, le 7 août 1815:

Nous, les Députés des XXII Etats souverains, de la Confédération, au nom et comme fondés de pouvoir des Bourgmestres, Avoyers, Landammanns, Chefs, Grand-Baillif, Conseillers d'état, Syndics, petits et grands Conseils et Assemblées générales, des hauts Etats de *Zurich, Berne, Lucerne, Uri, Schwytz, Unterwalden, Glaris, Zug, Fribourg, Soleure, Bâle, Schaffhouse, Appenzell des deux Rhodes, St.-Gall, Grisons, Argovie, Thurgovie, Tessin, Vaud, Valais, Neuchâtel* et *Genève*, – nous jurons:

De maintenir constamment et loyalement l'alliance des Confédérés à teneur du Pacte du 7 août 1815, qui vient d'être lu; de sacrifier dans ce but nos biens et nos vies; de procurer par tous les moyens en notre pouvoir le bien et l'avantage de la commune partie et de chaque état

Kräften zu fördern und deren Schaden abzuwenden; im Glük und Unglük als Brüder und Eidgenossen mit einander zu leben und alles zu leisten, was Pflicht und Ehre von treuen Bundesgenossen fordert.

Worauf die Gesandtschaften mit lauter und vernehmbarer Stimme die Worte nachgesprochen haben:
Was der soeben vorgelesene Eid enthält, das wird mein hoher Stand, der mich hieher gesandt, halten und vollziehen, getreulich und ohne Gefährde; das betheure ich bei Gott dem Allmächtigen, so wahr mir seine Gnade helfen möge (und alle Heiligen).

Daß dieses also geschehen sei, bezeugen die Beamten der eidgenössischen Kanzlei mit ihren Siegeln und Unterschriften, den 7. August 1815.

en particulier; de détourner tout ce qui pourrait leur nuire; de vivre, dans le bonheur comme dans l'infortune, en confédérés et en frères, et de faire tout ce que le devoir et l'honneur exigent de bons et fidelles alliés.

Ensuite les Députés ont proféré à haute et intelligible voix les paroles suivantes:
Le serment qui vient d'être lu, le haut Etat que je représente ici, le tiendra et l'exécutera fidellement et sans fraude. Je le jure au nom du Dieu Tout-puissant, aussi vrai que je désire qu'il me fasse grace (par l'invocation des Saints).

Les Employés de la Chancellerie fédérale attestent par leurs signatures et leurs sceaux la vérité de ce que dessus, le 7 août 1815.

19. Anerkennungs- und Gewährleistungs-Urkunde der immerwährenden Neutralität der Schweiz
Vom 20. November 1815

Nachdem der Beitritt der Schweiz zu der in Wien am 20. März 1815 von den Mächten, welche den Pariser Vertrag unterzeichnet haben, ausgestellten Erklärung, den Ministern der kaiserlichen und königlichen Höfe durch die Urkunde der schweizerischen Tagsatzung vom 27. darauf folgenden Mai, gehörig kund gemacht worden: so stand der Ausfertigung der Urkunde über die Anerkennung und Gewährleistung der immerwährenden Neutralität der Schweiz in ihren neuen Grenzen, so wie diese durch obige Erklärung bestimmt sind, nichts im Wege. Inzwischen haben die Mächte es für rathsam erachtet, die Unterzeichnung dieser Urkunde bis auf den heutigen Tag zu verschieben, um die Veränderungen berücksichtigen zu können, welche die Kriegsereignisse und die in Folge derselben zu treffenden Anordnungen in den Grenzen der Schweiz hervorbringen, und die Modifikationen, welche ebenfalls rücksichtlich jener Verfügungen eintreten möchten, die das der Wohlthat der Neutralität der Eidsgenossenschaft theilhaft gemachte Landesgebiet betreffen.

Nachdem nun diese Veränderungen durch die Bestimmungen des Pariser Vertrags vom heutigen Tage festgesetzt worden sind, so ertheilen die Mächte, welche die Wiener Erklärung vom 20. März unterzeichnet haben, durch die gegenwärtige Urkunde eine förmliche und rechtskräftige Anerkennung der immerwährenden Neutralität der Schweiz, und sie gewährleisten derselben auch den unverletzten und unverletzbaren Bestand ihres Gebietes, in seinen neuen Grenzen, wie solche theils durch die Urkunde des Wiener Kongresses, theils durch den Pariser Vertrag vom heutigen Tage festgesetzt sind, und wie sie es ferner noch sein werden, in Folge der Verfügungen des als Beilage auszugsweise mitfolgenden Protokolls vom 3. November, worin zu Gunsten der Eidsgenossenschaft ein neuer Gebietszuwachs von Savoyen her, für die Ausrundung und Öffnung des Gebiets des Kantons Genf zugesichert wird.

Die Mächte anerkennen und gewährleisten gleichmäßig die Neutralität derjenigen Theile von Savoyen, welchen durch die Urkunde des Wiener Kongresses vom 29. März 1815, und durch den Pariser Vertrag vom heutigen Tage, der Genuß der schweizerischen Neutralität auf gleiche Weise zugesichert wird, als wären sie Bestandtheile dieses Landes.

Die Mächte, welche die Erklärung vom 20. März unterzeichnet haben, anerkennen durch die gegenwärtige rechtskräftige Urkunde, daß die Neutralität und Unverletzbarkeit der Schweiz, so wie ihre Unabhängigkeit von jedem fremden Einfluß, dem wahren Interesse aller europäischen Staaten entspreche.

Sie erklären, daß keinerlei den Rechten der Schweiz hinsichtlich auf ihre Neutralität und die Unverletzbarkeit ihres Gebiets nachtheilige Folgerung auf diejenigen Ereignisse gegründet werden könne noch solle, welche den Durchmarsch der alliierten Truppen über einen Theil des Schweizerbodens veranlaßt haben. Dieser durch die freie Zustimmung der Kantone in dem Vertrag vom 20. Mai bewilligte Durchmarsch war eine natürliche Folge des offenen Beitritts der Schweiz zu den Grundsätzen, welche die Mächte in dem von ihnen unterzeichneten Bundesvertrag vom 25. März zu Tage gelegt hatten.

Es anerkennen die Mächte mit Vergnügen, daß die Bewohner der Schweiz in jenem Zeitpunkt der Prüfung bewiesen haben, daß sie für das gemeine Wohl und zu Unterstützung einer Sache, für welche alle Mächte sich zu gemeinsamer Anstrengung vereint haben, große Opfer zu bringen wußten, und daß die Schweiz demnach auch jene Vortheile zu erhalten verdient hat, die ihr theils die Verfügungen des Wiener Kongresses, theils der Pariser Vertrag vom heutigen Tage und die gegenwärtige Urkunde zusichern, welcher beizutreten alle europäischen Mächte sollen eingeladen werden.

Zu Bekräftigung des Obstehenden ward gegenwärtige Erklärung ausgestellt und unterzeichnet zu Paris, am 20. November des Gnadenjahrs 1815.

20. Fundamentalgesetze der Stadt und Republik Bern

20 a. Urkundliche Erklärung des Grossen Rats von Bern
Vom 21. September 1815

Wir Schultheiß Klein und Große Räthe der Stadt und Republik Bern, entbieten hiermit allen Unsern lieben und getreuen Angehörigen der Stadt und des ganzen Landes Unsern freundlichen Gruß und geneigten Willen, und geben ihnen dabei zu vernehmen:

Als dann bereits seit bald zwei Jahren, durch die Fügung der göttlichen Vorsehung, nach mancherlei Verwirrungen und drückenden auswärtigen Verhältnissen, auch in Unserm Vaterlande die rechtmäßige Landesobrigkeit und deren alte Verfassung im Wesentlichen wiederhergestellt worden, seither dann mancherlei Anstände, Erörterungen und selbst Gefahren, welche die Sicherheit der ganzen Schweiz und Unsers besondern Kantons bedrohten, jede ruhige Berathung über die innern Landes- und Verfassungs-Angelegenheiten erschwert und gehindert haben: so ist endlich durch den gesegneten Ausgang des erneuerten Krieges der hohen verbündeten Mächte gegen den Feind der allgemeinen Ruhe der längst erwünschte Zeitpunkt eingetreten, wo Wir Uns in der Möglichkeit befinden, nicht allein den ordentlichen Geschäftsgang herzustellen, sondern auch die Revision Unserer Fundamental- oder Verfassungsgesetze vorzunehmen, und die ehrwürdigen alten Grundlagen der Republik zu erweitern, zu befestigen und mit den Bedürfnissen der jetzigen Zeit in Uebereinstimmung zu bringen.

Indem Wir nun diese wichtige Arbeit beginnen, halten Wir Uns sowohl durch die Natur der Umstände selbst, als durch Unsere gegen alle Stände und Klassen des Volks tragende dankbare Gesinnungen verpflichtet, damit den Anfang zu machen, Unsern lieben und getreuen Angehörigen, die Uns nicht nur in Jahrhunderten des Glücks und des Wohlstandes so viele treue Dienste geleistet, sondern auch in den Tagen der Ungerechtigkeit und allgemeiner Umwälzung die rührendsten Beweise der Anhänglichkeit und Ergebenheit gegeben, in mehrern entschiedenen Zeitpunkten Uns eifrig geholfen und unterstützt, allen auf neue Verwirrung zielenden Umtrieben sich standhaft widersetzt, und noch in den neuesten Zeiten, gleich der hiesigen Burgerschaft, mit rühmlicher Bereitwilligkeit dem Vaterlande große und schwere Opfer gebracht haben, die Grundsätze feierlich zu erklären, nach denen Wir, gleich Unsern Altvordern, wenn auch unter minder günstigen Umständen, die Regierung von Stadt und Land auszuüben gesonnen sind; bei diesem Anlaß, mit einiger Berücksichtigung ganz veränderter Umstände, allen Städten, Landschaften und Gemeinden, theils ihre ehemaligen und wirklich besitzenden Rechte neuerdings anzuerkennen, zu bestätigen und gegen jeden möglichen Zweifel zuzusichern, theils solche mit neuen Gerechtsamen und Freiheiten zu vermehren, die mit Unsern Wünschen, mit den Bedürfnissen der Zeit und mit den billigen Hoffnungen rechtschaffener, durch Einsichten und Kenntnisse an öffentlichen Geschäften theilnehmender Männer übereinstimmend, das Band der Liebe zwischen Stadt und Land auf ewige Zeiten knüpfen und Unser gemeines Wesen stärken und befestigen können.

Aus diesen Betrachtungen haben Wir nach einer sorgfältigen Berathung, auf den Vortrag Unsers täglichen Raths und sechszehn ihm beigeordneter ausgewählter Standesglieder, als des seit Jahrhunderten zur Vorbereitung aller wichtigem in die Verfassung einschlagenden Gesetze beauftragten Kollegiums von Räthe und Sechszehn, beschlossen, nachfolgende *urkundliche Erklärung* feierlich auszustellen, und hiermit zu erkennen und zu verordnen, was von einem zum andern folget:

1. Die evangelisch-reformirte Religion ist und bleibt als die herrschende Religion des dermaligen Kantons anerkannt; in denjenigen Theilen der mit Unserm Gebiet zu vereinigenden bischofbaselschen Landschaften aber, deren Einwohner sich zu der römisch-katholischen Religion bekennen, wird die Beibehaltung und freie Ausübung derselben, so wie der Schutz aller dazu gehörigen noch vorhandenen Güter und Erziehungsanstalten zugesichert. Die nähern Bestimmungen hierüber werden in der Vereinigungs-Konvention getroffen werden.

2. Gleichwie es bereits im Jahr 1803 geschehen, werden allen Städten, Landschaften und Gemeinden ihre ehemaligen Rechte, Freiheiten und Gewohnheiten, insofern sie mit den allgemeinen Einrichtungen des Kantons verträglich sind, so wie das Eigenthum und die Verwaltung ihrer besitzenden Güter und Einkünfte, Gebäude und Lokal-Anstalten, bestätigt.

3. Die Uns zuständig gewesenen kleinen Zehnten und andere unentgeldlich aufgehobenen Gefälle und Leistungen sind und bleiben abgeschafft. Auch werden alle beschehenen Loskäufe von Zehnten, Bodenzinsen und Lehenrechten nicht allein unwiderruflich von Uns bestätigt, sondern es soll ihre Loskäuflichkeit auch für die Zukunft, und zwar nach dem durch die Verordnungen vom 25. und 29. Juni und 2. Juli 1803, so wie durch das Dekret vom 18. Mai 1804 bestimmten Preis ferner gestattet sein.

4. Alle von den vorigen Regierungen seit 1798 über obrigkeitliche Güter und Liegenschaften im Kanton Bern geschlossenen Käufe, Verkäufe und andere Verhandlungen werden ebenfalls unwiderruflich bestätigt; auch sollen die Verordnungen, Gesetze und Dekrete der jüngst abgetretenen Kantonsregierung fernerhin fortbestehen, insofern sie noch auf die gegenwärtige Verfassung anwendbar sind, und nicht von Uns auf vorläufige Untersuchung werden abgeschafft oder verändert werden.

5. Die Freiheit des Handels und der Gewerbe wird, unter Vorbehalt der für die gemeine Sicherheit, die Aufrechterhaltung des Zutrauens und die Emporhebung der Gewerbe selbst zu machenden Polizeigesetze, allen Landesbürgern fernerhin garantirt.

6. Alle in irgend einer Stadt oder Gemeinde des Landes verburgerten Kantonsangehörigen sind ebenfalls, gleich den Burgern der Hauptstadt, zu allen Stellen und Ämtern im Staate wahlfähig, insofern sie die übrigen gesetzlichen Eigenschaften und Bedingungen erfüllen.

7. Die Aufnahme in das regimentsfähige Burgerrecht der Stadt Bern ist und bleibt in Folge des Dekrets vom 24. und 26. März allen in irgend einer

Stadt oder Gemeinde des Landes verburgerten Personen unter billigen Bedingungen geöffnet, und Wir erklären, daß es in Unsern Gesinnungen liegt, diese Bedingungen nicht nur nie zu erschweren, sondern eher noch zu erleichtern. Auch behalten wir uns noch ferner vor, besagtes Burgerrecht, selbst ohne Bewerbung, an einheimische oder fremde Personen, die sich um den Stand Bern besonders verdient gemacht haben, zu schenken, oder auch von übrigen gesetzlichen Bedingungen zu dispensiren.

8. Um endlich in Befolgung und näherer Bestimmung der Dekrete vom 21. September 1802 und 18. und 20. Jänner 1814 Unsere Regierung mit den rechtschaffensten und einsichtvollsten Männern des ganzen Kantons zu umringen, auch alle Bedürfnisse besser zu kennen und zu befriedigen, wollen Wir überdies noch eine Landesdeputation oder Repräsentation von neunundneunzig Mitgliedern von Städten und Landschaften angeordnet haben, welche vereint mit den Zweihunderten der Stadt Bern die höchste Gewalt ausüben und gleiche Rechte im Regiment geniessen sollen.

9. Diese neunundneunzig Mitglieder werden theils von den betreffenden Städten und Amtsbezirken, theils unmittelbar von dem großen Rath selbst, in nachfolgender Zahl frei gewählt.

   1. Die größern Städte, Thun, Burgdorf, Pruntrut, Biel, Neuenstadt und Delsperg, wählen aus der Zahl ihrer eigenen oder anderer mit ihrem Zutrauen beehrten Kantonsbürger jede zwei Mitglieder; die übrigen Städte hingegen, als Aarberg, Büren, Erlach, Nidau und Lauffen, jede ein Mitglied, zusammen siebenzehn.
   2. Die zweiundzwanzig Amtsbezirke des jetzigen Kantons sollen in Ausdehnung des Dekrets vom 16. Februar 1814, statt fünfunddreißig, zusammen siebenundfünfzig Mitglieder, nach der hiernach bestimmten Form, frei wählen können, als nämlich: die dreizehn größern Amtsbezirke Bern, Seftigen, Nidau, Aarberg, Fraubrunnen, Burgdorf, Wangen, Aarwangen, Trachselwald, Signau, Konolfingen, Thun und Interlaken, jeder drei; die neun kleinern Ämter aber, Laupen, Erlach, Büren, Nieder-Simmenthal, Ober-Simmenthal, Saanen, Frutigen, Oberhasli und Schwarzenburg, jeder zwei Mitglieder; alles in dem Verstand, daß wenn Wir auch in Zukunft gutfinden sollten, die Zahl der Oberämter nach sich erzeigenden Bedürfnissen zu mehren oder zu mindern, dadurch an der Zahl dieser Mitglieder im Ganzen nichts abgeändert werden soll. Die in den bischofbaselschen Landen einzuführenden Amtsbezirke werden nach gleichem Verhältniß zwölf oder dreizehn Mitglieder auf die nämliche Weise zu wählen haben.
   Die Mitglieder von den Amtsbezirken sollen von eigens hierzu einzuführenden Wahlkollegien gewählt werden, und ein zugleich mit dieser Urkunde herauszugebendes Reglement wird die Zusammensetzung dieser Wahlkollegien und die Wahlform selbst bestimmen.
   In den Städten geschieht die Wahl von der gesammten Magistratur der betreffenden Stadt, und die Bestimmung der Wahlform ist ihnen selbst überlassen.

Um sowohl von den Städten als von den Wahlkollegien der Amtsbezirke in den großen Rath gewählt werden zu können, wird erfordert: daß der zu Wählende von ehelicher Geburt, ein rechtschaffener, in gutem Ruf stehender, sittlicher Mann sei; daß er ferner in irgend einer Stadt oder Gemeinde des Kantons verburgert und eigenen Rechtens sei, das neunundzwanzigste Jahr Alters zurückgelegt habe, und entweder Besitzer eines Grundeigenthums, an dem wenigstens ein Werth von zehntausend Livres bezahlt sein muß, oder Eigenthümer von bedeutenden Manufaktur- oder Handelsanstalten sei, oder seit fünf Jahren in obrigkeitlichen Ämtern oder in Stadt- und Gemeindsverwaltungen seinem Vaterland treu gedient, oder die nämliche Zeit hindurch eine Offiziersstelle in den Auszügen bekleidet habe.

3. Um endlichtheils etwa entstehende Mißverhältnisse der Repartition auszugleichen, theils auch solche Personen zu berücksichtigen, die sich in obrigkeitlichen Ämtern, in höhern Militär-Bedienungen, durch Wissenschaft u.s.w. besonders ausgezeichnet und um den Staat verdient gemacht haben, sollen die übrigen zwölf oder dreizehn ohne Unterschied in dem ganzen Kanton, mit Inbegriff der bischofbaselschen Landschaften, auf den Vorschlag Unserer Räthe und Sechszehn von dem großen Rath selbst, jedoch nur aus den Munizipalstädten oder aus den Landgemeinden, gewählt werden.

10. Die wirklich nach Unserm Dekret vom 16. Februar 1814 von Städten und Landschaften vorgeschlagenen und von Uns gewählten Standesglieder sind als Abgeordnete der betreffenden Städte und Landschaften zu betrachten, von denen sie vorgeschlagen worden sind, werden aber gleichwohl das ihnen ertheilte Burgerrecht von Bern behalten, und dasselbe auch für ihre Descendenten geniessen, sobald sie die übrigen gesetzlichen Bedingungen erfüllen.

In Zukunft aber sollen sie auf die in dem vorhergehenden Artikel bestimmte Weise ersetzt werden, so daß dermalen nur die zweiundzwanzig den Amtsbezirken des jetzigen Kantons neu beigelegten, die Mitglieder aus den ehemaligen bischofbaselschen Landen und die von dem großen Rathe selbst zu Wählenden, hinzuzufügen sind.

11. Bei Verledigung der Stelle eines Mitglieds von Städten oder Landschaften, durch Tod, Resignation oder andere Gründe, wird sie alsobald auf die oben angezeigte Weise wieder ersetzt, und endlich werden diese Abgeordneten, gleich den übrigen Standesgliedern, alle Jahre der gewöhnlichen Zensur oder Bestätigung, in der durch die zukünftigen Gesetze zu bestimmenden Form, unterworfen sein.

12. Auf diese Grundlagen und vorläufigen Zusicherungen hin werden Wir nun unverzüglich die Revision Unserer Fundamentalgesetze vornehmen, und nichts Angelegeneres haben, als die vollständige Einrichtung des Regiments, den ordentlichen Geschäftsgang und alle schützenden Formen, deren Inbegriff die Republik ausmacht, wiederherzustellen.

Und gleichwie Wir durch diese feierliche Urkunde jedermänniglich Unsere Gesinnungen am Tag gelegt, allen Kantonsangehörige eine ehrenvolle Laufbahn eröffnet, und den Städten und Landschaften Unsers Gebiets einen sehr bedeutenden Antheil an Unserer Regierung eingeräumt haben: so haben Wir zu allen Unsern lieben und getreuen Angehörigen des ganzen Landes hinwieder das Vertrauen, daß sie Uns auch mit ähnlicher Gesinnung entgegenkommen, und nicht nur die äussere Ruhe befestigt, sondern auch ein inneres Band der Liebe, der wechselseitigen Hilfe und des Gemeinsinns geknüpft werde, durch welches unter dem Schutze des Allerhöchsten Unser gemeines Wesen wachsen und blühen möge.

Damit endlich diese Urkunde desto allgemeiner bekannt und besser beobachtet werde, so wollen und verordnen Wir, daß sie nicht allein der erneuerten Sammlung Unserer Fundamentalgesetze einverleibt, sondern auch in deutscher und französischer Sprache durch den Druck bekannt gemacht, und jeder Stadt, Landschaft oder Gemeinde des Kantons ein Exemplar derselben zugestellt werde.

Gegeben in Unserer großen Rathsversammlung den 18. 19. 20. und 21. Herbstmonat, und sowohl von Unserm fürgeliebten Ehrenhaupt, als von Unserm geliebten Staatsschreiber unterzeichnet, in Bern, den 21. Herbstmonat, im Jahr Eintausendachthundert und fünfzehn.

20 b. Am 3. September 1816 der Tagsatzung eingereichte Erklärung

In Folge Artikels 15 des eidgenössischen Bundesvertrags sollen die Kantonalverfassungen in das eidsgenössische Archiv niedergelegt werden.

Der Stand Bern hat nie eine in systematischem Zusammenhang geschriebene Konstitutionsurkunde gehabt. Bei Auflösung der französischen Mediation im Dezember 1813 ist Berns alte Verfassung im Wesentlichen wiederhergestellt worden. Der rechtmässige Landesherr hat in Erwägung dessen, was er bei veränderten Umständen der Ehre und dem Nutzen des Standes angemessen gefunden, den Städten und Landschaften des Kantons diejenigen Rechte und Freiheiten eingeräumt, die in seiner urkundlichen Erklärung vom 18., 19., 20. und 21. September 1815 aufgestellt sind, solcher auch die späterhin mit dem Kanton Bern vereinigten, vormals bischofbaselschen Landschaften theilhaftig gemacht. Seither hat der souveraine Rath, in seiner nunmehrigen Zusammensetzung, die ältern Fundamentalgesetze und Dekrete revidirt, und es bleibt ihm als der höchsten Gewalt unbenommen, in denselben, wie in andern innern Landeseinrichtungen, nach gesetzlicher Form diejenigen Abänderungen zu treffen, welche Höchstderselbe der Ehre und dem Nutzen des Standes zuträglich erachten wird.

Folgendes ist der wesentlichste Inhalt dieser revidirten Gesetze und Dekrete:

Auszug aus den die Verfassung betreffenden Gesetzen und Dekreten des großen Raths der Stadt und Republik Bern

Allgemeine Grundsätze

1. Die evangelisch-reformirte Religion ist die herrschende Landesreligion. In denjenigen Gemeinden der mit dem Kanton vereinigten, vormals bischofbaselschen Landschaften, wo die römisch-katholische Religion gegenwärtig besteht, ist die freie Ausübung derselben gewährleistet.

2. Allen Städten, Landschaften und Gemeinden sind ihre ehemaligen Rechte, Freiheiten und Gewohnheiten, insofern sie mit den allgemeinen Einrichtungen des Kantons verträglich sind, so wie das Eigenthum und die Verwaltung ihrer besitzenden Güter und Einkünfte, bestätigt.

3. Die der Republik zuständig gewesenen kleinen Zehnten und andere unentgeldlich aufgehobene Gefälle und Leistungen bleiben abgeschafft. Die bisherigen Loskäufe von Zehnten, Bodenzinsen und Lehenrechten sind bestätigt und ihre fernere Loskäuflichkeit, nach gesetzlichen Bestimmungen, gestattet.

4. Alle Verordnungen, Gesetze und Dekrete der letztvorigen Kantonsregierungen verbleiben in Kraft, insofern sie noch auf die gegenwärtige Verfassung anwendbar sind und nicht werden abgeändert oder aufgehoben werden.

5. Die Freiheit des Handels und der Gewerbe ist, unter Vorbehalt der für die gemeine Sicherheit, die Aufrechthaltung des Zutrauens und die Emporhebung der Gewerbe selbst zu machenden Polizeigesetze, allen Kantonsbürgern ferner garantirt.

6. Alle in irgend einer Stadt oder Gemeinde des Kantons verburgerte Kantonsangehörige sind, gleich den Burgern der Hauptstadt, zu allen Stellen und Ämtern im Staate wahlfähig, insofern sie die übrigen gesetzlichen Eigenschaften besitzen.

7. Die Aufnahme in das regimentsfähige Burgerrecht der Stadt Bern bleibt, in Folge bestehender Dekrete, allen in irgend einer Stadt oder Gemeinde des Kantons verburgerten Personen, unter billigen Bedingungen, geöffnet.

8. Jeder im Kanton angesessene Schweizer vom zurückgelegten sechzehnten bis zum angetretenen fünfzigsten Jahr Alters ist, nach Maasgabe der gesetzlichen Bestimmungen, zum Militärdienst pflichtig.

Politische Eintheilung des Kantons

9. Der Kanton Bern ist in Amtsbezirke, und diese in Kirchgemeinden eingetheilt.

Landes-Regierung

10. Die souveraine, höchste und oberste Gewalt wird ausgeübt durch *Schultheiß Klein und Große Räthe der Stadt und Republik Bern,* bestehend

aus den Zweihundert der Stadt Bern und Neunundzwanzig von Städten und Landschaften gewählten Mitgliedern. – Die Zweihundert der Stadt Bern werden aus dem Mittel der regimentsfähigen Burger, welche das neunundzwanzigste Jahr Alters zurückgelegt haben, durch ein Wahlkollegium gewählt, bestehend aus denjenigen Mitgliedern des kleinen Rathes, welche aus den Zweihundert gewählt worden, und einem mit ihm vereinigten Ausschuß von sechszehn Gliedern des großen Raths aus der Zahl der Zweihundert. Zu ihrer jeweiligen Ergänzung wird von dem gleichen Wahlkollegium ein Verzeichniß von Kandidaten, die das fünfundzwanzigste Jahr zurückgelegt haben, gebildet; die Kandidaten treten successive, nach ihrem Altersrang, bei jeder Verledigung in den großen Rath ein; doch muß der Eintretende volle neunundzwanzig Jahre zählen. Bei jeder Erneuerung des Kandidatenverzeichnisses sollen, kollektiv, auf demselben und unter den wirklichen Mitgliedern der Zweihundert weniger nicht als achtzig bürgerliche Geschlechter von Bern sich befinden.

Die neunundneunzig Mitglieder aus Städten und Landschaften werden theils von den betreffenden Städten durch ihre Stadtmagistrate, theils von jedem Amtsbezirke durch ein aus seinem Mittel zusammengesetztes Wahlkollegium und nach einem besonders Wahlreglement, theils unmittelbar von dem großen Rath selbst, in nachstehender Zahl direkt und frei gewählt:

Die größern Städte wählen jede zwei Mitglieder, die kleinen jede ein Mitglied, zusammen 17.

Die größern Amtsbezirke jeder drei, die kleinern jeder zwei Mitglieder, zusammen 70.

Der große Rath selbst, aus den Munizipalstädten und Landgemeinden, die übrigen 12.

Die erledigten Stellen werden von den betreffenden Städten und Amtsbezirken sogleich nach erfolgter Vakanz, die der Wahl des großen Raths vorbehaltenen Stellen dann in dessen nächster ordentlicher Jahressitzung ergänzt.

11. Alle Mitglieder des großen Raths sind einer jährlichen Bestätigung unterworfen.

12. Zwei Schultheiße führen abwechselnd, jeder ein Jahr lang, das Präsidium sowohl im großen als im kleinen Rath.

13. Der große Rath hat zu Behandlung der wichtigern, durch das Gesetz bezeichneten Geschäfte zwei ordentliche Jahressitzungen; sonst versammelt er sich gewöhnlich jeden ersten Montag in jedem Monat, oder so oft es die Geschäfte weiter erfordern mögen.

14. Vor den Entscheid des großen Rathes gehören:

a) Die Standesstimme für die Zusammenberufung ausserordentlicher Tagsatzungen, die Wahl und Instruktion der Gesandten auf die eidsgenössische Tagsatzung, die Ratifikation ihrer Beschlüsse und die Schliessung aller den Stand verpflichtenden Verträge, insofern sie, nach dem Bundesvertrag, den einzelnen Kantonen überlassen ist.

b) Die Errichtung, Abänderung oder Aufhebung aller konstitutionellen und andern allgemeinen Gesetze.
c) Die Errichtung aller neuen bleibenden Stellen.
d) Die Erwählung der beiden Schultheiße, des Seckelmeisters, der Mitglieder des kleinen Raths, der fünf Hauptkollegien, des Appellationsgerichts, des obern Ehegerichts, des Staatsschreibers, der Oberamtmänner, des obersten Dekans und mehrerer andern durch das Gesetz bestimmten Stellen.
e) Das Begnadigungsrecht, nach künftigen gesetzlichen Bestimmungen.
f) Die Ausschreibung von Steuern und Abgaben, Standesanleihen oder Geldanwendungen, Käufe oder Veräusserungen von Eigenthum der Republik; der Entscheid über bedeutende Ausgaben, mit Ausnahme der von ihm delegirten Kompetenzen und daherigen, gegenwärtigen oder zukünftigen, gesetzlichen Bestimmungen; die Abnahme und Passation der Standesrechnungen und die Einsicht der Brand-Assekuranz-Rechnung.
g) Endlich, alle diejenigen Gegenstände, welche der große Rath, nach vorgegangener Untersuchung, vor ihn zu ziehen gut finden wird.

Die Geschäfte können nicht anders vor den großen Rath zum Entscheid gelangen, als nach vorheriger Berathung des kleinen Raths oder von Rath und Sechzehn.

Abänderungen und Aufhebung von konstitutionellen Gesetzen und Dekreten können nur durch zwei Drittheile des anwesenden dafür versammelten Tribunals beschlossen werden.

15. *Der kleine Rath* besteht aus den beiden Schultheißen, dreiundzwanzig Mitgliedern und zwei Heimlichern, und wird von dem großen Rathe aus seiner Mitte gewählt. Die Mitglieder des kleinen Raths sind der jährlichen Bestätigung des großen Raths unterworfen.

16. Der kleine Rath stellt, wenn er nicht mit dem großen Rathe vereinigt ist, die ordentliche und gewöhnliche Regierung des Standes Bern vor, und hat in dieser Eigenschaft, nach vorhandenen Gesetzen und Ordnungen, oder in Ermanglung derselben nach Eid und Gewissen, alle täglichen laufenden Geschäfte von sich aus zu besorgen; die wichtigern aber, welche der große Rath sich vorbehalten hat, oder die der kleine Rath selbst vor ihn zu bringen gut findet, vorzuberathen.

17. Die Heimlicher insbesondere haben Pflicht und Recht, auf die Erhaltung und Handhabung der Verfassung zu wachen und allfällige Abweichungen oder Eingriffe dem großen Rathe anzuzeigen.

18. Ein aus dem gesammten kleinen Rath und sechzehn jährlich durch das Loos gewählten Mitgliedern des großen Raths, unter dem Namen von Räthe und Sechzehn, gebildetes Kollegium hat Gewalt und Recht, jedes Mitglied des großen Raths jährlich zu bestätigen, zu suspendiren oder zu entsetzen; auch sollen alle Vorschläge zu Errichtung von neuen, zu Abänderung oder Aufhebung von bestehenden, die Verfassung betreffenden Satzungen und Ordnungen, von diesem Kollegium vorberathen werden.

19. Für die Erledigung der unbedeutendern und die Vorberathung der wichtigern Geschäfte sind *fünf Hauptkollegien* aufgestellt:

Ein geheimer Rath zur Leitung der diplomatischen Angelegenheiten und zur Handhabung der innern und äussern Sicherheit; insbesondere dann hat derselbe während der Zeit, da nach dem Bundesvertrage dem Stand Bern, als eidsgenössischem Vorort, die Direktion der allgemeinen Bundesangelegenheiten obliegen wird, die daherigen Geschäfte, in Folge näherer gesetzlichen Bestimmungen, theils selbst zu erledigen, theils zu untersuchen, vorzuberathen und darüber an den kleinen Rath zu referiren.

Ein Finanzrath.

Ein Justiz- und Polizeirath.

Ein Kirchen- und Schulrath.

Ein Kriegsrath.

Deren Obliegenheiten und Befugnisse durch ein besonderes Gesetz bestimmt sind.

20. Ein aus der Mitte des großen Raths gewähltes *Appellationsgericht* beurteilt in letzter und höchster Instanz alle Zivil- und Kriminal-Rechtsfälle. Zu Beurtheilung von Kapital-Verbrechen werden demselben vier Mitglieder des kleinen Raths zugegeben.

21. Ein *oberes Ehegericht* spricht in erster Instanz über alle Ehe- und Paternitätsfälle in dem reformirten Theil des Kantons. Das Gesetz wird über dessen weitere Kompetenz verordnen.

22. In jedem Amtsbezirk ist aufgestellt:

a) Ein Oberamtmann, der nach einem besondern Wahlreglement von dem großen Rath erwählt wird. Er ist der Stellvertreter der Landesobrigkeit, besorgt die Vollziehung ihrer Verordnungen und Befehle, wacht über die öffentliche Ruhe, die Sicherheit, Polizei und gesetzliche Ordnung in seinem Bezirke, und beaufsichtet die Verwaltung der Gemeinds- und Vogtssachen. Er übt das Amt eines Friedensrichters aus, und ist, unter gesetzlichen Kompetenzbestimmungen, Richter in Polizei- und Administrationssachen.

b) Ein Amtsgericht zur erstinstanzlichen Beurtheilung der Kriminalfälle des Bezirks, und ist auch, unter gesetzlichen Kompetenzen, Richter in erster Instanz in Zivilfällen. Dasselbe wird auf seinen doppelten Vorschlag und einen einfachen des Oberamtmanns durch den kleinen Rath erwählt.

23. In jedem Kirchspiel ist aufgestellt: ein Fertigungsgericht; dessen Präsident, der Gerichtsstatthalter, ist zugleich der erste Unterbeamte seines Gerichtsbezirks, und wird durch den Oberamtmann aus der Anzahl der Beisitzer des Fertigungsgerichts erwählt. Und im reformirten Theil des Kantons: ein Chorgericht.

Gegenwärtige Erklärung und Auszug aus den die Verfassung betreffenden Gesetzen und Dekreten ist von Unsern Gnädigen Herren und Obern, Schultheiß Klein und Großen Räthen der Stadt und Republik Bern, nach vorhergegangener Prüfung, gutgeheißen und beschlossen worden, daß derselbe, als die Grundlagen der nunmehrigen Staatsverfassung der Stadt und Republik Bern, in das eidsgenössische Archiv niedergelegt werden soll.

Bern, den 26. August 1816.

21. Constitution pour la Ville et République de Genève*
Du 24 août 1814

Titre premier: Description du gouvernement, des personnes qui ont le droit d'élire et d'être élues, et quelques dispositions sur la Ville et la Commune de Genève et sur les autres Communes

(1) Article premier. La Ville et République de Genève établit des Assemblées Electorales, un Conseil Représentatif, quatre Syndics, un Conseil d'Etat, un Tribunal de première instance et de police pour la Ville et pour la banlieue, composé d'un Lieutenant et de six Auditeurs; et pour la campagne, des Juges de première instance et de police. Elle établit des Tribunaux civils et criminels dans Genève. Elle maintient la Compagnie des Pasteurs, un Consistoire pour les Protestans, l'Académie que le Conseil Représentatif, sur un préavis du Conseil d'Etat, pourra convertir en Université, selon les règles et les statuts qu'il jugera convenable de lui donner; une garnison soldée, dont le nombre sera déterminé par le Conseil Représentatif, qui pourra l'augmenter ou la diminuer selon que les circonstances l'exigeront; un Conseil Militaire; une Société Economique.

(2) Art. 2. Quoique la Religion Protestante soit dominante dans la République de Genève, il y aura dans Genève une Eglise ou une Chapelle destinée au culte catholique, où il sera célébré comme par le passé; elle sera placée sous l'autorité du Conseil d'Etat à l'approbation duquel sera soumise la nomination du Curé.

Le Conseil d'Etat fera les démarches nécessaires pour que cette Eglise, soit Chapelle, relève d'un Evêque Suisse; elle sera entretenue aux frais de la République, lesquels seront réglés par le Conseil Représentatif, selon les circonstances.

(3) Art. 3. La Constitution ne reconnoît ni patriciat, ni classes privilégiées: tous les Genevois sont égaux devant la loi.

(4) Art. 4. La liberté de la presse est consacrée; mais tout écrit devra porter le nom de l'imprimeur, sous sa responsabilité.

Néanmoins, si les circonstances l'exigent, le Conseil Représentatif pourra, par des réglemens, limiter l'exercice de cette liberté.

(5) Art. 5. Tout individu domicilié dans la ville ou dans son territoire aura le droit d'élire, s'il est né Genevois, ayant, par droit de naissance antérieurement au 15 Avril 1798, le droit de cité, ou de commune, ou d'habitation

---

* Der Originaltext enthält keine durchlaufende Artikelnumerierung. Der Herausgeber hat eine solche in Klammern angebracht.

perpétuelle, ou s'il est issu d'un père ou d'un aïeul ayant ce droit, ou s'il l'a acquis par concession, ou par achat.

Il devra, en outre, avoir les conditions requises ci-après.

(6) Art. 6.

§ 1. Le Conseil d'Etat pourra accorder ou vendre le droit de cité, soit de commune dans la ville, et la somme provenant de cette vente, sera versée dans la caisse de l'Hôpital de Genève.
Quant aux permissions de domicile, la taxe qui pourroit être imposée, appartiendra à la caisse de la commune de Genève.

§ 2. La concession ou la vente du droit de commune, par une commune de campagne, devra être autorisée par le Conseil d'Etat, et la somme provenant de cette vente, appartiendra à la commune.

(7) Art. 7. Les conditions requises pour le droit d'élire, outre celle mentionnée dans l'article 5, sont 1° d'être majeur, c'est-à-dire, âgé de 25 ans accomplis; 2° de payer, tant pour soi que pour sa femme, en contributions directes et cumulées, forcées ou volontaires, la somme de vingt livres de Suisse, soit de soixante-trois florins neuf sous, de produire le reçu de ses contributions pour l'année échue, et de n'être point en retard pour les années précédentes; 3° d'être solvable et non failli; 4° de n'être ni serviteur, ni assisté, et d'avoir remboursé les assistances reçues et la portion virile des assistances qui auroient été données au père; 5° de n'être flétri par aucun jugement infamant; 6° d'être armé, équipé et habillé d'uniforme, à moins qu'on n'en soit dispensé par son âge, ou par son état, ou par ses infirmités.

(8) Art. 8. Tous les membres de la Compagnie des Pasteurs, du Consistoire, de l'Academie, soit Université, de la Direction de la Bibliothèque, de l'Hôpital de Genève, de la Société Economique, de la Chambre des Tutelles, les Régens du Collége, les Dizeniers, les Directeurs des Bourses française et allemande, et les Genevois membres du Bureau de Bienfaisance, auront le droit d'élire, qu'ils paient ou non, forcément ou volontairement, les contributions mentionnées dans l'article précédent.

Titre II: Du Conseil Représentatif

(9) Article premier. Le Conseil Représentatif sera composé de 250 Députés laïcs, âgés de 30 ans accomplis, ou de 27 ans accomplis s'ils sont mariés. Nul ne sera éligible s'il n'a les qualités requises pour être Electeur.

(10) Art. 2. Il sera présidé par les Syndics et le Conseil d'Etat qui en font partie; par cette adjonction, le Conseil Représentatif sera de 278 membres.

(11) Art. 3. Il sera corps délibérant; il fera, pour éviter la longueur des délibérations, les réglemens qu'il jugera convenables.

(12) Art. 4. Tous les aspirans à la place de Député au Conseil Représentatif pourront s'inscrire en chancellerie: la liste en sera rendue publique; mais les Electeurs ne seront pas astreints à ne nommer que les candidats inscrits dans cette liste.

(13) Art. 5. Chaque année ce Conseil sera renouvelé de trente places.

§ 1. Dans ce nombre seront comprises les places vacantes par admission au Conseil d'Etat, par décès, par démission ou par une absence de deux ans sans permission du Conseil d'Etat.

§ 2. Les Députés qui sortiront ainsi du Conseil Représentatif seront rééligibles une année après leur sortie.

§ 3. Les Députés pourvus d'un emploi continueront de l'exercer pendant le terme fixé, s'ils sortent du Conseil Représentatif par la loi du renouvellement.

§ 4. Le premier renouvellement s'opérera par le sort, il n'aura lieu que dans cinq ans; il portera d'abord sur tous les Députés de la première création, jusqu'à ce qu'elle soit totalement épuisée.
Dans la suite il aura lieu par la date de l'élection, en sorte que les plus anciens sortiront les premiers; et si leur nombre excède celui des places qui doivent être renouvelées, on aura recours au sort.

(14) Art. 6.

§ 1. Tous les Genevois, tant de la ville que de la campagne, ayant le droit d'élire et qui voudront l'exercer, se feront inscrire par leurs noms et prénoms, avec leur âge et leurs impositions directes, dans un registre déposé en Chancellerie. Douze cents des inscrits concourront à ces élections annuelles de la manière suivante. Les noms de tous les inscrits seront mis dans une urne, et il en sera tiré six cents par le sort; ils ne seront point remplacés en cas d'absence ou de maladie; chacun d'eux nommera quinze personnes éligibles pour le Conseil Représentatif: ceux d'entre les nommés qui auront le plus de suffrages en nombre double des places à pourvoir, seront présentés à trois cents d'entre les six cents Electeurs; savoir à ceux des Electeurs qui sont membres des deux Conseils et des Tribunaux de la ville, ou Châtelains, ou qui appartiennent à la classe des personnes désignées dans l'article 8 du Titre premier selon l'ordre où elles y sont indiquées, et enfin aux plus âgés d'entre les six cents. Ces trois cents Electeurs retiendront d'entre les nommés les quinze Députés à élire.

§ 2. La pluralité relative des suffrages suffit pour la nomination; la pluralité absolue des suffrages est requise pour la rétention: en cas de parité de suffrages, le ou les plus âgés seront retenus.

§ 3. Cette opération faite, on procédera à l'élection des quinze autres Députés au Conseil Représentatif: pour cet effet, on tirera de l'urne six cents nouveaux Electeurs qui procéderont à cette élection de la manière prescrite par le paragraphe 1 du présent article. Les noms des six cents premiers Electeurs ne seront pas remis dans l'urne.

§ 4. Chacune de ces élections se fera dans la ville et devra être consommée dans quatre jours au plus tard, à dater de celui où la liste des six cents Electeurs aura été publiée. Les Electeurs et les membres du Conseil Représentatif n'auront droit à aucune indemnité.

§ 5. Les Syndics, le Lieutenant, le Procureur-Général, deux membres du Conseil Représentatif tirés au sort, le Doyen de la Compagnie, le Recteur et six Electeurs tirés au sort feront mettre dans l'urne les noms de tous les Electeurs, et présideront au tirage des noms des Electeurs, et au déchiffrement des billets, tant dans la nomination que dans la rétention. Le premier Syndic choisira parmi les Electeurs deux secrétaires *ad actum*.

§ 6. Le Conseil Représentatif, sur un préavis du Conseil d'Etat, fera tous les réglemens relatifs à la police de ces élections, à la manière d'y procéder, et aux questions qui pourroient s'élever sur le droit d'élire et d'être élu.

§ 7. Il ne pourra y avoir plus de cinq personnes du même nom et famille, qui siégent ensemble dans le Conseil Représentatif.

§ 8. Dans les assemblées électorales, il n'y aura lieu à aucune délibération.

(15) Art. 7.

§ 1. Le Conseil Représentatif aura le pouvoir législatif, sous la réserve de l'initiative des Syndics et du Conseil d'Etat, et en se conformant aux lois générales de la Confédération Helvétique.

§ 2. Il aura de même le droit d'établir, d'abolir, d'augmenter, de diminuer, de changer, de modifier les impôts et d'en régler la durée; de statuer sur toutes les dépenses extraordinaires qui excèdent la somme de 6500 livres de Suisse, sur les emprunts, sur les subsides extraordinaires et sur les loteries publiques. Si le Conseil d'Etat a des dépenses à faire qui doivent rester secrètes, il demandera au Conseil Représentatif de nommer six commissaires qui seront autorisées à les allouer, et le secret sur l'emploi de cette allocation devra être religieusement gardé.

§ 3. Il aura le droit d'approuver, de modifier et de rejeter les capitulations et les conventions avec d'autres Etats, qui lui seroient proposées par le Conseil d'Etat, en se conformant toutefois aux lois générales de la Confédération.

§ 4. Il aura le droit de créer des magistratures, des tribunaux et des emplois, en tant qu'ils n'auront rien de contraire aux dispositions du présent Edit.

§ 5. Il nommera à toutes les places de magistrature et de judicature, et à tous les emplois que la loi attribue exclusivement aux membres du Conseil Représentatif.

§ 6. Lorsqu'il élira les Syndics, le Lieutenant, le Trésorier, les Conseillers d'Etat, le Procureur-Général et les Auditeurs, tous les Juges de la ville, les Châtelains et les personnes mentionnées dans l'article 8 du titre premier seront joints au Conseil Représentatif pour concourir à cette élection.

§ 7. Il statuera en dernier ressort sur le militaire, sur les arsenaux, sur les augmentations et diminutions de fortifications, sur la vente forcée du sol des particuliers qu'il seroit jugé indispensable de faire entrer dans les fortifications, ainsi que sur les propriétés des particuliers dont la vente forcée seroit nécessaire pour la sûreté et la salubrité d'une rue, ou tout autre cas d'une utilité évidente pour le public; bien entendu qu'il sera alloué une pleine indemnité aux particuliers intéressés, après avoir eu un rapport d'experts assermentés nommés par ceux-ci et par le Conseil d'Etat, et au besoin par un tiers expert choisi par les experts des deux parties.

§ 8. Sur un préavis du Conseil d'Etat, il statuera sur toutes les matières relatives aux diètes ordinaires et extraordinaires, il donnera sa sanction aux instructions et aux mandats. Il nommera les Députés à la diète, mais le chef de la députation devra être pris dans le Conseil d'Etat; il pourra cependant laisser au Conseil d'Etat le choix des Députés.

§ 9. Dans toutes les affaires qui seront portées au Conseil Représentatif, il pourra modifier le préavis du Conseil d'Etat; mais il devra se renfermer dans la question qui est soumise à sa délibération.

§ 10. Il aura la police de son corps qu'il déterminera par des réglemens.

§ 11. Le Conseil d'Etat rendra compte chaque année de son administration au Conseil Représentatif; il devra lui présenter un tableau des recettes et des dépenses et de l'état des caisses, ainsi que des recettes et des dépenses présumées pour l'année suivante.

Le Conseil Représentatif nommera une commission composée d'un Syndic, de deux Conseillers d'Etat, et de quatre Députés de son corps, pour revoir ce tableau; il pourra en faire autant sur les autres parties du compte rendu.

§ 12. Le Conseil Représentatif, sur un préavis du Conseil d'Etat, déterminera à qui appartient l'exercice des attributions et des pouvoirs qui ne sont pas expressément délégués par la loi, et quels sont les départemens qui devront être présidés par un Syndic.

(16) Art. 8. Il ne pourra être fait aucun changement à la charte constitutionnelle qu'à la pluralité des deux tiers des suffrages dans les deux Conseils.

(17) Art. 9. Le Conseil Représentatif sera convoqué nécessairement le premier lundi du mois de Mai et du mois de Décembre: chaque session sera de trois semaines, à moins que le Conseil d'Etat n'en prolonge la durée. Il pourra être convoqué extraordinairement par le Conseil d'Etat qui déterminera la durée de la session.

(18) Art. 10. Dans les séances périodiques, tous les membres du Conseil Représentatif pourront faire des propositions ou des représentations.

Le Conseil d'Etat aura le droit d'agréer ou de rejeter une proposition; mais si une représentation a pour objet la transgression d'une loi, et que cette représentation soit renouvelée et appuyée dans la session suivante par cent suffrages, elle devra être portée à la décision du Conseil Représentatif dans le terme de trois jours pour le plus tard.

Dans tout ce qui concerne la charte constitutionnelle, il devra se conformer à l'article 8 du présent titre (16). Si la représentation est rejetée, elle ne pourra être renouvelée de cinq ans.

(19) Art. 11. Le Conseil Représentatif aura seul le droit de battre monnaie.

(20) Art. 12. Le Conseil Représentatif suppléera par son pouvoir législatif aux vides de la présente charte, et il lui donnera tout le développement dont elle a besoin, sans s'écarter des principes fondamentaux sur lesquels elle repose et des dispositions qu'elle renferme.

Titre III: Des Syndics et du Conseil d'Etat

(21) Article premier. Les seuls Députés au Conseil Représentatif âgés de 35 ans accomplis, seront éligibles pour la place de Conseiller d'Etat.

Seront néanmoins éligibles ceux qui seront sortis du Conseil Représentatif par la loi du renouvellement, dans l'année qui suivra immédiatement leur sortie.

(22) Art. 2. Ne pourront siéger ensemble dans le Conseil d'Etat plus de deux personnes de même nom et famille, un père et un fils, un grand-père et son petit-fils, un beau-père et un gendre, deux frères, un oncle et un neveu de même nom et famille.

(23) Art. 3. Le Conseil d'Etat sera de 28 membres en y comprenant les quatre Syndics, le Lieutenant, le Trésorier, les deux Secrétaires d'Etat qui auront voix délibérative, et les cinq Conseillers d'Etat qui siégeront dans la Cour suprême et dans le Tribunal civil.

(24) Art. 4. Le Conseil d'Etat ne sera pas sujet à l'amovibilité, mais chaque année, après l'élection des Syndics, le Conseil demandera au Conseil Représentatif s'il veut exercer un grabeau sur les Conseillers d'Etat; s'il prononce affirmativement à la balotte par une réunion de 126 suffrages, tous les Conseillers qui ne sont ni Syndics, ni Lieutenant, ni Syndics sortant de charge, ni Trésorier, ni membres du Tribunal civil et de la Cour suprême, seront grabelés un à un à la balotte, et ceux qui auront eu contr'eux 126 suffrages, sortiront du Conseil d'Etat et reprendront leurs places dans le Conseil Représentatif.

Les membres du Conseil d'Etat qui ne sont point sujets au grabeau, n'y assisteront pas, à la réserve des Syndics qui présideront l'assemblée, sans donner de suffrages.

(25) Art. 5.

§ 1. Le Conseil d'Etat a l'initiative dans toutes les matières qui sont portées à la délibération du Conseil Représentatif; il a le pouvoir exécutif, et il l'exercera pour le maintien de la tranquillité de l'Etat, des propriétés publiques et particulières, de la sûreté individuelle; il aura la police et la surveillance du culte et de l'instruction, la surveillance des Autorités inférieures, et le droit de régler les préséances dans les cas non déterminées par la loi.
Il fera des Réglemens de police, et il en mandera l'exécution à qui de droit.

§ 2. Il sera seul chargé des relations extérieures sous la réserve mentionnée dans le § 3 de l'article 7 du Titre II(15).

§ 3. Il aura l'élection de toutes les places qui ne sont pas attribuées au Conseil Représentatif ou à d'autres corps.
Dans les élections qui appartiennent au Conseil Représentatif, le Conseil d'Etat fera une nomination en nombre double, à laquelle seront joints ceux qui auront été indiqués dans ce Conseil, ou qui se seront inscrits en Chancellerie.

§ 4. Il aura l'administration des finances, il établira une Chambre des Comptes, laquelle sera soumise à son inspection et à son autorité; il en élira les membres: elle sera composée d'un Syndic, de trois Conseillers d'Etat, et de trois Députés au Conseil Représentatif.

Elle pourra se faire aider par des adjoints à son choix; ces adjoints seront admis à donner leur avis, lorsqu'ils en seront requis, mais ils n'auront pas droit de suffrage.

La Chambre des Comptes sera en même temps le Conseil Municipal de la ville.

Le Conseil d'Etat lui adjoindra quatre Conseillers Municipaux âgés au moins de 27 ans; il les élira pour trois ans, ils seront rééligibles, et ils auront droit de suffrage.

La Chambre des Comptes jugera le contentieux de l'administration, sauf l'appel au Conseil d'Etat.

Le Conseil d'Etat prononcera en dernier ressort jusqu'à la somme de 1000 livres de Suisse, sans plaidoierie, mais le plaignant pourra présenter en mémoire. Si la somme excède mille livres de Suisse, le plaignant aura son recours à la Cour suprême, par plaidoierie ou par mémoire à son choix.

§ 5. Il sera formé dans le Conseil d'Etat des Commissions à qui il pourra confier certaines parties de l'administration qui sont de son ressort; et ces Commissions, comme il a été dit dans le paragraphe précédent, seront soumises à son autorité, et elles pourront, sous l'approbation du Conseil d'Etat, se nommer des adjoints qui se formeront ainsi à l'administration.

§ 6. Quoique le pouvoir judiciaire soit séparé du pouvoir exécutif, le Conseil d'Etat, pour assurer à l'autorité le respect qui lui est dû, pourra infliger à ceux qui y porteroient atteinte une peine qui n'excède pas un mois de prison publique, ou trois mois de prison domestique, et une amende qui n'excède pas soixante livres de Suisse. Si le Conseil d'Etat le juge convenable, ou s'il estime que le délit mérite une peine plus grave, il en enverra la connoissance aux Tribunaux.

§ 7. Le Conseil d'Etat aura le droit de faire arrêter et emprisonner les personnes prévenues d'un délit; il devra les remettre aux Tribunaux dans les vingt-quatre heures; il leur déférera aussi tous les délits qui viendront à sa connoissance.

§ 8. Il veillera à ce que les Tribunaux remplissent leurs fonctions avec soin et assiduité, et en général il exercera, pour le maintien des lois, des moeurs et du bon ordre, pour la prospérité du commerce et des manufactures, l'autorité suprême, sans porter atteinte aux attributions des autres corps de l'Etat.

§ 9. Il fera des réglemens sur les médecins, sur les chirurgiens et les pharmaciens.

§ 10. Il élira un Sautier pour six ans, le Sautier sera rééligible; il sera pris indistinctement dans le Conseil Représentatif ou hors de ce Conseil.

§ 11. Il aura la police de son corps, et il fera des réglemens sur cet objet.

§ 12. Il sera chargé comme par le passé, de maintenir l'autorité paternelle, et celle des Tuteurs et Curateurs, d'autoriser les aliénations d'immeubles, faites par les mineurs, de décider des interdictions des majeurs, et d'accorder des dispenses d'âge.

§ 13. Le tirage de l'arquebuse et les exercices de la navigation et de l'arc seront soumis à l'autorité du Conseil d'Etat, et présidés par un membre dudit Conseil; le Directeur-général de l'artillerie sera Conseiller d'Etat.

(26) Art. 6.

§ 1. Il fera dans le plus court délai le tableau des Avocats: seront inscrits dans ce tableau les Genevois qui ont été reçus avocats à Genève ou dans quelqu'université. Ceux-là seulement auront le droit d'occuper devant les Tribunaux.
§ 2. Il créera les Notaires après un examen, et il en fixera le nombre. Il nommera les Procureurs, il en fixera le nombre; il en fera dresser une liste, ceux-là seulement qui y seront compris auront droit d'occuper par-devant les Tribunaux.
§ 3. Le Conseil pourra suspendre ou interdire les Avocats et les Procureurs, s'ils s'écartent de leurs devoirs; les Tribunaux auront le même pouvoir.
§ 4. A l'avenir il faudra avoir subi des examens à Genève, selon les anciens Réglemens, pour être compris dans le tableau des Avocats.

(27) Art. 7. Le Conseil d'Etat fera un Réglement sur les émolumens des personnes publiques employées dans les transactions des particuliers et dans l'ordre judiciaire, et sur les frais de justice.

(28) Art. 8. La paie de Conseiller d'Etat sera de 650 livres de Suisse.

(29) Art. 9. Les Syndics présideront le Conseil d'Etat; et à leur défaut, le premier en rang dans les anciens Syndics non récusables.

§ 1. Les Syndics auront le pouvoir provisionnel dans le cas urgens, à la charge par eux d'en faire rapport dans le plus court délai au Conseil d'Etat.
§ 2. Les Syndics ou chacun d'eux auront le pouvoir de faire emprisonner les personnes prévenues d'un délit; et à l'exception du flagrant délit, le prévenu, s'il le demande, devra être conduit à l'un des Syndics.
§ 3. Le traitement des quatre Syndics sera double de celui des Conseillers.

(30) Art. 10.

§ 1. On procédera à l'élection des Syndics, en présentant au Conseil Représentatif tout le tableau du Conseil d'Etat, à la réserve des quatre Syndics et du Trésorier, s'il se refuse à être en élection.
§ 2. Les Conseillers d'Etat âgés de 70 ans accomplis, s'ils demandent leur décharge, l'obtiendront de plein droit.
Le Conseil d'Etat pourra en outre accorder à deux de ses membres leur décharge de l'élection; mais elle devra être confirmée par le Conseil Représentatif. Nul autre membre du Conseil ne pourra demander sa décharge.
§ 3. Les cinq Conseillers d'Etat qui siégeront dans la Cour suprême et dans le Tribunal civil, ne seront pas éligibles pour le Syndicat, aussi long-temps qu'ils seront Juges.

§ 4. Le Conseil Représentatif procédera à l'élection par voie de nomination et de rétention.

§ 5. L'élection faite, le Conseil Représentatif procédera à l'élection du premier Syndic, sans égard à l'ancienneté. Il procédera de même à l'élection du Syndic de la Garde, lequel n'aura, par cette élection, aucune préséance sur ses collègues.

(31) Art. 11. Les Syndics seront élus pour un an; ils pourront être élus de nouveau un an après être sortis de charge. Les Syndics, à l'expiration du Syndicat, seront placés à la tête des Conseillers; les autres Conseillers auront le rang de l'ancienneté, qu'ils aient été Syndics ou non.

(32) Art. 12. Toutes les élections se feront au scrutin.

(33) Art. 13. Le Conseil d'Etat pourra créer une Chambre de Réforme et faire des Ordonnances somptuaires.

(34) Art. 14. Les anciennes lois sur les récusations, tant pour les Conseils que pour les Tribunaux, sont provisoirement remises en vigueur.

(35) Art. 15. Les Syndics, le Lieutenant et le Procureur-Général ne pourront être déchargés de leur emploi qu'avec le consentement du Conseil Représentatif et sur un préavis du Conseil d'Etat; toute autre décharge sera accordée par le Conseil d'Etat. Il ne pourra la refuser à celui qui, pendant un mois, aura persisté à la demander. Le Conseil Représentatif pourra, sur un préavis du Conseil d'Etat, accorder le titre, le rang et les honneurs de Conseiller d'Etat à celui qui auroit obtenu sa décharge.

(36) Art. 16. Lors de leur élection, les Syndics, les Conseillers d'Etat et les Députés au Conseil Représentatif prêteront le serment de leur office devant le Conseil Représentatif. Les autres Magistrats, les Juges, les Fonctionnaires Civils et Ecclésiastiques prêteront serment devant le Conseil d'Etat.

Titre IV: Du Tribunal de l'audience et des Châtelains

(37) Article premier. Le Tribunal de l'audience sera rétabli pour la ville et pour la banlieue.

(38) Art. 2. Il sera composé, 1° d'un Lieutenant élu pour un an; il sera pris entre les membres du Conseil d'Etat et rééligible après un an d'intervalle; 2° de six Auditeurs et de deux Secrétaires de la justice, élus parmi les Genevois âgés de 27 ans accomplis; les Secrétaires feront au besoin les fonctions de suppléans.

(39) Art. 3. Les Auditeurs et les Secrétaires sont élus pour trois ans, et pourront, s'ils le demandent, être réélus pour trois autres années.

(40) Art. 4. Le Lieutenant, pendant qu'il sera en charge, aura voix consultative dans le Conseil d'Etat; mais il n'y aura pas droit de suffrage.

(41) Art. 5. Le Tribunal de l'audience sera chargé de la police, et de l'exécution des réglemens y relatifs, sous l'autorité du Conseil d'Etat.

(42) Art. 6. Le Lieutenant et les Auditeurs auront le pouvoir d'emprisonner. L'Auditeur devra conduire à un Syndic le prévenu, s'il le demande, sauf le cas du flagrant délit. Un Auditeur recevra les réponses personnelles du prévenu, et il sera chargé de la première instruction de la procédure criminelle.

(43) Art. 7. Le Tribunal de l'audience sera juge au civil et au correctionnel, et il lui sera attribué une compétence en premier et dernier ressort.

(44) Art. 8. Il y aura, pour les campagnes, un Châtelain par district, élu pour quatre ans; il devra être âgé de 30 ans accomplis; il sera rééligible.

(45) Art. 9. Le Châtelain aura des fonctions administratives; il sera juge au civil et au correctionnel. Il lui sera attribué, pour le civil, une compétence en premier et dernier ressort; et pour le correctionnel une compétence en dernier ressort: la loi déterminera le surplus de l'organisation et de la composition de son Tribunal; il aura d'ailleurs dans son ressort les mêmes attributions que le Tribunal de l'audience.

(46) Art. 10. Il y aura, comme par le passé, quatre Procureurs qui plaideront devant le Tribunal de l'audience; les Avocats pourront y donner des avis en droit.

(47) Art. 11. La paie du Lieutenant sera de douze cents livres de Suisse, laquelle ne sera point cumulée avec celle de Conseiller d'Etat. Le Conseil Représentatif statuera sur les paies et indemnités à accorder au Procureur-Général et à ses Substituts, aux Auditeurs, aux Secrétaires de la justice, et aux Châtelains. Les Châtelains auront rang après les Auditeurs.

Titre V: Du Tribunal civil

(48) Article premier. Il y aura un Tribunal civil pour la République; il sera composé de sept membres; le Président et le premier Juge seront choisis dans le Conseil d'Etat; les cinq autres Juges, âgés de trente ans au moins, pourront être pris indistinctement dans le Conseil Représentatif ou hors de ce Conseil.

Il y aura de plus dans le Tribunal quatre Suppléans, âgés au moins de vingt-sept ans accomplis; ils seront tous élus à vie.

(49) Art. 2. La paie des Juges sera de huit cents livres de Suisse, celle du Président de mille livres; les Suppléans n'auront point de paie. Le Président et le Juge Conseiller d'Etat ne pourront pas cumuler la paie de Conseiller et celle de Juge.

Ils garderont le rang qu'ils avoient comme Conseillers d'Etat; les autres Juges auront rang après les Juges de la Cour suprême.

(50) Art. 3. En matières civiles, le Tribunal civil connoîtra en dernier ressort des causes dont le Tribunal de l'audience et les Châtelains auront connu en premier ressort; et, pour les autres causes, il lui sera fixé une compétence en premier et dernier ressort.

(51) Art. 4. Il sera juge au correctionnel pour la République, à l'exception du ressort du Tribunal de l'audience et de la compétence attribuée aux Châtelains. Il y aura appel de ses jugemens, qui seront maintenus jusqu'à

l'issue de l'appel. Les deux Juges Conseillers d'Etat ne jugeront qu'au civil; néanmoins le Président Conseiller d'Etat continuera à présider le Tribunal dans les causes correctionnelles, mais sans avoir droit de voter.

Titre VI: De la Cour suprême

(52) Article premier. Il y aura une Cour suprême composée d'un Président civil, d'un Président Criminel, de huit Juges âgés au moins de 35 ans accomplis, et de cinq Suppléans âgés au moins de 30 ans accomplis, ils seront tous élus à vie.

Le Président civil et les deux premiers Juges seront choisis dans le Conseil d'Etat; le Président du Tribunal criminel le sera dans le Conseil Représentatif, mais hors du Conseil d'Etat; les six autres Juges et les Suppléans seront pris indistinctement dans le Conseil Représentatif ou hors de ce Conseil; la paie des deux Présidens sera de douze cents livres de Suisse, celle des autres Juges de huit cents livres; les trois Juges Conseillers d'Etat ne pourront cumuler les paies de Juge et de Conseiller d'Etat. Les Suppléans n'ont pas de paie.

Le Président civil et les deux Juges Conseillers d'Etat garderont le rang qu'ils ont comme Conseillers d'Etat; le Président criminel aura rang de Conseiller d'Etat à la date de son élection à la Présidence; les autres Juges auront rang immédiatement après le Conseil d'Etat.

(53) Art. 2. En matière civile, la Cour suprême prononcera souverainement sur les appels des jugemens rendus, en premier ressort par le Tribunal civil et par le Tribunal de commerce.

(54) Art. 3. Au correctionnel, elle jugera les appels des jugemens rendus en premier ressort par le Tribunal civil et de l'audience.

(55) Art. 4. La Cour jugera souverainement au grand criminel, sauf le recours dans les cas déterminés par la loi.

Lorsque la Cour jugera au correctionnel et au criminel, le Président civil et les deux Juges Conseillers d'Etat ne siégeront pas dans la Cour. Elle sera présidée par le Président criminel.

Le Président criminel ne siégera point dans la Cour lorsqu'elle connoîtra des matières civiles.

(56) Art. 5. Un Juge de la Cour suprême recevra les réponses personnelles du prévenu, lesquelles devront être répétées pardevant la Cour assemblée. La confrontation des témoins, les plaidoyers de l'Avocat, du prévenu et du Procureur-général auront toute la publicité convenable; et dans ce but il sera tiré au sort, à chaque session du Conseil Représentatif, cent de ses membres qui auront le droit d'assister à cette partie de la procédure; et chaque année, il sera également tiré au sort cent Electeurs qui auront le même droit. Le prévenu aura le droit de se faire accompagner à l'audience par quatre de ses parens ou amis.

(57) Art. 6. Dans le cas où un membre de Conseil Représentatif, du Conseil d'Etat ou des Tribunaux seroit cité devant les Tribunaux correctionnel ou criminel, le Conseil Représentatif décidera si le Conseiller d'Etat, et le Conseil d'Etat décidera si le membre du Conseil Représentatif ou le Juge doit

être mis en jugement; mais, jusqu'à cette décision, on s'assurera de la personne du prévenu, dans le cas où cette arrestation doit avoir lieu. Les personnes susmentionnées pourront renoncer à ce privilège.

(58) Art. 7. Les cinq Juges Conseillers d'Etat ne siégeront en aucun cas dans le Conseil d'Etat, aussi long-temps qu'ils seront revêtus de la qualité de Juge.

(59) Art. 8. Les Présidens, les Juges et les Suppléans des Tribunaux et le Président du Tribunal de commerce sont élus par le Conseil Représentatif.

Titre VII: Du Tribunal de recours

(60) Article premier. Il y aura un Tribunal de recours composé d'un Syndic, de deux Conseillers d'Etat qui aient exercé le Syndicat, de quatre Conseillers d'Etat, des deux membres de la Cour suprême qui suivent en rang les trois Juges Conseillers d'Etat, des deux membres du Tribunal civil qui suivent en rang les deux Juges Conseillers d'Etat, des deux premiers membres du Tribunal de l'audience et du Tribunal de commerce, et de vingt-quatre membres du Conseil Représentatif.

(61) Art. 2. Les membres du Conseil d'Etat, qui siégeront dans ce Tribunal, seront élus pour un an par le Conseil Représentatif et rééligibles.

Les 24 membres du Conseil Représentatif seront tirés au sort et renouvelés à chaque session périodique.

(62) Art. 3. Le Tribunal connoîtra du recours contre la sentence, ou du recours à la grâce de la sentence, qui aurait condamné des prévenus à des peines afflictives ou infamantes. Ce Tribunal aura le pouvoir de remettre la peine en tout ou en partie, même de prononcer l'absolution pure et simple.

Les peines ne pourront être aggravées.

Il jugera aussi des nullités de la procédure; s'il y en a, il la renverra aux Tribunaux compétens pour la recommencer.

(63) Art. 4. L'appel au Tribunal de recours devra être vidé dans le terme de trois jours pour le plus tard.

Le Tribunal jugera sur l'état de la procédure.

Le prévenu aura le droit de présenter un mémoire qui pourra être lu par un avocat.

Nul autre que les Juges, la partie publique, et l'Avocat du prévenu n'assisteront à l'audience.

(64) Art. 5. La sentence portant peine capitale ou corporelle sera rendue au nom des Syndics et Conseils, elle sera lue devant l'Hôtel-de-ville, les Syndics et les 24 premiers Juges siégeant sur le Tribunal et selon les anciennes coutumes.

Il sera mandé au Tribunal du Lieutenant de faire mettre la sentence à l'exécution.

(65) Art. 6. Le Conseil Représentatif, sur un préavis du Conseil d'Etat, réglera le surplus de l'organisation, compétence et attributions des Tribunaux, et il fera la revision des lois sur la procédure criminelle.

Titre VIII: Du Procureur-Général

(66) Article premier. Il y aura un Procureur-Général pris dans les membres du Conseil Représentatif; il sera âgé de 30 ans accomplis; il aura deux substituts âgés au moins de 27 ans. Les substituts lui seront subordonnés.

(67) Art. 2. Le Procureur-Général et ses substituts veilleront aux intérêts des mineurs, et au maintien des propriétés publiques.

(68) Art. 3. Ils seront accusateurs publics; ils donneront leurs conclusions dans les causes criminelles; ils plaideront pour le public; ils concluront dans les demandes des particuliers où les propriétés publiques seront intéressées; ils interviendront dans les conseils de famille, et concluront, comme par le passé, dans l'établissement des tutelles et curatelles, et dans les cas de dispense d'âge et d'interdiction.

(69) Art. 4. Le Procureur-Général sera élu pour trois ans, et rééligible pour trois autres années seulement.
Les substituts seront élus pour cinq ans et rééligibles.

(70) Art. 5. Le Procureur-Général aura seul le droit d'adresser des requisitions au Conseil d'Etat en matière d'administration, et aux Tribunaux en matière judiciaire.

Titre IX: Du Conseil Militaire

(71) Article premier. Il y aura un Conseil Militaire composé du Syndic de la garde, de trois Conseillers-majors, dont l'un sera Directeur-général de l'artillerie, de deux Députés au Conseil Représentatif, de quatre officiers de la milice et de deux officiers de la garnison, tous élus par le Conseil Représentatif.

(72) Art. 2. Le Conseil Militaire sera entièrement soumis à l'autorité du Conseil d'Etat, et il ne pourra agir que par ses ordres: il aura l'exécution des lois et des réglemens militaires ainsi que la direction de la milice, de la garnison des fortifications et des arsenaux.

(73) Art. 3. Le Conseil Représentatif fera des lois sur la compétence du Conseil Militaire, comme juge des délits militaires: ces lois devront se rapprocher, autant que possible, des institutions helvétiques.

(74) Art. 4. Le Conseil d'Etat élira tous les officiers de la garnison; il les grabélera en s'adjoignant le Conseil Militaire; il choisira les officiers de la milice sur une nomination en nombre double, faite par le Conseil Militaire; le Conseil d'Etat pourra y ajouter les indications qu'il jugera convenables.

(75) Art. 5. Tout Genevois âgé de 20 ans accomplis sera nécessairement inscrit dans la milice.

Titre X: Dispositions générales

(76) Article premier. Les Genevois font à la religion et à la patrie le sacrifice de tout souvenir des anciennes dissentions, de tout ressentiment,

de tout esprit de parti: nul ne sera recherché pour des délits politiques antérieurs à la date du présent Edit, qui sera en même temps un édit de pacification solide et durable.

(77) Art. 2. Vu les dettes et les besoins de l'Etat, et les circonstances singulières dans lesquelles il se trouve placé, il n'est pas possible de faire dans ce moment la revision des impôts actuels; ils sont maintenus jusqu'au premier Janvier 1816 pour le plus tard. Les droits réunis sont supprimés, sauf la vente du sel qui appartiendra à l'Etat, comme par le passé, et le droit de garantie tel qu'il est fixé par le réglement du Conseil provisoire.

(78) Art. 3. Dès que les finances de l'Etat le permettront, la Chambre des Blés sera rétablie. Le Conseil Représentatif déterminera le mode de son existence.

(79) Art. 4. L'octroi appartient à la commune de Genève, ainsi que la ferme de la pêche et des boues, à la charge par elle d'entretenir la machine hydraulique, l'éclairage de la ville, les quatre ponts sur le Rhône et les pavés, et de payer graduellement les dettes de la Mairie.

(80) Art. 5. Les Maires des communes sont conservés, sauf pour la ville de Genève. Trois communes au plus pourront être administrées par le même Maire. Les Maires auront un Conseil de commune; ils seront nommés par le Conseil d'Etat; le Conseil Représentatif déterminera leurs attributions et compétence.

Ils seront immédiatement soumis au Châtelain de leur district, et en dernier ressort au Conseil d'Etat.

(81) Art. 6. Chaque année le Conseil d'Etat pourra, s'il le juge convenable, porter au Conseil Représentatif l'avis de grabeler les Tribunaux et les Juges. Si le Conseil Représentatif l'approuve, tous les Juges seront grabelés un à un, et ils ne pourront être exclus qu'à la pluralité des deux tiers des suffrages donnés au scrutin. Les Juges Conseillers d'Etat seront grabelés en la forme prescrite pour le grabeau des Conseillers d'Etat.

(82) Art. 7. Les Juges Conseillers d'Etat reprendront leurs places dans le Conseil d'Etat dès qu'ils cesseront d'être Juges.

(83) Art. 8. Les Cours et les Tribunaux présenteront chaque année le tableau de leurs opérations au Conseil d'Etat, qui en donnera connaissance au Conseil Représentatif.

(84) Art. 9. Les Syndics, le Lieutenant, les Auditeurs, le Procureur-Général, le Trésorier et les Châtelains seront élus dans la session du mois de Décembre. Si l'une de ces places devient vacante, le Conseil d'Etat y pourvoira provisoirement, jusqu'à la première session du Conseil Représentatif. Un Syndic, à la veille de sa sortie de charge, pourra être élu Lieutenant; et le Lieutenant, à la veille de sa sortie de charge, pourra être élu Syndic. Les Conseillers d'Etat seront élus dans la session la plus voisine de la vacance. Il en sera de même des autres places dont l'élection appartient au Conseil Représentatif.

(85) Art. 10. Le Conseil Représentatif sera qualifié de Très-Honorés Seigneurs et de Conseil Souverain.

Les Syndics collectivement, le Conseil d'Etat, le Tribunal civil, la Cour suprême, le Tribunal de recours et les Commissions du gouvernement auront le titre de Très-Honorés Seigneurs.

Les Conseillers d'Etat sont qualifiés de Nobles; ce titre n'est pas transmissible à leurs enfans.

Titre XI: De la Compagnie des Pasteurs, du Consistoire, de la Direction de l'Hôpital, de la Société Economique, de la Chambre des Tutelles, et des autres établissemens de charité

(86) Article premier.

§ 1. La Compagnie des Pasteurs élira chacun de ses membres; leur élection sera soumise à l'approbation du Conseil d'Etat; elle se grabélera elle-même.

§ 2. Elle fera des réglemens sur la police de son corps; elle conservera les élections dont elle est en possession par la loi et l'usage, sauf les modifications qui y sont apportées par le présent Edit.

§ 3. Dans les réglemens que le Conseil Représentatif fera sur l'Académie, si elle est convertie en Université, la Compagnie devra être maintenue dans la part qu'elle a à l'élection des Professeurs de Théologie, de deux Professeurs en Philosophie, d'un Professeur en Belles-Lettres, et des Régens du Collége; et son droit à ces élections ne pourra être restreint que de son consentement.

Elle nommera des Députés de son corps pour les Commissions appelées à former un préavis sur les objets mentionnés dans cet article.

§ 4. Elle conservera le titre, les préséances et le rang dont elle jouissoit avant 1792.

Elle aura le droit d'adresser au Conseil d'Etat des représentations sur le maintien des moeurs et de la religion, en se renfermant uniquement dans ces objets; elle pourra aussi, pour le maintien de ses attributions, s'adresser au Conseil d'Etat.

L'un des plus anciens Pasteurs adressera au Conseil Représentatif une remontrance, lorsqu'il sera convoqué pour les mêmes élections où il étoit d'usage que le Doyen de la Compagnie adressât des exhortations aux Electeurs.

(87) Art. 2. Le Consistoire pour les Protestans élira lui-même pour six ans ses membres laïcs; ils seront rééligibles; ils devront être âgés de trente ans accomplis; les membres élus seront soumis à l'approbation du Conseil d'Etat.

A la tête des membres laïcs seront deux Conseillers d'Etat élus pour trois ans par ledit Conseil et la Compagnie des Pasteurs. La compétence du Consistoire sera la même qu'elle étoit ci-devant par l'ordonnance ecclésiastique, à la réserve toutefois de la partie contentieuse et judiciaire sur les promesse de mariage, les séparations et les divorces, à l'égard desquels il sera statué par l'Edit civil. Le Consistoire aura toujours le droit de mander les parties et de leur adresser des exhortations.

(88) Art. 3. Le Tribunal de commerce est maintenu; il élira ses membres dont l'élection sera soumise à l'approbation du Conseil d'Etat; le Président sera élu par le Conseil Représentatif; la loi réglera la compétence et les formes de ce Tribunal. Il aura rang immédiatement après le Tribunal de l'audience.

(89) Art. 4. La Société Economique est maintenue. Elle élira elle-même ses membres; l'élection sera soumise à l'approbation du Conseil d'Etat. Les membres actuels de la Société sont inamovibles. A l'avenir ils seront élus pour dix ans et rééligibles. Le Président sera pris dans le Conseil d'Etat et élu pour deux ans par ledit Conseil, et rééligible.

§ 1. La Société Economique administrera cette partie de l'ancien patrimoine des Genevois qui lui avoit été confié; tous les actes de son administration sont ratifiés.
§ 2. Ses revenus seront appliqués, comme par le passé, à l'entretien du culte protestant, de l'instruction publique, des maisons dont elle tire un loyer, et des édifices qui ne seront pas appliqués à l'usage de l'Etat; le tout sous l'inspection et autorité du Conseil d'Etat.
§ 3. Si le Conseil d'Etat propose à la Société Economique des dépenses nouvelles, ou une augmentation de dépenses, et que la Société Economique croie devoir s'y refuser, la proposition sera portée à la décision du Conseil Représentatif, à moins que le Conseil d'Etat ne retire sa proposition. La Société Economique pourra donner par écrit les motifs de son refus.
§ 4. Chaque année elle rendra compte au Conseil d'Etat de son administration.
§ 5. La Société Economique cessera d'avoir inspection sur le culte et sur l'instruction, cette inspection étant attribuée au Conseil d'Etat.
§ 6. Le Conseil Représentatif, sur un préavis du Conseil d'Etat, disposera, s'il le juge convenable, de l'usage des bâtimens réservés à la Société Economioque, à la charge de les entretenir, et de fournir à ladite Société un revenu égal au produit qu'elle en retiroit.

(90) Art. 5. La Direction de l'Hôpital genevois est maintenue sur le pied actuel; ses membres seront élus par elle pour neuf ans, et rééligibles; ils seront soumis à l'approbation du Conseil d'Etat. Un membre du Conseil d'Etat, élu par ledit Conseil conjointement avec la Compagnie des Pasteurs, la présidera. Il sera élu pour un an et rééligible. Le Vice-président sera élu par la Compagnie des Pasteurs et élu par elle pour quatre ans. Elle sera sous l'inspection du Conseil d'Etat à qui elle rendra compte annuellement de sa gestion. Le patrimoine qu'elle administre provenant des Genevois, les seuls Genevois actuels et ceux qui acquerront le droit de commune dans Genève par concession ou par achat, auront droit à l'assistance de l'Hôpital.

(91) Art. 6. Les établissemens de charité, destinés au soulagement des Genevois d'origine françoise ou allemande, sont maintenus sous l'inspection du Conseil d'Etat; et si jamais les deux Conseils estiment qu'ils sont devenus inutiles, leurs priopriétés seront dévolues à l'Hôpital genevois.

Le Bureau de Bienfaisance est maintenu sous l'inspection du Conseil d'Etat dont il devra demander chaque année l'autorisation pour faire une collecte, qui pourra être accordée ou refusée.

Ses membres seront élus pour cinq ans et rééligibles; leur élection sera soumise à l'approbation du Conseil d'Etat.

(92) Art. 7. La Chambre des Tutelles est maintenue; les réglemens faits à son origine sont remis en vigueur; le Conseil d'Etat dont elle relève, pourra les modifier.

Deux Conseillers d'Etat élus par ledit Conseil seront membres de cette chambre et la présideront.

(93) Art. 8. La loi de 1635, rappelée et confirmée dans le titre cinq du livre deux du code de 1791, sur les correspondances et pensions étrangères, est maintenue. Aucun Conseiller d'Etat ne pourra porter de décoration conférée par une puissance étrangère.

22. Verfassung des Kantons Aargau
Vom 4. Juli 1814

Erster Abschnitt: Eintheilung des Gebiets und politischer Zustand der Bürger

1. Der Kanton Aargau ist in eilf Bezirke abgetheilt, als: Aarau, Baden, Bremgarten, Brugg, Kulm, Laufenburg, Lenzburg, Mury, Rheinfelden, Zofingen und Zurzach.

2. Die eilf Bezirke sind in achtundvierzig Kreise abgetheilt. Die gegenwärtige Kreiseintheilung wird beibehalten, mit der einzigen Veränderung, daß die Gemeinden Brugg, Lenzburg, jede für sich allein, Rheinfelden vereinigt mit Augst und Ohlsberg, einen Kreis ausmachen. Das Gesetz wird über die Veränderungen bestimmen, welche diese Berichtigungen in den benachbarten Kreisen nöthig machen.

3. *Aarau* ist der Hauptort des Kantons.

4. Jeder, der in irgend einer Gemeinde des Kantons das Ortsbürgerrecht besitzt. ist Kantonsbürger. Das Gesetz bestimmt die Art und Weise, wie die Ortsbürgerrechte und das Kantonsbürgerrecht erworben werden können. Die Kantonsbürger allein können zu den durch die Verfassung eingeführten Stellen wählen und gewählt werden. Das Gesetz wird diejenigen Bedingungen aufstellen, unter welchen Kantonsbürger, die in einem andern Kanton politische Bürgerrechte geniessen, wählen und gewählt werden können.

5. Die Bürger vereinigen sich, wenn es der Fall ist, in Gemeindwahlversammlungen und in Kreiswahlversammlungen.

6. Um bei einer Gemeindwahlversammlung stimmfähig zu sein, muß man 1) das fünfundzwanzigste Jahr zurückgelegt haben; 2) seit einem Jahr in der Gemeinde wohnhaft sein; 3) ein schuldenfreies Vermögen von dreihundert Franken in Liegenschaften oder hypothezirten Schuldtiteln besitzen.

7. Um bei einer Kreiswahlversammlung stimmfähig zu sein, muß man 1) das fünfundzwanzigste Jahr zurückgelegt haben; 2) seit einem Jahr in dem Kreise wohnhaft sein, 3) ein schuldenfreies Vermögen von eintausend Franken an Liegenschaften oder hypothezirten Schuldtiteln besitzen.

8. Von den Gemeinde- und Kreiswahlversammlungen sind ausgeschlossen: 1) diejenigen, die nicht eigenen Rechtens sind; 2) diejenigen, so zu einer infamirenden Strafe verurtheilt worden sind. Das Gesetz kann auch andere Ausschliessungsfälle als Strafmittel bestimmen.

Zweiter Abschnitt: Öffentliche Behörden

9. Ein *großer Rath*, bestehend aus einhundert und fünfzig Mitgliedern (von denen die eine Hälfte dem katholischen, die andere aber dem reformirten Glaubensbekenntniß zugethan sein muß), übt die höchste Gewalt aus: Er versammelt sich alljährlich am ersten Montage des Brachmonats am Hauptorte des Kantons, und kann nicht länger wie einen Monat versammelt bleiben, es sei denn, daß diese Sitzungszeit durch einen Beschluß des kleinen Raths verlängert werde. Der große Rath 1) genehmigt oder verwirft die Vorschläge von Gesetzen und Dekreten, die ihm vom kleinen Rath vorgelegt werden. Die Auflagen, die Gehalte der durch die Verfassung aufgestellten öffentlichen Beamten, die Veräusserung von Staatsgütern, die Milderung oder Nachlassung peinlicher Strafen, gehören unter die Gegenstände, die nur durch das Gesetz oder durch ein Dekret bestimmt werden können. 2) Er läßt sich von dem kleinen Rathe über die Vollziehung der Gesetze und Dekrete, so wie überhaupt über den Zustand der öffentlichen Verwaltung Bericht erstatten. 3) Er nimmt dessen Rechnung über die Verwaltung des Staatsvermögens und der Staatseinkünfte ab, und passirt sie. 4) Er ernennt die Abgeordneten zur Tagsatzung, ertheilt denselben Instruktionen, und berathschlagt über die Zusammenberufung ausserordentlicher Tagsatzungen.

Der Amtsbürgermeister, oder in dessen Abwesenheit der zweite Bürgermeister, führt bei dem großen Rathe den Vorsitz. Die Verrichtungen der Mitglieder des großen Raths sind als solche unentgeltlich.

10. Ein *kleiner Rath*, bestehend aus dreizehn Gliedern des großen Raths, von dem sie fortwährend einen Theil ausmachen, übt die vollziehende Gewalt aus. Von diesen dreizehn Mitgliedern müssen wenigstens sechs dem reformirten und wenigstens sechs dem katholischen Glaubensbekenntnisse zugethan sein. 1) Er schlägt dem großen Rathe die Gesetze und Dekrete vor. 2) Er sorgt für die Vollziehung der Gesetze und Dekrete, und läßt die zu dem Ende nöthigen Beschlüsse und Verordnungen ergehen. 3) Er führt die Aufsicht über alle untergeordneten Behörden, und ertheilt ihnen die nöthigen Weisungen. 4) Der kleine Rath ernennt seine Beamten, und hat das Recht, sie von ihren Stellen wieder abzurufen. 5) Er legt dem großen Rathe über alle Theile der öffentlichen Verwaltung Rechenschaft ab, und verläßt die Versammlung, wenn über dieselbe abgestimmt wird. 6) Er verfügt über die bewaffnete Macht, um die öffentliche Ordnung aufrecht zu erhalten und die Bundespflichten zu erfüllen. 7) Er kann die Dauer der ordentlichen Versammlung des großen Raths verlängern, und ihn ausserordentlich zusammenberufen. 8) Er entscheidet über Anstände, die sich in Hinsicht auf Ver-

theilung der Steuern, Verwaltung der Gemeindgüter, und die mit den Gemeindbürgerrechten verbundenen Nutzungen und Beschwerden ergeben mögen.

11. In jedem Bezirke ist ein *Oberamtmann*, der mit der Vollziehung der Gesetze und Verordnungen beauftragt ist, und über die untergeordneten Behörden die Aufsicht zu führen hat.

12. In jeder Gemeinde ist ein *Gemeinderath*, der aus einem Ammann und wenigstens zwei, höchstens zwölf Gliedern besteht.

Der *Ammann* ist der Vollziehungsbeamte der Regierung in der Gemeinde. Er führt den Vorsitz bei dem Gemeinderathe und vollzieht dessen Beschlüsse.

Der Gemeinderath ist 1) mit der Verwaltung der örtlichen Polizei, 2) mit der Verwaltung des Gemeinde-, Armen- und Kirchenguts, 3) mit dem Vormundschaftswesen, 4) mit denjenigen Gegenständen der allgemeinen Verwaltung beauftragt, die das Gesetz bestimmen wird. Den Gemeinden, deren Bevölkerung und örtliche Verhältnisse es ganz besonders erheischen, können für ihre Gemeinderäthe besondere und ausgedehntere Befugnisse durch das Gesetz ertheilt werden.

13. In jedem Kreise ist ein *Friedensrichter*, der 1) die vorhandenen Streithändel zu schlichten sucht; 2) über Streitigkeiten von geringem Werthe, die das Gesetz bestimmen wird, endlich abspricht; bei den Kreiswahlversammlungen den Vorsitz führt.

14. In jedem Bezirke ist ein *Gericht*, das aus dem Oberamtmann, als Vorsitzer, und vier Mitgliedern besteht. Dem Oberamtmann kommt in Zuchtpolizei- und peinlichen Fällen das Recht der Verhaftung und die vorläufige Untersuchung zu. Er spricht über kleine, durch das Gesetz zu bestimmende Zuchtpolizeivergehen endlich ab.

Das Bezirksgericht spricht über bürgerliche Streitigkeiten und Zuchtpolizeivergehen, nach einer durch das Gesetz zu bestimmenden Kompetenz, endlich ab. Es spricht über bürgerliche Streitigkeiten und Zuchtpolizeifälle, die seine Kompetenz übersteigen, so wie über alle peinliche Fälle in erster Instanz ab. Es hat die Aufsicht über das Vormundschaftswesen und über die Verwaltung der Kirchengüter.

15. Ein *Appellationsgericht*, bestehend aus dreizehn Gliedern (wovon wenigstens sechs dem reformirten und wenigstens sechs dem katholischen Glaubensbekenntnisse zugethan sein müssen), spricht über bürgerliche Streitigkeiten, Zuchtpolizei- und peinliche Fälle in letzter Instanz ab.

Dritter Abschnitt: Wahlart und Wählbarkeits-Bedinge

16. Von den 150 Gliedern des großen Raths werden 48 von den Kreisversammlungen, 52 von dem großen Rathe selbst, und 50 von einem Wahlkollegium gewählt, das aus 13 Mitgliedern des kleinen Raths, 13 des Appellationsgerichts, und aus 13 Mitgliedern des großen Raths, letztere durch das Loos bezeichnet, bestehen wird.

Die Mitglieder des großen Raths werden auf zwölf Jahre ernannt, und alle vier Jahre zu einem Drittheil erneuert. Sie sind sogleich wieder erwählbar. Die erste Erneuerung des großen Raths, welche binnen vier Jahren vollendet sein soll, wird durch das Einführungsreglement bestimmt.

Die Kreisversammlungen werden alle zwölf Jahre zusammenberufen, theils um Mitglieder für den großen Rath zu ernennen, deren jede Versammlung ein Mitglied zu erwählen hat; theils um Kandidaten für den großen Rath zu wählen, deren jede Versammlung drei zu ernennen hat.

Um von einer Kreisversammlung zum Mitglied des großen Raths erwählt werden zu können, muß man 1) in dem Bezirke, wozu der Kreis gehört, entweder ein Bürgerrecht besitzen oder wohnhaft sein, 2) das dreißigste Jahr zurückgelegt haben, und 3) ein schuldenfreies Vermögen von fünftausend Franken besitzen.

Um von einer Kreisversammlung zum Kandidaten des großen Raths ernannt werden zu können, muß man 1) ausser dem Kreise wohnhaft sein, 2) das fünfundzwanzigste Jahr zurückgelegt haben. Ueberdies müssen von den drei Kandidaten, die eine Kreisversammlung zu ernennen hat, zwei unter den Bürgern gewählt werden, die wenigstens fünfzehntausend Franken schuldenfreie Liegenschaften im Kanton besitzen.

Der große Rath wählt die Mitglieder, deren Ernennung ihm zukommt, unter den von den Kreisversammlungen erwählten Kandidaten.

Das Wahlkollegium wählt diejenigen Mitglieder des großen Raths, deren Ernennung ihm zukommt, unter allen Bürgern des Kantons, die das dreißigste Jahr zurückgelegt haben, wovon aber zwei Drittheile ein Vermögen von fünfzehntausend Franken in schuldenfreien Liegenschaften oder hypothezirten Schuldtiteln besitzen müssen. Dieses Wahlkollegium wird bei seinen Wahlen auf die verschiedene Bevölkerung der Bezirke billige Rücksicht nehmen.

Die in der Zwischenzeit der Erneuerungsepoche durch Tod oder auf andere Weise erledigten Stellen werden, wenn die Ernennung den Kreisversammlungen zukommt, inner zwei Monaten nach der Erledigung, und wenn sie dem Wahlkollegium oder dem großen Rathe zukommt, bei der nächsten Zusammenkunft desselben wieder besetzt. Die auf diese Weise ernannten Mitglieder treten in Rücksicht der periodischen Erneuerung an die Stelle der abgegangenen.

17. Die Mitglieder des kleinen Raths werden von dem großen Rathe aus seiner Mitte gewählt. Sie bleiben zwölf Jahre im Amte, und werden alle vier Jahre zum Drittheil erneuert. Die austretenden Mitglieder sind sogleich wieder erwählbar. Die erste Erneuerung geschieht so, daß die vier zuletzt ernannten Mitglieder zu Ende des vierten, die auf sie folgenden zu Ende des achten Jahres austreten.

Wenn ein Mitglied des kleinen Raths zufolge der periodischen Erneuerung des großen Raths aus dem letztern austritt, und nicht wieder gewählt wird, so bleibt er dennoch so lange an seiner Stelle im kleinen Rathe, bis die für seine Amtsdauer vorgeschriebene Zeit verflossen ist.

Der Präsident und Vize-Präsident des kleinen Raths, unter dem Titel: Bürgermeister, werden vom großen Rathe ernannt. Jeder bleibt ein Jahr am Amte, und ist für die gleiche Stelle nicht sogleich wieder erwählbar. Sie müssen von beiden Religionsbekenntnissen sein.

18. Der kleine Rath erwählt die Oberamtmänner auf zwölf Jahre; sie sind immer wieder wählbar.

19. Der Gemeindeammann und die übrigen Glieder der Gemeinderäthe werden von den Gemeind-Wahlversammlungen ernannt. Die Wahl des Gemeindeammanns aber unterliegt der Bestätigung des kleinen Raths. Sie bleiben zwölf Jahre an der Stelle, und werden alle vier Jahre zum Drittheil erneuert. Die austretenden Glieder sind sogleich wieder wählbar.

Die erste Erneuerung geschieht so, daß die zuletzt ernannten Glieder am Ende des vierten, die auf sie folgenden am Ende des achten Jahres austreten.

Zwei Drittheile der Glieder des Gemeinderaths müssen aus den Ortsbürgern der Gemeinde gewählt sein.

20. Der kleine Rath erwählt die Friedensrichter auf sechs Jahre. Sie sind immer wieder erwählbar.

21. Die Glieder der Bezirksgerichte werden von dem kleinen Rathe auf einen dreifachen Vorschlag des Appellationsgerichts ernannt. Sie bleiben zwölf Jahre an der Stelle, und werden alle vier Jahre zum Drittheil erneuert. Die austretenden Mitglieder sind sogleich wieder erwählbar.

Die erste Erneuerung geschieht so, daß das zuletzt ernannte Mitglied am Ende des vierten Jahres, das auf dasselbe folgende am Ende des achten Jahres, und die zwei zuerst ernannten Glieder am Ende des zwölften Jahres austreten.

Um zum Mitgliede eines Bezirksgerichts ernannt werden zu können, muß man das fünfundzwanzigste Jahr zurückgelegt haben.

22. Die Glieder des Appellationsgerichts werden von dem großen Rathe ernannt. Sie bleiben zwölf Jahre an der Stelle, und werden alle vier Jahre zum Drittheile erneuert. Die austretenden Glieder sind sogleich wieder erwählbar. Die erste Erneuerung geschieht so, daß die vier zuletzt ernannten Glieder am Ende des vierten, die auf sie folgenden am Ende des achten Jahres austreten.

Um zum Mitgliede des Appellationsgerichts ernannt werden zu können, muß man 1) das dreißigste Jahr zurückgelegt haben; 2) Mitglied oder während fünf Jahren Aktuar einer obern gerichtlichen oder vollziehenden Behörde, oder während eines gleichen Zeitraums Mitglied oder Aktuar eines Bezirksgerichts gewesen sein, oder in einer Rechtsschule die Rechtswissenschaft studiert, oder dieselbe während fünf Jahren im Kanton durch eine unbeschränkte Ausübung angewendet haben. Der Präsident des Appellationsgerichts wird aus einem dreifachen Vorschlag dieser Behörde, für die Zeit seiner Amtsdauer als Mitglied derselben, von dem kleinen Rathe erwählt, und ist immer wieder erwählbar.

23. Das Gesetz wird über die unzulässigen Verwandtschaftsgrade unter den Mitgliedern des kleinen Raths, des Appellationsgerichts, der Bezirksgerichte und der Gemeinderäthe, so wie über die Unvereinbarkeit mehrerer Amtsstellen, die Norm festsetzen.

Vierter Abschnitt: Allgemeine Verfügungen

24. Jeder Einwohner des Kantons Aargau, der ein Schweizerbürger ist, kann zu Milizdiensten angehalten werden.

25. Es gibt im Kanton Aargau keine Vorrechte des Orts, der Geburt, der Personen oder Familien.

26. Jeder Kantonsbürger hat das Recht, in jeder Gemeinde sich niederzulassen, und in derselben nach den allgemeinen Gesetzen sein Gewerb zu treiben.

27. Den katholischen und protestantischen Glaubensgenossen ist die freie und unbeschränkte Ausübung ihres Gottesdienstes zugesichert.

28. Den Zehnt- und Bodenzinspflichtigen ist der Loskauf dieser Lasten nach den bestehenden Gesetzen zugesichert.

Also von dem großen Rathe beschlossen, Montag den 4. Heumonat 1814.

23. Charte constitutionnelle pour la Principauté de Neuchâtel
Du 18 juin 1814

Nous Frédéric Guillaume III, par la grâce de Dieu, Roi de Prusse, Prince Souverain de Neuchâtel et Valangin, etc.

Les succès que la divine Providence vient d'accorder à Nos armes, ont procuré à Notre coeur la plus douce des jouissances, celle de réunir pour toujours à Notre domination des peuples fidèles et chéris, arrachés par la force à Notre maison, ou cédés afin de les préserver de plus grands malheurs. Cette satisfaction, chers et bien-aimés, Nous l'éprouvons particulièrement en voyant se rétablir les heureuses relations, soutenues pendant un siècle avec un mutuel attachement entre le Prince et ses sujets. Convaincu que la prospérité, à laquelle votre industrie et vos efforts ont élevé un pays naturellement peu fertile, est due nonseulement à une administration paternelle, mais à une sage constitution, et aux libertés et franchises successivement concédées par Nos Prédécesseurs; Nous avons fait examiner ces dernières avec le désir de leur donner une nouvelle garantie, et de ne les modifier que dans les points incompatibles avec les progrès actuels de la civilisation, et avec les relations étroites qui vont s'établir entre l'Etat et la Confédération Suisse; et Nous avons donné la présente déclaration, que Nous promettons tenir et observer exactement, et dont tous les Rois de Prusse Nos Successeurs, Princes souverains de Neuchâtel, promettront l'observation, en prêtant, à leur avénement et selon l'ancienne pratique, les sermens réciproques. Nous déclarons donc:

1. Que Nous et Nos Successeurs, Rois de Prusse, garderons sous Notre domination immédiate, la souveraine Principauté de Neuchâtel, ses annexes, dépendances, domaines et revenus quelconques, pour la posséder dans toute son indépendance, inaliénabilité et indivisibilité, et sans qu'elle puisse être détériorée, ni jamais donnée en apanage à un Prince cadet, ni en fief ou arrièrefief à qui que ce soit, ni en quelque manière que ce puisse être.

2. Le libre exercice des religions protestante et catholique, sur lesquelles Nous Nous réservons formellement Notre droit de suprématie, sera par Nous et Nos Successeurs maintenu et protégé, sans égard au domicile; la religion protestante sous la direction et l'autorité de la Compagnie des Pasteurs et Consistoires: confirmant ici tous les droits acquis à la dite Compagnie, et spécialement celui qu'elle a, d'élire, de suspendre, de déposer et de changer les ministres, et de juger des choses qui concernent le saint ministère. La religion catholique, pour tout ce qui concerne l'ordre et la discipline, est sous la direction et l'autorité de l'Evêque de Lausanne.

3. Tous les sujets et habitans de la Principauté pourront, sans perdre leur qualité de Neuchâtelois et le droit de rentrer dans leurs foyers quand il le jugeront convenable,

> 1° sortir librement de la Principauté, soit pour voyager, soit pour s'établir ailleurs;
> 2° entrer au service militaire d'une Puissance étrangère, moyennant qu'elle ne soit pas en guerre avec le Souverain en tant que Prince de Neuchâtel. Aucun enrôlement ne pourra avoir lieu sans l'autorité du Prince.

4. Nul ne sera pourvu d'un emploi civil ou militaire, s'il n'est né sujet de l'Etat et habitant dans la Principauté. L'emploi de Gouverneur est seul excepté de cet article. Seront également exclus des emplois, les sujets liés par offices et charges à quelqu'autre Prince ou Etat étranger. Les brevets des Employés de l'Etat, ou des membres des Tribunaux et des Notaires, les huissiers exceptés, porteront, qu'ils seront maintenus dans leurs charges aussi longtemps qu'ils se comporteront bien, en sorte qu'ils ne pourront être destitués qu'après avoir été pleinement convaincus de délits, de malversations, de mauvaise conduite ou d'incapacité manifeste. Sont exceptées de cet article, pour ce qui concerne le militaire, les modifications qui résulteront d'une alliance avec la Suisse.

5. La pleine et entière liberté du commerce au-dedans et au-dehors, est assurée aux sujets et habitans de l'Etat, en tant qu'elle ne sera pas contraire aux obligations qui résulteront pour la Principauté de sa qualité de membre de la Confédération Suisse. Nous Nous réservons la faculté de prescrire les mesures de police nécessaires relativement à la vente des choses qui pourroient compromettre la sûreté de l'Etat, et de prohiber, dans les cas où le bien public l'exige, l'exportation des denrées ou objets de première nécessité.

6. Le status-quo actuel à l'égard de l'administration et de l'ordre judiciaire est confirmé en entier; il ne pourra être modifié que par la volonté du Prince, ou par la loi, suivant les cas. Il sera pourvu en particulier par les Audiences à l'établissement d'une seule Cour-d'appel pour l'Etat.

7. Les réglemens de police émanent du Prince, et doivent être publiés et exécutés immédiatement dans tout l'Etat. Les concessions, en vertu desquelles les Corporations ou les Communes exercent la police, étant toujours soumises à Notre inspection supérieure.

8. Nous confirmons expressément le droit qui Nous est acquis, de Nous faire représenter, aussi souvent que Nous le trouverons convenable, dans les assemblées de chaque Corporation de l'Etat, sans exception.

9. Aucun sujet ni habitant de la Principauté ne pourra, dans aucun cas, être incarcéré, savoir, à Neuchâtel, sans une sentence des Quatre-Ministraux, et dans les autres Juridictions, sans une sentence de cinq membres au moins de la Cour de justice du lieu où le délit aura été commis. Dans le cas de flagrant délit ou de présomption très-forte, où la saisie provisionnelle du détenu aura eu lieu, son arrestation ne pourra s'étendre au-delà de trois fois vingt-quatre heures. A l'expiration de ce terme le prévenu sera relâché ou incarcéré, si la Cour de Justice a accordé le décret de prise-de-corps. Les biens d'un prévenu ne pourront, sous aucun prétexte, être saisis en tout ou en partie, ni séquestrés, aussi longtemps qu'il n'aura pas été jugé et condamné.

10. Aucune taxe, ni impôt nouveau, sous quelque nom et titre que ce soit, ne pourra être levé sans une loi. Les changemens généraux que l'on jugeroit nécessaire d'apporter aux redevances actuellement dues et payées, seront également réglés par des lois. Dans cet article ne sont pas comprises les redevances et les prestations ordonnées ensuite de mesures de police.

11. Tous les sujets et habitans de la Principauté de Neuchâtel, sans exception, seront soumis au port-d'armes dès leur 18e à leur 50e année; mais il ne pourront être employés en guerre que pour le maintien de l'ordre public, la défense de l'Etat, et l'accomplissement des traités qui l'unissent avec la Suisse. Les milices seront à l'avenir soumises à Notre seule inspection; elles n'auront plus qu'une bannière et qu'une cocarde, et Nous dérogeons expressément à toute concession et à tout usage contraire. Nous Nous réservons de régler tout ce qui est relatif au service militaire, par une ordonnance particulière, dont les dispositions seront déterminées d'après les relations que Notre Principauté soutiendra avec la Confédération Suisse.

12. Nous Nous réservons également de prendre à Notre solde, moyennant une capitulation avec Notre Principauté de Neuchâtel, un Bataillon de troupes qui fera partie de Notre garde, et jouira des mêmes prérogatives avec elle: il sera fort de 400 hommes, et Notre Conseil d'Etat de Neuchâtel proposera les Officiers qui devront y être placés, pour être agréés par Nous, à l'exception du Commandant, dont Nous Nous réservons la nomination à Nous-mêmes. Il sera conclu une convention particulière sur le mode de recrutement volontaire et la formation de ce Bataillon.

13. Il ne sera jamais porté atteinte à la propriété foncière ou mobiliaire d'une Corporation, ou d'un sujet ou habitant. Si pour des objets jugés par le Prince être d'une utilité publique et générale, il est nécessaire de disposer d'une propriété quelconque, on traitera, quant au prix, de gré à gré avec le propriétaire, et en cas de difficulté l'objet sera taxé par gens de Justice.

14. Afin de donner à Nos fidèles sujets une nouvelle preuve de Notre bienveillance et de Notre affection, Nous avons résolu de rétablir comme Corps-Législatif et Conseil de la nation, les Audiences-Générales, et de régler la représentation de chaque district d'après son importance et sa population.

La composition et les attributions des Audiences seront consignées dans un réglement particulier qui sera muni de Notre signature.

15. Toutes les lois, franchises, libertés, bonnes et anciennes coutumes écrites et non écrites, chartes et concessions, qui ne sont pas contraires à la présente déclaration, sont maintenues et confirmées.

Fait à Londres, le dix-huit Juin l'an de grâce mil huit cent quatorze.

24. Verfassung des Standes Uri
Vom 7. Mai 1820

Wir Landammann und Rath und gemeine Landleute des gemeineidsgenössischen Kantons Uri in der Schweiz – in Folge der Bestimmung des § 15 des Bundesvertrags, daß die Verfassungen der hohen Stände der hohen Tagsatzung eingegeben und in das eidsgenössische Archiv abgelegt werden sollen – erklären hiermit:

Daß wir zwar nie eine in Urkund geschriebene Verfassung unsers Kantons gehabt haben, daß aber durch Jahrhundert lange Uebung und bestehende Gesetze dieselbe auf folgenden Grundsätzen beruht, die wir unter dem Schutze des Allerhöchsten unsern Nachkommen unverändert übertragen wollen.

1. Die Religion des eidsgenössischen Standes Uri ist die römisch-katholische.

2. Die souveraine, oberste Gewalt steht der Landsgemeinde zu.

3. Die Landsgemeinde trifft nach bisheriger Übung die ihr zustehenden Wahlen, und verfügt über die Angelegenheiten des Landes.

4. Die Standeshäupter, Landammann, Landsstatthalter und andere sechs vorgesetzte Ämter, so wie die Landschreiber, Landsfürsprechen, Amtleute und übrigen Landesdienste, werden von der Landsgemeinde, die Rathsherren aber von den eilf Genossammenen, wovon das alte Land zehn und der Bezirk Ursern die elfte ausmacht, gewählt.

5. Der Wochenrath, der ein-, zwei- und dreifache Landrath, der geheime oder Verwaltungsrath und das Gericht zu Reuß und Schächen behalten ihre alten auf Übung und Gesetzen beruhenden Verrichtungen, Einrichtungen und Wahlart, so auch der Bezirksrath von Ursern laut bestehendem Vertrag.

6. Die Gerichte, als das Siebner- und Eilfergericht, das Bezirksgericht in Ursern und das Kantons- oder Appellationsgericht, sprechen nach Inhalt unserer Landesgesetze in allen Streitfällen ab.

In Allem bleibt es bei unsern wohlhergebrachten Übungen und Landesgesetzen, und uns und unsern Nachkommen unbenommen und vorbehalten, diejenigen Abänderungen in unsern innern Landeseinrichtungen zu treffen, die Landammann und Rath und eine ganze Landsgemeinde der Ehre und dem Vortheil unsers Standes zuträglich erachten werden.

Zu Urkund dessen haben wir diese Erklärung in gehöriger Form ausfertigen, und mit den Unterschriften unsers dermaligen Standeshaupts und eines Landschreibers, so wie mit unserm Kantonssiegel versehen lassen.

Gegeben Altorf, den 7. Mai 1820.

25. Staatsverfassung des Kantons Appenzell-A.Rh.
Vom 28. Juni 1814

Allgemeine Bestimmungen

Die äussern Rhoden des Kantons Appenzell bekennen sich sämmtlich zur evangelisch-reformirten Religion. Ihre politische Verfassung ist rein demokratisch, und die höchste Gewalt beruht auf der Gesammtheit des Volks. Jeder Eingeborne ist Soldat und zum Militärdienste verpflichtet, sobald er das sechszehnte Jahr erreicht und den Beitritt zum heiligen Abendmahl erhalten hat.

Eintheilung

Der Kanton ist in die Gemeinden von vor der Sitter und hinter der Sitter eingetheilt. Jede dieser Landesseiten stellt fünf hohe Beamte, nämlich den Landammann, Landsstatthalter, Landsseckelmeister, Landshauptmann und Landsfähndrich, in die Landesregierung, welche alle zwei Jahre im Rang abwechseln und gegenseitig in den gleichen Rechten und Pflichten stehen. Trogen und Herisau sind die Hauptorte des Kantons; jedoch wird am erstern Orte die hohe Justiz ausschließlich verwaltet. Auf beiden Plätzen befinden sich die Landeskanzleien und Archive vertheilt.

Öffentliche Gewalten

Die gesetzgebenden und vollziehenden Behörden dieses Kantons sind die Landsgemeinde, die Neu- und Alt-Räthenversammlung, der große Rath und die kleinen Räthe.

1. Die Landsgemeinde oder die allgemeine Versammlung des Volks ist die höchste Landesbehörde. Sie besteht aus allen Angehörigen des Kantons im Alter von sechszehn Jahren und darüber, wird alle Jahre am letzten Sonntage des Aprilmonats abwechselnd zu Hundwyl und Trogen gehalten, und erwählt durch freie Hand und Stimme die vier Standeshäupter, die sechs übrigen Beamten, den Landweibel und Landschreiber, doch stets nur für ein Jahr, nach dessen Verflusse alle wieder wählbar sind. Der Landsgemeinde müssen alle Bündnisse und Verträge, Kriegs- und Friedensschlüsse, alle Vorschläge zu neuen Landesgesetzen oder zu Abänderung der alten zur Entscheidung vorgelegt werden, nachdem sie vom großen Rathe geprüft worden sind. Sie allein ist befugt, den Fremden das Landrecht zu ertheilen

oder sie abzuweisen. Ausserordentliche Landsgemeinden können einzig von dem großen Rathe erkennt und angeordnet werden.

2. Die Neu- und Alt-Räthenversammlung ist die zweite Behörde des Kantons, und ist aus den sämmtlichen Landesbeamten, den Hauptleuten und einer für jede Gemeinde festgesetzten Anzahl Rathsgliedern zusammengesetzt. Ihr Zusammentritt geschieht alle Jahre am zweiten Montag nach der Landsgemeinde abwechselnd zu Herisau und Trogen, an welchem die in den Kirchhören neu erwählten Gemeindsvorsteher den Regimentseid schwören, und dann Sitz und Stimme haben.

Die Neu- und Alt-Räthe erwählen oder bestätigen den Rathsschreiber, die beiden Landesbauherren, die Examinatoren, alle höhere Militärstellen, den Landläufer, die Wegmeister und andere Bedienungen. Das allgemeine Sitten- und Polizei-Mandat, das Militär-Reglement und andere Landesverordnungen werden ihrer Prüfung, Bestätigung oder Abänderung unterworfen. Sie verfügen über die Aufhebung oder den Fortbestand der verschiedenen Kommissionen für die innere Staatsverwaltung und das Kirchen- und Schul-, das Militär- und Polizeiwesen. Sie verordnen die Erhebung temporärer Steuern entweder selbst, oder übertragen die Vollmacht hierzu dem großen Rathe, und treffen alle die höhern Verfügungen, welche nicht in die positive Gesetzgebung und ausschließlichen Vorrechte der Landsgemeinde eingreifen.

3. Der große Rath besteht aus den zehn Landesbeamten und den sämmtlichen regierenden Hauptleuten der Gemeinden. Er versammelt sich alle Jahre ordentlich im Frühling und Herbst zu Untersuchung der Landrechnungen, und übrigens unbestimmt, nach Erforderniß der Geschäfte, zu Trogen und Herisau. Er übt die höchste richterliche und vollziehende Gewalt aus, und ist die letzte Instanz in Zivil-, Justiz-, Polizei- und Kriminalsachen. Der große Rath wacht über die Handhab der Gesetze und die Vollziehung der Beschlüsse und Verordnungen höherer Behörden. Als Stellvertreter des Volks besorgt er alle seine allgemeinen und besondern Interessen und Angelegenheiten. Von ihm werden die Gesandtschaften auf die Tagsatzungen und Konferenzen ernannt und mit Instruktionen versehen, und ihm die Berichterstattungen abgelegt. Alle vor die höchsten Behörden gelangende Anträge sind seiner Vorberathung unterworfen.

4. Die kleinen Räthe versammeln sich vor der Sitter alle ersten Dienstage des Monats zu Trogen und hinter der Sitter des Jahrs dreimal zu Herisau, Urnäsch und Hundwyl, denen einzelne Beamte und die altherkommliche Anzahl von Hauptleuten oder Rathsgliedern aus den betreffenden Gemeinden beiwohnen. Sie beurtheilen in zweiter Instanz alle Streitigkeiten und Prozeßsachen; bestrafen diejenigen Vergehungen, welche die Buße von zehn Gulden nicht übersteigen; erkennen die Gant- und Rechtstage, und sind Aufseher über alle Zweige der niedern Polizeipflege.

Der regierende Landammann ist Präsident aller oben angezeigten hohen Standesbehörden, und er verwahrt das große Sekret-Insiegel des Kantons. Alle amtliche Ausfertigungen, die Führung der Protokolle, die Registratur und Briefwechsel u. s. w. werden von dem Rathsschreiber und Landschreiber zu Herisau und Trogen besorgt.

Die Gemeindsbehörden

Alle Gemeinden der äussern Rhoden dieses Kantons sind in demjenigen, was die Verwaltung ihrer Kirchen- und Gemeindsgüter, ihres Armenwesens und innern Anstalten betrifft, von einander unabhängig, und haben ihre eigene Behörden, die man Kirchhören und Gemeinderath, oder Hauptleute und Räthe nennt.

1. Die Kirchhören oder die Gesammtheit aller Ortsbürger versammeln sich des Jahrs zweimal, nämlich a) am Sonntage nach der gewohnten Landsgemeinde, zu Erwählung und Bestätigung der Hauptleute und Räthe; und b) zu Martini wegen Besetzung der verschiedenen Ämter und Bedienungen in der Gemeinde.

Die Kirchhören verfügen ausserdem über die öffentlichen Anstalten und Besitzungen, bestimmen die Steuern zur Abhilfe der eigenen Bedürfnisse, üben das Kollaturrecht aus, und entscheiden über alle innere Angelegenheiten der Gemeinden in Sachen von Wichtigkeit. Ausserordentliche Kirchhören dürfen nur mit Vorwissen und Bewilligung eines der vier Standeshäupter versammelt werden.

2. Der Gemeinderath besteht aus zwei Hauptleuten und fünf bis zweiundzwanzig Mitgliedern, welche von der Kirchhöre unmittelbar erwählt werden. Ihm obliegt die Leitung aller Geschäfte und Interessen der Gemeinde, die spezielle Aufsicht über die innern Anstalten und Stiftungen, die Verwaltung des Vogtei-, Armen- und Schulwesens, die Vollziehung der hoheitlichen Gesetze und Verordnungen und die Wachsamkeit über Sittlichkeit, Ruhe und Ordnung. Er bewilligt oder verwehrt die Niederlassung der Fremden, verfügt über die Aufrichtung der Schuldbriefe, und ist die erste Instanz in Prozeßsachen und Streitigkeiten. Die zwei Hauptleute wechseln alle Jahre im Präsidium der Kirchhören und des Gemeinderaths ab, verwalten den Rechtstrieb und vollziehen alle Aufträge der Landes- und Gemeindsbehörden. Ein Gemeindschreiber führt das Protokoll und besorgt die amtlichen Ausfertigungen.

Ehesachen werden in erster Instanz vom Pfarrer und den Hauptleuten der Gemeinden, und in zweiter und letzter Instanz von einem aus weltlichen und geistlichen Personen bestehenden Ehegericht, welches sich alle Jahre am Mittwoch nach der Landsgemeinde abwechselnd zu Herisau und Trogen versammelt, beurtheilt.

Die gegenwärtige Verfassungsurkunde der äussern Rhoden des Kantons Appenzell ist zu Handen der hohen eidsgenössischen Tagsatzung ausgefertigt, mit den gewohnten Unterschriften versehen und mit dem groß Sekret-Insiegel verwahrt worden zu Trogen am 28. Tag des Brachmonats im Jahr 1814.

VI. REGENERATIONSZEIT 1830–1848

a) Liberale Verfassungen und Vereinbarungen

26. Costituzione della Repubblica e Cantone del Ticino
Dal 23 giugno 1830

Titolo I: Disposizioni generali e Garanzie

Art. 1. La Religione Cattolica, Apostolica e Romana è la Religione del Cantone.

Art. 2. La Sovranità del Cantone risiede essenzialmente nell'università dei cittadini. Essa viene esercitata dai loro Rappresentanti, eletti secondo le forme costituzionali.

Art. 3. Ogni abitante del cantone è soldato.

Art. 4. Non vi è nel cantone privilegio di luogo, di nascita, di persone, di ceto, di foro, di famiglia.

Art. 5. Gli Ecclesiastici non possono far parte nè del potere esecutivo, nè del potere giudiziario, salva l'eccezione posta nell'art. 23 § 14.

Art. 6. E garantita la libertà del commercio, ed il libero esercizio delle arti e dell'industria, sotto la disciplina delle leggi.

Art. 7. Vi sarà nel cantone un solo peso, una sola misura ed un solo corso monetario; alla legge si porteranno le modificazioni che l'interesse del pubblico esigerà.

Art. 8. Vi sarà un codice criminale, correzionale, civile e di procedura uniforme in tutto il cantone. La legge vi provvederà sollecitamente.

Art. 9. Vi saranno delle dogane solamente per la sicurezza e facilitazione del commercio. La legge ne determinerà il numero, il luogo ed i regolamenti.

Art. 10. Nessuno può essere arrestato nè processato, che in virtù della legge; nè puo essere sottratto dal suo giudice naturale; nè detenuto oltre 24 ore, senza essere presentato al giudice competente.

Art. 11. E garantita la libertà della stampa, in guisa però che non offenda i buoni costumi, la religione del cantone, nè le relazioni colla Confederazione e colle potenze amiche. La legge ne reprimerà gli abusi.

Art. 12. E garantito il diritto di petizione.

Art. 13. La legge provvederà sollecitamente per la pubblica istruzione.

Titolo II: Territorio del Cantone

Art. 14. Il Cantone del Ticino è diviso in Distretti e in Circoli.

Li Distretti sono otto; cioè Mendrisio (col circolo di Riva San Vitale), Lugano, Locarno, Vallemaggia, Bellinzona, Riviera, Blenio, Leventina.

I Circoli sono trentotto; cioè Mendrisio, Stabbio, Balerna, Caneggio, Riva San Vitale, Lugano, Ceresio, Carona, Agno, Magliasina, Sessa, Breno, Taverne di sotto, Tesserete, Sonvico, Pregassona, Vezia, Locarno, Gambarogno, Onsernone, Melezza, Isole, Navegna, Verzasca, Maggia, Rovana, Lavizzara, Bellinzona, Ticino, Giubiasco, Riviera, Malvaglia, Castro, Olivone, Giornico, Faido, Quinto, Airolo.

La legge li rettificherà per quanto il richiederanno la località e la popolazione.

Art. 15. Il Gran Consiglio ed il Consiglio di Stato risiedono alternativamente per anni sei nelle città di Bellinzona, Locarno e Lugano, come al turno già stabilito dalla sorte.

Titolo III: Stato politico de' Cittadini

Art. 16. Per esercitare i diritti di cittadino attivo è necessario:

a) Essere patrizio di qualche comune del cantone.
b) Aver l'età d'anni venticinque compiti.
c) Possedere beni stabili pel valore di franchi duecento, o l'usufrutto di franchi trecento, costituito sopra beni stabili nel cantone.
d) Essere, da un anno almeno, domiciliato stabilmente, ed inscritto nel registro civico del comune, in cui intende di esercitare il diritto di cittadinanza. Oltre di ciò sono ritenute in pieno vigore le condizioni relative al domicilio, volute dalla legge 10 dicembre 1819.

Art. 17. Un estero che voglia conseguire la cittadinanza cantonale deve:

a) Avere acquistato il patriziato.
   L'acquisto d'un patriziato non potrà farsi che per contratto volontario con un comune del Cantone, mediante l'assenso di tre quarti dei patrizj, che hanno il diritto di voto.
b) Avere ottenuta la naturalizzazione cantonale con un atto legislativo, dalla quale nessun estero puo essere dispensato, qualunque sia il tempo che dimora nel Cantone.
c) Avere rinunciato a qualunque altra cittadinanza.
d) Nessun estero naturalizzato potrà esercitare i diritti di cittadino che dopo cinque anni dalla data del decreto di naturalizzazione. La legge determina le altre condizioni.

Art. 18. Si perde il diritto di cittadinanza, o ne resta sospeso l'esercizio nei casi seguenti:

a) Se uno è condannato a pena infamante.
b) Se è convinto di aver fatto pratiche illecite per eleggere, o essere eletto a qualche pubblica autorità.
c) Se è fallito dolosamente o colpevolmente.

d) Se è giuridicamente interdetto.

La legge provvederà sopra questi casi, e potrà pure determinarne altri a titolo di pena, in cui si perda, e si sospenda il diritto di cittadinanza.

Titolo IV: Pubbliche Autorità

Art. 19. In ogni comune vi è una Municipalità composta di tre membri almeno, e non più di undici, compreso il Sindaco che n'è il Presidente. Essa ha l'amministrazione comunale, e la polizia locale. La legge fissa gli altri di lei attributi.

I membri delle Municipalità restano in carica per tre anni, si rinnovano per terzo e sono rieleggibili.

Art. 20. Vi è in ogni Circolo una giustizia di pace: la legge ne fissa gli attributi.

Art. 21. Nei distretti di Mendrisio, Valle Maggia, Bellinzona, Riviera, Blenio e Leventina vi è un Tribunale di prima istanza, composto di cinque membri, che giudica in materia civile e criminale. Nei distretti di Lugano e Locarno vi sono due Tribunali di cinque membri ciascuno, uno per il civile, e l'altro per il criminale. La legge ne determina gli attributi.

Art. 22. Per tutto il Cantone vi è un Tribunale d'Appello, il quale giudica in ultima istanza in materia civile e criminale. Egli è composto di tredici membri. Egli nomina i suoi segretarj.

§ 2. Il Tribunale non pronuncia che in numero completo, ed in mancanza di qualche membro si chiama un supplimentario.

§ 3. Tutte le sentenze riguardanti delitti punibili con pena capitale o infamante devono necessariamente essere portate avanti il Tribunale d'Appello.

§ 4. Egli tiene le sue sedute ordinarie alternativamente in Bellinzona, Locarno e Lugano. Le sedute straordinarie per gli affari criminali le tiene nel Capo-luogo, nella cui giurisdizione si trova l'imputato.

Art. 23. Vi è un Consiglio di Stato composto di nove membri. E nominato dal Gran Consiglio.

§ 2. Egli ha l'iniziativa dei progetti di legge, d'imposte, di grazia e di commutazione di pena.

§ 3. Egli è incaricato dell'esecuzione delle leggi, ordini e regolamenti: a quest'effetto egli fa li decreti, e prende le determinazioni necessarie.

§ 4. Invigila sulle autorità inferiori pel mantenimento dell'ordine, senza influire ne' giudizj dei Tribunali.

§ 5. Nomina li suoi agenti ed impiegati; ma i loro salarj e stipendj devono essere approvati dal Gran Consiglio.

§ 6. Rende conto ogni anno al Gran Consiglio di tutti i rami dell'amministrazione. Deve presentargli il quadro delle riscossioni, e delle spese dell'anno amministrativo precedente, e di quelle presunte per l'anno seguente. Questo, dopo l'approvazione del Gran Consiglio, si pubblica in istampa e si partecipa ai Comuni.

§ 7. Tiene la corrispondenza cogli altri Cantoni e cogli Stati esteri.

§ 8. Dispone della forza armata pel mantenimento dell'ordine pubblico.
§ 9. Può prolungare la durata delle sessioni ordinarie del Gran Consiglio, e convocarne delle straordinarie. Deve però nell'un caso, e nell'altro fissare un limite alle sessioni coll'indicare gli oggetti da trattarsi, e col determinare i giorni da occuparsene.
§ 10. Cinque membri almeno devono giornalmente trovarsi al Capo-Luogo, ed intervenire alle deliberazioni, le quali non sono valide senza la presenza di cinque membri. Nessuna revoca, variazione, o sospensione d'un decreto può aver effetto senza l'assenso affermativo di sei membri.
§ 11. Il Consiglio di Stato deve assistere in corpo, o per commissioni alle discussioni del Gran Consiglio, e prendervi parte, ma senza voto. Egli si ritira quando si vota sulla sua amministrazione, e sulli suoi conti. Quando si tratta di questi oggetti non votano neppure i membri del Gran Consiglio, che si trovassero congiunti coi membri del Consiglio di Stato nei gradi contemplati dall'articolo 38.
§ 12. Il Consiglio di Stato si ritira pure dal Gran Consiglio, quando esso fa le nomine che gli spettano.
§ 13. Il Segretario di Stato può intervenire e prender parte alle discussioni del Gran Consiglio, ma non vota, o si ritira nei casi espressi superiormente.
§ 14. Nel Consiglio di Stato potrà sedere e farne parte un Ecclesiastico.
§ 15. Il Consiglio di Stato è presieduto da uno de' suoi membri col titolo di Presidente. La Presidenza gira fra di loro per turno di mese in mese. Il Presidente in caso di legittimo impedimento è supplito dal più prossimo alla presidenza; ben'inteso che nessuno possa presiedere il Consiglio di Stato per due mesi continui.

Art. 24. Il potere Sovrano è esercitato da un Gran Consiglio composto di 114 deputati nominati per quattro anni, e sempre rieleggibili. Il Gran Consiglio si raduna di pieno diritto ogni anno il primo lunedì di maggio in quella delle tre città a cui appartiene giusta il turno stabilito nell'articolo 15. La sua sessione ordinaria è d'un mese, a meno che il Consiglio di Stato non ne prolunghi la durata in conformità del § 9 dell'articolo precedente. Il Gran Consiglio 1° accetta o rigetta i progetti di legge e d'imposte che gli sono presentati dal Consiglio di Stato. Nessuna legge d'imposizione o di aumento di esse potrà essere sanzionata senza il voto affermativo di settantasei membri.

§ 2. Egli esercita il diritto di grazia soltanto in materia criminale con decreto apposito, sulla proposizione del Consiglio di Stato, il quale dovrà aggiungervi il preavviso del Tribunale d'Appello. Per un decreto di grazia vi dovrà concorrere il voto almeno di tre quarti dei membri presenti del Gran Consiglio. La legge statuisce sul tempo, sul modo e sulle condizioni necessarie per essere ammesso alla domanda di grazia.
§ 3. Si fa render conto dell'esecuzione delle leggi, ordini e regolamenti, non che dell'amministrazione e delle finanze dello Stato.
§ 4. Fissa gli onorari, stipendj e salarj per le autorità costituite, e per li pubblici impiegati.
§ 5. Autorizza e ratifica l'alienazione dei beni cantonali.

§ 6. Delibera sulle domande di diete straordinarie; nomina i deputati alle diete, e dà loro le istruzioni, dalle quali non possono dipartirsi; nomina pure li rappresentanti al Consiglio Federale.

§ 7. Nomina i membri del Consiglio di Stato, il Segretario di stato, i membri ed i supplimentarj del Tribunale d'Appello, il Tesoriere generale, il Capitano generale delle milizie, i membri ed i segretarj dei Tribunali di prima istanza.

§ 8. I membri del Consiglio di Stato ed il Segretario di Stato possono essere presi tanto dal seno del Gran Consiglio che fuori; ma nel primo caso cessano di farne parte, e sono rimpiazzati dai rispettivi circoli.

§ 9. Il Capitano generale puo esser membro del Gran Consiglio, ma non del Consiglio di Stato. Il Tesoriere generale, non puo esser preso dal seno del Gran Consiglio, e neppure far parte del Consiglio di Stato.

§ 10. Li membri e supplimentarj del Tribunale d'Appello, come pure quelli dei Tribunali di Prima Istanza, non possono essere presi dal seno del Gran Consiglio.

§ 11. I membri del Gran Consiglio non possono occupare nessun officio, carica od impiego pubblico salariato qualunque, tranne gli ufficj municipali.

§ 12. Il Gran Consiglio vota in nome del Cantone.

§ 13. Egli sceglie il proprio Presidente nel suo seno in ciascuna sessione. La stessa persona non puo esserlo due volte di seguito.

§ 14. Le sessioni del Gran Consiglio sono tenute a porte aperte, fuori dei casi che con due terzi dei voti si ordini il comitato segreto.

§ 15. Il processo verbale deve contenere tutte le resoluzioni prese, ed accennare tutte le proposizioni, ed i fatti avvenuti nella sessione. Il Gran Consiglio ne ordina la pubblicazione di un estratto officiale.

§ 16. Ogni nomina che si farà dal Gran Consiglio avrà luogo per ballottazione secreta, escluse le schedole.

§ 17. Il Consiglio di Stato mette alla di lui disposizione una guardia d'onore.

Art. 25. Se il Consiglio di Stato avesse rifiutato in due sessioni consecutive ordinarie, o straordinarie del Gran Consiglio di presentare un progetto di legge, di imposta, di grazia, o di commutazione di pena, che gli fosse stato raccomandato dal Gran Consiglio; o se un tale progetto, presentato dal Consiglio di Stato, fosse stato dal Gran Consiglio rigettato in due sessioni consecutive come sopra, allora, nel primo caso, il Gran Consiglio ha il diritto di aggiungere al Consiglio di Stato, per la deliberazione su quest'oggetto, una commissione di otto membri, e da questa unione emanerà il progetto da presentarsi all'assemblea; nel secondo caso il Consiglio di Stato avrà il diritto di domandare al Gran Consiglio, e farsi aggiungere una simile delegazione per conferire con essa.

Titolo V: Modo di elezione, e condizioni di eleggibilità

Art. 26. Qualunque membro d'una pubblica autorità deve necessariamente essere cittadino attivo.

Art. 27. I membri delle municipalità sono nominati dall'assemblea comunale tra i cittadini attivi dell'età di trent'anni compiti, proprietarj, o usufruttuarj di beni stabili del valore di franchi trecento.

Art. 28. Un giudice di pace, un assessore segretario, ed un supplimentario, che in mancanza dell'uno o dell'altro li rimpiazza, sono nominati direttamente dai rispettivi circoli. Devon'essere cittadini attivi, e domiciliati nel proprio circolo, possessori di beni stabili pel valore di mille franchi, e dell'età di trent'anni compiti. Stanno in carica quattro anni, e sono rieleggibili.

Art. 29. I membri dei Tribunali di prima istanza sono nominati dal Gran Consiglio sulle liste dei circoli. Ciascun circolo nomina tre candidati, che devono essere domiciliati nel circolo stesso, proprietarj di beni stabili pel valore di franchi tre mila, ed avere trent'anni compiti. Il circolo di Riviera nomina nove candidati. Quelli che non sono eletti giudici saranno supplimentarj. Stanno in carica quattro anni e si rinnovano per quarto. Sono rieleggibili.

Art. 30. I membri del Tribunale d'Appello sono nominati liberamente dal Gran Consiglio fuori del suo seno. Stanno in carica quattro anni, si rinnovano per quarto, e sono rieleggibili. Devono avere trent'anni compiti, e la proprietà di beni stabili pel valore almeno di franchi cinquemila.

§ 2. Sette almeno de' medesimi debbono essere legali, laureati o patentati in legge da pubblica università. Gli altri basta che siano stati giudici o segretari d'Appello o di Prima Istanza, almeno per cinque anni.

§ 3. Ogni tribunale nomina li suoi inservienti.

Art. 31. I membri del Consiglio di Stato sono nominati dal Gran Consiglio come all'art. 23. Stanno in carica per quattro anni: sono rinnovati per quarto.

§ 2. Dopo essere stati nominati due volte di seguito non sono rieleggibili, che passato l'intervallo di due anni.

§ 3. Devono avere trent'anni compiti, e possedere beni stabili pel valore di franchi ottomila.

Art. 32. Ogni circolo nomina direttamente tra li cittadini attivi del circolo stesso tre deputati per formare il Gran Consiglio.

§ 2. Due di essi devono avere trent'anni compiti, l'altro basterà che ne abbia venticinque compiti. Devono possedere beni stabili nel Cantone pel valore di quattro mila franchi almeno, oppure goderne l'usufrutto legale.

§ 3. Detta nomina si fa dalli cittadini attivi d'ogni circolo uniti in assemblea, dietro convocazione ordinata dal Consiglio di Stato, almeno quindici giorni prima, e pubblicata da ciascuna municipalità almeno sette giorni prima.

§ 4. La stessa assemblea nomina il giudice di pace, il segretario assessore ed il supplimentario, non che tre candidati pel Tribunale di prima istanza; salva l'eccezione pel circolo di Riviera; come all'art. 29.

Art. 33. In caso di mancanza di uno o più deputati per morte, demissione, o altrimenti, essi saranno rimpiazzati entro un mese dai rispettivi circoli.

Art. 34. Accadendo dimissione volontaria, questa dovrà darsi in iscritto al giudice di pace, il quale senza dilazione la notificherà ai comuni del circolo, ed al Consiglio di Stato, perchè determini il giorno del rimpiazzo.

Art. 35. Qualunque rimpiazzo accada nelle autorità costituite, questo non avrà effetto che per il tempo che rimaneva ancora da compire al rimpiazzato, e nelle forme e condizioni a cui lo stesso era stato obbligato.

Titolo VI: Disposizioni speciali

Art. 36. Le risoluzioni ed i decreti emanati dal Gran Consiglio per lo passato in materia di grazia e di pubblica amministrazione, che non formano oggetto di legge, restano fermi ed irrevocabili, e l'amministrazione è ratificata.

Art. 37. Resta pure ferma ed irrevocabile la legge sul riscatto delle decime, dei livelli, laudemj e simili.

Art. 38. Non possono trovarsi nel tempo stesso nel Consiglio di Stato, o in un medesimo Tribunale gli ascendenti, i fratelli, lo zio ed il nipote consanguineo, il suocero ed il genero, i cugini germani ed i cognati.

Art. 39. Li segretarj non ponno essere parenti coi membri dei rispettivi Tribunali nei gradi incompatibili tra li giudici stessi.

Art. 40. E incompatibile l'esercizio contemporaneo di funzioni giudiziarie principali o subalterne, e dell'avvocatura.

Art. 41. Le leggi, i decreti e regolamenti attualmente in vigore avranno forza anche dopo posta in attività questa Costituzione, in quanto non le sono contrarj, e finchè non vengano rivocati espressamente da leggi posteriori.

Art. 42. Tutte le parti del Cantone, per quanto sarà compatibile col bene pubblico, verranno contemplate nella distribuzione delle cariche proporzionalmente alla rispettiva popolazione.

Art. 43. I Tribunali presentano ogni anno il quadro delle loro operazioni al Consiglio di Stato, il quale lo comunica al Gran Consiglio.

Art. 44. Sono proibiti tutti i giuochi pubblici di azzardo, comprese le lotterie. Le concessioni temporarie accordate in proposito non potranno essere prorogate.

Art. 45. I membri del Gran Consiglio, del Consiglio di Stato, il Segretario di Stato, i membri del Tribunale d'Appello, li Deputati alla Dieta, il Tesoriere generale, il Capitano generale delle milizie prestano il giuramento avanti il Gran Consiglio.

§ 2. I membri dei Tribunali di prima istanza, e loro supplimentarj prestano il giuramento in seduta pubblica, alla quale interviene il Commissario di Governo, e se ne fa registro a protocollo. Così pure i loro segretarj.

§ 3. I supplimentarj ed i segretarj del Tribunale d'Appello lo prestano avanti di esso.

§ 4. I giudici di pace, loro assessori e supplimentarj lo prestano avanti il Tribunale di prima istanza

§ 5. Li Commissarj di Governo, suoi segretarj ed impiegati lo prestano avanti il Consiglio di Stato.

§ 6. La legge ne determina i formolarj.

Art. 46. Non potrà aver effetto in avvenire nessuna modificazione a questa Costituzione, se non dopo dodici anni almeno dalla sua attivazione, e sempre riservata la ratifica del popolo colla maggioranza assoluta dei circoli.

Art. 47. Li membri del Gran Consiglio ricevono dallo Stato un'indennità annuale di franchi 100.

Titolo VII: Disposizioni transitorie

Art. 48. Il presente atto di modificazione alla Costituzione attuale sarà sottoposto alla sanzione del popolo, la quale verrà espressa colla maggioranza assoluta delle assemblee di circolo.

§ 2. Il modo di votazione è libero alle assemblee medesime.

Art. 49. Le assemblee di circolo si riuniranno per quest'oggetto nel giorno quattro di luglio prossimo.

Art. 50. La Costituzione del 17 dicembre 1814 sarà stampata secondo le modificazioni qui sopra decretate, e di nuovo pubblicata.

Art. 51. In seguito vi si aggiungerà il decreto del Gran Consiglio, col quale sarà certificata la sanzione delle assemblee.

Art. 52. Essa sarà deposta nell'archivio della Confederazione in conformità dell'articolo XV del Patto Federale per essere collocata sotto la garanzia espressa nell'art. I del medesimo.

Art. 53. Subito dopo deposta nell'archivio Federale, il Consiglio di Stato convocherà le assemblee primarie per la nomina dei 114 deputati, e per le altre nomine di loro competenza.

§ 2. Il Gran Consiglio si costituirà prontamente, e procederà all'elezione compiuta di tutte le autorità e funzionarj costituzionali.

Art. 54. All'atto delle prime nomine si stabilirà col metodo della sorte il turno di scadenza dei membri delle pubbliche autorità, che si rinnovano per frazioni.

Art. 55. Il Consiglio di Stato è incaricato della esecuzione pronta e completa di questa così modificata Costituzione in quanto lo riguarda.

27. Staatsverfassung für den eidgenössischen Stand Thurgau

Vom 14. April 1831

Abschnitt I: Allgemeine Grundsätze

1. Der Thurgau ist ein Freistaat und bildet einen Theil der schweizerischen Eidgenossenschaft.

2. Die Gesammtheit der Bürger des Kantons ist der einzige Souverain, von dem alle Staatsgewalt ausgeht.

3. Das thurgauische Volk giebt sich selbst die Verfassung, die es für die zweckmäßigste hält, dem eidgenössischen Verbande unbeschadet, und huldigt dem Grundsatze, daß es ebenso dem Volke jedes andern Kantons frei stehe, sich eine ihm beliebige Verfassung zu geben.

4. Das thurgauische Volk regiert sich selbst durch von ihm gewählte Stellvertreter. Diese haben keine weitere Gewalt, als die ihnen dasselbe in Folge der von ihm angenommenen Staatsverfassung übertragen hat.

5. Die Staatsgewalten, die *gesetzgebende, richterliche* und *vollziehende*, dürfen nie vereinigt, besonders soll die gesetzgebende von der vollziehenden, und diese von der richterlichen strenge gesöndert und die Gränze dieser Gewalten durch das Gesetz sorgfältig geschieden werden.

6. Die ganze Staatsverwaltung ist öffentlich und alle Beamten sind für ihre Verrichtungen verantwortlich.

7. Alle bürgerlichen Beamtungen sind Aufträge der Gesellschaft für eine bestimmte Zeit und daher nicht lebenslänglich. Sie können weder erblich noch zum besondern Vorrechte Derer gemacht werden, die sie verwalten. Die Besoldungen derselben müssen im Verhältnisse mit ihren gesetzlichen Befugnissen und Pflichten stehen.

8. In der Ausübung der übertragenen Staatsgewalten soll das Gesetz, das Recht und das Wohl des Volkes den Beamten einzig zur Richtschnur dienen.

9. Alle Bürger des Kantons genießen die gleichen politischen Rechte und Freiheiten. Es bestehen sonach keine Vorrechte der Geburt, der Personen, der Familien, des Ortes, des Amtes und des Vermögens. Der Bürger ist einzig dem Gesetz unterthan, welches für Alle dasselbe ist.

10. Jedermann, einzelne Bürger und jede Anzahl von Bürgern, Gemeinden, Korporationen und Behörden haben das Recht, mit Bitte und Zuschrift sich an die obersten Behörden zu wenden.

11. Jedem steht frei, seine Gedanken mündlich, schriftlich oder gedruckt Andern mitzutheilen, unter der Bedingung jedoch, für den Mißbrauch dieses Rechts in den durch das Gesetz zu bestimmenden Fällen verantwortlich zu sein. Die Censur ist daher für immer abgeschafft.

12. Alle Bürger des Kantons genießen volle Arbeits-, Erwerbs- und Handelsfreiheit. Nur der Mißbrauch dieser Freiheit ist durch weise Polizeigesetze zu verhüten. Es giebt keine Ehehaften mehr.

13. Der Verkehr im Innern soll keinerlei Hemmung unterliegen.

14. Das Eigenthum ist heilig. Es kann Niemand gezwungen werden, sich seines Eigenthums weder im Ganzen, noch theilweise zu begeben, ausser in dem Fall eines gesetzlich anerkannten allgemeinen Bedürfnisses, und auch dann nur gegen gerechte Entschädigung.

15. Der Boden soll mit keiner nicht loskäuflichen Beschwerde belegt sein oder belegt werden, er ist durchgehends veräusserlich. Alle ewigen Lasten sind ablösbar. Die nähern Bestimmungen sind dem Gesetze vorbehalten.

16. Die Steuern zu den allgemeinen Bedürfnissen können nur unter Einwilligung der Stellvertreter des Volkes bestimmt und ausgeschrieben werden. Alle Bürger und Einwohner tragen zu denselben nach Verhältniß ihres Vermögens und Einkommens bei. Betrügerische Versteuerung zu verhüten ist dem Gesetz vorbehalten.

17. Niemand darf seinem ordentlichen, durch die Verfassung aufgestellten Richter entzogen, Niemand verhaftet oder gerichtlich verfolgt werden, als in Kraft der Gesetze. Inner 24 Stunden muß die betreffende Behörde jeden Verhafteten verhören. Auch darf im Kanton keine geheime Polizei bestehen.

18. Der Kantonsbürger kann sich überall im Kanton haushäblich niederlassen, sofern er in bürgerlichen Rechten und Ehren steht, und mit völliger Gleichheit der Rechte sein Gewerbe treiben. Auch den Bürgern anderer Kantone ist dieses Recht eingeräumt, insofern solches den Bürgern des Kantons Thurgau in diesen Kantonen ebenfalls zugestanden wird.

19. Die Vertheidigung des Vaterlandes ist Pflicht eines jeden Bürgers. Jeder Thurgauer und jeder im Kanton wohnende Schweizer kann daher zu Militärdiensten angehalten werden. Alle Militärkapitulationen mit auswärtigen Staaten sind für immer untersagt.

20. Die Sorge für Vervollkommnung des öffentlichen Unterrichts ist Pflicht des Staats.

21. Alle christlichen Konfessionen sind im Kanton geduldet; es herrscht für dieselben volle Glaubens- und Gewissensfreiheit, jedoch stehen die evangelisch-reformirte und die katholische Konfession unter dem besondern Schutze des Staates.

Abschnitt II

A. Gebietseintheilung

22. Der Kanton Thurgau bleibt einstweilen, wie bisanhin, in 8 Bezirke, diese in 32 Kreise, und die Kreise in Munizipalgemeinden eingetheilt. Es soll jedoch diese Gebietseintheilung einer beförderlichen Revision durch

den Grossen Rath unterliegen, und dabei auf möglichst gleichmäßigen Umfang, auf die Bevölkerung und örtliche Lage der Bezirke, Kreise und Munizipalgemeinden Rücksicht genommen werden.

23. Frauenfeld ist der Hauptort des Kantons.

B. Politischer Zustand der Bürger

24. Jeder, der bei Annahme dieser Verfassung in einer Gemeinde des Kantons auf gesetzliche Weise das Bürgerrecht genießt, ist Kantonsbürger.

25. Um Kantonsbürger zu werden, muß der Bewerber von einer Gemeinde des Kantons das Gemeindsbürgerrecht und von dem Großen Rath das Kantonsbürgerrecht erhalten, der Ausländer aber zugleich auf sein ausländisches Bürgerrecht verzichtet haben; dasselbe gilt auch für den Schweizer, in so fern die Verzichtleistung in seinem Kanton auch von dem Thurgauer gefordert wird.

26. Um zu einer öffentlichen Stelle im Kanton wählbar zu sein, wird erfordert, nebst dem Besitz des Aktivbürgerrechts:
a) der feste Wohnsitz im Kanton;
b) der Besitz des Kantonsbürgerrechts seit fünf Jahren;
c) für den naturalisirten Schweizer die Verzichtleistung auf sein früheres Bürgerrecht, in so fern diese in seinem Kanton auch von dem Thurgauer gefordert wird; und
d) die Verzichtleistung auf jeden Adelstitel, jede Pension und jeden Orden, ausser die gesetzgebende Behörde habe die beiden letztern beizubehalten erlaubt.

27. Die Ausübung des Aktivbürgerrechts wird eingestellt:
a) durch die erlittene Verurtheilung zu entehrenden Strafen;
b) durch ein Urtheil, welches in den vom Gesetz bestimmten Fällen die Einstellung des Bürgerrechts verhängt;
c) durch gerichtliche Bevogtigung;
d) durch den Zustand eines Falliten oder eines gerichtlich Akkordirten, ohne wieder rehabilitirt zu sein;
e) durch die Almosengenössigkeit; und
f) durch vor Behörde rechtsgenüglich erwiesene unerlaubte Umtriebe, um zu irgend einer öffentlichen Stelle zu wählen oder gewählt zu werden.

28. Die Einstellung des Aktivbürgerrechts kann den Kindern Dessen, den sie betroffen, an der Ausübung ihres Aktivbürgerchtes nicht schaden.

29. Alle Bürger, die das zwanzigste Altersjahr zurückgelegt haben und denen die Ausübung des Aktivbürgerrechtes durch Art. 27 nicht untersagt ist, sind stimmfähig.

30. Das Aktivbürgerrecht kann Jeder da ausüben, wo er angesessen ist, oder auch, wo er ein Gemeindsbürgerrecht besitzt; ist er in mehrern Gemeinden verbürgert, so darf er es nur in einer derselben ausüben.

31. Bei Bürgerversammlungen, von welchen über Besteuerung und andere Gegenstände der innern Administration, die nicht das ausschließliche Eigenthum der Gemeindsbürger oder einer abgesönderten Korporation betreffen, entschieden wird; ferner bei Wahlen der Gemeindeammänner und der Gemeinderäthe hat jeder seit einem Jahr gesetzlich angesessene Steuerbare Stimmrecht.

32. Dem Kantonsbürger steht zu jedem ihm beliebigen Gemeindsbürgerrechte der Weg offen, so fern er in bürgerlichen Ehren und Rechten steht; er muß sich aber Antheil an den vorhandenen Gemeinds- und den betreffenden konfessionellen Kirchen-, Schul- und Armengütern verschaffen und hierfür die gesetzlichen Bestimmungen erfüllen.

C. Kreisversammlungen

33. Ein jeder Kreis bildet eine Urversammlung. Sie besteht aus den im Kreise verbürgerten oder dort wohnenden Kantonsbürgern, welche das zwanzigste Altersjahr zurückgelegt haben und in der Ausübung des Aktivbürgerrechts nicht eingestellt sind.

34. Die Urversammlungen kommen zusammen:

a) zur Annahme oder Verwerfung der Verfassung;
b) zur Annahme oder Verwerfung der Verfassungsabänderungen, welche ihnen nach den durch die Verfassung selbst vorgeschriebenen Formen vorgelegt werden;
c) zur Ernennung der Mitglieder des Großen Raths;
d) alljährlich zur Erwählung der durch Austritt abgehenden Mitglieder dieser Behörde;
e) zur Vornahme der für die Stellen der Friedensrichter und für die Kreisgerichte erforderlichen Wahlen;
f) außerordentlich, wenn eine Munizipalgemeinde des Kreises es verlangt.

35. Die Versammlungen werden durch den Friedensrichter eröffnet, und sie bestimmen durch offenes absolutes Stimmenmehr ihren Präsidenten, Sekretär und die Stimmenzähler.

D. Bezirkswahlversammlungen

36. Zur Wahl der Bezirksbehörden, nämlich der Bezirksstatthalter, Bezirksrichter und Bezirksschreiber, wird in jedem Bezirke eine Wahlversammlung gebildet, zu welcher jede Munizipalgemeinde durch offenes absolutes Stimmenmehr auf 100 Aktivbürger 10 Ausschüsse für drei Jahre wählt. Diese versammeln sich am Bezirkshauptorte und ernennen durch geheimes absolutes Mehr die in ihre Wahl gegebenen Beamten, in oder ausser ihrer Mitte, aus den Aktivbürgern des Kantons.

37. Die Versammlung wird vom Bezirksstatthalter eröffnet, und bestimmt selbst ihren Präsidenten, Sekretär und die Stimmenzähler.

Abschnitt III: Öffentliche Gewalten

A. Gesetzgebende und aufsehende Gewalt

38. Ein Großer Rath von 100 Mitgliedern übt, im Namen und als Stellvertreter des Volks, die gesetzgebende und aufsehende Gewalt aus.

39. Jeder der 32 Kreise ernennt durch die Versammlung seiner Aktivbürger unmittelbar die ihm zugetheilten Mitglieder des Großen Raths in oder ausser dem Kreise.

In Beobachtung der Parität und der Bevölkerung haben die Kreise sich nach folgender Skala zu richten:

Kreise	Seelenzahl			Repräsentation		
	Evang.	Kathol.	Total	Evang.	Kathol.	Total
Egnach	3482	240	3722	4	1	5
Frauenfeld	3138	394	3532	3	1	4
Eschenz	2777	666	3443	3	1	4
Sirnach	1497	1936	3433	2	2	4
Fischingen	802	2372	3174	1	3	4
Steckborn	1760	1322	3082	2	2	4
Bußnang	2559	480	3039	3	1	4
Mazingen	1785	1173	2958	2	2	4
Dießenhofen	2346	531	2877	3	1	4
Altnau	2555	252	2807	3	–	3
Mühlheim	2167	452	2619	2	1	3
Tobel	1393	1199	2592	2	1	3
Uttweil	2077	511	2588	2	1	3
Zihlschlacht	2299	272	2571	3	–	3
Lommis	1417	1121	2538	2	1	3
Üßlingen	1840	629	2469	2	1	3
Gottlieben	2023	413	2436	2	1	3
Märstetten	2434	–	2434	3	–	3
Bürglen	2395	13	2408	3	–	3
Arbon	1720	555	2275	2	1	3
Thundorf	2205	32	2237	3	–	3
Weinfelden	2065	65	2130	3	–	3
Berlingen	2021	114	2135	3	–	3
Romanshorn	1933	147	2080	3	–	3
Sulgen	1894	168	2062	3	–	3
Egelshofen	1787	263	2050	3	–	3
Altersweilen	1891	84	1975	2	–	2
Schönholzersweilen	1048	926	1974	1	1	2
Berg	1774	180	1954	2	–	2
Bischofszell	1370	535	1905	1	1	2
Neukirch	1555	340	1895	2	–	2
Ermatingen	1430	113	1543	2	–	2
Summa:	63439	17498	80937	77	23	100

40. Zur Wählbarkeit wird nebst den im 26. Artikel vorgeschriebenen Eigenschaften noch das 25. Altersjahr, und für einen Geistlichen die Bedingniß erfordert, daß er nicht von demjenigen Kreise gewählt werde, in welchem er auf einer Pfründe angestellt ist.

41. Die Amtsdauer der Mitglieder ist auf zwei Jahre festgesetzt. Alljährlich kömmt die Hälfte zum Austritt. Die erste Hälfte wird durch das Loos bestimmt. Die Austretenden können nicht bestätigt, wohl aber wieder gewählt werden. Sie werden durch die Kreise, durch welche sie gewählt worden sind, besetzt.

42. Der Große Rath versammelt sich ordentlicher Weise alljährlich *zweimal*, nämlich im Brachmonat zu Weinfelden, und im Christmonat zu Frauenfeld. Die Dauer der Sitzungen hängt von der Zahl und Wichtigkeit der Geschäfte ab. Jedoch kann der Präsident des Großen Rathes oder der Kleine Rath auch eine ausserordentliche Versammlung des Großen Rathes veranstalten, wenn besondere Fälle es nothwendig machen. Für ausserordentliche Sitzungen wechselt der Versammlungsort jedesmal zwischen Frauenfeld und Weinfelden.

43. Wenn ein Viertheil der Kantonsräthe oder der Kreise unter bestimmter Anzeige der Gründe vom Präsidenten die ausserordentliche Einberufung des Großen Rathes verlangt, so muß er denselben inner 8 Tagen versammeln.

44. An dem Orte, wo der Große Rath seine Versammlungen hält, darf ohne seine Einwilligung während seinen Sitzungen kein Militär zusammengezogen werden. Dagegen hat er das Recht, zur Erhaltung der Verfassung nach Gutfinden von sich aus die bewaffnete Macht zu versammeln.

45. Die Mitglieder des Großen Rathes sind für ihre bei den Verhandlungen dieser Behörde gemachten Äusserungen und Anträge vor keinem Richterstuhl verantwortlich; auch kömmt dem Großen Rath allein die Polizei in seinem Innern zu.

46. In ihren amtlichen Verrichtungen sind die Mitglieder des Großen Rathes persönlich unverletzlich, und jeder Angriff gegen sie während denselben ist ein Staatsverbrechen. Keiner kann während der Dauer der Sitzungen ohne Bewilligung des Großen Raths verfolgt oder verhaftet werden.

47. Der Große Rath wählt alljährlich in seiner letzten Sitzung den Präsidenten und Vice-Präsidenten aus seiner Mitte, mit billiger Berücksichtigung der Parität. Die nämlichen Personen können nicht zwei Jahre nacheinander dieselben Stellen bekleiden.

48. Die Mitglieder des Großen Rathes schwören folgenden Eid:
«Wir, die Mitglieder des Großen Rathes, geloben und schwören, die uns durch die Kantonsverfassung übertragenen besondern und allgemeinen Verrichtungen getreu und gewissenhaft inner der dafür angewiesenen Gränzen zum Besten des Kantons und der Eidgenossenschaft nach unsern Kräften und Fähigkeiten auszuüben, deren Nutzen zu befördern, und allen Schaden nach unserm Vermögen abzuwenden; uns aller Mieth und Gaben zu enthalten, und namentlich bei vorkommenden Wahlen nur Demjenigen die Stim-

me zu geben, den wir mit strengster Gewissenhaftigkeit für den Rechtschaffensten und Tauglichsten halten.»

«Alles getreulich und ohne Gefährde.»

49. Die Abstimmung geschieht durch Namensaufruf, wenn ein Viertheil der Mitglieder solches verlangt.

50. Die Berathungen des Großen Rathes sind öffentlich.

51. Krieg und Frieden betreffende Gegenstände, so wie die Verträge mit andern eidgenössischen Ständen und mit dem Auslande, und Gesandtschafts-Instruktionen, können auch in geschlossener Sitzung berathen werden, wenn die absolute Mehrheit der Mitglieder solches verlangt.

In geheimer Sitzung können aber keine Gesetze abgefaßt werden.

52. Zur Gültigkeit der Beschlüsse wird die Anwesenheit von wenigstens drei Viertheilen sämmtlicher Mitglieder erfordert.

Gesetzliche Beschlüsse erheischen 51 Stimmen; Wahlen hingegen das absolute Mehr.

53. Der Große Rath ordnet die umfassende Bekanntmachung seiner Verhandlungen an.

54. Die Mitglieder des Großen Rathes beziehen für ihre amtlichen Verrichtungen eine Entschädigung von täglich 1 Gulden 21 Kreuzer, welche die Staatskasse bezahlt.

55. Der Große Rath entscheidet über Annahme, Abänderung oder Verwerfung aller Gesetzesvorschläge, die ihm gemacht werden, so wie über die zu erhebenden Steuern und Anlagen.

56. Der Große Rath, so wie jedes einzelne Mitglied desselben, hat das Recht, Gesetzesvorschläge zu machen; er kann dieselben der betreffenden Behörde, oder einer Kommission zur Prüfung zuweisen, und nach erklärter Dringlichkeit sich noch in gleicher Sitzungsperiode einen Bericht abstatten lassen und darüber beschließen.

57. Ihm steht die Aufstellung und Aufhebung der öffentlichen Ämter im Sinne der Verfassung zu.

58. Er bestimmt die Organisation aller Behörden innerhalb der Verfassung.

59. Er bestimmt die Besoldung der öffentlichen Beamten und überhaupt aller derer, die vom Staate einen Jahresgehalt beziehen.

60. Er berathschlagt über die Zusammenberufung ausserordentlicher Tagsatzungen, ernennt die Abgeordneten des Kantons zu den Tagsatzungen überhaupt in oder ausser seiner Mitte, und ertheilt ihnen Instruktionen.

61. Er beschließt über den Ankauf und die Veräusserung von Kantonalgütern und über zu machende Staatsanleihen.

62. Er empfängt die an ihn gerichteten Petitionen durch seinen Präsidenten.

63. Er bestimmt den Gehalt, das Gepräge und die Benennung der Münzen, falls dieses Recht nicht der eidgenössischen Bundesbehörde abgetreten wird.

64. Ihm steht das Recht der Begnadigung zu. Einem Begnadigungsakt aber muß:

a) ein vom Verhörrichteramt ausgefertigter Aktenauszug vorangehen;
b) von wenigstens drei Viertheilen der anwesenden Mitglieder des Großen Raths für die Begnadigung gestimmt werden;
c) der Begnadigung Nachsuchende die verfassungsmäßigen Gerichts-Instanzen durchlaufen haben.

Die weitem Bestimmungen sind dem Gesetze vorbehalten.

65. Er läßt sich über die Vollziehung der Gesetze und Verordnungen, und über den Zustand der verschiedenen Zweige der Staatsverwaltung alljährlich genaue Rechenschaft ablegen.

66. Er nimmt dem Kleinen Rath alljährlich über die Verwaltung der öffentlichen Gelder Rechnung ab. Die Hauptrechnungen werden nach ihrer Genehmigung möglichst spezifizirt durch den Druck bekannt gemacht.

67. Ihm kömmt die höchste Sanktion der Verordnungen der Kirchenräthe beider Konfessionen, so wie des Erziehungsrathes beider Konfessionen zu.

68. Er ordnet die jährliche Untersuchung (Visitation) der Geschäftsführung aller Behörden und sämmtlicher Kanzleien an. Die nähere Bestimmung bleibt dem Gesetze vorbehalten.

69. Er stimmt im Namen des Kantons über Krieg und Frieden, über Bündnisse und Handelsverträge, so wie über alle Bundesangelegenheiten.

70. Die bewaffnete Macht steht unter dem Großen Rathe. Wenn Gefahren von Innen oder Aussen ausserordentliche Truppenzusammenziehungen erfordern, so hat der Kleine Rath den Grossen Rath aussergewöhnlich zusammenberufen.

71. Der Große Rath ernennt:

a) die Mitglieder des Kleinen Raths, des Obergerichts, des Kriminalgerichts erster Instanz, und des Erziehungsraths in oder ausser seiner Mitte; und zwar für den letzten nach Vorschrift des § 184.
b) die zwei Verhörrichter aus dem Doppelvorschlag des Obergerichts;
c) die obersten Militärbehörden in oder ausser seiner Mitte;
d) den Chef der Polizei aus dem Doppelvorschlag des Kleinen Raths;
e) den Staatsschreiber, der zugleich Sekretär des Großen Raths ist, nach jedesmaligem freiem Konkurs;
f) er bestätigt die vom Kleinen Rathe zu wählenden Kanzleibeamten, so wie die von dem Obergerichte zu wählende Obergerichts- und Verhörrichteramts-Kanzlei.

72. Der Große Rath ist verpflichtet, bei zu befürchtenden oder eingetretenen gefahrvollen Ereignissen aus seiner Mitte einen Ausschuß zu bestellen, zu Festhaltung der Verfassung, der Freiheit und der Rechte des Volks.

73. Der Kleine Rath theilt dem Präsidenten des Großen Raths zu Handen des Ausschusses alle wichtigen Vorkommnisse mit, die sich in der Zwischenzeit der Großrathssitzungen ereignen.

74. Der Präsident des Großen Raths nimmt alle Gesetzesvorschläge, alle Begehren und Klagen ab, über welche der Große Rath zu entscheiden hat. Er bereitet die Geschäfte vor, die gewöhnlicher Weise in der nächsten Versammlung des Großen Raths behandelt werden sollen.

75. In der Regel geschieht die Einberufung des Großen Raths durch den Kleinen Rath. In ausserordentlichen Fällen kann aber auch der Präsident des Großen Raths die Einladung erlassen. Jedesmal gibt die ausschreibende Stelle der andern hiervon Kenntniß.

76. Vier Wochen vor der Eröffnung des Großen Raths wird jedem Mitgliede gedruckt eine genaue Übersicht über alle zur Verhandlung gelangenden Gegenstände und der Gesetzesvorschläge in ihrem ganzen Entwurfe mitgetheilt, und letztere sind zugleich zur allgemeinen Bekanntmachung in die öffentlichen Blätter einzurücken.

B. Vollziehende Gewalt

Kleiner Rath

77. Ein Kleiner Rath aus 6 Mitgliedern bestehend, die vom Großen Rathe und oder ausser seiner Mitte gewählt werden, ist die höchste Vollziehungs- und Verwaltungsbehörde des Kantons.

78. Er kann nie einen Bestandtheil des Großen Raths ausmachen; darum hören die in den Kleinen Rath gewählten Großräthe auf, Mitglieder des Großen Raths zu sein, und für die erledigten Stellen tritt eine neue Wahl ein.

79. Um wählbar zu sein, wird nebst dem Aktivbürgerrecht und den im § 26 bezeichneten Eigenschaften das Alter von 30 Jahren erfordert.

80. Die Amtsdauer ist auf 3 Jahre festgesetzt. Alljährlich treten zwei Mitglieder aus, sind aber wieder wählbar. Der Austritt erfolgt in der umgekehrten Ordnung der Wahlen.

81. Wenn eine Stelle im Kleinen Rathe durch Tod oder Entlassung ledig wird, so ersetzt der Neugewählte den Abgehenden in Beziehung auf Amtsdauer und periodische Erneuerungswahl.

82. Der Kleine Rath ernennt seinen Präsidenten selbst, je für die Dauer eines halben Jahrs. Ein jeweiliger Präsident hat nur berathende Stimme, ausser im Fall gleichgetheilter Stimmen, in welchem die seinige entscheidet.

83. Der Kleine Rath erwählt nach jedesmaligem freien Konkurs seine Kanzleibeamten, die der Bestätigung des Großen Rathes bedürfen. Die Amtsdauer derselben ist auf 6 Jahre festgesetzt; sie sind jedoch wieder wählbar. – Diese beiden letztern Bestimmungen gelten auch dem Staatsschreiber.

84. Zur Gültigkeit der Berathungen des Kleinen Raths wird die Anwesenheit von wenigstens 4 Mitgliedern erfordert.

85. Er trifft all die Verfügungen, welche die Vollziehung der Gesetze nothwendig macht, und faßt zu dem Ende die angemessenen Beschlüsse.

86. Die Vorschläge zu Gesetzen und Verordnungen bilden einen wesentlichen Bestandtheil seiner Verrichtungen.

87. Er besorgt das Militärwesen, dessen Organisation vom Gesetz abhängt; er verfügt zur Aufrechterhaltung der verfassungsmäßigen Ordnung über die bewaffnete Macht mit Bewilligung des Großen Raths.

88. Er führt die Korrespondenz mit den andern Kantonen und mit dem Auslande, die er zu Handen des Großen Raths dem Präsidenten desselben von Zeit zu Zeit mittheilt.

89. Ihm kömmt die Handhabung der öffentlichen Ruhe und der Polizei in ihrem ganzen Umfange zu; er sorgt für die deshalb erforderlichen Polizeianstalten.
Die Polizeibehörden aber sind durch ihre Instruktionen genau an die Beobachtung der Gesetze zu verweisen. Für jede Verletzung derselben und der Rechte der Bürger sind sie verantwortlich.

90. Er hat die Oberaufsicht über die Zucht-, Arbeits- und Korrektionshäuser.

91. Die Besorgung und Verwaltung der Staatsgüter und aller Finanz- und Kameralsachen, so wie die Oberaufsicht über das Kriegs-, Sanitäts-, das Erziehungs- und Kirchenwesen ist ihm anvertraut.

92. Er hat die Oberaufsicht im Allgemeinen über die Verwaltung der Kirchen-, Schul- und Armengüter, der Gemeindegüter, des Vermögens der Klöster und anderer geistlichen Gemeinheiten. Auch steht ihm dieselbe über das Vormundschaftswesen zu.

93. Er legt dem Großen Rath über alle ihm anvertrauten Zweige der Staatsverwaltung alljährlich Rechenschaft ab.

94. Das Rechnungswesen (Komptabilität) steht unter dem Kleinen Rath, er ist dafür verantwortlich.

95. Von ihm geht die Vertheilung der Steuern aus, und er leitet den Bezug der Abgaben überhaupt.

96. Er legt alle Jahre bei der ordentlichen Versammlung im Brachmonat dem Großen Rathe über die Verwaltung der öffentlichen Einkünfte, über die Einnahmen und Ausgaben des Staats genaue und mit förmlichen Belegen versehene Rechnung ab, die der Große Rath, im Fall er sie richtig findet, genehmigt und möglichst spezifizirt durch den Druck bekannt macht.

97. Er legt im eilften Monat jeden Jahres, zu Handen des Großen Raths, dem Präsidenten desselben die Übersicht der Bedürfnisse jedes Hauptfaches der Staatsausgaben für das nachfolgende Jahr vor. Ohne diese Übersicht kann das Auflagengesetz für das bevorstehende Jahr nicht abgefaßt werden.

98. Er ist für alle seine Verrichtungen dem Großen Rath verantwortlich. Daher kann er durch Beschluß des Großen Raths, wegen Staatsverbrechen, wohin Verletzung der Staatsverfassung, Hochverrath und Veruntreuung des Staatsvermögens gehören, vor den Richter gezogen werden. Die nähere Bestimmung hierüber und das Verfahren stellt das Gesetz auf.

99. Er hat auf das Gutfinden und die Einladung des Großen Raths hin, den Verhandlungen desselben sammthaft, oder durch Ausschüsse beizuwohnen, und an solchen berathungsweise, ohne Stimmrecht, Theil zu nehmen.

100. Die Mitglieder des Kleinen Raths legen in der Versammlung des Großen Raths den durch das Gesetz zu bestimmenden Eid ab.

C. Richterliche Gewalt

1. Obergericht

101. Ein Obergericht von 11 Mitgliedern spricht selbstständig und von jeder andern Gewalt unabhängig in letzter Instanz über Civil-, administrative und peinliche Rechtsfälle ab.

102. Um gültige Urtheile oder Beschlüsse fassen zu können, müssen nebst dem vorsitzenden Präsidenten wenigstens 8 Mitglieder zu Gerichte sitzen. In Fällen, welche Todesstrafe oder mehr als fünfjährige Zuchthausstrafe nach sich ziehen können, muß das Gericht vollzählig sein.

103. Das Obergericht ist zugleich Kassationsgericht über die von den Bezirksgerichten inappellabel ausgesprochenen Urtheile, insoweit in solchen die Verletzung eines Gesetzes oder der bestehenden Rechtsformen nachgewiesen werden kann.

104. Der Große Rath wählt die Mitglieder des Obergerichts in oder ausser seiner Mitte. Die aus seiner Mitte Gewählten bleiben Mitglieder des Großen Raths.

105. Sie müssen das 30. Altersjahr angetreten, schon vorher in gerichtlichen Funktionen gestanden, oder Mitglieder der obern Behörde gewesen, oder Rechtsgelehrte sein.

106. Die zwei Präsidenten aus beiden Konfessionen werden von dem Gerichte selbst, aus seiner Mitte für 3 Jahre ernennt, und sind wieder wählbar.

107. Die Mitglieder des Obergerichts werden für 6 Jahre ernennt. Alljährlich kommen zwei, und im sechsten Jahre eines zum Austritt. Dieser geschieht in der umgekehrten Ordnung der Wahl. Die Abtretenden sind wieder wählbar.

108. Das Obergericht wählt selbst seinen Sekretär, welcher der Bestätigung des Großen Raths unterworfen ist. Seine Amtsdauer ist auf 6 Jahre festgesetzt; er ist jedoch wieder wählbar.

109. Die Mitglieder des Obergerichts, so wie die Suppleanten, legen in der Versammlung des Großen Raths den durch das Gesetz zu bestimmenden Eid ab.

110. Für die Fälle, in denen wegen Abwesenheit, Krankheit, Verwandtschaft, Betheiligung, oder aus irgend einer andern Ursache, das Gericht nicht vollzählig wäre, bestimmt der Große Rath in oder ausser seiner Mitte 4 Suppleanten für 6 Jahre; sie sind wieder wählbar.

Die weitere Organisation und Kompetenz dieser Behörde ist dem Gesetze vorbehalten.

2. Kriminalgericht erster Instanz

111. Für die peinliche Rechtspflege im Kanton besteht ein Criminalgericht erster Instanz aus einem Präsidenten und 6 Beisitzern.

112. Die Mitglieder desselben, sammt 3 Suppleanten, ernennt der Große Rath in oder ausser seiner Mitte aus den Friedensrichtern, Bezirksrichtern, oder aus andern in gerichtlichen Funktionen gestandenen, oder sonst rechtskundigen Bürgern, welche das Alter von 25 Jahren erreicht haben.

113. Das Gericht wählt seinen Präsidenten aus seiner Mitte.

114. Die Mitglieder dieses Gerichts bleiben 6 Jahre im Amt; alle zwei Jahre treten 2, und im sechsten Jahre 3 aus. Der Austritt geschieht in der umgekehrten Ordnung der Wahl, die Austretenden sind wieder wählbar.

115. Das Sekretariat wird durch die Kanzlei des Obergerichts versehen.

Die weitere Organisation und Kompetenz dieser Behörde ist dem Gesetze vorbehalten.

3. Verhörrichteramt

116. Im Kanton besteht ein Verhörrichteramt aus 2 Mitgliedern, zur Aufnahme und Leitung der Kriminalprozeduren.

117. Die Verhörrichter werden vom Großen Rath aus dem Doppelvorschlag des Obergerichts aus denjenigen Bürgern gewählt, die das 25. Altersjahr zurückgelegt haben, und in der Rechtswissenschaft bewandert sind.

118. Die Verhörrichter sind in das Obergericht wählbar, treten aber bei Beurtheilung von Polizei- und Kriminalfällen aus, und werden durch Suppleanten ersetzt.

119. Die Amtsdauer ist 8 Jahre. Alle 4 Jahre tritt einer aus; dieses geschieht in der umgekehrten Ordnung der Wahl. Der Austretende ist wieder wählbar.

120. Das Gesetz bestimmt die Verrichtungen dieser Behörde, die ihren eigenen Sekretär hat, welcher vom Obergericht auf 6 Jahre, mit Wie-

derwählbarkeit, zu ernennen, und vom Großen Rath zu bestätigen ist. Das Gesetz trifft über die Art der Hinweisung der Untersuchungsfälle an das Verhörrichteramt, und die Verrichtungen dieser Behörde, die nähern Bestimmungen.

Abschnitt IV: Bezirksbehörden

1. Bezirksstatthalter

121. Ein Bezirksstatthalter, als erster Vollziehungsbeamter in jedem Bezirk, wird von der Bezirkswahlversammlung frei aus allen stimmfähigen Bürgern des Kantons gewählt. Derselbe bleibt 3 Jahre im Amt und ist wieder wählbar.

122. Seine Pflichten im Allgemeinen sind: über Ordnung und Ruhe in seinem Bezirke zu wachen, die Verrichtungen der Gemeinderäthe zu beaufsichtigen, und durch sie die Gesetze, allgemeinen Verordnungen und besondern Aufträge der obern Behörden in Vollziehung zu setzen. Ihm kömmt besonders die nächste Aufsicht über die Waisenämter zu.

123. Die Handhabung der Landespolizei, und die Einleitung, daß Übertreter der Gesetze zur Strafe gezogen werden, liegt ihm besonders ob, so wie die Vollziehung richterlicher Urtheile.

124. Er ist für alle seine amtlichen Verrichtungen verantwortlich, und wird vom Staate besoldet.

125. Für die Fälle der Abwesenheit und Krankheit wird ihm von der Bezirkswahlversammlung ein Stellvertreter bestimmt. – Die weitern Befugnisse bestimmt das Gesetz.

2. Bezirksgericht

126. Für jeden Bezirk ist ein Gericht aufgestellt, welches als Kassationsgericht über die von den Kreisgerichten beurtheilten Civil- und Polizeifälle entscheidet, und als erste Instanz alle ausser der Kompetenz der Kreisgerichte liegenden bürgerlichen und administrativen Streitgegenstände und Polizeivergehen, theils mit, theils ohne Appellabilität, beurtheilt.

127. Es spricht ferner erstinstanzlich über Unzuchtsvergehen und Alimentationsklagen. Es entscheidet über Bevogtigungen, so wie über die Zuläßigkeit von Fallimentsbegehren, und führt die diesfälligen Verhandlungen. Vor demselben sind ebenfalls die Waisenämter und Vormünder für ihre Handlungen und die den Bevormundeten daraus entstehenden nachtheiligen Folgen, zu belangen, nachdem dafür die Hinweisung des Falls von dem Kleinen Rath als vormundschaftlicher Oberaufsichtsbehörde, in Gemäßheit der nähern Bestimmungen des Gesetzes, erfolgt sein wird.

Die genauere Ausscheidung der Kompetenz des Gerichts ist ebenfalls dem Gesetze vorbehalten.

128. Das Bezirksgericht besteht aus einem Präsidenten und 6 Richtern, und wird, so wie die vier Suppleanten desselben, von der Bezirkswahlversammlung gewählt.

129. Der Präsident und Vicepräsident wird vom Gerichte selbst aus seiner Mitte ernannt.

130. Die Mitglieder des Bezirksgerichtes bleiben 6 Jahre an ihrer Stelle; alle 3 Jahre tritt die Hälfte derselben, nämlich nach Umfluß der ersten 3 Jahre drei, und im sechsten Jahre vier Mitglieder aus. Der Austritt geschieht in der umgekehrten Ordnung der Wahl. Die Austretenden sind wieder wählbar.

131. Das Sekretariat wird von der Bezirkskanzlei versehen.

132. Jeder Bezirk hat eine Bezirkskanzlei, welche von einem Bezirksschreiber besorgt wird.

133. Die Bezirksschreiber werden von den Bezirkswahlversammlungen für 6 Jahre ernannt, und sind wieder wählbar.

134. Sie sind für ihre amtlichen Verrichtungen verantwortlich, und verpflichtet, für ihre Stelle genügende Bürgschaft zu leisten.
Das Gesetz wird die Befugnisse, so wie die Entschädigung derselben, näher bestimmen.

Abschnitt V: Kreisbehörden

1. Friedensrichter

135. In jedem Kreise ist ein Friedensrichter, der von der Kreisversammlung gewählt wird.

136. Er wird für 3 Jahre ernannt, und ist wieder wählbar.

137. Er ist Vermittler in allen bürgerlichen Streitigkeiten.

138. Er führt, mit Zuzug der Bezirkskanzlei und des betreffenden Ortsvorstehers, die Noth- und Fallimentsganten.

139. Ebenfalls mit Zuzug des betreffenden Ortsvorstehers nimmt er Besiegelungen (Obsignaturen), und mit Zuzug der Bezirkskanzlei Vermögensbeschreibungen und Theilungen in allen den Fällen vor, für welche solche gesetzlich angeordnet sind.

140. Ihm ist der Rechtstrieb für Schulden übertragen, nach gesetzlichen Vorschriften.

141. Die Käufe, Täusche, Schuldverschreibungen, Heirathskontrakte und Letztewillenserklärungen werden bei dem Friedensrichter eingelegt, und von ihm, vereinigt mit dem betreffenden Ortsvorsteher und der Bezirkskanzlei, gefertigt und einprotokollirt. Die zu Handen der Betheiligten darüber auszustellenden urkundlichen Akten sind ebenfalls von der Kanzlei auszufertigen, und vom Bezirksstatthalter zu besiegeln.

142. Der Friedensrichter steht unter der Aufsicht des Bezirksstatthalters, und legt demselben jährlich einen Bericht über seine Verrichtungen ab.

143. Er ist für alle seine Verrichtungen verantwortlich, und für die Fälle seiner Verantwortlichkeit verpflichtet, annehmbare Bürgschaft zu stellen.

144. Die weitere Kompetenz und das von ihm zu beobachtende Verfahren, so wie die ihm an Besoldungsstatt anzuweisenden Emolumente, wird das Gesetz bestimmen.

145. In Fällen von Krankheit, Abwesenheit, Verwandtschaft oder Betheiligung des Friedensrichters ist der Gemeindeammann des Kreishauptortes dessen Stellvertreter.

2. Kreisgerichte

146. In jedem Kreis wird ein Gericht unter der Benennung Kreisgericht aufgestellt, das aus 5 Richtern besteht, welche sammt 3 Suppleanten von der Kreisversammlung aus den Aktiv-Bürgern des Kreises auf eine Dauer von 3 Jahren gewählt werden. Im ersten und zweiten Jahre treten 2 Mitglieder und 1 Suppleant, im dritten Jahre aber 1 Mitglied und 1 Suppleant in der umgekehrten Ordnung der Wahl aus. Die Austretenden sind wieder wählbar.

147. Diesem Gericht steht:

a) über alle ausser der Kompetenz des Gemeinderaths liegenden Frevelsachen;
b) über die nicht ausgeglichenen wörtlichen Beschimpfungen; und
c) über Rauf- und Schlaghändel, über welche keine Kriminalklage stattfindet, und die keine Entschädigungsforderung, die 25 Gulden übersteigt, so wie keine höhere Strafe als 15 Gulden oder dreimal 24stündige Gefangenschaft nach sich ziehen; das Strafrecht zu.

148. Es spricht ferner:

d) in bürgerlichen nicht vermittelten Rechtshändeln ab, welche, ohne Inbegriff der Unkosten, den Sachwerth von 25 Gulden nicht übersteigen.

Die nähere Bestimmung der Kompetenz ist dem Gesetze vorbehalten.

149. Für alle in den oben bezeichneten Fällen ausgesprochenen Urtheile steht Recurs um Kassation an das Bezirksgericht offen.

150. Dem Kreisgericht ist auch, mit Zuzug der Bezirkskanzlei, das Vormundschaftswesen übertragen.

151. Das Gericht wählt seinen Präsidenten aus seiner Mitte, und den Schreiber in oder ausser seiner Mitte; – den Letztern je auf 3 Jahre, nach deren Umfluß er aber wieder ernennt werden kann.

Abschnitt VI: Gemeinden und Gemeindsbehörden

A. Ortsgemeinden

152. Jede Ortsgemeinde des Kantons bildet einen abgesönderten Verein der Bürger und Einwohner, wodurch sich diese wechselseitige Unterstützung in Fällen, welche der öffentlichen Fürsorge bedürfen, gewährleisten.

153. Die bestehenden Gemeinden sind gesetzlich anerkannt. Dieselben können keiner Abänderung unterworfen werden, als durch einen Beschluß des Großen Raths.

154. Sie bestellen durch die Versammlung der Ortsaktivbürger die Verwalter ihrer Gemeindsfonds, und lassen sich von ihnen alljährlich genaue Rechnung ablegen. Betreffend die Kirchen-, Schul-, Armen- und andere Korporationsgüter, so soll über die Verwaltung derselben den Antheilhabern an solchen ebenfalls alljährlich Rechnung gestellt werden.

155. Der Entscheidung der Gemeinde steht zu: Ansäßbewilligungen für Fremde und Aufnahme in's Bürgerrecht nach den bestehenden Gesetzen; Verfügungen über das Gemeindegut; die Bestimmung der Besoldung der Gemeindebeamten und Angestellten; Verwendung der Einkünfte, Voranschlag der Einnahmen und Ausgaben; Käufe, Verkäufe und Täusche; neue Anleihen; Aufnahme von Anleihen, Bauten und andere Unternehmungen in Kosten der Gemeinde; Anhebung von Prozessen; alle Steuern für die Gemeinde und ihre Verwendung.

156. Jede Veräusserung, Verpfändung oder Vertheilung von Gemeindegütern kann nicht anders als mit Genehmigung des Kleinen Raths geschehen. Gleiche Bewandtniß hat es mit den Geldaufnahmen auf den Namen der Gemeinde, unter Solidarverpflichtung der Bürgerschaft.

157. Den nicht zustimmenden Bürgern in den §§ 155 und 156 genannten Fällen ist der Rekurs an den Kleinen Rath gestattet.

Ortsvorsteher

158. Jede Gemeinde hat einen Vorsteher, der die Bürgerversammlungen zusammenberuft, in demselben präsidirt, das Bürgerregister führt, zur Besorgung der Gemeindsarmen auf gesetzlichem Wege einwirkt, Ruhe, Ordnung und Gesetze unter den Ortsbewohnern handhabt und die vorfallenden Frevel dem Gemeindeammann leitet.

159. Dieser wird von der Ortsbürgerschaft und den seit einem Jahr gesetzlich angesessenen Steuerbaren, sowohl Schweizern als Fremden, aus den Orts-Bürgern gewählt, welche das Aktivbürgerrecht genießen, und das 25. Altersjahr erreicht haben.

160. Er ist zugleich Mitglied des Gemeinderaths, und in Absicht auf Amtsdauer und Austritt der für den Letztem bestehenden Vorschrift unterworfen.

B. Municipal-Gemeinden

161. Die Ortsgemeinden stehen unter sich in einem Munizipalverband nach der bisherigen Eintheilung; diese abzuändern kömmt einzig dem Großen Rathe zu.

Gemeinderäthe

162. Jeder Munizipalgemeinde ist ein Gemeinderath vorgesetzt, bestehend aus wenigstens 5 Mitgliedern. Voraus treten in den Gemeinderath:

die Vorsteher der einfachen Gemeinden des Munizipalbezirks. Hierauf werden die übrigen Glieder zur Ergänzung der von der Munizipalgemeinde verordneten Zahl frei aus der Gesammtheit der Aktiv-, Orts- oder Kantonsbürger ernennt, die das 25. Altersjahr erreicht haben.

In denjenigen Munizipalgemeinden jedoch, wo die gesetzlich angesessenen Kantonsbürger an Anzahl den Orts-Bürgern gleich oder überlegen sind, soll der Gemeindeammann als Präsident des Gemeinderaths und wenigstens die Hälfte der Mitglieder desselben aus den Orts-Bürgern gewählt, die übrigen Mitglieder aber können aus gesetzlich angesessenen Kantonsbürgern genommen werden.

163. Die Gemeinderäthe bleiben 3 Jahre im Amt. Alljährlich werden dieselben zum Drittheil erneuert. Über die Ordnung des Austritts entscheidet unter den Mitgliedern das Loos. Die Austretenden sind wieder wählbar.

164. Der Gemeinderath steht als unterste Vollziehungs- und Polizeibehörde unter der Aufsicht des Bezirksstatthalters, und ist für seine Verrichtungen verantwortlich.

165. Er vollzieht die allgemeinen Gesetze und Verordnungen, so wie die ihm zugehenden Aufträge höherer Behörden, und sorgt für die Erfüllung derselben in dem Munizipalbezirk.

166. Er vertheilt die vom Staate eingeforderten Steuern und Anlagen nach vorgeschriebenem Fuße auf die Steuerpflichtigen, und besorgt den Bezug und die Ablieferung der Gelder an die Kantonskasse.

167. Vorzüglich liegt ihm ob: über Ruhe, Ordnung und Sicherheit zu wachen, und daher die niedere Polizei zu handhaben.

168. Ihm steht gegen Fehlbare in Sachen der niederen Polizei das Strafrecht bis und mit 8 Franken oder zweimal 24stündigen Arrest zu.

169. Polizeivergehen, über welche die Strafkompetenz den Kreisgerichten zusteht, weiset er unmittelbar an dieselben. Wenn aber das Gesetz eine höhere Strafe verhängt, oder die Kompetenz zweifelhaft ist, leitet er den Fall an den Bezirksstatthalter.

170. Er hat alljährlich die für die Munizipalausgaben bestimmten Einkünfte zu erheben, und über deren Verwendung genaue und mit förmlichen Belegen unterstützte Rechnung der Generalversammlung vorzulegen.

171. Der Gemeinderath bestellt in oder ausser seiner Mitte seinen Schreiber auf die Dauer von 3 Jahren. Derselbe ist wieder wählbar.

C. Generalversammlungen

172. So oft es nothwendig ist, versammelt der Gemeinderath die Munizipalgemeinde.

173. Ausserdem sind die Vorsteherschaften der Munizipal- und Ortsgemeinden bei Verantwortlichkeit gehalten, die Gemeinde zu versammeln, sobald ein Viertheil der stimmfähigen Bürger es verlangt.

174. Jeder in dem Munizipalbezirk wohnende Aktivbürger, der in der Ausübung des Aktivbürgerrechts nicht eingestellt ist, und jeder seit einem Jahre gesetzlich angesessene Steuerbare ist befugt, in der Generalversammlung der Munizipalgemeinde zu stimmen.

175. Die Generalversammlung hat das Recht, die Zahl der Mitglieder des Gemeinderaths zu bestimmen und dieselben, so wie den Gemeindeammann, zu wählen.

176. Sie setzt die Dienstentschädigung der von ihr gewählten Gemeinderäthe fest.

177. Sie beschließt über die Mittel zur Deckung der Munizipalverwaltungskosten, und nimmt dem Gemeinderath über die Verwendung derselben alljährlich gehörig belegte Rechnung ab, die nach ihrer Genehmigung durch den Gemeindeammann dem Bezirksstatthalter zur Einsicht vorzulegen ist.

178. Sie beschließt ferner auf den Vorschlag des Gemeinderaths über Errichtung öffentlicher Anstalten für die Munizipalgemeinde, und über die Veräusserung und Verpfändung gemeinschaftlicher Güter, mit Genehmigung des Kleinen Raths.

179. Eben so beschließt sie über Geldaufnahmen, für welche die gesammte Munizipalitätsbürgerschaft haften soll.

180. Bei allen in andern Dingen von Seite des Gemeinderaths an sie gelangenden Vorschlägen, dergleichen zu machen den Munizipalitätsbürgern ebenfalls die Befugniß zukömmt, hat sie das Recht der Annahme, Abänderung oder Verwerfung.

181. In den Generalversammlungen hat der Gemeindeammann den Vorsitz.

Abschnitt VII: Erziehungswesen

182. Die Sorge und Aufsicht über den öffentlichen Unterricht im Kanton wird einem aus 9 Mitgliedern beider Konfessionen zusammengesetzten Erziehungsrath übertragen, in welchen 4 Geistliche, nämlich 2 aus jeder Konfession, wählbar sind.

183. Der Erziehungsrath ernennt aus seiner Mitte seinen Präsidenten und Vizepräsidenten; den Aktuar dagegen in oder ausser seiner Mitte.

184. Der Große Rath wählt die sämmtlichen Mitglieder des Erziehungsraths aus einem doppelten Vorschlag des Kleinen Raths, oder auch frei ausser demselben.

185. Die Amtsdauer ist auf 6 Jahre festgesetzt; alle 2 Jahre treten 3 aus; der Austritt geschieht in der umgekehrten Ordnung der Wahlen. Die Austretenden können stets wieder vorgeschlagen und gewählt werden.

Der Aktuar wird ebenfalls für die Dauer von 6 Jahren ernennt, und ist jedesmal wieder wählbar.

186. Der Erziehungsrath bildet und entwickelt das Erziehungswesen selbstständig nach den Gesetzen des Großen Raths; er steht unter der Oberaufsicht des Kleinen Raths, dem er zu dem Ende seine Beschlüsse und Verordnungen mittheilt.

Die genauere Organisation dieser Behörde nebst ihren Befugnissen bestimmt das Gesetz.

187. In jeder Schulgemeinde ist eine Schulvorsteherschaft, die ausser dem Präsidenten aus 4 bis 8 Mitgliedern besteht, und von der Schulgemeinde gewählt wird.

188. Die Verwaltung der jeder Schulgemeinde zukommenden Schulgüter bleibt, wie bisdahin, den bestehenden besondern Pflegschaften anheimgestellt.

189. Jeder Schulgemeinde steht von nun an, bei eintretenden Erledigungsfällen, die Erwählung der Schullehrer an ihren Elementarschulen aus den von dem Erziehungsrath geprüften und für wahlfähig erklärten Schulmännern, über welche die gedachte Behörde jedesmal der Gemeinde noch ein besonderes Gutachten zu geben hat, zu.

Abschnitt VIII: Kirchenwesen

190. Um die Befugnisse und Geschäfte zu besorgen, die jedem Konfessionstheil besonders zukommen, stellt jeder derselben einen besondern Kirchenrath auf.

191. Die beidseitigen Kirchenräthe, die von einander unabhängig bestehen, haben im Allgemeinen die Oberaufsicht und Leitung alles dessen, was die Erhaltung einer guten Ordnung im Kirchen- und auch im Armenwesen betrifft, in so weit dieses Letztere Konfessionssache ist.

192. Ihnen kömmt ferner zu: die Aufsicht über die Verwaltung der jedem Konfessionstheil eigenthümlich und ausschließlich zugehörigen Kirchen-, Schul- und Armengüter, und die übrigen Fonds.

193. Dabei haben sie noch als besondern Zweck zu betrachten und zu befördern: die Religiosität und Sittlichkeit des Volkes, und die Verbreitung christlicher Toleranz. – Zudem liegt ihnen die Prüfung der Wahlfähigkeit der Aspiranten auf Pfarrstellen ob.

194. Jeder der beiden Kirchenräthe besteht aus 7, nämlich 3 geistlichen und 4 weltlichen Mitgliedern.

195. Die Mitglieder der Kirchenräthe werden von den betreffenden Großrathskollegien gewählt.

196. Über die Einrichtung, Befugniß und Geschäftsführung des eint und andern Kirchenraths, so wie über die Organisation des Kirchenwesens im Allgemeinen, haben die betreffenden Großrathskollegien durch ein besonderes Dekret nähere Anordnung zu treffen.

197. In jeder Kirchgemeinde besteht ein Kirchenstillstand oder Sittengericht aus wenigstens 5 Mitgliedern.

Die nähere Einrichtung und Befugniß dieser Behörde zu bestimmen ist den betreffenden Großrathskollegien überlassen.

198. Die geistlichen Pfründen werden bei künftiger Erledigung von den Kirchengemeinden selbst aus den von den betreffenden Kirchenräthen für wahlfähig erkannten Geistlichen besetzt. Die Bestimmung der diesfälligen Wahlart, so wie der Verhältnisse derjenigen Gemeinden, wo das Kollaturrecht nicht dem Staate oder den Gemeinden zusteht, ist dem Gesetze vorbehalten.

Abschnitt IX: Verhältnisse zwischen den beiden Konfessionstheilen

199. Die beiden Konfessionstheile nehmen an der Staats- und Justizverwaltung in folgendem Verhältnisse neben einander Antheil:

a) Im Großen Rathe wird nach seiner Bevölkerung der evangelische Theil mit 77 und der katholische mit 23 Mitgliedern repräsentirt, laut der im § 39 aufgestellten Skala.
b) In den Kleinen Rath werden 4 evangelische und 2 katholische und in das Obergericht 8 evangelische und 3 katholische Mitglieder gewählt. – Der Vorsitz wechselt in diesem letztern unter beiden Konfessionen.
c) Bei Bestellung der übrigen Gerichts- und Verwaltungsbehörden und Beamtungen soll im Allgemeinen ein billiges Paritätsverhältniß beobachtet werden.
d) Jedem Konfessionstheil kömmt unter der höhern Aufsicht des Kleinen Raths die eigene Besorgung seines Kirchenwesens, und überhaupt alles dessen, was konfessioneller und kirchlicher Natur ist, und die daherige Organisation zu; – so wie die Aufsicht und Verwaltung über die ihm wirklich eigenthümlich und ausschließlich zugehörigen Kirchen-, Schul- und Armengüter.
e) In dieser Beziehung söndern sich die Mitglieder des Großen Raths nach den Konfessionen in besondere Rathskollegien ab.
f) Die Beschlüsse und Verordnungen des einen und des andern Rathskollegiums sind der Sanktion des Großen Raths unterworfen.
g) Bei Streitigkeiten zwischen paritätischen Gemeinden oder paritätischen Gemeindstheilen, welche ihren Grund in der Religionsverschiedenheit haben, tritt ein schiedrichterliches Verfahren ein. Zu diesem Ende wählt jede Partei 2 Schiedsrichter, und wenn es diesen nicht gelingt, sie zu vereinigen, noch ferner 1 Mitglied des Obergerichts ihrer Konfession; wo sodann die beiden Mitglieder erwähnter Behörde in Verbindung mit den 4 Schiedsrichtern den Streitgegenstand zu gütlicher Beseitigung zu bringen Bedacht nehmen. Fruchtlos bleibenden Falls wird von ihnen unter dem Vorsitz eines Obmanns, welcher von den Parteien selbst, und wenn sie sich darüber nicht verständigen können, von dem Obergerichte in oder ausser dem Kanton zu wählen ist, über die Streitsache *endlich* abgesprochen.

Abschnitt X: Allgemeine Bestimmungen

200. Die Klöster, Kapitel und Stiftungen mit ihrem Vermögen stehen unter der Oberaufsicht des Staats. Ihr Eigenthum kann nicht mit Liegenschaften vermehrt werden ohne Bewilligung des Großen Raths.

201. Neue geistliche Körperschaften ausser den bereits bestehenden sollen im Kanton nicht errichtet werden.

202. Die Bestimmungen über die Aufnahme der Novizen ist dem Gesetz überlassen.

203. Mit Ausnahme des Großen Raths dürfen in keiner Behörde zu gleicher Zeit sich befinden: Vater und Sohn, Bruder, Schwager, Schwäher und Tochtermann, und in Blutsverwandtschaft stehende Oheime und Neffen, und Geschwisterkinder.

204. Die sämmtlichen Behörden und Beamten, so wie die Bezirks- und Kreiswahlversammlungen, haben den durch das Gesetz zu bestimmenden Eid zu leisten.

205. Die sämmtlichen Gerichtsbehörden und Friedensrichter, so wie der Erziehungsrath, übergeben alljährlich die Übersicht ihrer Verrichtungen, so wie einen umfassenden Bericht über den Zustand des Justiz- und Erziehungswesens, dem Kleinen Rath zu Handen des Großen Raths.

206. Die Verhandlungen der sämmtlichen gerichtlichen Behörden sind in der Regel öffentlich, und ihre Urtheile müssen mit Motiven begleitet sein. Bei der Abstimmung wird abgetreten. Die nothwendigen Ausnahmen von der Öffentlichkeit bestimmt das Gesetz.

207. Kein Verwaltungsbeamter und kein Richter kann ohne ein richterliches Urtheil seines Amtes entsetzt werden.

208. Kein vom Kleinen Rath Angestellter und kein unter demselben unmittelbar stehender Vollziehungsbeamter kann eine Richterstelle bekleiden.

Kein vom Kleinen Rath gewählter Beamter kann Mitglied des Großen Raths sein.

Dasselbe gilt auch vom Staatsschreiber.

209. Alle Wahlen, sowohl der Behörden als der Kreis- und Bezirkswahlversammlungen, geschehen durch geheimes und absolutes Stimmenmehr.

210. Im Kanton wird nur ein Gewicht und ein Maaß eingeführt werden, falls nicht von der eidgenössischen Bundesbehörde ein gleichförmiges aufgestellt wird.

211. Für die Aufstellung eines Kriminal-, Civil- und Polizeigesetzbuches, so wie eines Gesetzes über die bürgerliche Prozeßform, wird die Gesetzgebung beförderlich sorgen.

212. Den beiden Konfessionskollegien bleibt vorbehalten, die Behörden zu bestimmen, von welchen klagbare Eheversprechen und Scheidungsklagen zu behandeln sind.

213. Die ganze administrative Justiz des Kleinen Raths ist aufgehoben.

214. Alle Titulaturen sind abgeschafft.

215. Alle bisherigen Gesetze und Verordnungen, welche nicht mit dieser Kantonalverfassung im Widerspruch stehen, bleiben in Kraft, sollen aber beförderlicher Revision unterworfen werden.

216. Der Kanton erklärt sich gegen die schweizerischen Mitstände geneigt:

    a) für gemeinschaftliche Aufstellung eines obersten Gerichtshofes;
    b) für Errichtung gemeinschaftlicher Korrektions- und Arbeitshäuser;
    c) für Centralisirung alles politischen Verkehrs mit dem Auslande;
    d) der Posten;
    e) der Münzen, des Gewichts und des Maßes;
    f) des Militärwesens;
    g) der Zölle und Weggelder.

Garantie der Verfassung

217. Die Verfassung steht unter der Garantie aller Bürger.

218. Jeder Bürger ist bei seinem Bürgereide aufgefordert, jede wahrgenommene Verletzung der Verfassung, oder jedes dieselbe bedrohende Ereigniß, bei dem Präsidenten des Großen oder des Kleinen Raths, oder bei einem andern Mitgliede dieser Behörden, anzuzeigen.

Revision der Verfassung

219. Nach sechs Jahren, und später alle zwölf Jahre, findet eine Revision der Verfassung statt, wenn solche von der Mehrheit der stimmfähigen Bürger des Kantons gefordert wird; wobei jedoch die der Verfassung vorangestellten Grundsätze unverändert bleiben sollen.

220. In diesem Falle wählen nach der für die Wahl des Großen Raths festgesetzten Weise die Kreise eine Kommission von 100 Mitgliedern, welcher die Revision übertragen wird.

221. Die getroffenen Abänderungen werden den Kreisen zur Annahme oder Verwerfung vorgelegt.

Über die Annahme der Verfassung

222. Diese Verfassung wird den Kreisversammlungen, die ihren Präsidenten selbst wählen, zur Genehmigung vorgelegt. Alle Kantonsbürger, die das 20. Altersjahr zurückgelegt haben, und die nach der neuen Verfassung in der Ausübung des Aktivbürgerrechts nicht eingestellt werden, sind dabei stimmfähig.

223. Wenn die Mehrheit der Stimmenden aller Kreise sich für die Annahme der Verfassung erklärt, so tritt dieselbe in Kraft.

Also einstimmig angenommen und beschlossen von dem Großen Rathe des Standes Thurgau. Frauenfeld, den 14. April 1831.

28. Verfassung des Kantons St. Gallen
Vom 1. März 1831

Abschnitt I: Allgemeine Bestimmungen und Gewährleistungen

1. Die Bürger des Kantons St. Gallen bilden einen Staatsverein zu Behauptung der Freiheit und Selbstständigkeit des eigenen Kantons, und um als Glied der Eidgenossenschaft auch die Freiheit und Selbstständigkeit des gesammten schweizerischen Vaterlandes nach Pflicht zu schützen und zu vertheidigen.

2. Das Volk des Kantons ist souverän. Die Souveränität, als der Inbegriff der Staatshoheit und der obersten Gewalt, ruht in der Gesammtheit der Bürger.

3. Das Volk übt in Folge dessen das Gesetzgebungsrecht selbst aus und jedes Gesetz unterliegt seiner Genehmigung. Das Recht der Genehmigung übt das Volk dadurch aus, daß es nach Erlassung eines Gesetzes die Anerkennung und Vollziehung desselben vermöge seiner souveränen Gewalt verweigern kann.

4. Die Verfassung anerkennt weder Vorrechte des Ortes, noch der Geburt, noch der Personen, noch der Familien, noch des Vermögens. Daher ist aller Gebrauch von adelichen Titeln und Bezeichnungen in öffentlichen Akten und Verhandlungen unzuläßig.

Das Tragen von Orden oder andern Auszeichnungen vom Ausland, bei amtlichen Verrichtungen, in amtlicher Stellung und in gesetzlichen Bürger- oder Militärversammlungen, ist ebenfalls untersagt.

5. Keine Liegenschaft kann unveräußerlich erklärt werden, weder für Gemeinheiten oder Körperschaften, noch für eine Familie. Eben so wenig kann Vermögen an Liegendem oder Fahrendem zum Zweck erblicher Übertragung als bleibendes Erbgut einer Familie verschrieben werden.

Milde Stiftungen, insoweit sie nach diesem Artikel zuläßig sind, unterliegen jederzeit gleich anderm Vermögen der Besteuerung, sofern sie nicht, vermöge besonderer Zwecke, durch das Gesetz ausdrücklich davon ausgenommen werden.

Sämmtliche vorstehende Bestimmungen haben keine rückwirkende Kraft.

6. Die Verfassung sichert den Zehnt- und Grundzinsloskauf nach den Gesetzen des Kantons.

7. Die Verfassung gewährleistet den Gemeinden das Recht des Loskaufs und den Kollatoren das Recht der Abtretung der Kollatoren. Das Gesetz wird über die Bedingungen des Loskaufs und der Abtretung, mit Berücksich-

tigung der Rechte und Pflichten beider Theile, der Gemeinden sowohl als der Kollatoren, das Nähere festsetzen.

8. Die Verfassung sichert die freie und uneingeschränkte Ausübung des katholischen und evangelischen Glaubensbekenntnisses und Gottesdienstes.

9. Die Verfassung gewährleistet das Recht der Eingehung gemischter Ehen.

10. Die Verfassung gewährleistet die Freiheit der Presse; darin ist begriffen, daß nie die Zensur eingeführt werden darf. Gegen den Mißbrauch der Presse schützt das Gesetz.

11. Jeder Bürger und jede Gemeinheit des Kantons hat das Recht, der obersten Behörde desselben Wünsche, Anliegen und Beschwerden schriftlich einzugeben (Petitionsrecht).

12. Die Verfassung setzt als Grundsatz fest: die Öffentlichkeit des gesammten Staatshaushaltes und die Öffentlichkeit der Verhandlungen der obersten Behörde des Kantons.
Gleichmäßig wird die Öffentlichkeit der Gerichtsverhandlungen als Grundsatz aufgestellt; die nähere Bestimmung ist Sache des Gesetzes.

13. Niemand darf seinem ordentlichen Richter entzogen werden. Die ordentlichen Gerichte sind einzig die, welche, sei es für bürgerliche oder militärische Verhältnisse, die Verfassung selbst aufstellt. Andere, außerordentliche Gerichtsstände, sind unzuläßig.

14. Niemand kann verhaftet oder in Verhaft gehalten werden, außer in den von dem Gesetz bestimmten Fällen und auf die von dem Gesetz bestimmte Art.

15. Das Privateigenthum ist unverletzlich; die Verfassung gewährleistet aber dem Staate das Recht, in Fällen, wo es das Staatswohl unumgänglich erheischt, das Opfer eines unbeweglichen Besitzthums von Privaten oder Gemeinheiten fordern zu können, gegen volle, im streitigen Fall durch den Richter zu bestimmende Entschädigung, und einzig nach Anleitung des Gesetzes, das auch die einschreitenden Behörden zu bezeichnen hat.

16. Jedem Bürger steht das Recht zu, durch jeden beliebigen Gewerb sich rechtlich zu ernähren. Beschränkungen, in wie weit sie nach diesem Grundsatz und im Interesse der Gesammtheit der Bürger zuläßig und für den Handwerksstand des Kantons wünschbar sind, bestimmt das Gesetz.
Der Niedergelassene genießt am Niederlassungsorte die Gewerbsfreiheit in gleichem Maße wie der Gemeindsbürger.
Jeder Kantonsbewohner ist bei seiner Gewerbstreibung außerhalb seines heimathlichen Wohnortes und seines Niederlassungsortes jederzeit den allgemeinen und örtlichen, gesetzlich sanktionirten, Polizeiverordnungen unterworfen.
Ob und in wie weit es Denjenigen, welche ohne gesetzliche Niederlassung sich im Kanton aufhalten, erlaubt sei, ein Handwerk oder sonstige Gewerbe zu treiben, bestimmt das Gesetz im Sinne möglichster Beförderung des eigenen Gewerbsfleißes, und, so viel als zuläßig, des Gegenrechtes.

17. Alle Monopole, das heißt, alle Gewerbsbetreibungen, in deren Besitz ausschließlich einzelne Personen, Familien oder Gemeinheiten stehen, sind von nun an aufgehoben. Jedoch bleiben oberpolizeiliche Vorschriften und Verfügungen vorbehalten.

18. Jeder Kantonsbürger, so wie jeder im Kanton wohnende Schweizerbürger, ist militärpflichtig. Ob und in welchen Fällen und in weit Ersatz durch Andere oder gänzliche Ausnahmen statt finden mag, wird das Gesetz bestimmen.

Die Verfassung gewährleistet Erleichterung und gleichmäßige Vertheilung der Militärlasten. Die Art und Weise dieser Erleichterung und gleichmäßigen Vertheilung wird ebenfalls das Gesetz bestimmen.

19. Die Bürger sind pflichtig, diejenigen Beamtungen, welche durch unmittelbare Volkswahlen bestellt werden, anzunehmen; diese Pflicht beschränkt sich jedoch auf *ein Amt* und *eine* Amtsdauer.

Amtsstellen in den Gemeinden müssen aber in jedem Fall, selbst bei Bekleidung anderer Ämter, für eine Amtsdauer angenommen werden.

Mit dem Antritt des sechzigsten Altersjahres hört jede Verpflichtung für Annahme von Ämtern auf.

Ebenso fällt die Verpflichtung allgemein von selbst weg für Stellen, welche laut Abschnitt IX neben andern Ämtern nicht von der gleichen Person bekleidet werden dürfen.

20. Bürger, welche von nun an Titel, Orden, Besoldungen und Jahrgehalte von auswärtigen Mächten annehmen würden, so wie solche, welche politische oder militärische Stellen in ausländischem Dienste bekleiden, sind von öffentlichen Ämtern im Kanton ausgeschlossen.

Bürger, welche in öffentlichen Ämtern stehen und entweder politische oder militärische Stellen, oder Titel, Orden, Besoldungen und Jahrgehalte von auswärtigen Mächten annehmen, verzichten durch diese Annahme auf ihre Ämter und haben von denselben abzutreten.

21. Der Ernennung zu allen öffentlichen Anstellungen und Bedienstungen soll freie Bewerbung vorangehen.

22. Jede Religionspartei besorgt gesöndert, unter der höhern Aufsicht und der Sanktion des Staates, ihre religiösen, matrimoniellen, kirchlichen und klösterlichen Verwaltungs- und Erziehungsangelegenheiten. Das Gesetz wird diese Aufsicht bestimmen und die Fälle für die Sanktion festsetzen.

23. Mit der Aufsicht über die Haupt- und Handelsstraßen übernimmt der Kanton auch deren Unterhalt als Obliegenheit des Staats. Das Gesetz, dem die Bezeichnung dieser Strassen anheimgestellt bleibt, wird aber zuvörderst die Vorschriften, nach deren Erfüllung der Staat die Übernahme ausführen kann, die Bedingungen, unter welchen sie geschehen soll, und den Zeitpunkt festsetzen, in welchem sie, jenen Vorschriften und Bedingungen gemäß, erfolgen wird. Ausgleichung der Interessen des Staats und der betheiligten einzelnen Gemeinden, nach den Grundsätzen des Rechts, soll Hauptgrundlage des Gesetzes sein. Bis zu erfolgender Übernahme haben aber sämmtliche Gemeinden ihre bisherigen Straßenpflichten vollständig zu erfüllen.

In Verbindung mit dieser Übernahme und Behufs der Ausgleichung wird der Kanton zugleich die Weggeldsberechtigungen der einzelnen Gemeinden an sich ziehen. Auf gleichem Fuß wird er die bisher bestandenen Waarenzölle einlösen.

Für künftige kunstverständige Leitung und Beaufsichtigung des Wasserbau- und Wuhrwesens im Kanton hat die Landesverwaltung von Staats wegen zu sorgen.

24. Der Gesetzgebung bleibt vorbehalten, Gleichförmigkeit von Maß und Gewicht im Kanton einzuführen.

25. Der Münzfuß des Kantons St. Gallen ist die Reichswährung im vier und zwanzig Guldenfuß.

26. Ein auf Übergabe zu gebundenen Händen ausgefällter schiedrichterlicher Spruch hat dieselbe Rechtskraft, wie ein gerichtliches Urtheil der letzten Instanz, und soll gleich einem solchen vollzogen werden.

27. Allen, sowohl erst- als letztinstanzlichen, Urtheilen sollen die Erwägungsgründe beigefügt werden.

28. Vor Gerichten zweiter Instanz dürfen keine Rechtsfragen und Beweismittel angenommen werden, die nicht schon in erster Instanz vorgebracht wurden.

29. Urtheile in Kriminalfällen können nur in Folge stattgehabter Anklage und Vertheidigung gefällt werden. Für Aufstellung eines Anklägers und eines Vertheidigers sorgt das Gesetz.

30. Alle und jede Militärkapitulationen des Kantons mit fremden Mächten sind unzulässig.

Abschnitt II: Politischer Stand der Bürger

31. Wer nach dem Gesetz das Bürgerrecht in einer Gemeinde des Kantons St. Gallen besitzt, ist auch Bürger des Kantons.

32. Kantonsbürger wird man durch eheliche Abstammung von einem Bürger, oder durch außereheliche von einer Bürgerin.

33. Man erwirbt das Kantonsbürgerrecht durch einen Beschluß des Großen Raths. Der Verlangende muß sich aber vorläufig ausweisen, daß ihm auf den Fall der Ertheilung ein Gemeindsbürgerrecht zugesichert ist. Hingegen kann keine Gemeinde ihr Bürgerrecht an einen Nichtkantonsbürger schon wirklich ertheilen, und die Zusicherung von Gemeindsbürgerrechten bleibt, sofern nicht das Kantonsbürgerrecht wirklich ertheilt wird, ohne alle rechtliche Folge. Das Gesetz hat sowohl über die Aufnahme in das Gemeindsbürgerrecht, als über die Ertheilung des Kantonsbürgerrechts das Erforderliche zu ordnen.

Ausländer dürfen nur alsdann in das Kantonsbürgerrecht aufgenommen werden, wenn sie auf ihr auswärtiges Staatsbürgerrecht verzichten, und ihre Entlassung aus demselben urkundlich nachweisen.

34. Das Kantonsbürgerrecht verliert:

a) wer mit Beurkundung seiner anderwärtigen Aufnahme darauf verzichtet;
b) wer, abwesend, es in einer festzusetzenden Verjährungsfrist nicht erneuert.

Für beide Fälle treten nähere Bestimmungen des Gesetzes ein, jedoch greift der Verlust nie auf jene Kinder zurück, welche vor der Verzichtleistung oder Verjährung schon erzeugt waren.

Im Verluste des Kantonsbürgerrechts ist der Verlust des Gemeindsbürgerrechts einbegriffen.

Verzichtleistung bei dem Besitze mehrerer Gemeindsbürgerrechte auf eines derselben, mit Beibehaltung des Kantons- und eines andern Gemeindsbürgerrechtes im Kanton, kann nur nach den Vorschriften des Gesetzes statt finden.

35. Die politischen Rechte können ausüben alle Kantonsbürger, welche

a) das einundzwanzigste Jahr angetreten haben;
b) in bürgerlichen Ehren und Rechten stehen; doch nur da, wo sie haushäblich angesessen sind.

Ausgeschlossen sind dagegen nebst denjenigen, die vorstehende Eigenschaften nicht haben:

a) jene, die gerichtlich bevogtet sind;
b) welche Armenunterstützung genießen;
c) Falliten und Akkorditen, worunter auch künftige außergerichtliche Akkorditen verstanden sind;
d) erwiesen sittenlose Bürger;
e) solche, die in einen Kriminaluntersuch verflochten sind.

36. Stimmfähig in den Gemeindsgenossenversammlungen sind alle jene Ortsbürger, welche in der Ortsgemeinde selbst wohnen, sofern sie auch die für Ausübung der politischen Rechte erforderlichen Eigenschaften besitzen.

37. Die Bürger üben die ihnen zustehenden Wahlrechte, insofern sie nicht auf bloße Gemeindswahlen Bezug haben, in Bezirksgemeinden aus.

38. Jeder Kantonsbürger ist befugt, seinen Wohnsitz in eine andere Gemeinde des Kantons zu verlegen und dort sich niederzulassen.

Von diesem Recht sind ausgeschlossen:

a) wer überhaupt nicht in bürgerlichen Ehren steht;
b) Falliten und Akkorditen ohne Ausnahme;
c) erweislich sittenlose und berufslose Bürger.

Wer nach vorstehenden Bestimmungen das Recht zur Niederlassung nicht ansprechen kann, darf, wenn er in eine der drei vorstehenden Klassen fällt, aus einer Gemeinde, in welcher er niedergelassen ist, weggewiesen werden.

Die Verfügung wegen der Falliten und Akkorditen hat aber keine rückwirkende Kraft.

Allfällige Gebühren wird das Gesetz bestimmen.

39. Unter vorstehenden Beschränkungen wird das Recht der freien Niederlassung auch den Bürgern der übrigen Schweizerkantone gewährt, doch mit der ausdrücklichen Bedingung, daß die Bürger des Kantons St. Gallen im andern Kanton, sowohl in Bezug auf die Niederlassung im Allgemeinen, als auch in Hinsicht auf damit verbundene unbeschwerte Gewerbstreibung und Güterankauf, und zwar ohne Rücksicht der Konfession, alle jene Begünstigungen genießen, die der Schweizer nach den St. Gallischen Gesetzen im Kanton St. Gallen genießt.

Abschnitt III: Gebietseintheilung

40. Der Kanton ist in 15 Bezirke abgetheilt, nämlich:
1) St. Gallen, 2) Tablat, 3) Rorschach, 4) Unterrheinthal, 5) Oberrheinthal, 6) Werdenberg, 7) Sargans, 8) Gaster, 9) Seebezirk, 10) Obertoggenburg, 11) Neutoggenburg, 12) Alttoggenburg, 13) Untertoggenburg, 14) Wyl, 15) Goßau.
Die Stadt St. Gallen ist der Hauptort des Kantons.
Die Bezirke sind zugleich Amts-, Wahl- und Gerichtsbezirke.

41. Jeder Bezirk wird in *politische Gemeinden* getheilt. Dem Gesetz bleibt vorbehalten, die Anzahl und den Umfang dieser Gemeinden nach Bedürfniß zu vermehren oder zu vermindern.

42. Eine politische Gemeinde kann aus mehreren *Ortsgemeinden* bestehen. Die Ortsgemeinden bezeichnet das Gesetz.

43. Jeder Bezirk hat ein oder mehrere Versammlungsorte für die Bezirksgemeinde und das Bezirksgericht.

44. Der Bezirk *St. Gallen* besteht in der Stadt mit ihren Umgebungen, nach bisheriger Einmarchung, doch mit Ausschluß des ehemaligen Siftseinfangs. Versammlungsort für Bezirksgemeinde und Bezirksgericht: Stadt St. Gallen.
Zum Bezirk *Tablat* gehören die dermaligen politischen Gemeinden Tablat (welcher der ehemalige Stiftseinfang nebst seinen sämmtlichen Bewohnern in jeder Beziehung zugetheilt wird), Wittenbach, Häggenschwyl und Muhlen. Versammlungsort für die Bezirksgemeinde: Wittenbach; für das Bezirksgericht: St. Fiden.
Zum Bezirk *Rorschach*: Mörschwyl, Goldach, Steinach, Untereggen, Eggersriet, Rorschacherberg und Rorschach. Versammlungsort für Bezirksgemeinde und Bezirksgericht: Rorschach.
Zum Bezirk *Unterrheinthal*: Thal, Rheineck, St. Margrethen, Au, Berneck, Balgach und Diepoldsau. Versammlungsorte für Bezirksgemeinde und Bezirksgericht: abwechselnd Rheineck und Berneck.
Zum Bezirk *Oberrheinthal*: Rebstein, Marbach, Altstätten, Eichberg, Oberriet und Rüthi. Versammlungsort für Bezirksgemeinde und Bezirksgericht: Altstätten.
Zum Bezirk *Werdenberg*: Saletz, Gams, Grabs, Buchs, Sevelen und Atzmoos. Versammlungsort für Bezirksgemeinde und Bezirksgericht: Werdenberg.

Zum Bezirk *Sargans*: Sargans, Ragatz, Pfäfers, Vilters, Mels, Flums, Wallenstadt und Quarten. Versammlungsort für die Bezirksgemeinde: Mels; für das Bezirksgericht: Sargans.

Zum Bezirk *Gaster:* Amden, Wesen, Schänis, Benken, Kaltbrunn und Rieden. Versammlungsort für Bezirksgemeinde und Bezirksgericht: Schänis.

Zum *Seebezirk*: Gommiswald, Utznach, Schmerikon, Rapperschwyl, Jona, Eschenbach, Goldingen, St. Gallen-Kappel und Ernetschwyl. Versammlungsort für die Bezirksgemeinde: Eschenbach; Versammlungsort für das Bezirksgericht: abwechselnd Utznach und Rapperschwyl.

Zum Bezirk *Obertoggenburg*: Wildhaus, Alt St. Johann, Neßlau, Krummenau, Ebnat und Kappel. Versammlungsort für Bezirksgemeinde und Bezirksgericht: Neu St. Johann.

Zum Bezirk *Neutoggenburg*: Wattwyl, Lichtensteig, Oberhelfenschwyl, Brunnadern, Hemberg, St. Peterzell und Krinau. Versammlungsort für die Bezirksgemeinde: Wattwyl: für das Bezirksgericht: Lichtensteig.

Zum Bezirk *Alttoggenburg*: Bütschwyl, Lütisburg, Mosnang und Kirchberg. Versammlungsort für die Bezirksgemeinde und Bezirksgericht: Mosnang.

Zum Bezirk *Untertoggenburg*: Mogelsberg, Ganterschwyl, Jonschwyl, Oberutzwyl, Henau, Flawyl und Degersheim. Versammlungsort für Bezirksgemeinde und Bezirksgericht: Flawyl.

Zum Bezirk *Wyl*: Wyl, Bronschhofen, Zutzwyl, Oberbüren, Niederbüren und Niederhelfenschwyl. Versammlungsort für die Bezirksgemeinde: Oberbüren; für das Bezirksgericht: Wyl.

Zum Bezirk *Goßau*: Goßau, Andwyl, Waldkirch, Gaiserwald und Straubenzell. Versammlungsort für Bezirksgemeinde und Bezirksgericht: Goßau.

Abschnitt IV: Bestand und Befugnisse der Behörden

A. Großer Rath

45. Die oberste Behörde des Kantons ist der *Große Rath*. Er besteht aus den Abgeordneten des Volkes, welches dieselben, als seine Stellvertreter, unmittelbar von sich aus wählt.

46. Der Große Rath wird aus 150 Mitgliedern bestellt.

Hievon ernennt der Bezirk St. Gallen 15; drei von diesen 15 sollen Kantonsbürger sein, die nicht Gemeindsbürger von St. Gallen sind, und unter diesen dreien ist wenigstens 1 Bürger katholischer Konfession zu wählen.

Die übrigen 135 Mitglieder werden in genauem Verhältniß zur Zahl der im übrigen Kanton befindlichen Kantonsbürger und der daselbst niedergelassenen Schweizer, mit Beobachtung der Parität nach gleicher Berechnung, auf die andern 14 Bezirke vertheilt.

	Mitglieder kath. Konfession	Mitglieder evang. Konfession	Zusammen
Bezirk Tablat wählt	6	–	6
Bezirk Rorschach wählt	8	–	8
Bezirk Unterrheinthal wählt	4	7	11

	Mitglieder kath. Konfession	Mitglieder evang. Konfession	Zusammen
Bezirk Oberrheinthal wählt	9	5	14
Bezirk Werdenberg wählt	1	10	11
Bezirk Sargans wählt	13	–	13
Bezirk Gaster wählt	6	–	6
Bezirk Seebezirk wählt	10	–	10
Bezirk Obertoggenburg wählt	2	9	11
Bezirk Neutoggenburg wählt	2	9	11
Bezirk Alttoggenburg wählt	8	1	9
Bezirk Untertoggenburg wählt	5	6	11
Bezirk Wyl wählt	7	–	7
Bezirk Goßau wählt	7	–	7

47. Der Große Rath versammelt sich ordentlicher Weise zweimal im Jahre; am ersten Montag im Brachmonat und am zweiten Montag im Wintermonat.

48. Er versammelt sich außerordentlicher Weise:

a) so oft es der Präsident des Grossen Rathes nothwendig erachtet;
b) wenn dreißig Mitglieder des Großen Rathes bei dessen Präsidenten es verlangen;
c) so oft der Kleine Rath selbst sich durch Umstände zur Einberufung bewogen findet.

Die Einberufung geschieht in der Regel durch den Kleinen Rath. In den unter a und b bezeichneten Fällen stellt der Präsident des Großen Rathes an den Kleinen Rath das schriftliche Begehren um Einberufung, welchem der Kleine Rath zu entsprechen pflichtig ist. Die Einberufung kann jedoch auch durch den Präsidenten des Großen Rathes geschehen, der sich dazu seines Büreau's bedient. In dem unter c bezeichneten Fall hat der Kleine Rath von der geschehenen Einberufung dem Präsidenten des Großen Raths gleichzeitige Anzeige zu machen.

Wenn die Einberufung des Großen Rathes durch dessen Präsidenten geschieht, hat dieser ordentlicher Weise der Einladung das Verzeichniß der zu behandelnden Gegenstände beizufügen.

49. Der Große Rath giebt sich selbst das Reglement für Behandlung seiner Geschäfte und über die Polizeiordnung in seinen Sitzungen.

50. Die Kanzlei des Großen Raths wird von ihm selbst und aus seiner eigenen Mitte bestellt.

51. Er entscheidet über die Gültigkeit von Wahlen seiner Mitglieder.

52. Die Sitzungen des Großen Rathes sind öffentlich. Die Fälle, in welchen ausnahmsweise für allgemeine Interessen des Kantons oder der Eidgenossenschaft die Sitzungen geheim gehalten werden müssen, bestimmt das Reglement.

53. Das im Art. 11 gewährleistete Petitionsrecht wird nur in Zuschriften an den Präsidenten des Großen Raths, zu Handen desselben, ausgeübt.

Wie diese Zuschriften und Begehren zu behandeln und zu berathen sind, bestimmt das Gesetz.

54. Der Große Rath vertagt sich oder löst sich auf nach eigenem Gutfinden.

55. Als oberste Behörde des Kantons erläßt und erläutert der Große Rath die Gesetze und führt die Oberaufsicht über die Landesverwaltung.

56. Er rathschlagt demnach über die Vorschläge von Gesetzen und Beschlüssen, welche der Kleine Rath vorlegt, und beschließt darüber durch Annahme, beliebige Abänderung oder gänzliche Verwerfung, so wie gleichfalls über diejenigen Vorschläge von Gesetzen und Beschlüssen, welche aus seiner eigenen Mitte hervorgehen.

Jedem einzelnen Mitglied steht das Recht zu, wirkliche Vorschläge zu machen, oder Gesetze und Beschlüsse in Antrag zu bringen.

Wie in allen diesen Fällen die Vorschläge und Anträge zu berathen sind, bestimmt das Reglement.

57. Dem Großen Rathe steht das ausschließliche Verfügungsrecht über folgende Gegenstände zu:

a) Darleihen für den Staat aufzunehmen und Bürgschaften für denselben einzugehen.
b) Über Ankauf und Verkauf von Staatsgütern.
c) Über Ausführung von Staatsbauten.
d) Über Gehalt, Gepräge und Benennung eigener, und bleibende Anordnungen über den Tarif fremder Münzen.
e) Festsetzung oder Abänderung des Gehaltes aller öffentlichen Beamteten und Angestellten, die vom Staate besoldet sind, so wie die Errichtung oder Aufhebung aller solcher öffentlicher Anstellungen und Bedienstungen, die nicht durch die Verfassung selbst aufgestellt sind.
f) Über alle Verkommnisse und Verträge mit andern Kantonen und Staaten. Sie unterliegen seiner Genehmigung.

58. Er bestimmt alljährlich den Voranschlag der Einnahmen und Ausgaben des Staats, und erläßt gleichzeitig die Gesetze für Erhebung der Abgaben und Steuern, welche zur Bestreitung der Staatsbedürfnisse erforderlich sind.

59. Er läßt sich jährlich vom Kleinen Rath über die Verwaltung des Staatsvermögens und über Einnahmen und Ausgaben Rechnung ablegen, genehmigt diese oder verfügt darüber nach Gutfinden. Die genehmigten Rechnungen werden amtlich durch den Druck bekannt gemacht. Desgleichen läßt er sich jährlich über alle übrigen Theile der Staatsverwaltung und über die Vollziehung der Gesetze treuen und vollständigen Bericht erstatten.

In Kommissionen, welche für Prüfung der Staatsverwaltung im Allgemeinen und des Rechnungswesens im Besondern bestellt werden, können diejenigen Mitglieder des Großen Rathes nicht gewählt werden, die zu Mitgliedern des Kleinen Rathes in Verwandtschaftsgraden stehen, welche von der gleichzeitigen Wahl in den Kleinen Rath ausschließen.

60. Wegen Verletzung der Verfassung oder der Gesetze, desgleichen wegen Veruntreuung oder pflichtwidriger Verwaltung des Staatsvermögens kann der Große Rath den Kleinen Rath oder einzelne Mitglieder desselben in Anklagezustand versetzen. Die nähern Bestimmungen hierüber trifft das Gesetz.

61. Der Große Rath bestimmt alle und jede an den Staat, an Gemeinden und an öffentliche Beamtete zu entrichtenden Amtsgebühren (Sporteln).

62. Er ernennt den Staatsschreiber und den Kantonskassier, und bestellt das Verhörrichteramt.

63. Er wählt die Abgeordneten des Kantons an die ordentlichen und außerordentlichen Tagsatzungen frei aus allen seinen Mitgliedern, ertheilt ihnen die erforderlichen Aufträge und empfängt Bericht und Rechenschaft über ihre Verrichtungen. Er stimmt im Namen des Kantons.

64. Er berathschlagt über die Zusammenberufung außerordentlicher Tagsatzungen, wo die Bundesverfassung nicht selbst verfügt.

65. Er ertheilt das Kantonsbürgerrecht nach den Bestimmungen des Gesetzes.

66. Er übt das Begnadigungsrecht über letztinstanzlich beurtheilte Verbrecher aus, und das Recht der Wiedereinsetzung in die bürgerlichen Ehren.

67. Er verfügt über die bewaffnete Macht zur Handhabung der äußern Sicherheit und innern Ruhe.

68. Die Mitglieder des Großen Rathes stimmen einzig nach Eid und eigener Überzeugung.

69. Sie sind für ihre in den Berathungen geäußerten Meinungen und Ansichten nur dem Großen Rathe selbst verantwortlich.

70. Die Mitglieder des Großen Rathes erhalten angemessene Entschädigung aus der Staatskasse.

B. Kleiner Rath

71. Ein *Kleiner Rath*, von sieben Mitgliedern, übt die vollziehende Gewalt aus.

72. Er besorgt, mit Verantwortlichkeit gegen den Großen Rath, die gesammte Landesverwaltung, und ist demnach die oberste Verwaltungs-, Polizei- und Vormundschaftsbehörde.

73. Er ernennt die untergeordneten Behörden, Beamteten und Angestellten, deren Wahl nach der Verfassung oder laut Gesetz nicht andern Behörden oder den Bürgern selbst zusteht.

74. Er entwirft Vorschläge zu Gesetzen oder Beschlüssen des Großen Rathes, und begutachtet diejenigen, welche ihm vom Großen Rathe überwiesen werden.

75. Er erstattet dem Großen Rathe jährlich Bericht und Ausweis über die ganze Staatsverwaltung, so wie über besondere Zweige der Verwaltung, so oft es der Große Rath fordert.

76. Sämmtliche Vorschläge zu Gesetzen, so wie das Verzeichniß der zu behandelnden Gegenstände, übersendet er ordentlicher Weise, nachdem er das Präsidium des Großen Rathes zuvor davon in Kenntniß gesetzt hat, vierzehn Tage vor Versammlung des Großen Rathes an alle Mitglieder desselben.

77. Der Kleine Rath legt dem Großen Rathe jährlich in der zweiten ordentlichen Versammlung einen annähernden Voranschlag (Büdget) über die Einnahmen und Ausgaben des künftigen Rechnungsjahres vor.

78. Er ist gehalten, alljährlich in der ersten ordentlichen Versammlung die Rechnung über die Verwaltung des Staatsvermögens, mit Beifügung des Inventars über letzteres, abzulegen.

79. Er hat unbedingt alle Gesetze und Beschlüsse des Großen Rathes, so wie dessen besondere Aufträge zu vollziehen. Nie dürfen aber Maßregeln zu Vollziehung der Gesetze veränderte oder neue Bestimmungen über die Hauptsache enthalten.

80. Er vollzieht unbedingt die in Rechtskraft erwachsenen Urtheile. Andere Einwirkungen in Rechtssachen steht ihm nicht zu, die Handhabung gesetzlicher Vorschriften über das Organische und Polizeiliche im Gerichtswesen vorbehalten.

81. Er hat die Aufsicht und Leitung aller untergeordneten Behörden; untersucht ihre Amtsverrichtungen; überweiset Amtsvergehungen an die Gerichte; er versichert sich gesetzlicher Verwaltung des Gemeinds- und Ortsvermögens, das in keinem Fall unter die Antheilhaber zu Eigenthum vertheilt werden kann, und wovon Liegenschaften ohne seine Bewilligung nie veräußert werden dürfen; ihm steht zu die Aufsicht und Sanktion über allgemeine Verfügungen der Gemeinden in ihrem Steuerwesen; er genehmigt polizeiliche und ökonomische Ortsreglemente, welche ohne diese Sanktion unstatthaft sind; er entscheidet über Kompetenzstreitigkeiten zwischen untern verwaltenden und vollziehenden Behörden.

82. Er kann, nach Erforderniß der Umstände, vorübergehende Verfügungen über den Tarif fremder Münzen, auf Bericht hin an den Großen Rath, erlassen.

83. Zu Handhabung der äußern Sicherheit und innern Ruhe kann er vorläufig über die bewaffnete Macht verfügen, beruft aber sofort den Großen Rath; dem darüber die weitern Anordnungen laut Art. 67 zustehen.

C. *Bezirksammänner*

84. In jedem Bezirk übt ein *Bezirksammann* die Verrichtungen der vollziehenden Gewalt aus.

D. Gemeinds- und Ortsbehörden

85. In jeder politischen Gemeinde ist ein Gemeinderath von wenigstens fünf, höchstens fünfzehn Mitgliedern, den Vorsteher inbegriffen, der den Titel *Ammann* führt.

Der Gemeinderath ist örtliche Vollziehungs- und Polizeibehörde, auch Verwaltungsbehörde, insofern er gleichfalls als Verwaltungsrath bezeichnet wird. Das Gesetz wird seine Verrichtungen und Befugnisse bestimmen.

86. Jede Pfarrei, Ortsgemeinde oder Genossenschaft, die ein besonderes Eigenthum besitzt, bestellt zu Besorgung desselben, unter dem Namen *Verwaltungsrath*, eine Verwaltungsbehörde von beliebiger Anzahl Mitgliedern.

E. Richterliche Behörden

87. Ein *Kantonsgericht* von eilf Mitgliedern und sechs Suppleanten ist die höchste Instanz in bürgerlichen, korrektionellen, kriminellen und administrativen Rechtsfällen.

Um ein Urtheil auszufällen, müssen wenigstens neun Glieder gegenwärtig, und zu Beurtheilung von Verbrechen, die die Todesstrafe nach sich ziehen können, muß das Gericht vollständig sein.

88. Die kriminellen Rechtsfälle behandelt in erster Instanz ein Kriminalgericht, bestehend aus fünf Mitgliedern und vier Suppleanten. Um ein Urtheil auszufällen, muß das Gericht vollzählig sein.

89. In jedem Bezirk besteht ein *Bezirksgericht* von sieben Mitgliedern und vier Suppleanten, zur Behandlung der bürgerlichen und korrektionellen Rechtsfälle.

Die Bezirksgerichte sprechen erstinstanzlich über die Fälle ab, welche die Kompetenz der Untergerichte übersteigen, und letztinstanzlich über jene, welche von den Untergerichten an die Bezirksgerichte gezogen werden.

Die Bezirksgerichte sind die erste Instanz für die administrativen Streitigkeiten.

90. In jedem Bezirk werden je nach der Größe ein oder zwei *Untergerichte* von fünf Mitgliedern und drei Suppleanten aufgestellt.

Die Untergerichte sprechen, ohne Weiterziehung, über alle Streitfälle ab, wo der Hauptgegenstand 40 Gulden nicht übersteigt; erstinstanzlich, mit Vorbehalt der Weiterziehung, über alle Fälle, wo der Hauptgegenstand den Werth von 400 Gulden nicht übersteigt.

91. Alle übrigen Bestimmungen über die Kompetenz der Bezirksgerichte und der Untergerichte bleiben dem Gesetz vorbehalten.

Bezirks- und Untergerichte dürfen nur in vollzähliger Versammlung Urtheile fällen.

92. Der Bezirk *St. Gallen* hat 1 Untergericht; Sitzungsort: Stadt St. Gallen.

Der Bezirk *Tablat*: 1 Untergericht; Sitzungsorte: abwechselnd St. Fiden und Häggenschwyl.

Der Bezirk *Rorschach*: 1 Untergericht; Sitzungsort: Rorschach.

Der Bezirk *Unterrheinthal*: 2 Untergerichte, das eine für die politischen Gemeinden Thal, Rheineck und St. Margrethen; Sitzungsorte: abwechselnd Rheineck und Thal; das andere für die politischen Gemeinden Au, Berneck, Balgach und Diepoldsau; Sitzungsorte: abwechselnd Berneck und Balgach.

Der Bezirk *Oberrheinthal*: 2 Untergerichte, das eine für die politischen Gemeinden Rebstein, Marbach und Altstätten; Sitzungsorte: abwechselnd Altstätten und Marbach; das andere für Eichberg, Oberriet und Rüthy; Sitzungsort: Oberriet.

Der Bezirk *Werdenberg*: 2 Untergerichte, das eine für Saletz, Gams und Grabs; Sitzungsort: Gams; das andere für Buchs, Sevelen und Atzmoos; Sitzungsort: Sevelen.

Der Bezirk *Sargans*: 2 Untergerichte, das eine für Sargans, Ragatz, Pfäfers, Vilters und Mels; Sitzungsorte: abwechselnd Ragatz und Mels; das andere für Flums, Wallenstadt und Quarten; Sitzungsorte: abwechselnd Flums und Wallenstadt.

Der Bezirk *Gaster*: 1 Untergericht; Sitzungsorte: abwechselnd Wesen und Kaltbrunn.

Der *Seebezirk*: 1 Untergericht; Sitzungsorte: abwechselnd Utznach und Rapperschwyl.

Der Bezirk *Obertoggenburg*: 2 Untergerichte, das eine für Wildhaus, Alt St Johann und Neßlau; Sitzungsort: Alt St. Johann; das andere für Krummenau, Ebnat und Kappel; Sitzungsort: Ebnat.

Der Bezirk *Neutoggenburg*: 2 Untergerichte, das eine für Wattwyl, Lichtensteig, Oberhelfenschwyl und Krinau; Sitzungsort: Wattwyl; das andere für Brunnadern, St. Peterzell und Hemberg; Sitzungsort: St. Peterzell.

Der Bezirk *Alttoggenburg*: 1 Untergericht; Sitzungsorte: abwechselnd Bütschwyl und Kirchberg.

Der Bezirk *Untertoggenburg*: 2 Untergerichte, das eine für Mogelsberg, Degersheim und Ganterschwyl; Sitzungsort: Mogelsberg; das andere für Jonschwyl, Henau und Flawyl; Sitzungsort: Oberutzwyl.

Der Bezirk *Wyl*: 1 Untergericht; Sitzungsorte: abwechselnd Niederhelfenschwyl und Zutzwyl.

Der Bezirk *Goßau*: 1 Untergericht; Sitzungsorte: abwechselnd Waldkirch und Abtwyl in St. Josephen.

93. Für letztinstanzlich abgesprochene Fälle, wo über Verletzung gesetzlicher Formen oder eines bestehenden Gesetzes Klage geführt wird, wird, jedoch ohne Kosten für den Staat, eine *Kassationsbehörde* von fünf Mitgliedern und zwei Suppleanten aufgestellt. Die Organisation derselben wird durch ein eigenes Gesetz bestimmt.

94. Jede politische Gemeinde hat einen *Vermittler* für die bürgerlichen und administrativen Rechtsfälle.

95. In jedem Militärbezirk des Kantons wird ein Militärgericht aufgestellt, welches über geringe Militärvergehen erst- und letztinstanzlich, über schwere Vergehen aber erstinstanzlich abzusprechen hat. Die *Bezirksmilitärgerichte* bestehen aus sieben Mitgliedern, Offizieren, Unteroffizieren und Gemeinen, nebst drei Suppleanten nach der gleichen Abstufung.

Zur letztinstanzlichen Beurtheilung schwerer Militärvergehen wird ein *Kontonsmilitärgericht* aufgestellt, bestehend aus neun Mitgliedern, Offizieren, Unteroffizieren und Gemeinen, und vier Suppleanten nach der gleichen Abstufung, nebst einem Berichterstatter.

Die nähere Organisation dieser Militärgerichte so wie ihre Kompetenz und Verrichtungen, bestimmt das Gesetz.

Abschnitt V: Wahlart der Behörden

96. Zur Wahl der Mitglieder des Großen Raths treten sämmtliche stimmfähige Bürger am Versammlungsorte des Bezirks in eine *Bezirksgemeinde* zusammen, und wählen die dem Bezirk angewiesene Zahl der Mitglieder, frei aus allen wahlfähigen Bürgern des Kantons, doch mit allseitiger Beobachtung der Bedingungen und Vorschriften des Artikels 46.

97. Den *Präsidenten des Großen Raths* wählt der Große Rath frei aus seinen Mitgliedern; Ausnahme hievon macht bloß die Vorschrift des Art. 125.

98. Die Mitglieder des Kleinen Raths wählt der Große Rath aus seiner eigenen Mitte, und aus der Mitte des Kleinen Rathes wählt er dessen Präsidenten, der den Titel *Landamman* führt.

99. Die Mitglieder des Kantonsgerichts, die Mitglieder des Kriminalgerichts und die Mitglieder der Kassationsbehörde wählt der Große Rath frei aus allen wahlfähigen Bürgern. Aus den Mitgliedern jeder dieser Behörden wählt er den Präsidenten derselben.

100. Den Bezirksammann wählt die Bezirksgemeinde frei aus allen wahlfähigen Bewohnern des Bezirks.

101. Die Mitglieder der Bezirksgerichte und die Mitglieder der Untergerichte werden von der Bezirksgemeinde gewählt. In den Bezirken, welche 2 Untergerichte haben, theilt sich die Bezirksversammlung nach den Gemeinden, die zur nämlichen Gerichtsabtheilung gehören; jede Abtheilung wählt dann gesöndert ihr Untergericht, nach vorheriger Wahl eines Vorstandes zu diesem Geschäft. Die Präsidenten der Bezirksgerichte und der Untergerichte werden, mit Zuziehung der Suppleanten, vom Gerichte selbst gewählt.

102. Die Bezirksgemeinden zur Wahl der Mitglieder des Großen Rathes, der Bezirksammänner, der Mitglieder der Bezirksgerichte und der Untergerichte werden in den eintreffenden Wahljahren am ersten Sonntag im Mai gehalten. Der Bezirksammann ist Vorstand an der Bezirksgemeinde.

103. Die Gemeinderäthe (und aus ihnen der Ammann), und der Vermittler werden erwählt von der Versammlung der stimmfähigen Bürger jeder politischen Gemeinde, die Verwaltungsräthe durch die stimmfähigen Bürger an den Genossenversammlungen.

104. Die Wahlen der Gemeinderäthe und der Vermittler werden am zweiten Sonntag im Mai, die Wahlen der Verwaltungsräthe am dritten Sonntag im Mai vorgenommen.

105. Die Schreiber des Kantonsgerichts, der Bezirksgerichte und der Untergerichte werden mit Zuzug der Suppleanten von diesen Gerichten selbst gewählt.

106. Das Bezirksmilitärgericht wird von der gesammten militärpflichtigen Mannschaft des Bezirks, das Kantonsmilitärgericht vom Großen Rath gewählt.

107. Die Suppleanten der Gerichte werden auf gleiche Weise erwählt wie die Richter selbst.

Abschnitt VI: Amtsantritt und Amtsdauer der Behörden

108. Der Amtsantritt der Mitglieder des Großen Rathes findet, nach den jedesmaligen Wahlen, am ersten Brachmonat statt; der Amtsantritt aller übrigen Behörden am ersten Heumonat.

109. Die Mitglieder des Großen Rathes bleiben zwei Jahre, die Mitglieder des Kleinen Raths vier Jahre, die Mitglieder des Kantonsgerichts, des Kriminalgerichts und der Kassationsbehörde sechs Jahre, die Mitglieder der Bezirksgerichte und der Untergerichte vier Jahre, die Mitglieder des Kantonsmilitärgerichts und der Bezirksmilitärgerichte zwei Jahre, die Bezirksammänner zwei Jahre, die Mitglieder der Gemeinde- und der Verwaltungsräthe zwei Jahre, die Vermittler ein Jahr im Amt.

110. Die Amtsdauer des Präsidenten des Großen Raths geht von einer ordentlichen Versammlung zur andern. Der abtretende Präsident ist für die nächstfolgenden zwei Amtsdauern nicht wieder wählbar.

111. Die Amtsdauer des Landammanns, Präsidenten des Kleinen Raths, ist sechs Monate. Der abtretende Landammann ist für die folgenden zwei Amtsdauern nicht wieder wählbar.

112. Wenn ein Mitglied des Kleinen Raths bei der periodischen Erneuerung des Großen Rathes aufhört, Mitglied dieser Behörde zu sein, so hat es auch, selbst vor erfüllter Amtsdauer, aus dem Kleinen Rath auszutreten.

113. Alle durch Abschnitt IV aufgestellten Behörden treten nach erfüllter Amtsdauer in ihrer Gesammtheit ab; ihre Mitglieder sind aber wieder wählbar. Ebenso sind die Bezirksammänner und die Vermittler nach erfüllter Amtsdauer stets wieder wählbar.

114. Die vor erfüllter Amtsdauer abgehenden Mitglieder des Großen Raths können auch vor dem periodischen Austritt des gesammten Großen Rathes von der betreffenden Bezirksgemeinde wieder ersetzt werden.

115. Die vor erfüllter Amtsdauer abgehenden Mitglieder des Kleinen Rathes werden längstens binnen einem Monat an einer außerordentlichen Versammlung des Großen Rathes ersetzt, sofern nicht im Laufe des nächsten Monats ohnehin eine ordentliche Versammlung statt findet.

Die vor erfüllter Amtsdauer abgehenden Mitglieder des Kantonsgerichts, des Kriminalgerichts und der Kassationsbehörde werden vom Großen Rath, jedoch ohne dessen besondere Einberufung, an seiner nächsten Versammlung ersetzt.

116. Die vor erfüllter Amtsdauer abgehenden Mitglieder der Bezirksgerichte und der Untergerichte werden an der nächsten ordentlichen Bezirksgemeinde ersetzt, abgehende Bezirksammänner aber sollen ohne Verzug ersetzt werden.

Abschnitt VII: Grundsätze über Parität in den Behörden

117. Im Kleinen Rath, im Kantonsgericht, im Kriminalgericht und in der Kassationsbehörde soll derjenige Konfessionstheil, welcher die Mehrzahl der Bevölkerung besitzt, ein Mitglied mehr erhalten, als der andere Konfessionstheil.

118. In den Bezirken Obertoggenburg, Neutoggenburg, Alttoggenburg, Untertoggenburg, Unterrheinthal, Oberrheinthal und Werdenberg werden die Bezirksgerichte, die Untergerichte, die Gemeinderäthe und die Verwaltungsräthe im Verhältniß der sich im Bezirk oder in der Gemeinde aufhaltenden Kantonsbürger jeder Konfession gewählt. Wenn ein Konfessionstheil unter dem Zehenttheil der Bevölkerung, nach obiger Berechnung, steht, so hat er keine Ansprache auf ein Mitglied.

Die Wahl der Präsidenten und der Schreiber dieser Behörden bleibt frei.

Abschnitt VIII: Wählbarkeitsbedingnisse und Ausschließungsgründe

119. Wahlfähig in die Behörden sind alle Bürger ohne Unterschied, welche die für die Stimmfähigkeit geforderten Eigenschaften besitzen: hinsichtlich des Alters jedoch wird für den Kleinen Rath, für das Kantonsgericht und für die Kassationsbehörde das angetretene 30. Jahr, für alle übrigen Behörden das angetretene 25. Jahr gefordert.

Für Ausländer, welche in das Bürgerrecht des Kantons aufgenommen worden, beginnt, unter den gleichen Bedingungen, die Wahlfähigkeit erst fünf Jahre nach Erwerbung des Kantonsbürgerrechts.

120. In den Kleinen Rath, in das Kantonsgericht, in die Bezirks- und Untergerichte, in die Kassationsbehörde und in die Militärgerichte sind nicht zugleich wählbar: Blutsverwandte bis und mit dem vierten Grad, nämlich: Vater und Sohn, Großvater und Enkel, Brüder, Oheim und Neffe, Geschwisterkinder; ferner: wirkliche Schwäher und Tochtermann, und wirkliche Schwäger.

121. In die Gemeindräthe und in die Verwaltungsräthe sind nicht neben einander wählbar folgende Blutsverwandte: Vater und Sohn, Großvater und Enkel, und Brüder; ferner: wirkliche Schwäher und Tochtermann, und wirkliche Schwäger.

122. Vater und Sohn, zwei Brüder, Oheim und Neffe, wirkliche Schwäher und Tochtermann, und wirkliche Schwäger dürfen bei keiner der in den Artikeln 120 und 121 benannten Behörden zugleich Präsident und Schreiber sein.

Abschnitt IX: Vorschriften über Trennung der Gewalten

123. Die gesetzgebende, die richterliche und die vollziehende Gewalt sind als solche grundsätzlich getrennt.

124. Die Bekleidung von richterlichen oder vollziehenden Stellen schließt jedoch nicht vom Großen Rath aus. Deßgleichen haben die Mitglieder des Kleinen Rathes Sitz und Stimme im Großen Rath, gleich allen übrigen Mitgliedern des Großen Raths, genießen aber keinerlei Auszeichnung oder Vorrechte. Sämmtliche Mitglieder des Kleinen Rathes verlassen die Versammlung, wenn über die Verwaltung des Kleinen Rathes abgestimmt wird.

125. Kein Mitglied des Kleinen Raths kann zum Präsidenten des Großen Raths gewählt werden.

126. Kein Mitglied des Kleinen Raths darf zugleich Mitglied irgend einer andern administrativen, vollziehenden oder richterlichen Behörde sein, worunter auch die konfessionellen Behörden begriffen sind.

127. Der Bezirksammann darf zugleich weder Mitglied einer administrativen Behörde in seinem Bezirk, noch Mitglied irgend einer richterlichen Behörde sein.

128. Der Vermittler darf nie zugleich Mitglied einer richterlichen Behörde sein.

Abschnitt X: Pflichteid und Verantwortlichkeit der Behörden und Beamten

129. Sämmtliche Behörden und Beamten haben für genaue Handhabung der Verfassung und der Gesetze den Pflichteid zu schwören.

130. Der Große Rath leistet in seiner Gesammtheit den Pflichteid bei seiner ersten Versammlung, und in der Folge bei jeder ersten Sitzung nach der allgemeinen periodischen Wahl.

131. Der Kleine Rath, das Kantonsgericht, das Kriminalgericht, die Kassationsbehörde und das Kantonsmilitärgericht leisten dem Großen Rathe den Eid für getreue Pflichterfüllung.

132. Die untergeordneten Kantonalbehörden und Beamten beeidigt der Kleinen Rath. Der Bezirksammann leistet den Eid an der Bezirksgemeinde. Die übrigen Bezirks- und die Gemeindsbehörden werden vom Bezirksammann öffentlich beeidigt.

133. Die Behörden sind für ihre Verwaltung verantwortlich. Die Verantwortlichkeit der Mitglieder aber ist rein persönlich und erstreckt sich nie auf die Amtsführung von Vorgängern oder Kollegen.

134. Beamte und Angestellte, welche Geld oder Geldeswerth für Staat oder Gemeinden zu verwalten haben, sind zu Bürgschaftsleistung anzuhalten.

Abschnitt XI: Anerkennung der Gesetze durch das Volk

135. Das Recht der Gesetzesgenehmigung, welches dem Volk laut Art. 3 der Verfassung zusteht, beschlägt namentlich die Gesetze über nachbezeichnete Gegenstände:

    a) alle Theile der bürgerlichen und peinlichen Gesetzgebung, und einschlagende Staatsverträge;
    b) allgemeine Abgabengesetze;
    c) Gesetze über das Gemeindewesen;
    d) Gesetze über das Militärwesen.

136. Sämmtliche Gesetze über die vorbezeichneten Gegenstände treten 45 Tage nach ihrer Erlassung (Promulgation) in Kraft, sofern nicht binnen dieser Frist die Anerkennung verweigert wird.

137. Sobald 50 Bürger einer politischen Gemeinde es verlangen, muß eine Gemeindsversammlung abgehalten werden, um in solcher zu berathen, ob gegen das erlassene Gesetz Einwendung gemacht werden wolle oder nicht.

138. Beschließt die Mehrheit der Versammlung, keine Einwendung zu machen, so ist das Gesetz als von der Gemeinde anerkannt anzusehen. Geht hingegen der Beschluß dahin, daß Einwendung gemacht werden solle, so macht der Gemeindeammann mittelst Protokollauszug dem Bezirksammann und dieser dem Kleinen Rathe hievon unverweilte Anzeige.

139. In diesem Protokollauszug muß sowohl die Anzahl der stimmfähigen Bürger angegeben sein, welche gegen Anerkennung des Gesetzes, als die Anzahl derjenigen, welche für Anerkennung gestimmt haben. Die bei der Gemeindeversammlung nicht erschienenen stimmfähigen Bürger werden zu den das erlassene Gesetz Anerkennenden gezählt.

140. Unmittelbar nach Einführung der Verfassung soll ein allgemeines Verzeichnis aller stimmfähigen Bürger im Kanton aufgenommen werden. Dieses Verzeichnis gilt als Regel für die ganze Dauer der Verfassung.

141. Beläuft sich die Zahl Derjenigen, welche gegen das Gesetz gestimmt haben, auf eine Stimme über die Hälfte aller stimmfähigen Bürger des Kantons, so fällt das Gesetz.

Abschnitt XII: Beschwörung und Revision der Verfassung

142. Die angenommene Verfassung wird vom Volke in sämmtlichen Bezirken an den nächsten Bezirksgemeinden beschworen. An jeder nachfolgenden ordentlichen Bezirksgemeinde leistet die nachrückende jüngere Bürgerschaft jedes Bezirkes den Eid.

143. Nach sechs Jahren kann eine Revision und Verbesserung dieser Verfassung vorgenommen werden, insofern sich die Mehrheit der Bürger an den politischen Gemeinden dafür ausspricht.

Schlußartikel
Die bestehenden Gesetze und Verordnungen verbleiben fortan in Kraft. Es soll aber beförderlich eine allgemeine Revision derselben folgen.
Also abgeschlossen vom Verfassungsrathe des Kantons St. Gallen.
St. Gallen, den 1. März 1831.

29. Staatsverfassung für den eidgenössischen Stand Zürich
Vom 10. März 1831

Titel I: Allgemeine Grundsätze

1. Der Kanton Zürich ist ein Freistaat mit repräsentativer Verfassung und als solcher ein Glied der schweizerischen Eidgenossenschaft. Die Souveränität beruht auf der Gesammtheit des Volkes. Sie wird ausgeübt nach Maaßgabe der Verfassung durch den Großen Rath als Stellvertreter des Volkes.

2. Der Kanton Zürich ist in Bezirke, und diese in Zünfte und Gemeinden eingetheilt. Die nähere Begränzung ist dem Gesetze vorbehalten.

3. Alle Bürger des Kantons haben gleiche staatsbürgerliche Rechte, unter Vorbehalt der durch die Verfassung, Art. 24, 26 und 33, anerkannten Ausnahmen. Alle Bürger sind vor dem Gesetze gleich. Jeder hat, wenn er die durch Verfassung oder Gesetz verlangten Eigenschaften besitzt, Zutritt zu allen Stellen und Ämtern.

4. Die Glaubensfreiheit ist gewährleistet. Die christliche Religion nach dem evangelisch-reformirten Lehrbegriffe ist die im Staate anerkannte Landesreligion. Den gegenwärtig bestehenden katholischen Gemeinden sind ihre Religionsverhältnisse gewährleistet.

5. Die Freiheit der Presse ist gewährleistet. Das Gesetz bestraft den Mißbrauch derselben. Die Censur darf niemals hergestellt werden.

6. Jeder einzelne Bürger, jede Gemeinde oder vom Staat anerkannte Korporation, so wie jede Behörde, hat das Recht, auf dem Wege der Petition Ansichten, Wünsche und Beschwerden vor den Großen Rath zu bringen. Das Gesetz wird hierüber das Nähere bestimmen.

7. Die Freiheit des Handels und der Gewerbe ist ausdrücklich gewährleistet, so weit sie mit dem Wohl der Gesammtbürgerschaft und demjenigen der handel-, gewerb- und handwerktreibenden Klassen vereinbar ist. In diesem Sinne sollen die Handwerksordnungen beförderlichst durch die Gesetzgebung revidirt werden.
Das bisherige gesetzliche System, hinsichtlich des Erfordernisses obrigkeitlicher Bewilligung für einige an bestimmte Lokalitäten gebundene Gewerbe, als Tavernenwirthschaften, Metzgern u.s.f., soll fortbestehen, jedoch den Zeitumständen gemäß modifizirt werden. Insbesondere soll ein

beförderlich zu erlassendes Gesetz Vorsorge treffen, daß den Forderungen des Gemeinwohls und den vorhandenen örtlichen Bedürfnissen durch Ertheilung der erforderlichen Bewilligungen, vorzugsweise an Gemeinden, in freiem Sinne Genüge geleistet, und daß die ausschließliche Befugniß der bereits vorhandenen oder noch entstehenden Gewerbe dieser Art nicht auf eine drückende Weise ausgedehnt, sondern mit der Freiheit der Einzeln, besonders der Landwirtschaft treibenden Klasse, möglichst vereinbart werde.

8. Jeder Bürger einer Gemeinde des Kantons hat das Recht, in jeder andern unter Erfüllung der gesetzlichen Bedingungen das Bürgerrecht zu erwerben, oder sich in derselben niederzulassen. Die Verhältnisse der Ansäßen und die dießfälligen Gebühren sind beförderlich einer gesetzlichen Revision zu unterwerfen.

9. Die persönliche Freiheit jedes Bewohners des Kantons ist gewährleistet. Ein jeder, der in Untersuchungsverhaft gesetzt wird, soll innerhalb einer durch das Gesetz zu bestimmenden Zeitfrist vernommen und vor seinen ordentlichen Richter gestellt werden. Die Bedingungen der Verhaftung, so wie der Entlassung mit oder ohne Kaution, wird das Gesetz bestimmen.

10. Der Wirkungskreis der verschiedenen Behörden im Staate soll nach dem Grundsatze der Trennung der Gewalten eine genaue Bestimmung und Abgränzung erhalten.

Die Befugniß, Streitiges zu entscheiden und Straffälle zu beurtheilen, kommt ausschließlich den ordentlichen Gerichten zu; weder die gesetzgebende noch die vollziehende Gewalt dürfen richterliche Verrichtungen ausüben. Vorbehalten sind die Bestimmungen der Art. 41 und 67, so wie auch dasjenige, was die Verfassung hinsichtlich der Streitigkeiten im Verwaltungsfache festsetzt; das Gesetz wird zwischen den Verwaltungs- und Civil-Streitigkeiten eine genaue Ausscheidung treffen und das bei Behandlung der erstern zu beobachtende Verfahren bestimmen. Auch kann das Gesetz den Militär-Behörden eine Strafbefugniß für Dienst-vergehen, und der Aufsichtsbehörden über die Strafanstalt eine Strafbefugniß für Vergehen, die im Innern des Hauses verübt werden, einräumen.

Ein Gerichtsstand, der nicht in der Verfassung vorgesehen, darf weder errichtet noch angesprochen, niemand seinem verfassungsmäßigen Richter entzogen werden. Vertragsmäßige Schiedsgerichte sind gestattet.

11. Kein geistlicher oder weltlicher Beamter kann seiner Stelle entsetzt werden, außer in Folge eines Urtheils des zuständigen Gerichtes.

12. Jede Rechtssache soll vor wenigstens zwei Instanzen gebracht werden können.

13. Die Öffentlichkeit der Verhandlungen vor den Gerichten ist als Regel aufgestellt. Die Ausnahmen hat das Gesetz zu bestimmen.

14. Das Gesetz wird für Abschaffung der Peinlichkeit sorgen.

15. Die Verfassung sichert die Unverletzlichkeit des Eigenthums und gerechte Entschädigung für Abtretungen, die das öffentliche Wohl erheischt. Die Forderung der Entschädigung, wenn sie streitig wird, ist Rechtssache. Das Gesetz wird das Nähere bestimmen.

16. Die Verfassung gewährleistet die Befugniß, Zehnten und Grundzinse auf gesetzlichem Wege loszukaufen, oder auch dieselben nach gesetzlichen, auf billige Weise festzusetzenden Vorschriften durch Übereinkunft mit dem Berechtigten in eine jährliche Geldleistung umzuwandeln.

Der Boden soll mit keiner nicht loskäuflichen Last belegt sein noch belegt werden.

17. Das Gesetz wird dafür sorgen, daß alle vom Staate zu entrichtenden Besoldungen künftig in baarem Gelde geleistet werden.

18. Alle Einwohner des Kantons sollen möglichst gleichmäßig nach Vermögen, Einkommen und Erwerb zu den Staatslasten beitragen.

19. Jeder Kantonsbürger und überhaupt jeder im Kanton angesessene Schweizerbürger ist zu Militär-Diensten nach der Bestimmung des Gesetzes verpflichtet.

Militär-Kapitulationen mit fremden Staaten sind untersagt.

20. Sorge für Vervollkommnung des Jugendunterrichts ist Pflicht des Volkes und seiner Stellvertreter. Der Staat wird die niedern und höhern Schul- und Bildungsanstalten nach Kräften pflegen und unterstützen.

21. Alle gegenwärtig bestehenden Gesetze und Verordnungen bleiben bis zu ihrer gesetzlichen Abschaffung oder Abänderung in Kraft. Nach erfolgter Sanktion der Verfassung soll unverzüglich eine vollständige Revision des gesammten Staatshaushaltes und aller bestehenden Gesetze durch eine dem Großen Rathe angemessen scheinende Zahl außerordentlicher Kommissionen, die er in oder außer seiner Mitte wählt, vorgenommen werden. Diese haben ihre Verrichtungen bis zu deren Beendigung ununterbrochen fortzusetzen und ihre Anträge ganz oder in einzelnen Abschnitten, nach vorgängiger Mittheilung an den Regierungsrath, dem Großen Rathe vorzulegen.

Titel II: Stimmrecht und Wählbarkeit; Zunftversammlungen; Erwählung des Großen Rathes

22. Jeder Kantonsbürger erlangt das staatsbürgerliche Stimmrecht mit angetretenem 20. Altersjahre.

23. Jeder stimmberechtigte Bürger ist auch zu allen Stellen wählbar, mit Vorbehalt der nähern Bestimmungen der Verfassung und der Gesetzgebung.

24. Von dem Stimmrechte und der Wählbarkeit ausgeschlossen sind:

1) Die Almosensgenössigen.
2) Die Volljährigen, welche unter Vormundschaft stehen.
3) Die Falliten.
4) Die gerichtlich Akkorditen und Rehabilitirten, in Bezug auf das Stimmrecht ein Jahr lang, vom Tage des gerichtlichen Akkomodements oder der Rehabilitation an gerechnet, in Bezug auf die Wählbarkeit für Kantonal- und Bezirksstellen auf immer.
5) Die in Kriminal-Untersuchung Befindlichen.

6) Diejenigen, welche durch Urtheil und Recht ihres Aktiv-Bürgerrechtes verlustig erklärt oder darinn eingestellt sind.

25. Für die Erwählung des Großen Rathes ist der Kanton in Zünfte eingetheilt. Die Stadt Zürich bildet 13, der übrige Kanton 52 Zünfte. Dem Gesetze ist eine Revision dieser Zunfteintheilung vorbehalten.

26. Die Zünfte der Stadt Zürich bestehen aus den stimmfähigen Bürgern der Stadtgemeinde. Jedem von diesen steht der Eintritt in eine der 13 Zünfte nach beliebiger Auswahl offen. Die Bürger von Zürich, welche zugleich Bürger einer Landgemeinde sind, haben ihr Zunftrecht auf einer Stadtzunft auszuüben.

Die Zünfte der Landschaft bestehen zunächst aus der stimmfähigen Bürgerschaft der zu der Zunft gehörenden Gemeinden. Wer in mehrern Landgemeinden zugleich Bürger ist, darf sein Zunftrecht nur in Einer derselben ausüben, deren Auswahl ihm frei steht. Denjenigen Bürgern der Landschaft, welche in einer Landgemeinde, wo sie nicht das Bürgerrecht besitzen, seit wenigstens einem Jahre auf Grundeigenthum oder mit Familie angesessen sind, steht frei, ihr Zunftrecht an ihrem Bürgerrechtsorte oder an ihrem Wohnorte auszuüben.

Die auf der Landschaft angesessenen Bürger von Zürich haben auf einer Stadtzunft, die in der Stadt Zürich angesessenen Landbürger an ihrem Bürgerrechtsorte ihr Zunftrecht ausüben.

27. Zur Ausübung ihrer Wahlrechte versammeln sich die Zünfte ordentlicher Weise alle zwei Jahre. Außerordentlicher Weise wird eine Zunft zusammenberufen, wenn eine von ihr besetzte Stelle im Großen Rathe vor Abfluß der verfassungsmäßigen Amtsdauer erledigt wird. Alsdann ist sie innerhalb Monatsfrist, vom Eintritte des Erledigungsfalles an gerechnet, zu versammeln.

28. Die auf gesetzmäßige Einberufung zu einer Zunftversammlung zusammen getretenen Zunftgenossen haben das Recht, die der Zunft zustehenden Wahlen vorzunehmen.

29. Zur Leitung ihrer Wahlgeschäfte wählt jede Zunft durch offenes absolutes Mehr einen Präsidenten aus ihrer Mitte auf eine Dauer von zwei Jahren.

30. Die Zünfte nehmen die ihnen zustehenden Wahlen für den Großen Rath mittelst des geheimen absoluten Mehres vor. Für jede einzelne Stelle soll eine besondere Wahl Statt finden.

31. Die Anerkennung der Gesetzmässigkeit der von den Zünften für den Großen Rath getroffenen Wahlen und die Entscheidung über solche, die streitig sind, steht dem Großen Rathe zu.

32. Für die Beseitigung von Streitigkeiten über die Stimmfähigkeit einzelner Bürger wird das Gesetz ein möglichst kurzes und einfaches Verfahren anordnen.

33. Der Große Rath wird folgender Maßen zusammengesetzt:

a) Von den 13 Zünften der Stadt Zürich wählen die zwei größten jede sechs, die vier an Mitgliederzahl auf die folgenden jede fünf, die sieben übrigen jede vier Mitglieder des Großen Rathes nach freier Auswahl aus der gesammten zünftigen Stadtbürgerschaft.

b) Von den 52 Zünften der Landschaft wählt Winterthur fünf und jeder der 51 übrigen Zünfte Ein Mitglied des Großen Raths aus ihrer Mitte.

c) Überdieß wählt jede der 52 Landzünfte Ein Mitglied des Großen Rathes, sei es aus ihrer Mitte oder nach freier Auswahl aus den zünftigen Bürgern der Landschaft überhaupt.

d) Die Zünfte Winterthur, Stäfa, Männedorf, Hottingen, Richterschweil, Wädenschweil, Horgen, Thalweil, Bärentschweil und Egg wählen überdieß, die erste zwei, die übrigen jede Ein Mitglied des Großen Rathes, sei es aus ihrer Mitte oder nach freier Auswahl aus den zünftigen Bürgern der Landschaft überhaupt.

Bei einer künftigen verbesserten Eintheilung der Landzünfte wird das Gesetz an den Bestimmungen b, c und d die dannzumal nöthigen Abänderungen vornehmen.

e) Die Erwählung der übrigen 33 Mitglieder steht dem Großen Rathe selbst zu. Eilf derselben sind aus der zünftigen Bürgerschaft der Stadt Zürich, 22 aus den zünftigen Bürgern der Landschaft zu wählen.

34. Wer von mehrern Zünften zugleich zum Mitglied des Großen Rathes gewählt wird, soll binnen sechs Tagen erklären, von welcher Zunft er die auf ihn gefallene Wahl annehme. Die andern betreffenden Zünfte haben alsdann neue Wahlen vorzunehmen.

35. Der Große Rath nimmt die ihm zustehende Erwählung von Mitgliedern seiner Behörde durch geheimes absolutes Mehr für jede einzelne Stelle vor. Wer im ersten Scrutinium weniger als fünf Stimmen hat, fällt aus der Wahl. Erledigte Stellen werden in derjenigen ordentlichen, oder zum Behuf eines Wahlgeschäftes veranstalteten ausserordentlichen Versammlung wieder besetzt, welche zunächst auf den Erledigungsfall eintritt.

36. Jeder zünftige Bürger, welcher das 30. Altersjahr angetreten hat, kann in den Großen Rath gewählt werden.

37. Die Mitglieder des Großen Rathes werden auf eine Dauer von vier Jahren gewählt und je zu zwei Jahren um zur Hälfte einer neuen Wahl unterworfen.

Zu diesem Ende wird jede der beiden Abtheilungen des Großen Rathes, nämlich die von den Zünften und die von dem Großen Rathe selbst gewählte, in zwei möglichst gleiche Unterabtheilungen gesondert, von denen je zu zwei Jahren nur die eine austritt. Das Gesetz wird diese Sonderung auf solche Weise vornehmen, daß jeder solchen periodischen Wahl die Abgeordneten jeder Zunft annähernd zur Hälfte unterworfen werden.

Die austretenden Mitglieder des Großen Rathes sind stets wieder wählbar.

Der erste periodische Austritt soll im Jahr 1832 erfolgen.

Titel III: Kantonal-Behörden

Großer Rath

38. Die Ausübung der höchsten Gewalt nach Vorschrift der Verfassung ist einem Großen Rathe von 212 Mitgliedern übertragen. Ihm steht die Gesetzgebung und die Oberaufsicht über die Landesverwaltung zu. Er ist der Stellvertreter des Kantons nach aussen.

39. Ausschließlich von dem Großen Rathe, als Gesetzgeber, gehen alle Bestimmungen aus, welche:

1) Auf die öffentlichen und Privatrechte und Pflichten der Bürger Bezug haben.
2) Der Gesammtheit oder einzeln Klassen der Bürger eine Steuer oder Abgabe an den Staat auferlegen.
3) Eine bleibende öffentliche Beamtung errichten oder aufheben, die Besoldung einer solchen festsetzen oder abändern.
4) Die Festsetzung der Münzverhältnisse und die Bestätigung der von dem Regierungsrathe in dringlichen Fällen erlassenen Verordnungen über die Werthung der Geldsorten betreffen.
5) Eine Zurücknahme, Einstellung, Abänderung oder Erläuterung eines bestehenden Gesetzes enthalten.

40. Vermöge seiner Oberaufsicht hat der Große Rath

1) Das Recht, von dem Zustande des gesammten Staatsgutes, unter welcher Verwaltung es immer stehe, jederzeit Einsicht zu nehmen, und dessen Verwaltungsweise anzuordnen.
2) Er bestimmt jährlich den Voranschlag (Büdget) der Einnahmen und Ausgaben des Staates, und bewilligt gleichzeitig die Erhebung der zu Bestreitung der Staatsbedürfnisse erforderlichen Auflagen.
3) Alljährlich wird dem Großen Rathe die Staatsrechnung, so wie die Rechnungen über die unter besondern Verwaltungen stehenden Kantonalgüter, zur Prüfung und Abnahme vorgelegt. Eine Übersicht der Rechnungen ist jedesmal durch den Druck bekannt zu machen.
4) Er hat ausschließlich das Recht, irgend ein die öffentliche Wohlfahrt bezweckendes Unternehmen zu beschließen, dessen Kosten sich nicht aus der ordentlichen Jahreseinnahme bestreiten lassen.
5) Er entscheidet über die Aufnahme eines Darlehens für den Staat.

41. Der Große Rath hat das Recht, über den Zustand der gesammten Landesverwaltung oder einzelner Theile derselben Bericht einzufordern. Wegen Verletzung der Verfassung, Gesetze oder Amtspflichten erläßt er an den Regierungsrath und an das Obergericht Mahnungen für die Zukunft, oder setzt die Mitglieder dieser Behörden vor dem Großen Rathe in Anklagezustand. Die nähern Bestimmungen hierüber trifft das Gesetz.

42. Dem Großen Rathe steht bei Todesurtheilen das Begnadigungsrecht zu. Die Nähern Bestimmungen sind dem Gesetze vorbehalten.

43. Der Große Rath führt die Stimme des Kantons in allen eidgenössischen Angelegenheiten. Er entscheidet über die Frage der Zusammenberufung ausserordentlicher Tagsatzungen, erwählt die Gesandten auf die ordentlichen und ausserordentlichen Tagsatzungen, ertheilt denselben die erforderlichen Aufträge im Geiste einer kräftigen und für die gemeinsamen vaterländischen Bedürfnisse befriedigenden Vereinbarung der eidgenössischen Kantone und läßt sich über ihre Verrichtungen Bericht erstatten.

Er schließt mit andern Ständen der Eidgenossenschaft und auswärtigen Staaten Verträge und Verkommnisse, so weit die Kantonal- und Bundesverfassung es gestatten.

44. Der Große Rath erwählt denjenigen Theil seiner Mitglieder, welcher nicht unmittelbar von den Zünften gewählt wird.

Er wählt seinen Präsidenten und Vicepräsidenten nach Vorschrift des Art. 48.

Er wählt die Mitglieder des Regierungsrathes und des Obergerichts, so wie die Präsidenten dieser beiden Behörden, die Mitglieder und aus ihnen den Präsidenten des Kriminalgerichts, das Kantonalverhöramt und den Staatsanwald nach Anleitung der Art. 58 und 68; ferner den Antistes der zürcherischen Kirche und die Mitglieder des Kirchenrathes nach Anleitung des Art. 69, die Mitglieder und aus ihnen den Präsidenten des Erziehungsrathes.

Er bestellt endlich seine Kanzleibeamten.

Alle diese Wahlen nimmt er durch geheimes absolutes Stimmenmehr vor.

Dem Gesetze ist vorbehalten, auch die Besetzung anderer Kantonalstellen dem Großen Rathe zu übertragen.

45. Der Große Rath erläßt die Gesetze und Beschlüsse auf Vorschläge, die ihm der Regierungsrath von sich aus oder in Folge einer Aufforderung des Großen Rathes hinterbringt, und die der Große Rath, sei es unverändert oder mit Abänderungen annimmt, oder verwirft, oder zurückweist.

Seine Mitglieder können aber auch selbst durch Anzug Gesetze oder Beschlüsse in Vorschlag bringen, welche von dem Großen Rathe auf beliebige Weise berathen werden, jedoch vor ihrer endlichen Annahme dem Regierungsrathe zur Begutachtung zu überweisen sind.

46. Der Große Rath versammelt sich ordentlicher Weise vierteljährlich, außerordentlicher Weise nach Erforderniß der Geschäfte, oder auf ein von wenigstens 24 Mitgliedern unter Angabe ihrer Gründe schriftlich eingereichtes, gemeinsames Begehren.

47. Die Zusammenberufung des Großen Rathes geschieht durch den Präsidenten desselben auf das Verlangen des Regierungsrathes. Einzig in dem durch den vorhergehenden Artikel bezeichneten Falle eines von Mitgliedern des Großen Rathes gestellten Begehrens hat der Präsident die Zusammenberufung von sich aus vorzunehmen, zugleich aber dem Regierungsrathe von dieser Verfügung Kenntniß zu geben.

48. In jeder letzten Versammlung des Jahres wählt der Große Rath zur Leitung seiner Geschäfte einen Präsidenten und einen Vice-Präsidenten

aus seiner Mitte für das nächstfolgende Jahr. Nach Verfluß dieser Amtsdauer ist jeder von ihnen für die nämliche Stelle nicht unmittelbar wieder wählbar.

49. Die Verhandlungen des Großen Rathes sind in der Regel öffentlich. Das Reglement bestimmt, unter welchen Umständen und wie die Sitzungen für geschlossen erklärt werden können.

Über die Zulassung von Zuhörern, in so fern künftig das Sitzungslokal sie gestattet, wird das Reglement das Nähere bestimmen.

Die Redaktoren öffentlicher Blätter oder von ihnen beauftragte Personen werden zum Behuf der Aufzeichnung der Verhandlungen zu den Sitzungen Zutritt erhalten. Das Reglement wird auch hierüber das Nähere festsetzen.

Alljährlich werden die Ergebnisse der Verhandlungen durch den Großen Rath selbst mittelst eines beleuchtenden Berichtes zugleich mit der Übersicht der Staatsrechnung zur Kenntniß sämmtlicher Gemeinden des Kantons gebracht.

50. Jedes Mitglied des Großen Rathes hat die Pflicht, seinen Rath und seine Stimme nach freier Überzeugung so zu geben, wie es solches für das Wahl des gesammten Kantons zuträglich erachtet.

51. Die Mitglieder des Großen Rathes haben für ihre Theilnahme an den Versammlungen desselben keine Entschädigung vom Staate zu beziehen. Den Zünften, wo sie es gut finden, bleibt überlassen, ihre Stellvertreter zu entschädigen.

52. Ein beförderlich zu erlassendes Reglement wird die Art, wie der Große Rath seine Befugnisse ausübt, näher bestimmen.

Regierungsrath

53. Die oberste Verwaltungsbehörde des Kantons bildet ein Regierungsrat von neunzehn Mitgliedern, welche der Große Rath nach freier Auswahl aus dem ganzen Kanton, in oder ausser seiner Mitte, erwählt. Zur Wählbarkeit wird das angetretene 30. Altersjahr erfordert.

54. Die Amtsdauer der Regierungsräthe ist auf sechs Jahre festgesetzt. Jedes zweite Jahr tritt ein Drittheil derselben aus, und für jede einzelne Stelle ergeht eine neue Wahl. Die Austretenden sind wieder wählbar.

55. Zwei Bürgermeister führen abwechselnd, jeder ein Jahr lang im Regierungsrathe den Vorsitz. Derjenige, welcher nicht im Amte ist, versieht nöthigen Falls die Stelle des andern.

Sie werden von dem Großen Rathe aus den Mitgliedern des Regierungsrathes auf eine Dauer von zwei Jahren gewählt. Jährlich tritt der eine von ihnen ab, ist aber sogleich wieder wählbar. Der erste solche Austritt wird mit dem Ende des Jahrs 1831 erfolgen.

56. Im Regierungsrathe, und eben so in den übrigen Verwaltungsbehörden, dürfen nicht gleichzeitig sitzen Vater und Sohn, Schwiegervater und Tochtermann, oder zwei Brüder.

57. Der Regierungsrath entwirft oder begutachtet die Vorschläge zu Gesetzen und Beschlüssen des Großen Rathes, setzt dieselben nach erfolgter

Annahme in Vollziehung, und erläßt die zu diesem Ende erforderlichen Verordnungen. Das Reglement des Großen Raths wird Vorsorge treffen, daß diese Verordnungen die Schranken der Verfassung und der Gesetze nicht überschreiten.

Dem Regierungsrathe liegt die Führung sämmtlicher Regierungsgeschäfte ob. Er besorgt die auswärtigen und innern Angelegenheiten; er wacht über die Erhaltung der öffentlichen Ordnung und Sicherheit; er verwaltet unmittelbar oder mittelbar das gesammte Staatsvermögen; er besorgt das Kriegswesen.

Er bestellt die für das Regierungswesen erforderlichen Kollegien, in's Besondere einen Staatsrath für die auswärtigen Angelegenheiten, einen Rath für die innern Angelegenheiten, einen Polizei-Rath, einen Rath für die Gesetzgebung und einen Gesundheitsrath. Die beiden Bürgermeister sind von Amts wegen Mitglieder des Staats-Rathes.

Der Regierungsrath hat die Aufsicht über den Kirchen- und Erziehungsrath.

Er bestellt, so weit nicht Verfassung oder Gesetze etwas Abweichendes verordnen, die zur Führung der Geschäfte erforderlichen Beamten, hält über diese, die Bezirks- und Gemeindsbehörden Aufsicht, und überweist Amtsvergehen den Gerichten.

Er beurtheilt in letzter Instanz die an ihn gezogenen Streitigkeiten im Verwaltungsfache.

Seine Kanzlei bestellt er selbst.

58. Der Regierungsrath wählt, unter Bestätigung des Großen Rathes, einen Staatsanwald, welcher in Strafsachen von Amtswegen im Namen des Staates vor den Gerichten klagt. Das Gesetz wird seine Verrichtungen, für die er dem Regierungsrathe verantwortlich ist, näher bezeichnen.

Die Vollziehungsbehörden sind verpflichtet, die ersten Spuren von Verbrechen und Vergehen zu erheben, diejenigen Maßregeln zu treffen, welche, wegen Gefahr im Verzug, der Überweisung an die Gerichte vorhergehen müssen, und überhaupt den von Seite der Gerichte zum Behuf der Verhandlung von Rechtssachen gestellten Begehren Genüge zu leisten.

59. Die Gerichte sind von dem Regierungsrathe unabhängig, und es steht diesem keinerlei Einwirkung auf Rechtssachen zu.

60. Gesetzliche Bestimmungen werden die Art, wie der Regierungsrath und seine Kollegien ihre Verrichtungen auszuüben haben, näher bezeichnen.

Obergericht

61. Für den ganzen Kanton besteht ein Obergericht von eilf Mitgliedern, welche der Große Rath nach freier Auswahl, in oder ausser seiner Mitte, erwählt. Zur Wählbarkeit wird das angetretene 30. Altersjahr erfordert. Weitere Wählbarkeitserfordernisse kann das Gesetz aufstellen.

62. Die Amtsdauer der Mitglieder des Obergerichts ist auf sechs Jahre festgesetzt. Jedes zweite Jahr tritt ein Drittheil derselben aus, und für jede einzelne Stelle ergeht eine neue Wahl. Die Austretenden sind wieder wählbar.

63. Zwei Präsidenten führen abwechselnd, jeder ein Jahr lang, im Obergerichte den Vorsitz. Derjenige, welcher nicht im Amte ist, versieht nöthigen Falls die Stelle des andern. Der Große Rath wählt beide aus den Mitgliedern des Gerichtes auf eine Dauer von zwei Jahren. Jährlich tritt der eine von ihnen ab, ist aber sogleich wieder wählbar. Der erste solche Austritt wird mit dem Ende des Jahres 1831 erfolgen.

Die Kanzlei des Obergerichtes wird von dem Gerichte selbst bestellt.

64. Das Gesetz wird die Art bestimmen, wie für das Obergericht, und ebenso für die übrigen Gerichtsstellen, eine angemessene Zahl von Ersatzmännern bestellt werden soll. Der nämlichen Versammlung oder Behörde, welche die Richter wählt, steht auch die Erwählung der Ersatzmänner zu.

65. Im Obergerichte, und ebenso in allen übrigen Gerichtsstellen, dürfen nicht neben einander sitzen Vater und Sohn, Schwiegervater und Tochtermann, noch zwei Brüder oder zwei Schwäger.

66. Das Obergericht ist die höchste Behörde für die Rechtssachen, sowohl in formeller als materieller Beziehung. An dasselbe gehen die Appellationen und Rekurse von dem Kriminalgerichte und den Bezirksgerichten. Alle diese Gerichtsstellen sind ihm für ihre Verrichtungen verantwortlich und stehen unter seiner Aufsicht. Dem Obergerichte steht die Oberaufsicht über die Friedensrichter und die untern Gerichte, über das gesammte Notariats- und Advocatur-Wesen, so wie über den Rechtstrieb, zu.

Das Obergericht ist dem Großen Rathe für seine Verrichtungen verantwortlich. Alljährlich erstattet es demselben einen Bericht über den Zustand des Gerichtswesens und die Gerichtsführung sämmtlicher Gerichtsstellen.

Ein Reglement wird über die Verrichtungen des Obergerichtes die nähern Vorschriften aufstellen.

67. Alle Konflikte zwischen der richterlichen und der vollziehenden Gewalt entscheidet eine für jeden einzelnen Fall zu bildende Kommission. Dieselbe wird so zusammengesetzt, daß der Regierungsrath und das Obergericht jedes zwei Mitglieder aus ihrer Mitte und drei Mitglieder des Großen Rathes außer ihrer Mitte bezeichnen, worauf diese zehn Komittirten zusammentreten und aus ihrer Mitte einen Präsidenten bestellen. Das Gesetz wird die nähern Bestimmungen erlassen.

Kriminal-Gericht

68. Als erste Instanz für alle Kriminalfälle wird ein Kriminalgericht für den ganzen Kanton aufgestellt, bestehend aus einem Präsidenten und vier Mitgliedern, welche der Große Rath auf eine Dauer von sechs Jahren erwählt, und die je zu drei Jahren um zur Hälfte einer neuen Wahl unterworfen werden. Zur Wählbarkeit wird das angetretene dreißigste Altersjahr erfordert. Weitere Wählbarkeitserfordernisse kann das Gesetz aufstellen.

Getrennt von dem Kriminalgerichte besteht ein seiner Aufsicht unterworfenes Verhöramt, welches der Große Rath auf einen Vorschlag des Kriminalgerichtes für eine Dauer von drei Jahren bestellt.

Das Kriminalgericht ernennt seine Kanzlei selbst. Die Befugnisse des Kriminalgerichts, die Einrichtung des Verhöramtes und das Verfahren vor diesen Behörden sind durch das Gesetz zu bestimmen.

Kirchenrath

69. Die Organisation des gesammten Kirchenwesens und in's Besondere der Synode, als der verfassungsmäßigen Versammlung der Geistlichkeit, ist einem auf eingeholtes Gutachten der Synode zu erlassenden Gesetze vorbehalten.

Die Aufsicht über das Kirchenwesen ist einem Kirchenrathe übertragen. Derselbe besteht aus dem Antistes, als Präsidenten, und einer durch das Gesetz zu bestimmenden Zahl von Mitgliedern. Den Antistes wählt der Große Rath auf einen Dreiervorschlag der Synode. Die Kirchenräthe werden theils unmittelbar von dem Großen Rathe, theils von der Synode, mit Vorbehalt der Bestätigung des Großen Rathes, auf eine Dauer von sechs Jahren gewählt. Je zu zwei Jahren um wird ein Drittheil derselben erneuert, wobei die Austretenden wieder wählbar sind.

Erziehungsrath

70. Die Aufsicht über die sämmtlichen Schulanstalten des Kantons, die Förderung der wissenschaftlichen sowohl als der Volksbildung ist einem Erziehungsrathe aufgetragen. Die Mitglieder desselben, und aus ihrer Mitte der Präsident, werden von dem Großen Rathe auf eine Dauer von sechs Jahren gewählt. Je zu zwei Jahren um wird ein Drittheil derselben erneuert, wobei die Austretenden wieder wählbar sind.

Die Organisation des Erziehungswesens, und in's Besondere die Errichtung einer Schulsynode, ist einem auf eingeholtes Gutachten des Erziehungsrathes zu erlassenden Gesetze vorbehalten.

Titel IV: Bezirksbehörden

71. Der Kanton ist in eilf Bezirke eingetheilt. In Hinsicht auf den Bezirk Zürich bleibt dem Gesetze vorbehalten, die Verhältnisse zwischen der Stadt und den Landgemeinden festzusetzen und eine zweckmäßige Theilung der Bezirksversammlung und der Beamtungen anzuordnen.

72. Jeder Bezirk hat eine Bezirksversammlung, bestehend aus 200 Wahlmännern, welche von den einzelnen Kirchgemeinden des Bezirkes durch offenes absolutes Mehr auf eine Dauer von drei Jahren nach Verhältniß der Zahl der stimmfähigen Bürger gewählt werden, so jedoch, daß keine Gemeinde weniger als drei Wahlmänner ernennt. Bei diesen Wahlen sind diejenigen im Bezirke verbürgerten Ansäßen, welche seit mindestens einem Jahre auf Grundeigenthum oder mit Familie in der Gemeinde wohnen, gleichfalls stimmberechtigt.

Die Bezirksversammlung ist eine bloße Wahlbehörde. Sie nimmt die ihr zustehenden Wahlen unter dem Vorsitze eines von ihr selbst gewählten Präsidenten durch geheimes absolutes Stimmenmehr vor.

73. Jeder Bezirk hat einen Bezirksrath, bestehend aus dem Statthalter, als Präsidenten, und zwei Bezirksräthen, denen zwei Ersatzmänner bei-

geordnet sind. Dem Gesetze ist vorbehalten, die Wahl der Bezirksräthe, wo es das örtliche Bedürfniß erfordert, zu vermehren.

Der Statthalter wird von dem Regierungsrathe auf eine Dauer von sechs Jahren aus einem Dreiervorschlage erwählt, den die Bezirksversammlung nach freier Auswahl aus allen Bürgern des Kantons bildet. Die Bezirksräthe und ihre Ersatzmänner wählt die Bezirksversammlung, ebenfalls auf sechs Jahre, aus den stimmfähigen Einwohnern des Bezirks. Nach Verfluß ihrer Amtsdauer sind der Statthalter, die Bezirksräthe und Ersatzmänner wieder wählbar.

74. Der Statthalter ist der Stellvertreter des Regierungsrathes und ihm für seine Verrichtungen verantwortlich. Er sorgt für die Vollziehung der Gesetze und Verordnungen; er wacht über die Erhaltung der öffentlichen Ordnung und Sicherheit, und hat, unter Leitung der Oberbehörde, die Aufsicht über das Straßenwesen. Als Anwald des Staates im Bezirke hat er nach den Bestimmungen des Gesetzes die Pflicht der Überweisung oder der Klage bei Verbrechen und Vergehen. Er erhebt die Abgaben und Gefälle des Staates im Bezirke, so weit ihm diese Verrichtung durch das Gesetz übertragen wird.

75. Der Bezirkrath hat Aufsicht über gemeinsame Güter des Bezirkes, wo solche vorhanden sind, über die Verwaltung der Gemeinden und ihrer Güter, und über die Waisenpflege. Er urtheilt in erster Instanz über Streitigkeiten im Verwaltungsfache. Er wählt die Gemeindeammänner aus den Zweiervorschlägen der Gemeinden.

76. In jedem Bezirke wird ein Bezirksgericht aufgestellt, bestehend aus fünf Richtern, welche von der Bezirksversammlung auf eine Dauer von sechs Jahren gewählt und je zu drei Jahren umeiner neuen Wahl unterworfen werden. Den Präsidenten des Gerichts wählt gleichfalls die Bezirksversammlung aus den Richtern. Dem Gesetze ist vorbehalten, für diejenigen zwei Bezirke, welche bis dahin zahlreichere Gerichte gehabt haben, auch für die Zukunft eine größere Richterzahl aufzustellen. Zur Wählbarkeit für das Bezirksgericht wird das 25. Altersjahr erfordert.

Die Bezirksgerichte bilden die zweite Instanz für die von den untern Gerichten beurtheilten und die erste Instanz für alle übrigen Civil- und Strafpolizeifälle, so wie für Matrimonial-Sachen, in welcher Hinsicht ihnen die Befugnisse des bisherigen Ehegerichtes übertragen werden. Das Gesetz wird für Sicherung einer, der gerichtlichen Behandlung von Ehescheidungen vorangehenden, religiösen und sittlichen Einwirkung, so wie auch dafür sorgen, daß bei der gerichtlichen Behandlung selbst die nöthige Sorgfalt angewandt werde.

Die Bezirksgerichte haben die Aufsicht über die Friedensrichter, die untern Gerichte und die Notarien des Bezirkes, über den Rechtsbetrieb in demselben und über die Rechtsanwälde.

Sie bestellen ihre Kanzleien selbst.

77. Jeder Bezirk hat nach Verhältniß seiner Bevölkerung drei bis sechs untere Gerichte, bestehend aus drei bis fünf Mitgliedern, die von den Bürgern des Gerichtskreises auf eine Dauer von vier Jahren gewählt werden. Die Einrichtung und die Befugnisse derselben wird das Gesetz bestimmen.

Die Appellation und der Rekurs gehen von den untern Gerichten an das Bezirksgericht.

Die Gemeindeammänner können nicht Mitglieder der untern Gerichte sein.

78. Jeder Bezirk hat für seine kirchlichen Angelegenheiten eine besondere Aufsichtsbehörde. Das Gesetz über die Einrichtung des Kirchenwesens wird das Nähere bestimmen.

79. Jeder Bezirk hat für seine Schulangelegenheiten eine besondere Aufsichtsbehörde. Dem Gesetze über die Einrichtung des Schulwesens sind mehrere Bestimmungen vorbehalten.

Titel V: Gemeindsbehörden

80. Jede politische Gemeinde hat eine Gemeindsversammlung, bestehend aus ihren in das Bürgerbuch eingetragenen stimmfähigen Bürgern. Sie wird ordentlicher Weise zweimal des Jahres, ausserordentlicher Weise bei vorhandenem Bedürfnisse oder auf schriftliches Begehren eines Sechstheils der Gemeindsbürger durch den Gemeindspräsidenten abgehalten.

Bei außerordentlicher Gemeindsversammlung ist zur Gültigkeit der Verhandlungen die Anwesenheit der Mehrzahl der in der Gemeinde befindlichen Bürger erforderlich.

81. Die Gemeindsversammlung ist berechtigt, innerhalb der Schranken der Verfassung und der Gesetze des Kantons die Angelegenheiten der Gemeinde zu ordnen und ihre Einrichtungen festzusetzen.

Ins Besondere ist der Gemeindsversammlung vorbehalten die Aufsicht über den Gemeindshaushalt, die Bewilligung von Gemeindssteuern und die Genehmigung von Ausgaben, welche einen von der Gemeinde festzusetzenden Betrag übersteigen, die Ertheilung des Gemeindsbürgerrechts an Auswärtige, unter Vorbehalt der dem Regierungsrathe zustehenden Ertheilung des Landrechts, und die Erwählung der Gemeindsvorsteher.

Die Gemeindsbeschlüsse ergehen auf den Antrag einer Gemeindsbehörde oder auf einen von einem Gemeindsbürger gemachten und von dem Gemeinderathe begutachteten Anzug.

82. Jede Gemeinde wählt auf die Dauer von vier Jahren einen Gemeindrath, der von zwei zu zwei Jahren zur Hälfte zu erneuern ist, bestehend aus dem Gemeindspräsidenten und zwei bis zwölf Gemeindräthen. Dem Gemeindrathe kommt die Vorberathung und Vollziehung der Gemeindsbeschlüsse, die Verwaltung der Gemeinde und ihrer Güter, und die Besorgung der Waisensachen zu. Über diese letztere wird das Vormundschaftsgesetz das Nähere bestimmen. Der Gemeindrath ist der Gemeinde für seine Verrichtungen verantwortlich.

83. Die Vollziehung der Gesetze und Verordnungen, so wie der Aufträge der obern Behörden, und die Handhabung der Polizei ist einem Gemeindeammann übertragen. Er ist Stellvertreter des Statthalters in der Gemeinde und ihm für seine Verrichtungen verantwortlich; er hat in Straffällen nach den Bestimmungen der Verfassung (Art. 58) und der Gesetze die nöthigen Einleitungen zu treffen.

Der Gemeindeammann wird aus einem Zweiervorschlag der Gemeinde auf eine Dauer von vier Jahren durch den Bezirkrath ernannt.

Die Stellen des Gemeindeammanns und des Gemeindspräsidenten können in Einer Person vereinigt sein.

84. Jede Gemeinde hat einen oder, wo es die Örtlichkeit erfordert, mehrere Friedensrichter, welche sie auf eine Dauer von vier Jahren wählt.

Alle bürgerlichen Rechtsstreitigkeiten sind zuerst vor den Friedensrichter zu bringen.

85. Jede Kirchgemeinde hat einen Stillstand, bestehend aus dem Pfarrer, als Präsidenten, den übrigen an der Gemeinde angestellten Geistlichen, den Präsidenten der übrigen Gemeindsbehörden, dem Gemeindammann und wenigstens vier Stillständern, welche die Kirchgemeinde auf eine Dauer von vier Jahren erwählt und von zwei zu zwei Jahren zur Hälfte erneuert.

Die Pfarrer und Helfer der Gemeinden werden künftig bei eintretenden Erledigungsfällen auf einen Dreiervorschlag des Kirchenrathes aus der Zahl der in das Zürcherische Ministerium aufgenommenen Geistlichen von der Kirchgemeinde erwählt. Die Bestimmung der dießfälligen Wahlart, sowie die Verhältnisse derjenigen Gemeinden, wo das Kollatur-Recht nicht dem Staate zusteht, ist dem Gesetze vorbehalten.

Der Stillstand verwaltet das Kirchen- und Armengut; vorbehalten sind solche abgesonderte Verwaltungen, die in Folge eigenthümlicher Verhältnisse vom Gesetze anerkannt werden. Dem Stillstande steht in allen Ehesachen die Einleitung und das Vermittleramt zu. Seine übrigen Befugnisse bestimmt das Gesetz.

86. Jede Kirchgemeinde hat eine Schulpflege, bestehend aus dem Pfarrer, als Präsidenten, und wenigstens vier Mitgliedern, welche von den Kirchgenossen auf eine Dauer von vier Jahren erwählt und von zwei zu zwei Jahren zur Hälfte erneuert werden. Wo mehrere Schulen in einer Kirchgemeinde sind, hat jede derselben, unter der Aufsicht der Schulpflege, einen Verwalter des Schulgutes, der von den Schulgenossen auf vier Jahre erwählt wird, insofern diese Verwaltung nicht einer andern Behörde unter gesetzlicher Anerkennung übertragen ist. Die übrigen Befugnisse der Schulpflege bestimmt das Gesetz.

Jeder Schulgemeinde steht von nun an bei eintretenden Erledigungsfällen die Erwählung der Schullehrer an ihren Elementar-Schulen zu, auf einen von dem Erziehungsrathe gebildeten Vorschlag dreier geprüfter und für wählbar erklärter Schulmänner.

87. Die Bestimmung der kirchlichen und Schulverhältnisse zwischen der Stadt Zürich und den dahin kirchgenössigen Landgemeinden, so wie derjenigen der Stadt Winterthur, ist dem Gesetze vorbehalten.

88. Alljährlich soll über die Verwaltung des Gemeinde-, Kirchen-, Armen- und Schulgutes den Antheilhabern Rechnung abgelegt werden. Es liegt in der Befugniß der Gemeinde, entweder eine Rechnungskommission zur Begutachtung der Rechnungen oder einen Ausschuß der Bürger zur Erweiterung und Beaufsichtigung der Gemeindsverwaltung aufzustellen.

89. Die Oberaufsicht über die Verwaltung der Gemeinde-, Kirchen-, Armen- und Schulgüter kommt den Bezirks- und Kantonal-Behörden zu, welche über deren Erhaltung zu wachen haben.

90. Zur Wählbarkeit für alle Gemeinde-Ämter wird das angetretene 25. Altersjahr erfordert.

91. Jeder in der Gemeinde anwesende Gemeindsbürger, welcher nicht bereits eine öffentliche Stelle bekleidet, ist verpflichtet, ein ihm übertragenes Gemeinde-Amt wenigstens für eine Amtsdauer zu übernehmen. Vorbehalten sind solche Ablehnungsgründe, welche von den obern Behörden als gültig anerkannt werden.

92. Über die Führung der Gemeindsversammlungen soll ein Reglement, und über die Verrichtungen der Gemeindsbehörden sollen Gesetze erlassen werden.

Titel VI: Revision und Beschwörung der Verfassung

93. Während der nächsten sechs Jahre, von der Annahme der Verfassung an gerechnet, soll dieselbe unverändert fortbestehen.
Nach Verfluß dieses Zeitraums kann eine Abänderung der Verfassung auf dem Wege der Gesetzgebung vorgenommen werden. Ein Gesetzesvorschlag dieser Art ist aber einer zweimaligen Berathung durch den Großen Rath zu unterwerfen. Am Schlusse der ersten Berathung entscheidet der Große Rath, ob der Vorschlag zu beseitigen oder einer zweiten Beratung zu unterwerfen sei. Diese kann nicht eher, als sechs Monate nach der ersten, Statt finden. Wird alsdann der Vorschlag ganz oder mit Abänderungen angenommen, so ist das dießfällige Gesetz noch der gesammten Bürgerschaft des Kantons zur Annahme oder Verwerfung vorzulegen.

94. Nach erfolgter Sanktion soll die Verfassung von der Obrigkeit und dem Volke be-schworen werden.
Das Gesetz wird hierüber das Nähere bestimmen.

Also angenommen und beschlossen von dem Großen Rathe des Standes Zürich, Donnerstags, den 10. März 1831.

30. Constitution du Canton de Vaud

Du 25 mai 1831

Titre premier: Dispositions générales et garanties

Article premier. Le Canton de Vaud est un des Etats de la Confédération Suisse.
La souveraineté réside dans le peuple.
La forme du Gouvernement est une démocratie représentative.

2. Les Vaudois sont égaux devant la loi.
Il n'y a, dans le Canton de Vaud, aucun privilége de lieux, de naissance, de personnes, ou de familles.

3. Tout Suisse habitant du Canton de Vaud est soldat, sauf les exceptions établies par la loi.

4. La liberté individuelle est garantie. Nul ne peut être poursuivi ou arrêté que dans les cas prévus par la loi, et selon les formes qu'elle prescrit.

5. Le domicile est inviolable. Aucune visite domiciliaire ne peut avoir lieu que dans les cas prévus par la loi, et dans les formes qu'elle prescrit.

6. La propriété est inviolable. Il ne peut être dérogé à ce principe que dans les cas déterminés par la loi.
La loi peut exiger le sacrifice d'une propriété pour cause d'intérêt public légalement constaté, moyennant une juste et préalable indemnité.

7. La presse est libre. La loi en réprime les abus; ses dispositions ne peuvent être préventives.

8. Chacun a le droit d'adresser aux autorités constituées des pétitions signées par une ou plusieurs personnes individuellement.

9. L'Eglise Nationale Evangelique Réformée est maintenue et garantie dans son intégrité. Les ministres de cette Eglise sont consacrés suivant les lois et la discipline ecclésiastiques du Canton, et seuls appelés à desservir les églises établies par la loi.
La loi règle les rapports de l'Etat avec l'Eglise.
L'exercice de la Religion Catholique est garanti aux Communes d'Echallens, Assens, Bottens, Bioley-Orjulaz, Etagnières, Poliez-le-Grand, Poliez-Pittet, St. Barthelemy et Bretigny, Villars-le-Terroir, et Malapalud, tel qu'il y a été usité jusqu'à présent.

10. Le culte de l'Eglise Nationale et celui de l'Eglise Catholique, dans les communes énumérées à l'article précédent, continueront d'être seuls à la charge de l'Etat ou des bourses publiques qui ont des obligations à cet égard.

11. Le droit de grâce est admis. Il est exercé par un décret de l'autorité législative. La loi règle les conditions nécessaires pour être admis à obtenir la grâce, ainsi que la forme particulière du décret.

Titre II: Territoire

12. Il n'est rien changé aux limites actuelles du Canton de Vaud. La loi en désigne le Chef-lieu.

13. Le territoire du Canton est divisé en soixante Cercles et dix-neuf Districts.
Les Cercles sont formés d'une ou de plusieurs Communes.
Les Districts sont composés de plusieurs Cercles.

14. La loi détermine la circonscription des Cercles et des Districts, et en désigne les Chefs-lieux.
Elle établit les autres divisions territoriales qui sont jugées nécessaires.

Titre III: Etat politique des Citoyens

15. Les Communes ne peuvent refuser l'acquisition du droit de bourgeoisie.

Les contestations qui pourraient s'élever à ce sujet sont de la compétence du Conseil d'Etat. La loi règle cette compétence.

La loi détermine la manière dont un étranger peut être reçu bourgeois d'une des Communes du Canton, et obtenir la naturalisation.

16. Les Citoyens se réunissent, quand il y a lieu, en Assemblées électorales de Cercle et de Commune. Pour exercer les droits de Citoyen dans ces Assemblées, il faut:

   1) Etre bourgeois de l'une des Communes du Canton, ou être attaché à l'une des Corporations qui sont reconnues dans le Canton et considérées comme des bourgeoisies;
   2) Etre Vaudois et domicilié depuis un an dans la Commune ou dans le Cercle;
   3) Etre âgé de vingt-trois ans révolus.

Toutefois, la loi peut accorder les droits électoraux aux citoyens Suisses domiciliés dans le Canton de Vaud, lorsque ces droits sont accordés aux Vaudois dans le Canton auquel ces citoyens Suisses appartiennent.

17. Ne sont pas admis dans les Assemblées électorales de Cercle ou de Commune:

   1) Ceux qui sont, ou ont été dans les deux dernières années, à l'assistance d'une bourse publique, eux, leurs femmes, ou leurs enfans, à moins que ces assistances n'aient été remboursées;
   2) Ceux qui sont sous le poids d'un acte de contrainte par corps;
   3) Les faillis, tant qu'ils sont sous le poids de leur faillite;
   4) Les interdits, et ceux qui sont pourvus d'un Conseil judiciaire;
   5) Ceux, qui ont été condamnés à une peine infamante.

La loi pourra déterminer, à titre de peine, d'autres causes d'exclusion perpétuelle ou temporaire.

18. Ceux qui exercent leurs droits politiques dans quelque autre Canton ou Etat, ne peu-vent exercer ces droits dans le Canton de Vaud.

19. Les Assemblées électorales de Commune ou de Cercle ne peuvent, en aucun cas, correspondre entr'elles.

20. L'Assemblée électorale de Cercle est présidée par le Juge de Paix.

Titre IV: Pouvoirs publics

21. Les pouvoirs publics sont:
Le pouvoir législatif;
Le pouvoir exécutif et administratif;
Le pouvoir judiciaire;
Le pouvoir communal.

Ces quatre pouvoirs sont confiés à des autorités distinctes, dans les limites fixées par la Constitution.

Chapitre premier: Pouvoir législatif

22. Le pouvoir législatif est exercé par un Grand Conseil, composé de Députés élus directement par les Assemblées électorales des Cercles, proportionnellement à leur population, et selon le mode fixé dans le titre suivant.

Les Députés sont nommés pour cinq ans renouvelés intégralement et rééligibles.

Il est alloué sur la caisse de l'Etat une somme annuelle de douze mille francs, pour indemniser les membres du Grand Conseil, proportionnellement à leurs journées de présence à l'Assemblée et à leur éloignement du lieu de ses séances.

23. Le Grand Conseil s'assemble de plein droit, en sessions ordinaires, au Chef-lieu du Canton, le premier lundi de Mai et le troisième lundi de Novembre.

Chaque session ordinaire est de quinze jours au moins et d'un mois au plus, si le Conseil d'Etat n'en prolonge pas la durée.

24. Dans la session du Printemps, le Grand Conseil s'occupe de législation spéciale et des objets d'administration qui doivent lui être soumis, particulièrement,
de la gestion du Conseil d'Etat;
des comptes de finances;
des impôts et des dépenses;
des nominations qui lui sont attribuées;
des naturalisations;
des affaires de la Diète.

Il peut, dans les cas d'urgence, s'occuper de législation générale.

25. La session d'Automne est consacrée à la lègislation générale.

S'il a y lieu, le Grand Conseil s'occupe aussi des affaires de la Diète, de la nomination aux emplois vacans, des naturalisations, et, en cas d'urgence, de législation speciale et des objets d'administration et de finances.

26. Le Grand Conseil s'assemble extraordinairement, lorsqu'il est convoqué par le Conseil d'Etat.

27. Le Grand Conseil vérifie les pouvoirs de ses membres, et prononce sur la validité de leur élection.

28. Le Grand Conseil nomme son Président, pour une année. Les membres du Conseil d'Etat ne sont pas éligibles.

29. Le Grand Conseil ne peut délibérer qu'autant que les Députés présens forment la majorité absolue du nombre total de ses membres.

Les membres du Conseil d'Etat ne sont pas comptés.

30. Hors le cas du flagrant délit, un membre du Grand Conseil ne peut être arrêté, sous aucun prétexte, durant les sessions, sans la permission du corps.

31. Les séances du Grand Conseil sont publiques. Toutefois, il se forme en Comité secret, lorsqu'il le juge convenable.

32. Dans les sessions ordinaires, le Grand Conseil peut inviter le Conseil d'Etat à lui présenter un projet de loi, de décret ou d'impôt, sur un objet déterminé.

Lorsqu'une telle invitation aura été faite deux fois, à une année d'intervalle, le Conseil d'Etat sera tenu de présenter le projet demandé, et cela au plus tard une année après la seconde délibération du Grand Conseil.

33. Le Grand Conseil accepte, amende ou rejette les projets de loi, de décret ou d'impôt qui lui sont présentés par le Conseil d'Etat, en vertu de son initiative, ou sur la demande du Grand Conseil.

Les amendemens apportés par le Grand Conseil à un projet de loi seront communiqués au Conseil d'Etat, mais seulement après une seconde discussion qui ne pourra avoir lieu que deux jours au moins après la première.

Si le Conseil d'Etat adhère aux amendemens, le projet amendé devient loi.

S'il n'y adhère pas, le projet est nécessairement représenté au Grand Conseil au bout d'une année, et si le Grand Conseil persiste dans les mêmes amendemens, le projet amendé prend force de loi. Toutefois, lorsque le projet de loi aura été proposé par le Conseil d'Etat dans son initiative, et sans qu'aucune demande lui en ait été faite par le Grand Conseil, il aura la faculté de le retirer jusqu'au moment de son acceptation.

34. Les dépenses de l'Etat sont décrétées par le Grand Conseil, savoir: les dépenses ordinaires, d'après un budget annuel; et les dépenses extraordinaires, par des décrets spéciaux.

La loi fixe la compétence du Conseil d'Etat, pour les cas imprévus.

Tout ce qui tient au traitement des fonctionnaires publics et à l'aliénation des domaines de l'Etat, est l'objet d'un décret.

35. Le Grand Conseil se fait rendre compte, annuellement, de l'exécution des lois et décrets.

Il reçoit et arrête les comptes de finances de l'Etat, lesquels sont rendus publics.

36. Le Grand Conseil nomme les Députés à la Diète, leur donne des instructions, et se fait rendre compte de leur gestion.

Il ne peut y avoir dans la Députation, plus d'un membre du Conseil d'Etat.

Le Grand Conseil délibère sur les demandes de Diètes extraordinaires.

37. Le Grand Conseil vote au nom du Canton, dans les affaires de la Diète.

Les traités d'Etat à Etat, faits avec d'autres Cantons de la Suisse, ou avec d'autres Etats, sur les objets qui n'appartiennent pas à la Diète, ne sont obligatoires pour le Canton, que lorsqu'ils ont été ratifiés par le Grand Conseil.

Chapitre II: Pouvoir exécutif et administratif

38. Un Conseil d'Etat composé de neuf membres choisis dans le Grand Conseil, nommés pour six ans, renouvelés par tiers et rééligibles, exerce le pouvoir exécutif et administratif.

Les membres du Conseil d'Etat prennent part aux discussions du Grand Conseil, mais ils n'ont pas voix délibérative.

S'ils ne sont pas réélus au Grand Conseil, ils continuent néanmoins de faire partie du Conseil d'Etat jusqu'à l'expiration du temps pour lequel ils y avaient été nommés.

39. Le Conseil d'Etat nomme, chaque année, son Président, lequel n'est pas immédiatement rééligible.

Pendant la durée des sessions, le Président du Grand Conseil a la préséance sur celui du Conseil d'Etat, dans les cérémonies publiques.

40. Le Conseil d'Etat présente au Grand Conseil les projets de loi, de décret ou d'impôt qu'il juge nécessaires, ou qui lui sont demandés par le Grand Conseil, comme il est dit à l'article 32.

Sauf les cas d'urgence, les projets de loi seront adressés aux membres du Grand Conseil, au moins un mois avant l'ouverture de la session.

41. Le Conseil d'Etat est chargé de l'exécution des lois et décrets. Il prend, à cet effet, les arrêtés nécessaires.

42. Il rend compte, annuellement, au Grand Conseil, de toutes les parties de l'administration, et se retire lorsqu'on examine sa gestion et ses comptes.

Il peut demander aux autorités judiciaires, les renseignemens dont il a besoin pour son rapport sur l'administration de la justice civile et de la justice pénale.

43. Le Conseil d'Etat est responsable de sa gestion.
La loi règle tout ce qui concerne cette responsabilité.

44. Il peut prolonger les sessions ordinaires du Grand Conseil, et en convoquer d'extraordinaires.

45. Il nomme et révoque ses agens, ainsi que les employés exclusivement attachés à l'administration de l'Etat.

La loi statue sur la nomination et la révocation des fonctionnaires publics, dans les cas où la Constitution n'a pas elle-même statué.

46. Il surveille les autorités inférieures, et donne des directions sur toutes les parties de l'administration.

47. Il autorise l'aliénation et l'acquisition d'immeubles par les Communes.

Il peut suspendre les Municipalités qui s'écartent de leur devoir, et pourvoit provisoirement à leurs fonctions. Il en réfère au Grand Conseil dans sa première session ordinaire.

48. Il dispose de la force d'armée, pour le maintien de l'ordre public.

49. Le Conseil d'Etat a sous ses ordres des agens chargés de l'exécution des lois et de la surveillance des autorités inférieures.

La loi règle leur nombre et leurs attributions.

Ces agens sont nommés parmi les Vaudois domiciliés depuis un an dans l'arrondissement qui leur est assigné. Ils sont tenus à y résider.

Chapitre III: Pouvoir judiciaire

50. Le pouvoir judiciaire est indépendant.

Aucun agent du pouvoir exécutif ou autre employé révocable par le Conseil d'Etat, ne peut remplir de fonctions judiciaires.

Aucun fonctionnaire de l'ordre judiciaire ne peut être destitué que par un jugement.

51. Nul ne peut être distrait de ses juges naturels.

En conséquence, il ne pourra être créé de tribunaux extraordinaires, sous quelque dénomination que ce soit.

52. Tout ce qui appartient à l'exercice de la justice pénale, est dans les attributions du pouvoir judiciaire, et sera réglé par la loi.

53. Hors les cas qui appartiennent à la discipline militaire, nul ne peut être mis en état d'arrestation qu'en vertu de l'ordre du juge auquel la loi donne cette compétence.

Les autorités constituées peuvent recevoir de la loi le droit de punir, par une détention, ceux qui manquent au respect qui leur est dû.

54. Un Tribunal d'Appel prononce en dernier ressort, sauf ce que la loi statuera sur les jugemens en matière criminelle. Il est composé de treize membres, nommés pour douze ans, renouvelés par quart et rééligibles.

55. Les fonctions de Juge au Tribunal d'Appel sont incompatibles avec toute autre fonction publique, même avec celles de membre du Grand Conseil.

56. Le Tribunal d'Appel nomme son Président, pour trois ans.

57. Il y a:

Dans chaque District, un Tribunal de première instance, composé de neuf membres;

Dans chaque Cercle, un Juge de Paix, et une Justice de Paix, présidée par le Juge de Paix, et composée de quatre Assesseurs au moins et de neuf au plus.

La loi détermine leur organisation et leur compétence. Elle peut ordonner la division d'une Justice de Paix en deux sections, lorsque les localités l'exigent.

58. Il y aura un Code de Commerce.

Il y aura des Tribunaux de commerce. La loi déterminera leur organisation et leur compétence.

59. Les Tribunaux militaires sont organisés par la loi.

60. Le Ministère public auprès des tribunaux sera organisé par la loi.

Chapitre IV: Pouvoir communal

61. Il y a dans chaque Commune, dont la population n'excède pas six cents âmes, un Conseil général de Commune.
Pour être admis dans le conseil, il faut:

1) Etre bourgeois de l'une des Communes du Canton, ou être attaché à l'une des Corporations qui sont reconnues dans le Canton et considérées comme des bourgeoisies;
2) Etre Vaudois et domicilié dans la Commune depuis un an;
3) Etre âgé de vingt-cinq ans révolus;
4) Etre chef de famille.

Toutefois, si, dans le nombre des citoyens qui réunissent ces diverses conditions, il y en a plus d'un tiers qui ne soient pas bourgeois de la Commune, on éliminera du rôle les non bourgeois, dont le domicile dans la Commune est le plus récent, de sorte que le Conseil général soit toujours composé pour les deux tiers au moins de bourgeois.

62. Ne sont pas admis dans le Conseil général, ceux qui sont dans un des cas prévus par les articles 17 et 18.

63. Dans les Communes dont la population excède six cents âmes, il y a un Conseil communal.
Ce Conseil est composé de vingt-cinq membres au moins et de cent au plus. Ils demeurent six ans en place, sont renouvelés par tiers et rééligibles.

64. Le Conseil général et le Conseil communal examinent la gestion de la Municipalité et arrêtent ses comptes annuellement.
Ils délibèrent sur les projets d'aliénation et d'acquisition d'immeubles, sur les emprunts et les procès, ainsi que sur la réception des bourgeois.
La loi peut leur donner d'autres attributions.

65. Les membres des Municipalités prennent part aux discussions des Conseils généraux et des Conseils communaux; mais ils n'ont voix délibérative que dans les Conseils généraux des communes dont la population n'excède pas trois cents âmes.
La Municipalité se retire lorsqu'on délibère sur sa gestion et sur ses comptes.

66. Le Conseil général et le Conseil communal ne peuvent délibérer qu'autant que les membres présens forment la majorité absolue de leur nombre total.
Les membres de la Municipalité ne sont comptés que dans les Communes dont la population n'excède pas trois cents âmes.

67. Il y a, dans chaque Commune, une Municipalité, composée d'un Syndic qui en est le président, de deux membres au moins et de seize au plus.
Les membres de la Municipalité demeurent en place six ans, sont renouvelés par tiers et rééligibles.
La loi détermine les attributions des Municipalités, concernant: 1) La police locale; 2) L'administration particulière des biens de la Commune,

et de la caisse des pauvres; 3) Les détails d'administration génerale qui peuvent leur être confiés.

Les Syndics sont chargés, chacun dans leur Commune, de l'exécution des lois, décrets et arrêtés.

La loi détermine les autres fonctions particulières aux Syndics.

Titre V: Mode d'Election et Conditions d'Eligibilité

68. L'Assemblée électorale de chaque Cercle nomme au Grand Conseil un Député sur mille habitants. Chaque fraction de cinq cents et au-dessus est comptée pour mille.

Il sera dressé, tous les dix ans, un récensement nominal de tous les habitants du Canton.

69. Pour pouvoir être membre du Grand Conseil, il faut:

a) Etre bourgeois de l'une des Communes du Canton, ou être attaché à l'une des Corporations qui sont reconnues dans le Canton et considérées comme des bourgeoisies;
b) Etre Vaudois et domicilié depuis un an dans le Canton;
c) Etre âgé de vingt-cinq ans révolus.

70. Les Juges de Paix ne peuvent pas être nommés au Grand Conseil par l'Assemblée électorale de leur Cercle.

71. Les étrangers naturalisés ne sont éligibles qu'après cinq ans dès la date de la naturalisation.

72. Ne peuvent être élus membres du Grand Conseil, ceux qui sont dans l'un de cas prévus aux articles 17 et 18.

73. Un membre du Grand Conseil qui accepte une place d'argent ou d'employé revocable par le Conseil d'Etat, est soumis à la réélection comme membre du Grand Conseil.

74. Un citoyen nommé par plusieurs Cercles ne demeure Député que d'un seul; il sera remplacé immédiatement par les autres Cercles. La loi statue sur le mode de remplacement.

75. Les membres du Conseil d'Etat sont nommés par le Grand Conseil, entre les membres de ce corps qui ont trente ans révolus.

On ne peut en choisir plus de deux parmi les Députés qui ont leur domicile politique dans le même District depuis trois ans.

Ceux qui sont choisis hors du District dans lequel se trouve le Cheflieu du Canton, ne peuvent y transporter leur domicile politique, aussi longtemps qu'ils font partie du Conseil d'Etat.

76. Les membres du Tribunal d'Appel sont nommés par le Grand Conseil, entre les citoyens vaudois âgés de trente ans révolus, et qui ont été:
Ou membres du Conseil d'Etat, pendant cinq ans;
Ou membres d'une autorité judiciaire supérieure;
Ou greffiers du Tribunal d'Appel, pendant cinq ans;
Ou membres, ou greffiers, pendant cinq ans, d'un Tribunal de première instance, ou Juges de Paix, pendant le même espace de temps;

Ou Professeurs de droit à l'Academie de Lausanne;
Ou Avocats en Cour d'Appel, ou gradués Docteurs, ou Licenciés en droit, soit à l'Académie de Lausanne, soit à l'étranger.
Toutefois, les docteurs et les licenciés en droit ne seront éligibles en cette qualité, qu'autant qu'ils auront pratiqué au barreau, pendant trois ans, sous la direction d'un avocat en Cour d'Appel.

77. Deux parens ou alliés en ligne directe, deux frères ou beau-frères, l'oncle et le neveu de sang ne peuvent siéger en même temps, l'un au Conseil d'Etat, l'autre au Tribunal d'Appel.

78. Le Grand Conseil nomme ses Secrétaires.
Le Conseil d'Etat nomme son Chancelier.
Le Tribunal d'Appel nomme son Greffier.

79. Les membres des Tribunaux de première instance sont nommés par le Conseil d'Etat, sur deux listes triples, présentées, l'une par le Tribunal où se fera la vacance, et l'autre par le Tribunal d'Appel.
Le Tribunal de première instance communiquera sa liste au Tribunal d'Appel, qui pourra choisir ses candidats, soit dans cette liste, soit ailleurs.
Les Tribunaux de première instance nomment leur Président.

80. Les membres des tribunaux de première instance sont nommés entre les citoyens Vaudois, âgés de vingt-cinq ans révolus et domiciliés depuis deux ans dans le District.

81. Les Tribunaux de première instance sont renouvelés annuellement, par la sortie d'un de leurs membres.
Le membre sortant est rééligible.

82. Les Juges de Paix sont nommés par le Conseil d'Etat, sur trois listes triples, présentées par le Tribunal d'Appel, le Tribunal du District, et la Justice de Paix du Cercle.
La Justice de Paix communique sa liste au Tribunal de District qui peut choisir ses candidats, soit dans cette liste, soit ailleurs, et qui la transmet, avec la sienne, au Tribunal d'Appel qui peut choisir ses candidats, soit dans ces deux listes, soit ailleurs.

83. Les Juges de Paix sont nommés pour neuf ans et rééligibles.

84. Ils sont choisis entre les citoyens Vaudois, âgés de trente ans révolus et domiciliés depuis deux ans dans le Cercle.
La loi fixe les autres conditions d'éligibilité.

85. Les Assesseurs de Paix sont nommés par le Conseil d'Etat, sur deux listes triples, présentées, l'une, par la Justice de Paix du Cercle où se fera la vacance; et l'autre, par le Tribunal du District dans l'arrondissement duquel le Cercle est situé.
La Justice de Paix communique sa liste au Tribunal de District qui pourra choisir ses candidats, soit dans cette liste, soit ailleurs.

86. Les Assesseurs de Paix sont nommés entre les citoyens Vaudois âgés de vingt-cinq ans révolus, et domiciliés depuis deux ans dans le Cercle.
La loi peut déterminer d'autres conditions.

87. Les Assesseurs de Paix demeurent six ans en fonctions, sont renouvelés par moitié et rééligibles.

88. Le Conseil communal est nommé par l'Assemblée électorale de la Commune.

Pour être nommé à ce Conseil, il faut:

1) Etre citoyen Vaudois;
2) Etre membre de l'Assemblée électorale de la Commune;
3) Etre âgé de vingt-cinq ans révolus.

89. Le Syndic et les autres membres de la Municipalité sont nommés, savoir:

Dans les Communes dont la population n'excède pas six cents âmes, par l'Assemblée électorale de la Commune, entre les citoyens vaudois, membres de cette Assemblée, âgés de vingt-cinq ans révolus;

Dans les Communes d'une population plus considérable, par le Conseil communal, entre les membres de ce Conseil.

90. Le Conseil général et le Conseil communal nomment, chacun, leur Président pour deux ans, leur secrétaire pour six ans, lesquels sont rééligibles.

Le Syndic et les autres membres de la Municipalité sont éligibles aux fonctions de Président du Conseil général et du Conseil communal, aussi bien que les membres de ces Conseils.

Le secrétaire de la Municipalité est éligible aux fonctions de secrétaire du Conseil général et du Conseil communal.

Un membre de la Municipalité qui n'est pas réélu au Conseil communal continue néanmoins à faire partie de la Municipalité, jusqu'à l'expiration du temps pour lequel il y avait été nommé.

91. Les trois quarts des places, soit dans le Conseil communal, soit dans les Municipalités, doivent nécessairement être occupées par des bourgeois de la Commune.

92. La loi détermine les degrés de parenté ou d'alliance auxquels on ne peut pas siéger dans la même autorité.

93. La loi règle ce qui concerne le cumul des traitemens et l'incompatibilité des fonctions publiques, pour les points sur lesquels la Constitution ne statue pas.

Titre VI: Dispositions additionnelles et mode de révision

94. Les lois, décrets, résolutions, règlemens et arrêtés actuellement existans, non contraires à la présente Constitution, et postérieurs au 12 Avril 1798, restent en vigueur jusqu'à ce qu'il y soit légalement dérogé.

95. Les lois, ordonnances et règlemens actuellement existans, non contraires à la présente Constitution, et antérieurs au 12 Avril 1798, devront être remplacés par des lois nouvelles, dans un délai qui ne pourra excéder dix ans.

Après ce délai, ces lois, ordonnances et règlemens seront abrogés de plein droit.

96 et dernier. Aucun changement ne peut, à quelque titre que ce soit, être apporté à la présente Constitution, que dans les formes statuées pour la législation ordinaire, notamment par les articles 32, 33 et 40, et sous réserve de la sanction des Assemblées électorales de Cercle. La majorité absolue des citoyens actifs de tout le Canton qui auront émis leur suffrage, décidera de l'acceptation ou du rejet.

Si le projet de changement a été proposé et adopté par les deux Conseils, dans une même session, il devra être soumis à une seconde discussion et à une seconde votation, dans la session ordinaire suivante du Grand Conseil, avant qu'il puisse être présenté à la sanction des Assemblées électorales de Cercle.

Lausanne, le 25 Mai 1831.

31. Staatsverfassung des Kantons Freiburg
Vom 24. Januar 1831

Titel I: Allgemeine Grundsätze und Garantien

1. Der Kanton Freiburg ist ein Theil des schweizerisch-eidgenössischen Bundesstaats.

2. Jeder in diesem Kanton wohnende Schweizer ist zu Militärdiensten verpflichtet.

3. Die Souverainität geht vom Volke aus; sie wird durch seine Stellvertreter ausgeübt.

4. Die Gleichheit vor dem Gesetze in allen Dingen ist den Eingebornen des Kantons Freiburg gewährleistet.

5. Die Gleichheit der politischen Rechte unter allen Bürgern ist gleichfalls gewährleistet.

6. Jedes Vorrecht des Orts, der Geburt, der Personen und der Familie bleibt auf immer aufgehoben.

7. Die katholisch-apostolisch-römische Religion ist die einzige öffentliche Religion des Kantons Freiburg, mit Ausnahme des Bezirks Murten. Die evangelisch-reformirte Religion ist die einzige öffentliche Religion dieses Bezirks.

8. So oft Auslagen aus der Staatskasse, sei es für den katholischen Gottesdienst oder für Gegenstände, welche davon abhängen, sei es für die Erziehung der katholischen Jugend, gemacht werden, soll auch aus derselben Kasse, einer durch das Gesetz zu bezeichnenden Behörde, eine Summe zugestellt werden, die dem zehnten Theil dieser Auslagen gleichkömmt, um gleichfalls, entweder für den evangelisch-reformirten Gottesdienst und die Gegenstände die davon abhangen, oder für die Erziehung der protestantischen Jugend des Bezirks Murten verwendet zu werden.

9. Die persönliche Freiheit ist gewährleistet. Man kann nur in den durch das Gesetz bestimmten Fällen, und in Beobachtung der vorgeschriebenen Formen verhaftet werden.

10. Die Folter ist abgeschafft.

11. Die Presse ist frei erklärt. Das Gesetz bestraft die Mißbräuche derselben, und zwar so, daß niemals weder die Zensur, noch irgend eine andere vorgreifende Maßnahme Statt haben können.

12. Das Petitionsrecht ist gewährleistet. Das Gesetz schreibt vor, was bei dem Gebrauche dieses Rechts zu beobachten sei.

13. Der Loskauf der Zehnden, der Bodenzinse und aller andern Feudalrechte ist gewährleistet. Das Gesetz wird für diesen Loskauf billige Bedingnisse festsetzen.

14. Die nämliche Befreiung von Abgaben, deren das Rebgewächs dieses Kantones vor dem Jahre 1798 genoß, ist ihm gewährleistet.

15. Die französische Sprache ist die Sprache der Regierung; jedoch sollen alle Gesetze und Dekrete des Großen Raths, so wie alle Beschlüsse des Staatsraths, welche für den ganzen Kanton verbindlich sind, in deutscher und französischer Sprache ausgefertigt und öffentlich bekannt gemacht werden.

Titel II: Eintheilung des Kantons

16. Der Kanton Freiburg ist in dreizehn Bezirke eingetheilt, nämlich in die Bezirke:

Freiburg (deutscher Theil) provisorischer Hauptort Freiburg.
Freiburg (französischer Theil) Hauptort Freiburg.
Korbers, Hauptort Korbers.
Greyers, Hauptort Greyers.
Boll, Hauptort Boll.
Kastels, Hauptort Kastels.
Ruw, Hauptort Ruw.
Remund, Hauptort Remund.
Favernach, Hauptort Favernach.
Überstein, Hauptort Überstein.
Stäfis, Hauptort Stäfis.
Dompierre, Hauptort Dompierre.
Murten, Hauptort Murten.

17. Die Bestimmung der Gränzen der Bezirke ist dem Gesetze überwiesen; durch dasselbe kann selbst die Zahl der Bezirke vermehrt, und deren Hauptorte bezeichnet werden.

18. Die Bezirke sind in Gemeinden eingetheilt.

19. Das Gesetz kann für besondere Gegenstände andere Eintheilungen des Kantons und der Bezirke machen.

20. Freiburg ist der Hauptort des Kantons.

Titel III: Obere Behörden

I. Vom Großen Rath

A. Bildung des Großen Raths

21. Die Abgeordneten der Bezirke bilden den Großen Rath; sie werden auf die hienach vermeldete Weise ernannt.

22. Eine Bevölkerung von je tausend Seelen wird durch einen Abgeordneten vertreten.

23. In der Zählung der Bevölkerung eines jeden Orts werden alle Einwohner desselben ohne Unterschied begriffen.

B. Wahl der Abgeordneten in den Großen Rath

24. Die Abgeordneten werden durch Wahlkollegien ernannt.

25. Die Wahlmänner werden durch die Urversammlungen ernannt.

a. Von den Urversammlungen

26. Auf eine Bevölkerung von wenigstens hundert Seelen kann eine Urversammlung statt haben.

27. Es können auch Urversammlungen auf mehrere hundert und selbst auf mehrere tausend Seelen statt haben.

28. Jeder Bezirk wird durch das Gesetz in so viele Kreise für die Urversammlungen eingetheilt, als es nach seiner Bevölkerung und den Ortsverhältnissen erforderlich sein mag.

29. Um in einer Urversammlung stimmen zu können, muß man

    a) Bürger oder ewiger Einwohner einer Gemeinde des Kantons sein, und nicht zum geistlichen Stande gehören;
    b) das fünfundzwanzigste Jahr erfüllt, und
    c) seinen Wohnsitz im Kanton haben;
    d) nicht in einem fremden Kriegsdienste stehen;
    e) nicht Dienstbothe;
    f) nicht interdizirt sein;
    g) sich nicht in einem Zustande von Blödsinn oder Wahnsinn befinden;
    h) weder unzahlbarer Geldstager sein, noch unter einer gegen sich ausgesprochenen Leibhaftssentenz stehen;
    i) zwei Jahre vor der abzuhaltenden Urversammlung keine Unterstützung von einem Armenseckel empfangen haben;
    k) zu keiner entehrenden Strafe verurtheilt worden sein.

30. Jeder Bürger oder Angehörige einer Gemeinde des Kantons stimmt entweder in seinem Geburts- oder in seinem Wohnorte. Wer mehrere Bürgerrechte besitzt, kann nur in einer Gemeinde stimmen, und soll erklären, in welcher er seine politischen Rechte auszuüben gedenkt. Eben so verhält es sich mit Demjenigen, der mehrere Wohnsitze hat.

31. Das Gesetz bestimmt die Art, wie die Verzeichnisse der Bürger, die in den Urversammlungen zu stimmen berechtigt sind, sollen verfertigt werden; es bestimmt ferner den Zeitpunkt dieser Versammlungen, und die Weise, wie man in denselben verfahren soll.

32. Jede Urversammlung ernennt einen Wahlmann auf eine Bevölkerung von hundert Seelen, zwei auf zwei hundert Seelen u.s.w. Die Bruchzahlen über hundert bleiben unbeachtet.

33. Um zum Wahlmann ernannt werden zu können, ist es hinlänglich, daß man diejenigen Eigenschaften besitze, die durch den § 29 erfordert werden.

b. Von den Wahlkollegien

34. Auf jeden Bezirk kömmt ein Wahlkollegium. Ausnahmsweise hat die Stadt Freiburg mit ihrer Einung (Bürgerziel) ein besonderes Wahlkollegium.

35. Die Wahlkollegien bilden sich aus den nach Anleitung der §§ 32 und 33 ernannten Wahlmännern.

36. Jedes Wahlkollegium ernennt einen Abgeordneten in den Großen Rath auf eine Bevölkerung von tausend Seelen seines Bezirkes, zwei auf zweitausend Seelen u.s.w.

37. Ergiebt sich eine Bruchzahl der Bevölkerung, und übersteigt dieselbe fünf hundert Seelen, so ernennt das Kollegium noch einen Abgeordneten für diese Bruchzahl.

38. Die Hälfte wenigstens der einem Bezirke zukommenden Abgeordneten soll unter den Bürgern oder Angehörigen irgend einer Gemeinde dieses Bezirkes gewählt werden.

39. Wenn mehrere Wahlkollegien den gleichen Abgeordneten ernennen, so soll derselbe, sobald er von seiner Ernennung in Kenntniß gesetzt worden, sich erklären, welchen Bezirk er vertreten wolle.

Das oder die andern Wahlkollegien, die ihn gleichfalls ernannt, werden dann, in der kürzesten Frist, eine andere Wahl treffen.

40. Das Gesetz bestimmt den Zeitpunkt der Versammlung der Wahlkollegien, und die Art, wie man in denselben zu verfahren hat.

41. Um von einem Wahlkollegium zum Abgeordneten in den Großen Rath gewählt werden zu können, genügt es, diejenigen Eigenschaften zu besitzen, die hievor in § 33 erfordert werden.

C. Amtsdauer der Abgeordneten in den Großen Rath

42. Diejenigen, welche zu Abgeordneten in den Großen Rath ernannt worden, sind während neun Jahren Mitglieder desselben, mit der Ausnahme jedoch, die aus der nachfolgenden Verfügung hervorgeht.

43. Der Große Rath wird alle drei Jahre zu einem Drittheil erneuert; die erste Erneuerung wird im Monat April des Jahres 1834 Statt haben. – Die

Reihe der austretenden Abgeordneten wird, in der gewöhnlichen Sitzung vor den Wahlen durch das Loos bezeichnet.

44. Es wird jeweilen durch neue Wahlen zur Ersetzung der austretenden Mitglieder geschritten. Gleichzeitig und auf die nämliche Weise werden die durch Tod, Entlassung oder Verlust der (§ 41) geforderten Eigenschaften, im Großen Rath ledig gewordenen Stellen ersetzt.

D. Befugnisse des Großen Raths

45. Er übt alle Theile der Souverainität aus, welche nicht ausdrücklich durch die gegenwärtige Staatsverfassung andern Behörden übertragen sind, und zwar namentlich folgende:

- a) Er erläßt die Gesetze, entweder auf den Antrag eines seiner Mitglieder, oder auf denjenigen des Staatsraths.
- b) Er setzt den Gehalt der öffentlichen Beamten fest.
- c) Er bewilligt den Ankauf oder den Verkauf von Immobilien für die Rechnung des Staats.
- d) Er läßt sich über alle Theile der Kantonsverwaltung Rechnung ablegen.
- e) Er bestimmt die öffentlichen Ausgaben, bewilligt die Auflagen und genehmigt die Staatsrechnung. Ein gedrängter Auszug dieser Rechnung wird öffentlich bekannt gemacht; die Rechnung selbst steht der Einsicht jedes Bürgers offen.
- f) Er ernennt die Abgesandten des Kantons auf die Tagsatzung und bestimmt ihren Auftrag. Er berathet auch die Anträge zu außerordentlichen Tagsatzungen.
- g) Er stimmt im Namen des Kantons.
- h) Er übt das Begnadigungsrecht aus. Er kann aber keinen Rechtshandel an sich ziehen, noch sich einen Theil der richterlichen Gewalt zueignen.
- i) Er ertheilt die Naturalisationsbriefe.
- k) Er entscheidet über die Kompetenzstreitigkeiten zwischen dem Staatsrath und dem Appellationsgericht.
- l) Er ernennt die Mitglieder des Staatsraths und diejenigen des Appellationsgerichts.
- m) Er ernennt, auf einen doppelten Vorschlag des Staatsraths, den General-Inspektor des Militairs, den Oberaufseher der Straßen und den Oberforstmeister.

E. Besondere Bestimmungen

46. Der Große Rath ernennt seinen Präsidenten, der den Titel Schultheiß führt, zwei Vicepräsidenten und vier Stimmenzähler. Sie sind auf drei Jahre gewählt.

47. Er ernennt, nöthigen Falls, zwei Dollmetscher in oder außer seiner Mitte.

48. Er erwählt, auf den doppelten Vorschlag des Staatsraths, den Kanzler und seinen Amtsgehülfen, welche seine Sekretaire sind. Diese Beamten werden auf zehn Jahre gewählt.

49. Der Große Rath versammelt sich jedes Jahr den fünfzehnten Mai und den zwölften Wintermonat in dem Hauptort des Kantons. Er kann auch durch den Staatsrath außerordentlich zusammen berufen werden.

50. Die Mitglieder des Großen Raths erhalten ein billiges Taggeld. Ein besonderes Dekret bestimmt dasselbe. Dieses Dekret wird auch die hier zu machenden Ausnahmen anzeigen.

51. Ein Bericht der Verhandlungen des Großen Raths wird jeweilen, in angemessener Zeitfolge und nach den in seinem Reglement zu bestimmenden Vorschriften, bekannt gemacht werden.

II. Vom Staatsrath

52. Der Staatsrath besteht aus dreizehn Gliedern.

53. Der Große Rath erwählt die Glieder des Staatsraths entweder in oder außer seiner Mitte.

54. Jeder, der die erforderlichen Eigenschaften besitzt, um zum Abgeordneten in den Großen Rath erwählt zu werden, kann auch zum Mitgliede des Staatsraths ernannt werden.

55. Um Mitglied desselben bleiben zu können, muß man diese Eigenschaften behalten.

56. Ein Mitglied des Staatsraths, welches nach seiner Ernennung einen Jahrgehalt oder einen Orden (Pension oder Dekoration) von einer fremden Macht annimmt, ist so anzusehen, wie wenn es seine Stelle niedergelegt hätte; es sei denn, daß es vom Großen Rathe die Erlaubniß erhalten habe, dieselbe anzunehmen.

57. Die Mitglieder des Staatsraths sind auf acht Jahre erwählt, mit Ausnahme derjenigen seiner ersten Bildung, die ersetzt werden, wie folgt: es werden nämlich zwei durch das Loos zu bezeichnende Mitglieder desselben in der im Monate Mai abzuhaltenden Sitzung des Großen Raths austreten im Jahr 1835,

    zwei im Jahr 1836,
    zwei im Jahr 1837,
    zwei im Jahr 1838,
    zwei im Jahr 1839,
    zwei im Jahr 1840,
    eines im Jahr 1841;

es sei denn, daß zufällige Erledigungen durch Tod, Entlassung oder Verlust der erforderlichen Eigenschaften Statt gehabt hätten; in welchem Fall das Loos nur diejenigen, welche von der ersten Bildung übrig bleiben, treffen kann.

58. Können nicht zu gleicher Zeit Mitglieder des Staatsraths sein die folgenden Blutsverwandten, als: Ascendenten und Descendenten, Brüder, Oheim und Neffe, Geschwisterkinder; noch die folgenden verschwägerten Personen, als: Schwiegervater und Tochtermann, Schwäger.

59. Der Staatsrath erwählt seinen Präsidenten, welcher den Titel Schultheiß führt, und seinen Vicepräsidenten (Statthalter). Sie bleiben zwei Jahre im Amte. Der Schultheiß, der Präsident des Großen Raths ist, kann nicht zugleich Präsident des Staatsraths sein. Der Schultheiß, der Präsident des Staatsraths gewesen, kann erst nach Verfluß von zwei Jahren wieder dazu erwählt werden.

60. Der Kanzler und sein Amtsgehülfe (s. § 48) sind erster und zweiter Sekretär des Staatsraths.

61. Die Zahl der Angestellten der Kanzlei des Staatsraths wird durch ein Gesetz bestimmt.

62. Der Staatsrath hat folgende Befugnisse:

   a) Er ist mit der Vollziehung der Gesetze beauftragt, und kann dem Großen Rathe neue vorschlagen.
   b) Er beaufsichtigt die untergeordneten Behörden und ertheilt ihnen die nöthigen Weisungen. Die Unabhängigkeit ihrer Urtheile bleibt jedoch ausdrücklich vorbehalten.
   c) Er entscheidet die Kompetenz-Streitigkeiten, die sich zwischen ihnen erheben.
   d) Er verwaltet die Finanzen des Staats.
   e) Er legt jährlich dem Großen Rath über alle Theile seiner Verwaltung Rechnung ab. Wenn diese höchste Behörde die Verwaltung und die Rechnung des Staatsraths zum Gegenstand ihrer Berathungen macht, so nehmen diejenigen Glieder desselben, die zugleich Mitglieder des Großen Raths sind, den Austritt.
   f) Er ernennt und entsetzt seine Stellvertreter und Agenten in allen Theilen der öffentlichen Verwaltung.
   g) Er vergiebt alle übrigen Stellen, die er, nach der Staatsverfassung oder den Gesetzen, zu vergeben befugt ist.
   h) Zur Handhabung der öffentlichen Ordnung ist er über die bewaffnete Macht zu verfügen berechtigt.
   i) Er beurtheilt in zweiter Instanz die Verwaltungsstreitigkeiten, und die Straffälle der Verwaltungs-Polizei so lange das Gesetz keine andere Verfügungen darüber getroffen haben wird.
   k) Er kann den Großen Rath außerordentlich zusammenberufen.

Der Staatsrath theilt sich, zu leichterer Besorgung der Geschäfte, in Dikasterien oder auf andere Weise, wie es das Gesetz festsetzen wird.

III. Vom Appellationsgericht

63. Das Appellationsgericht besteht aus dreizehn Gliedern. Es hat dreizehn ordentliche Suppleanten.

64. Die Mitglieder und die Suppleanten des Appellationsgerichts werden durch den Großen Rath, entweder in seiner Mitte oder außer derselben, erwählt.

65. Die acht zuerst erwählten Glieder des Appellationsgerichtes sollen der deutschen und französischen Sprache kundig sein. Vom ersten Janu-

ar 1840 an wird sogar die Kenntniß beider Sprachen von allen Gliedern und Suppleanten des Appellationsgerichts erfordert werden. Diese Sprachkenntniß soll durch eine ordentliche Prüfung erwahret werden. Ein besonderes Gesetz wird vorschreiben, wie diese Prüfung Statt haben soll.

66. Die Mitglieder und Suppleanten des Appellationsgerichts werden auf Lebenszeit erwählt.

67. Jeder, der die erforderlichen Eigenschaften besitzt, um zum Abgeordneten in den Großen Rath erwählt zu werden, kann auch zum Mitglied des Appellationsgerichts ernannt werden.

68. Können nicht zugleich Mitglieder des Appellationsgerichts sein, noch als Suppleanten Sitz nehmen, die folgenden Blutsverwandten: die Ascendenten und Descendenten, die Brüder, der Oheim und der Neffe, und ferner der Schwiegervater und sein Tochtermann.

69. Das Appellationsgericht ernennt seinen Präsidenten und Gerichtsschreiber.

70. Der Präsident des Appellationsgerichts wird auf zwei Jahre erwählt.

71. Das Appellationsgericht beurtheilt und fertigt in letzter Instanz alle bürgerlichen, peinlichen und zuchtgerichtlichen Rechtsfälle und Geschäfte, welche die Kompetenz der Untergerichte übersteigen.

72. Das Gesetz bestimmt die übrigen Befugnisse des Appellationsgerichts.

73. Um ein gültiges Urtheil fällen zu können, müssen wenigstens neun Mitglieder des vorschriftmäßig gebotenen Appellationsgerichtes, die mit der Sprache der Prozedur vertraut sind, gegenwärtig sein. Das Gesetz bestimmt die Fälle, wo das Tribunal vollzählig sein soll.

74. Bei dem Appellationsgericht ist ein vom Staatsrathe ernannter Generalprokurator angestellt. Der Generalprokurator zieht, in den peinlichen und zuchtgerichtlichen Prozessen, seine Schlüsse; in allen Geschäften, wo das Interesse des Staats, der Waisen, der Interdicirten und der Abwesenden obwaltet, kann er das Wort nehmen.
Während der Berathung und Beurtheilung zieht er sich zurück.
Das Gesetz entwickelt die Verrichtungen des Generalprokurators und bestimmt seinen Gehalt.

IV. Vom Kassationsgericht

75. Es kann ein Kassationsgericht errichtet werden, um die Nichtigkeiten, die in letztinstanzlichen Sprüchen begangen worden, zu beurtheilen.

76. Der Große Rath wird die Mitglieder dieses Gerichts erwählen.

77. Seine Organisation, die Form seiner Prozedur und diejenige, die zu befolgen sein wird, um neue Urtheile an die Stelle der vernichteten zu erhalten, werden durch das Gesetz bestimmt.

Titel IV: Untergeordnete Behörden

I. Von den Oberamtmännern

78. Jedem Bezirk wird ein Oberamtmann vorgesetzt. Der Staatsrath ernennt die Oberamtmänner und ihre Statthalter.

Die Oberamtmänner sind die Stellvertreter des Staatsraths, und als solche mit der vollziehenden Gewalt beauftragt. Sie haben in ihren Bezirken die Aufsicht über die untergeordneten Behörden.

Sie beurtheilen in erster oder letzter Instanz, je nachdem es das Gesetz bestimmt, die Straffälle der Verwaltungspolizei, welche die Kompetenz der Gemeindsbehörden übersteigen, sie beurtheilen und fertigen desgleichen die Streitigkeiten, welche in die Verwaltung einschlagen, bis daß darüber das Gesetz andere Verfügungen getroffen haben wird.

Das Gesetz entwickelt die Befugnisse der Oberamtmänner.

79. Die Oberamtmänner werden auf sechs Jahre erwählt. Jedoch kann der Staatsrath sie vor Verfluß dieser Zeit wieder abrufen. Sie sollen sich zu der öffentlichen Religion der Bezirke, denen sie vorstehen, bekennen.

II. Von den Bezirksgerichten

80. Jeder Bezirk hat ein Gericht erster Instanz. Das Gesetz bestimmt die Zahl seiner Mitglieder, so wie auch die seiner Suppleanten.

81. Der Staatsrath erwählt die Mitglieder der Bezirksgerichte, ihre Präsidenten und die Suppleanten; er kann sie aber nicht abrufen. Er ernennt auch die Gerichtsschreiber.

82. Die Richter sollen unter den im Bezirke wohnenden Bürgern gewählt werden.

83. Die Bezirksgerichte beurtheilen und fertigen die bürgerlichen, peinlichen und zuchtgerichtlichen Händel und Geschäfte, nach Maßgabe der ihnen durch das Gesetz ertheilten Kompetenz in erster und letzter Instanz.

84. Der Antheil, den sie an den Waisengeschäften zu nehmen haben, ist durch das Gesetz bestimmt.

85. Sie fertigen delegationsweise diejenigen Geschäfte, die nach dem Gesetze auf diese Weise ausgefertigt werden sollen.

86. Dem Präsidenten des Gerichts, mit Beistand des Gerichtsschreibers, kömmt es zu, das Präliminar-Verhör in Kriminalfällen abzuhalten.

87. Alle in den vorstehenden §§ 83 und 86 erwähnten Geschäfte sollen nach den durch das Gesetz für jede Art derselben besonders vorgeschriebenen oder vorzuschreibenden Formen gefertigt werden.

88. Bei jedem Bezirksgericht ist ein vom Staatsrath ernannter Amtsprokurator angestellt.

In den peinlichen und zuchtgerichtlichen Prozessen zieht der Amtsprokurator seine Schlüsse.

In allen Geschäften, wo das Interesse des Staats, der Waisen, der Interdictirten und der Abwesenden obwaltet, kann er das Wort nehmen. Während der Berathung und Beurtheilung zieht er sich zurück.

Das Gesetz entwickelt ferner die Verrichtungen des Amtsprokurators und bestimmt seinen Gehalt.

III. Von den Handelsgerichten

89. Es können ein oder mehrere Handelsgerichte errichtet werden.

IV. Von den Friedensrichtern

90. In jedem Bezirke werden ein oder mehrere Friedensrichter bestellt. Das Gesetz bestimmt ihren Amtskreis.

91. Der Staatsrath ernennt die Friedensrichter, ihre Suppleanten und Schreiber.

92. Die Friedensrichter sind Vermittler in allen Zivilstreitigkeiten, und beurtheilen ohne Weiterziehung gewisse Geschäfte, nach Maßgabe der darüber zu erlassenden gesetzlichen Bestimmungen.

V. Von den Waisenämtern

93. In jedem Bezirk werden ein oder mehrere Waisenämter aufgestellt.

94. Sie werden durch den Staatsrath besetzt. Das Gesetz bestimmt ihre Befugnisse und ihren Amtskreis.

VI. Von den Gemeindbehörden

95. Es werden Gemeindbehörden aufgestellt; das Gesetz organisirt dieselben.

VII. Von dem Kirchenrath und den Chorgerichten des Bezirks Murten

96. Der Kirchenrath und die Chorgerichte des Bezirks Murten sind beibehalten.

Titel V: Revision der Staatsverfassung

97. An der gegenwärtigen Staatsverfassung können vor drei Jahren keine Abänderungen vorgeschlagen werden. Es kann auch keine Abänderung wirklich vorgenommen worden, es sei denn die Nothwendigkeit davon anerkannt, und die zu machenden Abänderungen von dem Großen Rathe in drei ordentlichen Sitzungen von drei zu drei Jahren genehmigt worden.

Titel VI: Transitorische Bestimmungen

98. Die Verfassung der Stadt und Republik Freiburg vom Jahr 1814 ist aufgehoben.

99. Sind ebenfalls aufgehoben:

a) Die Verornung über die Aufnahme in das große Bürgerrecht der Stadt Freiburg, vom 8. Brachmonat 1814.
b) Das Reglement vom 28. Brachmonat 1814, laut welchen sich der Große Rath der Stadt und Republik Freiburg konstituirt hat.
c) Das erste konstitutive Reglement des Kleinen Raths der Stadt und Republik Freiburg vom 4. Heumonat 1814, mit Ausnahme des 8. Artikels, betreffend die Gehalte der Schultheiße, der Mitglieder des Staatsraths und des Appellationsraths; (dieser Artikel ist beibehalten, bis das Gesetz die Gehalte dieser Magistratspersonen anders festgesetzt haben wird).
d) Die nachträgliche Verordnung vom 18. April 1815, betreffend die Ergänzung des Staats- und Appellationsraths.
e) Der VIII. und X. Abschnitt des Reglements für den Großen Rath der Stadt und Republik Freiburg vom Monat Februar 1816, so wie alle Verfügungen dieses Reglements, welche mit der neuen Staatsverfassung nicht im Einklang stehen.
f) Das Reglement für das Censurgericht vom Februar 1816.
g) Der erste Abschnitt des ersten Titels des Reglements für den Kleinen Rath vom Februar 1816. (Die Wahlen, welche in Gemäßheit dieses Abschnitts Art. 2 Litt. e dem Kleinen Rath zukommen, sollen einstweilen durch den Staatsrath vorgenommen werden.) Der dritte Abschnitt des nämlichen Titels, so wie alle Verfügungen dieses Reglements, welche mit der neuen Staatsverfassung nicht im Einklang stehen.

100. Alle übrigen wirklich bestehenden Gesetze, Dekrete, Verordnungen und Beschlüsse, die der gegenwärtigen Verfassung nicht zuwider sind, bleiben in Kraft, bis sie auf gesetzliche Weise werden aufgehoben worden sein.

101. Alle Magistratspersonen, Richter, öffentliche Beamten und Angestellten des Staats, alle Ober- und Unteroffiziere, alle bestehenden Verwaltungen und Kommissionen, alle Gemeindsbehörden und derselben Angestellten bleiben in Amt und Dienst, bis sie konstitutionsmäßig oder auf gesetzliche Weise werden ersetzt worden sein.

Also geschehen und beschlossen durch die konstituirende Versammlung des Kantons Freiburg, den 7., 8., 10., 11., 12., 13., 14., 15., 17., 18., 19. und 24. Jänner 1831.

32. Verfassung des Kantons Glarus
Vom 2. Oktober 1836

Erster Abschnitt

I. Kapitel: Allgemeine Bestimmungen

§ 1. Der Kanton Glarus als ungetheiltes Ganzes ist ein Freistaat mit demokratischer Verfassung und bildet als solcher ein Glied der schweizerischen Eidsgenossenschaft.

§ 2. Die Souveränität beruht im Volke. Es übt dieselbe unmittelbar an der Landsgemeinde, mittelbar durch die von ihm gewählten Behörden aus in der durch die Verfassung vorgeschriebenen Form.

§ 3. Alle Landleute stehen unter dem gleichen Gesetze und üben die gleichen politischen Rechte aus, vorbehalten die im § 26 bestimmten Ausnahmen. Es giebt sonach im Kanton keine Vorrechte der Konfession, des Orts, der Geburt, des Standes, der Familie und des Vermögens.

§ 4. Die gänzliche Glaubens- und Gewissensfreiheit ist unverletzlich.
Die freie Ausübung des evangelisch-reformirten und römisch-katholischen Gottesdienstes ist in den Gemeinden, wo der einte oder andere dermalen ausgeübt wird, feierlichst gewährleistet.

§ 5. Die Verfassung sichert das Recht gemischte Ehen einzugehen. – Weder die Eingehung derselben, noch der Übertritt von einer Konfession zur andern haben Nachtheile in Bezug auf politische und Heimathrechte zur Folge.

§ 6. Niemand kann gerichtlich verfolgt oder verhaftet werden, als in den durch das Gesetz bezeichneten Fällen, und in den durch dasselbe vorgeschriebenen Formen.
Niemand darf seinem ordentlichen Richter entzogen werden.
Die Anwendung peinlicher Mittel zu Bewirkung eines Geständnisses ist untersagt.

§ 7. Das Privateigenthum ist unverletzlich. Indessen räumt die Verfassung dem Staate das Recht ein, in Fällen, wo es das Staatswohl erheischt, von Privaten oder Gemeinheiten das Opfer eines unbeweglichen Besitzthums gegen gerechte nach Anleitung des Gesetzes auszumittelnde Entschädigung zu fordern.

§ 8. Die Verfassung sichert die Freiheit der Presse und der Meinungsäußerung. Das Gesetz bestimmt die Strafe gegen deren Mißbrauch.

§ 9. Handel und Gewerbe sind frei. Die Regalien und gesetzlichen Bestimmungen, welche das Gemeinwohl erforderlich macht, vorbehalten.
Gleiche Gewerbsfreiheit genießen auch die Angehörigen anderer Kantone und auswärtiger Staaten, in welchen dem Glarner das Gegenrecht zugesichert ist.

§ 10. Jedem Schweizerbürger und Angehörigen auswärtiger Staaten ist unter den gesetzlichen Bestimmungen die Erwerbung des hiesigen Landrechtes gestattet, insofern er darthut, daß in seinem Kanton oder in seiner Heimath dem Glarner das Gegenrecht gehalten wird. – Ehe demselben jedoch das Landrecht ertheilt wird, muß er nachweisen, daß er auf den Fall der Erlangung desselben ein Tagwen- oder Gemeindsrecht erlangt hat.

§ 11. Jedem Landmann ist das Recht der Erwerbung des Gemeinde- und Tagwenrechts in einer andern Gemeinde oder einem andern Tagwen unter den durch das Gesetz festzusetzenden Bedingungen gewährleistet. Dagegen darf kein Tagwen einem Nicht-Kantonsbürger das Tagwen- oder Gemeindsrecht definitiv ertheilen, ehe ein solcher das Landrecht erworben hat.

§ 12. Über die Erneuerung, Verzichtleistung und den Verlust des Land- und Tagwenrechts wird das Gesetz das nähere bestimmen.

§ 13. Ebenso hat jeder Landmann das Recht, sich unter den durch das Gesetz festzusetzenden Bedingungen in jedem andern Tagwen, oder jeder andern Gemeinde niederzulassen, und dorten seinen Beruf oder sein Gewerbe ungestört auszuüben.

§ 14. Jeder Landmann und jeder im Lande angesessene Schweizer ist zum eidsgenössischen Militärdienst nach den gesetzlichen Bestimmungen verpflichtet. Das Gesetz bestimmt die Ausnahmen.

§ 15. Die Abschließung von Militär-Kapitulationen mit fremden Staaten bleibt untersagt.

§ 16. Jeder Landmann, so wie die Tagwen und Korporationen haben zur Deckung der Staatsausgaben gleichmäßig nach den gesetzlichen Bestimmungen beizutragen. Kirchen-, Schul- und Armengüter sind steuerfrei.

Niedergelassene haben ihr im Lande befindliches Vermögen und Fremde ihre Liegenschaften im Kanton gleich den Landleuten zu versteuern.

§ 17. Der Grundsatz der Öffentlichkeit in Bezug des Rechnungswesens und des Staatshaushalts ist durch die Verfassung anerkannt.

Wie dieser Grundsatz bei den Behörden in Anwendung zu bringen seie, wird das Gesetz bestimmen.

§ 18. Die richterliche und vollziehende Gewalt werden unter sich und von der gesetzgebenden getrennt, so daß ihre Verrichtungen besonderen Behörden übertragen, und diese innerhalb ihrer Schranken als selbstständig anerkannt sind.

§ 19. Der Unterricht der Jugend und das gesammte Schulwesen stehen unter der Aufsicht des Staates. Er leitet und befördert die öffentlichen Unterrichtsanstalten und wacht darüber, daß jeder Landmann seinen Kindern oder Pflegbefohlenen den gehörigen Schul- und Religionsunterricht zukommen läßt.

§ 20. Eben so liegt dem Staate die Pflicht der Oberaufsicht über die Sittenpolizei und das Armenwesen ob.

§ 21. Die Verwaltung der Tagwens-, Kirchen-, Schul- und Armengüter ist, wie bis dahin, Sache der respektiven Tagwen, Gemeinden und Korporationen. Diese Güter stehen unter dem Schutze des Staates.

§ 22. Die Errichtung von Korporationen für immerwährende Zwecke unterliegt der Genehmigung des Staates.

§ 23. Die dermalen bestehenden Stiftungen für Kirchen, Schulen und andere gemeinnützige Zwecke bleiben bei ihren statutenmäßigen Rechten geschützt.

§ 24. Kein Mitglied einer Behörde oder Beamteter darf ohne Genehmigung der Landsgemeinde von einer fremden Macht einen Titel, Orden, Geld oder Geldeswerth annehmen.

Das Tragen von Orden oder andern Auszeichnungen vom Ausland in amtlicher Stellung, an Versammlungen verfassungsmäßiger Behörden und im Kantonalmilitärdienst ist untersagt.

§ 25. Alle bestehenden Gesetze, in so fern sie nicht durch diese Verfassung abgeändert oder aufgehoben werden, bleiben so lange in Kraft, bis neue an deren Stelle treten.

Dem dreifachen Landrath liegt es ob, mit Beförderung der Landsgemeinde diejenigen Gesetze, denen durch diese Verfassung gerufen wird, vorzuschlagen.

II. Kapitel: Politische Rechte der Bürger

§ 26. Aktivbürger ist jeder Landmann, nachdem er das 18. Altersjahr zurückgelegt hat und in bürgerlichen Ehren steht.

Von der Ausübung des Aktivbürgerrechts ausgeschlossen sind:

a) Falliten und Akkorditen, so lange sie nicht rehabilitirt sind.
b) Ehrlose, d.h. solche, welche wegen Diebstahl abgestraft worden oder zu entehrenden Strafen verurtheilt.
c) Diejenigen, welche durch Spruch der kompetenten Behörde in der Ausübung des Aktivbürgerrechts stille gestellt worden sind, für die Dauer dieser Zeit, und
d) Wahnsinnige und Blödsinnige.

§ 27. Jedem Aktivbürger steht das Recht zu, in der § 49 bestimmten Form Vorschläge zu Gesetzen und hoheitlichen Beschlüssen ans Memorial zu geben, an Gemeinds- und Tagwensversammlungen, so wie an der Landsgemeinde zu rathen, zu mindern und zu wehren, an den Wahlen Theil zu nehmen und gewählt zu werden, so fern er die erforderlichen Eigenschaften besitzt.

III. Kapitel: Wahlbestimmungen

§ 28. Kein politischer Beamteter oder Bediensteter soll auf Lebenszeit gewählt werden, dagegen ist derselbe nach Verfluß seiner Amtsdauer wiederum wählbar.

Suspensionen, Entlassungen oder Entsetzungen können nur in Folge Spruchs kompetenter Behörde statt haben.

§ 29. Sämmtliche Stellen werden durch das freie Handmehr vergeben.

Die Versteigerung und die allgemeine Verloosung von Landesbedienstungen ist abgeschafft.

§ 30. Bei Besetzung der Raths- und Gerichtsstellen, so wie der verschiedenen Landesbedienstungen soll rücksichtlich der Parität ein billiges Verhältniß beobachtet werden und zwar werden die Gemeinden die Mitglieder des Raths und des dreifachen Landraths nach dem im § 52 festgesetzten Verhältniß erwählen.

Zur Herstellung einer möglichst annähernden Repräsentation beider Konfessionstheile wird der Rath überdieß aus der Zahl der katholischen Landleute derjenigen Gemeinden, welche durch die Verfassung kein katholisches Mitglied im Raht haben, Ein Mitglied in den Rath und für dieses auch die zwei Mitglieder in dreifachen Landrath wählen.

In die Standes-Kommission und in jedes Gericht soll wenigstens Ein Mitglied der katholischen Konfession gewählt werden.

§ 31. Bei Besetzung der verschiedenen Kommissionen, der Gerichte, der besonderen Verwaltungen und Bedienstungen soll jeweilen auf die verschiedenen Landestheile billige Rücksicht genommen werden.

§ 32. Jeder, das Aktivbürgerrecht ausübende Landmann ist unter den nachfolgenden Bestimmungen wählbar.

§ 33. Um in die Standes-Kommission oder in das Appellationsgericht gewählt werden zu können, soll einer entweder 25 Jahre alt oder wenigstens drei Jahre lang Mitglied des Raths, einer Raths-Kommission oder eines untern Gerichts gewesen sein.

§ 34. Vater und Sohn, Schwächer und Tochtermann, Brüder und Schwäger können zu gleicher Zeit weder Mitglieder der Standes-Kommission, noch Mitglieder einer und derselben gerichtlichen Behörde sein. Eben so wenig dürfen von einem Tagwen zwei in oben benannten Verwandtschaftsgraden stehende zu gleicher Zeit oder solche, welche nicht in dem Tagwen wohnen, in den Rath gewählt werden.

Von einer Person können gleichzeitig nicht bekleidet werden:
- a) eine Stelle in der Standes-Kommission, im Kriminal- und Appellationsgericht;
- b) eine Stelle am Verhöramt, im Kriminal- und Appellationsgericht;
- c) die Stelle eines Vermittlers, Verhörrichters oder Richters erster und zweiter Instanz.

Auch sollen nicht mehr als 2 Raths-Kommissionen von einem und demselben Mitglied der Standes-Kommission präsidirt werden.

§ 35. Der Landammann und Landstatthalter werden auf eine Dauer von drei Jahren gewählt. Beide sind wieder wählbar.

§ 36. Die Mitglieder des dreifachen Landraths, des Raths, der Standes-Kommission und sämmtlicher Gerichte werden auf eine Amtsdauer von fünf Jahren gewählt. Die austretenden Mitglieder sind wieder wählbar; jedoch ergeht für jede einzelne Stelle eine neue Wahl.

§ 37. Über die Amtsdauer der übrigen hievor nicht benannten Beamtungen und Bedienstungen wird das Gesetz das Nähere bestimmen.

§ 38. Stellen, welche innerhalb der festgesetzten Amtsdauer ledig fallen, werden bei dem ersten Zusammentritt der kompetenten Wahlbehörde wieder besetzt.

Demissionen können in der Zwischenzeit von einer ordentlichen Versammlung der Wahlbehörde zur andern nicht eingereicht werden, in so fern der die Entlassung Begehrende die gesetzlichen Eigenschaften noch besitzt.

In außerordentlichen Fällen entscheidet der Rath.

Zweiter Abschnitt: Gebietseintheilung

§ 39. Der Kanton Glarus wird in nachfolgende 17 politische Gemeinden oder Wahltagwen eingetheilt, welche die ihnen nach § 52 zustehende Zahl von Mitgliedern in Rath und dreifachen Landrath zu wählen haben:

1) Bilten.
2) Kerenzen und Mühlehorn.
3) Niederurnen.
4) Oberurnen.
5) Näfels.
6) Mollis sammt Beglingen.
7) Nettstall.
8) Glarus und Riedern.
9) Ennenda und Ennetbühls.
10) Mitlödy, Sool und Schwändy.
11) Schwanden sammt Thon.
12) Der Eschentagwen, bestehend aus:
    Nitfurn, Läugelbach, Luchsingen und Adlenbach.
13) Der alte Tagwen Diesbach, bestehend aus:
    Zusingen, Haslen, Hätzigen, Diesbach, Dornhaus und Bettschwanden.
14) Rüty.
15) Linthal: Dorf, Matt und Ennetlinth.
16) Matt und Engy.
17) Elm.

Dritter Abschnitt: Von den Behörden und ihrer Kompetenz, oder von den öffentlichen Gewalten

I. Kapitel: Von der Landsgemeinde.

§ 40. Die Versammlung aller stimmfähigen Landleute an der Landsgemeinde bildet die souveräne Behörde des Kantons.

§ 41. Die Landsgemeinde versammelt sich ordentlicherweise im Jahr einmal, und zwar am zweiten Sonntag im Maimonat in Glarus.

Außerordentlich nur dann, wann es der dreifache Landrath auf den Vorschlag der Standes-Kommission wichtiger und dringlicher Geschäfte wegen für nöthig findet.

§ 42. Jeder stimmfähige Landmann ist, gesetzliche Ehehaften vorbehalten, verpflichtet, an der Landsgemeinde zu erscheinen, den Eid zu schwören, für Gesetze und Beschlüsse und bei Wahlen so zu stimmen, wie er es vor Gott und dem Vaterlande verantworten kann.

§ 43. In die Kompetenz der Landsgemeinde gehören:

a) Alle Bestimmungen hinsichtlich der Verfassung nach Anleitung des § 48.
b) Die Gesetzgebung nach Anleitung der in der Verfassung festgesetzten Bestimmungen.
c) Hoheitliche Verfügungen über Münz, Maaß und Gewicht, das Salz- und Postwesen, das Forstwesen und die Gewässer, die Jagd und Fischerei, die Zoll-, Weg- und Brükkengelder, die Susten, Märkte und Bergwerke, so wie über Veräußerung und Ankauf von Landeseigenthümlichkeiten.
d) Die Oberaufsicht über die Landesverwaltung.
e) In Beachtung der Bundespflicht der Entscheid über Krieg und Frieden, Bündnisse und alle Verträge und Verabkommnisse mit eidsgenössischen Ständen und auswärtigen Staaten, welche nicht laut Verfassung einer andern Behörde vorbehalten sind.
f) Die Wahlen des Landammanns, Landstatthalters, der Mitglieder der Standes-Kommission und der Gerichte.
g) Die Errichtung und Aufhebung öffentlicher Beamtungen und ihre Besoldungen.
h) Das Steuerwesen und alle Verfügungen betreffend die zur Bestreitung der Landesausgaben erforderlichen Mittel.
i) Alle Anstalten, Bauten, Anschaffungen, deren Totalkosten die Summe von fl. 2500 überschreiten, außerordentlich dringende Verumständungen und Bedürfnisse vorbehalten.
k) Landrechtsertheilung und Landrechtserneuerung.

§ 44. Dagegen hat die Landsgemeinde kein Recht, über die von den übrigen Behörden in Gemäßheit ihrer Befugnisse erlassenen Erkanntnisse und Urtheile einzutreten.

§ 45. Die Landsgemeinde berathet und entscheidet einzig über die im Memorial enthaltenen Artikel und Gutachten des Landraths, und zwar nach einem festzusetzenden Reglement.

Sie hat das Recht, die Anträge anzunehmen, abzuändern, zu verwerfen oder zur nochmaligen Begutachtung oder Erledigung an den dreifachen Landrath zurückzuweisen.

Die Beschlüsse der Mehrheit sind für die Minderheit verbindlich.

§ 46. Alljährlich wird der Landsgemeinde eine Übersicht der Landesrechnung und des Standes der übrigen Landesverwaltungen vorgelegt.

Diese Übersicht, sowie die Beschlüsse der Landsgemeinde, werden durch den Druck bekannt gemacht.

II. Kapitel: Vom dreifachen Landrath

§ 47. Derselbe besteht aus 119 Mitgliedern, und wird gebildet:

a) Aus dem Landammann, Landsstatthalter und den übrigen Mitgliedern der Standes-Kommission.
b) Aus den 35 von den Tagwen gewählten Mitgliedern des Raths nach § 52.
c) Aus 70, je 2 auf 1 von den Tagwen gewähltem Rathsglied, gewählten Landräthen.
d) Aus 3 vom Rath nach § 30 zu wählenden Mitgliedern.
Das Präsidium führt der jeweilige Amtslandammann.
Sämmtliche Mitglieder des Landraths stehen in gleichen Rechten und Pflichten, und haben als solche das Interesse des gesammten Landes und nicht einzelner Theile desselben nach ihrem besten Wissen und Gewissen zu vertreten.

§ 48. In seiner Kompetenz liegt:

a) Die Formation des Landsgemeindmemorials nach den gesetzlichen Bestimmungen.
b) Die Behandlung aller derjenigen Geschäfte, welche ihm von der Landsgemeinde zugewiesen werden.
c) Die Instruktion und Wahl der Gesandten auf ordentliche und außerordentliche Tagsatzungen, Abnahme der Relation und Prüfung ihrer Verrichtungen.
d) Anordnungen von Truppenaufstellungen in Gemäßheit des Bundesvertrags oder in andern dringlichen Fällen.
e) Die Aufsicht über Rath und Gericht, zu welchem Ende ihm alljährlich sowohl von der Obrigkeit, als vom Appellationsgericht ein Amtsbericht erstattet wird.
f) Prüfung und Abnahme der Landesrechnung und der abgesonderten Verwaltungsrechnungen.
g) Berathung des Voranschlags der Einnahmen und Ausgaben des Landes für das folgende Jahr.
h) Das Begnadigungsrecht von Verbrechern, welche von kompetenter Behörde zum Tode verurtheilt worden sind, nach den gesetzlichen Bestimmungen.
i) Die Abschließung von Verträgen, Verabkommnissen und Konkordaten mit auswärtigen Staaten und eidsgenössischen Kantonen, ökonomischer und polizeilicher Natur.
k) Die Wahl der Präsidenten der obrigkeitlichen Kommissionen und des Landseckelmeisters aus der Mitte der Standes-Kommission.
Ferners
der Standeskanzlei,
des Straßen-,
– Polizei-,
– Salz- und
– Zeughaus-Direktors,
des Postverwalters,
der Staabsoffiziere,

der Raths- und Gerichtsdiener,
des Waag- und Hausmeisters.
l) Die Besammlung außerordentlicher Landsgemeinden.

III. Kapitel: Vom Landsgemeinde-Memorial

§ 49. Für die von der Landsgemeinde zu behandelnden Gegenstände wird alljährlich vom dreifachen Landrath ein Memorial gebildet, welches 4 Wochen vor der Landsgemeinde dem Volke mitgetheilt werden soll.

Jedem stimmfähigen Landmann steht das Recht zu, Vorschläge zu Gesetzen und hoheitlichen Beschlüssen, die er bei seiner aufhabenden Landespflicht der Ehre und dem Nutzen des Vaterlandes angemessen erachtet, an das Memorial zu geben; die Eingaben müssen in Schrift verfaßt, den Antrag bestimmt und mit den Erwägungsgründen begleitet enthalten und vom Eingeber unterzeichnet sein.

Diese Anträge sowohl, als die von Behörden ausgehenden, werden vom dreifachen Landrath geprüft, nöthigenfalls zur Vorberathung an Kommissionen aus seiner Mitte verwiesen und diejenigen, welche er für erheblich und dringlich erachtet mit seinem Gutachten dem Memorial einverleibt.

Unter einer eigenen Rubrik, jedoch ohne besonderes Gutachten, werden im Memorial auch diejenigen Anträge aufgenommen, die der dreifache Landrath für unerheblich erklärt hat. Über Anträge der letzteren Art wird nur auf speziellen Anzug an der Landsgemeinde eingetreten, so daß sie entweder die Ablehnung oder die Begutachtung auf das folgende Jahr beschließt.

§ 50. Gegen ein von nun an neu angenommenes Gesetz sollen vor Ablauf von drei Jahren keine Abänderungsanträge angenommen werden dürfen; es wäre denn, daß sich ein solches Gesetz offenbar dem Lande nachtheilig beweisen würde. In diesem Falle liegt dem dreifachen Landrath ob, von sich aus die Landsgemeinde auf die Unstatthaftigkeit eines solchen Gesetzes aufmerksam zu machen, und auf Abänderung desselben anzutragen.

IV. Kapitel: Vollziehende Behörden

A. Der Rath

§ 51. Der Rath besteht aus 47 Mitgliedern, nämlich:

a) den 11 Mitgliedern der Standes-Kommission.
b) den 35 von den respektiven Tagwen gewählten Mitgliedern.
c) dem nach § 30 vom Rath gewählten Mitglied katholischer Konfession.

Derselbe bildet die oberste Vollziehungs- und Verwaltungsbehörde des Kantons.

§ 52. Die 35 von den Tagwen zu wählenden Mitglieder werden nach Maßgabe der Bevölkerung folgendermaßen auf die verschiedenen Tagwen vertheilt.

Bilten wählt	1 Rathsglied
Kerenzen und Mühlehorn	2 Rathsglied

Niederurnen	1 Rathsglied
Oberurnen	1 Rathsglied
Näfels	2 Rathsglied
Mollis samt Beglingen	3 Rathsglied
Nettstall	2 Rathsglied
Glarus und Riederen	4 Rathsglied
Ennenda und Ennetbuehls	2 Rathsglied
Mitlödy, Sool und Schwändi	2 Rathsglied
Schwanden samt Thon	3 Rathsglied
Der Eschentagwen, bestehend aus Nitfurn, Läugelbach, Luchsingen und Adlenbach	2 Rathsglied
Der alte Tagwen Diesbach: bestehend aus Zusingen, Haslen, Hätzingen, Diesbach, Dornhaus, und Bettschwanden	3 Rathsglied
Rüthy	1 Rathsglied
Linthal: Dorf, Matt und Ennetlinth	2 Rathsglied
Matt und Engi	2 Rathsglied
Elm	2 Rathsglied

§ 53. Dem Rath liegt ob: die Sorge für das Interesse des Kantons nach Außen, so wie die Führung der Regierungsgeschäfte und der Landesverwaltung im Innern in allen ihren Theilen.

§ 54. Er wacht für die Erhaltung der öffentlichen Ruhe und Sicherheit, vollzieht die Gesetze und Beschlüsse der Landsgemeinde und des Landraths, und erläßt die hiefür erforderlichen Verordnungen nach den Grundsätzen und Bestimmungen derselben.

Gleichergestalt ist ihm die Vollziehung der, von eidgenössischen Behörden ausgegangenen, für unsern Kanton verbindlichen Verfügungen, so wie die Handhabung der mit andern eidgenössischen Ständen oder auswärtigen Staaten geschlossenen Verträge übertragen.

§ 55. Er leitet und beaufsichtigt die Rathskollegien, denen besondere Zweige der Verwaltung übertragen sind, in Gemäßheit der, auf ihre Organisation und Verrichtungen aufzustellenden Reglements.

§ 56. Er legt dem dreifachen Landrath alljährlich sowohl über die Verwaltung des Landsseckels, als über diejenigen der abgesonderten Kantonalgüter und Kassen, Rechnung ab, und entwirft zu seinen Handen den Voranschlag der jährlichen Einnahmen und Ausgaben.

§ 57. Er erstattet alljährlich dem dreifachen Landrath Bericht über alle Zweige der Landesverwaltung.

§ 58. Er ernennt alle Landesangestellten, deren Wahl nicht durch die Verfassung der Landsgemeinde oder dem dreifachen Landrath ausdrücklich zugeschieden ist.

§ 59. Er führt die Aufsicht über die untergebenen besondern Stellen und Verwaltungen und die Oberaufsicht über das Standes-Archiv.

§ 60. Er hat erforderlichen Falls das Recht von der Verwaltung der Tagwen-, Kirchen-, Schul- und Armengüter Einsicht zu nehmen und nach Umständen einzuschreiten.

§ 61. Ihm steht mit Ausnahme des Landammanns die Beeidigung der neugewählten Mitglieder der Standes-Kommission, der Räthe, der Gerichte, und der übrigen Landesbeamten und Bediensteten zu.

B. Kommissionen

§ 62. Theils zur Besorgung der verschiedenen Verwaltungszweige, theils zur Vorberathung der Geschäfte werden folgende Raths-Kommissionen bestellt:

1) Die Standes- oder Schranken-Kommission.
2) Die Haushaltungs-Kommission.
3) Die Militär-Kommission.
4) Die Schul-Kommission.
5) Die Sanitäts-Kommission.
6) Die Polizei-Kommission.
7) Die Straßen- und Bau-Kommission.

Die Standes-Kommission

§ 63. Dieselbe besteht mit Inbegriff des Landammanns und Landstatthalters aus 11 von der Landsgemeinde gewählten Mitgliedern.

Sie vertritt für die minder wichtigen Regierungsgeschäfte den Rath. Dahin gehören:

a) Die laufende Correspondenz mit auswärtigen Staaten, den Bundesbehörden und den andern eidsgenössischen Ständen; so wie die Gesandtschaftsberichte, so weit solche bloße Empfangsbescheinigungen bedürfen.
Ferner einfache Stellungsbegehren von auswärtigen Behörden in einfachen Polizeifällen, Anordnung der Einvernahme von Zeugen im Innern des Kantons auf auswärtige Requisition, Stellung von Zeugen vor auswärtigen Behörden, so wie auch Gegenrechtsbescheinigungen.
b) Ratifikation von Kaufbriefen und Testamenten, Landrechtsbescheinigungen, Bewilligung zu Verehlichung Fremder im Kanton und Einheimischer im Ausland, Rechtbottsverbriefungen, Prüfung der Aspiranten zu Kanzleistellen, Raths- und Gerichtsdiener und andern Landesbedienstungen.

Ferners fällt in ihren besondern Wirkungskreis als Kommission:

c) Die Vorberathung und Begutachtung zu Instruktionen auf die Tagsatzungen und Konferenzen.
d) Die Begutachtung und Erledigung der ihr vom Rath zugewiesenen Gegenstände.
e) Die Handhabung und Besorgung der Linth, Linthschiffahrts- und Grenzangelegenheiten, der Weg- und Brückengelder.
f) Das Vormundschafts- und Armenwesen (z. B. Bevogtigungen, Ratifikationen von Steuerrödeln u. s. w.).
g) Die Aufsicht über die Kantons-Kanzlei und das Archiv.
h) Eben so die Aufsicht über die Unterangestellten des Kantons oder Landesbediensteten, welche nicht unter den Befehlen be-

sonderer Kommissionen stehen, so wie die Fürsorge für den verfassungsmäßigen Zustand der verschiedenen Stellen und Behörden.
i) Verfügungen in dringlichen Fällen.
k) Prüfung, Genehmigung und Aufbewahrung der von Landesbeamteten zu leistenden Kautionen oder Bürgschaften.
l) Die unmittelbare Leitung der Postangelegenheiten, mit Ausschluß des darauf bezüglichen Rechnungswesens.
m) Einberufung des Raths und dreifachen Landraths für seine ordentlichen und bei dringlichen Fällen für seine außerordentlichen Sitzungen.

§ 64. Über die Zusammensetzung und die Befugnisse der übrigen Kommissionen wird das Gesetz und über ihre Geschäftsführung ein Reglement das Nähere bestimmen.

V. Kapitel: Vom Landammann

§ 65. Der Landammann führt das Präsidium an der Landsgemeinde, im dreifachen Landrath, im Rath und in der Standes-Kommission. An ihn gelangen alle amtlichen Schreiben, die an die von ihm präsidirten Behörden gerichtet sind; er ist pflichtig dieselben in erster Sitzung vorzulegen; er verwahrt das Landessiegel und unterzeichnet und besiegelt alle Verträge und Verkommnisse, Instruktionen und Kreditive, so wie alle an auswärtige Regierungen abgehende Schreiben und diejenigen öffentlichen Akten, die ihm durch das Gesetz werden zugewiesen weren. Er wacht über die Vollziehung der Beschlüsse der Landsgemeinde, der Räthe und der Standes-Kommission, insoweit dieselbe nicht besondern Behörden übertragen ist.

§ 66. In Verhinderungs- oder Ausstandsfällen des Landammanns wird derselbe durch den Landstatthalter und dieser letztere durch das erstgewählte Mitglied der Standes-Kommission vertreten.

VI. Kapitel: Richterliche Gewalten

§ 67. Alle Civilstreitigkeiten müssen, ehe sie ans Gericht gelangen, zum Zweck der gütlichen Ausgleichung vor Vermittlung gebracht werden.
Für die Civil- und Stafgerechtigkeitspflege sind folgende Behörden aufgestellt:

A. Das Civil-Gericht

§ 68. Dasselbe besteht aus dem Präsidenten und 6 Mitgliedern. Zu seiner Kompetenz gehören:

a) Alle vorläufigen Verfügungen, und die Erledigung aller auf die Einleitung des Prozesses erforderlichen Vorfragen.
b) Es spricht in erster Instanz über alle Civilklagen und Verwaltungsstreitigkeiten und zwar inappellabel über alle Streitsachen, deren Betrag die Appellationssumme nicht erreicht.

B. Das Augenscheins-Gericht

§ 69. Es besteht aus dem Präsidenten und 4 Mitgliedern, und spricht in erster Instanz über Streitsachen wegen unbeweglichem Gut, und darauf bezügliche Rechtsame, welche eine Beaugenscheinigung an Ort und Stelle erfordern.

C. Das Ehe-Gericht

§ 70. Bestehend aus dem Präsidenten und 6 Mitgliedern, behandelt und beurtheilt inappellabel:

    a) Alle Paternitätsfälle, und

    b) alle Ehestreitigkeiten, mit Ausnahme derjenigen Fälle, wo beide Theile der katholischen Konfession angehören.

Über die Behandlung paritätischer Ehestreitigkeiten wird das Gesetz das Nähere bestimmen.

Bei Ehestreitigkeiten zwischen evangelischen Glaubensgenossen wird das katholische Mitglied durch ein evangelisches ersetzt.

D. Das Kriminal-Gericht

§ 71. Dasselbe besteht aus dem Präsidenten und 12 Mitgliedern. In seine Kompetenz fallen:

    a) Polizeiübertretungen aller Art.

    b) Alle Ehrverletzungen durch Wort und Schrift.

    c) Vergehen und Verbrechen.

Die Fälle unter a und b werden durch ein, aus dem Präsidenten und den 6 erstgewählten Gliedern des Gerichts gebildetes Polizeigericht beurtheilt; und zwar die unter a bezeichneten inappellabel.

In welchen Fällen von Ehrverletzungen die Appellation ergriffen werden kann, wird das Gesetz das Nähere bestimmen.

Vergehen und Verbrechen werden durch das ganz gesessene Gericht erst instanzlich beurtheilt.

Es leitet und beaufsichtigt das Verhöramt und bestellt, wenn es von dem Inquisiten nicht selbst geschieht, seinen Vertheidiger.

E. Das Appellations-Gericht

§ 72. Es besteht aus dem Präsidenten und 6 Mitgliedern, und erhält 6 Ergänzungsrichter für Fälle von Behinderung oder Austritt eines oder mehrerer Mitglieder.

Es bildet mit Zuzug der 6 Suppleanten das Appellationsgericht über alle Kriminalfälle.

Zur Beurtheilung von Malefizfällen, in welchen über Leben und Tod abgesprochen werden soll, werden sämmtliche Mitglieder der Standes-Kommission zum Appellationsgericht als Verstärkung zugezogen.

Es entscheidet in höchster und letzter Instanz über alle Civilstreitigkeiten deren Betrag die Summe von Gulden 50 übersteigt, oder welche immerwährende Rechte zum Gegenstand haben.

Ihm liegt die Oberaufsicht über die andern Gerichtsstäbe wegen Beobachtung des gesetzmässigen Verfahrens ob.

Es erstattet dem dreifachen Landrath alljährlich einen Amtsbericht.

§ 73. Bei Ausstandsfällen von Mitgliedern des Kriminal-, Civil-, Augenscheins- und Ehegerichts findet die Ergänzung von einem Gericht in das andere in obiger Reihenfolge statt.

Bei Ausstandsfällen des Gerichtspräsidenten tritt der erstgewählte Richter, welcher im Gerichte sitzen kann, an seine Stelle.

VII. Kapitel

A. Vom Verhöramt

§ 74. Zur Untersuchung von Polizei- und Kriminalfällen wird ein Verhöramt aufgestellt. Das Nähere darüber zu bestimmen ist dem Gesetz vorbehalten.

B. Von der Kanzlei

§ 75. Zur Besorgung der Kanzleigeschäfte bei Rath und Gericht wird das nöthige Personale aufgestellt werden.

Das Nähere über die Kanzlei so wie über das Sekretariat der Kommissionen wird das Gesetz bestimmen.

Vierter Abschnitt:

I. Kapitel: Von den Besoldungen

§ 76. Die Mitglieder des dreifachen Landraths verrichten ihre Geschäfte unentgeldlich; hingegen wird über die Besoldung der Mitglieder des Raths der Standes-Kommission und der übrigen Kommissionen, der Gerichte und der andern verfassungsmäßigen Beamtungen das Gesetz das Nähere bestimmen.

II. Kapitel: Vom Eid

§ 77. Sämmtliche Landleute, die Mitglieder aller Behörden und alle Landesangestellten, so wie die Herren Geistlichen beider Konfessionen und auch die Niedergelassenen sollen alljährlich an der Landsgemeinde den ihnen vorgeschriebenen Eid schwören.

Fünfter Abschnitt: Vom Kirchenwesen

§ 78. Nach § 4 genießen die im Lande bestehenden evangelisch-reformirten und römisch-katholischen Kirchen das Recht der freien Ausübung ihres Glaubensbekenntnißes und des öffentlichen Gottesdienstes, und es kommt jeder der beiden Konfessionen zu, nach der Verfassung ihrer Kirche und unter Aufsicht des Staates ihre konfessionellen Angelegenheiten selbst zu besorgen.

§ 79. Es wird zu diesem Ende von jedem Konfessionstheil ein eigener Kirchenrath aufgestellt, über dessen Wahl, Zusammensetzung, Befugnisse und Geschäftsführung das Gesetz das Nähere bestimmen wird.

§ 80. Die Geistlichen beider Konfessionen stehen in allen bürgerlichen Beziehungen, in Civil- und Kriminalsachen unter den Gesetzen und Gerichten des Landes und sind pflichtig nach § 77 den Eid zu schwören.

Sechster Abschnitt: Von den Gemeinden und Gemeindsbehörden

§ 81. Die gegenwärtige Eintheilung in Kirchgemeinden, Tagwen und Dorfschaften bezüglich ihrer innern Verwaltung bleibt unverändert.

§ 82. Jedem Tagwen, jeder Dorfschaft, jeder Kirch- und Schulgemeinde steht, wie bis anhin, das Recht zu, ihre innern Angelegenheiten innerhalb der Verfassungs- und gesetzmäßigen Schranken selbstständig zu besorgen und zu verwalten, und ihre Verwalter und Angestellten zu erwählen.

Der gleiche Grundsatz gilt auch für alle Korporationen und Stiftungen laut § 23.

I. Kapitel: Von den Gemeindsversammlungen

§ 83. Die laut § 26 stimmfähigen Gemeindsbürger, welche in der Gemeinde oder Dorfschaft wohnen, bilden die Gemeindsversammlung.

Bei Wahlen von Mitgliedern des Raths und dreifachen Landraths mögen auch diejenigen Gemeindsbürger mitstimmen, welche nicht in der Gemeinde selbst wohnen.

§ 84. Sie führt die Aufsicht über den Gemeindshaushalt, verfügt über den Erwerb oder Verkauf von Liegenschaften, Anhebung und Fortsetzung von Prozessen, über Bauten oder andere öffentliche Einrichtungen und die Benutzung der Gemeindsgüter in so fern nicht die Gemeindsgesetze in letzterer Beziehung beschränkende Bestimmungen enthalten. – Ihr stehen ferner zu: alle Verfügungen über rein ortspolizeiliche Gegenstände, die Ertheilung und Erneuerung von Gemeindsrechten laut § 11, so wie endlich die ihnen zustehenden Wahlen.

§ 85. Alljährlich soll über die Verwaltung der Gemeinde-, Kirchen-, Armen-, Schul- oder anderer Korporationsgüter den Genossen Rechnung abgelegt werden.

Über die Führung und Prüfung der Rechnungen wird das Gesetz das Nähere bestimmen.

II. Kapitel: Vom Gemeind-Rath

§ 86. Es wählt jeder Tagwen einen Gemeindsrath. Derselbe besteht aus einem Präsidenten, wenigstens 3 und höchstens 10 Gemeindräthen, dem Tagwenvogt und dem Tagwenschreiber; letzterer aber ohne Stimme.

Die von der Gemeinde gewählten Mitglieder des Raths sind als solche Mitglieder des Gemeindraths.

§ 87. Das Präsidium bei Tagwensversammlungen und beim Gemeindrath führt der Gemeindspräsident. In dessen Abwesenheit oder andern Verhinderungsfällen funktionirt das erstgewählte Mitglied des Gemeindraths.

Der Tagwenvogt steht unter der Leitung des Gemeindraths und vollzieht dessen Beschlüsse.

Der Tagwenschreiber führt über die Verhandlungen der Gemeindsversammlungen und der Gemeindsräthe ein ordentliches Protokoll.

§ 88. Um Mitglied des Gemeindraths sein zu können, muß einer in derjenigen Gemeinde wohnhaft sein, von welcher er gewählt worden ist.

§ 89. Der Gemeindrath besorgt alle innern Tagwensangelegenheiten, vollzieht die Beschlüsse der Tagwensversammlungen, und die von den Kantonsbehörden an ihn gelangenden Verordnungen und Aufträge, insoweit dieselben nicht bereits einzelnen Vorstehern übertragen sind, und ist zugleich Strafrichter für Frevel und alle Übertretungen von Gemeindsgesetzen.

Unter seiner speziellen Aufsicht stehen auch die Verwaltungen der verschiedenen Gemeindsgüter.

III. Kapitel: Von den Kirchgemeinden

§ 90. Die Kirchgemeinde wird von sämmtlichen stimmfähigen Kirchgenossen gebildet.

Sie beschließt innerhalb der gesetzlichen Schranken über die kirchlichen Angelegenheiten der betreffenden Gemeinde; hat die Aufsicht über die Verwaltung des Kirchenvermögens und wählt nebst den Herren Geistlichen die Kirchenvorsteher und Kirchenbediensteten.

IV. Kapitel: Von den Schulgemeinden

§ 91. Ebenso steht der Versammlung der Schulgenossen mit Vorbehalt von § 23 das Recht zu, die nöthigen Verordnungen über ihre Schulen zu treffen, die Verwaltung des Schulvermögens zu besorgen, den Schulvogt und die Schullehrer zu wählen, alles, innerhalb den durch das Gesetz festgesetzten Schranken.

V. Kapitel: Vom Stillstand

§ 92. Jede Kirchgemeinde hat einen eigenen Stillstand, bestehend aus dem Ortspfarrer als Präsidenten, den Mitgliedern des Raths der betreffenden Gemeinden, und einer beliebigen Anzahl von der Kirchgemeinde zu wählender Beisitzer.

§ 93. Er bildet die vorberathende und vollziehende Behörde in den Kirchensachen der Gemeinde, er handhabt die Sittenpolizei, besorgt das Armenwesen, beaufsichtigt in seiner Gesammtheit oder durch besonders Beauftragte die Schulen, und ist die einleitende Behörde in Matrimonial- und Paternitätsfällen. Über seine Verhandlungen wird ein regelmäßiges Protokoll geführt.

VI. Kapitel: Von den Waisenämtern

§ 94. Von jedem Wahltagwen wird ein Waisenamt von wenigstens 4, höchstens 6 Mitgliedern aufgestellt.

Der Präsident dieser Behörde ist der Waisenvogt, welcher auf den Vorschlag des Gemeindraths aus dessen Mitte vom Rath gewählt wird.

Das Waisenamt besorgt nach Anleitung des Gesetzes das Vormundschaftswesen des betreffenden Tagwens, beaufsichtigt die Vögte, und ist hinsichtlich seiner Verrichtungen hinwieder der Standes-Kommission untergeordnet.

VII. Kapitel: Vom Vermittler

§ 95. In jedem Wahltagwen soll aus der Zahl der Aktivbürger ein Vermittler und für Verhinderungsfälle ein Stellvertreter erwählt werden.

Die Verrichtungen derselben wird das Gesetz bestimmen.

VIII. Kapitel: Vom Polizeivorsteher

§ 96. Eben so soll vom Rath für jeden Wahltagwen aus der Mitte des Gemeindraths und auf dessen Vorschlag ein Polizeivorsteher gewählt werden.

IX. Kapitel: Parität und Amtsdauer

§ 97. In den Gemeinden Glarus, Nettstall und Mitlödy soll wenigstens Ein Mitglied katholischer Konfession in den Gemeindrath und in das Waisenamt gewählt werden.

§ 98. Sämmtliche Gemeindsbeamtete werden auf 5 Jahre gewählt und sind wieder wählbar.

Rücksichtlich des Verwandtschaftsgrades der Mitglieder des Gemeindraths und Waisenamts gelten die in § 34 festgesetzten Grundsätze.

Siebenter Abschnitt: Von der Revision der Verfassung

§ 99. Die gegenwärtige Verfassung wird auf die Dauer von vier Jahren angenommen.

§ 100. Innerhalb dieser Zeit, mithin vor dem Jahr 1841, sind keine Anträge auf Verfassungsabänderung zulässig.

§ 101. Nach Abfluß der vier Jahre wird der dreifache Landrath von sich aus oder auf an ihn gelangte Anträge die Frage in Berathung ziehen, ob, und bejahenden Falls über welche Punkte eine Revision in der Verfassung vorzunehmen seie. Er legt diese Frage begutachtet der Landsgemeinde vor.

Spricht sich die Landsgemeinde für keine Revision aus, so bleibt die Verfassung wiederum für die folgenden vier Jahre in Kraft.

Wird hingegen Revision beschlossen, so bezeichnet die Landsgemeinde unter den ihr vom Landrath vorgelegten Artikeln diejenigen, welche einer Abänderung unterworfen und aufs nächste Jahr begutachtet werden sollen.

Der dreifache Landrath legt dieselben mit seinem Gutachten versehen der nächsten ordentlichen Landsgemeinde vor.

Schlussbestimmung

§ 102. Bis zur Einführung der neuen Verfassung bleibt die dermalen bestehende Verfassung in Kraft und die Behörden in ihrer gesetzlichen Thätigkeit.

In Kraft dessen gegenwärtige Verfassung urkundlich ausgefertigt, mit den Unterschriften des heutigen Präsidii und der Kanzlei versehen, so wie mit dem gewohnten Standes-Siegel verwahrt worden ist.
Gegeben zu Glarus, am 2. Oktober 1836.

33. Das Siebner Konkordat
Vom 17. März 1832

In Ermangelung näherer Bestimmungen des Bundesvertrages über Umfang und Folgen einer Gewährleistung der Verfassung und in der durch den § 6 des Bundesvertrags begründeten Berechtigung haben die eidgenössischen Stände *Lucern, Zürich, Bern, Solothurn, St. Gallen, Aargau* und *Thurgau* folgendes Concordat unter sich geschlossen:

Art. 1. Indem die vorgenannten, dem gegenwärtigen Concordat beitretenden Stände ihre auf dem Grundsatz der Volkssouveränität beruhenden, in dem eidgenössischen Archiv niedergelegten Verfassungen gegenseitig gewährleisten, verheißen sie hiedurch sowohl die dem Volk jedes Kantons nach seiner Verfassung zustehenden Rechte und Freiheiten, als die verfassungsgemäß aufgestellten Behörden jedes Kantons und ihre verfassungsmäßigen Befugnisse aufrecht zu erhalten. Sie gewährleisten sich ferner, daß Änderungen dieser Verfassungen einzig in der durch jede Verfassung selbst festgesetzten Weise vorgenommen werden können.

Art. 2. Wenn in einem der beitretenden Kantone wegen Verfassungsverletzungen Zerwürfnisse entstehen, welche die allgemeine Ruhe desselben gefährden, so üben, nach fruchtlos versuchter Vermittlung, die übrigen im Concordat begriffenen Kantone insgesammt das Schiedsrichteramt aus. Die Schiedsrichter haben strenge nach dem Sinne der bestehenden Verfassung zu urteilen und können in derselben keinerlei Veränderungen vornehmen.

Art. 3. Zur Bildung des Schiedsgerichts sendet jeder der beitretenden Stände (mit Ausnahme des selbst betheiligten Kantons) einen von seiner obersten Kantonsbehörde gewählten Schiedsrichter. Diese Schiedsrichter sind an keine Instruction gebunden.

Art. 4. Der betheiligte Stand ist pflichtig, sich dem Spruche zu unterziehen, den die concordierenden Stände nöthigenfalls vollstrecken.

Art. 5. Durch die verheißene Garantie anerkennen die beitretenden Stände ihr Recht und ihre Pflicht, einander Schutz und Schirm zu leisten und unter Anzeige an den Vorort einander selbst mit bewaffneter Macht einzeln oder in Gemeinschaft zu Hülfe zu ziehen, um Ruhe, Ordnung und Verfassung, wo diese gefährdet sein sollten, aufrecht zu erhalten.

Art. 6. Gegenwärtiges Concordat wird mit ausdrücklichem Vorbehalt aller aus dem bestehenden Bundesvertrag hervorgehenden Rechte und Pflichten der beitretenden Kantone sowohl gegen die gesammte Eidgenossenschaft als gegen die einzelnen übrigen Stände abgeschlossen. Sobald der Bundesvertrag der Eidgenossen revidiert und in demselben die angemessenen Bestimmungen über Umfang und Wirkung der Garantie der Verfassungen aufgenommen sein werden, tritt dieses Concordat als erloschen außer Kraft und Wirksamkeit.

Protokoll über eine nachträgliche Verabredung

... 5. Jedem Stand der Eidgenossenschaft ist der Beitritt zu diesem Concordat vorbehalten.

34. Die Badener Konferenz-Artikel
Vom 27. Januar 1834

Amtliche Bekanntmachung der von Abgeordneten der Stände Luzern, Bern, Solothurn, Basel-Landschaft, Aargau, Thurgau und St. Gallen unter Genehmigungsvorbehalt der betreffenden obersten Kantonsbehörden im Jänner 1834 zu Baden infolge Besprechung über die Errichtung eines Erzbisthums und die Rechte und Verhältnisse des Staats in Kirchensachen beschlossenen Konferenz-Artikel.

I. Errichtung eines Metropolitanverbandes

Von dem Gefühle der Nothwendigkeit durchdrungen, die kirchlichen Interessen des katholischen Volkes im gemeinsamen schweizerischen Vaterlande zu einigen und die verschiedenen Theile der katholischen Bevölkerung zu einem den Forderungen des Staats und dem Bedürfnisse der Kirche entsprechenden Ganzen zu verbinden, haben sich die hienach benannten Stände zur besondern Aufgabe gemacht, die Idee eines Metropolitanverbandes, wie solche schon in den ältesten kanonischen Vorschriften und den kirchlichen Einrichtungen der ältern und neuern Zeit begründet und ausgeführt ist, auch in der Eidgenossenschaft ins Leben zu rufen, und geben um so mehr der Hoffnung Raum, es werden diesem ihrem Streben auch die übrigen katholischen und paritätischen Stände sich anschließen, als die Vortheile, welche von einem solchen Unternehmen zu erwarten, die Interessen des Staates und der Kirche in gleichem Maße zu befriedigen geeignet sind, und als namentlich die Kirche, die da eine wahre Gemeinschaft der Gläubigen darstellen soll, in der Bildung eines solchen höhern Verbandes – wie ihn die Errichtung eines erzbischöflichen Stuhles in der Schweiz, oder wenn diese, wider besseres Verhoffen, nicht erzielt werden könnte, die Anschließung an ein auswärtiges Erzbisthums herbeiführen würde – ein wesentliches Mittel zu Erreichung ihrer schönsten Zwecke finden wird.

Von dieser Ansicht ausgehend, und von dem Gedanken geleitet durch Einführung höherer kirchlicher Institutionen das öffentliche Leben in Staat und Kirche zu heben, geben sich die mehr erwähnten Stände folgende Zusicherung und Erklärung:

Die kontrahirenden Kantone der Eidgenossenschaft, in Ausübung ihres landesherrlichen Rechtes solche kirchliche Institutionen zu begründen, die den vom Staate anerkannten geistigen Bedürfnissen seiner Glieder entsprechen, verpflichten sich gegenseitig, die bisherigen Immediatbisthümer denen sie angehören einem Metropoliten zu unterstellen, und werden zu dem Ende Seine päbstliche Heiligkeit ersuchen, das Bisthum Basel (als eine der ältesten Diözesen, die zugleich am reichsten ausgestattet und die größte der Schweiz ist), zum Rang eines schweizerischen Erzbisthums zu erheben, und diesem die übrigen vorerwähnten Immediatbisthümer einzuverleiben.

Auf den Fall, daß diese kirchenrechtlich begründete Regulierung der schweizerischen Bisthumsverhältnisse nicht erzielt werden sollte, bleibt den kontrahirenden Ständen die Ausmittlung desjenigen auswärtigen Erzbisthums, an welches sie sich anschließen würden, und die Anbahnung der zu dieser Anschließung geeigneten Unterhandlungen vorbehalten.

II. Verhältnisse und Rechte des Staates in Kirchensachen

Um den Verwickelungen zu begegnen, die bei der Unbestimmtheit der Verhältnisse zwischen Staat und Kirche sich leicht ereignen, dabei die Rechte des Staats gehörig zu wahren und die Wohlfahrt der Kirche möglichst zu fördern, haben die nachbenannten Kantone folgende Übereinkunft getroffen:

1. Die kontrahirenden Kantone verpflichten sich, die durch die kanonischen Vorschriften geforderte Abhaltung von Synoden zu bewirken, werden jedoch Vorsorge treffen, daß diese Versammlungen nur unter Aufsicht und mit jeweiliger Bewilligung der Staatsbehörde Statt finden.

2. Die Kantone machen es sich zur Pflicht, die nach den in der Schweiz anerkannten Kirchensatzungen den Bischöfen zukommenden Rechte, welche in ihrem ganzen Umfange von denselben auszuüben sind, aufrecht zu erhalten und zu schützen.

3. Sie verbinden sich gemeinschaftlich zu Handhabung des landesherrlichen Rechts, vermöge dessen kirchliche Kundmachungen und Verfügungen dem Placet der Staatsbehörden unterliegen, des nähern bestimmend, was folgt:

Dem Placet sind unterworfen:

a) Römische Bullen, Breven und sonstige Erlasse.
b) Die vom Erzbischof, vom Bischof und von den übrigen kirchlichen Oberbehörden ausgehenden allgemeinen Anordnungen, Kreisschreiben, Kundmachungen etc. an die Geistlichkeit oder an die Bisthumsangehörigen, so wie die Synodalbeschlüsse und be-

schwerende Verfügungen jeder Art gegen Individuen oder Korporationen.
c) Urtheile von kirchlichen Obern, insoweit deren Ausfällung nach Landesgesetzen überhaupt zulässig ist.

Von solchen kirchlichen Erlassen darf keiner bekannt gemacht, oder auf irgend eine Weise vollzogen werden, es sei denn derselbe zuvor mit dem von der kompetenten Staatsbehörde zu ertheilenden Placet versehen worden, ohne welches er weder Verbindlichkeit noch Vollziehung erhält.

Die Kundmachung des Hauptakts und der das Placet enthaltenden Erklärung der Staatsbehörde soll gleichzeitig geschehen. Geistliche Untergebene sind verpflichtet, was immer im Widerspruch mit diesen Bestimmungen ihnen zukommt, nicht nur unbeachtet zu lassen, sondern sogleich der betreffenden Amtsstelle zu Handen der obern Staatsbehörden mitzutheilen.

Die Kantone verpflichten sich, auf dem Wege der Gesetzgebung wirksame Strafbestimmungen gegen Übertretung aller dieser Vorschriften festzusetzen.

Geistliche Erlasse rein dogmatischer Natur sollen der Staatsbehörde ebenfalls mitgetheilt werden, der sodann überlassen ist, ihre Bewilligung zur Bekanntmachung unter der Form des Visums zu ertheilen.

4. Die Kantone, in denen Ehestreitigkeiten nicht in allen Beziehungen dem Civilrichter unterstellt sind, werden in ihren bürgerlichen Gesetzgebungen den Grundsatz befolgen, daß der geistlichen Gerichtsbarkeit jedenfalls keine höhere Kompetenz in Ehesachen zustehe oder eingeräumt werden dürfe, als diejenige, über das Sakramentalische des Ehebands zu urtheilen. Alle übrigen Verhältnisse werden die Kantone dem bürgerlichen Richter vorbehalten.

5. Die Eingehung von Ehen unter Brautleuten verschiedener christlicher Konfession wird von den kontrahirenden Kantones gewährleistet. Die Verkündung und Einsegnung unterliegt den gleichen Vorschriften, wie jene von ungemischten Ehen und wird den Pfarrern ohne Ausnahme zur Pflicht gemacht. Die angemessenen Cocrcitiv-Maßregeln gegen die sich weigernden Pfarrer werden die einzelnen Kantone bestimmen.

6. Die kontrahirenden Kantone werden die Festsetzung billiger Ehedispenstaxen, sei es durch Verständigung mit dem Bischofe, sei es durch Unterhandlung mit dem päbstlichen Stuhle zu bewirken suchen. Würde der Zweck auf dem bezeichneten Wege nicht erreicht, so behalten sich die kontrahirenden Kantone ihre weitern Verfügungen vor.

7. Sie verbinden sich, eine wesentliche Verminderung der Feiertage, oder die Verlegung derselben auf die Sonntage, nach dem Grundsatze möglichster Gleichförmigkeit auszuwirken, und werden zu diesem Behufe sich mit dem Bischofe ins Einverständnis setzen. Eben so werden sie sich gemeinsam für Verminderung der Fasttage, mit besonderer Rücksicht auf das Abstinenzgebot an Samstagen – verwenden, jedenfalls ihre hoheitlichen Rechte auch in diesen Disciplinarsachen sich vorbehaltend.

8. Die kontrahirenden Kantone verpflichten sich zu Ausübung ihres landesherrlichen Rechts der Oberaufsicht über die Priesterhäuser (Seminarien).

Sie werden infolge derselben vorsorgen, daß Reglemente über die innere Einrichtung der Seminarien, insoweit sie von kirchlichen Behörden ausgehen, der Einsicht und Genehmigung der Staatsbehörde unterlegt werden, und daß die Aufnahme in die Seminarien nur solchen Individuen gestattet wird, die sich vor einer, durch die Staatsbehörde aufgestellten Prüfungskommission über befriedigende Vollendung ihrer philosophischen und theologischen Studien ausgewiesen haben.

Auch werden sie sich durch Prüfungen der Wahlfähigkeit der Geistlichen vor deren Anstellung als Seelsorger versichern und überhaupt für die weitere Ausbildung derselben durch zweckdienliche Mittel sorgen.

Die Regular-Geistlichen sind in Hinsicht auf den Antritt von Pfründen und auf Aushülfe in der Seelsorge ganz den gleichen Vorschriften unterworfen, wie die Säkulargeistlichkeit. Was insbesondere den Kapuzinerorden anbetrifft, so werden die Kantone die angemessenen Maßregeln ergreifen, damit auch über die von dessen Gliedern auszuübende Seelsorge die erforderliche Staatsaufsicht walte.

9. Die kontrahirenden Kantone anerkennen und garantiren sich das Recht, die Klöster und Stifter zu Beiträgen für Schul-, religiöse und milde Zwecke in Anspruch zu nehmen.

10. Sie werden gemeinsame Anordnungen treffen, daß in Aufhebung der bisherigen Exemtion die Klöster der Jurisdiktion des Bischofs unterstellt werden.

11. Die Kantone werden nicht zugeben, daß Abtretungen von Kollaturrechten an kirchliche Behörden oder geistliche Korporationen Statt finden.

12. Sollte von Seite kirchlicher Obern gegen die von der Staatsbehörde vermöge ihr zustehenden Wahlrechts vorgenommene Besetzung einer Lehrerstelle irgend einer Art – Einsprache erfolgen, so ist dieselbe als unstatthaft von dem betreffenden Kanton zurückzuweisen.

13. Die kontrahirenden Stände gewährleisten sich gegenseitig das Recht, von ihrer gesammten Geistlichkeit gutfindenden Falls den Eid der Treue zu fordern. Sie werden einem in dem andern Kantone den Eid verweigernden Geistlichen in dem ihrigen keine Anstellung geben.

14. Endlich verpflichten sich die Kantone zu gegenseitiger Handbietung und vereintem Wirken, wenn die vorerwähnten oder andere hier nicht aufgeführte Rechte des Staats in Kirchensachen gefährdet oder nicht anerkannt würden und zu deren Schutz gemeinsame Maßregeln erforderlich sein sollten.

b) Versuch einer Bundesreform

35. Bundesurkunde der schweizerischen Eidgenossenschaft
Vom 15. December 1832

Entworfen von der am 17. Juli 1832 durch die Tagsazung ernannten Revisionscommission

Im Namen Gottes des Allmächtigen! Die zweiundzwanzig souveränen Kantone der Schweiz, als: *Zürich, Bern, Luzern, Uri, Schwyz, Unterwalden* (ob und nid dem Wald), *Glarus, Zug, Freiburg, Solothurn, Basel* (Stadttheil und Landtheil, Wiedervereinigung vorbehalten), *Schaffhausen, Appenzell* (beider Rhoden), *St. Gallen, Graubünden, Aargau, Thurgau, Tessin, Waadt, Wallis, Neuenburg* und *Genf,* vom Wunsche beseelt, den Bund der Eidgenossen zu befestigen und durch seine zeitgemäße Entwicklung des Vaterlandes Kraft und Ehre zu erhalten und zu fördern, haben den Bundesvertrag vom 7. August 1815 einer allgemeinen Revision unterworfen und in Folge derselben nachstehende Bundesurkunde als Grundgesez angenommen:

Bundesurkunde der schweizerischen Eidgenossenschaft

Erster Abschnitt: Allgemeine Bestimmungen

Art. 1. Die durch diesen Bund vereinigten Kantone bilden in ihrer Gesammtheit einen unauflöslichen Bundesstaat: die schweizerische Eidgenossenschaft.

Art. 2. Die Kantone sind souverän und üben als solche alle Rechte aus, die nicht ausdrüklich der Bundesgewalt übertragen sind. Hinsichtlich dessen, was dem Bund übertragen worden, wird die oberste Gewalt durch die Kantonsmehren oder durch die Bundesbehörden, nach Vorschrift der gegenwärtigen Bundesurkunde, ausgeübt.

Art. 3. Der eidgenössische Bund hat zum Zwek: Beförderung der gemeinsamen Wohlfahrt der Eidgenossen, Schuz ihrer Rechte und Freiheiten, Erhaltung der Unabhängigkeit und Neutralität des Vaterlandes.

Art. 4. Die Kantone verheißen sich gegenseitig für diesen Zwek Rath und Beistand, Hülfe und Schuz gegen alle Angriffe von Außen, Einer für Alle und Alle für Einen.

Art. 5. Der Bund gewährleistet den Kantonen ihr Gebiet, ihre Souveränität und Unabhängigkeit innert den Schranken des Art. 2, die Aufrechterhaltung der öffentlichen Ordnung in ihrem Innern, ihre Verfassungen und nach Inhalt derselben die Rechte und Freiheiten des Volks gleich den Rechten und Befugnissen der Behörden.

Art. 6. Zu diesem Ende sind die Kantone verpflichtet, ihre Verfassungen der Bundesbehörde zur Einsicht vorzulegen. Der Bund übernimmt ihre Gewährleistung unter folgenden Bedingungen:

a) daß sie nichts den Vorschriften der Bundesurkunde Zuwiderlaufendes enthalten;
b) daß sie die Ausübung der politischen Rechte nach repräsentativen oder demokratischen Formen sichern, dieselbe keiner Bürgerklasse ausschließlich zuwenden und keine Unterthanenverhältnisse zwischen einzelnen Theilen des Kantons dulden;
c) und gegen Nachweisung, daß und wie sie nach verfassungsmäßigen und gesezlichen Bestimmungen revidirt werden können.

Durch die Erfüllung dieser Bedingungen erhält die Gewährleistung noch die besondere Folge, daß die Verfassung eines Kantons einzig auf dem bezeichneten Wege der Revision geändert werden darf.

Art. 7. Die Kantone sind verpflichtet, wenn Streitigkeiten unter ihnen vorfallen, sich jeder Selbsthülfe sowie jeder Bewaffnung zu enthalten, dagegen den in gegenwärtiger Bundesurkunde angewiesenen Rechtspfad zu befolgen und dem Spruch in allen Theilen Genüge zu leisten.

Art. 8. Besondere Bündnisse und Verträge politischen Inhalts unter sich zu schließen ist den Kantonen untersagt. Gehen die Kantone aber Verkommnisse unter einander ein über Gegenstände der Gesezgebung, des Gerichtswesens und der Verwaltung, so haben sie solche der Bundesbehörde vorzulegen. Die benannten Verkommnisse dürfen nur dann vollzogen werden, wenn sie nichts der Bundesurkunde und den Rechten der andern Kantone Zuwiderlaufendes enthalten. In diesem Fall sind die Kantone berechtigt, zur Vollziehung die Mitwirkung der Bundesbehörde anzusprechen.

Art. 9. Kein Kanton darf ohne Bewilligung des Bundes mehr denn 300 Mann stehender Truppen halten, die Landjägercorps (gensd'armerie) nicht einbegriffen.

Art. 10. Im Falle plözlicher Gefahr von Außen ist die oberste Vollziehungsbehörde jedes Kantons berechtigt, die benachbarten Kantone zur Hülfe zu mahnen, unter gleichzeitiger Anzeige an die Bundesbehörde und unvorgreiflich ihren spätern Verfügungen. Der oder die gemahnten Kantone sind zum Zuzuge verpflichtet. Die Kosten des Zuzugs trägt die Eidgenossenschaft.

Gleiches Recht und gleiche Pflicht haben die Kantone bei gestörter Ordnung in ihrem Innern. Die Kosten des Zuzugs trägt der mahnende Kanton.

Art. 11. Dem Bund allein steht das Recht zu, Krieg zu erklären und Frieden zu schließen, Bündnisse und Staatsverträge, worunter auch Zoll- und Handelsverträge verstanden sind, mit dem Ausland einzugehen.

Art. 12. Die Kantone sind berechtigt, alle Verträge mit dem Ausland, deren Abschluß durch den vorhergehenden Artikel dem Bund nicht ausdrüklich vorbehalten ist, von sich aus abzuschließen; jedoch sollen solche Verträge vor der Ratification der Bundesbehörde vorgelegt werden, damit diese zu beurtheilen im Falle sei, ob sie nichts den Rechten des Bundes oder einzelner Kantone Widersprechendes enthalten. Hievon sind die Verträge für Lieferung von Salz und Getreide gegen rein öconomische Leistungen ausgenommen; indessen hat die Bundesbehörde die Befugniß, die Vorlegung derselben im einzelnen Fall zu verlangen.

Art. 13. Sind Kantone im Fall, über eigenthümliche Verhältnisse, innert den Schranken des vorhergehenden Artikels, mit dem Ausland Unterhandlungen zu pflegen, so können sie hiefür die Dazwischenkunft der Bundesbehörde nachsuchen.

Art. 14. Für Lebensmittel, Landes- und Industrieerzeugnisse, Vieh und Kaufmannswaaren sind freier Kauf und Verkauf, freie Ein-, Aus- und Durchfuhr von einem Kanton in den andern gewährleistet. Vorbehalten sind einzig:
    a) Polizeiverfügungen gegen Wucher und schädlichen Vorkauf; diese sollen jedoch für die eigenen Kantonsbürger und die Einwohner anderer Kantone gleich bestimmt werden und dürfen nie in Sperranstalten ausarten;
    b) die bundesmäßigen Zölle nach Vorschrift der Artikel 15 bis 23;
    c) die Verbrauchssteuern der Kantone, insoweit sie durch die Bundesurkunde als zulässig erkannt sind (Art. 24).

Art. 15. Dem Bund allein steht das Recht der Zollbewilligung zu.

Art. 16. Die Zölle sind:

    a) die schweizerischen Grenzgebühren;
    b) die Straßengelder der Kantone mit Inbegriff der Brükengelder und Niederlagsgebühren;
    c) die Zölle auf den Wasserstraßen.

Art. 17. Die schweizerischen Grenzgebühren werden bezogen von den in die Schweiz eingehenden Waaren, welche nicht zu den nothwendigsten Lebensbedürfnissen gehören.

Der gegenwärtige Ansaz der Grenzgebühren darf nicht erhöht werden.

Art. 18. Die Straßengelder der Kantone werden bewilligt nach dem Maßstab von Gewicht und Entfernung, Zahl und Bespannung, von Waaren, Wagen, Reisenden und Vieh, die von einem Ort zum andern in dem gleichen Kanton, oder von einem Kanton in den andern oder durch die Schweiz gehen, mit Berüksichtigung der Bau- und Unterhaltungskosten der Straßen, Brüken und Niederlagsstätten.

Art. 19. An der ersten ordentlichen Versammlung der Tagsazung nach Annahme der gegenwärtigen Bundesurkunde soll, mit Beobachtung der vorstehenden Grundlagen, eine allgemeine Revision des Zollwesens in allen Kantonen eingeleitet werden. Hiebei sind folgende Bestimmungen in Anwendung zu bringen:

a) Es wird eine allgemeine Übersicht sämmtlicher schweizerischer Handelsstraßen gefertigt.
b) Die Straßen werden in Stationen abgetheilt. Die Tagsazung bestimmt das Maximum des Straßengelds für die Stationen der verschiedenen Straßenzüge. Für jede Station auf demselben Straßenzuge wird der gleiche Ansaz gemacht. Die Last der Anlage und die Schwierigkeit des Unterhalts einer Straße werden dadurch ausgeglichen, daß dem betreffenden Kanton eine verhältnißmäßige Vermehrung der Anzahl der Stationen bewilligt wird.
c) Für den Gebrauch der Brüken und der Niederlagsstätten wird eine Zusazgebühr zu den Straßengeldern bewilligt.
d) Außer dem bewilligten Ansaz des Straßengelds und der Zusazgebühr dürfen unter keinem Titel und Vorwand andere Gebühren irgend einer Art bezogen werden.
e) Für Zollgebühren auf Waaren, die aus dem Ausland durch einen Kanton nach dem Ausland gehen, ohne einen zweiten Kanton zu berühren, finden die auf die Revision bezüglichen Vorschriften keine Anwendung.

Durch diese Bestimmung soll indessen dem Rechte des Bundes, Zoll- und Handelsverträge einzugehen, keinerlei Eintrag geschehen.

Art. 20. Einer gleichen Revision zum Zwek der Erhaltung und Äuffnung des Waarentransits sollen auch die einzelnen Wasserzölle unterworfen werden.

Art. 21. Zollgebühren, die urkundlich Einzelnen oder Corporationen als Privatrechte gehören, dürfen bei dieser Revision nur gegen Entschädigung von Seite des Bundes aufgehoben oder herabgesezt werden.

Art. 22. Ist die Revision auf einem Straßenzug beendigt, so verlieren auf demselben die dermaligen Tarife und die Zollprivilegien jeder Art ihre Gültigkeit.

Art. 23. Der Bezug der Zölle ist so anzuordnen, daß keine Ladung ohne Noth aufgehalten werde.

Art. 24. Die Kantone sind befugt, auf ihrem Gebiet Verbrauchssteuern zu beziehen. Bei Ausübung dieses Rechts sind sie an folgende Bestimmungen gewiesen:

a) Die Verbrauchssteuern dürfen nur von Getränken, Lebensmitteln und rohen Landeproducten erhoben werden; jedoch steht den Grenzkantonen die Befugniß zu, ausländische Industrieerzeugnisse ebenfalls einer Verbrauchssteuer zu unterwerfen, wenn solche unmittelbar vom Auslande her in den Grenzkanton eingeführt worden sind, um daselbst verbraucht zu werden. Durch diese Bestimmung soll indessen dem Rechte des Bundes, Zoll- und Handelsverträge einzugehen, keinerlei Eintrag geschehen und demselben unbenommen bleiben, durch Verträge der Art die Industrieerzeugnisse eines fremden Staates von der darauf lastenden Verbrauchssteuer zu befreien.
b) Ihr Bezug soll ohne alle Hemmung des Transits geschehen.

c) Von den eigenen Erzeugnissen des Kantons soll die gleiche Gebühr bezogen werden, wie von denjenigen anderer Kantone.
d) Die Abgabe von schweizerischen Erzeugnissen darf drei Viertheile der auf die ausländischen Erzeugnisse gelegten nicht übersteigen.
e) Die Bezugsweise bleibt zwar den Kantonen überlassen, allein dem Bunde kommt die Einsicht der Geseze und Verordnungen über den Bezug der Verbrauchssteuern zu, zur Verhinderung von Widerhandlungen gegen vorstehende Grundsäze.

Art. 25. Der Bund übt das Recht der Aufsicht über den Zustand aller Straßen aus, auf welchen Zollgebühren bezogen werden.

Art. 26. Das Postwesen im ganzen Umfang der Eidgenossenschaft wird vom Bund übernommen, unter folgenden Vorschriften:

a) Die Postverbindungen dürfen in keinem Kanton im Allgemeinen unter den jezigen Bestand herabsinken.
b) Es soll die Unverlezbarkeit des Postgeheimnisses zu jeder Zeit und unter allen Umständen gesichert sein.
c) Die Tarife werden in allen Theilen der Eidgenossenschaft nach den gleichen Grundsäzen bestimmt.
d) Für die Abtretung des Postregals leistet der Bund Entschädigung, und zwar:
  1. Die Kantone erhalten drei Viertheile des reinen Ertrags der Postbedienung im Umfang ihres Gebiets.
  2. Privaten, welche Posteigenthümer sind, erhalten aus der Bundescasse gleichfalls drei Viertheile des reinen Ertrags. Für weitere Forderungen steht ihnen, wo es der Fall sein sollte, der Recurs gegen die Betreffenden zu.
  3. Bei allen nach Ziffer 1 und 2 aus der Bundescasse zu leistenden Entschädigungen werden die Ergebnisse der Verwaltung des Jahres 1832 als Maßstab angenommen.
  4. Die Entschädigung geschieht durch jährliche Leistung der nach vorstehenden Bestimmungen schuldigen Summe, die jedoch mittelst des fünfundzwanzigfachen Betrags in theilweisen Raten oder in einer Zahlung losgekauft werden kann.
  5. Die in Ziffer 2 bezeichneten Privaten haben das Recht auf Tilgung in vier Jahresraten.
e) Die allfällige Übernahme von vorhandenem Material und die Benuzung von Gebäulichkeiten ist Sache gütlichen Einverständnisses zwischen der eidgenössischen Postverwaltung und den Eigenthümern.

Art. 27. Alle im Münzregal begriffenen Rechte übt von nun an der Bund nach folgenden Grundsäzen aus:
a) Es wird ein schweizerischer Münzfuß festgesezt, dessen Einheit derjenigen des französischen Decimalmünzfußes gleichkommt.
b) Die Münzprägung durch die Kantone hört auf und geht einzig von den Bundesbehörden aus.

c) Die auszuprägenden groben Sorten müssen in ihrem wirklichen Werthe die angenommene Münzeinheit genau so oft repräsentiren, als es ihr Nennwerth bezeichnet.

d) Scheidemünze darf nie in größerer Menge geprägt werden, als der tägliche Verkehr es erheischt; ein Bundesgesez wird das Verhältniß ihres wirklichen Werthes zum Nennwerthe bestimmen.

e) Für den Curs der groben Münzsorten von ausländischem und schweizerischem Gepräge wird ein allgemein verbindlicher Tarif festgesezt. Die Tarifirung geschieht nach dem Verhältniß ihres wirklichen Werthes zu der schweizerischen Münzeinheit. Kein Kanton darf diesen Tarif abändern.

f) Der Bund wird den Curs der vorhandenen Kantonalscheidemünzen, in gerechter Berüksichtigung ihres gegenseitigen Verhältnißes, festsezen.

g) Jeder Kanton ist pflichtig, seine Scheidemünzen im Laufe von dreißig Jahren, vom Zeitpunkt obiger Tarifirung an, in gleichmäßigen jährlichen Raten einzulösen und auf eigene Kosten zu tilgen.

h) Nach Verlauf der bezeichneten Frist sind diese Scheidemünzen von Bundes wegen außer Umlauf gesezt.

Art. 28. Dem Bunde steht das Recht zu, für den Umfang der Eidgenossenschaft gleiches Maß und Gewicht einzuführen.

Die schweizerischen Maße und Gewichte sollen nach einem Decimalsystem bestimmt werden, das mit den durch andere Staaten eingeführten Decimalsystemen in genauem und leicht anwendbarem Verhältniß stehe.

Den Kantonen liegt ob, die neuen schweizerischen Maße und Gewichte, nach vollzogener Anwendung derselben in der Bundesverwaltung, auch in ihrem Innern einzuführen.

Art. 29. Die Fabrikation und der Verkauf des Schießpulvers im Umfang der Eidgenossenschaft stehen ausschließlich dem Bunde zu.

Art. 30. Jeder Schweizer ist Soldat.

Art. 31. Wehrpflichtig sind auch die angesessenen Fremden, mit Ausnahme der anerkannten Angehörigen solcher Staaten, in welchen die Schweizer der Wehrpflicht nicht unterworfen sind.

Art. 32. Die Bundesmacht, aus dem Contingent der Kantone gebildet, besteht in Auszug, Landwehr und Landsturm.

Die Kantone liefern die Mannschaft nach dem Maßstab der Bevölkerung.

Bis zur Revision der Mannschaftsscala haben zum Auszug zu stellen:

Zürich	7 400 Mann
Bern	11 648 Mann
Lucern	3 468 Mann
Uri	472 Mann
Schwyz	1 204 Mann
Unterwalden ob dem Wald 422	
Unterwalden nid dem Wald 322	764 Mann

Glarus	946 Mann
Zug	500 Mann
Freiburg	2 480 Mann
Solothurn	1 808 Mann
Basel	1 836 Mann
Schaffhausen	932 Mann
Appenzell Außer-Rhoden 1544	
Appenzell Inner-Rhoden 400	1 944 Mann
St. Gallen	5 260 Mann
Graubünden	3 200 Mann
Aargau	4 820 Mann
Thurgau	3 040 Mann
Tessin	3 608 Mann
Waadt	5 928 Mann
Wallis	2 560 Mann
Neuenburg	1 920 Mann
Genf	1 760 Mann
Total	67 516 Mann.

Die Revision dieser Scala ist an der ersten ordentlichen Tagsazung nach Annahme der gegenwärtigen Bundesurkunde, und zwar nach aufzustellenden gleichförmigen Grundsäzen, einzuleiten; zu diesem Behuf sollen in allen Kantonen, Gemeinde für Gemeinde, von Staats wegen Bevölkerungstabellen abgefaßt und der Bundesbehörde eingegeben werden.

Die Revision der Scala wird in Zukunft auf ähnliche Weise von zwanzig zu zwanzig Jahren stattfinden.

Art. 33. Um in dem Bundesheer die erforderliche Einheit und Dienstfähigkeit zu erzielen, werden folgende Grundsäze festgestellt:

a) Der Bund bestimmt die allgemeine Organisation des Bundesheeres.
b) Er übernimmt ausschließlich für alle Waffengattungen:
   1. den höhern Militärunterricht, wozu er namentlich befugt ist, bleibende Militärschulen zu errichten und Zusammenzüge von Truppencorps in Lagern anzuordnen;
   2. die Instruction der Officiere und Unterofficiere (Cadres) des Bundesheeres;
   3. die erste Instruction der Rekruten.
c) Dem Bunde steht die Aufsicht über die Anschaffung und Erhaltung des Kriegszeugs der Kantone zu.
d) Die Militärverordnungen der Kantone sollen der allgemeinen Militärorganisation untergeordnet sein und bedürfen der Genehmigung des Bundesraths.
e) Alle Abtheilungen des Bundesheeres führen ausschließlich die eidgenössische Fahne und eidgenössische Feldzeichen.
f) Für jede Waffengattung des Bundesheeres wird eine einfache, gleichförmige Bekleidung angeordnet, deren Einführung jedoch nur allmälig und mit Beibehaltung des bereits Angeschafften geschehen soll.

Art. 34. Zur Bestreitung der Bedürfnisse des Bundes wird eine Bundescasse errichtet. Die dermaligen eidgenössischen Kriegsgelder werden als Capitalfond dieser Bundescasse einverleibt; es darf aber derselbe nur im Fall eines Krieges angegriffen werden. Die jährlichen Ausgaben werden durch ein allgemeines Büdget zum Voraus bestimmt.

Art. 35. Die Ausgaben des Bundes werden ordentlicher Weise bestritten:

a) aus den Zinsen des Capitalfonds;
b) aus dem Ertrag der schweizerischen Grenzgebühren;
c) aus dem Ertrag der Postverwaltung;
d) aus den Einkünften der Pulververwaltung.

Sofern die ordentlichen Einnahmen nicht zureichen, treten die unmittelbaren Beiträge der Stände nach folgender Scala ein:

Zürich	74 000 Franken
Bern	104 080 Franken
Luzern	26 010 Franken
Uri	1 180 Franken
Schwyz	3 010 Franken
Unterwalden ob dem Wald 1105	
Unterwalden nid dem Wald 805	1 910 Franken
Glarus	3 615 Franken
Zug	1 250 Franken
Freiburg	18 600 Franken
Solothurn	13 560 Franken
Basel	22 950 Franken
Schaffhausen	9 320 Franken
Appenzell Außer-Rhoden 7720	
Appenzell Inner-Rhoden 1500	9 220 Franken
St. Gallen	39 450 Franken
Graubünden	12 000 Franken
Aargau	48 200 Franken
Thurgau	22 800 Franken
Tessin	18 040 Franken
Waadt	59 280 Franken
Wallis	9 600 Franken
Neuenburg	19 200 Franken
Genf	22 000 Franken
Total	539 275 Franken.

Durch die erste ordentliche Tagsazung, nach Annahme der gegenwärtigen Bundesurkunde, soll eine Revision dieser Geldscala eingeleitet werden.

Eine ähnliche Revision wird in Zukunft von zwanzig zu zwanzig Jahren stattfinden.

Art. 36. Der Bund gewährleistet allen Schweizern das Recht der freien Niederlassung im ganzen Umfange der Eidgenossenschaft. Vorgeschrieben wird zu diesem Ende:

a) Keinem Schweizer kann die Niederlassung in irgend einem Kantone verweigert werden, der einen Heimat- oder Angehörigkeitsschein, ein Zeugniß sittlicher Aufführung und eine Bescheinigung, daß er eigenen Rechtes sei, beibringt.
b) Von der Bundesbehörde wird ein Maximum der zu entrichtenden Kanzleigebühr festgesetzt, welche weitere Gebühren oder Bürgschaften ausschließt.
c) Der Niedergelassene tritt in alle Rechte der Bürger des Kantons ein, in welchem er sich niedergelassen hat, die politischen Rechte und den Mitantheil an Gemeinde- und Corporationsgütern ausgenommen. Insbesondere wird ihm freie Gewerbsübung und das Recht der Erwerbung und Veräußerung von Liegenschaften zugesichert, nach Maßgabe der Geseze und Verordnungen des Kantons, die in allen diesen Beziehungen den Niedergelassenen dem eigenen Bürger gleich halten sollen.
d) Den niedergelassenen Bürgern anderer Kantone können von Seite der Gemeinden keine größern Leistungen auferlegt werden, als den niedergelassenen Bürgern des eigenen Kantons.
e) Der Niedergelassene kann in seine Heimat zurükgewiesen werden, wenn er durch gerichtliches Urtheil dazu verfällt wird oder sich erweislich gegen die Geseze und Verordnungen über die Sitten- und Armenpolizei verstoßen hat.

Art. 37. Die Schweizer genießen das Recht zu Petitionen an die Bundesbehörden über alle Gegenstände, welche dem Bund übertragen sind.

Art. 38. Alle Abzugsrechte im Innern der Schweiz sind abgeschafft.

Art. 39. Gegen die auswärtigen Staaten besteht allgemeine Freizügigkeit, unter Vorbehalt des Gegenrechts.

Art. 40. Sämmtliche Kantone haben die gegenseitige Verpflichtung:

a) die Angehörigen der andern Kantone den eigenen Angehörigen gleich zu halten in Bezug auf Steuern, Schuld- und Concourssachen, Erbverhältnisse und in Betreff des gerichtlichen Verfahrens überhaupt;
b) den aufrecht stehenden schweizerischen Schuldner einzig vor dem Richter seines Wohnorts belangen zu lassen.

Art. 41. Bundesgeseze werden:

a) über Auslieferung der Verbrecher von einem Kanton zu den andern allgemein verbindliche Bestimmungen aufstellen;
b) die Fälle festsezen, in welchen Kantone ihre eigenen Angehörigen in die übrigen Kantone zu verbannen befugt sind.

Art. 42. Es wird ein Bundesgesez erlassen zur Ausmittlung von Angehörigkeitsrechten für Heimatlose, die gegenwärtig nicht eingetheilt sind, und zur Verhinderung der Entstehung neuer Heimatloser.

Zweiter Abschnitt: Bundesbehörden

A. *Tagsazung*

Art. 43. Die oberste Bundesbehörde ist die *Tagsazung*, in welcher die Kantone gleiches Stimmrecht ausüben.

Art. 44. Die Tagsazung besteht aus vierundvierzig Mitgliedern.

Art. 45. Sie wird durch den Landammann der Schweiz und im Verhinderungsfalle durch dessen Stellvertreter im Bundesrath präsidirt.

Art. 46. Jeder Kanton wählt zwei Abgeordnete, in den getheilten Kantonen jeder Landestheil einen Abgeordneten.

Art. 47. Den Kantonen steht es frei, den Abgeordneten Ersazmänner beizugeben. Diese treten jedoch nur im Falle der Verhinderung eines Abgeordneten ein, unter vorläufiger Anzeige an den Präsidenten der Tagsazung.

Art. 48. Die Tagsazung versammelt sich ordentlicher Weise jährlich am ersten Montag im Heumonat, außerordentlich auf Einladung des Bundesraths oder auf Begehren von fünf Kantonen.
Jeder Kanton ist pflichtig, durch Abgeordnete an der Tagsazung Theil zu nehmen, sie mag ordentlich oder außerordentlich einberufen sein.

Art. 49. Die Sizungen der Tagsazung sind öffentlich. Wie in einzelnen Fällen eine Ausnahme stattfinden kann, ist in dem Reglement anzugeben vorbehalten.

Art. 50. In *allgemeiner* Beziehung sind die Verrichtungen der Tagsazung folgende:

a) Sie hat, in Übereinstimmung mit der Bundesurkunde, die zu ihrer Vollziehung erforderlichen Bundesgeseze zu erlassen.
b) Sie erläßt insbesondere ein Bundesgesez, wie bei Vollziehung rechtskräftiger Beschlüsse zu verfahren ist, wenn ein oder mehrere Bundesglieder denselben Folge zu leisten sich weigern.
c) Sie entscheidet über die Competenz der Bundesbehörden, wenn diese bestritten wird, und erläutert die Bestimmungen der Bundesurkunde, wo es nöthig.
d) Sie wacht über die Erfüllung der Verbindlichkeiten, welche die Bundesglieder gegenseitig übernehmen.
e) Sie wählt die Bundesbeamten gemäß der Bundesurkunde und den einschlagenden Gesezen oder Beschlüssen.
f) Sie hat das Recht der Aufsicht über die Pflichterfüllung der Bundesbeamten und kann solche für Verlezung ihrer Pflichten in Anklagestand erkennen, nach den Bestimmungen und Formen eines diesfalls zu erlassenden Bundesgesezes.

Art. 51. Die Pflichten und Befugnisse der Tagsazung in besonderer Hinsicht auf *auswärtige* Verhältnisse sind:

a) Als Organ des Bundes wahrt sie die Interessen der Eidgenossenschaft nach Außen.

b) Sie hat für Erhaltung der friedlichen und freundlichen Verhältnisse mit auswärtigen Staaten und für gegenseitige Erfüllung bestehender Tractate zu sorgen.

c) Sie trifft die erforderlichen Verfügungen zur Sicherstellung der Unabhängigkeit und Neutralität der Eidgenossenschaft im Sinne ihrer unbedingten Handhabung und mit Vermeidung alles dessen, was dieser Grundlage des Bundes Eintrag thun könnte.

d) Sie beschließt Krieg und Frieden.

e) Sie schließt Bündnisse und Verträge nach Maßgabe des Art. 11.

f) Sie hat das Recht, die Anerkennung auswärtiger Staaten und Regierungen Namens der Eidgenossenschaft auszusprechen.

g) Sie erwählt die diplomatischen Agenten der Eidgenossenschaft und deren Handelsconsuln im Ausland.

h) Sie prüft und genehmigt die Verträge, welche die Kantone nach Art. 12 von sich aus mit dem Auslande zu schließen berechtigt sind.

Art. 52. In Bezug auf das *Innere* hat die Tagsazung:

a) den freien Verkehr nach den Bestimmungen der Bundesurkunde zu schüzen;

b) die Straßengelder, Brükengelder, Niederlagsgebühren und Wasserzölle nach Vorschrift der Artikel 18 bis 23 zu bestimmen;

c) zu wachen, daß die Verbrauchssteuern einzig innert den Schranken des Art. 24 bezogen werden;

d) das Recht der Aufsicht über die Polizeiverfügungen, welche die Kantone gegen Wucher und Vorkauf erlassen, und das Recht der Verhinderung, wo solche den freien Verkehr hemmen und in Sperranstalten ausarten würden.

e) Sie erläßt die erforderlichen Verfügungen zur Beaufsichtigung der Straßen (Art. 25).

f) Sie erläßt Bundesgeseze über Maß und Gewicht (Art. 28).

g) Sie bestimmt die Kanzleigebühr bei Niederlassungen (Art. 36 b).

h) Sie hat das Recht, gesundheitspolizeiliche Verordnungen gegen allgemeine Seuchen zu treffen.

i) Sie unterstüzt, nach Maßgabe der vorhandenen ordentlichen Einnahmen des Bundes, Unternehmungen der Gemeinnüzigkeit, Wissenschaft und Kunst, deren Ausführung den einzelnen Kantonen nicht möglich wäre.

k) Die Tagsazung spricht nach genommener Einsicht die Gutheißung über Verträge aus, welche die Kantone unter sich schließen (Art. 8).

l) Sie prüft die Verfassungen der Kantone und spricht ihre Gewährleistung aus (Art. 5 und 6); sie verfügt bei Beschwerden über Veränderung dieser Verfassungen auf anderm als dem gesezlichen Wege.

m) Die Tagsazung handhabt die Ordnung im Innern.

Zu diesem Ende schreitet sie unbedingt ein auf das Begehren der obersten Vollziehungsbehörde des betreffenden Kantons.

Sie schreitet aber auch ohne Begehren derselben ein in folgenden Fällen:
1. bei gemeingefährlichen Unruhen, die der Kanton nicht selbst zu heben vermag;
2. bei gewaltthätigem Umsturz einer Kantonsregierung, oder wenn diese überhaupt außer Stande ist, die Hülfe des Bundes anzusprechen;
3. wenn sich die Unruhen über zwei oder mehrere Kantone verbreiten.

Im Fall bewaffneten Einschreitens in die Angelegenheiten eines Kantons soll die oberste Behörde desselben sofort einberufen werden.

Nach vorangegangener Herstellung der gesezlichen Ordnung wird von Seite des Bundes ein Untersuch über Veranlassung und Ursache der Unruhen vorgenommen werden. Kann durch eidgenössische Vermittlung keine gütliche Beilegung der obwaltenden Anstände erzielt werden, so verfügt die Tagsazung mit Beachtung der Art. 5 und 6 und weist das nach Art. 102c und 103e in die gerichtliche Competenz Einschlagende zum Entscheid an das Bundesgericht.

Die Kosten der eidgenössischen Dazwischenkunft bezahlt in jedem Fall der betheiligte Kanton. Der Tagsazung steht aber das Recht zu, wenn sie die Intervention unangerufen angeordnet hat, einen Nachlaß zu bewilligen.

n) Die Tagsazung übt nach einem zu erlassenden Bundesgesez das Recht der Begnadigung bei Strafurtheilen aus, welche das Bundesgericht gefällt hat.

Art. 53. Die Verrichtungen der Tagsazung in Bezug auf die *Wehranstalten* sind:

a) Sie bestimmt die Organisation des Bundesheeres, erläßt die Militärgeseze des Bundes und trifft alle weitern zur Vollziehung der Art. 30 bis 33 erforderlichen Maßnahmen.
b) Sie beschließt die Aufstellung des Bundesheeres.
c) Sie ernennt den Oberbefehlshaber, den Oberstkriegscommissär und den Oberstquartiermeister des Bundesheeres.

Art. 54. Die Tagsazung ordnet und beaufsichtigt das *Finanzwesen* des Bundes:

a) Sie wacht über die Erhaltung des Capitalfonds der Bundescasse.
b) Sie bestimmt den jährlichen Voranschlag (Büdget) der Einnahmen und Ausgaben des Bundes.
c) Sie nimmt die Rechnungen ab über Einnahmen und Ausgaben der Bundescasse und über deren Capitalfond und erläßt die daherigen Regulative.
d) Sie bestimmt den Tarif der schweizerischen Grenzgebühren und ihre Bezugsweise (nach Art. 17).
e) Sie trifft die erforderlichen Anstalten zu zwekmäßiger Verwaltung des Postregals und erläßt die daherigen Bundesgeseze (Art. 26).

f) Sie verfügt über Ausübung des Münzregals nach Anleitung von Art. 27.
g) Sie verordnet über die Fabrication und den Verkauf des Schießpulvers (Art. 29).

Art. 55. Für die Anbahnung der Geschäfte der Tagsazung üben das Vorschlagsrecht aus:

a) der Bundesrath;
b) die Kantone;
c) die Mitglieder der Tagsazung.
Das Reglement hat das Verfahren zu bestimmen.

Art. 56. Die Geschäfte der Tagsazung zerfallen in Bezug auf die Berathung und Abstimmung in drei Abtheilungen:

a) Die *erste* Abtheilung begreift solche Geschäfte, für welche die Kantone Instructionen ertheilen;
b) die *zweite* Abtheilung diejenigen, für welche keine Instructionen gegeben werden, aber nach erfolgter Schlußnahme die Genehmigung der Kantone erforderlich ist;
c) die *dritte* Abtheilung solche, die weder der Instructionsertheilung, noch der Genehmigung der Kantone unterliegen.

Art. 57. In die *erste* Abtheilung gehören:

a) Bündnisse und Verträge über politische Gegenstände mit dem Ausland;
b) Kriegserklärungen und Friedensschlüsse;
c) Anerkennung auswärtiger Staaten und Regierungen;
d) bewaffnetes Einschreiten *ohne* Begehren des betreffenden Kantons (Art. 52 m);
e) Schlußnahmen über die Competenz der Bundesbehörden, wenn diese bestritten wird, und Erläuterungen über einzelne Artikel der Bundesurkunde;
f) Bestimmung und Revision der Mannschafts- und Geldcontingente;
g) Revision der Bundesurkunde (nach Art. 111 und 116).

Art. 58. In die *zweite* Abtheilung fallen:

a) alle Verträge mit dem Auslande, die unter Artikel 57 a nicht begriffen sind;
b) die Gewährleistung der Kantonsverfassungen;
c) die zu Ausführung der Bundesurkunde erforderlichen Bundesgeseze, ihre Abänderung und Aufhebung;
d) die Errichtung und Aufhebung bleibender Beamtungen des Bundes im Innern und diplomatischer Agentschaften im Ausland;
e) der Nachlaß von Interventionskosten, wo ein solcher nach Art. 52 m zulässig ist.

Art. 59. Alle in den vorstehenden zwei Artikeln nicht bezeichneten Geschäfte werden zur *dritten* Abtheilung gerechnet.

Art. 60. Für die Gegenstände der ersten Abtheilung (Art. 57) sind die Kantone verpflichtet, den Abgeordneten bestimmte Instructionen oder Vollmachten zu ertheilen. Für jeden Kanton nimmt nur *ein* Abgeordneter an der Berathung und Abstimmung Antheil.
Zwölf Stimmen bilden die verbindliche Mehrheit.

Art. 61. Wenn bei Abstimmung nach vorstehendem Artikel die Stimmen eines oder mehrerer Kantone nicht gezählt werden können, entweder wegen Abwesenheit oder wegen Unterlassung der Stimmgebung, oder wegen Nichtübereinstimmung zweier halben Kantone, der Beschluß jedoch die Mehrheit der Stimmenden erhält, so wird derselbe in gleicher Weise zur Annahme oder Verwerfung an die Stände gebracht, wie die Beschlüsse über Gegenstände der zweiten Abtheilung (Art. 62).

Art. 62. An der Berathung und Abstimmung über Gegenstände der zweiten Abtheilung (Art. 58) nehmen sämmtliche Abgeordnete der Kantone nach eigener Überzeugung Antheil. Die Entscheidung in der Tagsazung geschieht durch die Mehrheit der Stimmenden. Der Beschluß erhält jedoch erst Gültigkeit, nachdem er durch zwölf Kantone genehmigt worden.

Jeder Kanton ist pflichtig, binnen sechs Monaten nach erhaltener amtlicher Mittheilung des Beschlusses sich einfach über Annahme oder Verwerfung desselben auszusprechen. In dringenden Fällen kann die Tagsazung ausnahmsweise einen kürzeren Termin ansezen.

Die Kantone, welche sich binnen der festgesezten Frist nicht ablehnend aussprechen, werden zu den annehmenden gezählt.

Art. 63. Bei Gegenständen, welche weder der Instructionsertheilung noch der Genehmigung der Kantone unterliegen (Art. 59), nehmen sämmtliche Abgeordneten an der Berathung und Abstimmung nach eigener Überzeugung Antheil. Zur Gültigkeit des Beschlusses ist die Mehrheit der Stimmenden erforderlich.

Art. 64. Bei Gegenständen, die der Instructionsertheilung oder der Genehmigung der Kantone (Art. 60 und 62) bedürfen, werden die halben Stimmen eines getheilten Kantons nur dann gezählt, wann sie übereinstimmen.

Art. 65. Die Abgeordneten leisten den Eid auf treue Handhabung der Bundesurkunde. Sie sind für ihre Verrichtungen gegen ihre Kantone nur in dem Fall verantwortlich, wo sie nach Instructionen zu stimmen haben.

Art. 66. Ein Bundesgesez wird bestimmen, wie und von wem die Abgeordneten der Kantone entschädigt werden sollen.

Art. 67. Die Tagsazung wird sich selbst ihr Reglement geben.
Dasselbe wird über den Zuzug der Mitglieder des Bundesraths zu den Sizungen der Tagsazung das Angemessene festsezen.

B. Bundesrath

Art. 68. Ein *Bundesrath* ist die leitende und vollziehende Behörde der Eidgenossenschaft.

Art. 69. Der Bundesrath besteht aus dem *Landammann der Schweiz* und *vier Bundesräthen.*

Art. 70. Der Landammann ist Präsident des Bundesrathes.
Ein Stellvertreter wird vom Bundesrath aus seiner Mitte gewählt.

Art. 71. Der Landammann wird durch die Kantone erwählt.
Jeder Kanton wird zwei Personen aus verschiedenen Kantonen bezeichnen.

Von den Bezeichneten ist derjenige gewählt, welcher die größte Anzahl von Kantonsstimmen, wenigstens aber die absolute Mehrheit derselben, auf sich vereinigt haben wird.

Erhalten mehrere Personen gleichviel Kantonsstimmen, wenigstens aber die absolute Mehrheit derselben, so wählt aus ihnen die Tagsazung den Landammann.

Hat sich keine Mehrheit ergeben, so wählt die Tagsazung den Landammann unter den fünf Personen, welche die meisten Kantonsstimmen auf sich vereinigt haben, und wenn die Zahl der Bezeichneten *unter* fünf steht, aus dieser Zahl.

Lehnt der Gewählte ab, so nimmt die Tagsazung die Wahl unter den fünf Personen vor, auf welche nach ihm die meisten Kantonsstimmen gefallen sind, es sei denn, daß bereits eine Person wenigstens die absolute Mehrheit der Kantonsstimmen erlangt hätte, in welchem Fall sie als ernannt zu betrachten ist.

Art. 72. Die Bundesräthe werden, unter Bezeichnung des jedem derselben nach Art. 79 anzuweisenden Departements, frei aus allen Schweizern von der Tagsazung ernannt; jedoch darf von den Mitgliedern des Bundesraths, den Landammann einbegriffen, nie mehr als *eines* aus dem nämlichen Kanton genommen werden.

Art. 73. Die Amtsdauer des Landammanns und der Bundesräthe ist auf vier Jahre angesezt, der Amtsantritt auf den 1. October. Nach erfüllter Amtsdauer findet Gesammterneuerung statt. Die Bundesräthe sind stets wieder wählbar, der Landammann aber nach *einer* Amtsdauer nur noch für die zweite. Nach Abfluß derselben ist er für *eine* Amtsdauer von der Wahl ausgeschlossen.

Art. 74. Die in der Zwischenzeit abgehenden Mitglieder des Bundesraths werden nur für ihre noch übrige Amtsdauer ersezt.

Art. 75. Wird die Stelle des Landammanns vor Ablauf der gesezlichen Amtsdauer erledigt, so kann die Tagsazung zu neuer Wahl, insoweit diese ihr zusteht, außerordentlich einberufen werden, wenn die ordentliche Versammlung erst nach Abfluß von vier Monaten stattfände.

Art. 76. Kein Mitglied des Bundesraths kann irgend ein Amt in einem Kanton bekleiden.

Art. 77. Die Mitglieder des Bundesraths dürfen vom Ausland weder Pensionen, noch Titel, noch Ordenszeichen annehmen.

Art. 78. Der Landammann und die Bundesräthe beziehen als solche einen jährlichen Gehalt aus der Bundescasse, welcher durch ein Bundesgesez bestimmt werden soll.

Art. 79. Die Geschäfte des Bundesraths zerfallen in die vier Departemente des Äußern, des Innern, des Militärs und der Finanzen.

Bleibende eidgenössische Commissionen (mit Ausnahme der Linthpolizeicommission, die jedoch unmittelbar dem Bundesrath untergeordnet ist) hören auf; indeß ist der Bundesrath befugt, für einzelne Fälle besondere Commissionen oder Sachkundige zu bestellen.

Art. 80. Die Befugnisse und Obliegenheiten des Bundesraths sind im *Allgemeinen* folgende:

a) Er ist Stellvertreter der Tagsazung.
b) Er schlägt der Tagsazung die Bundesgesetze und Beschlüsse vor, die er angemessen hält, und begutachtet die Anträge, die von der Tagsazung oder den Kantonen an ihn gelangen.
c) Er sorgt für die Vollziehung der Bundesgesetze und der Beschlüsse der Tagsazung.
d) Er vollstrekt Vergleiche, schiedsrichterliche Sprüche und die Urtheile des Bundesgerichts.
e) Er erwählt die eidgenössischen Beamten und Bediensteten, deren Wahl nicht der Tagsazung oder eidgenössischen Verwaltung zusteht.
f) Er erstattet der Tagsazung jeweilen bei ihrem ordentlichen Zusammentritte Rechenschaft über seine Verrichtungen, sowie Bericht über den Zustand der Eidgenossenschaft, und wird ihrer Aufmerksamkeit diejenigen Maßregeln empfehlen, welche er für Erhaltung und Beförderung gemeinsamer Wohlfahrt dienlich erachtet.

Art. 81. Die Pflichten des Bundesraths in besonderer Hinsicht auf *auswärtige Verhältnisse* sind:

a) Er ist verbunden, für Aufrechterhaltung der schweizerischen Selbständigkeit und Neutralität zu sorgen und berechtigt, wo diese bedroht und Gefahr im Verzug wäre, von sich aus ein Aufgebot von Truppen zu erlassen und über solche zu verfügen, mit der Verpflichtung unverzüglicher Einberufung der Tagsazung.
b) Er führt die Correspondenz mit dem Ausland und mit den Agenten der Eidgenossenschaft und beglaubigt dieselben.
c) Er empfängt die fremden Gesandten, ihre Creditive und Recreditive.
d) Er pflegt Unterhandlungen für einzelne Kantone, wenn sie solches wünschen (Art. 13).

Art. 82. Seine Verrichtungen *in innern Angelegenheiten* sind:

a) Er hat für die Aufrechthaltung der Bundesurkunde zu wachen und nöthigenfalls für Handhabung der öffentlichen Ordnung in den Kantonen sowie ihrer gewährleisteten Verfassungen mizuwirken. Sowohl für Aufrechthaltung der Bundesurkunde als in den durch

Art. 52 m bezeichneten Fällen ist er befugt, wo Gefahr im Verzug wäre, von sich aus die erforderliche Truppenzahl aufzubieten und über solche zu verfügen, unter Vorbehalt unverzüglicher Einberufung der Tagsazung, sofern die aufgebotenen Truppen tausend Mann übersteigen und das Aufgebot länger als vierzehn Tage dauert.

b) Er führt die Correspondenz mit den Kantonen.

c) Er unterstüzt sie nöthigenfalls in Vollziehung von Verträgen, die sie unter sich geschlossen haben (Art. 8).

d) Er beaufsichtigt, nach Vorschrift der Bundesgeseze, den Zollbezug zur Verhinderung bundeswidriger Belästigung des freien Handels und Verkehrs.

e) Er besorgt die angeordnete Aufsicht der Straßen.

f) Er vollzieht die Bundesgeseze über Maße und Gewichte.

Art. 83. Hinsichtlich des *Militärwesens:*

a) vollzieht der Bundesrath die Bundesgeseze und Beschlüsse über Leitung und Beaufsichtigung des Militärwesens, und insbesondere über den Unterricht der Truppen (Art. 33).

b) Er beaufsichtigt den Bau und Unterhalt der eidgenössischen Festungswerke.

c) Er prüft die Militärverordnungen der Kantone und verfügt darüber nach Art. 33 d.

d) Er ernennt die Officiere des eidgenössischen Generalstabs mit Ausnahme derjenigen, deren Wahl der Tagsazung vorbehalten worden.

Art. 84. Der Geschäftskreis des Bundesrathes in *Finanzsachen* umfaßt:

a) die Verwaltung des eidgenössischen Kapitalfonds und der Bundescasse;

b) den Bezug der Grenzgebühren;

c) die Verwaltung der Posten;

d) die Fabrikation und den Verkauf des Schießpulvers;

e) die Verwaltung des Münzwesens;

f) die Entwerfung des Büdgets; in das Büdget dürfen nur solche Ausgaben aufgenommen werden, welche sich entweder auf Bundesgeseze oder besondere Beschlüsse der Tagsazung gründen;

g) die Stellung der Rechnungen über Einnahmen und Ausgaben des Bundes.

Art. 85. Die Mitglieder des Bundesrathes sind für ihre Verrichtungen verantwortlich.

Art. 86. Die Tagsazung wird eine Geschäftsordnung für den Bundesrath erlassen.

C. *Bundeskanzlei*

Art. 87. Eine *Bundeskanzlei* besorgt die Kanzleigeschäfte bei der Tagsazung und dem Bundesrath.

Art. 88. Sie besteht aus dem *Kanzler,* dem *Vicekanzler* und dem *Archivar,* die von der Tagsazung gewählt werden.

Art. 89. Ein Reglement wird deren Verrichtungen und die Organisation der Kanzlei festsezen.

D. *Bundesgericht*

Art. 90. Zur Ausübung der Rechtspflege in Bundessachen wird ein *Bundesgericht* aufgestellt.

Art. 91. Das Bundesgericht besteht aus einem Präsidenten, acht Richtern und vier Ersazmännern.

Art. 92. Für die Wahl des Bundesgerichts hat jeder Kanton zwei Personen, die eine aus dem eigenen, die andere aus einem andern Kanton vorzuschlagen.

Aus den Vorgeschlagenen ernennt die Tagsazung die neun Mitglieder des Bundesgerichts und die vier Ersazmänner; jedoch darf nie mehr als eine Person aus dem nämlichen Kanton erwählt werden.

Art. 93. Von der Wählbarkeit sind ausgeschlossen: die Mitglieder des Bundesraths, sowie die übrigen Bundesbeamten.

Art. 94. Die Amtsdauer der Mitglieder und Ersazmänner des Bundesgerichts ist auf sechs Jahre festgesezt.

Art. 95. Von sechs zu sechs Jahren findet eine Gesammterneuerung des Bundesgerichtes statt. Die austretenden Mitglieder sind stets wieder wählbar.

Art 96. Die in der Zwischenzeit abgehenden Mitglieder des Bundesgerichts werden nur für die noch übrige Amtsdauer ersezt. Für Vorschlag und Wahl gelten auch in diesen Fällen die Vorschriften von Art. 92.

Art. 97. Der Präsident des Bundesgerichts wird von der Tagsazung aus dessen Mitgliedern gewählt. Seine Amtsdauer wird auf sechs Jahre bestimmt. Der abtretende Präsident ist stets wieder wählbar.

Art. 98. Das Bundesgericht wählt aus seiner Mitte den Vicepräsidenten und bestellt die Kanzlei.

Art. 99. Das Bundesgericht versammelt sich zu Erledigung vorhandener Geschäfte ordentlicher Weise jährlich in bestimmten Fristen, außerordentlicher Weise in Folge besonderer Einberufung durch seinen Präsidenten, auf Einladung des Bundesraths.

Art. 100. Die Mitglieder des Bundesgerichts beziehen keinen Gehalt, sondern werden für ihre Verrichtungen durch Taggelder aus der Bundescasse entschädigt.

Art. 101. Die Verrichtungen des Staatsanwalts bei dem Bundesgerichte werden im einzelnen Falle vom Bundesrath einem besonders Bevollmächtigten übertragen.

Art. 102. Das Bundesgericht entscheidet als *Civilgericht*:

a) über Streitigkeiten zwischen Kantonen.
 Dem gerichtlichen Verfahren soll indessen jeder Zeit ein Vermittlungsversuch vorangehen, zu welchem Ende jeder der streitenden Theile einen Vermittler aus einem nicht betheiligten Kanton zu wählen hat; auch steht den streitenden Kantonen immerhin zu, sich über ein Schiedsgericht zu verständigen.
 Wird der Rechtsstreit nicht auf einem der vorgezeichneten Wege erledigt, so folgt Überweisung durch den Bundesrath an das Bundesgericht.
 Das Bundesgericht kann von jeder Kantonsregierung auch im Interesse von Privatpersonen und Corporationen gegen die Regierung eines andern Kantons wegen Verweigerung oder Verlezung bundesgemäßer Rechte angerufen werden.
b) über Streitigkeiten zwischen dem Bundesrath und einem Kanton, auf Überweisung der Tagsazung.
c) bei bewaffneter Dazwischenkunft des Bundes (Art. 52 m) und zwar ausschließlich in Folge einer Überweisung durch den Bundesrath mit Ermächtigung der Tagsazung, über Fälle von Mißbrauch der Amtsgewalt, welche mit Verlezung der Kantonsverfassung von Seite der Behörden des betreffenden Kantons stattgefunden haben.
 In solchen Fällen verordnet das Bundesgericht theils Herstellung des verfassungsmäßigen Zustandes, theils Entschädigung an den verlezten Theil durch den Kanton und dessen verantwortliche Amtspersonen.
d) über Streitigkeiten in Bezug auf Heimatlosigkeit (Art. 42.).

Art. 103. Das Bundesgericht urtheilt als *Criminalgericht:*

a) in Fällen, wo die Tagsazung Mitglieder des Bundesraths oder andere eidgenössische Beamte in Anklagestand versezt;
b) über Fälle von Hochverrath gegen die Eidgenossenschaft, von Aufruhr und Gewaltthat gegen die Bundesbehörden;
c) über Verlezungen der völkerrechtlichen Stellung der Schweiz gegen auswärtige Staaten;
d) über Verbrechen von Militärpersonen im Fall von Krieg oder bewaffneter Neutralität, insofern als die Beurtheilung solcher Verbrechen durch das künftige Strafgesezbuch für das Bundesheer dem Bundesgericht ausdrüklich wird übertragen worden sein;
e) über die während der Unruhen, welche eidgenössische Dazwischenkunft veranlaßt haben, verübten Verbrechen, wenn nämlich die Tagsazung auf den Antrag des Bundesraths erachtet:
 1. daß es nicht der Fall sei, Amnestie eintreten zu lassen;
 2. daß im Interesse des Rechts und der öffentlichen Ordnung, Untersuchung und Beurtheilung den Kantonalgerichten entzogen werden soll.

Art. 104. Bundesgeseze werden, in Beobachtung vorstehender Grundsäze, bestimmen:

a) die Geschäftsordnung des Bundesgerichts;
b) das gesammte Rechtsverfahren, sowie insbesondere die für den beklagten Theil erforderlichen Garantien;
c) die einzelnen Vergehen und Verbrechen, deren Beurtheilung dem Bundesgericht zusteht, sowie die Strafen;
d) die Gerichtsgebühren, zu Handen der Bundescasse.

E. Siz der Bundesbehörden

Art. 105. Die Tagsazung versammelt sich in *Lucern*, als der Bundesstadt. Am gleichen Ort hat der Bundesrath seinen bleibenden Siz.

Bei eintretender Gefährdung kann der Siz der Bundesbehörden durch einen Beschluß der Tagsazung oder wenn sie nicht versammelt ist, durch den Bundesrath provisorisch verlegt werden.

Art. 106. In der Bundesstadt Lucern sind nach den dießfalls zu erlassenden reglementarischen Bestimmungen, ohne Kosten für den Bund, anzuweisen und zu unterhalten:

a) ein angemessener Saal für die Sizungen der Tagsazung;
b) ein Local für die Sizungen des Bundesraths und allfällige Commissionen;
c) die erforderlichen Gebäulichkeiten für die eidgenössische Kanzlei und das Bundesarchiv;
d) die Wohnungen der zwei ersten eidgenössischen Kanzleibeamten und des Archivars.

Art. 107. Der Kanton Lucern übernimmt die Verpflichtung, auf seine Kosten das für den Wachtdienst oder für feierliche Anlässe erforderliche Militär zur Verfügung des Landammanns, des Bundesraths und der Tagsazung zu stellen. Diese Truppen stehen unter dem Befehl der Bundesbehörde.

Art. 108. Das Bundesgericht darf nicht im nämlichen Kanton Siz halten, wo die übrigen Behörden sich befinden.

Dritter Abschnitt: Revision der Bundesurkunde

Art. 109. Die Bundesurkunde kann einer Revision unterworfen werden. Es ist aber kein Antrag auf Revision vor Ablauf von 12 Jahren, von der Annahme der Bundesurkunde an gerechnet, zulässig.

Art. 110. Ein Antrag auf Revision muß von wenigstens fünf Kantonen gestellt sein.

Art. 111. Er muß auf einer ordentlichen Tagsazung angekündigt, dann an der nächsten ordentlichen Tagsazung behandelt werden. Die leztere soll mit Instructionen versehen sein.

Art. 112. Die Vornahme der Revision kann mit der Mehrheit von 12 Kantonsstimmen beschlossen werden.

Art. 113. Ist die Revision ausgesprochen, so wird die Tagsazung die Frage entscheiden, ob sie eine allgemeine oder eine bloß theilweise sein soll.

Art. 114. Die Vorarbeiten werden einer Commission überwiesen, welche die Tagsazung frei, inner oder außer ihrer Mitte, erwählt.

Art. 115. Die Commission wird je nach Anordnung der Tagsazung einer ordentlichen oder einer außerordentlichen Tagsazung ihren Bericht erstatten. Diese wird sodann den Entwurf ohne Instructionen in Berathung ziehen.

Art. 116. Das Ergebniß dieser freien Tagsazungsverhandlung ist den Kantonen mizutheilen. Die Berathung und Abstimmung über dasselbe findet auf einer folgenden Tagsazung nach Instructionen statt.

Art. 117. Die auf solche Weise revidirte Bundesurkunde wird jedoch erst dann in Kraft treten, wenn sie die Sanction von wenigstens 15 Kantonen erhalten hat.

Schlußbestimmungen

Art. 118. Die Abstimmung über gegenwärtige Bundesurkunde geschieht in den einzelnen Kantonen nach den von den obersten Behörden derselben feszusezenden Bestimmungen.

Art. 119. Nach erfolgter Annahme beruft der Vorort die Tagsazung, wo dann die vereinten Abgeordneten die Bundesurkunde unterzeichnen, besiegeln und beschwören.

Art. 120. Die Beschlüsse der Tagsazung und die einzelnen Concordate, insoweit deren Inhalt nicht der gegenwärtigen Bundesurkunde widerspricht, bleiben bis zu erfolgender Aufhebung oder Abänderung in Kraft.

Die nachbenannten XXII Kantone erneuern mittelst gegenwärtiger Urkunde den Bund schweizerischer Eidgenossenschaft. Sie erklären, denselben nach der Väter Sitte, in steter Erfüllung aller Pflichten gegen das gemeinsame theure Vaterland, in Glük und Unglük, als Brüder und Eidgenossen treu und wahr zu halten.
Also in Kraft habender Vollmachten unterzeichnet, besiegelt und beschworen.
Nach Beendigung der artikelweisen Berathung hat die Revisionscommission in der Überzeugung, daß die Wohlfahrt des Vaterlandes den beförderlichen Abschluß des neuen Bundes erheische, beschlossen: den gegenwärtigen Entwurf, welcher die Kraft der Gesammtheit mit der Selbstständigkeit der Bundesglieder möglichst zu verbinden trachtet, dem Vorort zu Handen der Stände als ihr *einmüthiges* Gutachten empfehlend vorzulegen.

Lucern, den 15. December 1832.

36. Projet de Constitution fédérale

Par James Fazy. 1837

Titre I

Art. 1. Les vingt-deux cantons qui composent la Suisse et les citoyens qui l'habitent, forment une confédération ayant pour but de se protéger mutuellement contre l'arbitraire, maintenir les droits de tous, l'indépendance du pays, l'intégrité du territoire, soutenir la dignité des cantons et celle de l'union fédérale, faire respecter les institutions cantonales et fédérales contre toute atteinte.

Art. 2. La Confédération reconnaît au peuple de chaque canton le droit de se constituer lui-même; elle garantit les différentes constitutions qu'il se donne, à la condition qu'elles protégent la propriété, ne sont point contraires à l'égalité des citoyens, qu'elles consacrent la liberté individuelle, la liberté de publier ses opinions par la parole ou la presse, sans aucune censure préalable, sauf à en répondre; la liberté d'industrie, la liberté religieuse, la séparation des pouvoirs exécutifs, législatifs et judiciaires, la publicité des tribunaux et des délibérations législatives.

Art. 3. La Confédération garantit aux citoyens des cantons leur établissement d'un canton à l'autre, les protége à l'étranger.

Art. 4. Les cantons sont souverains chez eux dans tout ce qui concerne la législation et administration intérieure de chaque canton. Comme souverains, il leur est permis de faire, dans les limites constitutionnelles qu'ils se sont posées eux mêmes, tout ce qui n'est pas expressément défendu par les fois fédérales.

Art. 5. L'organisation fédérale n'a dans sa compétence que les objets de législation et d'administration qui concernent l'union fédérale.

Art. 6. La Confédération impose à tous les Suisses l'obligation d'être classés dans les rangs de la milice, pour être prêts à marcher à la défense du pays.

Art. 7. Chaque citoyen d'un canton est citoyen suisse, et comme tel admissible à toutes les fonctions et à tous les emplois fédéraux.

Titre II

Art. 8. L'organisation fédérale se compose:
D'un landammann et de trois ministres responsables;
D'un Sénat député par les cantons;
D'une Chambre des représentants du peuple suisse.
D'un tribunal fédéral.

Titre III

Art. 9. Le landammann est chargé du pouvoir exécutif; il est le chef suprême de l'armée fédéraux, il nomme aux emplois civils et militaires fédérale, il communique avec les puissances étrangères, il reçoit les ambassadeurs, suit les négociations qui lui sont ordonnées par le pouvoir législatif pour tous les rapports avec l'étranger; il prend les mesures d'urgence pour la défense de la Confédération et le maintien de la paix intérieure, sous sa responsabilité, et dans les limites prescrites par les lois; il fait l'ouverture des corps représentatifs à la première session de chaque année, en exposant les principes généraux de la politique fédérale de l'année.

Art. 10. Le landammann est nommé par la Chambre des représentants; ses fonctions durent une année. Le même citoyen ne peut pas être appelé plus de trois ans de suite à cette qualité; après une interruption de trois ans, il peut être élu de nouveau; il est responsable seulement à l'expiration de ses fonctions.

Art. 11. Les actes du pouvoir exécutif sont contresignés par trois ministres responsables nommés par le landammann, et qu'il peut changer à volonté. Ces ministres sont chargés: le premier, du département de la guerre; le second, des finances et de l'intérieur; le troisième, des affaires étrangères. Les ministres peuvent être appelés dans les délibérations législatives pour y donner des renseignements; ils ont le droit d'y venir sans être appelés, lorsqu'ils sont attaqués sur des actes de leur administration. En cas de mort du landammann, le Conseil des ministres pourvoit à tous les cas d'urgence concernant le pouvoir exécutif.

Titre IV

Art. 12. Le Sénat se compose de 44 membres nommés directement par les législatures cantonales, et deux par canton. Ses membres sont tenus de voter séance tenante; ils doivent faire connaître leurs instructions impératives s'ils en ont et ils peuvent voter suivant leur teneur, sans y être cependant astreints autrement que par les engagements qu'ils auraient pu prendre à cet égard avec le canton qui les députe.

Titre V

Art. 13. La Chambre des représentants est élue par le peuple suisse à raison d'un député par 25,000 âmes; cependant, dans les cantons où la population entière n'atteint pas ce chiffre, on en peut nommer un. Chaque canton pourvoira par une loi particulière à la formation des colléges électoraux chargés d'élire directement les députés à la Chambre des représentants. Aucun citoyen domicilié, faisant partie de la milice, et sachant lire et écrire, ne pourra être exclu.

Art. 14. Les députés à la Chambre des représentants votent d'après leur conviction individuelle. Les colléges électoraux ne sont point tenus de les choisir dans leur canton; leur suffrage peut s'arrêter sur tous les Suisses également.

Titre VI

Art. 15. Le Sénat et la Chambre des représentants se renouvellent tous les ans, ils choisissent l'un et l'autre leur président dans leur sein, et font leur réglement intérieur. Leurs séances sont publiques, sauf le cas d'intérêt majeur où le secret est réclamé par un tiers des membres.

Art. 16. Ils se réunissent deux fois par an; leur session prend le nom de Diète; les sénateurs reçoivent une indemnité des cantons; les représentants, de la Confédération.

Art. 17. Les deux corps, outre leurs réunions ordinaires, peuvent être convoqués extraordinairement par le landammann.

Titre VII

Art. 18. Le Sénat et la Chambre des représentants partagent le pouvoir législatif fédéral, ils ont l'un et l'autre l'initiative. Des projets de loi peuvent être soumis à leur délibération par le landammann. Toutes les fois qu'un canton aura chargé sa députation au Sénat de présenter un projet de loi, ce projet devra être discuté dans les deux chambres. Le landammann avant de sortir de fonction à la fin de l'année, rend compte aux deux chambres réunies en assemblée solennelle, de la gestion de l'année; chaque ministre fait ensuite un rapport sur son département. Les deux chambres nomment chacune une commission pour examiner le compte rendu du président et les rapports des ministres. Les chambres expriment leur opinion à cet égard par une réponse au landammann. Si une chambre a décidé qu'il y a lieu à accusation, et que cette décision obtienne la sanction de l'autre chambre, l'affaire est renvoyée devant le tribunal fédéral.

Titre VIII

Art. 19. La législation fédérale s'exerce seulement sur des objets d'intérêt fédéral; elle statue par des lois sur le maintien efficace des droits des citoyens garantis par la Confédération; ainsi elle peut déterminer les conditions générales de la liberté individuelle, de la liberté de la presse, de la liberté de l'industrie, de façon à ce que jamais les lois cantonales civiles, pénales ou administratives ne puissent y porter une atteinte directe ou indirecte.

Art. 20. La législation fédérale veille à ce qu'il ne s'établisse ni corporations, hors du droit commun, ni monopoles, ni priviléges pouvant nuire aux intérêts publics ou individuels. Elle maintient la liberté des échanges entre tous les cantons, et fait tous ses efforts pur les établir avec l'étranger; elle protége la propriété intellectuelle, elle fonde un système monétaire fédéral et un service de poste fédéral, elle fixe la nature de la responsabilité directe des agents fédéraux.

Elle dirige l'organisation militaire fédérale, elle vote annuellement les impôts fédéraux, elle peut dans de graves circonstances décréter des emprunts. Les impôts fédéraux ne peuvent s'établir que sur des objets de sa compétence, comme les douanes et la poste; tout autre genre d'impôt est cantonal. On subvient aux dépenses qui pourraient excéder le produit des impôts fédéraux par des cotisations cantonales sur l'échelle admise.

Art. 21. La législation fédérale peut statuer sur l'établissement de routes fédérales; elle règle tous les rapports généraux avec l'étranger; elle déclare la guerre et sanctionne la paix.

Les lois fédérales, pour avoir force, doivent avoir été votées par la majorité des membres des deux chambres; elles sont promulguées par le landammann, vingt-quatre heures au moins après leur votation, et inscrites au Bulletin des lois fédérales. Elles deviennent exécutoires dans les délais nécessaires pour en faire parvenir la connaissance dans les différents cantons.

Titre IX

Art. 22. Le tribunal fédéral, suprême arbitre chargé du maintien des garanties constitutionnelles, reçoit les plaintes des citoyens, des corps constitués, des Gouvernements cantonaux et des pouvoirs fédéraux, sur toute violation aux lois constitutionnelles cantonales ou fédérales. Lorsque la plainte porte contre des individus responsables suivant les lois, et que le tribunal les reconnaît coupables, il leur applique la peine prévue par les codes cantonaux desquels ils ressortissent ou les lois fédérales auxquelles ils sont soumis. Si la violation vient d'un peuple entier insurgé, d'un Gouvernement cantonal, ou d'une fraction de ce Gouvernement, qui ne puissent être atteints par les lois existantes, le tribunal se borne à ordonner le rétablissement de la loi, et à prononcer des indemnités en faveur de ceux qui ont souffert. Les pouvoirs fédéraux font exécuter sa décision au nom de toute la Confédération et par tous les moyens dont elle dispose.

Art. 23. Le tribunal fédéral se compose de 22 juges, institués pour dix ans et rééligibles; chaque canton en nomme un, et de 300 jurés tirés au sort chaque année sur les citoyens suisses qui composent les Grands Conseils cantonaux.

Art. 24. Le tribunal est présidé par un juge et deux assesseurs nommés par la Chambre des représentants; un procureur-général et deux substituts, nommés aussi par la Chambre des représentants, siègent auprès de ce tribunal et sont chargés d'instruire les causes.

Art. 25. Le tribunal juge les causes dans deux sessions annuelles, jusqu'à épuisement de toutes celles en état. A chaque session 36 jurés sont tirés au sort sur les 300, et 12 sur les 36 spécialement pour chaque cause; le jury prononce sur le point de fait.

Art. 26. Les 22 juges sont divisés en deux chambres, qui jugent à tour de rôle, et à tour de rôle font office de Chambre d'accusation. Le président classe les juges dans chacune de ces deux chambres.

Titre X

Art. 27. Une loi déterminera le lieu où siégera l'autorité fédérale; en attendant son séjour est fixé à Lucerne.

37. Entwurf eines Grundgesetzes für die schweizerische Eidgenossenschaft

Von Prof. Dr. I.P.V. Troxler. 1838

Erster Abschnitt: Der Bundesstaat

§ 1. Die schweizerische Eidgenossenschaft ist ein Bundesstaat, ruhend auf der Grundlage der Volkshoheit mit stellvertretender Verfassung.

§ 2. Die Einheit des Ganzen soll mit der Selbständigkeit der Theile vereinigt werden, und demnach muß die Souverainität der Nation durch eine allgemeine und eine besondere Repräsentation im Bunde dargestellt werden.

§ 3. Die allgemeine Repräsentation im Bunde ist die der Schweizerbürger oder Eidgenossen, die besondere ist die ihrer Stände oder Orte.

§ 4. Stände oder Orte der Eidgenossen sind zwei und zwanzig, nämlich: Appenzell (Außer- und Inner-Rhoden), Aargau, Basel (Stadt und Landschaft), Bern, Bünden (Gotthaus-, Grau- und Zehntengericht-Bund), Freiburg, Glarus, Genf, Luzern, Neuenburg, Schaffhausen, Schwyz (Alt- und Neu-Schwyz), Solothurn, St. Gallen, Tessin, Thurgau, Unterwalden (Ob und Nid-Wald), Uri, Waadt, Wallis (Ober- und Unter-Wallis), Zug Zürich.

§ 5. Die Ein- und Untheilbarkeit dieser Stände ist die Eidgenossenschaft. Grund und Zweck der Eidgenossenschaft sind die uralten ewigen Bünde, Schutz und Trutz für gemeinsame Sicherheit und Wohlfahrt der Eidgenossen; für Volksfreiheit und Rechtsgleichheit im Bund und in seinen Staaten, für Selbständigkeit und Unabhängigkeit des Vaterlandes.

§ 6. Die eidgenössischen Stände und ihre Bürger verheissen sich zu diesem Ende Rath und That, Hülf und Beistand in Krieg und Frieden, nach innen und außen; Einer für Alle und Alle für Einen!

§ 7. Es giebt in dem Bund und seinen Staaten keine Unterthanenverhältnisse mehr. Es giebt in ihnen weder Vorrechte der Orte, noch der Familien und Personen.

§ 8. Zulässig sind und gewährleistet werden im Bunde nur Verfassungen, welche allen Eidgenossen und Staatsbürgern gleich die Ausübung politischer Rechte nach rein demokratischen oder repräsentativen Formen zusichern.

§ 9. Die Gesammtheit der Eidgenossen ist der Souverain oder Oberherr im Bunde mittels der doppelten Stellvertretung. Die gegenseitig auszumittelnde Gewalt der Behörden des Bundes und der Behörden der Stände ist ein Ausfluß der ein und untheilbaren Nationalhoheit.

§ 10. Die Gewalt des Bundes und seiner Staaten beschränkt sich gegenseitig, um durch zweckmäßige und wohlgeordnete Verwaltung der allgemeinen und besondern Interessen des Bundesstaats Kraft und Wirksamkeit zu erhöhen.

§ 11. Die Machtbefugniß, und die Rechte und Pflichten, welche durch das Grundgesetz den von ihm aufgestellten Behörden übertragen worden, hören auf, es für die Behörden der Stände zu seyn, und die Verfassungen der Stände sind durch die Bundesverfassung zu ergänzen und zu berichtigen.

§ 12. Die Bundesbehörden sind eben sowohl nur stellvertretend als es die Ständeregierungen sind, und beide in ihrer grundgesetzlichen Harmonie machen zusammen die ganze und volle Staatsgewalt des eidgenössischen Bundesstaats aus. Die eine Machtsphäre ist so ursprünglich und selbstständig wie die andere und nicht bloß Zugeständniß oder Übertragung von der andern.

Zweiter Abschnitt: Hauptgrundsätze

§ 13. Die Wahrheiten der christlichen Religion nach dem Glaubensbekenntniß und der Sittenlehre der katholischen und evangelischen Eidgenossen, das Licht, die Tugend, das Recht sind unser höchstes Erbtheil und Eigenthum, Nationalgut, sollen uns Alles weihen und heiligen zum höchsten Gottesdienst in Gesinnung und Wandel. Das Christenthum soll in unserer Republik Wahrheit auch für das Staatsleben werden.

§ 14. Den Schutz des Gesetzes genießt jede religiöse Überzeugung, die Religiosität aller Gemüther. Es herrscht unbedingte Glaubens- und Gewissensfreiheit, allgemeine Duldung zufolge § 1.

§ 15. Die Freiheit der Presse ist als Prinzip des öffentlichen geistigen Lebens und als die beste Schutzwehr aller staatsbürgerlichen Rechte und Freiheiten unantastbar erklärt für Gesetz und Gewalt. Zu keiner Zeit darf im Bundesstaat Censur oder Inquisition eingeführt werden; er ist verbunden, dagegen zu schützen.

§ 16. Die höchste Sorge der obersten Behörden soll Nationalbildung seyn, und die heiligste Aufgabe die Gründung eines Mittelpunkts der Volkserziehung durch Centralität des höhern öffentlichen Unterrichts.

§ 17. Ungestörte Entwicklung und freier Gebrauch der Kräfte wird als ein dem Menschen, kraft seiner Natur zustehendes Urrecht, unter dem Schutz republikanischer Rechtsgleichheit gesichert.

§ 18. Jeder Bürger ist unantastbar in seiner Wohnung, und ohne seinen Willen darf sie Niemand betreten, außer den durch das Gesetz bestimmten Fällen. Niemand darf vor Gericht gerufen, verhaftet, gefangen gehalten, gerichtet oder seiner Stelle entsetzt werden, als kraft des Gesetzes.

§ 19. Jeder Schweizer ist Bürger des eidgenössischen Bundesstaats, kann sich im Gesammtvaterland niederlassen und ansiedeln wo er will, und Gewerk und Gewerb treiben, ungehindert und unter denselben Gedingen wie jeder eingeborne Bürger desselben Standes.

§ 20. Das Gebiet des Bundesstaats ist als ein unverletzbares Asyl, als eine heilige Zufluchtstätte für alle politischer Meinungen oder Vergehen willen Verfolgte erklärt.

§ 21. Freiheit des Handels und Verkehrs ist gewährleistet und soll durch Einführung eines gleichen Münzfußes, gleiches Maas und Gewicht erleichtert werden.

§ 22. Kein liegendes Gut kann unveräußerlich erklärt werden. Grund und Boden darf mit keiner Last, mit keiner Zins- oder Dienstbarkeit beschwert werden, die nicht loskäuflich ist.

§ 23. Niemand kann gezwungen werden, sich irgend eines Theils von seinem Eigenthum zu entäußern, außer dem Fall eines gesetzlich anerkannten Bedürfnisses, und dann nur gegen gerechte Entschädigung.

§ 24. Die Steuern zu den Staatsbedürfnissen können bloß unter der Einwilligung der Bürger oder ihrer Stellvertreter ausgeschrieben werden; alle Bürger tragen dazu gleichmäßig nach ihrem Vermögen bei.

§ 25. Die Bürger haben das Recht sich zu bewaffnen, sich zu versammeln, Vereine zu bilden, und sich mit Vorstellung an alle Regierungsbehörden zu wenden.

§ 26. Ohne Ausnahme und Vorzug sind alle Bürger und Einwohner dem Gesetz unterthan. Was das Gesetz nicht verbietet ist erlaubt, und was es nicht gebietet, dazu darf Niemand angehalten werden.

§ 27. Zur Sicherstellung der Rechte des Menschen und Bürgers wird eine öffentliche Gewalt erfordert, und erwächst aus Aller Beitrag. Diese Gewalt ist also von Allen für Alle, zu allgemeiner Wohlfahrt eingesetzt, und nicht zu besonderm Vortheil Derer, denen sie anvertraut ist und die dafür verantwortlich sind.

§ 28. Die geistlichen Körperschaften stehen wie andere unter den Kantonsregierungen. Der Bund gewährleistet ihnen die Unverletzbarkeit ihres Besitzes nach § § 22, 23 und 24; und in dem Sinne, daß ihre Güter nur zu religiösen, geistigen und sittlichen Zwecken verwandt werden dürfen gemäß ihrer eigenen ursprünglichen Stiftung im Geiste des Christenthums für Kirchendienst, Schulwesen oder Armenunterstützung.

§ 29. Der Bund, so wie er aus den Einzelkräften der eidgenössischen Stände entspringt, sichert und schützt mit seiner Gesammtkraft alle zusammen; und jedem insbesondere gegen Anmaßung und Einmischung fremder, sowohl geistlichen als weltlichen Mächte.

§ 30. Der Bund anerkennt die Herrschaft geistiger und sittlicher Ideen und Grundsätze über materielle Interessen und Kräfte. Er huldigt dem Grundsatz, daß ungestörte Entwicklung der Menschheit in ihrem eigenen freien Bildungsgang oberster Staatszweck sey, und verzichtet auf alle Bestandsordnung und auf jede Gesetzlichkeit, welche diesem unveräußerlichen Urrecht der Menschen und Bürger in der christlich-schweizerischen Eidgenossenschaft widersprechen.

Dritter Abschnitt: Hoheitspflichten und Hoheitsrechte des Bundes

§ 31. Die Staatsgewalt des Bundes und seiner Behörde kann und muß als der eine und gleiche Mittelpunkt in allen besondern Bestandtheilen des Bundesstaats angesehen werden. Diese Gewalt, ein Ausfluß der einen und gleichen Nationalsouverainität, erstreckt sich daher auch über alle Zweige der Verwaltung und nimmt alle Kräfte und Hülfsmittel zur Erreichung ihres Zwecks in Anspruch, wie die Staatsverwaltung der einzelnen eidgenössischen Stände.

§ 32. Wie den Ständen der besondere und eigenthümliche, kommt dem Bunde der allgemeine und gemeinsame Antheil an der ein und untheilbaren Haushaltung des Bundesstaates zu. Von diesem Gesichtspunkte aus soll das Organisationsgesetz eine wohlberechnete Scheidungslinie durch alle Verwaltungsgegenstände hindurch ziehen.

§ 33. Mit den Verwaltungsgegenständen sind unzertrennlich verbunden die dazu gehörigen Ermächtigungen und Hülfsquellen oder die Befugnisse und Einkünfte. Da der Bundesstaat die Einheit und Mitte zwischen dem Einheitsstaat und Staatenbund ist, so kann hier wenig von einer Übertragung aus der Machtfülle einer Republik, als von Zugeständnissen und Abtretungen souveräner Kantone die Rede seyn. Die Natur der Dinge ist das scheidende Prinzip, und diesem gemäß kommen der Vertretung und Ausübung der Nationalsouverainität in der Staatseinheit der Bundesglieder folgende Dominien und Regalien zu:

1. Die Selbstkonstituierung und Grundgesetzgebung des Bundesstaats im Ganzen und in seinen Theilen aus dem Urquell der Nationaleinheit, durch eine gleichmäßige und allumfassende Stellvertretung der Volkshoheit, nach den ewigen Grundsätzen der Menschenwürde.
2. Die politischen und diplomatischen Verhältnisse der Nation und all ihrer Völkerschaften, oder des Gesammt und Einzelvaterlandes mit dem Auslande, und zwar der Kirchen wie der Staaten, im Frieden wie im Kriege.
3. Die Staatsgewalt der Föderativ-Republik in ihren Verzweigungen, als gesetzgebende, aufsehende und vollziehende, verwaltende und richtende oberste Bundesbehörde.
4. Die vereinte Waffenmacht des Bundesstaats zum Behuf innerer und äußerer Sicherheit.
5. Die Verwaltung des Nationalvermögens, oder der Einkünfte und Ausgaben des Bundesstaats.
6. Die finanzielle und polizeiliche Administration aller bundesstaatlichen Gegenstände und Angelegenheiten, als da sind:
Verkehr und Handel im Innern und mit dem Ausland, Industrie-, Manufaktur- und Fabrikwesen. Zölle und Posten. Münzwesen, Maaß und Gewicht. Schießpulverbereitung und Absatz. Salz- und Getreidehandel mit dem Ausland. Stempel- und Verbrauchsteuern. Landstraßen, Wasserstraßen und Brückenbau.
7. Das allgemeine höhere Polizeiwesen, und die sogenannte Sitten- und Kulturpolizei.

8. Das Berg-, Forst- Landbau- und Viehzuchtwesen, Cameralistik und Nationalökonomie überhaupt.
9. Das Armen- und Heimathlosenwesen.
10. Das Sanitätswesen.
11. Die Verwaltung der peinlichen und bürgerlichen Rechtspflege.
12. Nationalbildung, Volkserziehung, öffentlicher Unterricht und Schulwesen im Allgemeinen.

Über all dieses hat das Gesetz die Ausscheidung aufzustellen, was und wie viel von jedem dieser Staatsverwaltungszweige der gemeinsamen und besondern, organisch ineinander greifenden Aufsicht und Leitung anheim zu stellen sey.

Vierter Abschnitt: Die Repräsentation

§ 34. Der Souverain im Bundesstaat ist nur *Einer*, nämlich die Nation; aber der Natur des Bundesstaats gemäß ist ihre Stellvertretung eine *doppelte*, nämlich die ursprüngliche und allgemeine in den Freistaaten, oder die der *Bevölkerung* und die abgeleitete und besondere. oder die der *Kantone* im Bunde.

§ 35. Wird nur die allgemeine Stellvertretung, die der Bürger im Staate zum Prinzip angenommen, so wird aus dem Bundesstaat ein Einheitsstaat, wird aber bloß die besondere Repräsentation festgehalten, so zerfällt die Förderativrepublik in einen Staatenbund. Da nun aber die schweizerische Eidgenossenschaft ein Bundesstaat seyn soll, so muß die Stellvertretung des Staatenbundes wieder mit der Stellvertretung des Einheitsstaats verbunden werden.

§ 36. Die Stellvertretung der Kantone ist ein herkömmlich Gegebenes. Als Staat im Bunde kann ein Kanton nicht mehr und nicht weniger als einen Stellvertreter haben. Durch jede Veränderung in der Zahl wird der Grundsatz verletzt und das Verhältniß der Bundesglieder zu einander gestört. Da nun kraft § 4 der Stände und Orte der Eidgenossen zwei und zwanzig sind, können auch der Kantonsrepräsentanten nicht mehr als zwei und zwanzig seyn.

§ 37. Die Stellvertreter der Kantone werden als Stellvertreter der zur Einheit organisirten Staatsgewalt von den verschiedenen Völkerschaften oder von ihren Stellvertretern gewählt, und sind der Instruktion und Ratifikation entbunden, indem sie als Ortsboten den Kantonsgeist sattsam repräsentirend eigentlich dieß Prinzip vertreten.

§ 38. Die Repräsentation der Nationalität ruht auf der Bevölkerung, und so muß die Kopfzahl nach einem allgemeinen und gleichen Maßstab ihr Prinzip werden. Die Natur dieser Stellvertretung fordert, daß sie nicht von der Stellvertretung des Kantons abhängig sey, unmittelbar oder mittelbar von Volkswahlen ausgehe, und daß ihre Stimmen nur an eigne Einsicht und freien Willen gebunden sey, da nur so Geist und Wille der Nation repräsentirbar ist.

§ 39. Die Nationalrepräsentation besteht nach dem Maßstab von einem Stellvertreter auf 25,000 Seelen in folgendem Verhältniß:

	Seelen	Stellvertreter
Appenzell	52 000	2
Aargau	150 000	6
Basel	54 000	2
Bern	350 000	14
Bünden	88 000	3
Freiburg	84 000	3
Glarus	28 000	1
Genf	52 000	2
Luzern	116 000	4
Neuenburg	52 000	2
Schaffhausen	30 000	1
Schwyz	32 000	1
Solothurn	53 000	2
St. Gallen	145 000	5
Tessin	102 000	4
Thurgau	80 000	3
Unterwalden mit Uri und Zug	52 000	2
Waat	170 000	6
Wallis	70 000	2
Zürich	227 000	9
		74

§ 40. Für die Repräsentation nach der Bevölkerung sind die Kantone in obstehender Ordnung als große nationale Wahlkreise zu betrachten, und ein allgemeines Gesetz wird Form, Zeit und Orte der Urversammlung und der Wahlversammlungen nach einem gleichmäßigen Fuße anordnen.

Fünfter Abschnitt: Die obersten Bundesbehörden

§ 41. Die obersten Bundesbehörden werden organisirt nach den Grundsätzen der im vorgehenden Abschnitt entwickelten Stellvertretung der Volkshoheit, und nach dem allgemeinen staatsrechtlichen Prinzip der Trennung und Gliederung der Gewalten.

§ 42. Die Bundesbehörden bestehen demnach aus einem gesetzgebenden Körper, aus einem Vollziehungsrath und einem Obergerichte.

§ 43. Der gesetzgebende Körper oder Nationalcongreß zerfällt in zwei Abtheilungen, in eine Versammlung der Stellvertreter des Volks, und in eine Versammlung der Stellvertreter der Stände. Die erste Versammlung bestehend aus den 74 Repräsentanten ist die einleitende oder vorberathende, hat die Initiative der Gesetzgebung und heißt der große oder erste Bundesrath. Die zweite Versammlung bestehend aus den 22 Standesgesandten ist die prüfende und entscheidende, sie hat die Sanktion der Beschlüsse im Namen ihrer Kantone und heißt der kleine oder zweite Bundesrath oder der Senat.

§ 44. Ein Bundesammann mit zwei Statthaltern bildet den Vollziehungsrath. Alle drei werden von den in einer Sitzung als Tagsatzung vereinten beiden Räthen frei aus der Gesammtheit aller Eidgenossen gewählt, nur können sie während ihrer Amtsdauer nicht Mitglieder des Raths der Senatoren noch des Raths der Repräsentanten seyn.

§ 45. Die beiden Bundesräthe versammeln sich ordentlicher Weise alle Jahre einmal an dem von der Tagsatzung als bleibender Sitz der Bundesbehörden zu bestimmenden Orte. Außerordentlich werden die beiden Räthe einberufen auf Einladung des Bundesraths oder auf Verlangen von sieben Kantonen.

§ 46. Die Verhandlungen beider Räthe sind öffentlich. Sie werden sich in vereinter Sitzung als Tagsatzung ihr Reglement geben.

§ 47. Der Repräsentantenrath wird von dem Bundesammann, der Senat von einem seiner Statthalter präsidirt. Bundesammann und Statthalter haben kein Stimmrecht, entscheiden nur bei gleich getheilten Stimmen.

§ 48. Um die Berathungen zu beginnen und gültige Beschlüsse fassen zu können, wird im Repräsentantenrath die Anwesenheit von fünfzig Mitgliedern, im Senate die von fünfzehn Standesabgeordneten erfordert. In beiden Räthen gilt die absolute Mehrheit als Grundsatz der Abstimmung, welche einer auf Gründe und Gegengründe sich stützenden Verhandlung folgt.

§ 49. Der Vollziehungsrath ist eine bleibende und mit der Bundeskanzlei an dem Hauptorte des Bundes verweilende Behörde. Die Vollziehung der Beschlüsse des gesetzgebenden Körpers, die Aufsicht und Leitung aller Verwaltungszweige des Bundes sind sein Geschäftskreis, wofür er verantwortlich ist. Bundesgesetze werden hierüber die nöthigen Bestimmungen aufstellen, so wie die Besoldungen festsetzen.

§ 50. Es wird ein Obergericht in dem Bundesstaat aufgestellt. Es besteht aus einem Präsidenten, sechs Mitgliedern, vier Ersatzmännern und einem öffentlichen Ankläger oder Staatsanwalt.

§ 51. Das Obergericht ist:

1. Als bürgerliches Gericht ein Kassationsgericht, um durch Aufhebung gesetz- und rechtswidriger Urtheile einen geregeltern Rechtsgang in den Kantonen zu sichern; ein Appellationsgericht, vor welches bürgerliche Streithändel gezogen werden können, deren Gegenstand den Werth von einer zu bestimmenden Summe übersteigt, oder solche, bei denen die Regierung, oder ein Kanton, oder ein Fremder, oder Einwohner verschiedener Kantone eine oder beide Partheien ausmachen.
2. Als Strafgericht in Fällen, da der Senat eidgenössische Beamte in Anklagezustand setzt oder wegen politischer Verbrechen Klage führen läßt. Ferner als Appellationsgericht, wann gewisse schwere noch zu bestimmende Strafen verhängt worden, so wie als Appellationsgericht in allen Kriminalfällen.

§ 52. Das Gesetz soll die Einrichtung und Geschäftsführung des Obergerichts, das gesammte Rechtsverfahren, und besonders die für den beklagten Theil erforderten Garantien bestimmen, auch für allgemeine Verbesserung der Gesetzbücher und der Prozeßordnung, so wie der Straf-, Zucht- und Besserungsanstalten sorgen.

§ 53. So wie die Amnestieertheilung in Fällen von Aufruhr, von Störung der öffentlichen Ruhe und bestehenden Ordnung in dem Bundesstaate dem Repräsentantenrath, so steht das Begnadigungsrecht für Amtsvergehen und politische Verbrechen dem Senate zu.

§ 54. Der Vollziehungsrath oder der Landammann und die zwei Statthalter; auch das Obergericht und dessen Präsident sammt dem Staatsanwalt werden von den zwei in eine Tagsatzung vereinten Bundesstaatsräthen gewählt. Bei diesen, wie bei andern Wahlen ist stets der Grundsatz der Theilung der Gewalten streng zu beobachten. Wahlart und Amtsdauer, so wie Besoldung zu bestimmen bleibt der Gesetzgebung überlassen.

Sechster Abschnitt: Einführung und Abänderung der Verfassung des Bundesstaats

§ 55. Die Urkunde der Bundesverfassung soll den Großräthen und Landräthen der Kantone zur Prüfung und Begutachtung, dann dem Schweizervolke in seinen Urversannmlungen und Landsgemeinden zur Annahme oder Verwerfung vorgelegt werden.

§ 56. Indem sich die Völkerschaften in den Kantonen und ihre stellvertretenden Räthe diese Urkunde vorlegen lassen, sprechen sie den Wunsch nach einer neuen Begründung des Bundesstaats aus, und unterwerfen sich dem Entscheide der Mehrheit der Nation.

§ 57. Von zehn zu zehn Jahren soll eine Revision der Bundesverfassung stattfinden können. Die Frage, ob dieß für nöthig oder nützlich erachtet werde, soll in diesem Zeitabschnitt immer von dem Vollziehungsrath in einer Botschaft an die zwei Bundesräthe gestellt werden.
Diese Botschaft soll von einem umfassenden Rechenschaftsbericht über die ganze Staatsverwaltung begleitet seyn, und die gemachten Erfahrungen der Behörden, so wie die Beschwerden und Wünsche des Volks darstellen.

§ 58. Die beiden Bundesräthe werden darauf ein motivirtes Gutachten über die Revision mit Vorschlägen zur Reform entwerfen und durch den Vollziehungsrath Anstalt treffen lassen, daß ein neuer gesetzgebender Körper auf der Grundlage der Doppelrepräsentation des Bundesstaats durch die Volksgemeinden und Kantonsräthe abgeordnet, und ihm dann das Gutachten der abtretenden Bundesräthe zur Prüfung und zum Entscheid vorgelegt werde.

§ 59. Ergibt sich aus der Revision die Nothwendigkeit einer wirklichen Reform, so soll nach § 55 verfahren werden. Ewig unveränderlich wie die Grundfesten der Alpen seyen aber die Ursätze der eidgenössischen Föderativrepublik!

Esto perpetua!

c) Konservative Gegenbewegung

38. Staats-Verfassung des Kantons Luzern
Vom 1. Mai 1841

I. Titel: Allgemeine Grundsätze

§ 1. Der Kanton Luzern ist ein demokratischer Freistaat.
Er ist als solcher ein souveränes Bundesglied der schweizerischen Eidgenossenschaft.

§ 2. Die Souveränität beruht in der Gesammtheit des Volkes.

§ 3. Die apostolische römisch-christkatholische Religion ist die Religion des gesammten Luzernervolkes, und als solche die Religion des Staates.

Die Staatsbehörde darf daher weder die mittelbare noch unmittelbare Verbindung der Priester, Bürger oder Gemeinden mit den Behörden und Vorstehern der römisch-christkatholischen Kirche, mit dem Papste und mit dem Bischofe, in religiösen und kirchlichen Dingen auf irgend eine Weise hemmen, beschränken oder verhindern.

Jedoch sollen alle kirchlichen Erlasse und Verordnungen, die veröffentlicht werden wollen, der Regierung zur Einsicht mitgetheilt werden (Visum).

Die Verhältnisse zwischen Staat und Kirche werden durch gegenseitiges Einverständniß der weltlichen und geistlichen Oberbehörden geregelt.

Der Staat gewährleistet die Unverletzlichkeit der zu religiösen und kirchlichen Zwecken bestehenden Güter und Stiftungen.

Der Fortbestand der Stifte und Klöster, so weit er vom Staate abhängt, ist gewährleistet.

Die Verwaltung ihrer Güter steht denselben, so wie den Klöstern insbesondere die Aufnahme von neuen Mitgliedern (Novizen), unter der Aufsicht und dem Schutze des Staates, zu.

Zur Erwerbung und Veräußerung von Liegenschaften bedürfen sie der Bewilligung der Staatsbehörde.

§ 4. Die Jugend soll der nöthigen Erziehung und Bildung genießen.

Die Erfüllung dieser Pflicht liegt, wie zunächst den Ältern oder Pflegeältern, so überhaupt den Gemeinden und dem Staate ob.

Der Staat erleichtert den Ältern und Gemeinden die Erfüllung ihrer daherigen Pflichten durch Errichtung von Erziehungs- und Bildungsanstalten.

Die Erziehungsbehörde sorgt dafür, daß die Erziehung und Bildung in diesen Anstalten im Geiste der römisch-christkatholischen Religion und eines demokratischen Freistaates ertheilt werde.

Niemanden kann verweigert werden, außer dem Kanton auf ihm beliebigen Anstalten sich ausbilden zu lassen.

§ 5. Es gibt im Kanton Luzern keine Vorrechte, weder der Orte, noch der Geburt, der Personen oder Familien, sondern alle Bürger sind an politischen Rechten und vor dem Gesetze gleich.

Jeder Bürger des Kantons hat, wenn er die erforderlichen Eigenschaften besitzt, Zutritt zu allen Stellen und Ämtern.

§ 6. Die persönliche Freiheit ist unverletzlich.

Niemand darf gerichtlich verfolgt, verhaftet oder in Verhaft gehalten werden, außer in den vom Gesetze vorgesehenen Fällen und auf die vom Gesetze vorgeschriebene Weise.

Niemand darf seinem ordentlichen Richter entzogen werden.

§ 7. Die Freiheit der Meinungsäußerung in Wort und Schrift, sowie der Presse, inner den Schranken der Wahrheit, Sittlichkeit und Religion, ist gesichert.

Der Richter bestraft nach gesetzlichen Vorschriften den Mißbrauch dieser Freiheit.

§ 8. Das freie Petitionsrecht ist gewährleistet.

Jeder Bürger, einzeln oder mit andern vereint, jede Gemeinde oder Korporation haben das Recht, jeder Behörde Wünsche, Anliegen oder Beschwerden schriftlich in anständiger Fassung einzureichen.

§ 9. Die Verfassung sichert die Unverletzlichkeit des Eigenthums jeglicher Art für Privaten, Gemeinden und vom Staate anerkannte Korporationen, oder die gerechte Entschädigung für die Güter, deren Aufopferung das öffentlich Interesse fordern sollte.

Die Forderung der Entschädigung, wenn sie streitig wird, ist Rechtssache.

§ 10. Die Handels- und Gewerbsfreiheit ist in der Regel anerkannt. Einem zu erlassenden Gesetze sind aber diejenigen beschränkenden Bestimmungen vorbehalten, welche das allgemeine Wohl erfordert.

Für eine billige Entschädigung derjenigen Ehehaften, welche durch das Gesetz vom 21. Wintermonat 1839 aufgehoben wurden, oder künftig noch aufgehoben werden wollten, wird ein Gesetz ebenfalls die nöthigen Bestimmungen aufstellen.

§ 11. Alles Vermögen, Einkommen, und der Erwerb ist steuerbar.

Stifte und Klöster leisten von ihrem Korporationsvermögen die Vermögenssteuer mittelst jährlicher Beiträge an das öffentliche Erziehungswesen und für geistliche Zwecke. Der Große Rath wird alljährlich diese Beiträge nach Maßgabe des Vermögens bestimmen.

Zu Polizei- und Armensteuern der Gemeinden werden die Liegenschaften der Stifte und Klöster, sowie des Staates gleich andern Liegenschaften nach dem Katasterwerthe besteuert.

§ 12. Die fortdauernde Loskäuflichkeit der Zehnten und Grundzinse ist gesichert.

Der Boden soll mit keiner nichtloskäuflichen Last, gemäß welcher der Grundeigenthümer etwas leisten muß, belegt sein noch belegt werden.

Alle persönlichen und dinglichen Leistungen, welche seit dem Jahr 1798 unterblieben sind, wie Fall, Ehrschatz und dergleichen, bleiben abgeschafft.

§ 13. Die Bürger sind in der Regel pflichtig, diejenigen Beamtungen, welche durch unmittelbare Volkswahlen bestellt werden, anzunehmen. Diese Pflicht beschränkt sich jedoch nur auf eine Amtsdauer.

Die Ausnahmen von dieser allgemeinen Verpflichtung bestimmt das Gesetz.

§ 14. Keine politische Beamtung oder Anstellung darf auf Lebenszeit ertheilt werden. Dagegen darf auch kein politischer Beamteter oder Angestellter vor Ablauf seiner Amtsdauer, ohne richterliches Urtheil, von seiner Beamtung oder Anstellung entfernt werden.

§ 15. Kein Beamteter darf von nun an bürgerliche oder militärische Stellen, Titel, Orden oder Pensionen von fremden Staaten, ohne Bewilligung der obersten Landesbehörde, annehmen.

§ 16. Jeder Beamtete ist persönlich für seine Amtsführung Rechenschaft schuldig, und kann wegen Überschreitung oder Mißbrauch der ihm anvertrauten Amtsgewalt zur Verantwortung gezogen und zu allfälligem Schadenersatz angehalten werden.

§ 17. In keiner richterlichen oder verwaltenden Behörde dürfen gleichzeitig Mitglieder sein: Vater und Sohn, Brüder, Oheim und Neffe, Stiefvater und Stiefsohn, Schwiegervater und Schwiegersohn, und leibliche Schwäger, so lange die Personen, durch welche die Schwägerschaft begründet wurde, am Leben sind.

Das Gleiche ist zu beobachten zwischen Präsident und Schreiber einer solchen Behörde, sowie bei Gesandtschaften.

§ 18. Die vollziehende und richterliche Gewalt dürfen nie vereiniget werden. Das Gesetz hat die Gränzen dieser Gewalten sorgfältig auszuscheiden.

Bei Competenzstreitigkeiten zwischen der vollziehenden und richterlichen Gewalt (Conflikten) entscheidet die gesetzgebende Gewalt.

§ 19. Jeder Bürger ist zur Vertheidigung des Vaterlandes verpflichtet.

Jeder im Kanton wohnende Schweizer kann ebenfalls zu Militärdiensten angehalten werden.

§ 20. Jedem Bürger ist freigestellt, seine Rechtssachen entweder persönlich zu verfechten, oder deren Verfechtung Andern zu übertragen.

Allfällige Beschränkungen hinsichtlich der Übertragung von Rechtsgeschäften an Andere, welche Beschränkungen das öffentliche Wohl fordern sollte, wird das Gesetz aufstellen.

Kein Mitglied des Regierungsrathes oder des Obergerichts darf die Rechtssachen Anderer zum Verfechten übernehmen.

Schiedsrichterliche Urtheile nach gesetzlichen Formen haben gleiche Rechtskraft, wie die Urtheile der richterlichen Behörden, und werden wie diese vollzogen.

§ 21. Jeder Bürger des Kantons kann das Bürgerrecht in jeder andern Gemeinde nach gesetzlichen Bestimmungen an sich bringen.

Jeder Bürger des Kantons genießt, unter Beobachtung der gesetzlichen Vorschriften, das Recht freier Niederlassung in allen Gemeinden.

§ 22. Das Kantonsbürgerrecht kann nur an Nichtkantonsbürger römisch-christkatholischer Religion nach gesetzlichen Bestimmungen ertheilt werden.

Das Ortsbürgerrecht bildet die Grundlage des Kantonsbürgerrechts.

II. Titel: Eintheilung des Kantons und politischer Stand der Bürger

§ 23. Der Kanton Luzern ist in fünf Ämter, in Gerichtsbezirke, Friedensrichterkreise und in Gemeinden, sowie in fünf und zwanzig Wahlkreise nach der am Ende beigefügten Übersicht eingetheilt.

§ 24. Die Stadt Luzern ist der Hauptort des Kantons und der Sitz der Kantonalbehörden.

§ 25. Jedem Kantonsbürger ist freigestellt, sein politisches Stimmrecht in der Heimath- oder in der Wohngemeinde und in dem Wahlkreise, welchem diese oder jene zugetheilt ist, nach gesetzlichen Vorschriften auszuüben.

§ 26. Um politisch stimmfähig zu sein, muß man:

a) Römisch-christkatholischer Religion;
b) Kantonsbürger, weltlichen Standes sein;
c) Das zwanzigste Jahr erfüllt haben.

Von der Stimmfähigkeit sind ausgeschlossen:

a) die zu einer Kriminalstrafe Verurtheilten;
b) die im Aktivbürgerrecht Eingestellten bis zu ihrer Rehabilitation;
c) die Falliten oder solche, die zum Nachtheil ihrer Gläubiger akkordirt haben, bis zum Beweise der Befriedigung derselben;
d) diejenigen, welche mittelbar oder unmittelbar von den Armenämtern seit dem 16. Altersjahr Unterstützungen genossen und solche Unterstützungen nicht restituirt haben.

III. Titel: Öffentliche Gewalten

I. Abschnitt: Souveräne Gewalt

§ 27. Das souveräne Volk übt seine Souveränetätsrechte theils unmittelbar durch seine stimmfähigen Bürger selbst, theils überträgt es deren Ausübung seinen Stellvertretern.

§ 28. Das souveräne Volk allein kann Veränderungen in der Verfassung beschließen.

§ 29. Über die Frage einer Verfassungs-Abänderung oder Revision derselben hat sich das Volk in ordentlichen Gemeindeversammlungen auszusprechen.

Solche Revisions-Gemeinden können jeweilen am letzten Tage des Weinmonats auf folgende Weise Statt finden.

Wenn der sechste Theil der stimmfähigen Bürger einer Gemeinde das Begehren zu Abänderung oder Revision der Verfassung stellt, so ist der Gemeinderath gehalten, auf den oben bezeichneten Tag eine Versammlung aller in der Gemeinde wohnenden und nach § 26 der Verfassung stimmfähigen Bürger einberufen, denselben das gestellte Begehren vorzulegen, und sie darüber abstimmen zu lassen.

Ist die Abstimmung erfolgt, so wird darüber ein Verbalprozeß aufgenommen, und derselbe unverweilt an das betreffende Statthalteramt zu Handen des Regierungsrathes eingesandt.

Der Regierungsrath macht, nach vorgenommenem Untersuch der Verbale, sofort das Ergebniß der Abstimmung bekannt.

§ 30. Hat sich in solchen Gemeinden nicht die absolute Mehrheit der stimmfähigen Bürger des Kantons für Revision ausgesprochen, so bleibt die Verfassung unverändert in Kraft.

§ 31. Spricht sich hingegen die absolute Mehrheit der stimmfähigen Bürger des Kantons für Revision der Verfassung aus, so ist der Regierungsrath gehalten, sofort den Großen Rath zu versammeln.

Der Große Rath hat sodann einen Verfassungsrath von hundert Mitgliedern einzuberufen, welche von den stimmfähigen Bürgern in den durch die Verfassung aufgestellten Wahlkreisen nach Verhältniß der Bevölkerung unmittelbar erwählt werden. Dem Verfassungsrathe steht die Berathung der Revision der Verfassung zu.

Das Ergebniß seiner Berathungen muß derselbe dem souveränen Volke in den Wahlkreisen zur Annahme oder Verwerfung vorlegen.

Stimmt die absolute Mehrheit der stimmfähigen Bürger, welche an der Abstimmung Antheil genommen haben, zur Annahme, so wird der Entwurf der revidirten Verfassung vom Großen Rathe als Grundgesetz erklärt.

Erhalten hingegen die Berathungen des Verfassungsrathes nicht die Stimmen der absoluten Mehrheit der in den Wahlkreis-Versammlungen anwesenden stimmfähigen Bürger, so bleibt die Verfassung unverändert in Kraft.

§ 32. Findet der Groß Rath für zweckmäßig oder nothwendig, daß Veränderungen in der Verfassung vorgenommen werden, so bringt er diese Frage jeweilen an einem und demselben Tage, gleichzeitig im ganzen Kanton, an sämmtliche Gemeinden zur Entscheidung.

Über die Abstimmungen in den Revisions-Gemeinden, über allfällige Einberufung, Wahl und Berathung des Verfassungsrathes, sowie über Annahme oder Verwerfung der von demselben vorgenommenen Abänderungen durch das Volk in den Wahlkreisen, gilt alsdann lediglich, was in den vorhergehenden §§ 29, 30 und 31 gesagt ist.

§ 33. Jeweilen inner den nächsten zehn Tagen nach ausgesprochener Revision oder nach erfolgter Verfassungsannahme hat der bestehende Große Rath des Ergebniß der Abstimmung bekannt zu machen.

Spätestens vierzehn Tag nach Bekanntmachung der Abstimmungen sollen gleichzeitig in allen Wahlkreisen des Kantons die Wahlen in den Großen Rath oder in den Verfassungsrath Statt finden. Die Gewählten haben inner den nächsten acht Tagen zusammenzutreten.

§ 34. Jede Veränderung des schweizerischen Bundesvertrags muß dem souveränen Volke in den Gemeinden zur Annahme oder Verwerfung vorgelegt werden.

§ 35. Gegen Gesetze, Bündnisse, Verträge oder Konkordate, so wie gegen Einführung neuer Corporationen, kann das souveräne Volk in den ordentlichen Gemeindeversammlungen Einspruch oder das Veto einlegen.

Solche Veto-Gemeinden können jeweilen inner fünfzig Tagen, von dem Tage der Bekanntmachung eines Gesetzes oder Vertrages an, auf folgende Weise Statt finden.

Wenn der sechste Theil der stimmfähigen Bürger einer Gemeinde das Begehren für Abhaltung einer Veto-Gemeinde stellt, so ist der Gemeinderath gehalten, vor Ablauf der oben bezeichneten fünfzig Tage eine Versammlung aller in der Gemeinde wohnenden und nach § 26 der Verfassung stimmfähigen Bürger einzuberufen, denselben das in Frage gestellte Gesetz, Bündniß, Vertrag oder Konkordat, so wie die in Frage liegende Einführung einer neuen Corporation vorzulegen, und sie darüber abstimmen zu lassen.

Ist die Abstimmung erfolgt, so wird darüber ein Verbalprozeß aufgenommen, und derselbe unverweilt an das betreffende Statthalteramt zu Handen des Regierungsrathes eingesandt.

Der Regierungsrath macht, nach vorgenommenem Untersuch der Verbale, sofort das Ergebniß der Abstimmung bekannt.

§ 36. Hat sich die absolute Mehrheit der stimmfähigen Bürger des Kantons für Verwerfung ausgesprochen, so ist der Regierungsrath gehalten, sofort den Großen Rath zu versammeln.

Der Große Rath, nachdem er die Richtigkeit des ihm von dem Regierungsrathe vorgelegten Ergebnisses der Abstimmungen erwahret, hat sodann den Willen des souveränen Volkes anzuerkennen, das von ihm erlassene Gesetz, Bündniß, Vertrag oder Konkordat, sowie die Bewilligung zur Einführung einer neuen Corporation als aufgehoben zu erklären, und dieses durch einen Beschluß öffentlich bekannt zu machen.

§ 37. Vor Ablauf der für Einlegung des Einspruchs oder des Veto's verfassungsgemäß eingeräumten Frist tritt kein Gesetz, Bündniß, Vertrag oder Konkordat, sowie keine Bewilligung zur Einführung einer neuen Corporation, in Kraft.

§ 38. Das Nähere über die Art und Weise, wie sowohl die Revisions-Gemeinden als die Veto-Gemeinden abzuhalten sind, bestimmt das Gesetz.

§ 39. Das souveräne Volk wählt, nach Vorschrift der Verfassung und des Gesetzes, in den Wahlkreisen seine Stellvertreter in den Großen Rath.

II. Abschnitt: Gesetzgebende Gewalt

§ 40. Ein Großer Rath von hundert Mitgliedern, durch die Wahlkreise im Verhältnisse deren Bevölkerung unmittelbar gewählt, übt im Namen des

Souveräns, inner den verfassungsmäßigen Schranken, die gesetzgebende Gewalt aus.

§ 41. Die Mitglieder des Großen Rathes müssen, nebst den zur Stimmfähigkeit erforderlichen Eigenschaften, das fünf und zwanzigste Altersjahr erfüllt haben, und über den Besitz eines Vermögens von zweitausend Franken sich ausweisen.

Sie bleiben vier Jahre im Amte, nach deren Ablauf sie sämmtlich im Austritt sich befinden, aber sogleich wieder wählbar sind. Der erste Austritt und die Wiedererwählung hat im Jahre 1845 auf den ersten Tag des Maimonats zu erfolgen.

Wird das gleiche Mitglied von zwei oder mehrern Wahlkreisen gewählt, so hat es sich zu erklären, in welchem es die Wahl annehmen wolle, worauf der oder die andern Wahlkreise zu einer neuen Wahl schreiten.

Wird eine Stelle vor Ablauf der vierjährigen Amtsdauer ledig, so soll dieselbe von dem betreffenden Wahlkreise inner dreißig Tagen wieder besetzt werden.

Der abtretende Große Rath bleibt in seiner Stellung, bis der neuerwählte sich konstituirt hat.

§ 42. Wenn ein Mitglied des Großen Rathes während der Amtsdauer aufhört, die verfassungsmäßigen Eigenschaften zu besitzen, so tritt es aus. Entlassungen aus dem Großen Rathe werden von diesem ertheilt.

§ 43. Jedes Mitglied des Großen Rathes hat in Allem das Interesse und den Willen der Gesammtheit des Volkes im Auge zu behalten.

Es ist verpflichtet, den Sitzungen des Großen Rathes, bei Verlust des Amtes, fleißig beizuwohnen.

§ 44. Die Sitzungen des Großen Rathes sind der Regel nach öffentlich. Doch kann die geheime Sitzung beschlossen werden, was durch das Reglement des Großen Rathes bestimmt werden soll.

§ 45. Der Große Rath wählt alljährlich aus seiner Mitte den Präsidenten, Vicepräsidenten, zwei Secretäre und zwei Stimmenzähler. Das gleiche Mitglied darf nicht zwei auf einander folgende Jahre die Stelle eines Präsidenten bekleiden. Die Stellen eines Präsidenten des Großen Rathes und des Regierungsrathes sind in einer und derselben Person nicht vereinbar.

§ 46. Als gesetzgebende Behörde erläßt und erläutert der Große Rath inner den verfassungsmäßigen Schranken die Gesetze.

Er führt die Oberaufsicht über die Landesverwaltung, über den Regierungsrath und das Obergericht.

§ 47. Er rathschlagt über die Vorschläge von Gesetzen und Beschlüssen, welche der Regierungsrath vorlegt, und beschließt darüber durch Annahme, beliebige Abänderungen oder gänzliche Verwerfung, sowie gleichfalls über diejenigen Vorschläge von Gesetzen und Beschlüssen, welche aus seiner eigenen Mitte hervorgehen.

Jedem einzelnen Mitgliede steht das Recht zu, Vorschläge zu machen, oder Gesetze und Beschlüsse in Antrag zu bringen.

Der Große Rath bestimmt alljährlich den Voranschlag der Einnahmen und Ausgaben des Staates, und beschließt die zur Deckung der letztern erforderlichen Abgaben.

Er untersucht die alljährlich abzulegenden Staatsrechnungen, ertheilt denselben, sofern er sie richtig findet, seine Genehmigung, und läßt eine Übersicht davon durch den Druck öffentlich bekannt machen.

Der Große Rath läßt sich alljährlich oder so oft es ihm beliebt über die gesammte Staatsverwaltung, über die Rechtspflege und über die Vollziehung der Gesetze oder über eidgenössische Angelegenheiten allgemeine oder besondere Berichte erstatten und Rechenschaft ablegen. Sowohl der Regierungsrath als das Obergericht sind dem Großen Rathe verantwortlich.

Wegen Verletzung der Verfassung und der Gesetze, wegen Veruntreuung, pflichtwidriger Verwaltung des Staatsvermögens, wegen Rechtsverweigerung, Rechtsverzögerung kann der Große Rath den Regierungsrath oder das Obergericht oder einzelne Mitglieder dieser Behörden zur Verantwortung ziehen und in Anklagestand versetzen.

§ 48. Wenn im Großen Rathe über die Rechnungen und die Verwaltung des Regierungsrathes oder den Rechenschaftsbericht des Obergerichts abgestimmt wird, so verlassen die Mitglieder des Regierungsrathes oder des Obergerichts die Versammlung.

Das Gleiche ist der Fall, wenn Privaten, Corporationen oder Gemeinden mit Beschwerden gegen diese Behörden beim Großen Rath einkommen, sowie bei Conflicten.

In Commissionen, welche zur Prüfung der Staatsverwaltung und der Staatsrechnungen bestellt werden, können diejenigen Mitglieder des Großen Rathes nicht gewählt werden, die zu Mitgliedern des Regierungsrathes in einem im § 17 aufgezählten Verwandtschaftsgrad sich befinden.

Ebenso haben die Mitglieder des Obergerichts bei Ertheilung von Prozeßvollmachten zu Führung von Rechtsstreitigkeiten im Kanton, welche vor die oberste Instanz gezogen werden können, die Versammlung zu verlassen.

§ 49. Ohne Bewilligung des Großen Rathes darf kein Staatsvertrag geschlossen, kein Staatsanleihen aufgenommen, keine Bürgschaft eingegangen, kein Darleihen außer den Kanton gemacht, kein Kauf oder Verkauf von Staatsgütern getroffen werden.

Alle solche Verträge unterliegen seiner Bestätigung.

Für die Veräußerung von Liegenschaften, welche der Kirche oder kirchlichen Corporationen oder Stiftungen angehören, ist überhin die vorherige Einwilligung der betreffenden Kirchenbehörden einzuholen.

§ 50. Dem Großen Rathe steht das unbedingte Begnadigungs- und Rehabilitationsrecht in allen Straffällen, sowie das Recht der Amnestie zu.

Er übt überhaupt alle der höchsten stellvertretenden Behörde des Kantons zustehenden Befugnisse aus.

§ 51. So oft behufs der innern Ruhe im Kanton oder zur Erfüllung von Bundespflichten Truppen aufgeboten werden müssen, soll der Große Rath sofort einberufen werden, welcher dann von sich aus die Fortdauer oder Auflösung des Truppenaufgebots, sowie alle erforderlichen Maßregeln beschließt.

§ 52. Der Große Rath bestimmt die Gehalte aller Beamteten und Angestellten, welche vom Staate besoldet werden, und deren Besoldung die Summe von 300 Franken übersteigt.

Er ernennt: die Mitglieder des Regierungsrathes, des Obergerichtes und des Kriminalgerichtes, fünf Mitglieder in den Erziehungsrath, den Staatsschreiber, den Verhörrichter, den Staatsanwalt, den Großweibel, die Amtsstatthalter, die Bezirksgerichtspräsidenten, die Gesandten auf die eidgenössische Tagsatzung, welchen er die Instruktionen ertheilt, das Mitglied in den eidgenössischen Verwaltungsrath und in den eidgenössischen Repräsentantenrath.

Er bestätigt die vom Regierungsrathe ausgehende Ernennung der Commandanten der Bataillone.

§ 53. Die Mitglieder des Großen Rathes beziehen für ihre Theilnahme an den Großrathsversammlungen eine jährliche Entschädigung von hundert und zwanzig Franken aus der Staatskasse.

§ 54. Der Große Rath versammelt sich ordentlicherweise dreimal des Jahres.

Außerodentlich tritt derselbe zusammen:

    a) wenn es der Regierungsrath verlangt;
    b) wenn es zwölf Mitglieder des Großen Rathes unter Angabe ihrer Gründe verlangen;
    c) wenn es der Präsident des Großen Rathes von sich aus für nothwendig findet.

Die Einberufung des Großen Rathes geschieht durch den Präsidenten desselben.

§ 55. Ein Reglement wird die Art und Weise, wie der Große Rath seine Befugnisse ausübt, näher bestimmen.

III. Abschnitt: Verwaltende und vollziehende Gewalt

§ 56. Ein *Regierungsrath* von eilf Mitgliedern ist mit der Vollziehung der Gesetze, Verordnungen und Beschlüsse, und mit der Staatsverwaltung in allen ihren Theilen beauftragt.

In denselben muß aus jedem der fünf Ämter des Kantons je ein Mitglied gewählt werden; die übrigen sechs Mitglieder sind frei aus allen wahlfähigen Bürgern des Kantons zu wählen.

§ 57. Um in den Regierungsrath wahlfähig zu sein, muß man politisch stimmfähig, wenigstens dreißig Jahre alt sein, und über den Besitz eines Vermögens von viertausend Franken sich ausweisen.

Die Amtsdauer ist auf vier Jahre festgesetzt, nach deren Abfluß alle Mitglieder gleichzeitig austreten, aber sogleich wieder wählbar sind. Der erste Austritt findet auf den ersten Tag des Brachmonats 1845 statt.

Wird eine Stelle im Regierungsrathe durch Tod, Entlassung oder Entsetzung vor Ablauf der verfassungsmäßigen Amtsdauer erledigt, so soll der Große Rath in seiner nächsten Versammlung die erledigte Stelle wieder besetzen.

§ 58. Die Mitglieder des Regierungsrathes können nicht Mitglieder einer untergeordneten Behörde mit Ausnahme des Erziehungsrathes sein, oder eine Beamtung bekleiden, über welche der Regierungsrath die unmittelbare Aufsicht zu führen hat.

§ 59. Der Regierungsrath erläßt die zur Vollziehung und Verwaltung nöthigen Verordnungen und Beschlüsse, welche jedoch der Verfassung und den bestehenden Gesetzen nicht zuwiderlaufen dürfen. Er übt über die untern vollziehenden und administrativen Behörden und Beamteten die Aufsicht aus; er entscheidet über Anstände und Rekurse im Verwaltungsfache; er legt dem Großen Rathe alljährlich oder so oft es verlangt wird über alle Theile der ihm obliegenden Staatsverwaltung Rechenschaft ab, und ist für die getreue Verwaltung verantwortlich; er schlägt aus eigenem Antriebe oder aus Auftrag dem Großen Rathe Gesetze und andere Beschlüsse vor, die dieser mit oder ohne Abänderung annimmt, oder verwirft.

§ 60. Behufs der Vorberathung von Geschäften und Einholung von Berichten kann der Regierungsrath Ausschüssen oder einzelnen Mitgliedern besondere Fächer der Staatsverwaltung oder einzelne Geschäfte übertragen. Jede Entscheidung aber muß in der Regel vom Regierungsrathe selbst ausgehen.

Die Geschäftsordnung, welche der Große Rath auf den Vorschlag des Regierungsrathes erläßt, bestimmt hierüber, sowie über die Beratungsform das Nähere.

§ 61. Aus der Mitte des Regierungsrathes wählt der Große Rath den Schultheißen und Statthalter jeweilen auf ein Jahr, nach dessen Abfluß sie für die Dauer eines Jahres zu dem gleichen Amte nicht wieder wählbar sind.

Der Schultheiß, und in dessen Abwesenheit der Statthalter, in Abwesenheit beider aber jeweilen das der Amtsdauer nach älteste Mitglied, führen den Vorsitz im Regierungsrathe.

§ 62. Die nähere Ausmittlung der in Zukunft vom Regierungsrathe nicht ausschließlich auszuübenden Wahlen wird das Gesetz enthalten.

§ 63. Es wird ein Erziehungsrath von neun Mitgliedern aufgestellt.

Ihm ist unter Oberaufsicht des Regierungsrathes die Aufsicht und Leitung des Erziehungswesens übertragen. Demselben kömmt auch die Vorberathung über alles, was die Verhältnisse zwischen Staat und Kirche betrifft, zu. Die vorberathenen Gegenstände gelangen an den Regierungsrath.

§ 64. Der Große Rath wählt in den Erziehungsrath fünf Mitglieder aus dem weltlichen Stande.

Die drei Landkapitel und das Sextariat Luzern wählen jedes ein Mitglied aus der gesammten Kantonsgeistlichkeit.

Der Große Rath bezeichnet aus den von ihm Gewählten den Präsidenten des Erziehungsrathes.

Die Mitglieder bleiben vier Jahre im Amte, worauf sie alle gemeinschaftlich austreten, aber sogleich wieder wählbar sind. Der erste Austritt findet auf den ersten Tag des Brachmonats 1845 statt.

§ 65. Der Erziehungsrath ist für sein Wirken dem Regierungsrathe und dem Großen Rathe verantwortlich.

§ 66. Zur Handhabung der Gesetze und Verordnungen und zur Erhaltung der öffentlichen Ordnung und Sicherheit wählt der Große Rath, auf eine Amtsdauer von vier Jahren, für jedes Amt einen *Amtsstatthalter* aus den stimmfähigen Bürgern des betreffenden Amtes.

Der Gewählte hat alle zur Wählbarkeit in den Großen Rath erforderlichen Requisiten auf sich zu vereinigen.

Das Gesetz bestimmt seine Amtsbefugnisse und Pflichten, die Organisation seiner Kanzlei und seinen Gehalt.

IV. Abschnitt: Richterliche Gewalt

§ 67. Ein *Obergericht* von eilf Mitgliedern ist die höchste Behörde in bürgerlichen Rechtsstreitigkeiten und in Straffällen, und übt die Oberaufsicht über die Rechtspflege.

§ 68. Die Mitglieder des Obergerichts werden frei aus allen wahlfähigen Bürgern des Kantons vom Großen Rathe auf vier Jahre gewählt, nach deren Abfluß alle gemeinschaftlich austreten, aber sogleich wieder wählbar sind. Der erste Austritt findet auf den ersten Tag des Brachmonats 1845 statt.

Der Große Rath wählt für gleiche Amtsdauer fünf Ersatzmänner zu Ergänzung des Obergerichts in Fällen des Ausstandes oder sonstiger Abwesenheit.

Wird eine Stelle im Obergericht durch Tod, Entlassung oder Entsetzung vor Ablauf der verfassungsmäßigen Amtdauer erledigt, so soll der Große Rath in seiner nächsten Versammlung die erledigte Stelle wieder besetzen.

Um als Mitglied oder Ersatzmann in das Obergericht wahlfähig zu sein, muß man politisch stimmfähig, wenigstens dreißig Jahre alt sein, und über den Besitz eines Vermögens von zweitausend Franken sich auszuweisen.

§ 69. Die Mitglieder des Obergerichts können nicht Mitglieder eines untergeordneten Gerichts, oder einer andern Behörde sein, oder eine Beamtung bekleiden, über welche das Obergericht die Aufsicht zu führen hat.

§ 70. Aus der Mitte des Obergerichts wählt der Große Rath den Präsidenten und Vicepräsidenten jeweilen auf ein Jahr, nach dessen Abfluß sie für die Dauer eines Jahres zu dem gleichen Amte nicht wieder wählbar sind.

§ 71. Der Große Rath setzt auf den Vorschlag des Obergerichts dessen Geschäftsordnung fest ist, wobei darauf Bedacht genommen werden soll, daß neben den Urtheilen auch die übrigen Entscheidungen und Verfügungen vielmöglichst von dem Obergerichte selbst ausgehen.

Dasselbe erstattet dem Großen Rathe alljährlich oder so oft es dieser verlangt über seine Verrichtungen und die Verwaltung des gesammten Justizwesens Bericht.

§ 72. Die Parteiverhandlungen vor dem Obergericht, sowie vor allen richterlichen Behörden sind in der Regel öffentlich.

Die Ausnahmen hat das Gesetz zu bestimmen.

§ 73. Ein *Kriminalgericht* von fünf Mitgliedern beurtheilt erstinstanzlich alle Kriminalverbrechen.

§ 74. Zur Wählbarkeit der Mitglieder in das Kriminalgericht werden die gleichen Eigenschaften erfordert, wie für die Mitglieder des Großen Rathes.

Die Amtsdauer derselben ist auf vier Jahre festgesetzt, nach deren Ablauf sie alle sammthaft austreten, aber sogleich wieder wählbar sind. Der erste Austritt findet auf den ersten Tag des Brachmonats 1845 statt.

Der Große Rath wählt aus ihrer Mitte den Präsidenten. Er bezeichnet auf gleiche Amtsdauer von vier Jahren für Ergänzungsfälle drei Ersatzmänner.

§ 75. Zur Untersuchung und Bestrafung von Verbrechen und Vergehen, welche von Militärpersonen während des Kantonaldienstes begangen werden, sollen ein *Kriegsgericht* und ein *Kassationsgericht* aufgestellt werden.

Die Organisation und Competenz dieser Gerichte, sowie die Wahlart der Mitglieder und deren Amtsdauer bestimmt das Gesetz.

§ 76. Jeder Bezirk hat ein *Bezirksgericht* von sieben bis neun Mitgliedern, welche von den nach § 26 der Verfassung stimmfähigen Bürgern des Gerichtskreises auf vier Jahre gewählt werden, nach deren Ablauf sie alle gleichzeitig austreten, aber sogleich wieder wählbar sind. Aus jedem Friedensrichterkreise muß wenigstens ein Mitglied in das Bezirksgericht gewählt werden.

Überdieß wählt der Gerichtskreis aus den wahlfähigen Bürgern desselben zwei Ersatzmänner.

Der Große Rath wählt den Präsidenten des Bezirksgerichts aus den Mitgliedern desselben.

Um als Mitglied oder Ersatzmann in das Bezirksgericht wahlfähig zu sein, muß man politisch stimmfähig, wenigstens fünf und zwanzig Jahre alt sein, und über den Besitz eines Vermögens von eintausend Franken sich ausweisen.

§ 77. Die Bezirksgerichte urtheilen über alle bürgerlichen und politischen Rechtsfälle ihres Gerichtskreises, welche das Gesetz ihnen zur Entscheidung überweiset. Sie besorgen die Verführung der Konkurse.

§ 78. Jeder Friedensrichterkreis wählt einen *Friedensrichter* zu Vermittlung von Streitigkeiten auf eine Amtsdauer von vier Jahren.

Derselbe und zwei Beisitzer, welche auf eine gleiche Amtsdauer vom Friedensrichterkreise gewählt werden, bilden das *Friedensgericht*, mit Gesammtaustritt und Wiederwählbarkeit. Dem Friedensgerichte ist die Entscheidung geringer Rechtsfälle übertragen.

Zur Wählbarkeit in das Friedengericht sind die gleichen Eigenschaften wie zur Wählbarkeit in das Bezirksgericht erforderlich.

Die Stelle eines Friedensrichters ist mit derjenigen eines Bezirksrichters vereinbar.

§ 79. Über die Ausführung dieser Bestimmungen, sowie über Festsetzung der ferneren Befugnisse der Bezirks- und Friedens-Gerichte wird das Gesetz das Nähere anordnen.

V. Abschnitt: Die Gemeinden

§ 80. Jede Gemeinde, in welcher bisher eine Gemeindebehörde bestellt war, erhält auch fernerhin einen Gemeinderath. Der Regel nach soll ein solcher Gemeinderath aus 3 bis 5 Mitgliedern bestehen.

Eine durch das Gesetz festzusetzende Gemeindeverfassung wird im Allgemeinen die Organisation und die Befugnisse der Gemeinde und ihrer Behörden, und im Besondern die der Gemeinden Luzern, Willisau, Sursee, Sempach und Münster mit Berücksichtigung ihrer eigenthümlichen Verhältnisse bestimmen.

§ 81. Jeder Gemeinde und Gemeindebehörde steht das Recht zu, ihre Angelegenheiten inner den verfassungsmäßigen und gesetzlichen Schranken selbstständig zu besorgen. Über Beschlüsse der Gemeinde und des Gemeinderaths kann der Regel nach an den Regierungsrath rekurrirt werden.

§ 82. Alle Mitglieder der Gemeinderäthe und alle Gemeindebeamteten werden von den Gemeinden selbst gewählt. Aus den Mitgliedern des Gemeinderaths wählt die Gemeinde den Gemeindeammann, welcher der erste Vollziehungsbeamtete der Gemeinde zu Handhabung der Gesetze und der Polizei und zugleich Botenweibel ist. Alle Gemeindebeamteten werden auf vier Jahre gewählt, sind nach dieser vollendeten Amtsdauer sämmtlich im Austritt, aber wieder wählbar.

§ 83. In Gemeindeangelegenheiten sind alle Gemeindesteuerpflichtigen stimmfähig, welche

    a) die allgemeine politische Stimmfähigkeit in Anspruch nehmen können, und beinebens
    b) zum wenigsten 400 Franken wirklich versteuern.

Versteuert ein Vater 800 Franken, so hat auch dessen ältester Sohn, und sofort für jede 400 Franken mehr ein folgender Sohn Stimmfähigkeit, in sofern diesen Söhnen die übrigen Requisiten nicht abgehen, und sie mit dem Vater in ungetheilter Haushaltung leben.

§ 84. Um in einen Gemeinderath wahlfähig zu sein, muß der Gewählte politisch stimmfähig sein, und über ein Vermögen von wenigstens eintausend Franken sich ausweisen können.

§ 85. Corporationen und Genossenschaften können die Administration ihres Gutes selbstgewählten Verwaltungen übertragen. Die Genossen sind bei Behandlung ihrer Angelegenheiten stimm- und wahlfähig, insofern sie nicht in einem gesetzlichen Ausnahmsfall sich befinden.

Zur Wahlfähigkeit in die Verwaltung von Gemeinde-Corporationsgütern werden die gleichen Eigenschaften erfordert, wie zur Wahlfähigkeit in den Gemeinderath.

IV. Titel: Schlussbestimmungen

§ 86. Alle Gesetze, Verordnungen und Beschlüsse, welche mit den Grundsätzen oder Bestimmungen der gegenwärtigen Verfassung im Widerspruch stehen, und zwar vorab die Badener-Konferenzartikel, das Plazetgesetz und das Siebnerkonkordat, sollen mit möglichster Beförderung durch den Großen Rath außer Kraft gesetzt werden.

Der Große Rath wird daher ungesäumt die erforderliche Ausscheidung der noch gültigen und der erloschenen Gesetze, Verordnungen und Beschlüsse vornehmen, und auch die ersten beförderlich einer Durchsicht unterwerfen.

§ 87. Alle durch die Verfassung vorgeschriebenen unmittelbaren Volkswahlen geschehen der Regel nach durch das geheime absolute Stimmenmehr.

Die Versammlung kann jedoch durch zwei Drittheile der Anwesenden das offene Mehr beschließen.

§ 88. Alle Behörden und Beamteten sind bei ihrer ersten Amtsdauer auf die Verfassung und die Gesetze feierlich in Eid zu nehmen.

§ 89. Alle zehn Jahre hat eine Volkszählung vor sich zu gehen. Die Volksaufzählung von 1837 dient als Grundlage für Vertheilung der Mitglieder des zu erwählenden Großen Rathes auf die Wahlkreise.

Die nächste Volksaufzählung hat im Jahre 1847 statt zu finden, worauf der Große Rath auf die nächste Integralerneuerung eine neue Vertheilung der Volkspräsentation auf die Wahlkreise nach dem Maßstabe der Bevölkerung vornehmen wird.

§ 90. Alle politischen Beamteten und Bediensteten können nur auf eine Amtsdauer von vier Jahren gewählt werden, sind aber nach deren Ablauf wieder wählbar.

Wer aufhört, die zur Wählbarkeit erforderlichen Eigenschaften zu haben, hört auch auf, Mitglied der betreffenden Behörde zu sein.

§ 91. Bei Einführung der neuen Verfassung sollen alle politischen Beamteten und Bediensteten einer neuen Wahl unterworfen werden.

Hinsichtlich des Lehrerstandes wird ein dießfälliges Gesetz das Zweckmäßige im Geiste der Verfassung bestimmen.

§ 92. Gegenwärtige Kantonsverfassung, wenn sie von der Mehrheit der stimmfähigen Bürger wird angenommen sein, soll vom Großen Rathe beschworen werden.

Die Mitglieder des Großen Rathes schwören folgenden Eid.
Ich schwöre:
Wie ich mich zur apostolischen römisch-christkatholischen Religion aufrichtig bekenne, so dieselbe und die Rechte der katholischen Kirche getreulich zu ehren und zu schützen;
Der Schweizerischen Eidgenossenschaft und dem Stande Luzern Treue und Wahrheit zu leisten;
Die vom Volke angenommene Staatsverfassung, sowie die Gesetze und Verordnungen gewissenhaft zu beobachten und zu handhaben;
Des allgemeinen und besonderen Vaterlandes Unabhängigkeit, Freiheit und Rechte und Leib und Leben, mit Gut und Blut zu schützen;
Die mir durch die Verfassung übertragenen Obliegenheiten treu und gewissenhaft zu erfüllen, den Rathsversammlungen beflissen beizuwohnen, und ohne Noth von denselben nicht auszubleiben;

Bei Übertragung öffentlicher Stellen meine Wahl auf tüchtige und rechtschaffene Männer zu richten, weder Miethe noch Gaben anzunehmen, noch durch die Meiningen nehmen zu lassen;

Und überhaupt durch Wort und Beispiel nach bestem Wissen und Gewissen und aus allen Kräften des Vaterlandes Wohlfahrt und Ehre zu fördern und dessen Schaden und Nachtheil zu wenden.

Dieses alles schwöre ich als Mitglied des Großen Rathes getreulich, fest und ohne Gefährde zu halten, so wahr mir Gott helfe und seine lieben Heiligen!

39. Constitution de la République et Canton du Valais

Du 14 septembre 1844

Au nom de Dieu tout-puissant.

Titre I: Principes, dispositions générales

Art. 1. La république du Valais forme un Etat souverain, incorporé comme canton à la confédération suisse.

La souveraineté réside dans la totalité des citoyens valaisans.

La forme du gouvernement est celle de la démocratie représentative.

Art. 2. La religion catholique, apostolique et romaine est la religion de l'état; elle seule y a un culte: la loi lui assure son appui.

Art. 3. Les droits du clergé séculier et régulier sont maintenus et garantis.

Est de même garanti le maintien des chapitres et des corporations religieuses existantes.

Cette dernière disposition n'est pas applicable à celles de ces corporations qui n'existent qu'en vertu de conventions conclues avec des communes.

Art. 4. La liberté individuelle est garantie. Nul ne peut être poursuivi ou arrêté que dans les cas prévus par la loi, et selon les formes qu'elle prescrit.

Art. 5. Nul ne peut être distrait de ses juges naturels.

Art. 6. Le domicile est inviolable. Aucune visite domiciliaire ne peut avoir lieu, si ce n'est dans les cas prévus par la loi, et dans les formes qu'elle détermine.

Art. 7. La propriété est inviolable. Il ne peut être dérogé à ce principe que pour cause d'utilité publique et moyennant une juste et préalable indemnité.

Art. 8. Chacun a le droit d'adresser des pétitions au grand conseil et aux autres autorités constituées.

Art. 9. Aucun bien-fonds ne peut être grevé d'une redevance perpétuelle et irrachetable.

Art. 10. Tout valaisan est appelé à la défense de la patrie: la loi règle le service militaire et en répartit les charges entre tous d'une manière équitable.

Art. 11. L'Etat supporte les frais de l'instruction publique dans les colléges de Sion, de St.-Maurice et de Brigue.
L'enseignement dans ces trois colléges ne peut être confié qu'à des personnes vouées à l'état ecclésiastique.

Art. 12. L'enseignement public sera approprié aux besoins du peuple.

Art. 13. La langue française et la langue allemande sont déclarées nationales.

Titre II: Division du Canton

Art. 14. Le canton est divisé en dixains. Les dixains sont composés de communes.
Un décret du grand conseil fixe le nombre et la circonscription des dixains et des communes, et désigne les chefs-lieux.

Art. 15. Sion est le chef-lieu du canton. Le grand conseil, le conseil d'état, le tribunal d'appel du canton et le tribunal central y tiennent leurs séances.
Ces corps peuvent toutefois les transférer ailleurs, si des circonstances graves l'exigent.

Titre III: Etat politique des citoyens

Art. 16. Sont citoyens valaisans:

1° Les bourgeois ou communiers d'une bourgeoisie ou d'une commune du Canton;
2° Ceux qui ont acquis la naturalisation.

Art. 17. Nul ne peut être reçu bourgeois ou communier avant d'avoir été naturalisé valaisan.

Art. 18. Les habitans perpétuels sont valaisans.

Titre IV: Pouvoirs publics

Art. 19. Les pouvoirs publics sont:

Le pouvoir législatif;
Le pouvoir exécutif et administratif;
Le pouvoir judiciaire;
Le pouvoir dixainal;
Le pouvoir communal.

Chapitre I: Pouvoir législatif

Art. 20. Le pouvoir législatif est exercé par un grand conseil.

Chaque dixain y envoie un député sur mille âmes de population; la fraction de cinq cents un et au dessus compte pour mille.

Les Valaisans et les citoyens suisses domiciliés depuis six ans dans le canton sont seuls inscrits dans les rôles dressés pour servir de base à la représentation.

Art. 21. Le Rme évéque de Sion est de droit membre du grand conseil.

Art. 22. Le vénérable clergé a deux représentans au grand conseil: l'un pour les dixains de Sion, Sierre, Loëche, Rarogne, Viège, Brigue et Conches; l'autre, pour les dixains d'Hérens, Conthey, Martigny, Entremont, St.-Maurice et Monthey.

Ces deux députés et leurs suppléans sont nommés par le clergé de la partie du canton qu'ils doivent représenter.

Art. 23. Les députés doivent voter, pour le bien général, d'après leur conviction. Ils ne peuvent être liés par des instructions.

Art. 24. Les délibérations du grand conseil se prennent à la majorité absolue.

Il ne peut délibérer qu'autant que les députés présens forment la majorité absolue de la totalité de ses membres.

Art. 25. Le grand conseil s'assemble de plein droit, en session ordinaire, le troisième lundi de mai, et le troisième lundi de novembre.

Ils se réunit en session extraordinaire, lorsqu'il est convoqué par le conseil d'état.

Art. 26. Sauf les cas extraordinaires, d'une gravité majeure, chaque session ordinaire est de quinze jours au plus, les jours de dimanche et de fête non compris.

Art. 27. Les séances du grand conseil sont publiques.

Il se forme en comité secret lorsque les circonstances l'exigent.

Art. 28. Le grand conseil nomme dans son sein et pour toute la législature son président, deux vice-présidents, deux scrutateurs et deux secrétaires, dont l'un pour la langue française, et l'autre pour la langue allemande.

Art. 29. Le grand conseil nomme dans son sein, ou en dehors, les membres du conseil d'état, du tribunal d'appel du canton et du tribunal central. Il choisit parmi eux le président et le vice-président de chacun de ces corps.

Le président du conseil d'état n'est pas immédiatement rééligible à cette fonction.

Art. 30. Deux conseillers d'état seront nommés dans les dixains de Conches, Brigue, Viège, Rarogne, Loëche et Sierre;

Deux seront choisis dans les dixains de Martigny, Entremont, St.-Maurice et Monthey; et un, dans ceux de Sion, Hérens et Conthey.

Il ne peut y avoir deux conseillers d'état domiciliés dans le même dixain.

Art. 31. La députation à la diète se compose de deux députés. Le grand conseil les nomme à chaque session de mai et se fait rendre compte de leur mission.

Il nomme aussi les officiers d'un grade supérieur à celui de capitaine.

Art. 32. Le même dixain ne peut avoir plus d'un membre dans le tribunal d'appel du canton.

Cette disposition n'est pas applicable aux suppléans.

Art. 33. Le grand conseil a les attributions suivantes:

1° Il vérifie les pouvoirs de ses membres, et prononce sur la validité de leur élection;
2° Il accepte, amende ou rejette les projets de loi ou de décret;
3° Il dispose de la force armée;
4° Il accorde la naturalisation;
5° Il exerce le droit d'amnistie, le droit de grâce, et commue les peines;
6° Il examine la gestion du conseil d'état;
7° Il fixe le budget de l'état, en examine et arrête les comptes;
Ces comptes sont rendus publics.
8° Il fixe le traitement des fonctionnaires publics et la somme nécessaire pour les employés du conseil d'état;
9° Il a le droit de battre monnaie et de tarifer les espèces;
10° Il autorise l'acquisition d'immeubles, l'aliénation ou l'hypothèque des propriétés nationales, et les emprunts pour le compte de l'état;
11° Il fait les concessions de mines et autorise leur transfert;
12° Il émet le vote de l'état dans les affaires fédérales et donne les instructions aux députés à la diète;
13° Il conclut les traités avec les cantons et avec les états étrangers sur les objets qui ne sont pas du ressort de la diète fédérale;
14° Il pourvoit aux dignités et aux bénéfices ecclésiastiques dont la nomination appartenait à l'ancienne diète;
15° Il exerce la souveraineté en tout ce que la constitution n'attribue pas expressément à une autre autorité.

Art. 34. Le grand conseil peut inviter le conseil d'état à lui présenter un projet de loi ou de décret. Le conseil d'état est tenu de présenter le projet demandé dans l'une des deux premières sessions ordinaires qui suivent cette invitation.

Si le grand conseil en déclare l'urgence, le conseil d'état doit le présenter dans la même session.

Art. 35. Les projets de loi doivent être soumis à un second débat, qui aura lieu à la prochaine session ordinaire.

Si l'urgence de la loi est déclarée, le second débat est ouvert dans la même session.

Chapitre II: Pouvoir exécutif et administratif

Art. 36. Le pouvoir exécutif et administratif est confié à un conseil d'état, composé de cinq membres.

Art. 37. Le conseil d'état a les attributions suivantes:

1° Il présente les projets de loi ou de décret, et propose les instructions pour les députés à la diète;
2° Il est chargé de la promulgation et de l'exécution des lois et des décrets, et prend à cet effet les arrêtés nécessaires;
3° Il pourvoit à toutes les parties de l'administration et au maintien de l'ordre public;
4° En cas de danger extérieur, ou s'il s'agit du maintien de l'ordre dans l'intérieur, il peut, en l'absence du grand conseil, disposer de la force armée; mais il doit immédiatement informer les membres du grand conseil et les présidents de dixain des mesures qu'il aura prises, et, si les circonstances l'exigent, il convoquera le grand conseil;
5° Il entretient la correspondance avec les autorités fédérales, avec les cantons et avec les états étrangers;
6° Il convoque le grand conseil en session extraordinaire, quand il le juge nécessaire ou sur la demande, écrite et motivée, de vingt députés;
7° Il nomme les fonctionnaires, les employés et les agens, dont la constitution ou la loi n'attribue pas la nomination à une autre autorité et il peut les révoquer;
8° Il surveille les autorités inférieures et donne des directions sur toutes les parties de l'administration;
9° Il peut suspendre les autorités administratives qui refuseraient d'exécuter ses ordres. Il doit toutefois en référer au grand conseil à sa prochaine session;
10° Il peut ordonner et faire opérer des arrestations préventives. Dans ce cas la personne arrêtée devra être élargie ou remise à son juge naturel au plus tard dans les trois jours qui suivront l'arrestation.

Art. 38. Le conseil d'état rend annuellement compte de sa gestion.

Il peut requérir de toutes les autorités les renseignemens dont il a besoin pour son rapport.

Il se retire lorsque le grand conseil examine sa gestion et ses comptes.

Art. 39. Le conseil d'état est responsable de sa gestion. La loi règle tout ce qui concerne cette responsabilité.

Art. 40. Les conseillers d'état ne peuvent être membres du grand conseil. Ils prennent part à ses discussions, mais ils n'y ont pas voix délibérative.

Art. 41. Le conseil d'état est juge du contentieux de l'administration jusqu'à ce que la loi y ait autrement pourvu.

Il doit, à peine de dommages-intérêts, prononcer dans quinze jours, dès l'appointement à jugement, pour les affaires électorales, et dans trente jours pour les autres questions au contentieux.

Art. 42. Pour l'expédition des affaires, le conseil d'état se divise en départemens.

Un règlement en fixe le nombre et en précise les attributions.

Chapitre III: Pouvoir judiciaire

Art. 43. Le pouvoir judiciaire est indépendant.

Art. 44. Chaque commune peut avoir un juge de première instance, sous le nom de châtelain, devant lequel sont portées toutes les causes civiles et qui prononce en dernier ressort jusqu'à la concurrence d'une valeur déterminée par la loi.

Ce juge a un substitut sous le nom de vice-châtelain.

Il y a, dans chaque dixain, un tribunal d'appel au civil, un tribunal au correctionnel et au criminel. Le dixain de Rarogne peut en avoir deux, l'un pour la partie orientale et l'autre pour la partie occidentale.

Il y a pour le canton un tribunal central qui connaît des délits de presse et des délits politiques ou se rattachant à la politique, et un tribunal d'appel composé de onze membres avec cinq suppléans.

Art. 45. L'organisation et la compétence actuelles des tribunaux civils de commune et de dixain sont maintenues jusqu'à ce que la loi ait fixé la valeur pour laquelle l'appel est admis.

Art. 46. Les tribunaux en matière pénale, leur organisation et leur compétence actuelles sont maintenues jusqu'à ce que la loi y ait autrement pourvu.

Chapitre IV: Pouvoir dixainal

Art. 47. Il y a, dans chaque dixain, un conseil qui règle les affaires du dixain, répartit les charges entre les communes, et fait les nominations qui lui sont attribuées.

Art. 48. Le conseil du dixain est composé des députés des communes en nombre proportionné à leur population.

Art. 49. Le conseil du dixain élit son chef dans son sein ou en dehors, sous le nom de président du dixain.

Il nomme aussi son vice-président, deux suppléans et un secrétaire.

Le président du dixain vote comme chef du corps.

Art. 50. Le président du dixain correspond avec le conseil d'état, et lui est subordonné pour tout ce qui concerne l'administration du dixain.

La loi détermine ses autres fonctions.

Chapitre V: Pouvoir communal

Art. 51. Il y a, dans chaque commune:

1° Une assemblée primaire;
2° Un conseil général;
3° Un conseil communal.

Dans les communes qui comptent cinq cents votans et plus, et où la population n'est pas agglomérée, l'assemblée primaire et le conseil général peuvent voter par sections.

Art. 52. L'assemblée primaire se compose:

1° Des bourgeois ou communiers;
2° Des citoyens valaisans, domiciliés dans la commune depuis un an.

Néanmoins les individus qui se feront naturaliser à l'avenir, ne pourront exercer leurs droits politiques qu'après avoir acquis un droit de communauté ou de bourgeoisie.
Les domestiques conservent leur domicile d'origine.

Art. 53. L'assemblée primaire exerce le référendum et fait les nominations qui lui sont attribuées.

Art. 54. Le conseil général se compose exclusivement des bourgeois ou communiers.
Il délibère sur l'aliénation ou l'hypothèque des biens communs, sur la réception des bourgeois ou communiers, sur les procés où la commune est appelante sur le règlement concernant la jouissance des communaux.
Il nomme les membres du conseil communal et fait les autres nominations qui lui sont attribuées.
Il prend annuellement connaissance des comptes et de la gestion du conseil communal.
Ces comptes sont rendus publics.

Art. 55. Le conseil communal se compose de trois membres au moins et de quinze au plus. Toutefois les communes qui comptent deux mille âmes de population peuvent en porter le nombre à vingt et un.
Ce conseil fait les réglemens de police locale, en surveille l'exécution sous la direction du pouvoir exécutif, administre les biens communs et les caisses publiques, arrête les dépenses, répartit les charges, et propose au conseil général le règlement sur la jouissance des communaux.
L'organisation et les autres attributions de ce conseil sont déterminées par la loi.
Le conseil d'état doit intervenir dans l'administration des communes toutes les fois qu'il y a réclamation de la part d'un ou de plusieurs intéressés.

Titre V: Mode d'élection, conditions d'éligibilité, durée des fonctions publiques

Art. 56. Aucune candidature n'est admise pour les nominations aux fonctions civiles.

Art. 57. Les députés de chaque dixain au grand conseil sont élus par un collége électoral.

Le collége électoral se compose des électeurs nommés par l'assemblée primaire de chaque commune, à raison d'un électeur sur cent âmes de population. La fraction de cinquante-un et au dessus est comptée pour cent.

Chaque commune quelle que soit sa population a droit au moins à un électeur.

Le grand conseil peut autoriser la formation de deux colléges électoraux dans le même dixain.

Art. 58. Le grand-châtelain, le vice-grand-châtelain et les membres du tribunal du dixain sont nommés par le collége électoral.

Art. 59. Les châtelains et les vice-châtelains sont nommés par les assemblées primaires.

Art. 60. Les députés au conseil de dixain sont élus par le conseil général.

Art. 61. La durée des fonctions publiques est fixée à deux ans, sauf ce qui est dit au § 7 de l'article 37.

Cette disposition ne préjuge pas l'organisation des conseils communaux qui est réservée à la loi.

Le conseil d'état est renouvelé partiellement.

A dater de 1845, deux membres de ce corps seront élus les années paires, et trois les années impaires.

Art. 62. Ne peuvent voter, ni être élus:

1° Ceux qui sont habituellement à la charge du public, ou des établissemens de bienfaisance;
2° Ceux dont l'insolvabilité est constatée par jugement ou par acte de carence, à moins que cet état d'insolvabilité n'ait cessé ou ne provienne de force majeure ou de dettes héréditaires;
3° Les interdits, les aliénés et ceux dont l'état d'imbécillité est notoire;
4° Ceux qui sont sous le poids d'un jugement portant infamie, ou qui ont été condamnés pour crime de vol ou de faux;
5° Ceux qui, ayant le moyen d'acquitter la part virile des dettes de leurs ascendans, en auraient répudié la succession.

La loi peut déterminer d'autres motifs d'exclusion, à titre de peine.

Art. 63. Le fonctionnaire qui tombe dans un des cas prévus à l'article 62, est par le fait déchu de ses fonctions.

Art. 64. Le citoyen décrété de prise de corps, pour indice grave de crime, est suspendu de ses fonctions publiques et de l'exercice de ses droits politiques jusqu'à jugement ou jusqu'à décision de non-lieu.

Art. 65. Le service étranger, civil ou militaire, est incompatible avec les fonctions publiques.

Art. 66. Nul ne peut voter dans deux communes.

Art. 67. Le citoyen valaisan ne peut exercer ses droits politiques avant l'âge de vingt ans révolus.

Art. 68. Pour être éligible à une fonction publique, il faut être habile à voter dans les assemblées primaires, et être âgé de vingt trois ans accomplis, sauf pour les fonctions de conseiller d'état, de membre du tribunal d'appel du canton et du tribunal central pour lesquels il faut être âgé de trente ans révolus.

Art. 69. Ne peuvent siéger en même temps au conseil d'état ou dans un tribunal:

1° Père et fils;
2° Beau-père et gendre ou beau-fils;
3° Frères et frères consanguins ou utérins;
4° Beaux-frères;
5° Oncle et neveu.

Art. 70. Les fonctions civiles et les fonctions ecclésiastiques sont incompatibles, sauf ce qui est réglé aux articles 21 et 22.
La loi statue sur les autres incompatibilités.

Titre VI: Dispositions additionnelles, mode de révision

Art. 71. Les lois, les capitulations militaires et les décrets de finance et de naturalisation seront référés aux assemblées primaires et ne seront exécutoires qu'après avoir été adoptés par la majorité des citoyens qui auront pris part à la votation.
Une loi règle le mode de votation et fixe l'époque de la mise à exécution des lois et des décrets.

Art. 72. Dans le cas de non acceptation d'un décret de finances, celui qui existe est maintenu jusqu'à ce qu'un autre l'ait remplacé.

Art. 73. Les affaires qui intéressent le Valais comme canton suisse, et qui dérivent des rapports ou des obligations établies par le pacte fédéral, ne sont point soumises au référendum.

Art. 74. Tout changement à apporter au pacte fédéral devra être soumis à l'acceptation ou au rejet de la majorité des citoyens valaisans habiles à voter.

Art. 75. Il sera dressé en 1846 et en 1857, et à partir de ce dernier terme tous les dix ans, un recensement de la population du canton, pour servir de base à la représentation des communes et des dixains.

Art. 76. Le débit du sel aura lieu dans tout le canton à 1 batz la livre.

Art. 77. Les lois, décrets, règlements et arrêtés actuellement existans, non contraires à la présente constitution, restent en vigueur jusqu'à ce qu'il y soit légalement dérogé.

Art. 78. La présente constitution ne pourra être revisée qu'après le laps de dix ans, et seulement dans le cas où la révision serait décrétée par la majorité absolue de la totalité des membres du grand conseil.

Tout changement devra être accepté par la majorité des citoyens valaisans habiles à voter.

Donné, en grand conseil, à Sion, le 14 septembre 1844.

40. Sonderbundsakte
Vom 10. Dezember 1845

1. Die Kantone *Lucern, Uri, Schwyz, Unterwalden, Zug, Freiburg, Wallis* verpflichten sich, so wie einer oder mehrere aus ihnen angegriffen würden, zur Wahrung ihrer Souveränitäts- und Territorialrechte den Angriff gemäß dem Bundesvertrag vom 7. August 1815, *sowie gemäß den alten Bünden*, gemeinschaftlich mit allen zu Gebote stehenden Mitteln abzuwehren.

2. Die Kantone werden sich über die zweckmäßigste Weise, sich gegenseitig in Kenntniß von allen Vorfällen zu erhalten, verständigen. Sowie ein Kanton von einem bevorstehenden oder erfolgten Angriffe sichere Kenntniß erhält, ist er bereits als bundesgemäß aufgemahnt anzusehen und verpflichtet, die nach Umständen erforderliche waffenfähige Mannschaft aufzubieten, ohne geradezu die officielle Mahnung des betreffenden Kantons abzuwarten.

3. Ein *Kriegsrat*, bestehend aus einem Abgeordneten aus jedem der oben genannten Stände, mit allgemeinen und *soviel möglich ausgedehnten Vollmachten von der Regierung* versehen, hat die oberste Leitung des Kriegs zu besorgen. Er wird bei einem bevorstehenden oder erfolgten Angriffe zusammentreten.

4. Der Kriegsrath mit den ihm ertheilten Vollmachten hat im Falle der Noth alle zur Vertheidigung der betreffenden Kantone erforderlichen Maßregeln zu treffen. Wo die Gefahr nicht so dringender Natur ist, wird er sich mit den Regierungen dieser Kantone in Rücksprache setzen.

5. In Beziehung auf Bestreitung der durch solche Truppenaufgebote erwachsenen Kosten wird als Regel angenommen, daß der mahnende Kanton die Kosten des von ihm verlangten Truppenaufgebots zu bestreiten hat. Vorbehalten bleiben jedoch solche Fälle, wo besondere Gründe vorhanden sind, daß ein besonderer Maßstab der Vertheidigung einzutreten habe. Andere Kosten, die im gemeinschaftlichen Interesse dem einen oder andern Kanton erwachsen sind, sollen von allen sieben Kantonen nach der eidgenössichen Geldscala getragen werden.

d) Radikale Verfassungen

41. Constitution du Canton de Vaud
Du 10 août 1845

Titre premier: Dispositions générales et Garanties

Article premier. Le Canton de Vaud est une République démocratique, et l'un des Etats de la Confédération suisse.
Le Peuple est souverain.

2. Les Vaudois sont égaux devant la loi.
Il n'y a, dans le Canton de Vaud, aucun privilége de lieux, de naissance, de personnes ou de familles.

3. Tout Suisse habitant du Canton de Vaud est soldat, sauf les exceptions établies par la loi.

4. La liberté individuelle est garantie.
Nul ne peut être poursuivi ou arrêté que dans les cas déterminés par la loi et selon les formes qu'elle prescrit. Ces cas doivent être aussi rares et aussi précisés que possible, les formes doivent éviter l'arbitraire.
Hors les cas qui appartiennent à la discipline militaire, nul ne peut être mis en état d'arrestation qu'en vertu de l'ordre du Juge auquel la loi donne cette compétence.
Les autorités constituées peuvent recevoir de la loi le droit de punir, par une détention, ceux qui leur manquent de respect dans l'exercice de leurs fonctions.

5. Le domicile est inviolable. Aucune visite domiciliaire ne peut avoir lieu que dans les cas déterminés par la loi et dans les formes qu'elle prescrit. Ces cas doivent être aussi rares et aussi précisés que possible, les formes doivent éviter l'arbitraire.

6. La propriété est inviolable. Il ne peut être dérogé à ce principe que dans les cas déterminés par la loi.
La loi peut exiger le sacrifice d'une propriété pour cause d'intérêt public légalement constaté, moyennant une juste et préalable indemnité.

7. La presse est libre. La loi en réprime les abus; ses dispositions ne peuvent être préventives.

8. Le droit de pétition est garanti.
Les pétitions doivent être signées par une ou par plusieurs personnes comme individus.

9. L'Eglise nationale évangélique réformée est maintenue et garantie dans son intégrité.
Les ministres de cette Eglise sont consacrés suivant les lois et la discipline ecclésiastique du Canton, et seuls appelés à desservir les Eglises établies par la loi.

La loi règle les rapports de l'Etat avec l'Eglise.

L'exercice de la religion catholique est garanti aux communes d'Echallens, Assens, Bottens, Bioley-Orjulaz, Etagnières, Poliez-le-Grand, Poliez-Pittet, St.-Barthelémy et Bretigny, Villars-le-Terroir et Malapalud, tel qu'il a été usité jusqu'à présent.

10. Le culte de l'Eglise nationale et celui de l'Eglise catholique, dans les communes énumérées à l'article précédent, continueront d'être seuls à la charge de l'Etat ou des bourses publiques qui ont des obligations à cet égard.

11. Chacun est libre d'enseigner en se conformant aux lois sur cette matière.

Les parents sont tenus de faire donner à leurs enfants une instruction égale au moins à celle qui se puise dans les écoles primaires.

L'enseignement dans les écoles publiques sera conforme aux principes du christianisme et à ceux de la démocratie.

12. La naturalisation des étrangers ne peut s'opérer que par un décret de l'autorité législative, en se conformant aux conditions et aux règles établies par la loi.

Les étrangers naturalisés ne sont d'ailleurs éligibles aux fonctions qui exigent la qualité de Vaudois qu'après cinq ans dès la date de leur naturalisation.

13. Le droit d'amnistie et le droit de grâce sont exercés par un décret de l'autorité législative.

La loi détermine les conditions et la forme du recours en grâce.

Titre II: Territoire

14. Le territoire du Canton est inaliénable; les rectifications de limites sont du domaine de la loi.

15. Le Canton est divisé en districts, en cercles et en communes.

Les districts sont formés d'un ou de plusieurs cercles.

Les cercles sont formés d'une ou de plusieurs communes.

Il y a soixante cercles et dix-neuf districts. La loi en détermine la circonscription et en désigne les chefs-lieux. Elle détermine aussi la circonscription des communes.

La loi établit les autres divisions territoriales qui sont jugées nécessaires.

Elle désigne le chef-lieu du Canton.

Titre III: Exercice de la Souveraineté

16. La souveraineté est exercée par les citoyens actifs réunis en assemblées générales de cercle ou de commune et, en leur nom, par le Gouvernement constitutionnel.

17. Sont citoyens actifs les Vaudois et les Confédérés, âgés de 21 ans révolus, qui réunissent les conditions suivantes et qui ne se trouvent dans aucun des cas d'exclusion statués par l'article 18. Ces conditions sont:

A) Pour le Vaudois:
1° Etre bourgeois de l'une des communes du Canton, ou attaché à l'une des corporations qui sont reconnues dans le Canton et considérées comme des bourgeoisies;
2° Etre domicilié dans le Canton depuis trois mois.

B) Pour le Confédéré:
1° Etre ressortissant d'un Canton qui accorde aux Vaudois l'exercice des droits politiques;
2° Etre domicilié dans le Canton de Vaud depuis un an.

18. Ne sont pas Citoyens actifs les Vaudois et les Confédérés qui se trouvent dans l'un des cas ci-après:

1° Ceux qui exercent leurs droits politiques dans quelque autre canton ou Etat;
2° Les interdits et ceux qui sont pourvus d'un conseil judiciaire;
3° Ceux qui, ayant fait discussion, n'ont pas justifié la perte qu'ils ont fait essuyer à leurs créanciers par des pertes accidentelles qu'eux-mêmes auraient éprouvées;
4° Ceux qui, en vertu de la loi pénale et ensuite d'un jugement, sont privés des droits civiques.

19. Les assemblées générales de cercle ou de commune sont composées des citoyens actifs domiciliés dans le cercle ou dans la commune.
Chaque assemblée nomme son président.

20. Les attributions des assemblées générales de cercle sont de faire les élections que la Constitution ou la loi leur confèrent.

21. Les attributions des assemblées générales de commune sont:

a) De voter sur tous les changements à la Constitution cantonale ou au Pacte fédéral;
b) De voter sur toute proposition qui leur est soumise par le Grand Conseil agissant spontanément, ou sur la demande de huit mille citoyens actifs.

La majorité des citoyens actifs de tout le Canton, qui auront émis leur suffrage dans les assemblées générales de commune, forme une décision obligatoire pour tous.
La loi peut conférer d'autres attributions aux assemblées générales de commune.

22. La loi détermine quand et comment les assemblées générales de cercle ou de commune sont convoquées et elle en règle l'organisation.

Titre IV: Autorités cantonales

23. Il y a trois ordres de fonctionnaires exerçant l'autorité cantonale au nom du peuple:
L'ordre législatif;
L'ordre exécutif et administratif;
L'ordre judiciaire.

Ces trois ordres demeurent distincts dans les limites fixées par la Constitution.

La loi règle le mode de procéder dans les cas de conflit de compétence entre l'ordre administratif et l'ordre judiciaire.

24. La loi détermine des conditions d'éligibilité aux emplois publics pour les points sur lesquels la Constitution ne statue pas; elle établit des incompatibilités soit à raison de la nature des fonctions, soit à raison des liens de parenté.

Elle règle ce qui concerne le cumul des fonctions salariées.

25. Deux parents ou alliés en ligne directe, deux frères ou beaux-frères, l'oncle et le neveu de sang ne peuvent siéger en même temps, l'un au Conseil d'Etat, l'autre au tribunal cantonal.

Chapitre premier: Grand Conseil

26. Les fonctions législatives sont exercées par un Grand Conseil composé de députés élus directement par les assemblées de cercle, dans la proportion de un député sur mille habitants, chaque fraction de cinq cents et au-dessus étant comptée pour mille.

Les députés sont nommés pour quatre ans, renouvelés intégralement et rééligibles.

27. Pour pouvoir être membre du Grand Conseil, il faut être Vaudois, citoyen actif et âgé de vingt-cinq ans révolus.

La loi statue sur les incompatibilités absolues qu'il peut être convenable d'établir entre la qualité de membre du Grand Conseil et celle de fonctionnaire public.

Un membre du Grand Conseil, qui accepte une place d'agent ou d'employé révocable par le Conseil d'Etat, cesse, par ce fait seul, de faire partie du Grand Conseil. Il est rééligible.

28. Un citoyen nommé par plusieurs cercles ne demeure député que d'un seul; il est remplacé immédiatement par les autres cercles.

29. Le Grand Conseil vérifie les pouvoirs de ses membres et prononce sur la validité de leur élection.

30. Chaque membre du Grand Conseil reçoit de la caisse de l'Etat une indemnité fixée à trente batz par journée de présence à l'assemblée, et à dix batz par lieue pour frais de transport, retour compris.

Toutefois, les fonctionnaires publics rétribués par l'Etat, dont les salaires ou les traitements réunis s'élèvent à douze-cents francs ou plus, par année, et qui résident au chef-lieu du Canton, ne reçoivent aucune indemnité.

31. Hors le cas du flagrant délit, un membre du Grand Conseil ne peut, pour quelque cause que ce soit, être arrêté durant les sessions, sans la permission du corps.

32. Les séances du Grand Conseil sont publiques. Toutefois, il se forme en comité secret lorsqu'il le juge convenable.

33. Le Grand Conseil ne peut délibérer qu'autant que les députés présents forment la majorité absolue du nombre total de ses membres. Les membres du Conseil d'Etat ne sont pas comptés.

34. Le Grand Conseil nomme son président pour une année. Les membres du Conseil d'Etat ne sont pas éligibles.

35. Le Grand Conseil s'assemble de plein droit, en sessions ordinaires, au chef-lieu du Canton, le premier lundi de Mai et le troisième lundi de Novembre.

36. Le Grand Conseil s'assemble extraordinairement lorsqu'il est convoqué par le Conseil d'Etat.
Il doit être convoqué lorsque trente de ses membres le demandent.

37. Le Grand Conseil peut inviter le Conseil d'Etat à lui présenter un projet de loi, de décret ou d'impôt sur un objet déterminé.
Si le Conseil d'Etat n'a pas fait droit à cette invitation dans le délai d'une année, le Grand Conseil peut nommer lui-même, dans son sein ou hors de son sein, une commission chargée d'élaborer le projet demandé.

38. Le Grand Conseil accepte, amende ou rejette les projets de loi, de décret ou d'impôt présentés par le Conseil d'Etat ou élaborés par ses propres commissions.
Toutefois, lorsqu'un projet aura été présenté par le Conseil d'Etat, dans son initiative, et sans l'invitation du Grand Conseil, il aura la faculté de le retirer jusqu'au moment de son acceptation définitive.

39. Tout projet de loi, de décret, ou d'impôt, qui a été amendé dans le cours de la discussion, ainsi que tout projet élaboré par une commission nommée par le Grand Conseil en vertu de l'article 37 § 2 doit, avant la votation définitive, être renvoyé au Conseil d'Etat pour préavis.

40. Les dépenses de l'Etat sont décrétées par le Grand Conseil, savoir: les dépenses ordinaires, d'après un budget annuel; et, les dépenses extraordinaires, par des décrets spéciaux.
La loi fixe la compétence du Conseil d'Etat pour les cas imprévus.
Tout ce qui tient au traitement des fonctionnaires et à l'aliénation des domaines de l'Etat est réglé par l'autorité législative.

41. Le Grand Conseil se fait rendre compte annuellement de l'exécution des lois et décrets, ainsi que de l'administration de la justice.
Il reçoit et arrête les comptes de finance de l'Etat, lesquels sont rendus publics.

42. Le Grand Conseil nomme les députés du Canton à la Diète fédérale, leur donne des instructions et se fait rendre compte de leur gestion.
Il ne peut y avoir dans la députation plus d'un membre du Conseil d'Etat.
Le Grand Conseil délibère sur les demandes de Diètes extraordinaires.

43. Le Grand Conseil vote au nom du Canton dans les affaires de la Diète.

Les traités d'Etat à Etat, faits avec d'autres cantons de la Suisse ou avec d'autres Etats sur des objets qui n'appartiennent pas à la Diète, ne sont obligatoires pour le Canton que lorsqu'ils ont été ratifiés par le Grand Conseil.

Chapitre II: Conseil d'Etat

44. Les fonctions exécutives et l'administration du Canton sont confiées à un Conseil d'Etat composé de neuf membres, choisis dans le Grand Conseil, dont ils continuent à faire partie.

Les membres du Conseil d'Etat prennent part aux discussions du Grand Conseil, mais ils n'ont pas voix délibérative.

45. Les membres du Conseil d'Etat sont nommés par le Grand Conseil pour quatre ans et renouvelés par moitié. Cinq membres sont renouvelés dans la seconde session ordinaire qui suit le renouvellement de la législature; les quatre autres membres sont renouvelés dans la seconde session ordinaire de la troisième année de la législature.

Les membres du Conseil d'Etat sont rééligibles.

S'ils ne sont pas réélus au Grand Conseil, ils continuent néanmoins de faire partie du Conseil d'Etat jusqu'au renouvellement de la première moitié de ce corps.

46. On ne peut choisir plus de deux membres du Conseil d'Etat parmi les députés qui ont leur domicile politique dans le même district depuis un an.

Ceux qui sont choisis hors du district dans lequel se trouve le chef-lieu du Canton, ne peuvent y transporter leur domicile politique aussi longtemps qu'ils font partie du Conseil d'Etat.

47. Le Conseil d'Etat nomme, chaque année, son président, lequel n'est pas immédiatement rééligible.

48. Le Conseil d'Etat présente au Grand Conseil les projets de loi, de décret ou d'impôt qu'il juge nécessaires, ou qui lui sont demandés par le Grand Conseil, comme il est dit au premier paragraphe de l'article 37.

49. Le Conseil d'Etat est chargé de l'exécution des lois et décrets. Il prend, à cet effet, les arrêtés nécessaires.

50. Il rend compte annuellement au Grand Conseil de toutes les parties de l'administration, et se retire lorsqu'on examine sa gestion et ses comptes.

Il peut demander aux autorités judiciaires les renseignements dont il a besoin pour son rapport sur l'administration de la justice civile et de la justice pénale.

51. Le Conseil d'Etat est responsable de sa gestion.
La loi règle tout ce qui concerne cette responsabilité.

52. Le Conseil d'Etat peut convoquer le Grand Conseil en session extraordinaires.

Il est tenu de le faire sur la demande de trente membres du Grand Conseil.

53. Le Conseil d'Etat nomme et révoque ses agents.

54. Il surveille les autorités inférieures et donne des directions sur toutes les parties de l'administration publique, tant cantonale que communale.

55. Il autorise l'acquisition et l'aliénation d'immeubles par les communes.

Il peut suspendre les municipalités qui s'écartent de leur devoir, ainsi que celles qui ne peuvent pas être régulièrement constituées. Il pourvoit provisoirement à leurs fonctions; mais il doit, dans la première session ordinaire du Grand Conseil, en référer à cette autorité, qui confirme ou révoque la suspension.

La suspension d'une municipalité ne peut avoir lieu qu'ensuite d'une enquête administrative.

56. Le Conseil d'Etat dispose de la force armée pour le maintien de l'ordre public.

57. Le Conseil d'Etat a sous ses ordres immédiats des agents chargés de l'exécution des lois, des décrets et des arrêtés, ainsi que de la surveillance des autorités inférieures.

La loi règle leur nombre et leurs attributions.

Ces agents sont choisis parmi les citoyens vaudois domiciliés depuis une année dans l'arrondissement qui leur est assigné. Ils sont tenus à y résider.

Chapitre III: Autorités judiciaires

58. Aucun agent de l'autorité exécutive, ou autre employé révocable par le Conseil d'Etat ne peut remplir de fonctions judiciaires.

Aucun fonctionnaire de l'ordre judiciaire ne peut être destitué que par un jugement.

59. Nul ne peut être distrait de ses juges naturels.

En conséquence, il ne peut être créé de tribunaux extraordinaires, sous quelque dénomination que ce soit.

60. Sauf l'indépendance des jugements, les corps de l'ordre judiciaire sont placés sous la surveillance du Grand Conseil, à qui le tribunal cantonal rend, chaque année, par l'intermédiaire du Conseil d'Etat, un compte général et détaillé de toutes les parties de l'administration judiciaire.

61. Il y a:
Dans chaque cercle, un juge de paix et une justice de paix;
Dans chaque district, un tribunal;
Pour le canton, un tribunal cantonal.
Les membres de ce tribunal sont nommés par le Grand Conseil.

Le tribunal cantonal est chargé, entr'autres, de la direction des affaires judiciaires et de la surveillance à exercer sur les autres corps et fonctionnaires de cet ordre.

62. Les fonctions de membre et de greffier du tribunal cantonal sont incompatibles avec toute autre fonction publique permanente ou temporaire, même avec celle de membre du Grand Conseil.

63. L'institution du Jury est garantie pour l'administration de la justice en matière criminelle.
La loi peut instituer le Jury en matière correctionnelle.

64. La loi détermine les attributions et les compétences respectives des autorités judiciaires et pourvoit à leur organisation.
La loi peut instituer des tribunaux formés de juges pris dans les divers corps mentionnés aux articles précédents; elle peut aussi diviser ces mêmes corps en sections.

65. Les tribunaux militaires, le ministère public auprès des tribunaux, la police judiciaire, la mise en accusation et la direction des débats sont organisés par la loi.

Titre V: Communes – Autorités communales

66. L'existence des communes est reconnue et garantie.
Les communes sont subordonnées à l'Etat, avec lequel elles concourent au bien de la société.
Elles jouissent de toute l'indépendance compatible avec le but de l'Etat, son unité et la bonne administration des communes elles-mêmes.

67. Dans chaque commune, les bourgeois sont copropriétaires des biens communaux.
Ces biens sont destinés, avant tout, à pourvoir aux dépenses locales ou générales que la loi met à la charge des communes.

68. La loi règle ce qui a rapport à la répartition des bénéfices communaux.

69. Les communes ne peuvent refuser l'acquisition du droit de bourgeoisie aux citoyens suisses.
Les contestations qui pourraient s'élever à ce sujet sont de la compétence du Conseil d'Etat.

70. L'assemblée électorale de commune se compose de tous les citoyens actifs vaudois domiciliés dans la commune.

71. Il y a dans chaque commune dont la population n'excède pas six cents âmes, un conseil général composé des citoyens actifs, vaudois, qui y sont domiciliés depuis trois mois au moins; et dans les communes dont la population excède six cents âmes, un conseil communal composé de vingt-cinq membres au moins et de cent au plus, nommés pour quatre ans, renouvelés par moitié et rééligibles.
Les communes dont la population n'excède pas six cents âmes peuvent substituer un conseil communal à leur conseil général, moyennant l'autorisation du Conseil d'Etat.

72. Il y a dans chaque commune une municipalité composée d'un syndic, qui en est le président, et d'autres officiers municipaux dont la loi fixe le nombre.

Les membres de la municipalité sont nommés pour quatre ans, renouvelés par moitié et rééligibles.

73. Dans les conseils généraux de commune, dans les conseils communaux et dans les municipalités, les deux tiers des places doivent être occupées par des bourgeois de la commune.

Si, dans le nombre des personnes qui réunissent les conditions nécessaires pour être membres du conseil général, les bourgeois de la commune se trouvent ne pas former les deux tiers du nombre total, on élimine du rôle, par la voie du sort, un nombre de non-bourgeois suffisant pour donner aux bourgeois cette majorité des deux tiers dans le conseil général de commune.

74. Les membres du conseil communal sont nommés par l'assemblée électorale de la commune parmi les membres de cette assemblée.

75. Le syndic et les autres membres de la municipalité sont nommés, savoir:

Dans les communes où il y a un conseil général, par l'assemblée électorale de la commune, entre les citoyens vaudois membres de cette assemblée et âgés de 25 ans révolus;

Dans les communes où il y a un conseil communal, par ce conseil, entre ceux de ses membres qui sont âgés de 25 ans révolus.

76. Les conseils généraux et les conseils communaux contrôlent les municipalités, se font rendre compte de leur gestion et arrêtent leurs comptes annuellement.

Ils délibèrent sur les projets d'acquisition et d'aliénation d'immeubles, sur les emprunts et les procès, ainsi que sur la réception des bourgeois.

En cas de dissentiment entre le conseil général ou communal et la municipalité, il peut y avoir recours de part et d'autre au Conseil d'Etat.

La loi peut donner d'autres attributions aux conseils généraux et communaux.

77. Les membres des municipalités prennent part aux discussions des conseils généraux et des conseils communaux; mais ils n'ont voix délibérative que dans les conseils généraux des communes dont la population n'excède pas trois cents âmes.

La municipalité se retire lorsqu'on délibère sur sa gestion et sur ses comptes.

78. Les attributions essentielles des municipalités concernent:

1° La police locale;
2° L'administration des biens de la commune et de la caisse des pauvres.

La loi détermine ces attributions des municipalités, et peut leur en donner d'autres.

79. Les syndics sont spécialement chargés, chacun dans leur commune, de l'exécution des lois, décrets et arrêtés.
La loi détermine les autres fonctions particulières aux syndics.

Mode de révision: Disposition additionnelle

80. Les autorités constituées ne peuvent, à quelque titre que ce soit, apporter aucun changement à la présente Constitution que dans les formes statuées pour la législation ordinaire et sous réserve de la sanction des assemblées générales de commune.

Art. 81 et dernier. Les codes, lois, décrets, résolutions, règlements et arrêtés actuellement existants, non contraires à la présente Constitution, demeurent en vigueur jusqu'à ce qu'il y soit légalement dérogé.

Ces divers statuts devront être mis en harmonie avec les principes de la présente Constitution, dans un délai aussi bref que le comportera le bien de la législation.

Ainsi résolu par le Grand Conseil du Canton de Vaud, sous réserve de la sanction des assemblées de cercle, à Lausanne, le 19 juillet 1845.

42. Staatsverfassung des Kantons Bern
Vom 31. Juli 1846

Das bernische Volk, nach Einsicht des von seinem dazu besonders niedergesetzten Verfassungsrathe berathenen Entwurfes, beschließt kraft seiner Souveränetät folgende *Staatsverfassung für den Kanton Bern*.

Titel I: Souveränetät, Stimmrecht, Wählbarkeit, politische und Wahlversammlungen

§ 1. Das bernische Volk, in seinem dermaligen untheilbaren Gebiete, bildet einen demokratischen Freistaat und ein Bundesglied (Kanton) der schweizerischen Eidgenossenschaft.

§ 2. Die Souveränetät beruht auf der Gesammtheit des Volkes und wird nach Maßgabe der Verfassung ausgeübt:

1. unmittelbar von den stimmfähigen Bürgern in den politischen und den Wahlversammlungen (§§ 5, 8, 47, 58 und 59);
2. mittelbar von den durch die Verfassung eingesetzten Behörden.

§ 3. Das Stimmrecht kömmt zu:

A. allen Staatsbürgern, welche
　1. das zwanzigste Altersjahr zurückgelegt haben,
　2. nach den Bestimmungen der Gesetze im Genusse der Ehrenfähigkeit und
　3. im Staatsgebiete wohnhaft sind;

B. allen Schweizerbürgern, welche die nämlichen Eigenschaften besitzen, und in deren Heimath den bernischen Staatsbürgern Gegenrecht gehalten wird.

§ 4. Ausgeschlossen vom Stimmrechte sind:

1. diejenigen, welche die im § 3 vorgeschriebenen Eigenschaften nicht besitzen;
2. die Geisteskranken;
3. die Besteuerten, nach den nähern Bestimmungen des Gesetzes;
4. diejenigen, welchen der Besuch von Wirthschaften verboten ist;
5. diejenigen, welche in einem andern Kantone oder fremden Staate politische Rechte ausüben.

§ 5. Die in einem Kirchgemeindsbezirke wohnhaften Stimmfähigen bilden eine politische Versammlung.

Kirchgemeinden von mehr als zweitausend Seelen Bevölkerung können durch das Gesetz in mehrere politische Versammlungen abgetheilt werden.

§ 6. Die politischen Versammlungen stimmen ab:

1. über die Veränderungen der Staatsverfassung (Revision, Titel V);
2. über die Veränderungen der Bundesverfassung;
3. über die außerordentlichen Gesammterneuerungen des Großen Rathes nach § 22;
4. über diejenigen Gegenstände, welche ihnen durch Gesetze zur Entscheidung übertragen werden.

Bei diesen Abstimmungen entscheidet die Mehrheit der stimmenden Bürger des ganzen Kantons.

§ 7. Das Staatsgebiet wird für die Wahlen in den Großen Rath in möglichst gleichmäßige Wahlkreise eingetheilt.

§ 8. Die in einem Wahlkreise wohnhaften Stimmfähigen bilden eine Wahlversammlung.

§ 9. Die Wahlversammlungen erwählen durch geheime Abstimmung auf je zweitausend Seelen Bevölkerung ihres Kreises ein Mitglied in den Großen Rath. Eine Bruchzahl über eintausend Seelen berechtigt ebenfalls zur Wahl eines Mitgliedes.

Eine von zehn zu zehn Jahren vorzunehmende Volkszählung ist dafür maßgebend.

§ 10. Wählbar in den Großen Rath ist jeder stimmfähige Staatsbürger, welcher das fünfundzwanzigste Altersjahr zurückgelegt hat.

Titel II: Staatsbehörden

Allgemeine Grundsätze

§ 11. Die administrative und richterliche Gewalt ist in allen Stufen der Staatsverwaltung getrennt.

§ 12. Auf der gleichen Person dürfen nicht vereinigt sein:
1) eine Stelle der administrativen und der richterlichen Gewalt;
2) zwei Stellen der administrativen oder richterlichen Gewalt, die zu einander im Verhältnisse der Über- und Unterordnung stehen.

Das Gesetz bestimmt die übrigen Fälle, in welchen die Vereinigung mehrerer Stellen auf derselben Person nicht zulässig ist.

§ 13. In keiner Staatsbehörde, mit Ausnahme des Großen Rathes, dürfen zugleich sitzen:
1. Verwandte in auf- und absteigender Linie;
2. Schwiegervater und Tochtermann;
3. Brüder und Halbbrüder;
4. Schwäger und Ehemänner von Schwestern;
5. Oheim und Neffe im Geblüt.

Ebensowenig dürfen Verwandte oder Verschwägerte der angegebenen Grade gleichzeitig solche Stellen der administrativen oder richterlichen Gewalt bekleiden, die zu einander im Verhältnisse der Über- und Unterordnung stehen (§ 12, Art. 2).

Trennung der Ehe hebt den Ausschluß der Schwägerschaft nicht auf.

§ 14. Wählbar zu den in der Verfassung bezeichneten Stellen der administrativen und richterlichen Gewalt ist jeder stimmfähige Staatsbürger, welcher das fünfundzwanzigste Altersjahr zurückgelegt hat. Vorbehalten sind die besondern Bestimmungen der §§ 34 und 60.

§ 15. Keine öffentliche Stelle, mit Ausnahme der geistlichen und Lehrerstellen, kann auf Lebenszeit vergeben werden.

Die Verfassung bezeichnet die Fälle, in welchen die Wiederwählbarkeit ausgeschlossen ist.

§ 16. Kein Mitglied des Großen Rathes und kein Beamter und Angestellter des Staates darf von einem andern Staate eine Pension, einen Titel, einen Orden oder ein Geschenk annehmen.

§ 17. Jede Behörde, jeder Beamte und Angestellte ist für seine Amtsverrichtungen verantwortlich.

Civilansprüche, welche aus der Verantwortlichkeit fließen, können unmittelbar gegen den Staat vor den Gerichten geltend gemacht werden. Das Gericht darf jedoch die Klage gegen den Staat nicht annehmen, bis der Kläger nachgewiesen, daß er sich dießfalls wenigstens dreißig Tage zuvor erfolglos an die oberste Vollziehungsbehörde gewendet hat. Dem Staate bleibt der Rückgriff gegen den Fehlbaren vorbehalten.

Dem Gesetze steht die weitere Ausführung dieser Grundsätze zu.

§ 18. Kein Beamter und Angestellter kann von seinem Amte entsetzt oder entfernt werden, als durch ein richterliches Urtheil.

Die Behörde, unter deren Aufsicht der Beamte oder Angestellte steht, hat das Recht der vorläufigen Einstellung und des Antrages auf Entsetzung oder Entfernung.

Das Gesetz wird die nähere Ausführung dieser Grundsätze bestimmen.

A. Großer Rath

§ 19. Der Große Rath besteht aus den von den Wahlversammlungen erwählten Mitgliedern.

§ 20. Unvereinbar mit der Stelle eines Mitgliedes des Großen Rathes sind: alle geistlichen und weltlichen Stellen, welche vom Staate besoldet sind oder von einer Staatsbehörde besetzt werden, und alle Dienstverhältnisse in einem fremden Staate.

Die Unvereinbarkeit erstreckt sich nicht auf die Stellvertreter der weltlichen Beamten.

§ 21. Ordentlicher Weise findet alle vier Jahre eine Gesammterneuerung des Großen Rathes statt. Die Amtsdauer desselben fängt jeweilen den 1. Brachmonat an und endigt den 31. Mai des vierten darauf folgenden Jahres.

Die Erneuerungswahlen sollen vor dem Ablaufe der Amtdauer stattfinden.

Die erste Amtsdauer endigt mit dem 31. Mai 1850.

§ 22. Außerordentlicherweise findet eine Gesammterneuerung des Großen Rathes statt, wenn dieselbe mittelst einer Abstimmung in den politischen Versammlungen von der Mehrheit der stimmenden Bürger anbegehrt wird (§ 6, Ziffer 3).

Eine solche Abstimmung wird veranstaltet, sobald achttausend stimmfähige Bürger sie in der vom Gesetze zu bestimmenden Form verlangen.

§ 23. Die in der Zwischenzeit ledig gewordenen Stellen des Großen Rathes werden von den betreffenden Wahlversammlungen sogleich wieder besetzt.

§ 24. Die Mitglieder des Großen Rathes sind Stellvertreter der Gesammtheit des Volkes und nicht der Wahlkreise, durch welche sie erwählt worden. Sie dürfen keine Instruktionen annehmen.

§ 25. Sie beziehen für ihre Anwesenheit in den Sitzungen und für die Hin- und Herreise zu denselben eine Entschädigung, welche das Gesetz bestimmt.

§ 26. Der Große Rath erwählt aus seiner Mitte je auf ein Jahr seinen Präsidenten, welcher für das nächstfolgende Jahr nicht wieder wählbar ist.

Dem Präsidenten des Großen Rathes steht die Befugniß zu, von den Verhandlungen des Regierungsrathes jederzeit Einsicht zu nehmen. Er bezieht für seine Amtsverrichtungen eine Entschädigung, welche das Gesetz bestimmt.

§ 27. Dem Großen Rathe, als der höchsten Staatsbehörde, sind folgende Verrichtungen übertragen:

I.

a) Die Erlassung, Erläuterung, Abänderung und Aufhebung von Gesetzen und allgemeinen, bleibenden Verordnungen;

b) die Erlassung der Militärverfassung des Kantons und der Gesetze über die Organisation und Prozeßform der Kriegsgerichte;
c) die Ausschreibung von Steuern und Abgaben;
d) die Bestimmung aller Tarife, namentlich der Post- und Emolumententarife;
e) die Erlassung aller Vorschriften über Schrot, Korn und Werthung der inländischen Geldsorten und über das Verhältniß der ausländischen zu den inländischen Sorten, und aller Münzverbote;
f) die Errichtung einer öffentlichen Stelle und die Bestimmung ihrer Besoldung;
g) die Amnestie und die Begnadigung in allen peinlichen Straffällen, ohne Ausnahme, und in allen korrektionellen und polizeilichen Straffällen, wenn der Nachlaß oder die Umwandlung einen Viertheil der ausgesprochenen Strafe übersteigt;
h) die Ertheilung des Landrechtes (Naturalisation);
i) die Instruktion für die Abgeordneten an die eidgenössische Tagsatzung und die Ertheilung der Standesstimme für Kriegserklärungen und Friedensschlüsse;
k) die Abschließung oder Genehmigung aller Staatsverträge, insofern sie nach der Bundesverfassung den einzelnen Kantonen zustehen.

II.

Die Oberaufsicht über die ganze Staatsverwaltung.
In dem Bereiche der Oberaufsicht ist namentlich begriffen:

a) die Befugniß, Einsicht von allen Verhandlungen des Regierungsrathes zu nehmen, demselben über alle Gegenstände seiner Verwaltung Bericht abzufordern und ihn über seine Geschäftsführung zur Verantwortung zu ziehen;
b) die Prüfung und Genehmigung der jährlichen Staatsrechnung und der Verwaltungsberichte;
c) die Bestimmung des jährlichen Voranschlages (Büdget) über die muthmaßlichen Einnahmen und Ausgaben des Staates;
d) die Entscheidung über streitige und formwidrige Wahlen der Wahlversammlungen, des Regierungsrathes und des Obergerichtes;
e) die Entscheidung von Streitigkeiten zwischen den obersten Vollziehungs- und Gerichtsbehörden.

III.

a) Die Entscheidung über alle Gegenstände, welche eine nicht bereits im Allgemeinen beschlossene Ausgabe von mehr als fünftausend Schweizerfranken verursachen;
b) die Entscheidung über die Verminderung des Kapitalvermögens des Staates. Zur Gültigkeit einer solchen Entscheidung ist die Beistimmung der Mehrheit sämmtlicher Mitglieder des Großen Rathes erforderlich. Die Mitglieder sind dazu bei Eiden einzuberufen;

c) die Anleihen des Staates, welche nicht als bloße Vorschüsse durch Abrechnung im gleichen Jahre getilgt werden;
d) die Anlegung von Geldern außerhalb des Staatsgebietes, welche die Summe von zehntausend Schweizerfranken übersteigen, und alle Darlehen unter dem Zinsfuße von vier von Einhundert;
e) die Bestätigung aller Verträge, durch welche der Staat ein Grundeigenthum erwirbt oder veräußert, wenn im erstern Falle der Erwerbungspreis und im letztern der Werth des Veräußerten mehr als fünftausend Schweizerfranken beträgt;
f) die Bestätigung aller Verträge über Salzlieferungen und den Pacht der Posten;
g) die Ertheilung aller Gratifikationen, welche das Gesetz nicht vorsieht.

IV.

a) Alle Wahlen, welche ihm durch die Verfassung oder die Gesetze übertragen sind;
b) die Ernennung der Beamten, welchen die Ausübung eines Theiles der öffentlichen Gewalt über das ganze Staatsgebiet zusteht;
c) die endliche Ernennung des Kommandanten eines aufgestellten Truppenkorps und aller Offiziere eines höhern Ranges oder Grades als desjenigen eines Hauptmannes;
d) die Ernennung der Abgeordneten auf die eidgenössische Tagsatzung und die Abnahme und Beurtheilung ihres Berichtes.

Die ihm durch die Verfassung übertragenen Wahlen nimmt er in geheimer Abstimmung vor.

§ 28. Der Große Rath darf die ihm durch die Verfassung namentlich angewiesenen Verrichtungen an keine andere Behörde übertragen.

§ 29. Zu Verhandlungen und Beschlüssen des Großen Rathes ist die Anwesenheit von wenigstens achtzig Mitgliedern erforderlich.

§ 30. Jeder Gesetzesentwurf soll vor seiner endlichen Berathung zu rechter Zeit dem Volke bekannt gemacht werden. Das Gesetz wird die Form dieser Bekanntmachung bestimmen.
Jeder Entwurf eines bleibenden Gesetzes soll überdieß einer zweimaligen Berathung durch den Großen Rath unterworfen werden, und zwar so, daß die letzte Berathung wenigstens drei Monate nach der ersten stattfindet.

§ 31. Jedes Mitglied des Großen Rathes hat das Recht, schriftlich Anträge auf Berathung eines Gegenstandes zu machen.
Es hat auch das Recht, in der Versammlung des Großen Rathes über jeden Gegenstand der Staatsverwaltung Auskunft zu verlangen.
Kein Mitglied darf für seine Reden in der Versammlung des Großen Rathes gerichtlich belangt werden. Es ist dafür einzig dem Großen Rathe verantwortlich.
Kein Mitglied darf während der Sitzungen desselben verhaftet oder in eine peinliche Untersuchung gezogen werden, als mit Bewilligung des

Großen Rathes; es sei denn daß solches auf der That des Verbrechens ergriffen wird.

§ 32. Die Sitzungen des Großen Rathes sind öffentlich. Nur ausnahmsweise, wenn das Staatswohl das einstweilige Geheimniß einer Verhandlung gebietet, dürfen dieselben auf den vorausgegangenen Beschluß der Versammlung bei verschlossener Thüre gehalten werden.

Die Verhandlungen des Großen Rathes, der Voranschlag der Einnahmen und Ausgaben, der Vermögensetat und die Staatsrechnung in möglichst spezifizirtem Auszuge sollen dem Volke bekannt gemacht werden.

§ 33. Der Große Rath tritt alle Jahre ordentlicherweise zweimal zusammen. Außerordentlicherweise versammelt er sich, wenn es von dem Präsidenten oder dem Regierungsrathe nöthig erachtet oder von zwanzig Mitgliedern schriftlich anbegehrt wird.

Die Einberufung zu den Sitzungen geschieht durch den Präsidenten.

Der Große Rath vertagt sich und hebt seine Sitzungen auf nach eigenem Gutfinden.

B. Regierungsbehörden

§ 34. Der Große Rath erwählt einen Regierungsrath von neun Mitgliedern, welche der beiden Landessprachen kundig sein sollen.

§ 35. Nach jeder Gesammterneuerung des Großen Rathes findet auch eine Gesammterneuerung des Regierungsrathes Statt.

Die in der Zwischenzeit ledig gewordenen Stellen des Regierungsrathes werden von dem Großen Rathe sogleich wieder besetzt.

§ 36. Der Große Rath erwählt aus der Mitte des Regierungsrathes je auf ein Jahr dessen Präsidenten.

Derselbe ist für das nächstfolgende Jahr nicht wieder wählbar.

§ 37. Der Regierungsrath besorgt innerhalb der Schranken der Verfassung und Gesetze die gesammte Regierungsverwaltung.

§ 38. Er erwählt alle ihm untergeordneten Behörden und Beamten, deren Wahl durch die Verfassung oder Gesetze nicht einer andern Behörde oder Versammlung übertragen ist.

§ 39. Er vollzieht alle Gesetze, Verordnungen und Beschlüsse des Großen Rathes, sowie die in Rechtskraft erwachsenen Urtheile.

§ 40. Er trifft die zur Handhabung der gesetzlichen Ordnung erforderlichen Vorkehren und wacht für die Sicherheit des Staates.

In Fällen von dringender plötzlicher Gefahr kann er die vorläufigen militärischen Sicherheitsmaßregeln anwenden; er soll aber dem Großen Rathe sogleich davon Kenntniß geben und seine Entscheidung über die weitern Vorkehren einholen.

§ 41. Er kann zur Abwendung von plötzlichen Gefahren für den sanitarischen oder ökonomischen Zustand des Landes die nöthigen Gebote und Verbote mit Bußandrohungen erlassen; doch soll er auch hier dem Großen Rathe von den getroffenen Maßnahmen sogleich Kenntniß geben und dessen endliche Entscheidung gewärtigen.

§ 42. Er entscheidet höchstinstanzlich alle reinen Verwaltungsstreitigkeiten, die nicht in die Kompetenz des Regierungsstatthalters fallen.

§ 43. Er berathet alle Gesetze und Geschäfte vor, die er entweder von sich aus an den Großen Rath zu bringen gedenkt, oder deren Vorberathung ihm von dem Großen Rathe aufgetragen wird.

§ 44. Er wohnt den Sitzungen des Großen Rathes bei, erstattet Bericht über alle Gegenstände, die er vor denselben zur Behandlung bringt, oder über die er zur Berichterstattung aufgefordert wird, und hat das Recht, Anträge auf Berathung jedes Gegenstandes zu machen.

Das gleiche Recht steht auch jedem einzelnen Mitgliede desselben zu.

Bei den Wahlverhandlungen und in andern Fällen, so oft der Große Rath es verlangt, treten die Mitglieder des Regierungsrathes aus.

§ 45. Er legt dem Großen Rathe jährlich, und in der Zwischenzeit, so oft es dieser verlangt, über seine Verwaltung Rechenschaft ab.

§ 46. Unter dem Regierungsrath stehen zur Vorberathung der Geschäfte und zur Vollziehung der an sie gelangenden Aufträge folgende Direktionen, unter welche die verschiedenen Hauptzweige der Verwaltung vertheilt werden:
eine Direktion des Innern;
eine Direktion der Justiz und Polizei;
eine Direktion der Finanzen;
eine Direktion der Erziehung;
eine Direktion des Militärs;
eine Direktion der öffentlichen Bauten.

Jede Direktion wird durch ein Mitglied des Regierungsrathes verwaltet.

Die nähere Organisation der Direktionen und eine allfällige Veränderung der Eintheilung der Verwaltung ist dem Gesetze überlassen. Die Verwaltung des Kirchenwesens soll von der Direktion der Erziehung getrennt werden.

§ 47. Der Große Rath erwählt auf einen zweifachen Vorschlag der Wahlversammlung des Amtsbezirkes und einen zweifachen Vorschlag des Regierungsrathes für jeden Amtsbezirk einen Regierungsstatthalter.

Die Amtsdauer des Regierungsstatthalters ist vier Jahre.

§ 48. Der Regierungsstatthalter besorgt unter der Leitung des Regierungsrathes die Vollziehung der Gesetze und Verordnungen und die Verwaltung und Polizei in seinem Amtsbezirke.

Das Gesetz wird seine Amtsverrichtungen näher bestimmen.

§ 49. Alle Entscheidungen in Verwaltungsstreitigkeiten und alle Beschlüsse von Regierungsbehörden, die sich auf einzelne Personen oder Korporationen beziehen, sollen motivirt werden.

C. Gerichtsbehörden

§ 50. Die Rechtspflege in bürgerlichen und Strafrechtssachen wird einzig durch die verfassungsmäßigen Gerichte ausgeübt.

§ 51. Für die gerichtlichen Verhandlungen wird der Grundsatz der Öffentlichkeit und Mündlichkeit festgestellt. Nur ausnahmsweise, wenn die Sittlichkeit es gebietet, dürfen die Verhandlungen auf den vorausgegangenen Beschluß des Gerichtes bei verschlossener Thüre geführt werden.
Alle Urtheile sollen motivirt werden.

§ 52. Kein richterliches Urtheil darf von der gesetzgebenden oder einer Administrativbehörde nichtig erklärt werden.

§ 53. Für das ganze Staatsgebiet wird ein Obergericht von höchstens fünfzehn Mitgliedern und vier Ersatzmännern eingesetzt.

§ 54. Die Mitglieder und Ersatzmänner des Obergerichtes werden von dem Großen Rathe erwählt.
Ihre Amtsdauer ist acht Jahre.
Sie treten abtheilungsweise von vier zu vier Jahren aus.
Der erste Austritt erfolgt im Jahre 1850.

§ 55. Der Präsident des Obergerichtes wird von dem Großen Rathe aus der Mitte des Gerichtshofes auf die Dauer von vier Jahren erwählt.

§ 56. Die Mitglieder des Obergerichtes wohnen den Sitzungen des Großen Rathes bei, um an der Berathung von Gesetzen Theil zu nehmen, so oft dieser sie dazu einladet.

§ 57. Für jeden Amtsgerichtsbezirk wird ein Amtsgericht eingesetzt, welches aus einem Präsidenten, vier Beisitzern und zwei Ersatzmännern besteht.

§ 58. Der Präsident des Amtsgerichtes wird von dem Großen Rathe auf einen zweifachen Vorschlag der Wahlversammlung des Amtsgerichtsbezirkes und einen zweifachen Vorschlag des Obergerichtes erwählt.

§ 59. Die Mitglieder und Ersatzmänner des Amtsgerichtes werden von der Wahlversammlung des Amtsgerichtsbezirkes erwählt.
Sie erhalten für ihre Verrichtungen eine Entschädigung, welche das Gesetz bestimmt.
Die Amtsdauer des Präsidenten, der Mitglieder und Ersatzmänner der Amtsgerichte ist vier Jahre.

§ 60. Die Mitglieder und Ersatzmänner des Obergerichtes sollen die Kenntniß der beiden Landessprachen besitzen, und sowohl sie, als die Präsidenten der Amtsgerichte rechtskundige Männer sein.

§ 61. Die Einrichtung der Friedensrichter wird beibehalten.

§ 62. Das Gesetz bestimmt die nähere Organisation, die Amtsverrichtungen und Kompetenz des Obergerichtes und seiner allfälligen Sektionen, der Amtsgerichte und ihrer Präsidenten und der Friedensrichter.
Dem Gesetze bleibt vorbehalten, in der Organisation des Civilgerichtswesens Veränderungen zu treffen, wenn solche für nöthig erachtet werden.

§ 63. Für Kriminal-, politische und Preßvergehen sind Geschworenengerichte eingesetzt.

Dem Gesetze bleibt vorbehalten, den Geschworenengerichten noch andere Theile der Strafrechtspflege zu übertragen.

Dasselbe wird auch die nähere Organisation der Geschworenengerichte bestimmen.

§ 64. Für Vergehen und Verbrechen von Militärpersonen im aktiven Dienste sind die Kriegsgerichte, nach den Bestimmungen des Militärstrafgesetzbuches, vorbehalten.

§ 65. Die Einführung von Handelsgerichten bleibt vorbehalten, im Falle der Gesetzgeber die Aufstellung von solchen für nothwendig erachtet.

Titel III: Gemeinden

§ 66. Die gegenwärtige Eintheilung des Staatsgebietes in Kirchspiele und Gemeinden wird beibehalten.

Dieselbe kann nur durch das Gesetz nach jeweiliger Anhörung der Betheiligten abgeändert werden.

§ 67. Die Gemeindeversammlungen erwählen ihre sämmtlichen Gemeindevorgesetzten.

§ 68. Der Einwohnergemeinderath und sein Präsident sind die örtlichen Vollziehungs- und Polizeibehörden.

§ 69. Den Gemeinden, Burgerschaften und übrigen Korporationen ist ihr Vermögen als Privateigenthum gewährleistet. Ihnen steht ausschließlich die Verwaltung desselben zu.

Der Ertrag dieses Vermögens wird ferner seiner Bestimmung gemäß verwendet.

Alle Korporationsgüter stehen unter der Aufsicht des Staates. Diese soll im ganzen Staatsgebiete gleichmäßig ausgeübt werden.

§ 70. Das Gesetz bestimmt die nähere Organisation der Gemeinden.

Alle Gemeindereglemente unterliegen der Genehmigung des Staates. Dieser ist befugt, aus besonderen Gründen, jedoch nur in Betreff der Organisation der Behörden, Abweichungen von der gewöhnlichen Regel zu gestatten.

Titel IV: Allgemeine Grundsätze und Gewährleistungen

§ 71. Alle Bürger sind gleich vor dem Gesetze.

Der Staat anerkennt keine Vorrechte des Ortes, der Geburt, der Personen und Familien.

Er anerkennt auch keine Adelstitel.

§ 72. Die persönliche Freiheit ist gewährleistet.

Niemand darf verhaftet werden, als in den vom Gesetze bezeichneten Fällen und unter den vorgeschriebenen Formen.

Eine ungesetzliche Verhaftung gibt dem Verhafteten Anspruch auf vollständige Entschädigung.

§ 73. Es sollen weder bei der Verhaftung und Enthaltung einer Person unnöthige Strenge, noch zu Erwirkung eines Geständnisses Zwangsmittel angewendet werden.

§ 74. Niemand darf seinem ordentlichen Richter entzogen werden.

§ 75. Das Hausrecht ist unverletzlich.
Kein öffentlicher Beamter und Polizeiangestellter darf in einer Privatwohnung eindringen, als in den Fällen und unter den Formen, welche das Gesetz bestimmt.
Gegen jedes formwidrige Eindringen ist der Widerstand erlaubt. Das Nähere bestimmt das Gesetz.

§ 76. Die Freiheit der Mittheilung der Gedanken durch Worte, Schrift, Druck und bildliche Darstellung ist gewährleistet.
Das Gesetz bestimmt die Strafen des Mißbrauches dieser Freiheit.
Es darf niemals die Censur oder eine andere vorgreifende Maßnahme stattfinden.

§ 77. Das Petitionsrecht ist gewährleistet.

§ 78. Öffentliche Vereine und Versammlungen, die weder ihrem Zwecke noch ihren Mitteln nach rechtswidrig sind, dürfen nicht beschränkt oder untersagt werden.

§ 79. Jeder Staatsbürger ist, unter Vorbehalt polizeilicher Bestimmungen, befugt, sich überall in dem Staatsgebiete niederzulassen, ohne andern Leistungen unterworfen zu sein, als die Bürger des Ortes selbst.
Jedem Staatsbürger steht das Recht des freien Landbaues, Handels und Gewerbes zu, unter Vorbehalt gesetzlicher Bestimmungen welche das allgemeine Wohl, die Hebung der Industrie und erworbene Rechte erfordern.
Schweizerbürger und Fremde können sich im Staatsgebiete niederlassen und Landbau, Handel und Gewerbe treiben, wenn in ihren Staaten den bernischen Bürgern das gleiche Recht zusteht. Ausnahmen kann nur das Gesetz bestimmen.
Es soll mit Beförderung eine Gewerbeordnung erlassen werden.

§ 80. Die Rechte der bestehenden evangelisch-reformirten Landeskirche, sowie der römisch-katholischen Kirche, in den zu ihnen sich bekennenden Gemeinden, sind gewährleistet.
Die Ausübung jedes andern Gottesdienstes ist innerhalb der Schranken der Sittlichkeit und öffentlichen Ordnung gestattet. Das Nähere bestimmt das Gesetz.
Eine Kirchensynode ordnet die innern Angelegenheiten der evangelisch-reformirten Kirche, unter Vorbehalt des Rechtes der Genehmigung des Staates. In äußern Kirchenangelegenheiten steht der Synode das Antrags- und Vorberathungsrecht zu.
Einer aus Katholiken zusammengesetzten Kirchenkommission steht das Antrags- und Vorberathungsrecht in römisch-katholischen Kirchensachen zu, so weit diese in den Bereich der Staatsbehörden fallen.
Das Gesetz bestimmt die Organisation der Kirchensynode und der katholischen Kirchenkommission.

§ 81. Die Befugniß zu lehren ist, unter Vorbehalt gesetzlicher Bestimmungen, freigestellt.

Niemand darf die seiner Obhut anvertraute Jugend ohne den Grad von Unterricht lassen, der für die öffentlichen Primarschulen vorgeschrieben ist.

Es ist Pflicht des Staates und der Gemeinden, die Volksschulen möglichst zu vervollkommen. Das Gesetz bestimmt das Beitragsverhältniß der Gemeinden.

Der Staat sorgt auch für den höhern Unterricht.

Einer Schulsynode steht das Antrags- und Vorberathungsrecht in Schulsachen zu. Die Organisation dieser Synode, der Schulen und des Unterrichtes überhaupt ist dem Gesetze vorbehalten.

§ 82. Keine dem Kantone fremde religiöse Korporation oder Orden, und keine mit denselben verbundene Gesellschaft kann sich auf dem Staatsgebiete niederlassen, und kein, einer solchen Korporation, Orden oder Gesellschaft angehörendes Individuum darf im Staatsgebiete Unterricht ertheilen, als mit Bewilligung des Großen Rathes.

§ 83. Alles Eigenthum ist unverletzlich.

Wenn das gemeine Wohl die Abtretung eines Gegenstandes desselben erfordert, so geschieht es einzig gegen vollständige und wenn möglich vorherige Entschädigung. Die Frage über die Rechtmäßigkeit und die Ausmittlung des Betrages der Entschädigung gehört vor die Gerichte.

Der Staat ist schuldig, über jede gegen ihn angebrachte Klage, welche einen Gegenstand des Mein und Dein betrifft, vor den Gerichten Recht zu nehmen, der Grund der Klage sei welcher er wolle; mit Ausnahme jedoch des Falles, wo wegen eines verfassungsmäßig erlassenen Gesetzes geklagt wird.

§ 84. Persönliche Leistungen und dingliche Lasten, welche gesetzlich abgeschafft oder losgekauft sind, bleiben aufgehoben.

Ein Grundstück soll künftig weder durch Gesetz noch durch Vertrag oder einseitige Verfügung einem Zins oder einer Rente unterworfen werden, die nicht loskäuflich sind.

§ 85. Zum Zwecke einer billigen Vertheilung der öffentlichen Lasten und einer Ausgleichung der diesörtigen Interessen der verschiedenen Landesgegenden wird eine Reform des Armen- und Finanzwesens nach folgenden Grundsätzen ausgeführt:

I.

a) Die gesetzliche Pflicht der Gemeinden zur Unterstützung der Armen ist aufgehoben. Die allmälige Durchführung dieses Grundsatzes ist Sache der Gesetzgebung.
b) Die Armengüter sind gewährleistet und werden durch die Gemeinden verwaltet. Der Ertrag derselben wird ihrem Zwecke und ihrer Stiftung gemäß, unter der besondern Aufsicht des Staates, verwendet. Der Staat wird auch darüber wachen, daß die Armen von der Mitbenutzung der Burgergüter nicht verdrängt werden.

c) Wenn der Ertrag der Armengüter, sowie anderer zu diesem Zwekke vorhandener Mittel, für den Unterhalt der Armen nicht hinreicht, so wird bis zur gänzlichen Durchführung obigen Grundsatzes das Fehlende durch Gemeindetellen und Staatszuschüsse ergänzt. Diese letztern betragen, je nach den Mitteln der Gemeinden, mindestens die Hälfte und höchstens drei Viertheile der fehlenden Summe. Den Gemeinden, in welchen der Staatszuschüsse ungeachtet die zu erhebenden Armentellen Eins zum Tausend übersteigen, kann der Staat mit außerordentlichen Zuschüssen zu Hülfe kommen. Die Beiträge, welche der Staat kraft dieses Artikels macht, dürfen jedoch die Summe von vierhunderttausend Schweizerfranken jährlich nicht übersteigen.
d) Der Staat ist berechtigt, die Verwendung der Armentellen und seiner eigenen Beiträge vorzuschreiben und diese Verwendung gutfindenden Falls selbst zu leiten.
e) Die in diesem Artikel enthaltenen Bestimmungen in Betreff des Armenwesens treten mit dem 1. Jänner 1847 in Kraft.

II.

a) Die Zehnten, Bodenzinse, Ehrschätze und andere Feudallasten, sowie die von der Umwandlung solcher Gefälle herrührenden Leistungen im alten Kantonstheile sind aufgehoben. Die Pflichtigen bezahlen dafür die Hälfte der in dem Gesetze vom 20. Christmonat 1845 bestimmten Ablösungspreise.
b) Der Staat vergütet den Privatinhabern von Gefällen dieser Art einen gleichen Betrag, wie der, den sie nach obiger Ablösungsbestimmung von den Pflichtigen empfangen.
c) Für die abgelösten Zehnten, Bodenzinse, Ehrschätze und Primizen im alten Kantonstheile werden von dem Staate die Ablösungssummen in folgendem Verhältnisse zurückerstattet oder erlassen:
 1. von den seit dem 1. Jänner 1833 stattgefundenen Ablösungen zur Hälfte des Betrages der Ablösungssumme;
 2. von den vom 2. Heumonat 1803 bis zum 31. Christmonat 1832 stattgefundenen Ablösungen zum dritten Theile des Betrages der Ablösungssumme;
 3. von den vor dem 2. Heumonat 1803 stattgefundenen Ablösungen zum vierten Theile des Betrages der Ablösungssumme.

Das Gesetz wird die Zahlungsweise der Ablösungssummen, der Vergütungen an die Privatinhaber und der Rückerstattungen bestimmen.

III.

Der neue Kantonstheil behält dem Grundsatze nach seine Gesetzgebung und seine besondere Verwaltung im Armenwesen, sowie sein Grundsteuersystem bei. Die vermehrten Ausgaben für das Armenwesen im alten Kantonstheile berühren ihn nicht.

Die Grundsteuer im neuen Kantonstheile wird zu denjenigen Abgaben und Einkünften im alten Kantonstheile, wovon sie den Gegenwerth bildet, in das gehörige Verhältniß gesetzt.

IV.

Es wird eine Hypothekar- und Schuldentilgungskasse für den ganzen Kanton errichtet.

Von dieser Kasse werden zum Voraus drei und je nach Bedürfniß bis fünf Millionen Schweizerfranken in den Amtsbezirken Oberhasle, Interlaken, Frutigen, Niedersimmenthal, Obersimmenthal und Saanen, zu fünf vom Hundert jährlich, angelegt, wovon jeweilen ein und ein halbes vom Hundert an die Tilgung des Kapitals verwendet wird. Diese Bestimmung wird den genannten Amtsbezirken auf die Dauer von dreißig Jahren gewährleistet.

§ 86. Die zur Bestreitung der Staatsausgaben erforderlichen neuen Auflagen sollen möglichst gleichmäßig auf alles Vermögen, Einkommen oder Erwerb gelegt werden.

§ 87. Jeder im Staatsgebiet wohnende Schweizerbürger ist nach seinen Kräften zum Militärdienste verpflichtet.

Es dürfen keine stehenden Truppen aufgestellt werden.

Es darf keine Militärkapitulation mit einem fremden Staate geschlossen werden.

§ 88. Die deutsche und die französische Sprache sind die anerkannten Landessprachen.

Alle Gesetze, Verordnungen und allgemeinen Beschlüsse werden in beiden Sprachen in den französischen Gebietstheil versandt. Die deutsche Sprache ist in demselben die Ursprache.

Gesetze und Verordnungen, welche nur für den französischen Kantonstheil bestimmt sind, sowie Verfügungen, Beschlüsse und Urtheile von obern Behörden, welche einzelne Personen oder Korporationen in diesem Kantonstheile betreffen, werden in französischer Sprache erlassen.

§ 89. Die französischen Civil-, Handels- und Strafgesetzbücher werden für denjenigen Theil des Kantons beibehalten, wo dieselben gegenwärtig ihre Anwendung finden, unter Vorbehalt der Revision.

Titel V: Revision der Verfassung

§ 90. Der Antrag zu einer Revision der Verfassung kann gestellt werden:
1. von dem Großen Rathe;
2. von wenigstens achttausend stimmfähigen Bürgern in der vom Gesetze zu bestimmenden Form.

§ 91. Sobald ein solcher Antrag gemacht wird, soll der Große Rath den politischen Versammlungen die Fragen zum Entscheide vorlegen:
1. ob eine Revision der Verfassung statt finden solle? und wenn ja:

2. ob die Revision durch den Großen Rath oder durch einen Verfassungsrath vorzunehmen sei?

§ 92. Entscheidet die Mehrheit der stimmenden Bürger für die Vornahme der Revision durch den Großen Rath, so befolgt dieser für die Berathung des Verfassungsentwurfes die nämliche Vorschrift, wie bei der Berathung des Entwurfes eines bleibenden Gesetzes (§ 30).

§ 93. Entscheidet die Mehrheit der stimmenden Bürger für die Vornahme der Revision durch einen Verfassungsrath, so soll der Große Rath sofort die Wahl eines solchen einleiten.

§ 94. Jeder Wahlkreis für den Großen Rath (§ 7) erwählt je auf dreitausend Seelen seiner Bevölkerung ein Mitglied des Verfassungsrathes. Eine Bruchzahl über fünfzehnhundert Seelen berechtigt ebenfalls zur Wahl eines Mitgliedes.

§ 95. Der von dem Großen Rathe oder dem Verfassungsrathe berathene Entwurf der Verfassung soll den politischen Versammlungen zur endlichen Annahme oder Verwerfung vorgelegt werden.

Titel VI: Schlußbestimmungen

§ 96. Die Verfassung ist das oberste Gesetz des Staates. Keine Gesetze, Verordnungen und Beschlüsse, welche mit ihr im Widerspruche stehen, dürfen angewendet oder erlassen werden.

§ 97. Die Vollziehung der Verfassung und die Durchführung ihrer Grundsätze in dem Gebiete der Gesetzgebung und Verwaltung ist die höchste Pflicht der Staatsbehörden.

§ 98. Den Staatsbehörden ist namentlich zur Pflicht gemacht, die folgenden Gesetze unverzüglich zu revidiren oder zu erlassen:

1. das Gesetzbuch über das Verfahren in bürgerlichen Rechtsstreitigkeiten;
2. das Gesetzbuch über die Schuldbetreibungen und den Geldstag;
3. das Gesetzbuch über das Verfahren in strafgerichtlichen Sachen;
4. das Gesetz über das Notariat und das Hypothekarwesen, namentlich die Abschaffung der Untergerichte;
5. die Gesetze über die Emolumente in Prozeß-, Betreibungs- und Notariatssachen;
6. das Gesetz über die Organisation des Kirchenwesens;
7. das Gesetz über die Organisation des Schulwesens;
8. das Gesetz über das Armenwesen;
9. das Gesetz über die Ausführung der Liquidation der Zehnten und Bodenzinse;
10. das Gesetz über die Errichtung einer Hypothekarkasse;
11. das Gesetz über die Handänderungsgebühr;
12. das Gesetz über die Herabsetzung der Einregistrirungsgebühr im Jura;
13. die Gewerbeordnung;
14. das Gesetz über das Tellwesen;

15. das Gesetz über das Militärwesen (Militärverfassung);
16. das Gesetz über das Wirtschaftswesen.

Die Revision oder Erlassung der unter Art. 1 bis und mit 5 bezeichneten Gesetze soll längstens bis den 1. Jänner 1848 stattfinden.

§ 99. Die Mitglieder der Staatsbehörden, die Beamten und Angestellten, leisten bei dem Antritte ihres Amtes folgenden Eid:
«Ich gelobe und schwöre: die Rechte und Freiheiten des Volkes und der Bürger zu achten, die Verfassung und verfassungsmäßigen Gesetze streng zu befolgen und die Pflichten meines Amtes getreu und gewissenhaft zu erfüllen.»
«So wahr mir Gott helfe, ohne Gefährde!»

43. Constitution de la République et Canton de Genève
Du 24 mai 1847

Le peuple genevois a décrété la constitution suivante.

Titre I: Etat politique

Article premier. La République de Genève forme un des cantons souverains de la Confédération suisse.
La souveraineté réside dans le peuple; tous les pouvoirs politiques et toutes les fonctions publiques ne sont qu'une délégation de sa suprême autorité.
Le peuple se compose de l'ensemble des citoyens.
La forme du gouvernement est une démocratie représentative.

Titre II: Déclaration des droits individuels

Art. 2. Tous les Genevois sont égaux devant la loi.

Art. 3. La liberté individuelle est garantie. Nul ne peut être arrêté que dans les cas prévus par la loi et selon les formes qu'elle prescrit.
Tout individu arrêté sera nécessairement interrogé par le magistrat compétent, dans les vingt-quatre heures qui suivront son arrestation.

Art. 4. Le domicile est inviolable.
Aucune visite domiciliaire ne peut avoir lieu que dans les cas prévus et suivant les formes déterminées par la loi.

Art. 5. Nul ne peut être distrait de ses juges naturels.

Art. 6. La propriété est inviolable.
Toutefois la loi peut exiger, dans l'intérêt de l'état ou d'une commune, l'aliénation d'une propriété immobilière, moyennant une juste et préalable indemnité. Dans ce cas, l'utilité publique ou communale est déclarée par le pouvoir législatif, et l'indemnité fixée par les tribunaux.

Art. 7. La confiscation générale des biens ne peut être établie; le séquestre des biens des accusés et des condamnés contumaces ne peut avoir lieu.

Art. 8. La liberté de la presse est consacrée.
La loi réprime l'abus de cette liberté.
La censure préalable ne peut être établie.
Aucune mesure fiscale ne pourra grever les publications de la presse.

Art. 9. Le droit de libre établissement est garanti à tous les citoyens. Il en est de même de la liberté d'industrie, sous les modifications que la loi peut y apporter dans l'intérêt général.

Art. 10. La liberté des cultes est garantie. Chacun d'eux a droit à une égale protection de la part de l'état.
Par cette liberté il ne peut être dérogé aux traités ni aux conditions qui règlent, dans la présente constitution, l'exercice des deux cultes reconnus et salariés par l'état. Tous les cultes sont tenus de se conformer aux lois générales ainsi qu'aux règlements de police sur leur exercice extérieur.

Art. 11. La liberté d'enseignement est garantie à tous les Genevois, sous la réserve des dispositions prescrites par les lois, dans l'intérêt de l'ordre public ou des bonnes moeurs.
Les étrangers ne peuvent enseigner qu'après avoir obtenu une autorisation du conseil d'état.

Art. 12. Le droit d'adresser des pétitions au grand conseil et aux autres autorités constituées est garanti.
La loi règle l'exercice de ce droit.

Titre III: Dispositions générales

Art. 13. Tout Suisse habitant le canton de Genève est tenu au service militaire, sauf les cas de dispense déterminés par la loi.

Art. 14. Aucune corporation, soit congrégation, ne peut s'établir dans le canton sans l'autorisation du grand conseil, qui statue après avoir entendu le préavis du conseil d'état.
Cette autorisation est toujours révocable.

Art. 15. Nul, sauf dans le cas déterminés par la loi, ne peut recevoir deux traitements de l'état.

Art. 16. Aucun membre du grand conseil, aucun fonctionnaire ou employé salarié de l'état, ne peut accepter un titre, une décoration, des émoluments ou une pension d'un gouvernement étranger, sans autorisation.
Cette autorisation est donnée par le grand conseil pour ses membres, et par le conseil d'état pour les employés et les fonctionnaires publics.

Art. 17. Le droit de battre monnaie et celui de fixer le système des poids et mesures appartiennent exclusivement à l'état.

Titre IV: De la qualité de citoyen

Art. 18. Sont citoyens genevois:

1° Ceux qui sont reconnus comme tels par les lois politiques antérieures.
2° Ceux qui sont nés d'un père genevois.
3° La femme ou la veuve d'un citoyen genevois.
4° Les enfants naturels d'une mère genevoise, à moins qu'ils n'aient été reconnus par un père étranger, avec l'indication et l'aveu de la mère, si elle est vivante, et que cette reconnaissance ne leur confère la nationalité du père.
5° Les étrangers admis à la naturalisation suivant les conditions et le mode fixés par la loi.

Art. 19. Tout Suisse né dans le canton peut, dans l'année qui suit l'époque où il a eu vingt-un ans accomplis, réclamer la qualité de citoyen genevois, s'il réunit les conditions suivantes:

1° D'avoir résidé sur le territoire du canton pendant cinq ans, ou pendant les trois ans qui ont précédé la demande.
2° De n'avoir encouru aucune des condamnations qui, d'après l'article 22, emportent la privation ou la suspension des droits politiques.

Les Suisses qui réunissent les conditions ci-dessus et qui, depuis l'âge de vingt-un ans, ont continué à résider sans interruption sur le canton, peuvent toujours réclamer la qualité de citoyen genevois.

Les citoyens genevois admis en vertu de la présente disposition ressortissent à la commune où ils sont nés.

Tout natif étranger de la seconde génération, tout heimathlose né dans le canton, et dont la résidence a été au moins de dix ans, peut, dans l'année qui suit l'époque où il a eu vingt-un ans accomplis, réclamer la qualité de citoyen genevois, s'il n'est dans aucun des cas d'exclusion indiqués ci-dessus, et s'il est préalablement admis par une commune du canton.

Les citoyens genevois admis en vertu de la présente disposition ressortissent à la commune qui les a acceptés.

Les natifs étrangers de la seconde génération, les heimathloses nés dans le canton et actuellement reconnus comme tels, peuvent dès à présent réclamer la qualité de citoyens genevois, s'ils ont vingt-un ans accomplis et s'ils réunissent les conditions voulues pour l'admission des Suisses nés sur le canton.

Ils ressortissent à la commune où ils sont nés.

La loi règle les formes de ces modes de naturalisation.

Art. 20. La femme genevoise qui épouse un étranger suit la condition de son mari.

A la dissolution du mariage, elle peut reprendre la qualité de citoyenne genevoise, si elle réside dans le canton, ou si, après y être rentrée, elle déclare qu'elle veut s'y fixer.

Art. 21. Les citoyens âgés de vingt-un ans accomplis ont l'exercice des droits politiques, à moins qu'ils ne se trouvent dans un des cas d'exclusion prévus par les trois articles suivants.

Art. 22. Toute condamnation à une peine infamante emporte la privation des droits politiques.
La loi peut déterminer, à titre de peine, d'autres causes d'exclusion temporaire, sauf en matière politique.

Art. 23. Ne peuvent exercer de droits politiques dans le canton:

1° Ceux qui sont interdits ou pourvus d'un conseil judiciaire.
2° Ceux qui exercent des droits politiques hors du canton.
3° Ceux qui sont au service d'une puissance étrangère.

Art. 24. La loi peut prononcer la suspension d'une partie ou de la totalité des droits politiques contre les faillis, pendant le cours des formalités de la faillite.

Titre V: Du conseil général

Art. 25. Le corps électoral, agissant collectivement, forme le conseil général; il ne délibère pas.

Art. 26. Le conseil général nomme directement le pouvoir exécutif.
Il vote sur tous les changements et additions à la constitution, ainsi que sur les changements au pacte fédéral.

Art. 27. Pour l'élection des membres du pouvoir exécutif, les électeurs sont convoqués en conseil général dans la ville de Genève, où ils procèdent à cette élection au scrutin secret et de liste, d'après les formes suivies dans les autres assemblées électorales, telles qu'elles sont indiquées à l'article 37. La loi pourra déterminer un autre lieu central de réunion pour le conseil général procédant à l'élection du pouvoir exécutif.

Art. 28. Lorsqu'il s'agit de la votation sur un changement ou sur une addition à la constitution ou au pacte, chaque électeur dépose son vote dans le chef-lieu du collége d'arrondissement auquel il appartient.
Ces votes seront dépouillés publiquement, à Genève, dans la salle du grand conseil, par les bureaux des colléges.

Art. 29. Dans les élections, si le nombre des votants n'a pas atteint trois mille électeurs, le grand conseil procède à l'élection sur un nombre double des candidats qui ont eu le plus de voix en conseil général.

Art. 30. La loi règle ce qui a rapport à la formation du bureau et à la nomination de la présidence du conseil général, ainsi que ce qui concerne les formes à suivre dans les élections faites par cette assemblée.

Titre VI: Du grand conseil

Chapitre I: Composition et nomination du grand conseil

Art. 31. Le pouvoir législatif est exercé par un grand conseil composé de députés élus par des colléges d'arrondissement proportionnellement à la population.

Le canton est divisé en trois colléges d'arrondissement: un pour la ville de Genève, un pour la rive gauche du lac et du Rhône, un autre pour la rive droite du lac et du Rhône.

Art. 32. Le collège électoral de chaque arrondissement nomme au grand conseil un député sur 666 habitants. Toute fraction au-dessus de 333 donne droit à un député de plus.

Art. 33. Lorsque, d'après cette disposition, le nombre des députés au grand conseil devrait être supérieur à cent, la base de représentation sera modifiée ainsi qu'il suit: chaque arrondissement nommera un député sur 800 habitants, toute fraction au-dessus de 400 donnant droit à un député de plus.

Art. 34. Les électeurs portés sur la liste d'un arrondissement comme y étant domiciliés et comme jouissant de leurs droits politiques, ont seuls le droit d'y voter.

Art. 35. Sont éligibles dans tous les colléges électoraux, quel que soit celui auquel ils appartiennent, tous les citoyens laïques jouissant de leurs droits électoraux et ayant vingt-cinq ans accomplis.

Art. 36. Toute délibération est interdite aux colléges électoraux.

Art. 37. Sont élus députés au grand conseil ceux qui ont obtenu au scrutin de liste la majorité relative des suffrages, pourvu que cette majorité ne soit pas inférieure au tiers des votants.

Si un second tour de scrutin est nécessaire pour compléter l'élection, il a lieu à la pluralité relative des suffrages.

En cas d'égalité de suffrages, le plus âgé est élu.

Art. 38. Dans le cas où un député est élu par plus d'un collége, il choisit celui pour lequel il veut siéger.

Les colléges électoraux dont la députation devient par là incomplète sont convoqués dans les dix jours qui suivent la vacance, pour pourvoir aux remplacements nécessaires.

Cette convocation a pareillement lieu lorsqu'une élection est invalidée, ou lorsqu'un député n'accepte pas sa nomination.

Art. 39. Les membres du grand conseil sont nommés pour deux ans et renouvelés intégralement. Ils sont immédiatement rééligibles.

Art. 40. La loi règle ce qui est relatif:

1° Au mode de recensement de la population des arrondissements électoraux.
2° A la confection des listes électorales.
3° Au mode de remplacement des députés décédés ou démissionnaires.

4° Au délai dans lequel un député élu doit accepter sa nomination et opter s'il est élu par plusieurs colléges.
5° A la formation du bureau des colléges électoraux et à la nomination de leur président.
6° Aux formes à suivre dans les élections.

Art. 41. Le grand conseil prononce sur la validité de l'élection de ses membres.

Art. 42. Le grand conseil nomme parmi ses membres, pour une année, un président, deux vice-présidents et deux secrétaires.

Art. 43. Aucun membre du conseil d'état ne peut être élu président ou vice-président du grand conseil.

Art. 44. Les députés ne peuvent être liés par des mandats impératifs.

Chapitre II: Sessions et mode de délibération du grand conseil

Art. 45. L'élection ordinaire du grand conseil se fait de plein droit tous les deux ans, dans la première quinzaine de novembre.

Art. 46. Chaque session ordinaire est d'un mois, si le conseil d'état n'en prolonge la durée.

Le grand conseil s'assemble de plein droit en session ordinaire, dans la ville de Genève, le troisième lundi de mai et le premier lundi de décembre.

Le grand conseil peut être convoqué extraordinairement par le conseil d'état, et par le président du grand conseil sur la demande par écrit de trente de ses membres.

Art. 47. Les séances du grand conseil sont publiques. Toutefois il se forme en comité secret lorsqu'il le juge convenable.

Art. 48. Le grand conseil détermine par un règlement intérieur la forme de ses délibérations.

Chapitre III: Attributions du grand conseil

Art. 49. Les membres du grand conseil ont, concurremment avec le conseil d'état, le droit d'initiative.

Art. 50. Le grand conseil nomme à chacun de ses renouvellements une commission législative, à laquelle les projets de loi demandés ou présentés individuellement par ses membres peuvent être renvoyés par le grand conseil.

L'auteur d'une proposition est toujours admis dans la commission législative pour y délibérer sur sa proposition.

Art. 51. Les membres du grand conseil exercent leur initiative ainsi qu'il suit:

Ils peuvent: 1° Proposer un projet de loi ou d'arrêté législatif; 2° proposer que la commission législative ou une commission spéciale soit chargée de préparer un projet de loi ou d'arrête législatif; 3° inviter le conseil d'état à présenter un projet de loi ou à prendre un arrêté sur un objet déterminé.

Art. 52. Lorsque l'invitation adressée au conseil d'état de présenter un projet de loi ou de prendre un arrêté a été appuyée suivant les formes prescrites par le règlement, le conseil d'état est tenu d'y répondre dans la session ordinaire suivante, en motivant son refus s'il n'adhère pas à la proposition.

Art. 53. Lorsque le grand conseil aura fait préparer un projet de loi ou d'arrêté législatif par une commission, sans l'intermédiaire du conseil d'état, ce projet sera délibéré suivant les formes ordinaires, et, s'il est adopté par l'assemblée, il sera transmis au conseil d'état pour être promulgué comme loi.

Art. 54. Dans le cas prévu par l'article précédent, le conseil d'état pourra, avant de promulguer le projet de loi, le représenter au grand conseil avec ses observations, dans le délai de six mois.
Si, après en avoir délibéré de nouveau, le grand conseil adopte le projet délibéré dans la session précédente, le conseil d'état promulguera la loi ainsi votée et la rendra exécutoire sans nouveau délai.

Art. 55. Dans les sessions extraordinaires, le grand conseil ne peut s'occuper que des objets pour lesquels il a été convoqué.

Art. 56. Le grand conseil adopte, amende ou rejette les projets qui lui sont présentés par le conseil d'état.

Art. 57. Lorsqu'un projet aura été présenté par le conseil d'état suivant son initiative, ce corps aura la faculté de le retirer jusqu'au moment du vote définitif.

Art. 58. Le droit de faire grâce appartient au grand conseil.
Il l'exerce par lui-même ou par délégation.
Il l'exerce toujours directement lorsqu'il s'agit d'une condamnation à mort ou à la réclusion perpétuelle.
Il peut toujours évoquer à lui une demande en grâce.
La loi détermine dans quels cas et suivant quelles formes s'exerce le droit de grâce.

Art. 59. Le grand conseil a seul le droit d'accorder des amnisties générales ou particulières.

Art. 60. Le grand conseil reçoit annuellement le compte rendu, par le conseil d'état, de toutes les parties de l'administration. Il en renvoie l'examen à une commission, sur le rapport de laquelle il statue.

Art. 61. Le grand conseil vote les impôts, décrète les dépenses, les emprunts et les aliénations du domaine public, reçoit et arrête les comptes de l'état, lesquels sont rendus publics et doivent nécessairement être soumis à l'examen d'une commission.
Aucun octroi municipal ne peut être établi ou modifié qu'avec la sanction du grand conseil, qui approuve ou rejette la proposition qui lui est faite, sans pouvoir l'amender.

Art. 62. Le grand conseil statue par la loi sur les traitements des fonctionnaires publics, lorsque ces traitements n'ont pas été fixés par la constitution.

Art. 63. Le grand conseil nomme les députés à la diète, leur donne leurs instructions, se fait rendre compte de leur mission, et statue généralement sur toutes les matières relatives aux diètes ordinaires et extraordinaires.

Art. 64. Le grand conseil accepte ou rejette les concordats et les traités, dans les limites tracées par le pacte fédéral.

Titre VII: Du conseil d'état

Chapitre I: Composition et mode de nomination du conseil d'état

Art. 65. Le pouvoir exécutif et l'administration générale du canton sont confiés à un conseil d'état composé de sept membres.

Art. 66. Le conseil d'état est élu par l'ensemble des électeurs réunis en conseil général. Il est renouvelé intégralement tous les deux ans. Les conseillers d'état sortants sont immédiatement rééligibles.

Art. 67. Sont éligibles au conseil d'état les électeurs laïques, âgés de vingt-sept ans accomplis.

Art. 68. L'élection ordinaire des membres du conseil d'état a lieu dans la première quinzaine de novembre. Cette élection alterne par année avec l'élection du grand conseil.

Art. 69. Les conseillers d'état assistent aux séances du grand conseil et prennent part à la discussion. Ceux d'entre eux qui sont en même temps députés au grand conseil continuent à y voter.

Art. 70. L'administration de l'état est divisée en départements, en tête de chacun desquels est placé un conseiller d'état responsable.
La chancellerie d'état est confiée à un chancelier pris en dehors du conseil d'état et nommé par ce corps. Il a voix consultative dans les séances du conseil d'état.

Art. 71. Le conseil d'état règle les attributions et l'organisation des bureaux de chaque département; il détermine le nombre et les occupations des employés; il fixe leurs émoluments sous l'approbation du grand conseil dans les budgets annuels.

Art. 72. Le conseil d'état ne peut s'adjoindre comme comités auxiliaires que des commissions nommées temporairement.

Art. 73. Le conseil d'état nomme chaque année parmi ses membres son président et son vice-président. Le président ne sera rééligible qu'après un an d'intervalle.

Art. 74. Le président ou, en son absence, le vice-président a le pouvoir provisionnel, à la charge d'en référer dans le plus bref délai au conseil d'état.

Art. 75. Les conseillers d'état nommés par le conseil général doivent faire connaître s'ils acceptent les fonctions qui leur sont confiées dans les huit jours qui suivent leur élection, s'ils sont présents dans le canton, et dans le délai d'un mois, s'ils sont absents.

Dans le cas de non-acceptation, de décès ou de démission, il sera pourvu au remplacement des membres du conseil d'état dans les six semaines qui suivront la vacance. Le nouveau conseiller élu le sera pour le temps pendant lequel le conseiller qu'il remplace devait encore exercer ses fonctions.

S'il ne survenait qu'une seule vacance dans les trois mois qui précèdent le renouvellement du conseil d'état, il ne sera pas pourvu au remplacement.

Art. 76. Ne peuvent siéger ensemble dans le conseil d'état: deux frères, un père et son fils, un aïeul et son petit-fils, un beau-père et son gendre.

Art. 77. La charge de conseiller d'état est incompatible avec toute autre fonction publique salariée.

Art. 78. Aucun conseiller d'état ne peut porter de décoration, ni recevoir de pension, conférées par une puissance étrangère, lors même qu'il les aurait acceptées avant sa nomination.

Art. 79. Le conseil d'état nommé aux élections ordinaires de novembre entre en fonctions huit jours avant la session ordinaire de décembre du grand conseil.

Art. 80. Les fonctions des membres du conseil d'état sont rétribuées.
Le traitement du président est de 6000 francs; celui des conseillers d'état est de 5000 francs.

Chapitre II: Attributions du conseil d'état

Art. 81. Le conseil d'état exerce l'initiative législative concurremment avec le grand conseil, ainsi qu'il est dit aux articles 49 et suivants.

Art. 82. Le conseil d'état promulgue les lois; il est chargé de leur exécution et prend à cet effet les arrêtés nécessaires.

Art. 83. Le conseil d'état nomme et révoque les fonctionnaires et les employés dont l'élection n'est pas réservée à d'autres corps par la constitution ou par la loi.

Art. 84. Le conseil d'état surveille et dirige les autorités inférieures. Il règle les préséances dans les cas non déterminés par la loi.

Art. 85. Le conseil d'état veille à ce que les tribunaux remplissent leurs fonctions avec exactitude.

Art. 86. Le conseil d'état fait les règlements de police dans les limites fixées par la loi.
Il en ordonne et en surveille l'exécution.

Art. 87. Le conseil d'état a la surveillance et la police des cultes et de l'instruction publique.

Art. 88. Le conseil d'état dispose de la force armée pour le maintien de l'ordre public et de la sûreté de l'état. Il ne peut employer à cet effet que des corps organisés par la loi. Il nomme, suivant les conditions déterminées par la loi, les officiers de la milice, lorsque la loi n'a pas attribué cette élection à d'autres corps.

Art. 89. Lorsque le conseil d'état appellera à un service actif extraordinaire de plus de quatre jours, un corps de milice supérieur à 300 hommes, il sera tenu d'en rendre compte au grand conseil dans le terme de huit jours, à dater de celui où les troupes auront été appelées.

Art. 90. Le conseil d'état présente, chaque année, au grand conseil le budget des recettes et des dépenses.
Il lui rend compte, chaque année, de l'administration et des finances, conformément aux articles 60 et 61.

Art. 91. Dans les cas prévus par les articles 89 et 90, les membres du conseil d'état se retirent à la votation.

Art. 92. Le conseil d'état est chargé des relations extérieures dans les limites du pacte fédéral.
Dans tous les cas où le grand conseil est appelé à statuer sur les relations extérieures et les affaires fédérales, le préavis du conseil d'état est nécessaire.

Art. 93. Le conseil d'état est responsable de ses actes.
La loi règle ce qui concerne cette responsabilité.

Titre VIII: Du pouvoir judiciaire

Art. 94. Le pouvoir judiciaire est séparé du pouvoir législatif et du pouvoir exécutif.

Art. 95. La loi établit des tribunaux permanents pour juger toutes les causes civiles et criminelles; elle en règle le nombre, l'organisation, la juridiction et la compétence.
Il ne pourra être établi, dans aucun cas, des tribunaux temporaires exceptionnels.

Art. 96. L'institution du jury en matière criminelle est garantie par la présente constitution.
Les attributions du jury pourront être étendues par la loi.

Art. 97. L'institution des justices de paix est maintenue.

Art. 98. Les fonctions du ministère public sont exercées par un procureur général et ses substituts.
La loi règle leurs attributions.

Art. 99. Le grand conseil nomme tous les magistrats de l'ordre judiciaire. Il choisit les membres du tribunal de commerce parmi les commerçants et les anciens commerçants.

La loi peut réserver à d'autres corps la nomination des membres des tribunaux chargés de statuer sur les délits militaires.

Art. 100. Les fonctions de juge, de procureur général et de substitut du procureur général sont incompatibles avec toute autre fonction administrative salariée.

Art. 101. Les audiences des tribunaux sont publiques.
Toutefois, la loi pourra restreindre cette publicité:

1° En matière civile.
2° En matière criminelle, à l'égard des femmes et des enfants seulement.

Titre IX: De l'organisation des communes

Art. 102. La circonscription actuelle des communes ne pourra être changée que par une loi.
La ville de Genève forme une commune.

Art. 103. Chaque commune a un conseil municipal.

Art. 104. Les membres des conseils municipaux sont élus, dans chaque commune, par un collége composé de tous les électeurs communaux.

Art. 105. Sont électeurs communaux les citoyens genevois qui jouissent de leurs droits politiques, s'ils sont nés et domiciliés dans la commune, s'ils y sont propriétaires ou domiciliés depuis plus d'un an.

Art. 106. Nul ne peut être électeur dans plus d'une commune.
Nul ne peut être membre de deux conseils municipaux.

Art. 107. Le conseil municipal de la ville de Genève est composé de quarante-un membres.
La loi détermine le nombre des membres des autres conseils municipaux.

Art. 108. Les conseils municipaux sont renouvelés intégralement tous les quatre ans. Les conseillers municipaux sortants sont immédiatement rééligibles.

Art. 109. Dans la commune de Genève, l'administration municipale est confiée a un conseil administratif composé de cinq membres élus par le conseil municipal et pris dans ce corps.
Le conseil municipal de Genève peut voter un traitement aux membres du conseil administratif.
Le président du conseil administratif ne peut être nommé que pour une année; il n'est rééligible qu'après un an d'intervalle.
Dans les autres communes, l'administration est confiée à un maire et à des adjoints qui sont élus par l'ensemble des électeurs de la commune.

Art. 110. Les membres du conseil administratif de la ville de Genève, ainsi que les maires et les adjoints, sont élus pour quatre ans et immédiatement rééligibles.

Art. 111. Les séances des conseils municipaux sont publiques; toutefois, ils se forment en comité secret lorsqu'ils le jugent convenable.

Art. 112. Les conseillers municipaux, les maires et les adjoints ne peuvent être nommés qu'entre les électeurs de la commune.

Art. 113. La loi détermine, conformément aux dispositions ci-dessus:
1° Les autres conditions exigées pour être éligibles aux conseils municipaux.
2° Le mode de nomination et les attributions des conseils municipaux et des autres autorités communales.
3° Le mode de remplacement des conseillers et des fonctionnaires municipaux démissionnaires ou décédés.
4° Dans quels cas et par quelle autorité les conseils municipaux peuvent être suspendus ou dissous et les maires ou adjoints révoqués.

Titre X: Du culte

Chapitre Premier: Culte protestant

Art. 114. L'église nationale protestante se compose de tous les Genevois qui acceptent les formes organiques de cette église, telles qu'elles sont établies ci-après.

Art. 115. L'administration de l'église nationale protestante est exclusivement confiée à un consistoire.

Art. 116. Le consistoire est composé de vingt-cinq membres laïques et de six membres ecclésiastiques.
Les membres ecclésiastiques seront choisis parmi tous les pasteurs et tous les ministres genevois consacrés dans l'église nationale.

Art. 117. Les membres laïques et ecclésiastiques du consistoire sont nommés par un collége unique, composé de tous les protestants du canton, jouissant de leurs droits politiques.
La convocation de ce collége, le lieu de sa réunion et le choix de son président seront déterminés par un arrêté du conseil d'état.
Cette élection aura lieu suivant les formes établies par l'article 37 de la présente constitution.

Art. 118. Les membres du consistoire sont élus pour quatre ans, renouvelés intégralement; ils sont immédiatement rééligibles.

Art. 119. Dans l'intervalle de deux élections, si le nombre des membres du consistoire était réduit à vingt par suite de mort ou de démission, les électeurs seront convoqués pour le compléter.

Art. 120. Le consistoire nomme dans son sein une commission exécutive, composée du président et de quatre autres membres. Cette commission est chargée de pourvoir à l'exécution des arrêtés pris par le consistoire.

Art. 121. Le consistoire exerce une surveillance générale sur les intérêts de l'église.

Il fait les règlements sur tout ce qui a rapport au culte et à l'administration de l'église; il les fait exécuter.

Il détermine le nombre et la circonscription des paroisses.

Il statue dans les cas disciplinaires et peut prononcer contre les pasteurs la censure, la suspension et la révocation.

Art. 122. Les fonctions des membres du consistoire sont gratuites.

Art. 123. Les pasteurs sont nommés par les citoyens protestants de la paroisse à pourvoir, sous l'approbation du consistoire.

Les formes de cette décision seront réglées par un arrêté du consistoire, approuvé par le conseil d'état.

Nul ne peut être nommé pasteur, s'il n'a été consacré au saint ministère dans l'église nationale de Genève.

Art. 124. La compagnie des pasteurs est maintenue ainsi qu'il suit.

Art. 125. Elle se compose de tous les pasteurs en office et des professeurs en théologie.

Art. 126. Les attributions de la compagnie sont les suivantes:

Elle surveille l'instruction religieuse et l'enseignement théologique dans les établissements publics.

Elle prononce sur l'admission et la consécration des candidats au saint ministère.

Elle nomme, selon le mode indiqué par la loi et sous réserve de la ratification du consistoire et du conseil d'état, les professeurs en théologie chargés de l'enseignement des candidats au saint ministère.

Elle a la police de son corps. Elle peut adresser des avertissements aux pasteurs.

Elle peut soumettre au consistoire, de son chef ou sur l'invitation de ce corps, à titre de préavis, les mesures qu'elle juge convenable aux intérêts de l'église protestante.

Art. 127. Les décisions sur la nomination, la suspension ou la révocation des pasteurs ou des professeurs de théologie, ainsi que les décisions sur le nombre et la circonscription des paroisses, sont soumises à l'approbation du conseil d'état.

Art. 128. Le culte de l'église protestante nationale est payé par l'état sous la réserve des charges imposées par l'article 147.

Chapitre II: Culte catholique

Art. 129. La constitution garantit le maintien, le libre exercice et l'entretien du culte catholique, aux citoyens des territoires réunis au canton de Genève par le traité de Paris du 20 novembre 1815, et par le traité de Turin du 16 mars 1816.

Art. 130. Le conseil d'état est chargé, sous réserve de la ratification du grand conseil, de régler avec l'autorité ecclésiastique supérieure ce qui concerne l'approbation du gouvernement sur la nomination des curés et autres bénéficiers.

Jusqu'à ce que le grand conseil ait ratifié les conventions à intervenir entre le conseil d'état et l'autorité ecclésiastique supérieure, la nomination des curés et autres bénéficiers ne pourra avoir lieu que sur des candidats présentés par l'évêque et agréés par le conseil d'état.

Art. 131. Quoique la religion protestante soit celle de la majorité dans le territoire de l'ancienne république, il y aura dans la ville de Genève une église destinée au culte catholique, où il sera célébré comme par le passé.

Art. 132. L'entretien du culte catholique est à la charge de l'état.

Art. 133. Chaque église catholique a sa fabrique.
La loi règle ce qui se rapporte à cet objet.

Art. 134. Il n'est aucunement dérogé par les articles précédents aux dispositions du protocole du congrès de Vienne du 29 mars 1815 et du traité de Turin du 16 mars 1816, lesquelles restent en vigueur dans toute leur intégrité, ainsi qu'il est dit en l'article 129.

Titre XI: De l'instruction publique

Art. 135. La loi règle l'organisation de ceux des établissements d'instruction publique qui sont en tout ou en partie à la charge de l'état. Ces établissements forment un ensemble qui comprend:
l'enseignement primaire;
l'enseignement secondaire classique, industriel et commercial;
l'enseignement supérieur académique ou universitaire.

Art. 136. Chaque commune sera pourvue d'établissements pour l'instruction primaire et subviendra, concurremment avec l'état, aux frais de leur création et de leur entretien.
L'instruction est gratuite dans les écoles primaires.

Art. 137. L'enseignement religieux est distinct des autres parties de l'instruction, afin d'assurer l'admission de tous les Genevois dans les divers établissements d'instruction publique du canton.

Art. 138. La loi détermine la position de la faculté de théologie protestante dans l'ensemble des établissements d'instruction publique, et celle de l'autorité ecclésiastique quant à l'enseignement religieux qui s'y donne.
Elle fixe dans quelles proportions se répartissent, entre l'état et les communes, les frais de création et d'entretien relatifs aux établissements d'instruction primaire.

Titre XII: Des fondations

Art. 139. Aucune fondation d'utilité publique ou de bienfaisance agissant en nom collectif ne peut être établie sans l'assentiment du grand conseil.

Art. 140. Toutes les fondations créées ou reconnues par les constitutions et les lois antérieures devront, dans l'espace d'un an, soumettre au conseil d'état les conditions de leur institution et l'examen de leur utilité actuelle. Si le conseil d'état estime qu'elles doivent être reconstituées ou dissoutes, il en portera la connaissance au grand conseil, qui statuera sous forme de loi.

Art. 141. Les autorisations pour les sociétés anonymes ayant pour objet des entreprises de commerce, de banque, d'industrie, d'agriculture ou autres du même genre continueront à être données suivant les dispositions des lois à cet égard.

Art. 142. Les autorisations pour les fondations mentionnées à l'article 139, ou pour les sociétés anonymes, ne peuvent être données à perpétuité.

Le temps de leur durée sera toujours indiqué, mais elles pourront être retirées avant terme par les pouvoirs qui les ont accordées, si les fondations et les sociétés qu'elles concernent venaient à s'écarter de leurs statuts ou de l'objet de leur institution.

De la société économique et de l'hôpital

Art. 143. Les biens qui, jusqu'à la présente constitution, ont été gérés par la société économique seront répartis de la manière indiquée dans les articles suivants.

Art. 144. Les immeubles de la société économique destinés au culte protestant, au logement des pasteurs et des maîtres d'école, à l'instruction publique, aux écoles et aux autres objets d'intérêt général, seront remis, avec tous leurs accessoires et dépendances, aux communes dans lesquelles ils sont situés.

Tous les bâtiments destinés au culte ne pourront jamais être attribués qu'au culte protestant.

Art. 145. Il sera attribué à chaque commune une part proportionnelle sur les biens productifs de la société économique, pour l'entretien des immeubles qui lui auront été remis et pour la construction de presbytères et bâtiments du culte et de l'instruction publique dans celles où ces constructions seront jugées nécessaires.

La répartition sera faite en prenant en considération les besoins de chaque commune, sous le rapport du culte et de l'instruction publique, et les charges diverses qui résultent pour chaque commune des dépenses auxquelles il est actuellement pourvu par la société économique.

Il sera alloué au consistoire protestant, sur les biens attribués aux communes, un revenu suffisant pour subvenir aux frais du culte protestant, auxquels il n'est pas autrement pourvu, et qui, jusqu'à présent, étaient à la charge de la société économique.

Une commission composée de onze membres, trois nommés par le conseil d'état, cinq par le conseil municipal de la ville de Genève, trois par la réunion des conseils municipaux des autres communes de l'ancien territoire, sera chargée:

    1° de la répartition proportionnelle des revenus des biens des anciens Genevois entre les communes ayant droit à cette répartition, conformément aux principes établis ci-dessus;

2° de l'attribution des biens et capitaux de la société économique aux administrations mentionnées dans les articles 146 et 147.

Les décisions de cette commission, sur les points mentionnés dans cet article seront définitives. Le conseil d'état réglera son mode de procéder.

Art. 146. Les biens attribués aux communes par l'article ci-dessus seront remis à une caisse hypothécaire, qui sera chargée de les faire valoir suivant les statuts de cet établissement. Ces statuts seront arrêtés par la commission indiquée dans l'article précédent et soumis à l'approbation du grand conseil.

Le revenu des biens confiés à la caisse hypothécaire sera annuellement mis à la disposition des administrations communales et du consistoire, suivant la répartition préalablement arrêtée. Chaque commune ne pourra appliquer les revenus ainsi mis à sa disposition qu'aux dépenses relatives à la construction ou à l'entretien des bâtiments destinés au culte et à l'instruction publique, et autres dépenses indiquées à l'article 145.

Art. 147. Sur le fonds capital de la société économique, il sera employé à concourir à la formation d'une banque d'escompte, de dépôt et de circulation, une somme de quinze cent mille francs, dont les revenus seront affectés aux besoins du culte protestant et de l'instruction publique dirigée par l'état.

Ces revenus seront versés annuellement dans la caisse de l'état. L'état est chargé de pourvoir à l'excédent de la dépense.

Le fonds capital de la banque ne pourra pas dépasser une somme double de celle qui proviendra des biens de la société économique.

Les statuts de la banque d'escompte, de dépôt et de circulation seront soumis à l'approbation de la commission instituée à l'article 145 et du conseil d'état.

Art. 148. La commission chargée, d'après l'article 145, d'opérer la répartition proportionnelle des revenus de la société économique suivant leur destination restera chargée de la surveillance de la gestion des fonds confiés à la caisse hypothécaire et à la banque d'escompte, de dépôt et de circulation. Elle en rendra compte au conseil d'état et aux conseils municipaux des anciennes communes genevoises.

En cas de conflit ou de nécessité d'opérer des changements dans le placement des fonds, il sera statué par la loi.

La commission sera renouvelée tous les trois ans, suivant le mode électoral indiqué à l'article 145.

Ses membres sont immédiatement rééligibles.

Art. 149. La bibliothèque publique sera remise à la ville de Genève, sous la réserve des droits mentionnés en l'article 151.

Art. 150. Les biens de l'hôpital de Genève sont garantis à leurs propriétaires conformément aux lois actuellement existantes.

L'administration de l'hôpital est confiée à une commission composée de onze membres et nommée dans la même proportion et par les mêmes corps que celle qui est mentionnée à l'article 145.

Cette commission est nommée pour cinq ans; ses membres sont immédiatement rééligibles.

Art. 151. Les biens indiqués dans le présent titre ne pourront être détournés de leur destination.

Ils seront toujours séparés des biens de l'état.

Titre XIII: Mode de révision

Art. 152. Tout projet de changement à la constitution sera d'abord délibéré et voté suivant les formes prescrites pour les lois ordinaires. Il sera ensuite porté, dans le délai d'un mois, à la sanction du conseil général.

Dans ce cas, la majorité absolue des votants décidera de l'acceptation ou du rejet.

Art. 153. Tous les quinze ans, la question de la révision totale de la constitution sera posée au conseil général.

Si le conseil général vote la révision, elle sera opérée par une assemblée constituante.

La constitution ainsi révisée sera soumise à la votation du conseil général; la majorité absolue des votants décidera de l'acceptation ou du rejet.

Titre XIV: Dispositions additionnelles

Art. 154. Les dispositions transitoires pourront introduire, pour les premières élections, des modifications aux dispositions des titres précédents sur la durée des fonctions des diverses autorités constituées et sur l'époque de leur élection.

Les anciens pasteurs qui font actuellement partie de la compagnie des pasteurs continueront à y siéger avec voix consultative.

Art. 155. Dans le délai d'un an depuis l'acceptation de la constitution, le grand conseil présentera à la votation du conseil général une loi constitutionnelle sur les formes à suivre dans les cas d'arrestation, sur la caution en matière criminelle et correctionnelle, sur les garanties qui doivent entourer la visite domiciliaire, et sur les dommages-intérêts auxquels donneraient droit les arrestations illégales ou prolongées sans motif grave, ainsi que les abus d'autorité en cas de visite domiciliaire.

Art. 156. Dans le même délai, le grand conseil révisera:

1° la loi sur les élections au grand conseil;
2° la loi sur les conseils municipaux et l'administration des communes.

Art. 157. Le conseil d'état soumettra à l'examen du grand conseil les projets de loi suivants, dans les délais ci-dessous énoncés, à dater de son entrée en fonctions, savoir:

Dans le délai de quatre mois, les lois sur l'organisation judiciaire.

Dans le délai de six mois, les lois relatives à l'instruction publique.

Dans le délai de deux ans au plus, un projet de loi sur la création d'un hôpital cantonal et d'une maison d'asile pour les vieillards.

Dans le même délai, un projet de loi sur les fortifications de la ville de Genève.

Tant qu'un système de fortification de la ville de Genève sera maintenu, les moyens d'armement de la place seront répartis entre les deux parties de la ville situées sur les deux rives du Rhône, suivant les dispositions jugées nécessaires par l'autorité militaire.

Art. 158 et dernier. Toutes les dispositions de la constitution de 1814 et des lois constitutionnelles postérieures, qui ne sont pas contraires à la présente constitution, demeurent en vigueur, comme lois ordinaires, jusqu'à ce qu'il en soit autrement ordonné par le pouvoir législatif.

Les lois ordinaires, règlements et arrêtés, auxquels il n'est pas dérogé par la présente constitution, restent pareillement en vigueur aussi longtemps qu'ils n'auront pas été abrogés ou modifiés par les pouvoirs compétents.

VII. ERRICHTUNG DES BUNDESSTAATS

44. Bundesverfassung der Schweizerischen Eidgenossenschaft
Constitution fédérale de la Confédération Suisse
Vom 12. September 1848 / Du 12 septembre 1848

Im Namen Gottes des Allmächtigen!

Die schweizerische Eidgenossenschaft, in der Absicht, den Bund der Eidgenossen zu befestigen, die Einheit, Kraft und Ehre der schweizerischen Nation zu erhalten und zu fördern, hat nachstehende Bundesverfassung angenommen:

Au nom de Dieu tout-puissant!

La Confédération suisse, voulant affermir l'alliance des Confédérés, maintenir et accroître l'unité, la force et l'honneur de la nation suisse, a adopté la constitution fédérale suivante:

**Erster Abschnitt:
Allgemeine Bestimmungen**

Art. 1. Die durch gegenwärtigen Bund vereinigten Völkerschaften der zwei und zwanzig souveränen Kantone, als: *Zürich, Bern, Luzern, Ury, Schwyz, Unterwalden* (ob und nid dem Wald), *Glarus, Zug, Freyburg, Solothurn, Basel* (Stadt und Land), *Schaffhausen, Appenzell* (beider Rhoden), *St. Gallen, Graubünden, Aargau, Thurgau, Tessin, Waadt, Wallis, Neuenburg* und *Genf*, bilden in ihrer Gesammtheit *die schweizerische Eidgenossenschaft*.

Art. 2. Der Bund hat zum Zweck: Behauptung der Unabhängigkeit des Vaterlandes gegen Außen, Handhabung von Ruhe und Ordnung im Innern, Schutz der Freiheit und der Rechte der Eidgenossen und Beförderung ihrer gemeinsamen Wohlfahrt.

Art. 3. Die Kantone sind souverän, soweit ihre Souveränetät nicht durch die Bundesverfassung beschränkt ist, und üben als solche alle Rechte aus, welche nicht der Bundesgewalt übertragen sind.

**Chapitre premier:
Dispositions générales**

Article premier. Les peuples des vingt-deux cantons souverains de la Suisse, unis par la présente alliance, savoir: *Zurich, Berne, Lucerne, Uri, Schwytz, Unterwalden* (le Haut et le Bas), *Glaris, Zug, Fribourg, Soleure, Bâle* (Ville et Campagne), *Schaffhouse, Appenzell* (les deux Rhodes), *Saint-Gall, Grisons, Argovie, Thurgovie, Tessin, Vaud, Valais, Neuchâtel* et *Genève*, forment dans leur ensemble la *Confédération Suisse*.

Art. 2. La Confédération a pour but d'assurer l'indépendance de la patrie contre l'étranger, de maintenir la tranquillité et l'ordre à l'intérieur, de protéger la liberté et les droits des Confédérés, et d'accroître leur prospérité commune.

Art. 3. Les cantons sont souverains en tant que leur souveraineté n'est pas limitée par la constitution fédérale, et, comme tels, ils exercent tous les droits qui ne sont pas délégués au pouvoir fédéral.

Art. 4. Alle Schweizer sind vor dem Gesetze gleich. Es gibt in der Schweiz keine Unterthanenverhältnisse, keine Vorrechte des Orts, der Geburt, der Familien oder Personen.

Art. 5. Der Bund gewährleistet den Kantonen ihr Gebiet, ihre Souveränetät inner den Schranken des Artikels 3, ihre Verfassungen, die Freiheit, die Rechte des Volkes und die verfassungsmäßigen Rechte der Bürger, gleich den Rechten und Befugnissen, welche das Volk den Behörden übertragen hat.

Art. 6. Die Kantone sind verpflichtet, für ihre Verfassungen die Gewährleistung des Bundes nachzusuchen.

Der Bund übernimmt diese Gewährleistung, insofern:

a) sie nichts den Vorschriften der Bundesverfassung Zuwiderlaufendes enthalten;

b) sie die Ausübung der politischen Rechte nach republikanischen – repräsentativen oder demokratischen – Formen sichern;

c) sie vom Volke angenommen worden sind und revidirt werden können, wenn die absolute Mehrheit der Bürger es verlangt.

Art. 7. Besondere Bündnisse und Verträge politischen Inhalts zwischen den Kantonen sind untersagt.

Dagegen steht ihnen das Recht zu, Verkommnisse über Gegenstände der Gesetzgebung, des Gerichtswesens und der Verwaltung unter sich abzuschließen; jedoch haben sie dieselben der Bundesbehörde zur Einsicht vorzulegen, welche, wenn diese Verkommnisse etwas dem Bunde oder den Rechten anderer Kantone Zuwiderlaufendes enthalten, deren Vollziehung zu hindern

Art. 4. Tous les Suisses sont égaux devant la loi. Il n'y a en Suisse ni sujets, ni privilèges de lieux, de naissance, de personnes ou de familles.

Art. 5. La Confédération garantit aux cantons leur territoire, leur souveraineté dans les limites fixées par l'article 3, leurs constitutions, la liberté et les droits du peuple, les droits constitutionnels des citoyens, ainsi que les droits et les attributions que le peuple a conférés aux autorités.

Art. 6. A cet effet, les cantons sont tenus de demander à la Confédération la garantie de leurs constitutions.

Cette garantie est accordée, pourvu:

a) Que ces constitutions ne renferment rien de contraire aux dispositions de la constitution fédérale;

b) Qu'elles assurent l'exercice des droits politiques d'après des formes républicaines, – représentatives ou démocratiques;

c) Qu'elles aient été acceptées par le peuple et qu'elles puissent être revisées, lorsque la majorité absolue des citoyens le demande.

Art. 7. Toute alliance particulière et tout traité d'une nature politique entre cantons sont interdits.

En revanche, les cantons ont le droit de conclure entre eux des conventions sur des objets de législation, d'administration ou de justice; toutefois, ils doivent les porter à la connaissance de l'autorité fédérale, laquelle, si les conventions renferment quelque chose de contraire à la Confédération ou aux droits des autres cantons, est autorisée à en empêcher l'exécution. Dans le cas

befugt ist. Im entgegengesetzten Falle sind die betreffenden Kantone berechtigt, zur Vollziehung die Mitwirkung der Bundesbehörden anzusprechen.

Art. 8. Dem Bund allein steht das Recht zu, Krieg zu erklären und Frieden zu schließen, Bündnisse und Staatsverträge, namentlich Zoll- und Handelsverträge mit dem Auslande einzugehen.

Art. 9. Ausnahmsweise bleibt den Kantonen die Befugniß, Verträge über Gegenstände der Staatswirthschaft, des nachbarlichen Verkehrs und der Polizei mit dem Auslande abzuschließen; jedoch dürfen dieselben nichts dem Bunde oder den Rechten anderer Kantone Zuwiderlaufendes enthalten.

Art. 10. Der amtliche Verkehr zwischen Kantonen und auswärtigen Staatsregierungen, sowie ihren Stellvertretern findet durch Vermittlung des Bundesrathes statt.

Über die im Artikel 9 bezeichneten Gegenstände können jedoch die Kantone mit den untergeordneten Behörden und Beamten eines auswärtigen Staates in unmittelbaren Verkehr treten.

Art. 11. Es dürfen keine Militärkapitulationen abgeschlossen werden.

Art. 12. Die Mitglieder der Bundesbehörden, die eidgenössischen Civil- und Militärbeamten und die eidgenössischen Repräsentanten oder Kommissarien dürfen von auswärtigen Regierungen weder Pensionen oder Gehalte, noch Titel, Geschenke oder Orden annehmen.

Sind sie bereits im Besitze von Pensionen, Titeln oder Orden, so haben sie für ihre Amtsdauer auf den Genuß der Pensionen und das Tragen der Titel und Orden zu verzichten.

contraire, les cantons contractants sont autorisés à réclamer pour l'exécution la coopération des autorités fédérales.

Art. 8. La Confédération a seule le droit de déclarer la guerre et de conclure la paix, ainsi que de faire avec les Etats étrangers des alliances et des traités, notamment des traités de péage (douanes) et de commerce.

Art. 9. Toutefois, les cantons conservent le droit de conclure avec les Etats étrangers des traités sur des objets concernant l'économie publique, les rapports de voisinage et la police; néanmoins ces traités ne doivent rien contenir de contraire à la Confédération ou aux droits d'autres cantons.

Art. 10. Les rapports officiels entre les cantons et les gouvernements étrangers ou leurs représentants ont lieu par l'in-termédiaire du Conseil fédéral.

Toutefois les cantons peuvent correspondre directement avec les autorités inférieures et les employés d'un Etat étranger, lorsqu'il s'agit des objets mentionnés à l'article précédent.

Art. 11. Il ne peut être conclu de capitulations militaires.

Art. 12. Les membres des autorités fédérales, les fonctionnaires civils et militaires de la Confédération, et les représentants ou les commissaires fédéraux ne peuvent recevoir d'un gouvernement étranger ni pensions ou traitements, ni titres, présents ou décorations.

S'ils sont déjà en possession de pensions, de titres ou de décorations, ils devront renoncer à jouir de leurs pensions et à porter leurs titres et leurs décorations pendant la durée de leurs fonctions.

Untergeordneten Beamten und Angestellten kann jedoch vom Bundesrath der Fortbezug von Pensionen bewilligt werden.

Art. 13. Der Bund ist nicht berechtigt, stehende Truppen zu halten.

Ohne Bewilligung der Bundesbehörde darf kein Kanton oder in getheilten Kantonen kein Landestheil mehr als 300 Mann stehende Truppen halten, die Landjägerkorps nicht inbegriffen.

Art. 14. Die Kantone sind verpflichtet, wenn Streitigkeiten unter ihnen vorfallen, sich jeder Selbsthülfe, sowie jeder Bewaffnung zu enthalten und sich der bundesmäßigen Entscheidung zu unterziehen.

Art. 15. Wenn einem Kantone vom Auslande plötzlich Gefahr droht, so ist die Regierung des bedrohten Kantons verpflichtet, andere Kantone zur Hülfe zu mahnen, unter gleichzeitiger Anzeige an die Bundesbehörde und unvorgreiflich den spätern Verfügungen dieser letztern. Die gemahnten Kantone sind zum Zuzuge verpflichtet. Die Kosten trägt die Eidgenossenschaft.

Art. 16. Bei gestörter Ordnung im Innern, oder wenn von einem andern Kantone Gefahr droht, hat die Regierung des bedrohten Kantons dem Bundesrathe sogleich Kenntniß zu geben, damit dieser inner den Schranken seiner Kompetenz (Art. 90, Nr. 3, 10 und 11) die erforderlichen Maßregeln treffen oder die Bundesversammlung einberufen kann. In dringenden Fällen ist die betreffende Regierung befugt, unter sofortiger Anzeige an den Bundesrath, andere Kantone zur Hülfe zu mahnen, und die gemahnten Stände sind zur Hülfeleistung verpflichtet.

Toutefois les employés inférieurs peuvent être autorisés par le Conseil fédéral à recevoir leurs pensions.

Art. 13. La Confédération n'a pas le droit d'entretenir des troupes permanentes.
Nul canton ou demi-canton ne peut avoir plus de trois cents hommes de troupes permanentes, sans l'autorisation du pouvoir fédéral; la gendarmerie n'est pas comprise dans ce nombre.

Art. 14. Des différends venant à s'élever entre cantons, les Etats s'abstiendront de toute voie de fait et de tout armement. Ils se soumettront à la décision qui sera prise sur ces différends conformément aux prescriptions fédérales.

Art. 15. Dans le cas d'un danger subit provenant du dehors, le gouvernement du canton menacé doit requérir le recours des Etats confédérés et en aviser immédiatement l'autorité fédérale, le tout sans préjudice des dispositions qu'elle pourra prendre. Les cantons requis sont tenus de prêter secours. Ces frais sont supportés par la Confédération.

Art. 16. En cas de troubles à l'intérieur, ou lorsque le danger provient d'un autre canton, le gouvernement du canton menacé doit en aviser immédiatement le Conseil fédéral, afin qu'il puisse prendre les mesures nécessaires dans les limites de sa compétence (art. 90, N°s 3, 10 et 11) ou convoquer l'Assemblée fédérale. Lorsqu'il y a urgence, le gouvernement est autorisé, en avertissant immédiatement le Conseil fédéral, à requérir le secours d'autres Etats confédérés, qui sont tenus de le prêter.

Wenn die Kantonsregierung außer Stande ist, Hülfe anzusprechen, so *kann*, und wenn die Sicherheit der Schweiz gefährdet wird, so *soll* die kompetente Bundesbehörde von sich aus einschreiten.

In Fällen eidgenössischer Intervention sorgen die Bundesbehörden für Beachtung der Vorschriften des Artikel 5.

Die Kosten trägt der mahnende oder die eidgenössische Intervention veranlassende Kanton, wenn nicht die Bundesversammlung wegen besonderer Umstände etwas Anderes beschließt.

Art. 17. In den durch Artikel 15 und 16 bezeichneten Fällen ist jeder Kanton verpflichtet, den Truppen freien Durchzug zu gestatten. Diese sind sofort unter eidgenössische Leitung zu stellen.

Art. 18. Jeder Schweizer ist wehrpflichtig.

Art. 19. Das Bundesheer, welches aus den Kontingenten der Kantone gebildet wird, besteht:

a) aus dem Bundesauszug, wozu jeder Kanton auf 100 Seelen schweizerischer Bevölkerung 3 Mann zu stellen hat;
b) aus der Reserve, deren Bestand die Hälfte des Bundesauszuges beträgt.

In Zeiten der Gefahr kann der Bund auch über die übrigen Streitkräfte (die Landwehr) eines jeden Kantons verfügen.

Die Mannschaftsskala, welche nach dem bezeichneten Maßstabe das Kontingent für jeden Kanton festsetzt, ist alle zwanzig Jahre einer Revision zu unterwerfen.

Art. 20. Um in dem Bundesheere die erforderliche Gleichmäßigkeit

Lorsque le gouvernement est hors d'état d'invoquer le secours, l'autorité fédérale compétente peut intervenir sans réquisition; elle est tenue d'intervenir lorsque les troubles compromettent la sûreté de la Suisse.

En cas d'intervention, les autorités fédérales veillent à l'observation des dispositions prescrites à l'article 5.

Les frais sont supportés par le canton qui a requis l'assistance ou occasionné l'in-tervention à moins que l'Assemblée fédérale n'en décide autrement, en considération de circonstances particulières.

Art. 17. Dans les cas mentionnés aux deux articles précédents, chaque canton est tenu d'accorder libre passage aux troupes. Celles-ci sont immédiatement placées sous le commandement fédéral.

Art. 18. Tout Suisse est tenu au service militaire.

Art. 19. L'armée fédérale, formée des contingents des cantons, se compose:

a) De l'élite, pour laquelle chaque canton fournit trois hommes sur cent âmes de population suisse;
b) De la réserve, qui est de la moitié de l'élite.

Lorsqu'il y a danger, la Confédération peut aussi disposer de la seconde réserve (Landwehr) qui se compose des autres forces militaires des cantons.

L'échelle des contingents, fixant le nombre d'hommes que doit fournir chaque canton, sera soumise à une revision tous les vingt ans.

Art. 20. Afin d'introduire dans l'armée fédérale l'uniformité et l'apti-

und Dienstfähigkeit zu erzielen, werden folgende Grundsätze festgesetzt:
1. Ein Bundesgesetz bestimmt die allgemeine Organisation des Bundesheeres.
2. Der Bund übernimmt:
a) den Unterricht der Genietruppen, der Artillerie und der Kavallerie, wobei jedoch den Kantonen, welche diese Waffengattungen zu stellen haben, die Lieferung der Pferde obliegt;
b) die Bildung der Instruktoren für die übrigen Waffengattungen;
c) für alle Waffengattungen den höhern Militärunterricht, wozu er namentlich Militärschulen errichtet und Zusammenzüge von Truppen anordnet;
d) die Lieferung eines Theils des Kriegsmaterials.

Die Zentralisation des Militärunterrichts kann nöthigenfalls durch die Bundesgesetzgebung weiter entwickelt werden.

3. Der Bund überwacht den Militärunterricht der Infanterie und der Scharfschützen, sowie die Anschaffung, den Bau und Unterhalt des Kriegszeugs, welches die Kantone zu liefern haben.
4. Die Militärverordnungen der Kantone dürfen nichts enthalten, was der eidgenössischen Militärorganisation und den den Kantonen obliegenden bundesmäßigen Verpflichtungen entgegen ist, und müssen zu dießfälliger Prüfung dem Bundesrathe vorgelegt werden.
5. Alle Truppenabtheilungen im eidgenössischen Dienste führen ausschließlich die eidgenössische Fahne.

tude nécessaires, on arrête les bases suivantes:
1. Une loi fédérale détermine l'organisation générale de l'armée.
2. La Confédération se charge:
a) De l'instruction des corps du génie, de l'artillerie et de la cavalerie; toutefois les cantons chargés de ces armes fournissent les chevaux;
b) De former les instructeurs pour les autres armes;
c) De l'instruction militaire supérieure pour toutes les armes; à cette fin, elle établit des écoles militaires et ordonne des réunions de troupes;
d) De fournir une partie du matériel de guerre.

La centralisation de l'instruction militaire pourra, au besoin, être développée ultérieurement par la législation fédérale.

3. La Confédération surveille l'instruction militaire de l'infanterie et des carabiniers, ainsi que l'achat, la construction et l'entretien du matériel de guerre que les cantons doivent fournir à l'armée fédérale.
4. Les ordonnances militaires des cantons ne doivent rien contenir de contraire à l'organisation générale de l'armée, non plus qu'à leurs obligations fédérales; elles sont communiquées au Conseil fédéral pour qu'il les examine sous ce rapport.
5. Tous les corps de troupes au service de la Confédération portent le drapeau fédéral.

Art. 21. Dem Bunde steht das Recht zu, im Interesse der Eidgenossenschaft oder eines großen Theiles derselben, auf Kosten der Eidgenossenschaft öffentliche Werke zu errichten oder die Errichtung derselben zu unterstützen.

Zu diesem Zwecke ist er auch befugt, gegen volle Entschädigung das Recht der Expropriation geltend zu machen. Die nähern Bestimmungen hierüber bleiben der Bundesgesetzgebung vorbehalten.

Die Bundesversammlung kann die Errichtung öffentlicher Werke untersagen, welche die militärischen Interessen der Eidgenossenschaft verletzen.

Art. 22. Der Bund ist befugt, eine Universität und eine polytechnische Schule zu errichten.

Art. 23. Das Zollwesen ist Sache des Bundes.

Art. 24. Dem Bunde steht das Recht zu, die von der Tagsatzung bewilligten oder anerkannten Land- und Wasserzölle, Weg- und Brückengelder, verbindliche Kaufhaus- und andere Gebühren dieser Art, mögen dieselben von Kantonen, Gemeinden, Korporationen oder Privaten bezogen werden, gegen Entschädigung ganz oder theilweise aufzuheben. Diejenigen Zölle und Weggelder, welche auf dem Transit lasten, sollen jedenfalls im ganzen Umfange der Eidgenossenschaft und zwar gleichzeitig eingelöst werden.

Die Eidgenossenschaft hat das Recht, an der schweizerischen Grenze Eingangs-, Ausgangs- und Durchgangszölle zu erheben.

Sie ist berechtigt, gegenwärtig für das Zollwesen bestimmte Gebäulichkeiten an der schweizerischen Grenze gegen Entschädigung entwe-

Art. 21. La Confédération peut ordonner à ses frais ou encourager par des subsides les travaux publics qui intéressent la Suisse ou une partie considérable du pays.

Dans ce but, elle peut ordonner l'expropriation moyennant une juste indemnité. La législation fédérale statuera les dispositions ultérieures sur cette matière.

L'Assemblée fédérale peut interdire les constructions publiques qui porteraient atteinte aux intérêts militaires de la Confédération.

Art. 22. La Confédération a le droit d'établir une université suisse et une école polytechnique.

Art. 23. Ce qui concerne les péages (douanes) relève de la Confédération.

Art. 24. La Confédération a le droit, moyennant une indemnité, de supprimer en tout ou en partie les péages sur terre ou sur eau, les droits de transit, de chaussée et de pontonnage, les droits de douane et les autres finances de ce genre accordées ou reconnues par la Diète, soit que ces péages et autres droits appartiennent aux cantons, ou qu'ils soient perçus par des communes, des corporations ou des particuliers. Toutefois, les droits de chaussée et les péages qui grèvent le transit seront rachetés dans toute la Suisse.

La Confédération pourra percevoir, à la frontière suisse, des droits d'importation, d'exportation et de transit.

Elle a le droit d'utiliser, moyennant indemnité, en les acquérant ou les prenant en location, les bâtiments actuellement destinés à l'ad-

der als Eigenthum oder miethweise zur Benutzung zu übernehmen.

Art. 25. Bei Erhebung der Zölle sollen folgende Grundsätze beachtet werden:
1. Eingangsgebühren:
 a) Die für die inländische Industrie erforderlichen Stoffe sind im Zolltarif möglichst gering zu taxiren.
 b) Ebenso die zum nothwendigen Lebensbedarf erforderlichen Gegenstände.
 c) Die Gegenstände des Luxus unterliegen der höchsten Taxe.
2. Durchgangsgebühren, und in der Regel auch die Ausgangsgebühren, sind möglichst mäßig festzusetzen.
3. Durch die Zollgesetzgebung sind zur Sicherung des Grenz- und Marktverkehrs geeignete Bestimmungen zu treffen.

Dem Bunde bleibt immerhin das Recht vorbehalten, unter außerordentlichen Umständen, in Abweichung von vorstehenden Bestimmungen, vorübergehend besondere Maßnahmen zu treffen.

Art. 26. Der Ertrag der Eingangs-, Ausgangs- und Durchgangszölle wird folgendermaßen verwendet:

a) Jeder Kanton erhält 4 Batzen auf den Kopf nach dem Maßstab der Gesammtbevölkerung, welche nach der Volkszählung von 1838 berechnet wird.
b) Wenn ein Kanton hierdurch für die nach Artikel 24 aufgehobenen Gebühren nicht hinlänglich gedeckt wird, so hat er noch so viel zu beziehen, als erforderlich ist, um ihn für dieselben Gebühren nach dem Durchschnitt des Reinertrages

ministration des péages à la frontière suisse.

Art. 25. La perception des péages fédéraux sera réglée conformément aux principes suivants:
1. Droits sur l'importation:
 a) Les matières nécessaires à l'industrie du pays seront taxées aussi bas que possible.
 b) Il en sera de même des objets nécessaires à la vie.
 c) Les objets de luxe seront soumis au tarif le plus élevé.
2. Les droits de transit et, en général, les droits sur l'exportation seront aussi modérés que possible.
3. La législation des péages contiendra des dispositions propres à assurer le commerce frontière et sur les marchés.

Les dispositions ci-dessus n'empêchent point la Confédération de prendre temporairement des mesures exceptionnelles dans des circonstances extraordinaires.

Art. 26. Le produit des péages fédéraux sur l'importation, l'exportation et le transit sera employé comme suit:

a) Chaque canton recevra quatre batz par tête de sa population totale, d'après le recensement de 1838.

b) Les cantons qui, au moyen de cette répartition, ne seront pas suffisamment couverts de la perte résultant pour eux de la suppression des droits mentionnés à l'article 24, recevront, de plus, la somme nécessaire pour les indemniser de ces

der fünf Jahre, 1842 bis und mit 1846, zu entschädigen.

c) Die Mehreinnahme fällt in die Bundeskasse.

Art. 27. Wenn Zölle, Weg- und Brückengelder für Tilgung eines Baukapitals oder eines Theiles desselben bewilligt worden sind, so hört der Bezug derselben oder die Entschädigung auf, sobald das Kapital oder der betreffende Theil nebst Zinsen gedeckt ist.

Art. 28. Den in bereits abgeschlossenen Eisenbahnverträgen über Transitgebühren enthaltenen Verfügungen soll durch gegenwärtige Bestimmungen kein Abbruch geschehen. Dagegen tritt der Bund in die durch solche Verträge den Kantonen in Beziehung auf die Transitgebühren vorbehaltenen Rechte.

Art. 29. Für Lebensmittel, Vieh und Kaufmannswaaren, Landes- und Gewerbserzeugnisse jeder Art sind freier Kauf und Verkauf, freie Ein-, Aus- und Durchfuhr von einem Kanton in den andern gewährleistet.

Vorbehalten sind:
a) In Beziehung auf Kauf und Verkauf das Salz- und Pulverregal.
b) Polizeiliche Verfügungen der Kantone über die Ausübung von Handel und Gewerbe und über die Benutzung der Straßen.
c) Verfügungen gegen schädlichen Vorkauf.
d) Vorübergehende sanitätspolizeiliche Maßregeln bei Seuchen.

droits d'après la moyenne du produit net des cinq années 1842 à 1846 inclusivement.

c) L'excédent de la recette des péages sera versé dans la caisse fédérale.

Art. 27. Lorsque des péages, des droits de chaussée ou de pontonnage ont été accordés pour amortir le capital employé à une construction ou une partie de ce capital, la perception de ces péages et de ces droits ou le paiement de l'indemnité cesse dès que la somme à couvrir, y compris les intérêts, est atteinte.

Art. 28. Les dispositions qui précèdent ne dérogent point aux clauses relatives aux droits de transit, renfermées dans des conventions conclues avec les entreprises de chemins de fer. De son côté, la Confédération acquiert les droits réservés par ces traités aux cantons touchant les finances perçues sur le transit.

Art. 29. Le libre achat et la libre vente des denrées, du bétail et des marchandises proprement dites, ainsi que des autres produits du sol et de l'industrie, leur libre entrée, leur libre sortie et leur libre passage d'un canton à l'autre sont garantis dans toute l'étendue de la Confédération.

Sont réservés:
a) Quant à l'achat et à la vente, la régale du sel et de la poudre à canon.
b) Les dispositions des cantons touchant la police du commerce et de l'industrie, ainsi que celle des routes.
c) Les dispositions contre l'accaparement.
d) Les mesures temporaires de police de santé lors d'épidémies et d'épizooties.

Die in Litt. b und c bezeichneten Verfügungen müssen die Kantonsbürger und die Schweizerbürger anderer Kantone gleich behandeln. Sie sind dem Bundesrathe zur Prüfung vorzulegen und dürfen nicht vollzogen werden, ehe sie die Genehmigung desselben erhalten haben.

e) Die von der Tagsatzung bewilligten oder anerkannten Gebühren, welche der Bund nicht aufgehoben hat (Artikel 24 und 31).
f) Die Konsumogebühren auf Wein und andern geistigen Getränken, nach Vorschrift von Artikel 32.

Art. 30. Der Bundesgesetzgebung bleibt vorbehalten, hinsichtlich der Abschaffung bestehender Vorrechte in Bezug auf Transport von Personen und Waaren jeder Art zwischen den Kantonen und im Innern derselben auf dem Wasser und auf dem Lande, die nöthigen Verfügungen zu treffen, soweit die Eidgenossenschaft hiebei ein Interesse hat.

Art. 31. Der Bezug der im Artikel 29, Litt. e, bezeichneten Gebühren steht unter der Aufsicht des Bundesrathes. Sie dürfen nicht erhöht und der Bezug derselben darf ohne Genehmigung der Bundesversammlung, wenn er auf eine bestimmte Zeit beschränkt war, nicht verlängert werden.

Die Kantone dürfen weder Zölle, Weg- noch Brückengelder unter irgend welchem Namen neu einführen. Von der Bundesversammlung können jedoch auf bestimmte Zeit solche Gebühren bewilligt werden, um die Errichtung öffentlicher Werke zu unterstützen, welche im Sinne des Artikel 21 von allgemeinem Interesse für den Verkehr sind und

Les dispositions mentionnées sous lettres b et c ci-dessus doivent être les mêmes pour les citoyens du canton et ceux des autres Etats confédérés. Elles sont soumises à l'examen du Conseil fédéral et ne peuvent être mises à exécution avant d'avoir reçu son approbation.

e) Les droits accordés ou reconnus par la Diète et que la Confédération n'a pas supprimés (Articles 24 et 31).
f) Les droits de consommation sur les vins et les autres boissons spiritueuses, conformément aux prescriptions de l'article 32.

Art. 30. La législation fédérale statuera, pour autant que la Confédération y est intéressée, les dispositions nécessaires touchant l'abolition des privilèges relatifs au transport des personnes et des marchandises de quelque espèce que ce soit sur terre ou sur eau, existant entre cantons ou dans l'intérieur d'un canton.

Art. 31. La perception des droits mentionnés à l'article 29, lettre e, a lieu sous la surveillance du Conseil fédéral. On ne pourra, sans l'autorisation de l'Assemblée fédérale, ni les hausser, ni en prolonger la durée, s'ils ont été accordés pour un temps déterminé.

Les cantons ne pourront, sous quelque dénomination que ce soit, établir de nouveaux péages, non plus que de nouveaux droits de chaussée et de pontonnage. Toutefois l'Assemblée fédérale pourra autoriser la perception de péages ou de tels droits, afin d'encourager, conformément à l'article 21, des constructions d'un intérêt général

ohne solche Bewilligung nicht zu Stande kommen könnten.

Art. 32. Die Kantone sind befugt, außer den nach Artikel 29, Litt. e vorbehaltenen Berechtigungen, von Wein und andern geistigen Getränken Konsumogebühren zu erheben, jedoch unter folgenden Beschränkungen:

a) Bei dem Bezug derselben soll der Transit in keiner Weise belästigt und der Verkehr überhaupt so wenig als möglich gehemmt und mit keinen andern Gebühren belegt werden.
b) Werden die für den Verbrauch eingeführten Gegenstände wieder aus dem Kanton ausgeführt, so sind die bezahlten Konsumogebühren ohne weitere Belästigung zurückzuerstatten.
c) Die Erzeugnisse schweizerischen Ursprungs sind mit niedrigern Gebühren zu belegen als diejenigen des Auslandes.
d) Konsumogebühren auf Wein und andern geistigen Getränken schweizerischen Ursprungs dürfen da, wo solche schon bestehen, nicht erhöht, und in Kantonen, welche noch keine beziehen, nicht eingeführt werden.
e) Die Gesetze und Verordnungen der Kantone über den Bezug der Konsumogebühren sind der Bundesbehörde vor Vollziehung derselben zur Gutheißung vorzulegen, damit die Nichtbeachtung vorstehender Grundsätze verhindert werden kann.

Art. 33. Das Postwesen im ganzen Umfange der Eidgenossenschaft

pour le commerce et qui ne pourraient être entreprises sans cette concession.

Art. 32. Outre les droits réservés à l'article 29, lettre e, les cantons sont autorisés à percevoir des droits de consommation sur les vins et les autres boissons spiritueuses, toutefois moyennant les restrictions suivantes:

a) La perception de ces droits de consommation ne doit nullement grever le transit; elle doit gêner le moins possible le commerce qui ne peut être frappé d'aucune autre taxe.
b) Si les objets importés pour la consommation sont réexportés du canton, les droits payés pour l'entrée sont restitués sans qu'il en résulte d'autres charges.
c) Les produits d'origine suisse seront moins imposés que ceux de l'étranger.
d) Les droits actuels de consommation sur les vins et les autres boissons spiritueuses d'origine suisse ne pourront être haussés par les cantons où il en existe. Il n'en pourra point être établi sur ces produits par les cantons qui n'en perçoivent pas actuellement.
e) Les lois et les arrêtés des cantons sur la perception des droits de consommation sont, avant leur mise à exécution, soumises à l'approbation de l'autorité fédérale, afin qu'elle fasse, au besoin, observer les dispositions qui précèdent.

Art. 33. La Confédération se charge de l'administration des postes

wird vom Bunde übernommen unter folgenden Vorschriften:

dans toute la Suisse, conformément aux prescriptions suivantes:

1. Die gegenwärtig bestehenden Postverbindungen dürfen im Ganzen ohne Zustimmung der betheiligten Kantone nicht vermindert werden.
2. Die Tarife werden im ganzen Gebiete der Eidgenossenschaft nach den gleichen möglichst billigen Grundsätzen bestimmt.
3. Die Unverletzbarkeit des Postgeheimnisses ist gewährleistet.
4. Für Abtretung des Postregals leistet der Bund Entschädigung, und zwar nach folgenden nähern Bestimmungen:
a) Die Kantone erhalten jährlich die Durchschnittssumme des reinen Ertrages, den sie in den drei Jahren 1844, 1845 und 1846 vom Postwesen auf ihrem Kantonalgebiete bezogen haben.

Wenn jedoch der reine Ertrag, welcher der Bund vom Postwesen bezieht, für Bestreitung dieser Entschädigung nicht hinreicht, so wird den Kantonen das Mangelnde nach Verhältniß der festgesetzten Durchschnittssummen in Abzug gebracht.

b) Wenn ein Kanton vom Postwesen unmittelbar noch gar nichts, oder in Folge eines mit einem andern Kanton abgeschlossenen Pachtvertrags bedeutend weniger bezogen hat, als die Ausübung des Postregals auf seinem Gebiete demjenigen Kanton, der dasselbe gepachtet hatte, erweislichermaßen rein ertragen hat, so sollen solche Verhältnisse bei Ausmittlung der Entschädigungssumme billige Berücksichtigung finden.

1. Le service des postes ne doit, dans son ensemble, pas descendre au-dessous de son état actuel, sans le consentement des cantons intéressés.
2. Les tarifs seront fixés d'après les mêmes principes et aussi équitablement que possible dans toutes les parties de la Suisse.
3. L'inviolabilité du secret des lettres est garantie.
4. La Confédération indemnisera comme suit les cantons pour la cession qu'ils lui font du droit régalien des postes:
a) Les cantons reçoivent chaque année la moyenne du produit net des postes sur leur territoire pendant les trois années 1844, 1845 et 1846.

Toutefois, si le produit net que la Confédération retire des postes ne suffit pas à payer cette indemnité, il est fait aux cantons une diminution proportionnelle.

b) Lorsqu'un canton n'a rien reçu directement pour l'exercice du droit de poste ou lorsque, par suite d'un traité de ferme conclu avec un autre Etat confédéré, un canton a beaucoup moins reçu pour ses postes que le produit net et constaté de l'exercice du droit régalien sur son territoire, cette circonstance est équitablement prise en considération lors de la fixation de l'indemnité.

c) Wo die Ausübung des Postregals an Privaten abgetreten worden ist, übernimmt der Bund die dießfällige Entschädigung.
d) Der Bund ist berechtigt und verpflichtet, das zum Postwesen gehörige Material, soweit dasselbe zum Gebrauche tauglich und erforderlich ist, gegen eine den Eigenthümern abzureichende billige Entschädigung zu übernehmen.
e) Die eidgenössische Verwaltung ist berechtigt, die gegenwärtig für das Postwesen bestimmten Gebäulichkeiten gegen Entschädigung entweder als Eigenthum oder aber nur miethweise zur Benutzung zu übernehmen.

Art. 34. Bei der Verwaltung des Zoll- und Postwesens sind die Angestellten größtentheils aus den Einwohnern derjenigen Kantone zu wählen, für welche sie bestimmt sind.

Art. 35. Der Bund übt die Oberaufsicht über die Straßen und Brücken, an deren Erhaltung die Eidgenossenschaft ein Interesse hat.

Die nach Artikel 26 und 33 den Kantonen für Zölle und Posten zukommenden Summen werden von der Bundesbehörde zurückbehalten, wenn diese Straßen und Brücken von den betreffenden Kantonen, Korporationen oder Privaten nicht in gehörigem Zustand unterhalten werden.

Art. 36. Dem Bunde steht die Ausübung aller im Münzregale begriffenen Rechte zu.

Die Münzprägung durch die Kantone hört auf und geht einzig vom Bunde aus.

Es ist Sache der Bundesgesetzgebung, den Münzfuß festzusetzen,

c) Lorsque l'exercice du droit régalien des postes a été laissé à des particuliers, la Confédération se charge de les indemniser, s'il y a lieu.
d) La Confédération a le droit et l'obligation d'acquérir, moyennant une indemnité équitable, le matériel appartenant à l'administration des postes, pour autant qu'il est propre à l'usage auquel il est destiné et que l'adminstration en a besoin.
e) L'administration fédérale a le droit d'utiliser les bâtiments actuellement destinés aux postes, moyennant une indemnité, en les acquérant ou les prenant en location.

Art. 34. Les employés aux péages et aux postes doivent, en majeure partie, être choisis parmi les habitants des cantons où ils sont placés.

Art. 35. La Confédération exerce la haute surveillance sur les routes et les ponts dont le maintien l'intéresse.

Les sommes à payer aux cantons en vertu des articles 26 et 33 sont retenues par l'autorité fédérale, lorsque ces routes et ces ponts ne sont pas convenablement entretenues par les cantons, les corporations ou les particuliers que cela concerne.

Art. 36. La Confédération exerce tous les droits compris dans la régale des monnaies.

Les cantons cessent de battre monnaie, le numéraire est frappé par la Confédération seule.

Une loi fédérale fixera le pied monétaire ainsi que le tarif des espèces

die vorhandenen Münzsorten zu tarifiren und die nähern Bestimmungen zu treffen, nach welchen die Kantone verpflichtet sind, von den von ihnen geprägten Münzen einschmelzen oder umprägen zu lassen.

Art. 37. Der Bund wird auf die Grundlagen des bestehenden eidgenössischen Konkordates für die ganze Eidgenossenschaft gleiches Maß und Gewicht einführen.

Art. 38. Fabrikation und Verkauf des Schießpulvers im Umfange der Eidgenossenschaft stehen ausschließlich dem Bunde zu.

Art. 39. Die Ausgaben des Bundes werden bestritten:

a) Aus den Zinsen der eidgenössischen Kriegsfonds;
b) aus dem Ertrag der schweizerischen Grenzzölle;
c) aus dem Ertrag der Postverwaltung;
d) aus dem Ertrag der Pulververwaltung;
e) aus Beiträgen der Kantone, welche jedoch nur in Folge von Beschlüssen der Bundesversammlung erhoben werden können.

Solche Beiträge sind von den Kantonen nach Verhältniß der Geldskala zu leisten, welche alle zwanzig Jahre einer Revision zu unterwerfen ist. Bei einer solchen Revision sollen theils die Bevölkerung, theils die Vermögens- und Erwerbsverhältnisse der Kantone zur Grundlage dienen.

Art. 40. Es soll jederzeit wenigstens der Betrag des doppelten Geldkontingentes für Bestreitung von Militärkosten bei eidgenössischen

en circulation; elle statuera aussi les dispositions ultérieures sur l'obligation où sont les cantons de refondre ou de refrapper une partie des monnaies qu'ils ont émises.

Art. 37. La Confédération introduira l'uniformité des poids et mesures dans toute l'étendue de son territoire, en prenant pour base le concordat fédéral touchant cette matière.

Art. 38. La fabrication et la vente de la poudre à canon appartiennent exclusivement à la Confédération dans toute la Suisse.

Art. 39. Les dépenses de la Confédération sont couvertes:

a) Par les intérêts des fonds de guerre fédéraux;
b) Par le produit des péages fédéraux perçus à la frontière suisse;
c) Par le produit des postes;
d) Par le produit des poudres;
e) Par les contributions des cantons qui ne peuvent être levées qu'en vertu d'arrêtés de l'Assemblée fédérale.

Ces contributions sont payées par les cantons d'après l'échelle des contingents d'argent, qui sera soumise à une revision tous les vingt ans. Dans cette revision on prendra pour base tant la population des cantons que la fortune et les moyens de gagner qu'ils renferment.

Art. 40. Il devra toujours y avoir en argent comptant dans la caisse fédérale, au moins le montant du double contingent d'argent des cantons,

Aufgeboten baar in der Bundeskasse liegen.

Art. 41. Der Bund gewährleistet allen Schweizern, welche einer der christlichen Konfessionen angehören, das Recht der freien Niederlassung im ganzen Umfange der Eidgenossenschaft, nach folgenden nähern Bestimmungen:

1. Keinem Schweizer, der einer der christlichen Konfessionen angehört, kann die Niederlassung in irgend einem Kanton verweigert werden, wenn er folgende Ausweisschriften besitzt:
   a) einen Heimathschein oder eine andere gleichbedeutende Ausweisschrift;
   b) ein Zeugniß sittlicher Aufführung;
   c) eine Bescheinigung, daß er in bürgerlichen Rechten und Ehren stehe;
   und wenn er auf Verlangen sich ausweisen kann, daß er durch Vermögen, Beruf oder Gewerbe sich und seine Familie zu ernähren im Stande sei.
   Naturalisirte Schweizer müssen überdieß die Bescheinigung beibringen, daß sie wenigstens fünf Jahre lang im Besitze eines Kantonsbürgerrechtes sich befinden.
2. Der Niedergelassene darf von Seite des die Niederlassung gestattenden Kantons mit keiner Bürgschaft und mit keinen andern besondern Lasten behufs der Niederlassung belegt werden.
3. Ein Bundesgesetz wird die Dauer der Niederlassungsbewilligung, so wie das Maximum der zur Erlangung derselben an den Kanton zu entrichtenden Kanzleigebühren bestimmen.

pour subvenir aux dépenses militaires occasionnées par les levées de troupes fédérales.

Art. 41. La Confédération garantit à tous les Suisses de l'une des confessions chrétiennes, le droit de s'établir librement dans toute l'étendue du territoire suisse, conformément aux dispositions suivantes:

1. Aucun Suisse appartenant à une confession chrétienne ne peut être empêché de s'établir dans un canton quelconque, s'il est muni des pièces authentiques suivantes:
   a) D'un acte d'origine ou d'une autre pièce équivalente;
   b) D'un ertificat de bonnes moeurs;
   c) D'une attestation qu'il jouit des droits civiques et qu'il n'est point légalement flétri.
   Il doit de plus, s'il en est requis, prouver qu'il est en état de s'entretenir lui et sa famille, par sa fortune, sa profession ou son travail.
   Les Suisses naturalisés doivent, de plus, produire un certificat portant qu'ils sont depuis cinq ans au moins en possession d'un droit de cité cantonal.
2. Le canton dans lequel un Suisse établit son domicile ne peut exiger de lui un cautionnement, ni lui imposer aucune autre charge particulière pour cet établissement.
3. Une loi fédérale fixera la durée du permis d'établissement ainsi que le maximum de l'émolument de chancellerie à payer au canton pour obtenir ce permis.

4. Der Niedergelassene genießt alle Rechte der Bürger des Kantons, in welchem er sich niedergelassen hat, mit Ausnahme des Stimmrechts in Gemeindeangelegenheiten und des Mitantheiles an Gemeinde- und Korporationsgütern. Insbesondere wird ihm freie Gewerbsausübung und das Recht der Erwerbung und Veräußerung von Liegenschaften zugesichert, nach Maßgabe der Gesetze und Verordnungen des Kantons, die in allen diesen Beziehungen den Niedergelassenen dem eigenen Bürger gleich halten sollen.

5. Den Niedergelassenen anderer Kantone können von Seite der Gemeinden keine größern Leistungen an Gemeindelasten auferlegt werden, als den Niedergelassenen des eigenen Kantons.

6. Der Niedergelassene kann aus dem Kanton, in welchem er niedergelassen ist, weggewiesen werden:
a) durch gerichtliches Strafurtheil;
b) durch Verfügung der Polizeibehörden, wenn er die bürgerlichen Rechte und Ehren verloren hat, oder sich eines unsittlichen Lebenswandels schuldigmacht, oder durch Verarmung zur Last fällt, oder schon oft wegen Übertretung polizeilicher Vorschriften bestraft werden mußte.

Art. 42. Jeder Kantonsbürger ist Schweizerbürger. Als solcher kann er in eidgenössischen und kantonalen Angelegenheiten die politischen Rechte in jedem Kanton ausüben, in welchem er niedergelassen ist. Er kann aber diese Rechte nur unter

4. En s'établissant dans un autre canton, le Suisse entre en jouissance de tous les droits des citoyens de ce canton, à l'exception de celui de voter dans les affaires communales et de la participation aux biens des communes et des corporations. En particulier, la liberté d'industrie et le droit d'acquérir et d'aliéner des biens-fonds lui sont assurés, conformément aux lois et ordonnances du canton, lesquelles doivent, à tous ces égards, traiter le Suisse domicilié à l'égal du citoyen du canton.

5. Les communes ne peuvent imposer à leurs habitants appartenant à d'autres cantons, des contributions aux charges communales plus fortes qu'à leurs habitants appartenant à d'autres communes de leur propre canton.

6. Le Suisse établi dans un autre canton peut en être renvoyé:

a) Par sentence du juge en matière pénale;
b) Par ordre des autorités de police, s'il a perdu ses droits civiques et a été légalement flétri, si sa conduite est contraire aux moeurs, s'il tombe à la charge du public, ou s'il a été souvent puni pour contravention aux lois ou règlements de police.

Art. 42. Tout citoyen d'un canton est citoyen suisse. Il peut, à ce titre, exercer les droits politiques pour les affaires fédérales et cantonales dans chaque canton où il est établi. Il ne peut exercer ces droits qu'aux mêmes conditions que les citoyens

den nämlichen Bedingungen ausüben, wie die Bürger des Kantons, und die Beziehung auf die kantonalen Angelegenheiten erst nach einem längern Aufenthalte, dessen Dauer durch die Kantonalgesetzgebung bestimmt wird, jedoch nicht über zwei Jahre ausgedehnt werden darf.

Niemand darf in mehr als einem Kantone politische Rechte ausüben.

Art. 43. Kein Kanton darf einen Bürger des Bürgerrechtes verlustig erklären.

Ausländern darf kein Kanton das Bürgerrecht ertheilen, wenn sie nicht aus dem frühern Staatsverband entlassen werden.

Art. 44. Die freie Ausübung des Gottesdienstes ist den anerkannten christlichen Konfessionen im ganzen Umfange der Eidgenossenschaft gewährleistet.

Den Kantonen, sowie dem Bunde bleibt vorbehalten, für Handhabung der öffentlichen Ordnung und des Friedens unter den Konfessionen die geeigneten Maßnahmen zu treffen.

Art. 45. Die Preßfreiheit ist gewährleistet.

Über den Mißbrauch derselben trifft die Kantonalgesetzgebung die erforderlichen Bestimmungen, welche jedoch der Genehmigung des Bundesrathes bedürfen.

Dem Bunde steht das Recht zu, Strafbestimmungen gegen den Mißbrauch der Presse zu erlassen, der gegen die Eidgenossenschaft und ihre Behörden gerichtet ist.

Art. 46. Die Bürger haben das Recht, Vereine zu bilden, sofern solche weder in ihrem Zweck noch in den dafür bestimmten Mitteln rechtswidrig oder staatsgefährlich sind. Über den Mißbrauch dieses

du canton, et en tant qu'il s'agit des affaires cantonales, qu'après un séjour dont la durée est déterminée par la législation cantonale; cette durée ne peut excéder deux ans.

Nul ne peut exercer des droits politiques dans plus d'un canton.

Art. 43. Aucun canton ne peut priver un de ses ressortissants du droit d'origine ou de cité.

Les étrangers ne peuvent être naturalisés dans un canton qu'autant qu'ils seront affranchis de tout lien envers l'Etat auquel ils appartenaient.

Art. 44. Le libre exercice du culte des confessions chrétiennes reconnues est garanti dans toute la Confédération.

Toutefois les cantons et la Confédération pourront toujours prendre les mesures propres au maintien de l'ordre public et de la paix entre les confessions.

Art. 45. La liberté de la presse est garantie.

Toutefois les lois cantonales statuent les mesures nécessaires à la répression des abus; ces lois sont soumises à l'approbation du Conseil fédéral.

La Confédération peut aussi statuer des peines pour réprimer les abus dirigés contre elle ou ses autorités.

Art. 46. Les citoyens ont le droit de former des associations pourvu qu'il n'y ait dans le but de ces associations ou dans les moyens qu'elles emploient rien d'illicite ou de dangereux pour l'Etat. Les lois cantonales

Rechtes trifft die Kantonalgesetzgebung die erforderlichen Bestimmungen.

Art. 47. Das Petitionsrecht ist gewährleistet.

Art. 48. Sämmtliche Kantone sind verpflichtet, alle Schweizerbürger christlicher Konfession in der Gesetzgebung sowohl als im gerichtlichen Verfahren den Bürgern des eigenen Kantons gleich zu halten.

Art. 49. Die rechtskräftigen Civilurtheile, die in einem Kanton gefällt sind, sollen in der ganzen Schweiz vollzogen werden können.

Art. 50. Der aufrechtstehende schweizerische Schuldner, welcher einen festen Wohnsitz hat, muß für persönliche Ansprachen vor dem Richter seines Wohnortes gesucht, und es darf daher für Forderungen auf das Vermögen eines solchen außer dem Kanton, in welchem er wohnt, kein Arrest gelegt werden.

Art. 51. Alle Abzugsrechte im Innern der Schweiz, sowie die Zugrechte von Bürgern des einen Kantons gegen Bürger anderer Kantone sind abgeschafft.

Art. 52. Gegen die auswärtigen Staaten besteht Freizügigkeit, unter Vorbehalt des Gegenrechtes.

Art. 53. Niemand darf seinem verfassungsmäßigen Gerichtsstand entzogen, und es dürfen daher keine Ausnahmsgerichte eingeführt werden.

Art. 54. Wegen politischer Vergehen darf kein Todesurtheil gefällt werden.

Art. 55. Ein Bundesgesetz wird über die Auslieferung der Angeklagten von einem Kanton an den andern Bestimmungen treffen; die Ausliefe-

statuent les mesures nécessaires à la répression des abus.

Art. 47. Le droit de pétition est garanti.

Art. 48. Tous les cantons sont obligés de traiter les citoyens de l'une des confessions chrétiennes ressortissant des autres Etats confédérés comme ceux de leur Etat, en matière de législation et pour tout ce qui concerne les voies juridiques.

Art. 49. Les jugements civils définitifs rendus dans un canton sont exécutoires dans toute la Suisse.

Art. 50. Pour réclamations personnelles, le débiteur suisse ayant domicile et solvable, doit être recherché devant son juge naturel; ses biens ne peuvent en conséquence être saisis ou séquestrés hors du canton où il est domicilié, en vertu de réclamations personnelles.

Art. 51. La traite foraine est abolie dans l'intérieur de la Suisse, ainsi que le droit de retrait des citoyens d'un canton contre ceux d'autres Etats confédérés.

Art. 52. La traite foraine à l'égard des pays étrangers est abolie sous réserve de réciprocité.

Art. 53. Nul ne peut être distrait de son juge naturel. En conséquence, il ne pourra être établi de tribunaux extraordinaires.

Art. 54. Il ne pourra être prononcé de peine de mort pour cause de délit politique.

Art. 55. Une loi fédérale statuera sur l'extradition des accusés d'un canton à l'autre; toutefois l'extradition ne peut être rendue obligatoire

rung kann jedoch für politische Vergehen und für Preßvergehen nicht verbindlich gemacht werden.

Art. 56. Die Ausmittlung von Bürgerrechten für Heimathlose und die Maßregeln zur Verhinderung der Entstehung neuer Heimathlosen sind Gegenstand der Bundesgesetzgebung.

Art. 57. Dem Bunde steht das Recht zu, Fremde, welche die innere oder äußere Sicherheit der Eidgenossenschaft gefährden, aus dem schweizerischen Gebiete wegzuweisen.

Art. 58. Der Orden der Jesuiten und die ihm affiliirten Gesellschaften dürfen in keinem Theile der Schweiz Aufnahme finden.

Art. 59. Die Bundesbehörden sind befugt, bei gemeingefährlichen Seuchen gesundheitspolizeiliche Verfügungen zu erlassen.

pour les délits politiques et ceux de la presse.

Art. 56. Il sera rendu une loi fédérale pour déterminer de quels cantons ressortissent les gens sans patrie (Heimathlosen) et pour empêcher qu'il ne s'en forme de nouveaux.

Art. 57. La Confédération a le droit de renvoyer de son territoire les étrangers qui compromettent la sûreté intérieure ou extérieure de la Suisse.

Art. 58. L'ordre des Jésuites et les sociétés qui lui sont affiliées ne peuvent être reçus dans aucune partie de la Suisse.

Art. 59. Les autorités fédérales peuvent prendre des mesures de police sanitaire lors d'épidémies et d'épizooties qui offrent un danger général.

Zweiter Abschnitt: Bundesbehörden

Chapitre II: Autorités fédérales

I. Bundesversammlung

Art. 60. Die oberste Gewalt des Bundes wird durch die Bundesversammlung ausgeübt, welche aus zwei Abtheilungen besteht:

A. aus dem Nationalrath;

B. aus dem Ständerath.

I. Assemblée fédérale

Art. 60. L'autorité suprême de la Confédération est exercée par l'Assemblée fédérale, qui se compose de deux Sections ou Conseils, savoir:

A. du Conseil national;

B. du Conseil des Etats.

A. Nationalrath

Art. 61. Der Nationalrath wird aus Abgeordneten des schweizerischen Volkes gebildet. Auf je 20 000 Seelen der Gesammtbevölkerung wird ein Mitglied gewählt.

Eine Bruchzahl über 10 000 Seelen wird für 20 000 Seelen berechnet.

A. Conseil national

Art. 61. Le Conseil national se compose des députés du peuple suisse, élus à raison d'un membre par chaque 20 000 âmes de la population totale.

Les fractions en sus de 10 000 âmes sont comptées pour 20 000.

Jeder Kanton und bei getheilten Kantonen jeder der beiden Landestheile hat wenigstens ein Mitglied zu wählen.

Art. 62. Die Wahlen für den Nationalrath sind direkte. Sie finden in eidgenössischen Wahlkreisen statt, welche jedoch nicht aus Theilen verschiedener Kantone gebildet werden können.

Art. 63. Stimmberechtigt ist jeder Schweizer, der das zwanzigste Altersjahr zurückgelegt hat und im Übrigen nach der Gesetzgebung des Kantons, in welchem er seinen Wohnsitz hat, nicht vom Aktivbürgerrecht ausgeschlossen ist.

Art. 64. Wahlfähig als Mitglied des Nationalrathes ist jeder stimmberechtigte Schweizerbürger weltlichen Standes.

Naturalisirte Schweizerbürger müssen seit wenigstens fünf Jahren das erworbene Bürgerrecht besitzen, um wahlfähig zu sein.

Art. 65. Der Nationalrath wird auf die Dauer von drei Jahren gewählt, und es findet jeweilen Gesammterneuerung statt.

Art. 66. Die Mitglieder des Ständerathes, des Bundesrathes und von letzterem gewählte Beamte können nicht zugleich Mitglieder des Nationalrathes sein.

Art. 67. Der Nationalrath wählt aus seiner Mitte für jede ordentliche oder außerordentliche Sitzung einen Präsidenten und einen Vicepräsidenten.

Dasjenige Mitglied, welches während einer ordentlichen Sitzung die Stelle eines Präsidenten bekleidete, ist für die nächstfolgende ordentliche Sitzung weder als Präsident, noch als Vicepräsident wählbar. Das gleiche Mitglied kann nicht während

Chaque canton et, dans les cantons partagés, chaque demi-canton élit un député au moins.

Art. 62. Les élections pour le Conseil national sont directes. Elles ont lieu dans des collèges électoraux fédéraux, qui ne peuvent toutefois être formés de parties de différents cantons.

Art. 63. A droit de voter tout Suisse âgé de vingt ans révolus et qui n'est du reste point exclu du droit de citoyen actif par la législation du canton dans lequel il a son domicile.

Art. 64. Est éligible comme membre du Conseil national tout citoyen suisse laïque et ayant le droit de voter.

Les Suisses devenus citoyens par la naturalisation ne sont éligibles qu'après cinq ans de possession du droit de cité.

Art. 65. Le Conseil national est élu pour trois ans et renouvelé intégralement chaque fois.

Art. 66. Les députés au Conseil des Etats, les membres du Conseil fédéral et les fonctionnaires nommés par ce Conseil ne peuvent être simultanément membres du Conseil national.

Art. 67. Le Conseil national choisit dans son sein, pour chaque session ordinaire ou extraordinaire, un président et un vice-président.

Le membre qui a été président pendant une session ordinaire ne peut, à la session ordinaire suivante, revêtir cette charge ni celle de vice-président. Le même membre ne peut être vice-président pendant deux sessions ordinaires consécutives.

zwei unmittelbar auf einander folgenden ordentlichen Sitzungen Vicepräsident sein.

Der Präsident hat bei gleich getheilten Stimmen zu entscheiden; bei Wahlen übt er das Stimmrecht aus, wie jedes Mitglied.

Art. 68. Die Mitglieder des Nationalrathes werden aus der Bundeskasse entschädigt.

B. Ständerath

Art. 69. Der Ständerath besteht aus 44 Abgeordneten der Kantone. Jeder Kanton wählt zwei Abgeordnete; in den getheilten Kantonen jeder Landestheil einen Abgeordneten.

Art. 70. Die Mitglieder des Nationalrathes und des Bundesrathes können nicht zugleich Mitglieder des Ständerathes sein.

Art. 71. Der Ständerath wählt für jede ordentliche oder außerordentliche Sitzung aus seiner Mitte einen Präsidenten und Vicepräsidenten.

Aus den Gesandten desjenigen Kantons, aus welchem für eine ordentliche Sitzung der Präsident gewählt worden ist, kann für die nächstfolgende ordentliche Sitzung weder der Präsident, noch der Vicepräsident gewählt werden.

Gesandte des gleichen Kantons können nicht während zwei unmittelbar auf einander folgenden ordentlichen Sitzungen die Stelle eines Vicepräsidenten bekleiden.

Der Präsident hat bei gleich getheilten Stimmen zu entscheiden; bei Wahlen übt er das Stimmrecht aus wie jedes Mitglied.

Art. 72. Die Mitglieder des Ständerathes werden von den Kantonen entschädigt.

Lorsque les avis sont également partagés, le président a la voix prépondérante; dans les élections, il vote comme les autres membres.

Art. 68. Les membres du Conseil national sont indemnisés de la caisse fédérale.

B. Conseil des Etats

Art. 69. Le Conseil des Etats se compose de quarante-quatre députés des cantons. Chaque canton nomme deux députés; dans les cantons partagés, chaque demi-Etat en élit un.

Art. 70. Les membres du Conseil national et ceux du Conseil fédéral ne peuvent être simultanément députés au Conseil des Etats.

Art. 71. Le Conseil des Etats choisit dans son sein, pour chaque session ordinaire ou extraordinaire, un président et un vice-président.

Le président ni le vice-président ne peuvent être élus parmi les députés du canton dans lequel a été choisi le président pour la session ordinaire qui a immédiatement précédé.

Les députés du même canton ne peuvent revêtir la charge de vice-président pendant deux sessions ordinaires consécutives.

Lorsque les avis sont également partagés, le président a la voix prépondérante; dans les élections, il vote comme les autres membres.

Art. 72. Les députés au Conseil des Etats sont indemnisés par les cantons.

C. Befugnisse der Bundesversammlung

Art. 73. Der Nationalrath und der Ständerath haben alle Gegenstände zu behandeln, welche nach Inhalt der gegenwärtigen Verfassung in die Kompetenz des Bundes gehören, und nicht einer andern Bundesbehörde zugeschieden sind.

Art. 74. Die Gegenstände, welche in den Geschäftskreis beider Räthe fallen, sind insbesondere folgende:

1. Gesetze und Beschlüsse zur Ausführung der Bundesverfassung, wie namentlich Gesetze über Bildung der Wahlkreise, über Wahlart, über Organisation und Geschäftsgang der Bundesbehörden und Bildung der Schwurgerichte.
2. Besoldung und Entschädigung der Mitglieder der Bundesbehörden und der Bundeskanzlei; Errichtung bleibender Beamtungen und Bestimmung ihrer Gehalte.
3. Wahl des Bundesrathes, des Bundesgerichtes, des Kanzlers, des Generals, des Chefs des Stabes und eidgenössischer Repräsentanten.
4. Anerkennung auswärtiger Staaten und Regierungen.
5. Bündnisse und Verträge mit dem Auslande, sowie die Gutheißung von Verträgen der Kantone unter sich oder mit dem Auslande. Solche Verträge der Kantone gelangen jedoch nur dann an die Bundesversammlung, wenn vom Bundesrath oder einem andern Kanton Einsprache erhoben wird.
6. Maßregeln für die äußere Sicherheit, für Behauptung der Unabhängigkeit und Neutrali-

C. Attributions de l'Assemblée fédérale

Art. 73. Le Conseil national et le Conseil des Etats délibèrent sur tous les objets que la présente constitution place dans le ressort de la Confédération et qui ne sont pas attribués à une autre autorité fédérale.

Art. 74. Les affaires de la compétence des deux Conseils sont, entr'autres, les suivantes:

1. Les lois, les décrets ou les arrêtés pour la mise en vigueur de la constitution fédérale, notamment sur la formation des cercles électoraux et le mode d'élection, sur l'organisation et le mode de procéder des autorités fédérales ainsi que sur la formation du jury.
2. Le traitement et les indemnités des membres des autorités de la Confédération et de la chancellerie fédérale; la création de fonctions fédérales permanentes et la fixation des traitements.
3. L'élection du Conseil fédéral, du Tribunal fédéral, du chancelier, du général en chef, du chef de l'Etat-major-général et des représentants fédéraux.
4. La reconnaissance d'Etats et de gouvernements étrangers.
5. Les alliances et les traités avec les Etats étrangers, ainsi que l'approbation des traités des cantons entr'eux ou avec les Etats étrangers; toutefois les traités des cantons ne sont portés à l'Assemblée fédérale que lorsque le Conseil fédéral ou un autre canton élève des réclamations.
6. Les mesures pour la sûreté extérieure ainsi que pour le maintien de l'indépendance et de la

tät der Schweiz, Kriegserklärungen und Friedensschlüsse.

7. Garantie der Verfassungen und des Gebietes der Kantone; Intervention in Folge der Garantie; Maßregeln für die innere Sicherheit, für Handhabung von Ruhe und Ordnung; Amnestie und Begnadigung.

8. Maßregeln, welche die Handhabung der Bundesverfassung, die Garantie der Kantonalverfassungen, die Erfüllung der bundesmäßigen Verpflichtungen und den Schutz der durch den Bund gewährleisteten Rechte zum Zwecke haben.

9. Gesetzliche Bestimmungen über Organisation des eidgenössischen Militärwesens, über Unterricht der Truppen und über Leistungen der Kantone; Verfügungen über das Bundesheer.

10. Festsetzung der eidgenössischen Mannschafts- und Geldskala; gesetzliche Bestimmungen über Verwaltung und Verwendung der eidgenössischen Kriegsfonds; Erhebung direkter Beiträge der Kantone; Anleihen; Voranschlag und Rechnungen.

11. Gesetze und Beschlüsse über Zölle, Postwesen, Münzen, Maß und Gewicht, Fabrikation und Verkauf von Schießpulver, Waffen und Munition.

12. Errichtung öffentlicher Anstalten und Werke und hierauf bezügliche Expropriationen.

13. Gesetzliche Verfügungen über Niederlassungsverhält-

neutralité de la Suisse; les déclarations de guerre et la conclusion de la paix.

7. La garantie des constitutions et du territoire des cantons; l'intervention par suite de cette garantie; les mesures pour la sûreté intérieure de la Suisse, pour le maintien de la tranquillité et de l'ordre; l'amnistie et l'exercice du droit de grâce.

8. Les mesures pour faire respecter la constitution fédérale et assurer la garantie des constitutions cantonales, ainsi que celles qui ont pour but d'obtenir l'accomplissement des devoirs fédéraux ou de maintenir les droits garantis par la Confédération.

9. Les dispositions législatives touchant l'organisation militaire de la Confédération, l'instruction des troupes et les prestations des cantons; la disposition de l'armée.

10. L'établissement de l'échelle fédérale des contingents d'hommes et d'argent; les dispositions législatives sur l'administration et l'emploi des fonds de guerre fédéraux; la levée des contingents d'argent des cantons, les emprunts, le budget et les comptes.

11. Les lois, les décrets ou les arrêtés touchant les péages, les postes, les monnaies, les poids et mesures, la fabrication et la vente de la poudre à canon, des armes et des munitions.

12. La création d'établissements publics et les constructions de la Confédération, ainsi que les mesures d'expropriation qui s'y rapportent.

13. Les dispositions législatives touchant le libre établisse-

nisse; über Heimathlose, Fremdenpolizei und Sanitätswesen.

14. Die Oberaufsicht über die eidgenössische Verwaltung und Rechtspflege.
15. Beschwerden von Kantonen oder Bürgern über Verfügungen des Bundesrathes.
16. Streitigkeiten unter den Kantonen, welche staatsrechtlicher Natur sind.
17. Kompetenzstreitigkeiten, insbesondere darüber:

a) ob ein Gegenstand in den Bereich des Bundes oder der Kantonalsouveränetät gehöre;
b) ob eine Frage in die Kompetenz des Bundesrathes oder des Bundesgerichtes falle.

18. Revision der Bundesverfassung.

Art. 75. Die beiden Räthe versammeln sich jährlich ein Mal zur ordentlichen Sitzung an einem durch das Reglement festzusetzenden Tage.

Sie werden außerordentlich einberufen durch Beschluß des Bundesrathes, oder wenn ein Viertheil der Mitglieder des Nationalrathes oder fünf Kantone es verlangen.

Art. 76. Um gültig verhandeln zu können, ist die Anwesenheit der absoluten Mehrheit der Mitglieder des betreffenden Rathes erforderlich.

Art. 77. Im Nationalrath und im Ständerath entscheidet die Mehrheit der Stimmenden.

Art. 78. Für Bundesgesetze und Bundesbeschlüsse ist die Zustimmung beider Räthe erforderlich.

ment, les gens sans patrie (Heimathlose), la police des étrangers et les mesures sanitaires.

14. La haute surveillance de l'administration et de la justice fédérales.
15. Les réclamations des cantons et des citoyens contre les décisions ou les mesures prises par le Conseil fédéral.
16. Les différends entre cantons qui touchent au droit public.
17. Les conflits de compétence, entr'autres sur la question de savoir:

a) si une affaire est du ressort de la Confédération ou si elle appartient à la souveraineté cantonale;
b) si une affaire est de la compétence du Conseil fédéral ou de celle du Tribunal fédéral.

18. La revision de la constitution fédérale.

Art. 75. Les deux Conseils s'assemblent, chaque année une fois, en session ordinaire, le jour fixé par le règlement.

Ils sont extraordinairement convoqués par le Conseil fédéral, ou sur la demande du quart des membres du Conseil national ou sur celle de cinq cantons.

Art. 76. Un Conseil ne peut délibérer qu'autant que les députés présents forment la majorité absolue du nombre total de ses membres.

Art. 77. Dans le Conseil national et dans le Conseil des Etats les délibérations sont prises à la majorité absolue des votants.

Art. 78. Les lois fédérales, les décrets ou les arrêtés fédéraux ne peuvent être rendus qu'avec le consentement des deux Conseils.

Art. 79. Die Mitglieder beider Räthe stimmen ohne Instruktionen.

Art. 80. Jeder Rath verhandelt abgesondert. Bei Wahlen (Art. 74, Nr. 3), bei Ausübung des Begnadigungsrechtes und für Entscheidung von Kompetenzstreitigkeiten vereinigen sich jedoch beide Räthe unter der Leitung des Präsidenten des Nationalrathes zu einer gemeinschaftlichen Verhandlung, so daß die absolute Mehrheit der stimmenden Mitglieder beider Räthe entscheidet.

Art. 81. Jedem der beiden Räthe und jedem Mitglied derselben steht das Vorschlagsrecht (die Initiative) zu.

Das gleiche Recht können die Kantone durch Korrespondenz ausüben.

Art. 82. Die Sitzungen der beiden Räthe sind in der Regel öffentlich.

II. Bundesrath

Art. 83. Die oberste vollziehende und leitende Behörde der Eidgenossenschaft ist ein Bundesrath, welcher aus sieben Mitgliedern besteht.

Art. 84. Die Mitglieder des Bundesrathes werden von der Bundesversammlung aus allen Schweizerbürgern, welche als Mitglieder des Nationalrathes wählbar sind, auf die Dauer von drei Jahren ernannt. Es darf jedoch nicht mehr als ein Mitglied aus dem nämlichen Kanton gewählt werden.

Nach jeder Gesammterneuerung des Nationalrathes findet auch eine Gesammterneuerung des Bundesrathes statt.

Die in der Zwischenzeit ledig gewordenen Stellen werden bei der nächstfolgenden Sitzung der Bundesversammlung für den Rest der Amtsdauer wieder besetzt.

Art. 79. Les membres des deux Conseils votent sans instructions.

Art. 80. Chaque Conseil délibère séparément. Toutefois lorsqu'il s'agit des élections mentionnées à l'art. 74, n° 3, d'exercer le droit de grâce ou de prononcer sur un conflit de compétence, les deux Conseils se réunissent pour délibérer en commun sous la direction du président du Conseil national, et c'est la majorité des membres votants des deux Conseils qui décide.

Art. 81. L'initiative appartient à chaque Conseil et à chacun de leurs membres.

Les cantons peuvent exercer le même droit par correspondance.

Art. 82. Les séances de chacun des Conseils sont ordinairement publiques.

II. Conseil fédéral

Art. 83. L'autorité directoriale et exécutive supérieure de la Confédération est exercée par un Conseil fédéral composé de sept membres.

Art. 84. Les membres du Conseil fédéral sont nommés pour trois ans, par les Conseils réunis, et choisis parmi tous les citoyens suisses éligibles au Conseil national. – On ne pourra toutefois choisir plus d'un membre du Conseil fédéral dans le même canton.

Le Conseil fédéral est renouvelé intégralement après chaque renouvellement du Conseil national.

Les membres qui font vacance dans l'intervalle des trois ans sont remplacés, à la première session de l'Assemblée fédérale, pour le reste de la durée de leurs fonctions.

Art. 85. Die Mitglieder des Bundesrathes dürfen keine andere Beamtung, sei es im Dienste der Eidgenossenschaft, sei es in einem Kantone, bekleiden, noch irgend einen andern Beruf oder Gewerbe treiben.

Art. 86. Den Vorsitz im Bundesrath führt der Bundespräsident, welcher, sowie auch der Vicepräsident, von den vereinigten Räthen aus den Mitgliedern desselben für die Dauer eines Jahres gewählt wird.

Der abtretende Präsident ist für das nächstfolgende Jahr weder als Präsident, noch als Vicepräsident wählbar. Das gleiche Mitglied kann nicht während zwei unmittelbar auf einander folgenden Jahren die Stelle eines Vicepräsidenten bekleiden.

Art. 87. Der Bundespräsident und die übrigen Mitglieder des Bundesrathes beziehen einen jährlichen Gehalt aus der Bundeskasse.

Art. 88. Um gültig verhandeln zu können, müssen wenigstens vier Mitglieder des Bundesrathes anwesend sein.

Art. 89. Die Mitglieder des Bundesrathes haben bei den Verhandlungen der beiden Abtheilungen der Bundesversammlung berathende Stimme und auch das Recht, über einen in Berathung liegenden Gegenstand Anträge zu stellen.

Art. 90. Der Bundesrath hat inner den Schranken der gegenwärtigen Verfassung vorzüglich folgende Befugnisse und Obliegenheiten:

1. Er leitet die eidgenössischen Angelegenheiten, gemäß der Bundesgesetze und Bundesbeschlüsse.
2. Er hat für Beobachtung der Verfassung, der Gesetze und Beschlüsse des Bundes, sowie der Vorschriften eidgenössi-

Art. 85. Les membres du Conseil fédéral ne peuvent, pendant la durée de leurs fonctions, revêtir aucun autre emploi, soit au service de la Confédération, soit dans un canton, ni suivre d'autre carrière ou exercer de profession.

Art. 86. Le Conseil fédéral est présidé par le président de la Confédération. Il a un vice-président.

Le président de la Confédération et le vice-président du Conseil fédéral sont nommés pour une année, par l'Assemblée fédérale, entre les membres du Conseil.

Art. 87. Le président de la Confédération et les autres membres du Conseil fédéral reçoivent un traitement annuel de la caisse fédérale.

Art. 88. Le Conseil fédéral ne peut délibérer que lorsqu'il y a au moins quatre membres présents.

Art. 89. Les membres du Conseil fédéral ont voix consultative dans les deux sections de l'Assemblée fédérale, ainsi que le droit d'y faire des propositions sur les objets en délibération.

Art. 90. Les attributions et les obligations du Conseil fédéral, dans les limites de la présente constitution, sont entr'autres les suivantes:

1. Il dirige les affaires fédérales, conformément aux lois, aux décrets et aux arrêtés de la Confédération.
2. Il veille à l'observation de la constitution, des lois, des décrets et des arrêtés de la Confédération, ainsi que des pre-

scher Konkordate zu wachen; er trifft zur Handhabung derselben von sich aus oder auf eingegangene Beschwerde die erforderlichen Verfügungen.
3. Er wacht für die Garantie der Kantonalverfassungen.
4. Er schlägt der Bundesversammlung Gesetze und Beschlüsse vor und begutachtet die Anträge, welche von den Räthen des Bundes oder von den Kantonen an ihn gelangen.
5. Er vollzieht die Bundesgesetze und Bundesbeschlüsse, die Urtheile des Bundesgerichtes, sowie die Vergleiche oder schiedsrichterlichen Sprüche über Streitigkeiten zwischen Kantonen.
6. Er hat diejenigen Wahlen zu treffen, welche nicht durch die Verfassung der Bundesversammlung und dem Bundesgericht oder durch die Gesetzgebung einer andern untergeordneten Behörde übertragen werden.
Er ernennt Kommissarien für Sendungen im Innern und nach Außen.
7. Er prüft die Verträge der Kantone unter sich oder mit dem Auslande und genehmigt dieselben, sofern sie zuläßig sind (Art. 74, Nr. 5).
8. Er wahrt die Interessen der Eidgenossenschaft nach Außen, wie namentlich ihre völkerrechtlichen Beziehungen, und besorgt die auswärtigen Angelegenheiten überhaupt.
9. Er wacht für die äußere Sicherheit, für die Behauptung der Unabhängigkeit und Neutralität der Schweiz.
10. Er sorgt für die innere Sicherheit der Eidgenossenschaft,

scriptions des concordats fédéraux; il prend de son chef ou sur plainte, les mesures nécessaires pour les faire observer.
3. Il veille à la garantie des constitutions cantonales.
4. Il présente des projets de lois, de décrets ou d'arrêtés à l'Assemblée fédérale et donne son préavis sur les propositions qui lui sont adressées par les Conseils ou par les cantons.
5. Il pourvoit à l'exécution des lois, des décrets et des arrêtés de la Confédération et à celle des jugements du Tribunal fédéral, ainsi que des transactions ou des sentences arbitrales sur des différends entre cantons.
6. Il fait les nominations que la constitution n'attribue pas à l'Assemblée fédérale ou au Tribunal fédéral, ou que les lois ne délèguent pas à une autre autorité inférieure.

Il nomme des commissaires pour des missions à l'intérieur ou au dehors.
7. Il examine les traités des cantons entre eux ou avec l'étranger, et il les approuve, s'il y a lieu (art. 74, n° 5).
8. Il veille aux intérêts de la Confédération au dehors, notamment à l'observation de ses rapports internationaux et il est, en général, chargé des relations extérieures.
9. Il veille à la sûreté extérieure de la Suisse, au maintien de son indépendance et de sa neutralité.
10. Il veille à la sûreté intérieure de la Confédération, au main-

für Handhabung von Ruhe und Ordnung.

11. In Fällen von Dringlichkeit ist der Bundesrath befugt, sofern die Räthe nicht versammelt sind, die erforderliche Truppenzahl aufzubieten und über solche zu verfügen, unter Vorbehalt unverzüglicher Einberufung der Bundesversammlung, sofern die aufgebotenen Truppen zweitausend Mann übersteigen oder das Aufgebot länger als drei Wochen dauert.

12. Er besorgt das eidgenössische Militärwesen und alle Zweige der Verwaltung, welche dem Bunde angehören.

13. Er prüft die Gesetze und Verordnungen der Kantone, welche seiner Genehmigung bedürfen; er überwacht diejenigen Zweige der Kantonalverwaltung, welche durch den Bund seiner Aufsicht unterstellt sind, wie das Militärwesen, Zölle, Straßen und Brükken.

14. Er sorgt für die Verwaltung der Finanzen des Bundes, für die Entwerfung des Voranschlages und die Stellung der Rechnungen über die Einnahmen und Ausgaben des Bundes.

15. Er hat die Aufsicht über die Geschäftsführung aller Beamten und Angestellten der eidgenössischen Verwaltung.

16. Er erstattet der Bundesversammlung jeweilen bei ihrer ordentlichen Sitzung Rechenschaft über seine Verrichtungen, sowie Bericht über den Zustand der Eidgenossenschaft im Innern sowohl als nach Außen, und wird ihrer Aufmerksamkeit diejenigen Maßregeln empfehlen, wel-

tien de la tranquillité et de l'ordre.

11. En cas d'urgence et lorsque l'Assemblée fédérale n'est pas réunie, le Conseil fédéral est autorisé à lever les troupes nécessaires et à en disposer, sous réserve de convoquer immédiatement les Conseils, si le nombre des troupes levées dépasse 2000 hommes ou si elles restent sur pied au delà de trois semaines.

12. Il est chargé de ce qui a rapport au militaire fédéral ainsi que de toutes les autres branches de l'administration qui appartiennent à la Confédération.

13. Il examine les lois et les ordonnances des cantons qui doivent être soumises à son approbation; il exerce la surveillance sur les branches de l'administration cantonale que la Confédération a placées sous son contrôle, telles que le militaire, les péages, les routes et les ponts.

14. Il administre les finances de la Confédération, propose le budget et rend les comptes des recettes et des dépenses.

15. Il surveille la gestion de tous les fonctionnaires et employés de l'adminis-tration fédérale.

16. Il rend compte de sa gestion à l'Assemblée fédérale, à chaque session ordinaire, lui présente un rapport sur la situation de la Confédération tant à l'intérieur qu'au dehors, et recommande à son attention les mesures qu'il croit utiles à l'accroissement de la prospérité commune.

che er zur Beförderung gemeinsamer Wohlfahrt für dienlich erachtet.

Er hat auch besondere Berichte zu erstatten, wenn die Bundesversammlung oder eine Abtheilung derselben es verlangt.

Art. 91. Die Geschäfte des Bundesrathes werden nach Departementen unter die einzelnen Mitglieder vertheilt. Diese Eintheilung hat aber einzig zum Zweck, die Prüfung und Besorgung der Geschäfte zu fördern; der jeweilige Entscheid geht von dem Bundesrathe als Behörde aus.

Art. 92. Der Bundesrath und seine Departemente sind befugt, für besondere Geschäfte Sachkundige beizuziehen.

III. Bundeskanzlei

Art. 93. Eine Bundeskanzlei, welcher ein Kanzler vorsteht, besorgt die Kanzleigeschäfte bei der Bundesversammlung und beim Bundesrath.

Der Kanzler wird von der Bundesversammlung auf die Dauer von drei Jahren jeweilen gleichzeitig mit dem Bundesrath gewählt.

Die Bundeskanzlei steht unter der besondern Aufsicht des Bundesrathes.

Die nähere Organisation der Bundeskanzlei bleibt der Bundesgesetzgebung vorbehalten.

IV. Bundesgericht

Art. 94. Zur Ausübung der Rechtspflege, so weit dieselbe in den Bereich des Bundes fällt, wird ein Bundesgericht aufgestellt.

Für Beurtheilung von Straffällen werden Schwurgerichte (Jury) gebildet.

Il fait aussi des rapports spéciaux lorsque l'Assemblée fédérale ou une de ses sections le demande.

Art. 91. Les affaires du Conseil fédéral sont réparties par départements entre ses membres. Cette répartition a uniquement pour but de faciliter l'examen et l'expédition des affaires; les décisions émanent du Conseil fédéral comme autorité.

Art. 92. Le Conseil fédéral et ses départements sont autorisés à appeler des experts pour des objets spéciaux.

III. Chancellerie fédérale

Art. 93. Une chancellerie fédérale, à la tête de laquelle se trouve le chancelier de la Confédération, est chargée du secrétariat de l'Assemblée fédérale et de celui du Conseil fédéral.

Le chancelier est élu par l'Assemblée fédérale pour le terme de trois ans, en même temps que le Conseil fédéral.

La chancellerie est sous la surveillance plus spéciale du Conseil fédéral.

Une loi fédérale déterminera ultérieurement ce qui a rapport à l'organisation de la chancellerie.

IV. Tribunal fédéral

Art. 94. Il y a un Tribunal fédéral pour l'administration de la justice en matière fédérale.

Il y a, de plus, un jury pour les affaires pénales.

Art. 95. Das Bundesgericht besteht aus eilf Mitgliedern nebst Ersatzmännern, deren Anzahl durch die Bundesgesetzgebung bestimmt wird.

Art. 96. Die Mitglieder des Bundesgerichtes und die Ersatzmänner werden von der Bundesversammlung gewählt. Ihre Amtsdauer ist drei Jahre. Nach der Gesammterneuerung des Nationalrathes findet auch eine Gesammterneuerung des Bundesgerichtes statt.

Die in der Zwischenzeit ledig gewordenen Stellen werden bei der nächstfolgenden Sitzung der Bundesversammlung für den Rest der Amtsdauer wieder besetzt.

Art. 97. In das Bundesgericht kann jeder Schweizerbürger ernannt werden, der in den Nationalrath wählbar ist.

Die Mitglieder des Bundesrathes und die von ihm gewählten Beamten können nicht zugleich Mitglieder des Bundesgerichtes sein.

Art. 98. Der Präsident und der Vicepräsident des Bundesgerichtes werden von der Bundesversammlung aus den Mitgliedern desselben jeweilen auf ein Jahr gewählt.

Art. 99. Die Mitglieder des Bundesgerichtes werden aus der Bundeskasse durch Taggelder entschädigt.

Art. 100. Das Bundesgericht bestellt seine Kanzlei.

Art. 101. Das Bundesgericht urtheilt als *Civilgericht*:

1. über Streitigkeiten, welche nicht staatsrechtlicher Natur sind:
a) zwischen Kantonen unter sich;
b) zwischen dem Bund und einem Kanton;

Art. 95. Le Tribunal fédéral se compose de onze membres avec des suppléants dont la loi déterminera le nombre.

Art. 96. Les membres du Tribunal fédéral et les suppléants sont nommés pour trois ans par l'Assemblée fédérale. Le Tribunal fédéral est renouvelé intégralement après chaque renouvellement du Conseil national.

Les membres qui font vacance dans l'intervalle des trois ans sont remplacés, à la première session de l'Assemblée fédérale, pour le reste de la durée de leurs fonctions.

Art. 97. Peut être nommé au Tribunal fédéral tout citoyen suisse éligible au Conseil national.

Les membres du Conseil fédéral et les fonctionnaires nommés par cette autorité ne peuvent en même temps faire partie du Tribunal fédéral.

Art. 98. Le président et le vice-président du Tribunal fédéral sont nommés par l'Assemblée fédérale, chacun pour un an, parmi les membres du corps.

Art. 99. Les membres du Tribunal fédéral sont indemnisés au moyen de vacations payées par la caisse fédérale.

Art. 100. Le Tribunal fédéral organise sa chancellerie et en nomme le personnel.

Art. 101. Comme Cour de *justice civile*, le Tribunal fédéral connaît:

1. Pour autant qu'ils ne touchent pas au droit public, des différends:
a) Entre cantons;
b) Entre la Confédération et un canton;

2. über Streitigkeiten zwischen dem Bund einerseits und Korporationen oder Privaten anderseits, wenn diese Korporationen oder Privaten Kläger sind und der Streitgegenstand von einem beträchtlichen durch die Bundesgesetzgebung zu bestimmenden Werthe ist;
3. über Streitigkeiten in Bezug auf Heimathlosigkeit.

In den unter Nr. 1, Litt. a und b bezeichneten Fällen geschieht die Überweisung an das Bundesgericht durch den Bundesrath. Wenn dieser die Frage, ob ein Gegenstand vor das Bundesgericht gehöre, verneinend beantwortet, so entscheidet hierüber die Bundesversammlung.

Art. 102. Das Bundesgericht ist verpflichtet, auch die Beurtheilung anderer Fälle zu übernehmen, wenn dasselbe von beiden Parteien angerufen wird und der Streitgegenstand von einem beträchtlichen, durch die Bundesgesetzgebung festzusetzenden Werthe ist. Dabei fallen jedoch die Kosten ausschließlich auf Rechnung der Parteien.

Art. 103. Die Mitwirkung des Bundesgerichtes bei *Beurtheilung von Straffällen* wird durch die Bundesgesetzgebung bestimmt, welche über Versetzung in Anklagezustand, über Bildung des Assisen- und Kassationsgerichts das Nähere festsetzen wird.

Art. 104. Das Assisengericht, mit Zuziehung von Geschwornen, welche über die Thatfrage absprechen, urtheilt:

a) in Fällen, wo von einer Bundesbehörde die von ihr ernannten Beamten zur strafrechtlichen Beurtheilung überwiesen werden;

2. Des différends entre la Confédération, d'un côté, et des corporations ou des particuliers, de l'autre, lorsque ces corporations et ces particuliers sont demandeurs et qu'il s'agit de questions importantes que déterminera la législation fédérale;
3. Des différends concernant les gens sans patrie (Heimathlose).

Dans les cas mentionnés sous n° 1, lettres a et b, ci-dessus, l'affaire est portée au Tribunal fédéral par l'intermédiaire du Conseil fédéral. Si le Conseil résout négativement la question de savoir si l'affaire est du ressort du Tribunal fédéral, le conflit est décidé par l'Assemblée fédérale.

Art. 102. Le Tribunal fédéral est tenu de juger d'autres causes, lorsque les parties s'accordent à le nantir et que l'objet en litige dépasse une valeur considérable que détermine la législation fédérale. Dans ce cas, les frais sont entièrement à la charge des parties.

Art. 103. L'action du Tribunal fédéral comme Cour de *justice pénale* sera déterminée par la loi fédérale qui statuera ultérieurement sur la mise en accusation, les cours d'assises et la cassation.

Art. 104. La Cour d'assises, avec le jury qui prononce sur les questions de fait, connaît:

a) Des cas concernant des fonctionnaires déférés à la justice pénale par l'autorité fédérale qui les a nommés;

b) über Fälle von Hochverrath gegen die Eidgenossenschaft, von Aufruhr und Gewaltthat gegen die Bundesbehörden;
c) über Verbrechen und Vergehen gegen das Völkerrecht;
d) über politische Verbrechen und Vergehen, die Ursache oder Folge derjenigen Unruhen sind, durch welche eine bewaffnete eidgenössische Intervention veranlaßt worden ist.

Der Bundesversammlung steht das Recht zu, hinsichtlich solcher Verbrechen und Vergehen Amnestie oder Begnadigung auszusprechen.

Art. 105. Das Bundesgericht urtheilt im Fernern über Verletzung der durch die Bundesverfassung garantirten Rechte, wenn hierauf bezügliche Klagen von der Bundesversammlung an dasselbe gewiesen werden.

Art. 106. Es bleibt der Bundesgesetzgebung überlassen, außer den in den Artikeln 101, 104 und 105 bezeichneten Gegenständen auch noch andere Fälle in die Kompetenz des Bundesgerichtes zu legen.

Art. 107. Die Bundesgesetzgebung wird das Nähere bestimmen:

a) über Aufstellung eines Staatsanwaltes;
b) über die Verbrechen und Vergehen, welche in die Kompetenz des Bundesgerichtes fallen und über die Strafgesetze, welche anzuwenden sind;
c) über das Verfahren, welches mündlich und öffentlich sein soll;
d) über die Gerichtskosten.

b) Des cas de haute trahison envers la Confédération, de révolte ou de violence contre les autorités fédérales;
c) Des crimes et des délits contre le droit des gens;
d) Des délits politiques qui sont la cause ou la suite des troubles par lesquels une intervention fédérale armée a été occasionnée.

L'Assemblée fédérale peut toujours accorder l'amnistie ou faire grâce au sujet de ces crimes et de ces délits.

Art. 105. Le Tribunal fédéral connaît, de plus, de la violation des droits garantis par la présente constitution, lorsque les plaintes à ce sujet sont renvoyées devant lui par l'Assemblée fédérale.

Art. 106. Outre les cas mentionnés aux articles 101, 104 et 105, la législation fédérale peut placer d'autres affaires dans la compétence du Tribunal fédéral.

Art. 107. La législation fédérale déterminera:

a) L'organisation du ministère public fédéral;
b) Quels délits seront dans la compétence du Tribunal fédéral, ainsi que les lois pénales à appliquer;
c) Les formes de la procédure fédérale, qui sera publique et orale;
d) Ce qui concerne les frais de justice.

V. Verschiedene Bestimmungen

Art. 108. Alles, was sich auf den Sitz der Bundesbehörden bezieht, ist Gegenstand der Bundesgesetzgebung.

Art. 109. Die drei Hauptsprachen der Schweiz, die deutsche, französische und italienische, sind Nationalsprachen des Bundes.

Art. 110. Die Beamten der Eidgenossenschaft sind für ihre Geschäftsführung verantwortlich. Ein Bundesgesetz wird diese Verantwortlichkeit näher bestimmen.

Dritter Abschnitt: Revision der Bundesverfassung

Art. 111. Die Bundesverfassung kann jederzeit revidirt werden.

Art. 112. Die Revision geschieht auf dem Wege der Bundesgesetzgebung.

Art. 113. Wenn eine Abtheilung der Bundesversammlung die Revision beschließt und die andere nicht zustimmt, oder wenn fünfzigtausend stimmberechtigte Schweizerbürger die Revision der Bundesverfassung verlangen, so muß im einen wie im andern Falle die Frage, ob eine Revision stattfinden solle oder nicht, dem schweizerischen Volke zur Abstimmung vorgelegt werden.

Sofern in einem dieser Fälle die Mehrheit der stimmenden Schweizerbürger über die Frage sich bejahend ausspricht, so sind beide Räthe neu zu wählen, um die Revision zur Hand zu nehmen.

Art. 114. Die revidirte Bundesverfassung tritt in Kraft, wenn sie von der Mehrheit der stimmenden Schweizerbürger und von der Mehrheit der Kantone angenommen ist.

V. Dispositions diverses

Art. 108. Tout ce qui concerne le siège des autorités de la Confédération est l'objet de la législation fédérale.

Art. 109. Les trois principales langues parlées en Suisse, l'allemand, le français et l'italien, sont langues nationales de la Confédération.

Art. 110. Les fonctionnaires de la Confédération sont responsables de leur gestion. Une loi fédérale déterminera d'une manière plus précise ce qui tient à cette responsabilité.

Chapitre III: Revision de la Constitution fédérale

Art. 111. La constitution fédérale peut être revisée en tout temps.

Art. 112. La revision a lieu dans les formes statuées par la législation fédérale.

Art. 113. Lorsqu'une section de l'As-semblée fédérale décrète la revision de la constitution fédérale et que l'autre section n'y consent pas, ou bien lorsque cinquante mille citoyens suisses ayant droit de voter demandent la revision, la question de savoir si la constitution fédérale doit être revisée, est, dans l'un comme dans l'autre cas, soumise à la votation du peuple suisse, par oui ou par non.

Si, dans l'un ou dans l'autre de ces cas, la majorité des citoyens suisses prenant part à la votation se prononce pour l'affirmative, les deux Conseils seront renouvelés pour travailler à la revision.

Art. 114 et dernier. La constitution fédérale revisée entre en vigueur lorsqu'elle a été acceptée par la majorité des citoyens suisses prenant part à la votation et par la majorité des cantons.

Übergangsbestimmungen

Art. 1. Über die Annahme gegenwärtiger Bundesverfassung haben sich die Kantone auf die durch die Kantonalverfassungen vorgeschriebene, oder – wo die Verfassung hierüber keine Bestimmung enthält – auf die durch die oberste Behörde des betreffenden Kantons festzusetzende Weise auszusprechen.

Art. 2. Die Ergebnisse der Abstimmung sind dem Vororte zu Handen der Tagsatzung mitzutheilen, welche entscheidet, ob die neue Bundesverfassung angenommen sei.

Art. 3. Wenn die Tagsatzung die Bundesverfassung als angenommen erklärt hat, so trifft sie unmittelbar zur Einführung derselben die erforderlichen Bestimmungen.

Die Verrichtungen des eidgenössischen Kriegsrathes und des Verwaltungsrathes für die eidgenössischen Kriegsfonds gehen auf den Bundesrath über.

Art. 4. Die im Eingange und in Litt. c des Artikels 6 der gegenwärtigen Bundes-verfassung enthaltenen Bestimmungen finden auf die schon in Kraft bestehenden Verfassungen der Kantone keine Anwendung.

Diejenigen Vorschriften der Kantonalverfassungen, welche mit den übrigen Bestimmungen der Bundesverfassung im Widerspruche stehen, sind vom Tage an, mit welchem diese letztere als angenommen erklärt wird, aufgehoben.

Art. 5. Der Bezug der schweizerischen Grenzgebühren dauert so lange fort, bis die Tarife der neu einzuführenden Grenzzölle ihre Vollziehung finden.

Art. 6. Die Beschlüsse der Tagsatzung und die Konkordate bleiben bis zu ihrer Aufhebung oder Abände-

Dispositions transitoires

Article premier. Les Cantons se prononceront sur l'acceptation de la présente constitution fédérale suivant les formes prescrites par leur constitution, ou, dans ceux où la constitution ne prescrit rien à cet égard, de la manière qui sera ordonnée par l'autorité suprême du canton que cela concerne.

Art. 2. Les résultats de la votation seront transmis au Directoire fédéral pour être communiqués à la Diète, qui prononcera si la nouvelle constitution fédérale est acceptée.

Art. 3. Lorsque la Diète aura déclaré la constitution fédérale acceptée, elle arrêtera immédiatement les dispositions nécessaires à sa mise en vigueur.

Les attributions du Conseil fédéral de la guerre et celles du Conseil d'administration des fonds de guerre fédéraux passeront au Conseil fédéral.

Art. 4. Les dispositions statuées par le premier membre et par la lettre c de l'article 6 de la présente constitution ne sont pas applicables aux constitutions cantonales actuellement en vigueur.

Les prescriptions de ces constitutions qui seraient contraires aux autres dispositions de la constitution fédérale seront abrogées du jour où la présente constitution sera déclarée acceptée.

Art. 5. La perception des droits d'entrée fédéraux continuera jusqu'à ce que les tarifs des nouveaux péages qui seront perçus par la Confédération à la frontière suisse aient été mis à exécution.

Art. 6. Les arrêtés de la Diète et les concordats non contraires à la présente constitution fédérale demeu-

rung in Kraft, so weit sie nicht dieser Bundesverfassung widersprechen.

Dagegen verlieren diejenigen Konkordate ihre Gültigkeit, deren Inhalt als Gegenstand der Bundesgesetzgebung erklärt wurde, und zwar von der Zeit an, in welcher die letztere in's Leben tritt.

Art. 7. Sobald die Bundesversammlung und der Bundesrath konstituirt sein werden, tritt der Bundesvertrag vom 7. August 1815 außer Kraft.

rent en vigueur jusqu'à ce qu'ils soient abrogés.

Les concordats dont le contenu est devenu l'objet de la législation fédérale cesseront d'être en vigueur dès que ces lois seront exécutoires.

Art. 7. Dès que l'Assemblée fédérale et le Conseil fédéral seront constitués, le pacte fédéral du 7 août 1815 sera abrogé.